Danemark

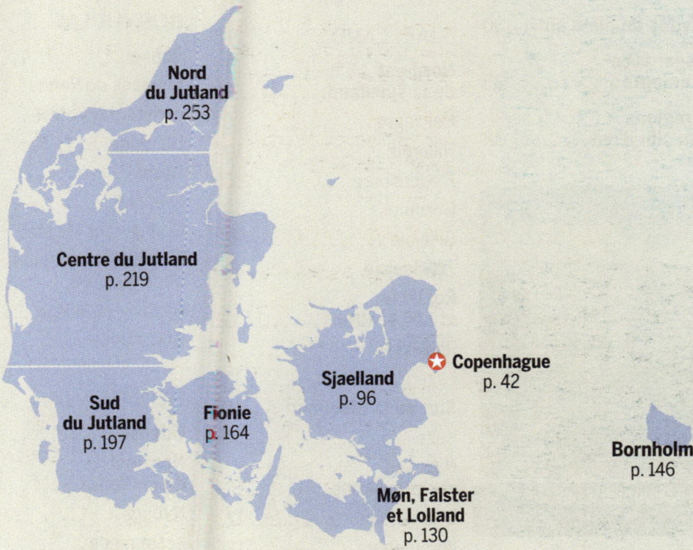

Mark Elliott
Carolyn Bain, Cristian Bonetto

PRÉPARER SON VOYAGE

MILOSZ MASLANKA/SHUTTERSTOCK ©

BORNHOLM P. 146

TRABANTOS/SHUTTERSTOCK ©

COPENHAGUE P. 42

SUR LA ROUTE

Sommaire

MARTINA LANOTTE/SHUTTERSTOCK ©

SAUMON FUMÉ DANOIS
P. 291

Bienvenue au Danemark

Une certaine idée du bonheur, le hygge, une qualité de vie exceptionnelle, une cuisine et des designers de renom : découvrez ce qui rend le Danemark unique.

Bonheur et hygge

Le Danemark, que l'on pourrait qualifier de "féerique", que ce soit pour sa grande tradition littéraire ou ses châteaux, est un pays au charme désuet qui flirte avec le design le plus avant-gardiste et une politique sociale exceptionnelle. Il occupe ainsi le haut du classement des contrées les plus agréables à vivre et les plus heureuses du monde. Il ne vous faudra pas longtemps pour identifier l'empreinte du *hygge* un peu partout. Cet art de vivre à la danoise est la quintessence du bien-être en société : un moment de partage chaleureux dans une ambiance cosy.

Hier et aujourd'hui

Il est loin le temps où les Vikings prirent la mer et vinrent s'inviter avec une certaine rudesse dans le paysage européen. Aujourd'hui, le Danemark incarne plutôt dans l'imaginaire collectif la nation civilisée par excellence, qui fait la part belle à une politique progressiste, à l'aménagement urbain, à l'équilibre travail/vie personnelle, au design et à l'architecture. Parmi les dernières tendances en vogue exportées de Copenhague, on pourrait citer la prédominance du vélo en ville, la nouvelle cuisine nordique et les séries TV terriblement addictives.

Égalité

Alors que dans de nombreux pays, le fossé se creuse entre riches et pauvres, la société danoise semble être composée d'une classe moyenne où l'écart entre les mieux lotis et les plus défavorisés ne prend que rarement des proportions scandaleuses. Cet esprit égalitaire permet au meilleur de l'art, de l'architecture, des restaurants et des loisirs d'être accessible à tous. Le terme résumant le mieux le pays pourrait être "accueillant" car tout le monde y est le bienvenu : jeunes, vieux, gays, hétéros, familles... Les villes sont à taille humaine, les infrastructures propres et modernes et les déplacements d'une facilité déconcertante.

Esthétique danoise

Contrairement à ceux de ses voisins, les paysages du Danemark ne sont peut-être pas à couper le souffle, mais on retrouve leur charme discret dans la mode, la cuisine, l'architecture, le mobilier et l'art. Dans tous les domaines, la priorité est donnée à la simplicité des formes et des fonctions, sans pour autant ignorer l'esthétique. Et c'est sur une longue plage de sable, au bord d'un lac, devant un château Renaissance, sur une piste cyclable ou dans un café éclairé à la bougie que s'incarne toute la beauté du Danemark.

Pourquoi j'aime le Danemark

Par Carolyn Bain, auteur

Mon premier contact avec le Danemark remonte à mon adolescence, lorsque j'y ai vécu un an. Mes premiers coups de cœur danois ? Les pâtisseries et les longues nuits d'été. Maintenant que je suis adulte, s'y ajoute une admiration pour la conception danoise de l'égalité, l'idée selon laquelle la ville appartient à l'humain et non aux voitures, et la quête permanente du *hygge*. L'esthétique omniprésente y contribue : architecture, paysages, décoration d'intérieur. Je pense que, secrètement, beaucoup de villes voudraient suivre le modèle de Copenhague, et, si ce n'est pas le cas, elles le devraient !

Pour en savoir plus sur nos auteurs, voir p. 336.

Ci-dessus : Frederiksholms Kanal, Copenhague (p. 42)

Danemark

0
100 km
Bornholm
Suède
Christiansø
0
10 km
Sandvig
Allinge
Gudhjem
Hasle
Svaneke
Køge
Rønne
Åkirkeby
Nexø
Allemagne
Bornholm
Détente sur l'île danoise, idéale pour les vacances (p. 146)
Kristiansand (Norvège)
Stavanger et Bergen (Norvège)
Îles Féroé et Islande
10°E
Larvik et Langesund (Norvège)
Oslo (Norvège)
11°E
Skagen
Soleil, plage, poisson et art (p. 262)
Göteborg
SUÈDE
ALTITUDE
200 m
100 m
50 m
0
Gammel Skagen
Skagen
Hirtshals
Ålbæk
Tornby
Sindal
Hjørring
Frederikshavn
Løkken
Øster Vrå
Sæby
Læsø
Østerby Havn
Vesterø Havn
Byrum
Blokhus
Brønderslev
12°E
Tranum Strand
Hjallerup
Aabybro
Asaa
Hanstholm
Fjerritslev
Varberg
8°E
Klitmøller
Nørresundby
57°N
Thisted
Aalborg
Hals
57°N
Nibe
Stenbjerg
Limfjord
Støvring
Aars
Skørping
Agger
Hurup
Nykøbing
Farsø
CATTÉGAT
Hadsund
Anholt
Côte ouest du Jutland
Laissez le vent gonfler la voile de votre kitesurf (p. 222)
Assens
Aarhus
Explorez la surprenante deuxième ville danoise (p. 233)
Hobro
Mariager
Handest
Skive
Lemvig
Randers
Struer
Vinderup
Viborg
Auning
Grenaa
Nimtofte
Holstebro
Bjerringbro
Ulfborg
Karup
Rønde
Tirstrup

Helsingør
Visitez le majestueux château d'Hamlet (p. 97)
Silkeborg
Grands espaces et mystérieux hommes des tourbières (p. 228)
Copenhague
Une ville à la qualité de vie extraordinaire (p. 42)
Ribe
Des siècles d'histoire à découvrir (p. 209)
Legoland ®
Pour réveiller votre âme d'enfant (p. 223)
Ærø
Légendes marines et pistes cyclables rurales (p. 191)
Jutland (Jylland)
Zealand (Sjaelland)
Fionie (Fyn)
COPENHAGUE
ALLEMAGNE
Grand Belt
Samsø
Fanø
Rømø
Als
Langeland
Lolland
Falster
Møn
Rønne (Bornholm)
56°N
55°N
10°E
12°E
Silkeborg
Aarhus
Herning
Ikast
Ringkøbing
Hvide Sande
Kibæk
Skjern
Ry
Skanderborg
Odder
Hou
Give
Horsens
Snaptun
Nørre Nebel
Jelling
Henne Strand
Henne Stationsby
Billund
Vejle
Juelsminde
Varde
Fredericia
Oksby
Esbjerg
Holsted
Kolding
Middelfart
Nordby
Rindby
Bramming
Vejen
Sønderho
Ribe
Jels
Christiansfeld
Vojens
Haderslev
Toftlund
Lakolk
Havneby
Skærbæk
Løgumkloster
List
Aabenraa
Højer
Tønder
Møgeltønder
Tinglev
Gråsten
Augustenborg
Dybbøl
Sønderborg
Kruså
Padborg
Flensburg
Nordborg
Fynshav
Mommark
Ebeltoft
Draby
Sælvig
Korshavn
Bogense
Strib
Båring
Søndersø
Otterup
Munkebo
Kerteminde
Nørre Aby
Korup
Odense
Årup
Langeskov
Ullerslev
Nyborg
Glamsbjerg
Årslev
Assens
Ringe
Ørbæk
Hårby
Kvændrup
Korinth
Bøjden
Faaborg
Svendborg
Lohals
Søby
Ærøskøbing
Marstal
Rudkøbing
Spodsbjerg
Bagenkop
Gilleleje
Helsingør
Humlebæk
Odden
Hundested
Frederiksværk
Rørvig
Lynæs
Hillerød
Rungsted
Frederikssund
Ølstykke
Lyngby
Holbæk
Hellerup
Kalundborg
Jyderup
Roskilde
Dragør
Gørlev
Sorø
Køge
Trelleborg
Slagelse
Ringsted
Korsør
Store Heddinge
Næstved
Fakse
Rødvig
Skælskør
Fakse Ladeplads
Præstø
Vordingborg
Stege
Nørre Alslev
Stubbekøbing
Tårs
Søllested
Sakskøbing
Nakskov
Horreby
Maribo
Nykøbing
Rødby
Holeby
Marielyst
Rødbyhavn
Nysted
Gedser
Puttgarden

15 façons de voir le Danemark

1

À table !

1 Depuis peu, la nouvelle cuisine nordique se démocratise et devient plus accessible. Le très célèbre Noma (qui vient de rouvrir à Copenhague) s'est réinventé, tandis que les critiques du guide Michelin saluent désormais de belles tables régionales et que la cuisine danoise moderne (p. 291) poursuit son évolution. Encouragés par l'attention portée aux produits danois et par des chefs novateurs, les producteurs poursuivent leur travail autour des aliments d'antan. Ils revisitent ainsi le pain de seigle, les pâtisseries, les *smørrebrød* (tartines garnies ; voir photo en bas à gauche), le poisson fumé et même de modestes recettes à base de porc et de pomme de terre. On mange bien dans tout le pays.

Copenhague

2 Difficile de ne pas envier les habitants de la plus stimulante des capitales scandinaves (p. 42). Si cette ville portuaire vieille de 850 ans a conservé une grande partie de son beau patrimoine historique (flèches en cuivre, places pavées et maisons à pignons couleur pastel), elle regarde aussi vers l'avenir et fait la part belle à l'innovation, que ce soit dans le design, l'architecture, le métro futuriste ou les projets écologiques. Ses rues sont bordées de boutiques, de cafés et de bars tendance, d'excellents musées et galeries d'art et de quelque 15 restaurants étoilés au Michelin. En bas à droite : Bibliothèque royale (p. 55)

NOVEMBER OSCAR KILO/SHUTTERSTOCK ©

2

VLADIMIR MUCIBABIC/SHUTTERSTOCK ©

Design danois

3 Le Danemark est l'un des leaders mondiaux en matière de design. Son style aux lignes épurées et harmonieuses et son fonctionnalisme dépouillé se retrouvent partout. Parmi les marques phares danoises, citons Bang & Olufsen (produits audiovisuels), Bodum (ustensiles de cuisine), Georg Jensen (argenterie et bijoux) et Royal Copenhagen Porcelain. Sans parler des créateurs de mobilier et des maisons de haute couture. Visitez le Designmuseum Danmark (p. 52 ; photo ci-dessous) pour en découvrir davantage.

Histoire viking

4 Du VIIIe au XIe siècle, les Vikings semèrent la terreur dans toute l'Europe du Nord. Leur histoire ne se résume toutefois pas à des batailles sanglantes. En effet, ces pilleurs étaient aussi d'habiles marchands, de bons marins et d'insatiables explorateurs. Familiarisez-vous avec eux en visitant le site de Ladby (p. 177), les forts vikings de la Sjaelland (p. 127), les ateliers de construction traditionnelle de Roskilde (p. 113 ; photo ci-dessous) ou les nombreux musées abritant des reconstitutions de cette époque.

WILLIAM PERUGINI/SHUTTERSTOCK ©

VALERIIAARNAUD/SHUTTERSTOCK ©

Bornholm

5 Merveille de la Baltique, l'île de Bornholm (p. 146) est à quelque 200 km à l'est du Danemark continental, ce qui la situe géographiquement plus près de l'Allemagne et de la Suède. Ce lieu magique est très prisé pour son ensoleillement, ses belles plages, ses pistes cyclables, ses *rundekirke* (églises rondes ; photo en haut à gauche) emblématiques, ses artistes, ses ateliers de fumage de poisson et ses charmants villages de pêcheurs. L'île est aussi de plus en plus réputée pour ses bonnes tables et ses spécialités.

Cyclotourisme

6 Grâce à un réseau national de pistes cyclables, à un relief plat et à une culture du vélo bien ancrée, le Danemark est un paradis pour cyclistes. Inutile cependant de vous lancer dans un tour du pays pour apprécier le cyclotourisme. Rien de plus simple que de pédaler dans les villes, souvent équipées d'un système de vélos en libre-service. Faites comme les Copenhagois (p. 42), dont plus de la moitié va tous les jours au travail à vélo. De nouveaux ponts dédiés, comme ceux d'Inderhavnsbroen et de Cirkelbroen, sont construits un peu partout dans la ville.

Ærø

7 On compare souvent le Danemark à une assiette en porcelaine dont les morceaux brisés représentent chacun une île… Il y en a 406. Les îles de taille moyenne, dotées chacune d'une forte identité, s'avèrent les plus passionnantes à découvrir. L'archipel de la Fionie méridionale, composé de 55 îles, est idéal pour les plaisanciers. Le temps semble comme suspendu à Ærø (p. 191), dont le patrimoine maritime, les pistes cyclables rurales, les villages pavés et les coquettes cabines de plage vous raviront.

Ci-dessus, en bas : Ærøskøbing (p. 192)

8

9

Aarhus

8 Éternelle dauphine, Aarhus (p. 233), la deuxième grande ville du Danemark, est longtemps restée dans l'ombre de Copenhague sur le plan touristique. Mais cette belle destination est désormais reconnue pour ses bons restaurants, sa vie nocturne animée (notamment par les nombreux étudiants), son front de mer transformé, ses sentiers boisés pittoresques et ses plages. Son splendide musée d'art fait tourner les têtes avec sa pièce maîtresse, *Your Rainbow Panorama* d'Olafur Eliasson (p. 233).

En haut à gauche : repas sur le pouce à Aarhus (p. 241)

Ribe

9 Compacte et très photogénique, Ribe (p. 209), la plus ancienne ville du Danemark, incarne le passé faste du pays. On y trouve une imposante cathédrale du XIIe siècle, des rues pavées, des maisons à colombages et des marécages. Passez la nuit dans un hébergement chargé d'histoire (une chambre dans une auberge biscornue du XVIIe siècle ou une ancienne cellule de prison) et participez à une visite pédestre guidée gratuite, commentée par le veilleur de nuit municipal : idéal pour s'imprégner des légendes locales.

Legoland®

10 La modeste Billund (p. 223) est le siège de Lego. Le parc à thème (photo ci-contre en haut à gauche) et la maison Lego (construite en briques géantes ressemblant à des Lego) célèbrent le "jouet du siècle" (dixit le magazine *Fortune* en 2000). Tout est fait pour ravir les petits (et grands) enfants, qui apprécieront aussi d'autres attractions qui leur sont destinées ailleurs dans le pays : jardins de Tivoli à Copenhague, excellents aquariums, parcs animaliers et parcs aquatiques.

Plages

11 Le Danemark s'anime l'été, et les 7 314 km de côtes du pays ainsi que son chapelet d'îles attirent les Danois en quête d'activités de plein air et de vitamine D. Certes, l'eau peut s'avérer un peu fraîche, mais les longues plages de Dueodde (p. 152 ; photo de droite), Marielyst (p. 140) sur Falster et Skagen (p. 262) comblent amplement les envies de bord de mer. Ailleurs, surtout à Hvide Sande et Klitmøller sur la côte occidentale sauvage du Jutland, on joue avec la force des vents.

DPA PICTURE ALLIANCE/ALAMY ©

Kronborg Slot

12 Y a-t-il quelque chose de pourri au royaume du Danemark ? Certainement pas dans ce château (p. 97 ; photo à gauche) du XVIe siècle, connu comme le château d'Elseneur dans la tragédie shakespearienne *Hamlet*. Le Kronborg a été pendant 400 ans un poste de douane qui prélevait un droit de passage aux bateaux empruntant le détroit du Sund entre le Danemark et la Suède. Des foules de touristes se pressent pour visiter le site, cadre, l'été, de représentations de pièces de Shakespeare données lors du festival HamletScenen (p. 102).

Skagen

13 D'une beauté vivifiante, Skagen (p. 262) émerveille. Située à la pointe nord du Danemark, elle attire comme un aimant les vacanciers danois l'été. La ville, alors bondée, n'en conserve pas moins son charme. À la fin du XIXe siècle, des artistes, tombés amoureux des reflets de la lumière sur ses âpres paysages, s'y établirent. Aujourd'hui, les touristes affluent pour admirer les œuvres des peintres de l'école de Skagen mais profiter aussi de la luminosité, dévorer moult poissons et paresser sur les plages de sable fin.

MIKUHA_MAKLAI/SHUTTERSTOCK ©

Musique estivale

14 Le calendrier des festivals d'été danois est bien rempli, entre musique folk à Tønder et jazz sur un bateau à Silkeborg. Copenhague swingue lors de son très grand festival de jazz (p. 67), et danse sur de l'électro lors du Strøm. Le NorthSide (p. 239) est un prétexte supplémentaire pour visiter la très animée Aarhus, quand le Tinderbox (p. 169) vitamine Odense. Roskilde accueille le plus grand festival de musique de Scandinavie (p. 115 ; photo) et Skanderborg le "plus bel événement" du pays, le Smukfest (p. 240).

Hommes des tourbières

15 Le Danemark a su préserver un grand patrimoine historique. Les corps intacts d'hommes ayant vécu vers 300 av. J.-C. et exhumés de tourbières 2 000 ans après constituent de précieux témoignages sur l'âge du fer. L'homme de Tollund (p. 228) repose dans un musée de la bucolique Silkeborg tandis que l'homme de Grauballe (p. 235 ; photo ci-contre) est conservé au musée de Moesgård, à Aarhus.

L'essentiel

Pour plus de détails, voir le *Carnet pratique* (p. 303)

Monnaie
Couronne danoise (DKK)

Langue
Danois

Visas
Carte d'identité ou passeport en cours de validité pour les ressortissants de l'UE ou de Suisse. Pas de visa pour les Canadiens séjournant moins de 3 mois dans l'ensemble de l'espace Schengen.

Argent
Nombreux distributeurs automatiques de billets. Cartes bancaires acceptées dans la plupart des hôtels, des restaurants et des commerces.

Téléphones portables
Bonne couverture dans tout le pays. Pour les voyageurs hors UE, prévoir une carte SIM compatible (possibilité d'achat sur place).

Heure
Pas de décalage horaire avec la France (GMT/UTC + 1 heure).

Quand partir

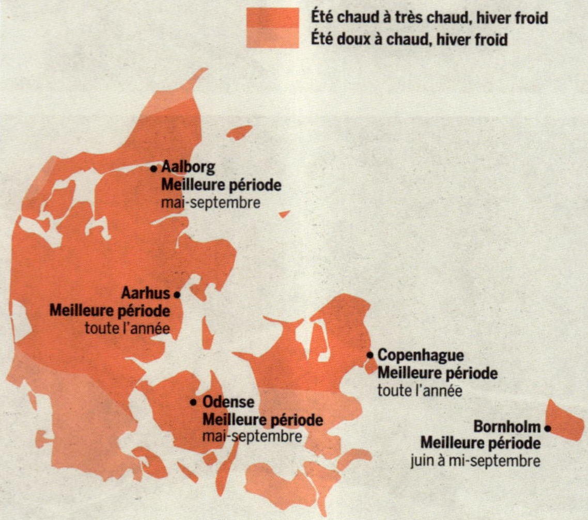

Haute saison
(mi-juin à mi-août)

- Longues journées ; saison des concerts, des festivals et des parcs à thème.
- Campings, plages, sites touristiques et transports bondés.
- Le prix des hébergements grimpe.

Saison intermédiaire
(mai à mi-juin, mi-août à septembre)

- Bonne période pour voyager : temps doux, peu de monde.
- Produits régionaux, fleurs et quelques festivals au printemps.
- Paysages mordorés et soirées cosy en automne.

Basse saison
(octobre-avril)

- Climat frais et humide avec des journées courtes, propices au *hygge*.
- Lumières de Noël, patinoires et *gløgg* (vin chaud) dans les grandes villes.
- Horaires réduits pour les sites touristiques. Ceux en extérieur sont fermés.

Sites Web

Lonely Planet (www.lonelyplanet.fr). Fiches pays, informations de dernière minute, forums de voyageurs.

Visit Denmark (www.visitdenmark.fr). Une mine d'informations pratiques et d'idées.

Visit Copenhagen (www.visitcopenhagen.com). Tous les incontournables de Copenhague.

Rejseplanen (www.rejseplanen.dk). Idéal pour planifier son itinéraire.

Denmark.dk (www.denmark.dk/fr). Renseignements divers.

Numéros utiles

Il n'y a pas d'indicatifs régionaux au Danemark.

Indicatif du Danemark	✆45
Indicatif international	✆00
Urgences (ambulance, police, pompiers)	✆112
Renseignements (nationaux)	✆118
Renseignements (internationaux)	✆113

Taux de change

Zone euro	1 €	7,44 DKK
Canada	1 $C	4,96 DKK
Suisse	1 CHF	6,82 DKK
Suède	1 SEK	0,73 DKK

Pour connaître les derniers taux en vigueur, rendez-vous sur www.xe.com.

Budget quotidien

Moins de 800 DKK

- Lit en dortoir : 150-300 DKK
- Chambre double dans un hôtel pour voyageurs à petit budget : 500-700 DKK
- Repas bon marché : moins de 125 DKK
- Location de vélo : gratuit, ou 100 DKK/jour
- Forfait transports 24 heures à Copenhague : 80 DKK

800-1 500 DKK

- Chambre double dans un hôtel de catégorie moyenne : 700-1 500 DKK
- Menu 3 plats au restaurant : 300-400 DKK
- Billet de train Aarhus-Copenhague : 388 DKK
- Entrée au musée : 50-120 DKK
- Entrée plein tarif pour la plupart des autres grands sites : 120-380 DKK

Plus de 1 500 DKK

- Chambre double de catégorie supérieure : à partir de 1 500 DKK
- Plat principal dans un restaurant haut de gamme : à partir de 250 DKK
- Location de voiture : environ 600 DKK/jour

Heures d'ouverture

Elles varient tout au long de l'année, notamment pour ce qui est des lieux/activités touristiques.

Banques 10h-16h lun-ven

Bars et discothèques 16h-minuit, jusqu'à 2h ou plus ven-sam (5h pour certaines boîtes de nuit)

Cafés 8h-17h ou jusqu'à minuit

Magasins 10h-18h lun-ven, 10h-16h sam, parfois ouverts le dim

Restaurants 12h-22h (parfois plus tôt le week-end ou pour le brunch)

Arriver au Danemark

Aéroport international de Copenhague (www.cph.dk)

Métro La ligne M2 circule 24h/24 entre l'aéroport (station Lufthavnen) et de nombreux quartiers (Christianhavn, Nørreport et Frederiksberg), mais elle ne dessert pas la gare centrale de Copenhague.

Trains Départ toutes les 10 minutes (36 DKK, 12 minutes) pour la gare centrale de Copenhague.

Taxi 250-300 DKK pour le centre-ville (20 minutes).

Comment circuler

Les transports au Danemark sont très fiables, et le réseau étendu. Pour planifier vos déplacements, rien ne vaut le site www.rejseplanen.dk (existe aussi comme application mobile).

Bus Toutes les villes, petites ou grandes, disposent d'un réseau de bus local et régional. Moins rapide que le train sur les longs trajets, mais souvent moins cher aussi.

Ferries En l'absence de pont, des ferries fréquents relient les îles habitées au continent.

Train Rapide, tarifs raisonnables, territoire bien quadrillé et départs fréquents : idéal pour aller d'une ville à l'autre.

Vélo Vaste réseau de pistes cyclables dans tout le pays et location de vélo très répandue.

Voiture Routes peu fréquentées, peu de péages et parking facile : voiture et Danemark font très bon ménage. Roulez à droite.

Pour plus de détails sur les **transports**, voir p. 313

Envie de...

Patrimoine viking

Roskilde Cinq drakkars d'origine dévoilent leurs secrets, tandis qu'à l'extérieur du musée, des reconstitutions amarrées attendent les curieux. (p. 111)

Lejre Le centre archéologique expérimental "Terres de légendes". (p. 118)

Ladby Un superbe bateau, dernière demeure d'un chef viking, y a été exhumé. (p. 177)

Trelleborg Une forteresse circulaire du Xe siècle bâtie selon des principes mathématiques bien précis. (p. 127)

Ribe Musée et reconstitution d'un village viking avec des "guerriers à l'entraînement". (p. 209)

Jelling Le berceau du royaume du roi Gorm durant la plus importante période viking. (p. 226)

Aalborg Une saisissante nécropole viking sur la Lindholm Høje. (p. 255)

Copenhagen Pierres runiques et trésors vikings au Nationalmuseet. (p. 42)

Architecture et design

Amager Bakke À Copenhague, haut lieu de l'architecture et du design danois, un incinérateur, dont le toit est doté de pistes de ski, de randonnée et d'espaces verts. (p. 58)

Aalborg La création-testament de Jørn Utzon (p. 288), et un musée d'Art (p. 255) conçu par le grand architecte finlandais Alvar Aalto.

Kolding Art moderne, arts appliqués, mobilier design et même le prototype de la maison d'été d'Arne Jacobsen : le musée de Trapholt est un bijou. (p. 198)

Tønder Un château d'eau reconverti où sont exposées les chaises dessinées par l'enfant du pays, le célèbre designer Hans Wegner. (p. 203)

Aarhus Un hôtel de ville moderniste signé Jacobsen, un musée des Beaux-Arts surmonté d'une promenade circulaire en verre et le musée de Moesgård. (p. 233)

Billund La maison Lego, ou un certain génie de la brique version XXL. (p. 223)

Helsingør (Elseneur) Design signé Bjarke Ingels pour le Musée maritime. (p. 97)

Îles

Bornholm Pour une escapade nature et gourmande en mer Baltique. (p. 146)

Møn Les fameuses falaises blanches des Møns Klint. (p. 132)

Læsø Salines traditionnelles et bains de sel relaxants. (p. 260)

Nyord Sur cette île comptant un seul village, une tour d'observation permet d'examiner les oiseaux et les étoiles. (p. 135)

Ærø Cyclotourisme au gré de villages ayant la mer pour histoire. (p. 191)

Fanø Passez d'Esbjerg, l'industrieuse à Fanø, l'enchanteresse. (p. 217)

Rømø Vaste choix d'activités allant de l'équitation au char à voile. (p. 206)

Mandø Découverte en tracteur de cette petite île du parc national de la mer des Wadden. (p. 208)

Activités de plein air

Copenhague Jogging, balade à vélo ou en kayak, et bassin design sur le canal principal. (p. 42)

Région des lacs Collines, forêts de bouleaux, lacs, rivières et excursions en canoë-kayak. (p. 228)

Bornholm Une île splendide à sillonner à vélo. (p. 146)

Hvide Sande Pour prendre le vent en planche à voile ou chausser des skis nautiques. (p. 222)

GIMAS/SHUTTERSTOCK ©

STOCKED HOUSE STUDIO/SHUTTERSTOCK ©

Ci-dessus : maison où l'écrivain Hans Christian Andersen a vu le jour (p. 166), Odense

Ci-dessous : jogging à Copenhague (p. 42)

Rebild Bakker Sentiers de randonnée et pistes de cross en forêt. (p. 250)

Klitmøller Surf ou planche à voile avec des moniteurs experts. (p. 268)

Rømø Parcourez la plage à cheval ou optez pour une course folle en char à voile. (p. 206)

Svendborg Visite de l'archipel de la Fionie méridionale à bord d'un vieux voilier en bois ou équipé d'un masque et d'un tuba. (p. 183)

Parc national de la mer des Wadden Quand la nature devient une aire de jeu… (p. 208)

Møn Un sentier labyrinthique, le Camønoen. (p. 132)

Esrum Sø Avant de vous aventurer dans la forêt de la belle Gribskov, profitez des eaux du lac en bateau ou canoë-kayak. (p. 106)

En famille

Copenhague Jardins de Tivoli et aquarium Blå Planet. (p. 42)

Billund Le célèbre Legoland® et le parc aquatique de Lalandia. (p. 223)

Odense La ville natale du père de la littérature enfantine, Hans Christian Andersen. (p. 166)

Vordingborg Chasse aux fantômes virtuels dans les ruines d'un château. (p. 125)

Randers Une forêt tropicale artificielle peuplée d'animaux. (p. 249)

Djursland Le paradis des loisirs : parcs de jeux et d'attractions, parcs animaliers et plages. (p. 246)

Knuthenborg L'un des plus beaux parcs animaliers d'Europe, à découvrir en mode safari. (p. 142)

ISTOCKPHOTO.COM/FREDERICK DOERSCHEM

ISTOCKPHOTO.COM/JACEK_KADAJ

Ci-dessus : phare de Lyngvig, Hvide Sande (p. 222)

Ci-contre : petit port, île de Bornholm (p. 146)

Mois par mois

LE TOP 5

Festival de Roskilde juillet

Festival de jazz de Copenhague juillet

Festival d'Aarhus août

Kulturnatten octobre

Marchés de Noël décembre

Février

Le Danemark offre parfois de belles journées ensoleillées sous la neige, mais il fait le plus souvent gris et sombre. Quelques manifestations viennent égayer le moral. Pendant les vacances scolaires, beaucoup de Danois partent skier au nord.

Vinterjazz

Friands de festivals de jazz l'été, les Danois trompent l'attente avec cette version plus modeste (www.jazz.dk) organisée dans tout le pays.

Tivoli en hiver

Les jardins de Tivoli (www.tivoligardens.com) à Copenhague ouvrent durant 3 semaines lors des vacances scolaires et pour la Saint-Valentin. Sous des lumières féeriques, on fait du patin à glace et on savoure le *hygge*.

Avril

Le printemps est là ! Les jours sont plus chauds et secs, la nature bourgeonne et les sites touristiques sortent de leur hibernation (comme Legoland® à Billund).

Sort Sol

Des millions d'oiseaux migrateurs font escale dans la région de la mer des Wadden, sur la côte ouest. À la fin mars et en avril (ainsi qu'en septembre/octobre), d'immenses colonies d'étourneaux assurent un superbe spectacle naturel, le Sort Sol ("Soleil noir" ; p. 209).

Mai

Le soleil brille, permettant l'ouverture d'autres sites de plein air. L'agenda des manifestations commence à se remplir. La fréquentation touristique est encore faible.

Days of Design

Copenhague met le design à l'honneur (www.3daysofdesign.dk), l'art danois de savoir créer des pièces bien pensées, fonctionnelles et belles. Lancements de produits, événements, expositions, visites de studios et showrooms s'enchaînent durant 3 jours.

Carnaval d'Aalborg

Fin mai, Aalborg se pare des couleurs du plus grand carnaval (www.aalborgkarneval.dk) d'Europe du Nord. Plus de 100 000 participants et spectateurs mettent la ville en fête.

Ølfestival

Les bières artisanales et les microbrasseries ont le vent en poupe au Danemark. Ce festival (beerfestival.dk), le plus grand du genre au Danemark, se déroule sur 3 jours à la mi-mai. Des milliers de visiteurs assoiffés y affluent chaque année.

Juin

Avec l'été, la hausse des températures et les jours plus longs, les festivals se multiplient. La haute saison touristique commence pour de bon fin juin, avec le début des vacances scolaires (7 semaines).

Distortion

Distortion (www.cphdistortion.dk) est une fête itinérante débridée qui investit un quartier différent de Copenhague pendant 5 soirs.

Cerfs-volants à Fanø

À la mi-juin, des fous du cerf-volant venus du monde entier profitent des plages venteuses de Fanø au cours de ce joyeux festival coloré (www.kitefliersmeetingfanoe.de).

Sankt Hans Aften (Nuit de la Saint-Jean)

Les Danois célèbrent la nuit la plus courte de l'année (23 juin) avec des feux de joie dans les parcs, les jardins, et surtout sur la plage. Ils chantent et font la fête autour du bûcher où brûle l'effigie d'une sorcière.

NorthSide

Ce festival de musique (www.northside.dk) est en train d'acquérir une belle notoriété et rivalise avec le légendaire festival de Roskilde. Il se tient mi-juin à Aarhus durant 3 jours.

Riverboat Jazz Festival

Dans la région des lacs (Jutland), Silkeborg s'offre 5 jours de jazz (www.riverboat.dk). Croisière payante sur le fleuve et concerts de rue gratuits.

Sol over Gudhjem

Bornholm accueille le plus grand concours culinaire sur une journée du Danemark. "Le soleil au-dessus de Gudhjem" (www.sogk.dk) voit se mesurer certains des meilleurs chefs du pays à la préparation de produits locaux.

Tinderbox

Odense n'est pas en reste, avec ce festival de musique en pleine nature (www.tinderbox.dk) qui déroule sur 3 jours une programmation internationale pour une foule de 35 000 festivaliers.

Foire d'Esrum

Fin juin, le cloître d'Esrum (www.esrum.dk), au cœur de ce qui fut l'un des plus grands monastères du Danemark, accueille une grande foire médiévale : nombreuses animations et comédiens costumés.

Juillet

Beaucoup de Danois prennent leurs congés les 3 premières semaines de juillet : les stations balnéaires et les campings sont alors pleins à craquer, et les hôtels affichent presque complet sur la côte. Pensez à réserver !

Festival de jazz de Copenhague

Le plus grand festival annuel de Copenhague fête le jazz (www.jazz.dk) pendant 10 jours.

Festival de Rebild

Le festival de Rebild (www.rebildfesten.dk), qui commémore chaque année depuis 1912 la fête nationale américaine, figure parmi les plus importantes manifestations du genre en dehors des États-Unis. Il voit défiler des musiciens, entre autres hôtes illustres (danois et américains).

Festival de Roskilde

Roskilde accueille le plus grand festival de musique de Scandinavie début juillet. Pendant une semaine, les têtes d'affiche se succèdent devant 130 000 festivaliers (qui y campent pour la plupart). Décontraction et convivialité sont les maîtres mots côté ambiance (voir aussi p. 114).

Festival de Skagen

L'été, Skagen attire les vacanciers aisés à la pointe nord du Jutland. Musique populaire et musiques du monde sont au programme de ce festival (skagenfestival.dk) de 4 jours fin juin-début juillet.

Viking Moot

Réveillez le Viking qui est en vous au marché spécialisé (www.moesgaardmuseum.dk) qui se tient à l'extérieur d'Aarhus fin juillet. Créations artisanales, cuisine, démonstrations équestres et Vikings de toutes nationalités se mesurent les uns aux autres.

Août

L'été se poursuit : les plages et les parcs d'attractions sont encore très fréquentés. Les écoles rouvrent autour de la mi-août.

Festival d'Aarhus

Ce festival (aarhusfestuge.dk) métamorphose Aarhus pendant 10 jours. Au programme : musique, cuisine, courts-métrages, théâtre, arts plastiques et événements en plein air pour tous les âges, et, pour la plupart, gratuits.

Copenhagen Cooking & Food Festival

Copenhague est sous les projecteurs culinaires depuis plusieurs années. Ce festival gourmet (le plus grand de Scandinavie) se décline sur 10 jours dans divers lieux et restaurants de la ville. Rendez-vous sur www.copenhagencooking.dk.

Copenhagen Pride

Depuis 1996, ce festival (www.copenhagenpride.dk) habille la capitale de couleurs chatoyantes une semaine durant. Son temps fort est sa marche des fiertés.

Festival H.C. Andersen

Odense rend hommage à l'illustre enfant du pays lors d'une semaine de manifestations (www.hcafestivals.com) à la mi-août. Une riche programmation de spectacles et de conférences sur Hans Christian Andersen, des concerts ainsi que des spectacles humoristiques et familiaux.

Festival Shakespeare

Le château d'Elseneur dans *Hamlet* de Shakespeare, le majestueux Kronborg Slot à Helsingør sert de cadre chaque été à des pièces de théâtre en plein air (www.hamletscenen.dk).

Smukfest

Cet important événement musical (www.smukfest.dk), organisé mi-août à Skanderborg dans un parc de la belle région des lacs, se veut "le plus beau festival du Danemark". En termes de fréquentation, il arrive juste derrière le festival de Roskilde.

Strøm

Quatre jours de musique électro à Copenhague : Strøm (www.stromcph.dk) est considéré comme le meilleur festival du genre en Scandinavie. En marge des concerts et des raves, des ateliers, des master-classes et des fêtes à travers toute la ville.

Festival de Tønder

Considérée comme l'un des meilleurs festivals de musique folk d'Europe, cette manifestation du sud du Jutland (www.tf.dk) rassemble environ 20 000 spectateurs autour de concerts folk et de reggae dans une ambiance conviviale.

Septembre

L'effervescence de l'été retombe aussi vite qu'elle est apparue, et la foule a en grande partie disparu. Il peut encore faire beau, mais beaucoup de grandes attractions d'extérieur ferment fin septembre jusqu'à la saison suivante.

CPH PIX

Durant la deuxième quinzaine de septembre, le Festival international du film de Copenhague (www.cphpix.dk) programme des longs-métrages danois et étrangers, ainsi que toutes sortes d'événements autour du septième art.

Code Art Fair

Pour ce salon (www.codeartfair.dk), Copenhague reçoit plus de 60 célèbres galeristes du monde entier et met à l'honneur des artistes scandinaves contemporains.

Octobre

L'été est un lointain souvenir alors que les températures chutent et que la campagne prend une teinte dorée. Les voyageurs d'affaires supplantent les touristes.

Festival de blues de Copenhague

Rien de tel que ce festival international (www.copenhagenbluesfestival.dk) de 5 jours pour soigner le blues des nuits qui s'allongent. Plus de 50 concerts sont programmés dans des salles de la capitale danoise.

Kulturnatten (Nuit de la culture)

Le deuxième vendredi d'octobre, à Copenhague, les musées, les théâtres, les galeries d'art, les bibliothèques, les églises et même les palais ouvrent leurs portes toute la nuit pour un large éventail d'événements spéciaux lors de cette soirée magique (www.kulturnatten.dk).

Novembre

L'hiver approche, les jours raccourcissent. Les festivités de Noël débutent à la fin du mois.

Tivoli

À Copenhague, les jardins de Tivoli (p. 45) rouvrent pour 3 semaines à la mi-novembre. On fait le plein de douceurs, de souvenirs et de bons sentiments sur le marché de Noël. Dans le parc, les employés sont costumés, il y a des crèches et des spectacles. Il y a moins d'attractions ouvertes, mais les traditionnels *gløgg* (vin chaud) et *æbleskiver* (beignets) compenseront amplement cet aspect.

Décembre

Certes, il fait froid et humide, mais les Danois font honneur au *hygge* (ambiance cosy) et fêtent Noël dignement : lumières, patinoires et, pour se réchauffer, du *gløgg* (vin chaud) à foison.

Marchés de Noël

Vous trouverez dans tout le pays des marchés proposant artisanat kitsch et gourmandises traditionnelles de Noël. Pour une plaisante atmosphère d'autrefois, misez sur les lieux perpétuant les traditions comme Den Gamle By à Aarhus ou la ville historique de Ribe dans le sud du Jutland.

ANNA50/SHUTTERSTOCK ©

AIJA LEHTONEN/SHUTTERSTOCK ©

En haut : Copenhagen Pride (p. 68)

En bas : Carpark North sur la scène du Smukfest (p. 240), à Skanderborg

Itinéraires

2 SEMAINES Les grands classiques

L'avantage de ce petit pays est que vous ne perdrez jamais beaucoup de temps à rallier deux destinations. Débutez votre circuit par **Copenhague** pour profiter de toutes les richesses de la capitale. De là, un saut de puce vers l'ouest vous mènera à **Roskilde** au patrimoine viking et royal. À une centaine de kilomètres à l'ouest, découvrez **Odense**, ville universitaire animée qui ne manque pas de charme et qui est aussi le lieu de naissance d'Hans Christian Andersen.

Faites une halte culturelle à **Kolding** qui mêle avec raffinement passé et avant-gardisme avant de rejoindre **Ribe**, la plus ancienne ville du Danemark au cachet historique. Laissez ensuite l'histoire de côté pour plonger dans l'univers Lego à **Billund**. Profitez des lacs de **Silkeborg** pour vous détendre – en canoë-kayak ou le temps d'une excursion en bateau. Faites un détour à plus de 200 km au nord, par la ville lumineuse de **Skagen** où vous attendent œuvres d'art, plages et poisson frais.

Terminez par la cosmopolite **Aarhus**. La deuxième ville du pays recèle de bonnes surprises, comme son musée de l'art surmonté d'une promenade circulaire en verre. Vous pourrez retourner en ferry vers le nord-ouest de la Sjaelland.

2-4 SEMAINES

Le Danemark en détail

Vous avez un peu de temps devant vous ? Passez du temps à **Copenhague**, en prévoyant des excursions à la journée hors de la capitale. Le Louisiana, très beau musée d'art moderne d'**Humlebæk** et des châteaux comme le Kronborg Slot à **Helsingør** ou le Frederiksborg à **Hillerød**, valent par exemple le détour. Un peu plus au sud, arpentez la jolie **Køge**, avant de céder à l'invitation de la belle **Bornholm** – profitez pendant quelques jours des pistes cyclables de cette île de la Baltique, de ses plages de sable et de ses plaisirs culinaires. Puis, rendez-vous à **Møn** et laissez-vous enchanter par ses falaises blanches surplombant une mer vert jade.

Traversez de nouveau le sud de la Sjaelland jusqu'en Fionie, pour célébrer avec les habitants d'**Odense** l'enfant du pays, Hans Christian Andersen. Arrêtez-vous au site funéraire viking de **Ladby** avant de faire un bond vers la Renaissance au château d'**Egeskov Slot**. Puis, embarquez pour **Ærø** à bord d'un voilier. Vous y rechargerez vos batteries pendant un jour ou deux.

Depuis **Als**, les ferries vers l'ouest accostent au sud de la Sjaelland. Prenez un cours d'histoire à **Ribe** : reconstitution d'une colonie viking, tour de guet dominant les rues pavées... Profitez ensuite du bon air dans le parc national de la mer des Wadden. Depuis Esbjerg, un bateau relie en 12 minutes l'idyllique **Fanø** : attardez-vous dans le joli hameau de Sønderho.

À **Billund**, découvrez évidemment Legoland® et la maison Lego. Direction ensuite la mer du Nord, pour une séance de kitesurf sur la côte ouest, à **Hvide Sande**.

De là, continuez vers l'est entre lacs et nature, de **Silkeborg** à **Aarhus**, ville de musées et de bonnes tables. Rajeunie, la ville d'**Aalborg**, au nord, mérite la visite, entre architecture d'Utzon et nécropole viking. Pour finir en beauté votre circuit, rendez-vous à **Skagen**, localité située à la pointe septentrionale du Danemark. Prenez le temps d'y admirer des œuvres d'art, de vous régaler de fruits de mer, de vous laisser happer par la lumière irréelle de ce pays nordique et de mettre un pied dans la mer en furie.

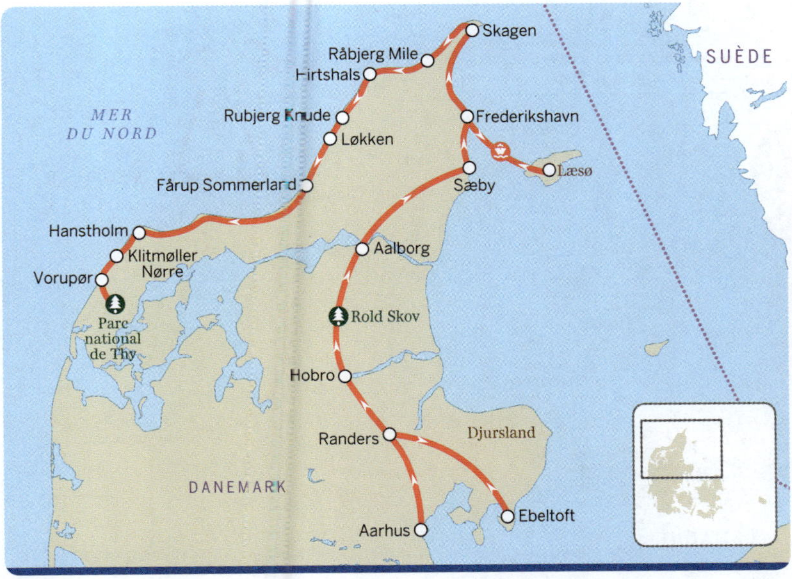

2 SEMAINES Cap au Nord

Pour un voyage hors des sentiers battus, sillonnez le nord du Jutland en marge des flux touristiques. Soleil, mer, sable, fruits de mer, et autres délices vous y attendent. Débutez votre périple à **Aarhus**, où vous trouverez d'excellents restaurants, festivals et musées (surtout l'ARoS et le Moesgaard Museum), puis prenez la direction du nord via **Randers** où vous attendent une forêt tropicale en intérieur et, pour les fans d'Elvis, une réplique de Graceland. Avec des enfants, découvrez les parcs animaliers et les plages de sable du Djursland. Les grands seront comblés, notamment à Femmøller, destination gastronomique prisée près d'**Ebeltoft**.

La paisible **Hobro** recèle un fort circulaire viking (Xe siècle), tandis que **Rold Skov** permet de se défouler sur des sentiers de VTT en forêt. **Aalborg** s'est fait belle pour vous impressionner. Elle doit la touche design finale de son front de mer à l'illustre architecte Jørn Utzon. La délicieuse **Sæby** vous plongera dans la littérature danoise entre deux copieux buffets de poisson.

De **Frederikshavn**, rejoignez en bateau l'île de **Læsø** pour remonter le temps (voire prendre un bain de sel). Non loin de là, **Skagen**, jolie station balnéaire au musée d'art incontournable, a de jolis hôtels et terrasses de restaurants. Au sud-ouest, une promenade dans les dunes de **Råbjerg Mile** vous rappellera au bon souvenir de Dame Nature dont d'autres créations peuplent l'immense aquarium de **Hirtshals**. À **Løkken**, baladez-vous sur le front de mer puis rendez-vous au phare de **Rubjerg Knude**, battu par les vents et le sable. À **Fårup Sommerland** vous attendent des attractions et des activités aquatiques garanties 100% montée d'adrénaline.

Plus au sud, allez voir les bunkers de la dernière guerre et régalez-vous d'un déjeuner à **Hanstholm** avant de visiter le village de surfeurs de **Klitmøller**, alias "Cold Hawaii" où l'on peut expérimenter l'eau et le vent de multiples façons. À proximité, n'oubliez pas les bassins salés de **Nørre Vorupør** et les balades à pied ou à vélo dans les prairies sablonneuses du **parc national de Thy**. Vous regagnerez Aarhus en pleine forme.

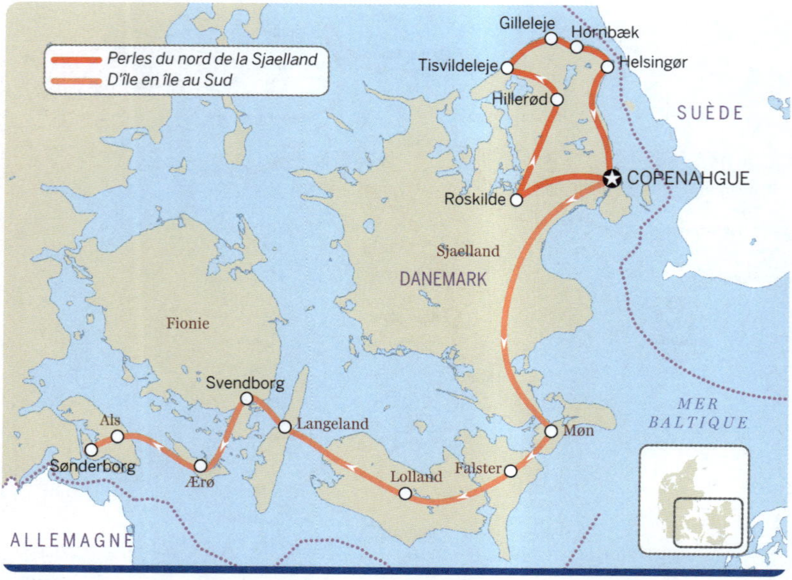

D'île en île au Sud

1 SEMAINE

L'heure est à la flânerie, aux hébergements ruraux, aux villages tranquilles et aux îles. Depuis **Copenhague**, prenez la direction de **Møn**, puis traversez **Falster** jusqu'à **Lolland**. Ce trio d'îles se prête parfaitement à la découverte de la vie dans la campagne scandinave hors du continent : champs à perte de vue, plages, grandes demeures rustiques. Ne manquez pas les falaises calcaires de Møn, la belle plage de Marielyst à Falster, et les parcs familiaux et les grandes fermes de Lolland.

De l'ouest de Lolland, un bateau assure la liaison pour l'île de **Langeland**, reliée par la route à la Fionie. Du port de **Svendborg**, des ferries desservent **Ærø**, une île incontournable pour son patrimoine maritime, ses pistes cyclables, ses fermes au toit de chaume et ses cabines de plage photogéniques. Reprenez le bateau pour **Als**, qu'un pont routier relie aussi à **Sønderborg**, une grande ville à l'extrémité sud-est du Jutland, dont il vous restera toute la péninsule à découvrir...

Perles du nord de la Sjaelland

1 SEMAINE

Ce circuit simple et accessible inclut de belles plages, des vestiges royaux, des châteaux, des navires vikings et une architecture révolutionnaire.

Partez de **Roskilde**, au bord d'un fjord, où vous pourrez voir des drakkars et visiter la plus belle cathédrale du pays. Plus au nord, le magnifique Frederiksborg Slot surplombe la ville de **Hillerød**. Difficile de dire ce qui impressionne le plus, de l'intérieur baroque ou du jardin royal.

Pour profiter de la lumière du Nord et des joies de la baignade, direction les plages de **Tisvildeleje**. Hôtels balnéaires et sculptures sont aussi au programme, entre **Gilleleje** et **Hornbæk**, où la jeunesse dorée aime paresser au soleil. Plus loin sur la côte, le Kronborg Slot à **Helsingør** (Elseneur) est bien plus que le simple château d'Hamlet : ne ratez surtout pas son musée maritime. Un court trajet en voiture le long de la "Riviera danoise" vous ramènera à **Copenhague**.

EUGENE ANBALL/500PX ©

En haut : Copenhague à vélo (p. 42)

En bas : port de Svendborg (p. 183)

HPBDESIGN/SHUTTERSTOCK ©

Préparer son voyage

Activités de plein air

Cyclotourisme (12 000 km d'excellentes pistes cyclables traversant pour la majorité des paysages de campagne), canoë-kayak dans la région des lacs, pêche, planche à voile, surf, joies de la plage, randonnée dans les parcs nationaux et sur les sentiers qui sillonnent le pays : impossible de s'ennuyer au Danemark !

Les plus belles destinations de plein air

Meilleure période

De juin à août. Cloîtrés une grande partie de l'hiver, les Danois renaissent en été, troquant leur pâleur hivernale pour un joli hâle. Il peut aussi faire beau en mai et en septembre.

À vélo

Les 11 routes nationales sont idéales pour de longues balades ; les îles de Bornholm et d'Ærø se prêtent à de paisibles promenades. Pour un peu d'air frais, la zone boisée de Rold Skov dispose d'excellentes pistes de VTT.

À pied

Les falaises blanches des Møns Klint ou la bucolique région des lacs réservent de courtes promenades avec vue panoramique. Pour des randonnées plus longues, cap sur la Hærvej qui traverse le Jutland, ou l'Øhavsstien, qui inclut l'archipel de la Fionie méridionale.

Dans l'eau

Les plaisanciers affluent à Svendborg d'où ils ont tout un archipel à découvrir. Les plans d'eau et les rivières de la région des lacs (centre régional : Silkeborg) ravissent les amateurs de canoë, tandis que les sports de voile ont le vent en poupe sur la côte ouest, à Hvide Sande ou Klitmøller.

Cyclotourisme

Le Danemark est un paradis pour les cyclistes, grâce à plus de 12 000 km de pistes cyclables balisées et des routes de campagne relativement calmes serpentant au milieu de jolis paysages vallonnés.

Les Danois recourent massivement au vélo, comme moyen de transport au quotidien et pendant leurs vacances. Il faut dire qu'il existe 11 routes nationales en parfait état, ainsi qu'une myriade de routes régionales et cantonales, adaptées aux cyclistes du dimanche, y compris les familles avec enfants.

Les cyclistes danois bénéficient de droits d'ordinaire réservés aux automobilistes dans d'autres pays : pistes cyclables le long des principaux axes urbains et en centre-ville, panneaux de signalisation pour réguler la circulation à deux roues, râteliers à vélo devant les épiceries, les musées, les gares et bon nombre d'espaces publics. Cyclistes et automobilistes coexistent parfaitement.

En vous déplaçant à vélo, vous trouverez facilement à vous loger, qu'il s'agisse d'une auberge de campagne ou d'un camping. Vu la petite taille du Danemark, vous ne serez jamais bien loin d'un lit et d'une douche chaude.

Pour louer des vélos de qualité, préférez Copenhague et Aarhus, mais il est en général possible d'en louer dans toutes les villes. Sachez que le port du casque n'est pas obligatoire et que les vélos sont admis dans la plupart des trains, certains bus et tous les bateaux.

Pistes cyclables

Elles sont signalées par des panneaux bleus ornés d'un vélo blanc. De nombreuses pistes cyclables se croisent.

➡ **Routes nationales** Panneau rouge carré, numéro en blanc : impair pour les axes nord-sud et pair pour les axes est-ouest. Deux itinéraires font une boucle (n°10 et n°12).

➡ **Routes régionales** Panneau bleu, numéro en blanc (de 16 à 99).

➡ **Routes cantonales** Panneau bleu, numéro en blanc (100 à 999).

Préparation et informations

Pour découvrir au mieux le Danemark à vélo, munissez-vous d'une carte pour établir votre propre itinéraire. Il existe de bons circuits encadrés, mais ils sont chers.

Vous trouverez une carte du réseau cyclable danois sur le site officiel www.vejdirektoratet.dk, et pourrez télécharger vos itinéraires sur votre GPS et votre téléphone depuis www.denmarkbybike.dk. Le site de l'office du tourisme danois, Visit Denmark, propose l'appli Bike & Stay, qui identifie les itinéraires, lieux à visiter et campings autour de vous. I Bike CPH est l'appli dédiée de la ville de Copenhague.

Une série de 8 cartes de cyclotourisme à jour, à l'échelle 1:100 000 (149 DKK, en vente dans les offices du tourisme et sur le site de la Fédération danoise de cyclisme, www.1905.dk) couvre tout le pays. Elles sont accompagnées de livrets détaillant sites touristiques, hébergements et autres infos pratiques. Pour décider de votre itinéraire dans les grandes lignes, vous n'aurez besoin que de la grande carte des pistes cyclables du Danemark (échelle 1:500 000, 95 DKK). Elle n'est toutefois pas assez détaillée pour être utilisée sur le terrain.

Sites Web

Cyclistic (www.cyclistic.dk). Informations, recherche d'itinéraires et indications sur les curiosités et sites, hébergements, restaurants, etc.

Cycling Embassy of Denmark (www.cycling-embassy.dk). Informations et statistiques. Saviez-vous que 9 Danois sur 10 ont un vélo et que la circulation à vélo ne baisse que de 25% durant l'hiver ?

Dansk Cyklist Forbund (www.cyklistforbundet.dk). Portail de la Fédération danoise de cyclisme.

Denmark by Bike (www.denmarkbybike.dk). Ressources pour les cyclistes de tout niveau. Itinéraires directs et buissonniers, avis sur les cartes, conseils pour les familles...

Visit Denmark (www.visitdenmark.fr). Un bon point de départ, avec nombre d'informations dans la rubrique dédiée (y compris pour se déplacer avec des enfants). Le site détaille 26 itinéraires panoramiques, de 15 à 40 km, sur la côte est ou la côte ouest. Appli officielle Bike & Stay.

BORNHOLM À VÉLO

Le vélo est le moyen de transport idéal pour découvrir cette île magique en pleine mer Baltique. Plus de 230 km de pistes cyclables couvrent ses routes principales, traverse ses forêts, et longent ses anciennes voies ferrées et ses belles plages. Villages côtiers et églises médiévales rondes jalonnent les itinéraires. Les bonnes spécialités (et boissons) du coin vous récompenseront de vos efforts.

De Gudhjem à Østermarie, puis à Svaneke, vous passerez par des fabriques de chocolat, de caramels et de bonbons, des ateliers de fumage de poisson, des boutiques à la ferme, une laiterie et une microbrasserie.

Une brochure gratuite sur le cyclotourisme répertoriant les itinéraires de difficultés variables sur l'île est à disposition dans les offices du tourisme sur place.

Baignade

Malgré la température glaciale de l'eau presque toute l'année, la baignade en mer est agréable durant les mois les plus chauds (juillet et août). La qualité des plages est remarquable : eau propre, sable fin et grands espaces.

Généralement, la mer Baltique (côte est) affiche un ou deux degrés de plus que la mer du Nord (côte ouest). Sur la côte occidentale du Jutland, prenez garde aux courants. Sinon, la mer souvent calme rend la baignade accessible aux enfants.

En plus des kilomètres de plage (où que vous soyez au Danemark, vous

PISTES CYCLABLES NATIONALES

N°	NOM	DISTANCE	DESCRIPTION
1	Vestkystruten (route de la côte ouest)	560 km (goudronnée à 70%)	De Rudbøl (frontière allemande) à Skagen via la côte ouest battue par les vents du Jutland et le long de plages, d'estrans et de dunes (voir www.northseacycleroute.dk)..
2	Hanstholm-Copenhague	420 km (goudronnée à 80%)	Du port de pêche de Hanstholm (nord du Jutland) vers le sud-est par le centre du Jutland jusqu'à Ebeltoft. Le bateau Ebeltoft-Odden permet de reprendre la route du nord de la Sjaelland à Copenhague.
3	Hærvejsruten (la Hærvejen)	450 km (goudronnée à 78%)	De Skagen à Padborg (frontière allemande), le long de l'arête centrale du Jutland. Depuis Viborg, la piste suit le Hærvej, un chemin ancien (voir www.haervej.dk).
4	Søndervig-Copenhague	310 km (goudronnée à 90%)	De Søndervig sur la côte ouest du Jutland, à Hou à l'est, puis par bateau (via Samsø) jusqu'à Kalundborg. Traverse la Sjaelland vers l'est et se termine à Copenhague.
5	Østkystruten (route de la côte est)	650 km (goudronnée à 90%)	La piste la plus longue débute à Skagen et traverse le Jutland par la côte est jusqu'à Sønderborg.
6	Esbjerg-Copenhague	330 km (92%)	Départ de Esbjerg vers l'est via la Fionie et la Sjaelland jusqu'à Copenhague. Les vélos sont interdits sur le pont du Storebælt (18 km) reliant la Fionie à la Sjaelland.
7	Sjælland Odden-Rødbyhavn	240 km (goudronnée à 90%)	Piste familiale débutant à Odden (nord-ouest de la Sjaelland) et traversant le nord de Falster et Lolland vers le sud jusqu'à Rødbyhavn.
8	Sydhavsruten (route de la mer du Sud)	360 km (goudronnée à 95%)	Piste du sud du Danemark avec quelques passages d'île en île. Départ de Rudbøl, traversée du Jutland jusqu'à Als et le sud de la Fionie, Langeland, Lolland, Falster et enfin Møns Klint.
9	Helsingør-Gedser	290 km (goudronnée à 92%)	Piste reliée à la Suède et à l'Allemagne par ferry au départ (Helsingør) et à l'arrivée (Gedser). Suit la côte est de la Sjaelland avant de descendre au sud via Møn et Falster.
10	Bornholm Rundt (tour de Bornholm)	105 km (goudronnée à 90%)	Piste cyclable très prisée faisant le tour d'une île de rêve.
12*	Limfjordsruten (route de Limfjord)	610 km (goudronnée à 90%)	Piste longeant les deux rives du Limfjord (nord du Jutland), du Cattégat à la mer du Nord. Possibilité de prendre des raccourcis (bateaux ou pont) pour traverser le fjord.

*Note : il n'existe pas de route n°11.

ne serez jamais à plus de 52 km de la mer), nombre de villes disposent d'espaces aquatiques familiaux avec piscine chauffée (*svømmehal*). Ils proposent quantité d'autres activités (toboggan, Jacuzzi, sauna, aire de jeux, spa).

Les immenses parcs aquatiques sont ouverts l'été. Les plus fréquentés, Lalandia à Billund (p. 223), Lolland (p. 139) et Sommerland, sont rattachés à ces parcs d'attractions à Fårup près de Løkken, et dans la péninsule de Djursland (p. 246).

Sports nautiques

La côte sauvage venteuse à l'ouest du Jutland attire les véliplanchistes et les kitesurfeurs. Les bonnes conditions permanentes à Klitmøller (alias "Cold Hawaii") et Hvide Sande séduisent beaucoup de passionnés européens.

Ces deux villes accueillent de nombreuses compétitions chaque année et offrent de bons spots pour tous les niveaux. Les experts pourront s'attaquer aux vagues de la mer du Nord, tandis que les novices apprendront à maîtriser les bases dans les fjords intérieurs.

À Klitmøller comme à Hvide Sande, on peut louer du bon matériel et prendre des cours de planche à voile et de kitesurf. On peut aussi pratiquer le surf et le paddleboard. À Hvide Sande, il y a des cours de ski nautique avec remorquage par câble.

On peut aussi apprendre à surfer à Løkken, apprendre à faire du kitesurf ou dela planche à voile à Hornbæk, dans le nord de la Sjaelland ; à Balka, sur Bornholm ; à Marielyst sur Falster ou à Sønderstrand sur Røm.

Voile

Le littoral long (7 314 km) et varié du Danemark et ses 406 îles sont parfaits pour pratiquer la voile.

Les eaux protégées et ponctuées d'îles entre la côte est du Jutland et la Suède ont particulièrement la cote. La mer, la côte plus calme et les fjords placides associés à nombre de jolis ports aux rues pavées, souvent chargés d'histoire (avec plus de 350 marinas) font de la voile un bon moyen de découvrir le pays. Des voiliers et des bateaux à moteur équipés de tout

LES PLUS BELLES PLAGES

Nos auteurs ont sillonné le Danemark de long en large pour vous faire partager leurs destinations de baignade favorites.

Copenhague (Islands Brygge ; p. 65). Sans être à proprement parler une plage, cette piscine d'extérieur design se trouve au milieu du canal principal de Copenhague. Panorama sur la ville et esthétisme.

Sjaelland (Tisvildeleje ; p. 110). Bancs de sable, mer peu profonde et hôtels chics sur la Riviera danoise, dans le nord de la Sjaelland.

Møn, Falster et Lolland (Marielyst, Falster ; p. 141). D'interminables plages de sable pour des vacances familiales.

Bornholm (Dueodde ; p. 152). Longues plages de sable fin, beau ciel et forêt nordique en toile de fond.

Fionie (Vesterstrand, Ærø ; p. 193). Pour nager ou admirer le coucher du soleil entre des cabines de plages colorées près d'Ærøskøbing.

Sud du Jutland (Rømø ; p. 206). De vastes espaces déserts sur la côte ouest et des activités sportives décoiffantes dans le Sud.

Centre du Jutland (Hvide Sande ; p. 222). Un cocktail de vents et de kitesurf en mer du Nord.

Nord du Jutland (Skagen ; p. 262). Vents forts et sables mouvants à l'ouest, eaux calmes pour les familles à l'est, et partout, un dégradé de bleus, source d'inspiration pour les artistes.

LA BONNE SAISON

Si vous comptez profiter du grand air au Danemark, mieux vaut avoir en tête quelques informations. On dit que le Danemark possède deux saisons, l'hiver blanc et l'hiver vert. Sans être si malveillant, il est certain que le temps peut être capricieux. L'été prend en principe ses quartiers de la mi-juin à la mi-août. Il y a alors suffisamment de voyageurs pour assurer des départs réguliers de croisières ou des cours fréquents de planche à voile par exemple. Un vaste choix d'activités s'offre à vous durant ces deux mois. En fonction de la météo et de la demande, beaucoup d'organismes peuvent ouvrir de mai à mi ou fin septembre.

Et en hiver ? Le Danemark n'est pas une destination pour les mordus de sports d'hiver, le point culminant du pays se situant à 171 m ! Cela ne veut pas dire que les Danois n'aiment pas les sports de glisse, mais beaucoup d'entre eux se rendent en Norvège pour les pratiquer.

le nécessaire pour la sécurité, la vie à bord et la navigation se louent à des tarifs très variables selon la saison et la taille de l'embarcation.

Scancharter (www.sea-travel.com) et **JIM Søferie** (www.jim-soeferie.dk) affrètent des voiliers. Vous trouverez quelques suggestions de circuits sur le site Internet de ce dernier. Sinon, les principales villes de la côte sud de Fionie proposent des croisières dans l'archipel de la Fionie méridionale. Svendborg est un excellent centre de plaisance.

Canoë-kayak

La longue bande côtière, les fjords, les fleuves et les lacs se prêtent à la pratique du canoë-kayak. Seuls manquent les rapides dans ce pays dépourvu de montagnes.

Les fleuves Gudenå (Jutland) et Suså (Sjaelland) sont les plus belles destinations pour pagayer. Les charmantes forêts et les cours d'eau paisibles de la région prisée des lacs (centre du Jutland) sont idéaux pour s'adonner au vélo, à la randonnée et surtout au canoë-kayak. Vous trouverez embarcations et équipement de location à Silkeborg. Les lacs ne présentent pas de difficultés particulières, mais avoir un peu d'expérience est un avantage.

Les criques, baies et péninsules des fjords danois peuvent aussi se découvrir en pagayant. C'est le cas du Limfjorden (nord du Jutland) et des fjords de la Sjaelland : Roskilde, Holbæk et Isefjord. Traverser le bras de mer du Svendborg en kayak est une expérience à part entière.

Randonnée

Le petit Danemark compte peu de régions sauvages et reculées (surtout par rapport à ses voisins, plus grands et montagneux) et la marche n'est pas aussi répandue que le vélo. Elle reste toutefois appréciée et tous les offices du tourisme régionaux sauront vous indiquer les chemins de randonnée alentour.

Dans le Jutland, de pittoresques sentiers traversent la zone boisée de Rold Skov ainsi que les parcs nationaux de Mols Bjerge et de Thy, sans oublier la bucolique région des lacs.

L'Øhavsstien (sentier de l'archipel ; p. 179) est un sentier de grande randonnée (220 km) couvrant la Fionie et les îles jusqu'au sud. Il serpente de l'ouest à l'est de la Fionie par la côte sud puis traverse le nord de Langeland. Le dernier joli tronçon de 36 km parcourt la campagne d'Ærø.

Le **Camønoen** (www.camoenoen.dk), un réseau de sentiers pédestres très bien aménagé, attire de plus en plus de randonneurs à Møn.

On peut faire des balades plus courtes au pied des falaises calcaires des Møns Klint, le long de la côte à Stevns Klint, sur la langue de sable de Grenen, le point le plus au nord du pays, au cœur des bruyères d'Hammeren, au nord de Bornholm, et sur le sommet de l'Himmelbjerget, qui culmine à… 147 m (presque un record pour le Danemark).

Préparer son voyage

Voyager avec des enfants

Le Danemark est une destination de choix pour un séjour familial, surtout l'été. Outre les parcs d'attractions, les zoos et les plages, les commerçants se mettent en quatre pour attirer les tribus, et il est rare que les enfants s'ennuient.

Le Danemark pour les enfants

L'entrée de la plupart des musées est gratuite pour les enfants. Expositions et autres activités destinées à distraire les petits sont prévues un peu partout.

N'hésitez pas à vous adresser aux offices du tourisme locaux : toutes les régions ont des attractions pour les bambins, qu'il s'agisse d'immenses centres aquatiques couverts, d'aires de jeux ou de mini-fermes.

Les grands parcs thématiques et parcs animaliers ne sont pas donnés, mais des forfaits sont souvent proposés aux familles. Et pour s'amuser sans bourse délier, à vous les plages, les parcs et les aires de jeux !

À ne pas manquer avec des enfants

Bouillon de culture

Copenhague Le Nationalmuseet (p. 45) compte une excellente galerie pour enfants. Une aile leur est entièrement dédiée au Louisiana (p. 93), où ils sont invités à laisser libre cours à leur fibre artistique.

Sjaelland À Roskilde, le superbe musée des Bateaux vikings (p. 113) expose 5 drakkars à côté

Les meilleures destinations

Copenhague

Parc d'attractions de Tivoli (p. 45), ours polaires au zoo (p. 61) et poissons multicolores à Den Blå Planet (p. 95).

Møn, Falster et Lolland

Falaises de craie et centre géologique (p. 136) de Møn, plages et village médiéval (p. 139) de Falster, parc safari (p. 142) et parc aquatique (p. 144) de Lolland.

Fionie

Odense, la ville natale d'Hans Christian Andersen (p. 166). À y voir également : un château entouré de douves (p. 182), recelant des labyrinthes, et un fort des années 1950, avec ses bunkers et ses navires de guerre (p. 191).

Jutland

Legoland® Billund, pays de la brique en plastique (p. 224) et la maison Lego (p. 223). Il y a aussi juste à côté un parc aquatique, un parc animalier en mode safari, d'autres parcs à thèmes et on peut faire du canoë. Un peu plus au nord, des longues plages de sable bordées de dunes, et un immense aquarium (p. 229) pour plonger au cœur de la vie sous-marine.

d'un atelier de construction traditionnelle, et propose des tours de bateau sur le fjord. Le Musée maritime du Danemark (p. 97) d'Helsingør (M/S Museet for Søfart) organise de bonnes expos interactives.

Centre du Jutland Le musée d'art d'Aarhus (p. 233) ravira les plus jeunes avec sa gigantesque sculpture *Boy* et sa promenade arc-en-ciel sur le toit. La galerie "Histoire de l'enfance" du Kvindemuseet (p. 234) et ses expositions interactives s'adresse à toute la famille.

Parcs de loisirs

Copenhague Tivoli (p. 45) est un fabuleux mélange de manèges, de jardins, de buvettes, de stands de fête foraine et de spectacles en plein air. Bakken (p. 95), son parent pauvre, offre néanmoins la garantie d'une bonne dose de divertissement à l'ancienne.

Møn, Falster et Lolland Lalandia (p. 224), à Lolland, est bien plus que le simple "parc aquatique" annoncé.

Centre du Jutland Legoland® Billund (p. 224) est la star des parcs d'attractions danois, rejoint par Lalandia (p. 224) non loin de là. À Aarhus, Tivoli Friheden (p. 238) propose manèges et jeux, et Djurs Sommerland (p. 248) est un parc aquatique doublé d'un parc d'attractions.

Nord du Jutland L'équivalent de Djurs Sommerland dans le nord est Fårup Sommerland (p. 268) est aussi populaire.

Rencontres animalières

Copenhague Le zoo (p. 61) accueille une foule d'animaux dans de jolies pavillons conçus par de grands architectes. Notez le tunnel en verre qui permet de "plonger" en compagnie d'un ours polaire. Den Blå Planet (p. 95) est un aquarium de qualité.

Møn, Falster & Lolland Le parc animalier de Knuthenborg (p. 142) se vit comme un safari africain (les fortes chaleurs en moins).

Bornholm Le Sommerfuglepark (p. 153) abrite plus de 1 000 papillons dans une moiteur de jungle.

Fionie Le zoo d'Odense (p. 167) invite les jeunes explorateurs en Afrique.

Centre du Jutland Afrique, Asie, Amérique du Sud... le zoo tropical de Randers Regnskov (p. 249) vous emmène en voyage. Au Skandinavisk Dyrepark (p. 249), découvrez toute une variété d'espèces scandinaves, dont des ours polaires et des ours bruns. À Silkeborg, Aqua (p. 229) abrite des poissons par milliers et d'adorables otaries.

Nord du Jutland Aalborg possède un bon zoo (p. 255), et Hirtshals abrite l'un des plus grands aquariums du nord de l'Europe (p. 267).

Voyage dans le temps

Campements vikings, villages médiévaux... les Danois adorent rejouer l'histoire dans une multitude de musées en plein air.

Sjaelland Le centre archéologique expérimental de Sagnlandet Lejre ("Terre de légende", p. 118) est fascinant. Au Danmarks Borgcenter (p. 125), les enfants pourront découvrir les châteaux et les rois du Moyen Âge sur des tablettes numériques.

Møn, Falster et Lolland Middelaldercentret (p. 139), sur Falster, est une reconstitution d'un village médiéval du début du XVe siècle.

Bornholm Une autre reconstitution de village médiéval, avec son fort, est à découvrir au Bornholms Middelaldercenter (p. 159).

Fionie Den Fynske Landsby (p. 167) est un village rural à l'ancienne, fidèlement recréé avec costumes et animaux de ferme de rigueur.

Sud du Jutland Plongez dans l'ère viking au VikingeCenter (p. 210) de Ribe, la plus vieille ville du pays. Pour conclure la journée, joignez-vous à la ronde du veilleur de nuit (p. 218).

Centre du Jutland Den Gamle By ("la Vieille Ville", p. 233), à Aarhus, est un pittoresque musée en plein air. Une ferme viking complète la forteresse circulaire d'Hobro (p. 252).

Les joies du grand air

Copenhague Amager Strandpark (p. 66) est un lagon artificiel, bordé de plusieurs hectares de plages de sable. Avec ses installations récréatives et ses eaux peu profondes, c'est un endroit idéal pour les enfants. Par ailleurs, il est inconcevable de visiter Copenhague sans s'offrir une croisière sur le canal (p. 65).

Sjaelland Le musée des Bateaux vikings (p. 113) de Roskilde propose des croisières sur le fjord. L'été, les superbes plages du nord de la Sjaelland constituent un terrain de jeu de choix.

Møn, Falster & Lolland Marielyst (p. 140), sur Falster, est une station balnéaire familiale où les activités nsont nombreuses. Découvrez les Møns Klint ("falaises de Møn", p. 136) en calcaire à l'occasion d'un tour en bateau.

Bornholm Avec ses eaux calmes et peu profondes, la longue plage de Dueodde (p. 152) est idéale pour les familles.

Fionie Le parc de l'Egeskov Slot (p. 182) est un remède contre l'ennui. À Svendborg, on profite de la forêt (p. 183) pour s'offrir une aventure en Accrobranche.

Sud du Jutland Le parc national de la mer des Wadden (p. 208) propose une découverte des vasières à marée basse. Pour les plus grands, c'est adrénaline garantie sur la plage sud de Rømø (p. 206) grâce à diverses activités sportives.

Centre du Jutland Faire du canoë et camper dans la région des lacs (p. 228) est une expérience familiale dont on se souvient longtemps avec bonheur.

Nord du Jutland Des plages à foison et d'imposantes dunes de sable à Rubjerg Knude (p. 268) et Råbjerg Mile (p. 262), et une promenade jusqu'à la pointe septentrionale du Danemark (p. 263) à bord d'un bus-tracteur.

Préparer son voyage

Transports

➡ Avoir son propre véhicule facilite la vie, mais les transports publics ne sont pas à écarter pour autant – les enfants de moins de 12 ans voyagent gratuitement sur le réseau ferroviaire à condition d'être accompagnés d'un adulte avec un billet plein tarif (jusqu'à deux enfants par adulte).

➡ Des vacances à vélo sont envisageables avec de grands enfants, les routes étant plates et les distances entre villes raisonnables. Les grandes enseignes de location de vélos proposent des remorques et des vélos pour enfants.

Sites Web

Les portails officiels visitdenmark.fr et visitcopenhagen.com proposent des rubriques consacrées aux vacances en famille – liste d'attractions, restaurants adaptés aux enfants, aires de jeux de la capitale, etc.

Quand partir

La meilleure période pour visiter le Danemark est de mai à septembre. Les petits Danois sont en vacances de la fin juin à la mi-août. Côté avantages : le beau temps est généralement de la partie, toutes les attractions et activités battent leur plein, et vos enfants trouveront aisément de nouveaux amis. Côté inconvénients : les plages et les attractions sont bondées, et les campings et les auberges de jeunesse sont très demandés (et font payer le prix fort).

Où se restaurer

En général, les restaurants danois accueillent les enfants à bras ouverts. À peu près tous sont équipés de chaises hautes, la plupart proposent un *børnemenu* (menu enfant) ou acceptent de servir des portions adaptées. Certains ont même des aires de jeux. À retenir, deux chaînes de restaurants à l'atmosphère familiale : **Jensen's Bøfhus** (www.jensens.com) pour leurs steaks, et **Bone's** (www.bones.dk) pour leur carte d'inspiration américaine. Toutes deux proposent des menus enfant et un bar à glaces à volonté. Il y a aussi de grands *food halls.*

Si vous optez pour un hébergement équipé d'une cuisine, vous trouverez de tout dans les supermarchés, mais ne vous laissez pas surprendre pas leurs horaires "réduits". Les bons coins pique-nique sont légion.

Où se loger

À la haute saison (mi-juin à mi-août) les campings sont à la fête. La plupart proposent un programme d'animation et d'activités pour enfants.

Les auberges de jeunesse sont parfaitement adaptées et ouvertes aux familles : les chambres comptent souvent jusqu'à 6 couchages (lits superposés), et on y trouve une cuisine et un salon communautaires. Les séjours à la ferme offrent l'occasion de se mettre au vert et/ou de mettre la main à la pâte.

Dans les stations balnéaires, on trouve des maisons de vacances à louer à bon prix. Dans les villes vidées de leurs habitants par l'exode estival, les hôtels d'affaires baissent leurs prix et équipent leurs chambres de lits superposés.

Les régions en un clin d'œil

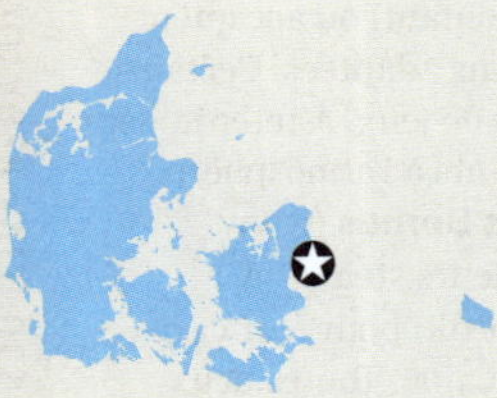

Copenhague

Gastronomie
Design
Musées et galeries

Entre avant-gardisme et tradition culinaire

Copenhague est une destination gastronomique très courue, grâce à des chefs visionnaires concoctant des plats à l'inimitable identité nordique. Mais pour découvrir les grands classiques de la cuisine danoise, rien de tel que les cafés et les restaurants traditionnels.

À la pointe du design

Découvrez les prouesses architecturales que sont l'extension de la Bibliothèque royale et l'Operaen et arpentez les musées consacrés aux tendances locales qui ont révolutionné le monde du design.

Amateurs de culture

Pour un bref aperçu de l'histoire du Danemark, direction le Nationalmuseet ; pour la crème des beaux-arts, visitez le Statens Museum for Kunst et la Ny Carlsberg Glyptotek. Offrez-vous un bol d'art contemporain dans la banlieue proche de la capitale avec quelques petits bijoux modernes, avant de franchir la porte des superbes galeries et musées de la ville.

p. 42

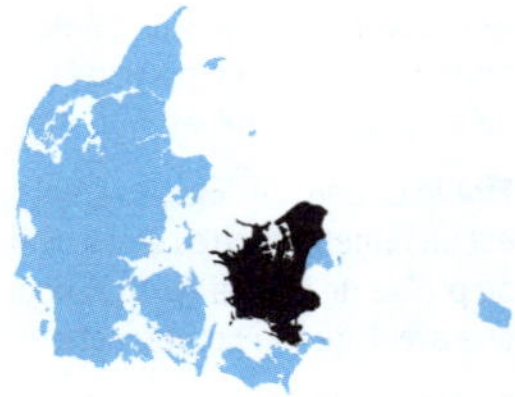

Sjaelland

Châteaux
Histoire viking
Plages

Faste royal

La plupart des visiteurs se précipitent à Helsingør pour voir le Kronborg Slot, imposant château où Shakespeare situa *Hamlet*. N'oubliez pas pour autant le Frederiksborg Slot, superbe exemple d'architecture Renaissance flamande. Quant au Dragsholm Slot, il mêle avec bonheur beauté architecturale et gastronomie.

Retour à l'ère viking

Émerveillez-vous devant les bateaux vikings de Roskilde, sondez les mystères de la forteresse circulaire de Trelleborg, et replongez à l'âge du fer au Centre archéologique, près de Lejre.

Escapades côtières

La côte nord de la Sjaelland est ourlée de splendides plages de sable blanc. L'été, les rues de Hornbæk et de Tisvildeleje sont prises d'assaut par les vacanciers. Des sentiers côtiers conduisent aux Stevns Klint, de spectaculaires falaises, ainsi qu'à un musée sur la guerre froide dans un blockhaus.

p. 96

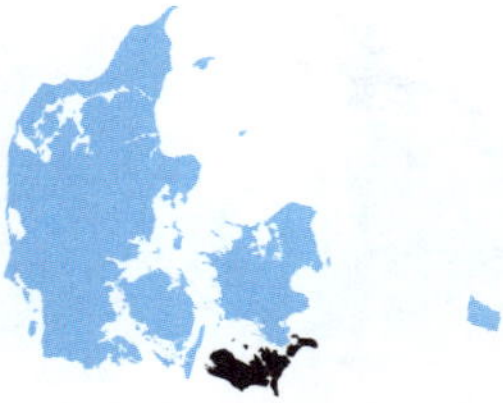

Møn, Falster et Lolland

Paysages
Attractions familiales
Art et artisanat

L'autre plat pays

Comparé au reste du Danemark, Møn et ses imposantes falaises de craie culminant à 128 m au-dessus d'une eau de jade, détonnent. Il s'agit de l'un des paysages emblématiques du Danemark, à découvrir à l'occasion d'un tour en bateau ou d'une randonnée.

Sorties en famille

Ce trio d'îles à dominante agricole attire aussi des familles. Rien d'étonnant, avec une zone d'activités dédiée sur la plage, la reconstitution d'un village médiéval, un parc aquatique et un très chouette parc safari.

Art insulaire

Møn exerce un attrait sans pareil sur les artistes et les potiers, inspirés par ses falaises, son littoral et ses sols argileux. Diverses galeries exposent leurs travaux, et des œuvres d'un autre temps sont à découvrir dans de vieilles églises ornées de fresques.

p. 130

Bornholm

Plages
Gastronomie
Vélo

À la plage !

Cet avant-poste de la Baltique est bordé de plages, dont Dueodde est la vedette. Son sable est si fin qu'il servait autrefois à l'élaboration de sabliers et de buvards.

À table !

Anciens ateliers de fumage de poisson, produits bio de première qualité, tables gastronomiques (Kadeau a reçu une étoile Michelin) et artisans toujours plus nombreux à régaler les visiteurs de leurs délices variées (crèmes glacées, caramels, jambons, bières artisanales, etc.) : cette île est une véritable corne d'abondance !

À bicylette

Plus de 230 km de pistes cyclables longent les routes, forêts, anciennes voies ferrées et plages de l'île. Sillonnez ses paysages légèrement ondulants à la découverte de pittoresques villages côtiers et d'églises médiévales circulaires, puis goûtez aux excellents produits locaux pour vous récompenser de vos efforts.

p. 146

Fionie

Châteaux
Contes de fées
Îles

Terre de châtelains

Des dizaines de châteaux et de manoirs parsèment la Fionie. Le plus imposant est l'Egeskov Slot, avec ses douves et son pont-levis. Les soirs d'été, des feux d'artifice ajoutent à la féerie du lieu. Le château de Broholm est aussi un hôtel.

Il était une fois...

... un enfant né à Odense en 1805, d'un père cordonnier et d'une mère blanchisseuse. Devenu grand, il écrivit des contes de fées connus et acclamés dans le monde entier. Odense n'en finit pas de rendre hommage à Hans Christian Andersen, en lui consacrant des musées.

Tournée des îles

Ce ne sont pas les îles qui manquent, dans la région (on en compte pas moins de 90 !). Certaines sont habitées, d'autres n'abritent que des oiseaux, des lapins ou des cerfs. Voguer d'île en île en ferry ou en voilier est une expérience iodée des plus plaisantes, comme l'est la visite de l'idyllique Ærø.

p. 164

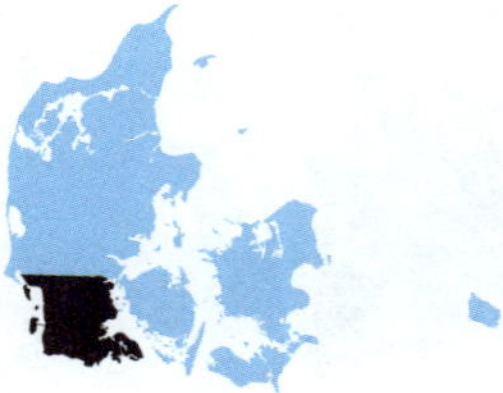

Sud du Jutland

Villages historiques
Nature
Design

Décors de carte postale

Envie de maisons aux toits de chaume, de jardins fleuris, et de rues pavées bordées de boutiques, de galeries et de cafés ? Inscrivez Ribe, la plus ancienne ville du Danemark, Møgeltønder et l'île de Fanø à votre programme.

Paradis ornithologique

Les vasières du parc national de la mer des Wadden, qui longe la côte ouest du Jutland, sont un formidable terrain d'exploration. Au gré des marées, vous pourrez y observer des phoques, y ramasser des huîtres (l'hiver) et contempler les oiseaux à loisir.

Destinations design

Découvrez le formidable musée du Design d'Esberg, une création d'Utzon située en périphérie de Kolding. À Tønder, les amateurs de design seront conquis par la collection de chaises signée Wegner, exposée dans un ancien château d'eau.

p. 197

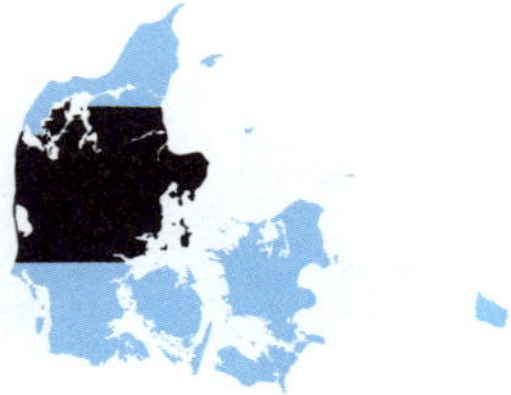

Centre du Jutland

Activités
Attractions familiales
Art

Soif de grand air

La région des lacs est idéale pour le canoë et la randonnée ; la côte ouest est parfaite pour la planche à voile et le kitesurf ; et la forêt de Rold Skov est le paradis du VTT. Aarhus est à découvrir sur un vélo de ville, et le Djursland déroule des plages immaculées.

Legoland® et compagnie

À Billund, berceau de Lego, la brique en plastique est célébrée de toutes les manières possibles. Il y a une une forêt tropicale artificielle à Aarhus et le Djursland est une destination de choix avec ses zoos et ses parcs d'attractions.

Art moderne

Ne manquez pas *Your Rainbow Panorama*, l'installation perchée sur le toit du musée ARoS, à Aarhus. Admirez de prodigieux vitraux à Ebeltoft, découvrez l'œuvre d'Asger Jorn à Silkeborg et initiez-vous à l'art conceptuel à Herning.

p. 219

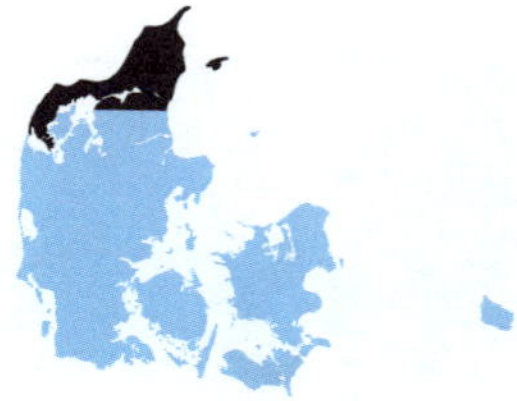

Nord du Jutland

Paysages
Plages
Gastronomie

Flamboyante Dame Nature

Météo imprévisible, lumière aveuglante, vents impétueux, eaux rugissantes... rien d'étonnant à ce qu'écrivains et artistes trouvent l'inspiration ici.

Plages

Avec ses longues étendues sablonneuses – parfois venteuses et houleuses à l'ouest, plus abritées à l'est –, le nord du Jutland est plébiscité par les estivants. Tout au nord, Skagen est un concentré de plaisirs de bord de mer, même si les surfeurs se tournent plus volontiers vers les célèbres vagues de Løkken et Klitmøller.

Prise du jour

Que ce soit à la *røgeri* (atelier de fumage) d'Hanstholm, dans les buffets du port de Sæby ou dans les restaurants chics de Skagen et des alentours d'Aalborg, pas de doute : le poisson – d'une fraîcheur inégalée – est roi.

p. 253

Sur la route

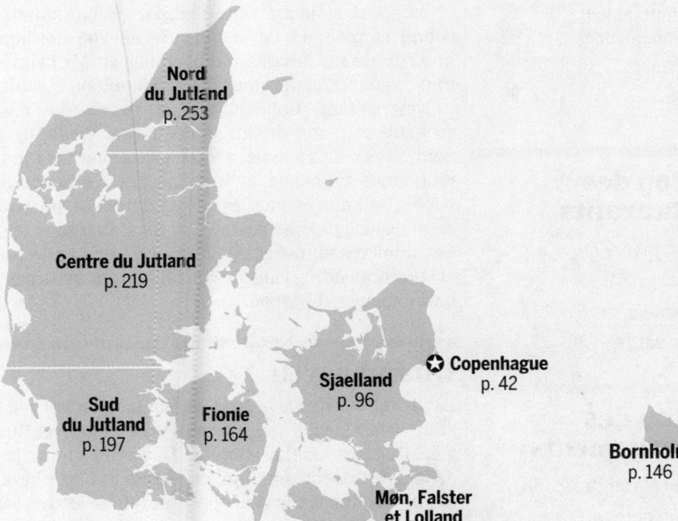

Nord
du Jutland
p. 253
Centre du Jutland
p. 219
Sud
du Jutland
p. 197
Fionie
p. 164
Sjaelland
p. 96
Copenhague
p. 42
Bornholm
p. 146
Møn, Falster
et Lolland
p. 130

Copenhague

1,3 MILLION D'HABITANTS / 1 980 KM²

Dans ce chapitre ➡

Le top des restaurants

- Kadeau (p. 77)
- Høst (p. 75)
- Schønnemann (p. 73)
- Paté Paté (p. 80)

Le top des hébergements

- Hotel Alexandra (p. 68)
- Hotel Nimb (p. 69)
- Babette Guldsmeden (p. 70)
- Hotel Danmark (p. 69)
- Ibsens Hotel (p. 68)

Pourquoi y aller

De toutes les villes nordiques, Copenhague est la plus branchée. Plus audacieuse que Stockholm, plus sophistiquée qu'Oslo, la capitale danoise apporte à la Scandinavie ce petit quelque chose en plus. Les magazines de design ne jurent que par l'élégance industrielle de ses bars, son sens de la mode et sa scène culinaire novatrice. Le Noma, mondialement connu et pionnier de la nouvelle cuisine nordique, n'est que l'un de ses 14 restaurants étoilés au Michelin – plutôt impressionnant pour une ville de 1,3 million d'habitants !

Pour autant, Copenhague ne se résume pas à ses cocktails et à son design géométrique. Vieille de presque neuf siècles, la capitale royale collectionne les musées de renommée mondiale et les paysages féeriques. Ses rues pavées, sillonnées par les vélos, dévoilent un patchwork de maisons aux tons pastel, d'ateliers d'artisans et de cafés aux lumières tamisées. Ajoutez à cela une taille compacte, et vous obtiendrez l'une des combinaisons urbaines les plus harmonieuses d'Europe.

Quand partir

La période entre mai et août est indéniablement la meilleure pour visiter la ville : les journées sont longues et l'ambiance gaie. Diverses manifestations – Distortion (juin), le festival de jazz de Copenhague (juillet), Strøm et Copenhagen Pride (août) – donnent à la ville une atmosphère festive. Mais c'est en été que les touristes sont les plus nombreux et que les hébergements coûtent le plus cher. En outre, nombre des meilleurs restaurants ferment pendant plusieurs semaines en juillet-août.

Avec ses feuillages écarlates et son programme culturel, l'automne séduit également les visiteurs, tandis qu'entre fin novembre et décembre, la ville lutte contre le froid à coup de marchés de Noël, d'illuminations scintillantes et de *gløgg* (vin chaud).

Histoire

Copenhague fut fondée en 1167 par l'évêque Absalon, qui fit ériger un château sur l'île de Slotsholmen et fortifier un petit village au bord de l'eau. La localité gagna en importance et prit le nom de Købmændenes Havn (port des marchands), ultérieurement abrégé en København. La forteresse d'Absalon résista jusqu'en 1369, avant d'être détruite lors de l'attaque de la ville par la puissante Ligue hanséatique.

En 1376, la construction d'une nouvelle forteresse – le château de Copenhague – débuta à Slotsholmen. Le roi Erik de Poméranie s'y installa en 1416, lui donnant pour la première fois le rôle de capitale du Danemark.

Il fallut pourtant attendre la première partie du XVIIe siècle, avec le règne de Christian IV, pour que la ville se pare de sa splendeur actuelle. Grand admirateur de la Renaissance, le souverain entama un ambitieux projet de construction, faisant ériger deux nouveaux châteaux et nombre d'édifices majestueux, dont l'observatoire de la Rundetårn et la splendide Børsen, la première Bourse d'Europe.

En 1711, la peste bubonique amputa Copenhague d'un tiers de sa population qui comptait alors 60 000 habitants. En 1728 puis en 1795, deux terribles incendies détruisirent de vastes zones de la ville, ainsi que l'essentiel de ses édifices en bois. Pourtant, le pire fléau infligé à la capitale fut probablement le bombardement britannique de 1807, durant les guerres napoléoniennes. Concentrée sur le centre-ville, l'attaque fit de nombreuses victimes civiles et mit le feu à des centaines de maisons, d'églises et d'édifices publics.

Copenhague connut un nouvel essor aux XIXe et XXe siècles, dépassant ses fortifications d'origine et s'imposant comme un centre réputé en matière de culture, de libéralisme politique et d'art. Durant la Seconde Guerre mondiale, la ville traversa de nouvelles heures sombres, même si elle ressortit à peu près indemne de l'occupation nazie.

Pendant la guerre et la crise économique qui l'avait précédée, de nombreux quartiers s'étaient détériorés jusqu'à devenir des bidonvilles. Adopté en 1948, un ambitieux projet de rénovation urbaine baptisé Egnsplan ("plan des doigts") permit de redynamiser une grande partie de la capitale, créant de nouveaux ensembles résidentiels, entrecoupés d'espaces verts et d'infrastructures de loisirs s'étirant tels les doigts de la main depuis le centre-ville.

Dans les années 1960, désabusée, en colère contre le matérialisme croissant, la course à l'armement nucléaire et l'autoritarisme du système éducatif, la jeunesse de Copenhague se souleva. Des manifestations étudiantes éclatèrent sur le campus de l'université et des bâtiments vacants furent occupés aux quatre coins de la ville. Le mouvement culmina en 1971, quand des manifestants abattirent la clôture d'un camp militaire désaffecté à l'est de Christianshavn et s'installèrent sur ce site de 41 ha, rebaptisé Christiania.

Au cours des dernières décennies, d'importants projets d'infrastructures, une vague d'initiatives innovantes et un urbanisme éclairé ont contribué à faire passer Copenhague du statut de capitale scandinave provinciale à celui de créatrice de tendances à l'échelle planétaire. Elle est d'ailleurs toujours classée parmi les meilleures en matière de qualité de vie ; en 2016, le très influent magazine new-yorkais *Metropolis* l'a élue ville la plus agréable à vivre dans le monde. La capitale danoise, déjà à la pointe pour la place accordée à l'éolienne, au chauffage urbain et au vélo, s'est par ailleurs fixé un objectif ambitieux : être en 2025 la première ville du monde neutre en carbone.

À voir

L'une des grandes qualités de Copenhague est sa taille. Presque tous les sites majeurs – jardins de Tivoli, Nationalmuseet, Statens Museum for Kunst, Ny Carlsberg Glyptotek, Christiansborg, Christiania, Nyhavn, Marmorkirken, Amalienborg et Rosenborg – sont regroupés dans le centre médiéval ou à proximité. Seule la Petite Sirène, quelque peu décevante, est installée en dehors de la ville à proprement parler, sur le front de mer.

Centre-ville

Idéal à explorer à pied, le centre-ville s'étend des jardins de **Tivoli** à **Kongens Nytorv** et au quartier de Nyhavn (p. 52), au bord du canal. Traversant le centre d'ouest en est, **Strøget** est une longue enfilade de cinq rues piétonnes et commerçantes clinquantes. Elle commence sur **Rådhuspladsen**, une place animée parsemée de statues où se dressait jadis la porte ouest de Copenhague. Au nord de Strøget se trouve le charmant **Quartier latin** (carte p. 48 ; bus 5C, 6A, 14, M Nørreport, S Nørreport), qui doit son surnom à l'ancien campus de l'**université de Copenhague**

À ne pas manquer

1 Une visite au **Nationalmuseet** (page ci-contre) pour tout savoir de la trépidante histoire des Vikings.

2 Une excursion au **Louisiana** (p. 93), extraordinaire musée d'art moderne et contemporain.

3 Une dégustation des produits artisanaux et de saison au marché **Torvehallerne KBH** (p. 72).

4 La découverte ou la redécouverte de grands classiques de l'art dans le superbe **Ny Carlsberg Glyptotek** (page ci-contre).

5 Les délices des **jardins de Tivoli** (page ci-contre), un parc d'attractions rétro.

6 Le décor de conte de fées du magnifique palais Renaissance de **Rosenborg Slot** (p. 47).

7 Une balade dans **Christiania** (p. 56), quartier hippie à l'atmosphère libertaire.

8 L'impressionnante collection de peintures du **Statens Museum for Kunst** (p. 47), le plus grand musée d'art du Danemark.

9 La phénix architectural de Copenhague, **Christiansborg Slot** (p. 54).

10 La dégustation de **merveilles culinaires** dans des restaurants tels que le **Kadeau** (p. 77).

(fondée en 1479), où le latin était jadis largement parlé. Vous y découvrirez de nombreux sites historiques, des façades anciennes aux couleurs pastel et des recoins de cartes postales, comme la **Gråbrødretorv** (place des Frères Gris), datant du milieu du XVIIe siècle. Pour une vue panoramique sur la ville, grimpez au sommet de la Rundetårn

(p. 46), la plus ancienne tour d'observation encore opérationnelle en Europe. Au nord du Quartier latin se trouvent les parcs et collections d'art de Nørreport (p. 47). Au sud de Strøget, traversez le canal pour gagner le secteur de Slotsholmen (p. 54), qui abrite de nombreuses curiosités.

♥ Jardins de Tivoli — PARC D'ATTRACTIONS

(carte p. 48 ; ☎33 15 10 01 ; www.tivoli.dk ; Vesterbrogade 3 ; adulte/-8 ans lun-ven 135/60 DKK, sam-dim 145/60 DKK ; ⏲11h-22h dim-jeu, 11h-minuit ven-sam fin avr à fin sept, horaires réduits le reste de l'année ; 👪 ; 🚌2A, 5C, 9A, 12, 14, 26, 250S, Ⓢ København H). Ces délicieux jardins de 1843 invitent à la rêverie avec leurs manèges, pavillons scintillants, jeux de fête foraine et spectacles en plein air. Chevauchez les **montagnes russes** centenaires, profitez du fameux **feu d'artifice** du samedi soir, ou imprégnez-vous simplement de l'ambiance féerique du lieu.

Le soir, les jardins de Tivoli sont particulièrement romantiques – les guirlandes s'allument, les activités culturelles se multiplient et la tour de l'horloge du Rådhus s'élève vers la lune comme dans un classique de Disney.

En été, allez-y le vendredi à partir de 22h, lorsque la scène en plein air Plænen accueille des concerts gratuits de groupes de rock danois (voire d'une superstar internationale) – arrivez tôt si c'est une grosse tête d'affiche qui joue.

Les nombreuses scènes de spectacle ont chacune leur personnalité. La plus connue est probablement le théâtre de pantomime en plein air, construit en 1874 par l'architecte copenhagois Vilhelm Dahlerup, également à l'origine du Théâtre royal. Quant à la vaste salle de concert, elle accueille des orchestres symphoniques internationaux, des compagnies de ballet et des musiciens réputés. Si les nombreuses représentations en plein air sont gratuites, les spectacles en intérieur sont généralement payants – consultez le site Internet pour tout savoir sur les lieux, la programmation et les tarifs.

Les tickets pour les manèges coûtent 30 DKK (certaines attractions en nécessitent trois), ce qui rend le forfait illimité, sous forme de bracelet (245-295 DKK), plus intéressant la plupart du temps.

En dehors de la saison estivale, les jardins de Tivoli ouvrent pendant trois semaines autour d'Halloween, et de mi-novembre à début janvier pour Noël. Horaires sur le site Internet.

♥ Ny Carlsberg Gl

(carte p. 48 ; ☎33 41
Dantes Plads 7, HC An
115 DKK/gratuit, mar
10h-21h jeu ; 🚌1A, 2A,
l'architecture fin d
tisme artistique.
le musée héberge
d'objets antiques
ainsi qu'une collec
et français du XI
Cette dernière compte le plus grand nombre de sculptures de Rodin hors de France, et quelque 47 tableaux de Gauguin. Des toiles de Cézanne, Van Gogh, Pissarro, Monet et Renoir y sont également exposées.

Au cœur du musée, un ravissant jardin d'hiver coiffé d'une coupole abrite des palmiers et un magnifique café, particulièrement bienvenu durant l'hiver danois.

Dans l'auditorium du musée, jalonné de statues de patriciens romains grandeur nature, les visiteurs peuvent assister à des concerts de musique classique en août et septembre (environ 170 DKK). Les concerts débutent généralement à midi le dimanche.

♥ Nationalmuseet — MUSÉE NATIONAL

(Musée national ; carte p. 48 ; ☎33 13 44 11 ; www.natmus.dk ; Ny Vestergade 10 ; adulte/enfant 75 DKK/gratuit ; ⏲10h-17h mar-dim sept-juin, 10h-17h lun-dim juil-août ; 👪 ; 🚌1A, 2A, 9A, 14, 26, 37, Ⓢ København H). Pour un cours accéléré sur le Danemark, passez un après-midi au Musée national. Il renferme presque tous les objets anciens mis au jour sur le sol danois, dont des outils de l'âge de la pierre, des armes vikings, des pierres runiques et des bijoux médiévaux. Parmi les pièces maîtresses figurent un remarquable char solaire, vieux de 3 500 ans, et des *lurs* (cors cérémoniels scandinaves de l'âge du bronze), dont certains émettent encore des sons malgré leurs 3 000 ans d'existence.

Une section est consacrée aux Scandinaves et aux Inuits du Groenland, tandis que les évocatrices "Histoires du Danemark" couvrent la période 1660-2000. À noter les habitations reconstituées (dont un appartement copenhagois du XVIIIe siècle) et l'étrange collection de jouets, avec un véritable village de maisons de poupées. Les lieux abritent également un excellent **musée pour enfants** (carte p. 48 ; www.natmus.dk ; Nationalmuseet, Ny Vestergade 10 ; ⏲10h-16h30 mar-dim ; 👪 ; 🚌1A, 2A, 9A, 14, 26, 37, Ⓢ København H), ainsi qu'une aile Antiquité comprenant des momies égyptiennes.

HAGUE GRATUIT

…e a la réputation d'être …urtant, nombre de ses …ités touristiques majeures sont …tuites au moins un jour par semaine. …angez votre portefeuille et visitez les sites suivants, gratuits toute la semaine (sauf mention spécifique).

Assistens Kirkegård (p. 58)

Christiania (p. 56)

Les églises, dont la **Vor Frue Kirke** (ci-contre) et la **Marmorkirken** (p. 53)

Davids Samling (page ci-contre)

Folketinget (p. 56)

Ny Carlsberg Glyptotek (p. 45) (gratuit le mardi uniquement)

Thorvaldsens Museum (p. 55) (gratuit le mercredi uniquement)

V1 Gallery (p. 61)

Sur Rådhuspladsen, la place à l'extérieur, se dressent plusieurs statues. Coiffé d'un chapeau haut de forme, Hans Christian Andersen regarde en direction de Tivoli. Une fontaine reproduit un combat entre un dragon et un taureau. Enfin, sur une colonne haute, deux statues représentent des Vikings jouant du *lur*.

Rundetårn — ÉDIFICE HISTORIQUE

(tour ronde ; carte p. 48 ; ☎33 73 03 73 ; www.rundetaarn.dk ; Købmagergade 52 ; adulte/enfant 40/10 DKK, -5 ans gratuit ; ⏲10h-20h avr-sept, horaires réduits le reste de l'année, horaires de l'observatoire variables ; 🚌14, Ⓜ Nørreport, Ⓢ Nørreport). En gravissant cette "tour ronde" en brique rouge (34,8 m), vous marcherez sur les pas du roi danois Christian IV, qui la fit ériger en 1642 pour servir d'observatoire au célèbre astronome Tycho Brahe. Ici seraient passés le cheval du tsar Pierre le Grand et une automobile qui aurait emprunté sa rampe en colimaçon en 1902.

Rådhus — ÉDIFICE HISTORIQUE

(hôtel de ville ; carte p. 48 ; ☎33 66 25 86 ; www.kk.dk ; Rådhuspladsen ; ⏲9h-16h lun-ven, 9h30-13h sam ; 🚌2A, 12, 14, 26, 33, 250S, Ⓢ København H). GRATUIT Achevé en 1905, l'hôtel de ville de Copenhague, de style romantique, est l'œuvre de l'architecte Martin Nyrop. Son habitant le plus célèbre est l'étrange **horloge astronomique de Jens Olsen** (carte p. 48 ; ⏲9h-16h lun-ven, 9h30-13h sam) GRATUIT, conçue par l'astro-mécanicien Jens Olsen (1872-1945) pour un million de couronnes. Outre l'heure locale, elle indique l'heure solaire, le temps sidéral, le lever et le coucher du soleil, la migration des pôles magnétiques, la révolution des planètes, le calendrier grégorien et même les jours fériés ! On peut aussi gravir la **tour de l'hôtel de ville** (carte p. 48 ; 40 DKK ; ⏲visite 11h et 14h lun-ven, 12h sam, 4 pers minimum), haute de 105 m, pour une vue imprenable.

Vor Frue Kirke — CATHÉDRALE

(Notre-Dame ; carte p. 48 ; ☎33 15 10 78 ; www.koebenhavnsdomkirke.dk ; Nørregade 8 ; ⏲8h-17h, fermé durant messes et concerts ; 🚌14, Ⓜ Nørreport, Ⓢ Nørreport). Érigée en 1191 et rebâtie trois fois à la suite d'incendies dévastateurs, la cathédrale néoclassique de Copenhague date de 1829. Conçue par Christian Frederick Hansen, elle est dotée de hauts plafonds voûtés et abrite des statues du Christ et des apôtres. Achevées en 1839, ces œuvres sont les plus connues du sculpteur Bertel Thorvaldsen. Son Christ, écartant les bras dans un geste apaisant, reste le modèle le plus reproduit dans le monde. En mai 2004, la cathédrale a accueilli le mariage du prince héritier Frederik et de l'Australienne Mary Donaldson.

Nikolaj Kunsthal — GALERIE

(carte p. 48 ; ☎33 18 17 80 ; www.nikolajkunsthal.dk ; Nikolaj Plads 10 ; adulte/enfant 3-17 ans 90/30 DKK, -2 ans gratuit, mer gratuit ; ⏲11h-18h mar-ven, 11h-17h sam-dim ; 🚌1A, 2A, 9A, 26, 37, 66, 350S, Ⓜ Kongens Nytorv). Érigée au XIIIe siècle, l'église Saint-Nicolas abrite désormais le **Centre d'art contemporain de Copenhague**. Celui-ci accueille une demi-douzaine d'expositions chaque année, privilégiant l'exploration de questions culturelles, politiques et sociales à travers différents supports, de la photographie à la performance artistique. Le centre renferme aussi le **Maven**, un restaurant danois réputé.

Sankt Petri Kirke — ÉGLISE

(église Saint-Pierre ; carte p. 48 ; ☎33 13 38 33 ; www.sankt-petri.dk ; Sankt Pedersstræde 2 ; ⏲11h-15h mer-sam ; 🚌5C, 6A, 14, Ⓜ Nørrebro, Ⓢ Nørrebro). Cette belle église allemande du XVe siècle, nichée dans le Quartier latin, est le plus ancien édifice religieux de la ville. Dans la crypte, un cercueil d'enfant conserverait les ossements de Johan Friedrich Struensee, le médecin allemand de Christian VII devenu ministre. Accusé d'avoir entretenu une liaison avec la reine Caroline-Mathilde, Struensee fut décapité, démembré et enterré sur la Colline du Gibet (*galgebakken*) en 1772.

Nørreport

Au nord du Quartier latin se trouvent Nørreport, ses espaces verts et ses superbes collections d'art ainsi que le Kongens Have (p. 50), l'un des plus anciens et des plus beaux parcs de Copenhague.

♥ Rosenborg Slot — CHÂTEAU

(carte p. 48 ; ☎33 15 32 86 ; www.kongernes-samling.dk/en/rosenborg ; Øster Voldgade 4A ; adulte/enfant 110 DKK/gratuit, avec le palais d'Amalienborg 145 DKK/gratuit ; ⏲9h-17h mi-juin à mi-sept, horaires réduits le reste de l'année ; 🚌6A, 42, 184, 185, 350S, Ⓜ Nørreport, Ⓢ Nørreport). Combinaison féerique de tourelles, de pignons et de douves, ce château fut construit dans le style Renaissance hollandaise entre 1606 et 1633 pour servir de résidence d'été au roi Christian IV. Aujourd'hui, les 24 chambres de l'étage abritent les meubles et les portraits de chaque monarque, classés chronologiquement de Christian IV à Frédéric VII. Le trésor royal, pièce maîtresse du château, est conservé au sous-sol et comprend les étincelants joyaux de la couronne danoise, dont la splendide couronne de Christian IV et l'épée sertie de joyaux de Christian III.

♥ Statens Museum f

(carte p. 60 ; ☎33 74 8
Sølvgade 48-50 ; adulte/er
⏲11h-18h mar-dim ; 🚌6A, .
Le musée national des
deux bâtiments reliés e
très différents : un "pala
XIXe siècle, et une exte
minimaliste. L'institution
du Moyen Âge et de la Renaissance, ainsi qu'une impressionnante collection de toiles de maîtres hollandais et flamands signées Rubens, Breughel ou Rembrandt. À noter également des maîtres tels que Matisse et Picasso, la plus belle collection mondiale de peintres de l'âge d'or danois (XIXe siècle), dont Eckersberg, Krøyer et Hammershøi, ou encore des poids lourds de l'art moderne danois, comme Per Kirkeby.

♥ Davids Samling — MUSÉE

(carte p. 48 ; ☎33 73 49 49 ; www.davidmus.dk ; Kronprinsessegade 30 ; ⏲10h-17h mar et jeu-dim, 10h-21h mer ; 🚌26, 350S, Ⓜ Kongens Nytorv). GRATUIT Cette charmante galerie accueille la plus vaste collection d'art islamique de Scandinavie (bijoux, céramiques et articles en soie), ainsi que d'exquises créations, comme une carafe égyptienne en cristal de roche datant de l'an mille, ou une dague indienne

---

COPENHAGUE EN...

Deux jours

Commencez par une balade au fil des canaux et du port, puis respirez l'atmosphère salée de Nyhavn sur le chemin du **Designmuseum Danmark** (p. 52). Après avoir déjeuné de *smørrebrød* chez **Schønnemann** (p. 73), gravissez l'escalier historique de la **Rundetårn** (p. 46) pour jouir d'une vue panoramique sur la ville. Initiez-vous ensuite au design danois à la **Hay House** (p. 88) ou au **Stilleben** (p. 88), avant de dîner dans le secteur animé de Kødbyen, à Vesterbro. Terminez la soirée en beauté en allant vous amuser aux jardins de **Tivoli** (p. 45).

Le lendemain, révisez votre histoire du Danemark au **Nationalmuseet** (p. 45), déjeunez au marché de **Torvehallerne KBH** (p. 72) et fuyez l'absurdité de la vie moderne à **Christiania** (p. 56). Après un festin de nouvelle cuisine nordique, au **Kadeau** (p. 77), profitez d'un dernier cocktail au **Ruby** (p. 82) ou au **1105** (p. 82), ou d'un concert de jazz à **La Fontaine** (p. 86).

Quatre jours

Le troisième jour, quittez la ville en faisant une excursion au musée d'art moderne **Louisiana** (p. 93). Déjeunez sur place avant de regagner Copenhague et d'explorer les environs du **Rosenborg Slot** (ci-dessus). Ensuite, filez au **Ved Stranden 10** (p. 82) pour un verre de vin bien mérité. Dînez en fanfare au **Høst** (p. 75), ou commandez un burger bien juteux au **Cock's & Cows** (p. 73).

Débutez le quatrième jour par les chefs-d'œuvre du **Statens Museum for Kunst** (p. 47) ou de la **Ny Carlsberg Glyptotek** (p. 45). Puis arpentez les rues pavées et branchées de Nørrebro avec ses créations de *street art* et ses bars éclectiques, sans oublier le magnifique cimetière d'**Assistens Kirkegård** (p. 58).

Copenhague

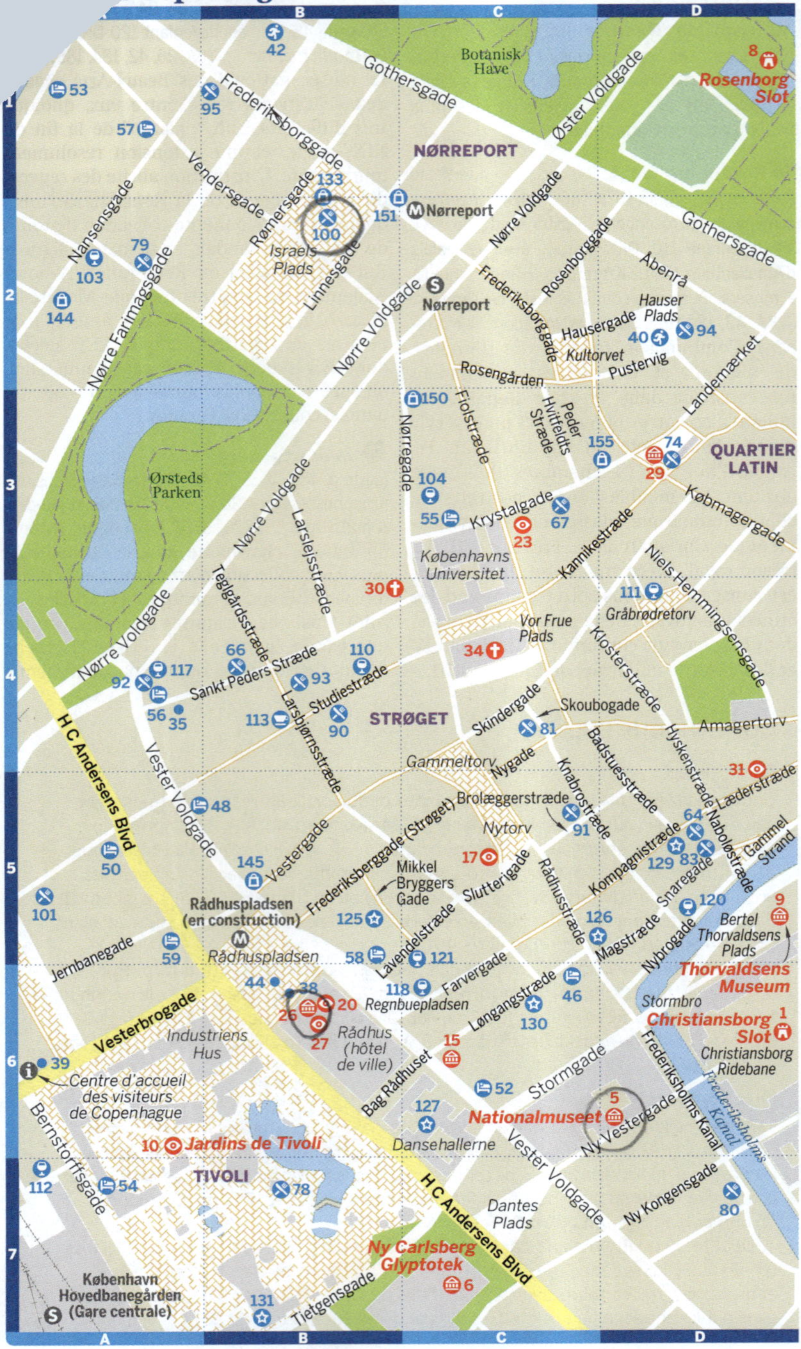
A
B
C
D
1
2
3
4
5
6
7
Botanisk Have
Gothersgade
Øster Voldgade
Rosenborg Slot
Frederiksborggade
NØRREPORT
Vendersgade
Rømersgade
Nørreport
Nansensgade
Israels Plads
Linnesgade
Nørre Voldgade
Rosenborggade
Åbenrå
Hauser Plads
Hausergade
Kultorvet
Pustervig
Nørre Farimagsgade
Rosengården
Landemærket
Fiolstræde
Peder Hvitfeldts Stræde
Nørregade
QUARTIER LATIN
Ørsteds Parken
Krystalgade
Købmagergade
Kannikestræde
Københavns Universitet
Larslejsstræde
Niels Hemmingsensgade
Teglgårdsstræde
Gråbrødretorv
Vor Frue Plads
Klosterstræde
Sankt Peders Stræde
Studiestræde
STRØGET
Skoubogade
Skindergade
Amagertorv
Larsbjørnsstræde
H C Andersens Blvd
Vester Voldgade
Gammeltorv
Nygade
Hyskenstræde
Badstuestræde
Knabrostræde
Læderstræde
Brolæggerstræde
Nytorv
Naboløstræde
Gammel Strand
Vestergade
Frederiksberggade (Strøget)
Mikkel Bryggers Gade
Slutterigade
Rådhusstræde
Kompagnistræde
Snaregade
Rådhuspladsen (en construction)
Lavendelstræde
Magstræde
Nybrogade
Bertel Thorvaldsens Plads
Thorvaldsens Museum
Jernbanegade
Rådhuspladsen
Farvergade
Regnbuepladsen
Løngangstræde
Stormbro
Christiansborg Slot
Christiansborg Ridebane
Vesterbrogade
Industriens Hus
Rådhus (hôtel de ville)
Bag Rådhuset
Stormgade
Frederiksholms Kanal
Centre d'accueil des visiteurs de Copenhague
Nationalmuseet
Ny Vestergade
Bernstorffsgade
Jardins de Tivoli
Dansehallerne
TIVOLI
Dantes Plads
Ny Kongensgade
Ny Carlsberg Glyptotek
Tietgensgade
København Hovedbanegården (Gare centrale)
42
53
95
57
133
100
151
8
79
103
144
40
94
150
74
155
29
104
55
67
23
30
111
66
110
117
92
93
34
56
35
113
90
81
31
48
64
91
50
145
17
129
83
101
125
120
9
126
59
58
121
44
38
20
118
46
26
27
130
15
1
39
52
127
5
10
112
54
78
80
6
131

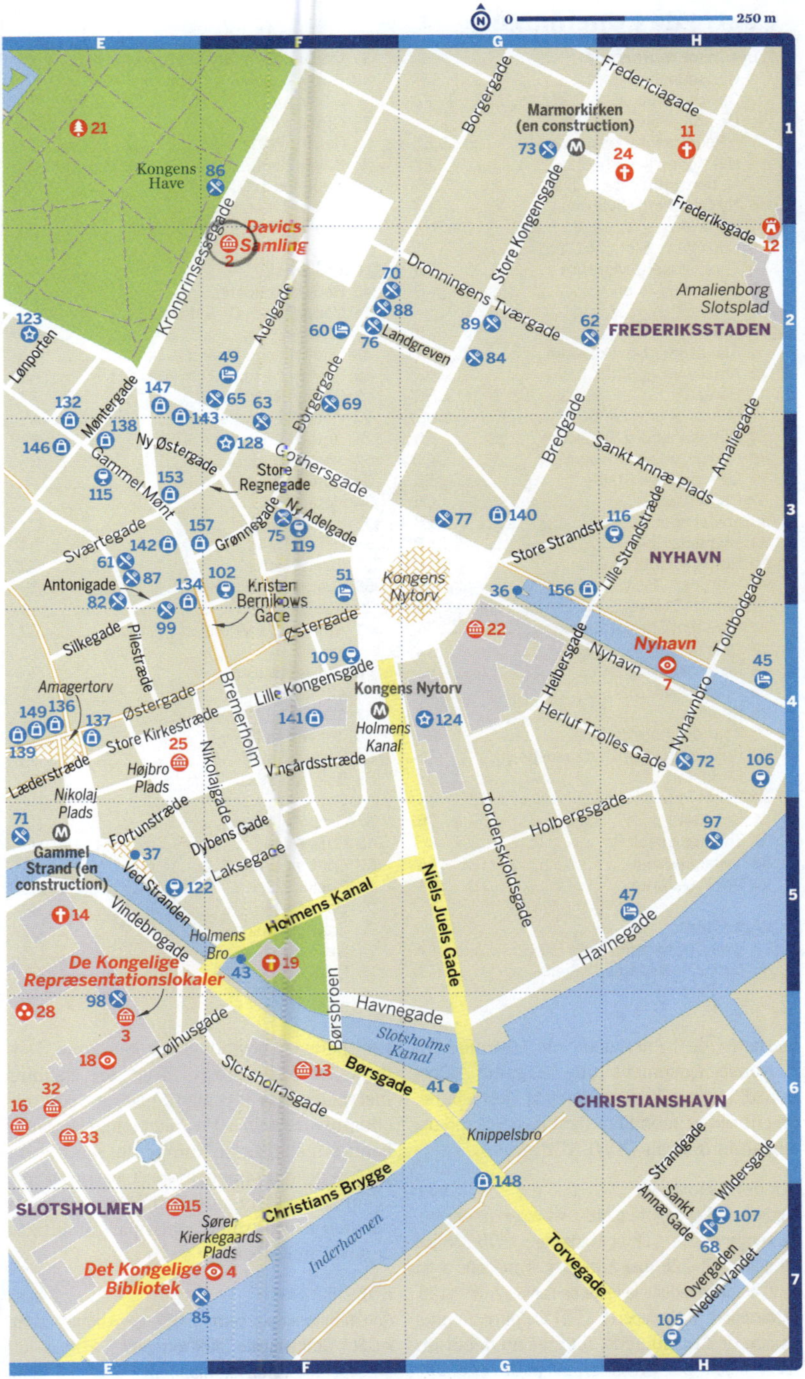
0
250 m
E
F
G
H
1
2
3
4
5
6
7
Marmorkirken
(en construction)
Fredericiagade
Borgergade
Kongens Have
Davids Samling
Kronprinsessegade
Adelgade
Dronningens Tværgade
Landgreven
Store Kongensgade
Frederiksgade
Amalienborg Slotsplad
FREDERIKSSTADEN
Lønporten
Møntergade
Ny Østergade
Gammel Mønt
Store Regnegade
Gothersgade
Ny Adelgade
Grønnegade
Bredgade
Sankt Annæ Plads
Amaliegade
Sværtegade
Antonigade
Kristen Bernikows Gade
Kongens Nytorv
Store Strandstr
Lille Strandstræde
NYHAVN
Silkegade
Pilestræde
Østergade
Amagertorv
Bremerholm
Lille Kongensgade
Kongens Nytorv
Holmens Kanal
Nyhavn
Heibergsgade
Toldbodgade
Nyhavnbro
Herluf Trolles Gade
Store Kirkestræde
Læderstræde
Højbro Plads
Nikolajgade
Vingårdsstræde
Nikolaj Plads
Gammel Strand (en construction)
Fortunstræde
Dybens Gade
Laksegade
Tordenskjoldsgade
Holbergsgade
Ved Stranden
Holmens Kanal
Niels Juels Gade
Vindebrogade
Holmens Bro
De Kongelige Repræsentationslokaler
Børsbroen
Havnegade
Tøjhusgade
Slotsholms Kanal
Slotsholmsgade
Børsgade
CHRISTIANSHAVN
Knippelsbro
Strandgade
Wildersgade
SLOTSHOLMEN
Christians Brygge
Søren Kierkegaards Plads
Inderhavnen
Sankt Annæ Gade
Det Kongelige Bibliotek
Torvegade
Overgaden Neden Vandet
1
2
3
4
7
11
12
13
14
15
16
18
19
21
22
24
25
28
32
33
36
37
41
43
45
47
49
51
60
61
62
63
65
68
69
70
71
72
73
75
76
77
82
84
85
86
87
88
89
97
98
99
102
105
106
107
109
115
116
119
122
123
124
128
132
134
136
137
138
139
140
141
142
143
146
147
148
149
153
156
157

Centre de Copenhague

Les incontournables
1 Christiansborg Slot D6
2 Davids Samling F2
3 De Kongelige Repræsentationslokaler E6
4 Det Kongelige Bibliotek F7
5 Nationalmuseet D6
6 Ny Carlsberg Glyptotek C7
7 Nyhavn H4
8 Rosenborg Slot D1
9 Thorvaldsens Museum D5
10 Jardins de Tivoli A6

À voir
11 Aleksander Nevskij Kirke H1
12 Amalienborg Slot H2
13 Børsen F6
Musée pour enfants .... (voir 5)
14 Christiansborg Slotskirke E5
15 Dansk Jødisk Museum C6
16 De Kongelige Stalde E6
17 Domhuset C5
18 Folketinget E6
19 Holmens Kirke F5
20 Horloge astronomique de Jens Olsen B6
21 Kongens Have E1
22 Kunsthal Charlottenborg G4
23 Quartier latin C3
24 Marmorkirken H1
25 Nikolaj Kunsthal E4
26 Rådhus B6
27 Tour de l'hôtel de ville B6
28 Ruinerne under Christiansborg E6
29 Rundetårn D3
30 Sankt Petri Kirke B4
31 Strædet D5
32 Teatermuseet E6
33 Tøjhusmuseet E6
34 Vor Frue Kirke C4

Activités
35 Bike Copenhagen with Mike A4
36 Canal Tours Copenhagen G3
37 Copenhagen City Sightseeing E5
38 Copenhagen Free Walking Tours B6
39 CPH:cool A6
40 Hauser Plads D2
41 Kayak Republic G6
42 Københavns Cyklerbørs B1
43 Netto-Bådene F5
44 Running Tours Copenhagen B6

Où se loger
45 Bedwood Hostel H4
46 Copenhagen Downtown Hostel C6
47 Copenhagen Strand H5
48 First Hotel Kong Frederik A5
49 Generator Hostel F2
50 Hotel Alexandra A5
51 Hotel d'Angleterre F3
52 Hotel Danmark C6
53 Hotel Kong Arthur A1
54 Hotel Nimb A7
55 Hotel Skt Petri C3
56 Hotel SP34 .... A4
57 Ibsens Hotel A1
58 Scandic Palace Hotel B5
59 Square A5
60 Wakeup Copenhagen F2

Où se restaurer
61 42° Raw E3
62 AOC G2
63 Atelier September F3
64 Bertels Salon D5
65 Bistro Pastis F2
66 Bror B4
67 Café Halvvejen C3
68 Cafe Wilder H7
69 Cantina F2
71 Cock's & Cows E5
72 Damindra H4
73 District Tonkin G2
74 DØP D3
75 Far's Dreng F3

incrustée de rubis, vieille de 500 ans. On y trouve également une élégante sélection d'œuvres d'art et d'objets (porcelaine, argenterie et mobilier) danois, néerlandais, anglais et français (XVII-XIXe siècle).

Kongens Have
PARC

(jardins du Roi ; carte p. 48 ; www.parkmuseerne.dk/kongens-have ; Øster Voldgade ; 7h-23h juil à mi-août, 7h-22h mai à mi-juin et mi-août à fin août, horaires réduits le reste de l'année ; ; 26, M Nørreport, S Nørreport). GRATUIT Ce parc, le plus ancien de Copenhague, fut créé au début du XVIIe siècle par Christian IV pour accueillir son potager personnel. Aujourd'hui, l'endroit est plus élaboré, avec des chemins merveilleusement romantiques, une roseraie odorante, certaines des plus longues plates-bandes mélangées d'Europe du Nord et un théâtre de marionnettes (spectacles gratuits).

Au nord-est du parc, le théâtre occupe un pavillon néoclassique conçu par l'architecte danois Peter Meyn.

Botanisk Have
JARDINS

(jardin botanique ; carte p. 60 ; www.botanik.snm.ku.dk ; Gothersgade 140, Nørreport ; 8h30-18h avr-sept, 8h30-16h oct-mars ; ; 6A, 42, 150S,

76 Gasoline Grill F2
78 Gemyse B7
79 Høst A2
80 Kanal Caféen D7
81 La Glace C4
82 Madklubben E3
83 Marv & Ben D5
84 Meyers Bageri G2
85 Øieblikket E7
86 Orangeriet F1
87 Palæo E3
88 Pluto F2
89 RebelG2
90 Restaurant Krebsegaarden B4
91 Restaurant Kronborg C5
92 Restaurant Mes A4
93 Sankt Peders Bageri B4
94 Schønnemann D2
95 Slurp Ramen Joint B1
97 Studio H5
98 Tårnet E6
99 The Market E4
100 Torvehallerne KBH B2
101 Uformel A5

Où prendre un verre et faire la fête

102 1105 .... F3
103 Bankeråt A2
Bastard Café .... (voir 126)
104 Boulebar C3
105 Christianshavns Bådudlejning og Café H7
Coffee Collective .... (voir 100)
106 Den Vandrette H4
107 Eiffel Bar H7
109 Hviids Vinstue F4
110 Jailhouse CPH B4
111 Jane D4
112 Library Bar A7
113 Living Room B4
115 Mother Wine E3
116 Nebbiolo H3
117 Never Mind A4
118 Oscar Bar & Cafe C6
119 Palæ Bar F3
120 Ruby D5
121 Taphouse C5
122 Ved Stranden 10 .... E5

Où sortir

123 Cinemateket E2
124 Det Kongelige Teater G4
125 Grand Teatret B5
126 Huset-KBH C5
127 Dansehallerne C6
128 Jazzhus Montmartre F3
129 La Fontaine D5
130 Mojo C6
131 Tivoli Koncertsal B7

Achats

132 Baum und Pferdgarten E3
133 Bornholmer Butikken B1
134 By Malene Birger E3
136 Georg Jensen E4
137 Hay House E4
138 Henrik Vibskov E3
139 Illums Bolighus E4
140 Klassik Moderne Møbelkunst G3
141 Magasin F4
142 NN07 .... E3
143 Ostekælderen E2
144 Piet Breinholm – The Last Bag A2
145 Politikens Boghal B5
146 Pop Copenhagen E3
147 Posterland E2
148 Rosforth & Rosforth G6
149 Royal Copenhagen E4
150 Sømods Bolcher C3
151 Stilleben B2
153 Storm E3
155 Time's Up Vintage D3
156 Turs Havneproviant G3
157 Wood Wood E3

184, 185, Ⓜ Nørreport, Ⓢ Nørreport). Apaisant et romantique, le jardin botanique de Copenhague rassemble environ 13 000 espèces de plantes – la plus importante collection du Danemark. Vous pourrez flâner le long des sentiers tranquilles, chercher la chaleur dans la **Palmehus** (carte p. 60 ; adulte/enfant 3-17 ans 60/40 DKK, -2 ans gratuit ⏲10h-17h tlj avr-sept, 10h-15h30 oct-avr ; 🚌 6A, 14, 37, 150S, 184, 185, Ⓜ Nørreport, Ⓢ Nørreport), une serre de palmiers datant du XIXe siècle, et même acheter du miel produit par les abeilles du domaine dans l'adorable petite boutique.

Juste à l'est de la Palmehus se trouve le Quartier danois du Botanisk Have, un jardin thématique évoluant au gré des saisons – 2018 fut ainsi une année dédiée à la bière nordique, avec la présentation d'une série de plantes utilisées dans sa production, notamment des houblons uniques et historiques. Dans l'angle nord-ouest du jardin, le **Geologisk Museum** (musée de Géologie ; carte p. 60 ; ☎ 35 32 22 22 ; www.geologi.snm.ku.dk ; Øster Voldgade 5-7 ; adulte/enfant 105/50 DKK ; ⏲10h-17h lun-mar et jeu-dim, 10h-21h mer ; 🚌 6A, 26, 184, 185) mérite le détour pour son exposition de dessins botaniques et sa fantastique collection de minéraux.

Hirschsprung MUSÉE

(carte p. 60 ; ☎35 42 03 36 ; www.hirschsprung.dk ; Stockholmsgade 20 ; adulte/enfant 95 DKK/gratuit ; ⏲11h-16h mer-dim ; 🚌6A, 14, 37, 42, 150S). Consacrée à l'art danois du XIXe siècle et du début du XXe siècle, cette galerie est un bijou qui ravira les amateurs d'art peu familiers de la grande période de la peinture à l'huile danoise. Ancienne propriété du magnat du tabac Heinrich Hirschsprung, le musée met à l'honneur les maîtres de l'âge d'or (Christen Købke, C.W. Eckersberg), les peintres de Skagen (PS Krøyer, Anna et Michael Ancher), ou encore les symbolistes et le groupe des Fynboerne (les Fioniens) sur l'île de Fionie.

Nyhavn et le Quartier royal

Parfait pour profiter du soleil en passant d'un café à l'autre au bord de l'eau, le secteur de Nyhavn (prononcez "nu-haoun") séduit les touristes avec ses mâts de bateaux, ses croisières sur le canal (p. 65) et ses maisons à pignons colorées. Le quartier voisin de Frederiksstaden est l'un des plus raffinés de Copenhague : on y trouve le palais royal, la Marmorkirken (église de Marbre) et, plus au nord, la statue de la Petite Sirène.

♥ Nyhavn X CANAL

(carte p. 48 ; Nyhavn ; 🚌1A, 26, 66, 350S, Ⓜ Kongens Nytorv). Par une journée ensoleillée, difficile de trouver meilleur endroit que la terrasse d'un café sur le quai de Nyhavn. Construit pour relier Kongens Nytorv au port, le canal fut longtemps un repaire de marins et d'écrivains. Hans Christian Andersen écrivit *Le Briquet, Grand Claus et Petit Claus* et *La Princesse au petit pois* alors qu'il résidait au n°20 ; il vécut aussi aux n°s 18 et 67.

La plus ancienne maison du canal, au n°9, est remarquablement conservée depuis sa construction en 1681. Aujourd'hui, Nyhavn attire des foules de touristes grâce à ses maisons à pignons aux couleurs vives et à ses bateaux amarrés. C'est également un endroit pratique pour embarquer sur un bateau de Canal Tours Copenhagen (p. 65).

♥ Designmuseum Danmark MUSÉE

(carte p. 60 ; www.designmuseum.dk ; Bredgade 68 ; adulte/enfant 115 DKK/gratuit ; ⏲11h-17h mar et jeu-dim, 11h-21h mer ; 🚌1A, Ⓜ Kongens Nytorv). L'ancien Frederiks Hospital (XVIIIe siècle) abrite désormais le formidable Musée du Design danois. Ce must pour tous les amateurs d'arts appliqués et de design industriel renferme une impressionnante collection de textiles et d'articles de mode, ainsi que des œuvres emblématiques de créateurs contemporains comme Kaare Klint, Poul Henningsen et Arne Jacobsen.

LA PETITE SIRÈNE

Paris a sa tour Eiffel, Sydney a son Opéra (de conception danoise) et Copenhague a sa **Petite Sirène** (Den Lille Havfrue ; carte p. 60 ; Langelinie, Østerport ; 🚌1A, ⛴Nordre Toldbod). Adorée ou détestée (observez la grimace des Copenhagois à la seule mention de son nom), cette petite statue reste probablement l'attraction touristique la plus photographiée du pays – et la plus décevante pour les touristes ayant marché 1 km sur un front de mer souvent battu par le vent.

En 1909, le baron de la bière Carl Jacobsen fut si bouleversé par un ballet inspiré de *La Petite Sirène*, le conte de Hans Christian Andersen, qu'il commanda une sculpture représentant son héroïne. Pour le visage de la sirène, l'artiste Edvard Eriksen prit pour modèle la ballerine Ellen Price, et pour son corps son épouse Eline. La statue traversa sans encombre l'occupation de Copenhague durant la Seconde Guerre mondiale mais elle souffrit davantage à l'époque moderne, et fut plusieurs fois décapitée et mutilée par des vandales, des plaisantins et des militants politiques de différents bords.

En partie pour résoudre le problème, Carlsberg chargea l'artiste danois Bjørn Nørgaard de créer une nouvelle Petite Sirène en 2006. La créature "génétiquement modifiée" est installée à quelques centaines de mètres de l'original. S'il est indéniable que la sirène d'Eriksen est plus charmante, la création difforme de Nørgaard respecte davantage l'esprit sombre du conte d'Andersen, dans lequel la protagoniste est physiquement et émotionnellement tourmentée. Enfin, depuis 2012, l'étincelante statue de Han (p. 101) à Helsingør propose une troisième interprétation très différente : la sirène, dépourvue de queue de poisson, est de sexe masculin.

Amalienborg Slot

PALAIS

(carte p. 48 ; ☎33 15 32 86 ; www.kongernes-samling.dk/amalienborg ; Amalienborg Plads ; adulte/enfant 95 DKK/gratuit ; ⏲10h-17h tlj mi-juin à mi-sept, horaires réduits le reste de l'année ; 🚌1A, 26). Résidence de la reine Margrethe II, Amalienborg Slot est constitué de quatre palais austères du XVIIIe siècle disposés autour d'une grande place pavée. Chaque jour à 12h, la relève de la garde a lieu ici, les remplaçants quittant la caserne Gothersgade à 11h30 et défilant en chemin dans le centre-ville.

Dans l'un des palais, on peut visiter les appartements royaux utilisés par trois générations de souverains entre 1863 et 1947 ; les chambres reconstituées arborent des tapisseries en imitation cuir doré, des peintures en trompe-l'œil, des photographies de famille et des antiquités. On y admire le bureau et le salon du roi Christian IX (1863-1906) et de la reine Louise, dont les six enfants s'unirent à presque autant de familles royales – un fils accédant au trône de Grèce et une fille épousant le tsar de Russie Alexandre III, notamment. La prestigieuse salle de réception, de style néoclassique, renferme les statues d'Euterpe et Terpsichore, œuvres de jeunesse de Bertel Thorvaldsen.

Marmorkirken

ÉGLISE

(église de Marbre ; carte p. 48 ; ☎33 15 01 44 ; www.marmorkirken.dk ; Frederiksgade 4 ; coupole adulte/enfant 35/20 DKK, église accès libre ; ⏲église 10h-17h lun-jeu et sam, 12h-17h ven, 12h30-17h dim, coupole 13h sam-dim ; 🚌1A). Consacrée en 1894, l'église de Marbre (dont le nom officiel est Frederikskirken), de style néobaroque, est l'un des éléments architecturaux les plus impressionnants de Copenhague. Sa coupole grandiose – la plus grande de Scandinavie, inspirée de celle de Saint-Pierre de Rome – offre un point de vue splendide sur la ville. L'église fut conçue par Nicolai Eigtved, à la demande de Frédéric V. Sa construction débuta en 1749, avant que les dépassements de budget n'interrompent le projet. Le salut vint de C.F. Tietgen, le plus riche financier danois du XIXe siècle, qui paya la reprise des travaux.

Kunsthal Charlottenborg

MUSÉE

(carte p. 48 ; ☎33 74 46 39 ; www.kunsthalcharlottenborg.dk ; Nyhavn 2 ; adulte/enfant 90 DKK/gratuit, après 17h mer gratuit ; ⏲midi-20h mar-ven, 11h-17h sam-dim ; 🚌1A, 26, 350S, Ⓜ Kongens Nytorv). Situé en face de Kongens Nytorv, Charlottenborg fut construit en 1683 pour servir de palais à la famille royale. Siège de l'Académie royale des beaux-arts (Det Kongelige Kunstakademi) depuis 1754, il propose également des expositions d'artistes contemporains, danois ou étrangers. Vous y trouverez installations créées spécialement pour le site, vidéos, peintures et sculptures. La qualité étant inégale, renseignez-vous sur la programmation avant votre visite.

HORS DES SENTIERS BATTUS

UN SERPENT À VÉLOS

Deux des plus grandes passions danoises – le design et le vélo – sont réunies de façon spectaculaire avec le **Cykelslangen** (carte p. 48), une piste cyclable surélevée de 235 m de long, qui ressemble à un mince ruban, ses courbes douces contrastant nettement avec les immeubles cubiques en toile de fond. Le parcours s'étend vers l'ouest de Bryggebro (pont Brygge) jusqu'au Fisketorvet Shopping Centre (bus n°34). La piste est exclusivement réservée aux vélos.

Kastellet

CITADELLE

(carte p. 60 ; 🚌1A, ⛴Nordre Toldbod). Cette citadelle en forme d'étoile fut commandée par Frédéric III en 1662. Aujourd'hui, le site est l'un des plus évocateurs de la ville, avec sa douve et ses remparts herbeux entourant de magnifiques casernes du XVIIIe siècle, ainsi qu'une chapelle qui accueille parfois des concerts. Un moulin à vent ancien se dresse sur les remparts, d'où l'on a une superbe vue sur le port et la coupole de la Marmorkirken.

À la lisière sud-est de la citadelle, notez la monumentale **fontaine de Gefion** (Gefionspringvandet ; carte p. 60 ; 🚌1A, ⛴Nordre Toldbod), d'Anders Bundgaard, qui représente la déesse scandinave éponyme à la tête d'un attelage de bœufs.

Aleksander Nevskij Kirke

ÉGLISE

(église Alexandre-Nevski ; carte p. 48 ; ☎33 13 60 46 ; www.ruskirke.dk ; Bredgade 53 ; ⏲uniquement durant les offices ; 🚌1A). Achevée en 1883, cette église en granite et brique, surmontée d'une coupole dorée, affiche un style russo-byzantin, avec escalier en marbre, sols en mosaïque et fresques byzantines : son architecte russe, David Ivanovich Grimm, était réputé pour sa maîtrise du style néobyzantin. Le lustre en bronze fut offert par le tsar Alexandre III, commanditaire de l'édifice.

Slotsholmen

Petite île hérissée de flèches et séparée du centre-ville par un canal aux allures de douve, Slotsholmen recèle quantité de sites historiques, culturels et architecturaux, anciens ou avant-gardistes. Son centre névralgique est le Christiansborg Slot, siège du gouvernement danois, qui abrite une prestigieuse salle Renaissance et une tour à la vue imprenable. En dessous subsistent les vestiges médiévaux de Copenhague, tandis que plusieurs musées sont implantés tout autour, dont le Thorvaldsens Museum, consacré au plus grand sculpteur du pays. Autre élément remarquable, la Det Kongelige Bibliotek, bibliothèque royale de Copenhague, avec son extension inclinée, le "diamant noir", est l'un des édifices contemporains les plus appréciés de Scandinavie.

Christiansborg Slot PALAIS

(palais de Christiansborg ; carte p. 48 ; 33 92 64 92 ; www.christiansborg.dk ; Prins Jørgens Gård 1 ; adulte/enfant 95 DKK/gratuit, billet combiné avec salles de réception, ruines, cuisine et écuries royales 160 DKK/gratuit ; 10h-17h tlj juil-août, fermé lun le reste de l'année ; ; 1A, 2A, 9A, 26, 37, 66, Det Kongelige Bibliotek, M Christianshavn). Ce palais renferme le Folketinget (Parlement danois), le bureau du Premier ministre et la Cour suprême. Les visiteurs pourront admirer les prestigieuses salles de réception royales, les ruines du XIe siècle et la cuisine royale ; possibilité de les voir séparément ou avec un billet combiné. Le palais se visite gratuitement et jouit d'une vue fantastique sur la capitale danoise.

Plusieurs petits ponts relient Slotsholmen au reste de Copenhague. Si vous arrivez à Slotsholmen à pied depuis Ny Vestergade, vous traverserez le canal par l'ouest avant de déboucher dans la grande cour principale du Christiansborg Slot, jadis utilisée comme terrain d'entraînement hippique. La cour est bordée par les écuries royales au nord et les remises à calèche au sud. La statue de Christian IX (1863-1906) à cheval domine le paysage.

Les écuries et les bâtiments alentour datent des années 1730, période à laquelle Christian VI fit édifier le Christiansborg Slot en lieu et place du plus modeste château de Copenhague. L'aile ouest du palais de Christian VI, plus majestueuse, partit en fumée en 1794 et fut reconstruite au début du XIXe siècle, avant de disparaître à nouveau dans un incendie en 1884. En 1907, la première pierre du troisième (et actuel) château de Christiansborg fut posée par Frédéric VIII. Le Parlement et la Cour suprême y prirent leurs quartiers à son achèvement.

Outre les sites mentionnés ici, les visiteurs pourront découvrir la **Christiansborg Slotskirke** (carte p. 48 ; 10h-17h dim, 10h-17h tlj juil, vacances d'automne et de Pâques ; 1A, 2A, 9A, 26, 37, 66), l'église du palais, surmontée d'une coupole, qui fut endommagée par des feux d'artifice en 1992 et restaurée avec soin depuis. Vous pourrez aussi prendre l'ascenseur jusqu'au sommet de la tour pour une vue panoramique spectaculaire sur la ville.

De Kongelige Repræsentationslokaler ÉDIFICE HISTORIQUE

(salles de réception royales du palais de Christiansborg ; carte p. 48 ; www.christiansborg.dk ; Slotsholmen ; adulte/enfant 95 DKK/gratuit ; 10h-17h mar-dim juil-août, 10h-16h sam-dim sept-juin ; 1A, 2A, 9A, 26, 37, 66, Det Kongelige Bibliotek). Partie la plus prestigieuse de Christiansborg, cet ensemble de salles palatiales est utilisé par la reine pour organiser des banquets royaux et divertir les chefs d'État. La Bibliothèque de la reine est particulièrement remarquable : ce lieu merveilleux décoré de dorures, lustres, stucs ornementés et cigognes peintes au plafond, conserve une petite partie de la collection de livres centenaires de la famille royale.

Mention spéciale à la Grande Salle, abritant des tapisseries très colorées qui illustrent 1 000 ans d'histoire danoise. Après plus de dix ans de travail, l'artiste tapissier Bjørn Nørgaard a achevé son œuvre en 2000. Repérez la représentation de la reine et de son époux, tels Adam et Ève (les vêtements en plus) dans un Éden danois.

Ruinerne under Christiansborg RUINES

(ruines sous Christiansborg ; carte p. 48 ; 33 92 64 92 ; www.christiansborg.dk ; adulte/enfant 60 DKK/gratuit, billet combiné avec salles de réception, cuisine et écuries royales 160 DKK/gratuit ; 10h-17h mar-dim tte l'année ; 1A, 2A, 9A, 26, 37, 66, Det Kongelige Bibliotek, M Christianshavn). Cette promenade dans les entrailles de Slotsholmen offre une perspective unique sur l'histoire de Copenhague. Au sous-sol du palais actuel reposent les vestiges de la forteresse originelle de Slotsholmen – bâtie par l'évêque Absalon en 1167 – et du château de Copenhague, érigé ultérieurement. Parmi les ruines, on découvre les murs d'enceinte de chaque édifice, ainsi qu'un puits, un four, des canalisations et des pierres provenant de la Tour bleue du château.

La tour est connue pour avoir servi de prison à la fille de Christian IV, Leonora Christina (p. 144), qui y fut incarcérée pour trahison de 1663 à 1685.

De Kongelige Stalde MUSÉE

(écuries royales ; carte p. 48 ; ☎33 40 10 10 ; www.kongehuset.dk ; adulte/enfant 60 DKK/gratuit ; ⏲10h-17h mar-dim juil-août, horaires réduits le reste de l'année ; 🚌1A, 2A, 9A, 26, 37, 66). Achevées en 1740, ces deux ailes arrondies et symétriques derrière Christiansborg appartenaient au palais baroque d'origine, détruit par un incendie en 1794. Elles abritent toujours les écuries royales et un musée conservant des calèches, uniformes et accessoires équestres d'antan, dont certains sont encore utilisés lors des réceptions royales. On peut notamment admirer la Calèche dorée (XIXe siècle), habillée de feuilles d'or 24 carats, dans laquelle la reine fait le déplacement entre Amalienborg et Christiansborg pour la célébration du jour de l'An.

♥ **Thorvaldsens Museum** MUSÉE

(carte p. 48 ; ☎33 32 15 32 ; www.thorvaldsensmuseum.dk ; Bertel Thorvaldsens Plads 2 ; adulte/enfant 90 DKK/gratuit, mer gratuit ; ⏲10h-17h mar-dim ; 🚌1A, 2A, 11A, 26, 37, 66). Cet édifice aux allures de mausolée gréco-romain est en fait un musée consacré à l'illustre sculpteur danois Bertel Thorvaldsen (1770-1844). Très imprégné de mythologie après quatre décennies passées à Rome, Thorvaldsen légua son œuvre et ses collections privées au peuple danois à son retour à Copenhague. En échange, la famille royale fournit le site destiné à accueillir ce remarquable complexe. Outre les dessins, les moulages en plâtre et les sculptures de Thorvaldsen, le musée renferme la collection d'antiquités méditerranéennes de l'artiste.

♥ **Det Kongelige Bibliotek** BIBLIOTHÈQUE ROYALE

(carte p. 48 ; ☎33 47 47 47 ; www.kb.dk ; Søren Kierkegaards Plads ; ⏲9h-19h lun-ven, 9h-18h sam juil-août, 8h-21h lun-ven, 9h-19h sam le reste de l'année ; 🚌66, Det Kongelige Bibliotek). GRATUIT Cette immense bibliothèque, la plus vaste que compte la Scandinavie, se divise en deux unités très distinctes : le bâtiment d'origine, une structure en brique rouge datant du XIXe siècle, et l'étourdissante extension baptisée "diamant noir", un élégant parallélogramme incliné, en granite noir et verre fumé. Dans le vertigineux atrium, qui donne sur le port, un escalator conduit jusqu'à une fresque du fameux peintre danois Per Kirkeby, qui couvre le plafond sur pas moins de 210 m². Plus loin, au bout du couloir, notez la "vieille bibliothèque" et sa splendide salle de lecture Nord, avec lampes de bureau rétro et colonnes classiques.

Non contente d'abriter la totalité des ouvrages imprimés au Danemark depuis 1482, la Bibliothèque royale héberge aussi le **musée national de la Photographie**, qui accueille des expositions temporaires de photographies historiques et contemporaines, sélectionnées dans ses fonds d'une richesse inouïe.

Au sein de la bibliothèque, vous trouverez aussi un café tout à fait correct, l'**Øieblikket** (carte p. 48 ; ☎33 47 41 06 ; Søren Kierkegaards Plads 1 ; soupes et salades 40-45 DKK, sandwichs 50-55 DKK ; ⏲9h-17h lun-ven, 10h-17h sam ; 📶🥗; 🚌9A, Det Kongelige Bibliotek).

Dansk Arkitektur Center GALERIE

(Centre d'architecture danoise ; DAC ; carte p. 57 ; ☎32 57 19 30 ; www.dac.dk ; Bryghuspladsen 10 ; exposition adulte/enfant 60 DKK/gratuit ; ⏲exposition et librairie tlj 10h-18h sauf jeu 10h-21h, café tlj 10h-18h sauf jeu 10h-21h ; 🚌66, Det Kongelige Bibliotek). Outre son excellente librairie et boutique design, le DAC accueille des expositions consacrées à l'architecture danoise et internationale. Les week-ends de fin mai à septembre, il organise aussi des **circuits à pied** (1 heure 30) axés sur l'architecture contemporaine de la ville (125 DKK). Reportez-vous au site Internet pour plus de renseignements. Depuis mai 2018, le DAC occupe le nouvel édifice Blox conçu par le "starchitecte" néerlandais Rem Koolhaas.

Dansk Jødisk Museum MUSÉE

(carte p. 48 ; ☎33 11 22 18 ; www.jewmus.dk ; Kongelige Bibliotekshave (jardin de la Bibliothèque royale) ; adulte/enfant 60 DKK/gratuit ; ⏲10h-17h mar-dim juin-août, 12h30-18h30 mar, 12h-17h ven-dim le reste de l'année ; 🚌66, Det Kongelige Bibliotek). Conçu par l'Américain d'origine polonaise Daniel Libeskind, le musée juif danois occupe l'ancien hangar à bateaux royal, un bâtiment du début du XVIIe siècle qui faisait partie du complexe portuaire du roi Christian IV. À l'intérieur, le fascinant espace géométrique abrite une exposition permanente consacrée à la communauté juive du Danemark. Parmi les événements historiques traités figure le sauvetage des juifs du Danemark pendant la Seconde Guerre mondiale : la majorité de la population juive du pays parvint à gagner la Suède, pays neutre, avec l'aide du mouvement de résistance danoise et de citoyens ordinaires.

Entrée du musée par le magnifique jardin de la Bibliothèque royale, juste derrière la Kongelige Bibliotek (Bibliothèque royale).

Teatermuseet MUSÉE

(musée du Théâtre ; carte p. 48 ; ☎33 11 51 76 ; www.teatermuseet.dk ; Christiansborg Ridebane 18 ; adulte/enfant 40 DKK/gratuit ; ⌚12h-16h mar-dim ; 🚌1A, 2A, 9A, 26, 37, 66). Le charmant Hofteater (théâtre de l'ancienne Cour) de 1767 a accueilli toutes sortes de spectacles, de l'opéra italien jusqu'au ballet – l'apprenti danseur Hans Christian Andersen s'y est même produit. Transformée en 1842, l'institution abrite aujourd'hui le musée du Théâtre, qui permet aux visiteurs d'explorer la scène, les loges et les coulisses, mais aussi d'admirer maquettes, dessins, costumes et autres affiches d'époque retraçant l'histoire du théâtre danois.

Au moment de la rédaction de ce guide, le théâtre et son musée étaient fermés pour rénovation. Réouverture prévue fin 2022-début 2023.

Holmens Kirke ÉGLISE

(église de la Marine royale danoise ; carte p. 48 ; ☎33 13 61 78 ; www.holmenskirke.dk ; Holmens Kanal 9 ; ⌚10h-16h lun, mer, ven et sam, 10h-15h30 mar et jeu, 12h-16h dim ; 🚌1A, 26, 66). C'est ici que la reine Margrethe II prononça ses vœux de mariage en 1967. Si la structure actuelle, de style Renaissance hollandaise, date essentiellement de 1641, la nef fut construite en 1562 pour accueillir une forge à ancres. Convertie en église pour la Marine royale en 1619, la chapelle funéraire renferme la dépouille de l'amiral Niels Juel, qui repoussa les Suédois lors de la cruciale bataille de la baie de Køge, en 1677. Notez l'autel et la chaire du XVIIe siècle, magnifiquement sculptés dans le chêne.

Børsen ÉDIFICE HISTORIQUE

(Bourse ; carte p. 48 ; Børsgade ; 🚌1A, 2A, 9A, 40, 350S). Cette Bourse se distingue par sa flèche de 56 m de haut, formée de quatre queues de dragons entremêlées. Érigé sous le règne de Christian IV au début du XVIIe siècle, l'édifice à pignons richement décoré est considéré comme l'un des plus beaux exemples du style Renaissance hollandaise au Danemark. Sa Chambre de commerce, toujours en activité, est la plus ancienne d'Europe. Elle est généralement fermée au public.

Folketinget ÉDIFICE HISTORIQUE

(carte p. 48 ; ☎33 37 32 21 ; www.thedanishparliament.dk ; Rigsdagsgården ; ⌚visites guidées 45 min en anglais 13h dim-ven fin juin à mi-août, horaires réduits le reste de l'année ; 🚌1A, 2A, 9A, 26, 37, 66). GRATUIT C'est ici que les 179 membres du Parlement danois débattent des lois du pays. Les visites guidées empruntent le "Vandrehallen", qui contient l'original de la Constitution du royaume, promulguée en 1849. Hors saison, les visites guidées en anglais sont programmées exclusivement le dimanche.

Tøjhusmuseet MUSÉE

(musée de l'Arsenal royal danois ; carte p. 48 ; ☎33 11 60 37 ; www.natmus.dk ; Tøjhusgade 3 ; adulte/enfant 80 DKK/gratuit ; ⌚10h-17h mar-dim ; 🚌1A, 2A, 9A, 14, 26, 37, 66). Le musée de l'Arsenal royal conserve une impressionnante collection d'armes historiques (canons, armures médiévales, pistolets, épées etc.), y compris une bombe volante datant de la Seconde Guerre mondiale. Érigé par Christian IV en 1600, ce bâtiment de 163 m de long est la plus grande salle voûtée de style Renaissance en Europe.

Christianshavn

Fondée par Christian IV au début du XVIIe siècle pour servir de plateforme commerciale et de zone militaire tampon dans une capitale en pleine expansion, Christianshavn rappelle Amsterdam avec son réseau de canaux jalonnés d'embarcations et l'ambiance ultra libérale du quartier alternatif de Christiania. Le secteur possède aussi plusieurs églises historiques et un gigantesque opéra (p. 87) dont la construction en 2005 a coûté un milliard d'euros.

Depuis 2016, Nyhavn et Christianshavn sont reliés par une passerelle interdite aux voitures, l'**Inderhavnsbroen** (carte page ci-contre), surnommée *Kyssebroen* (pont du baiser) car sa forme évoque deux langues entrant en contact.

♥**Christiania** QUARTIER

(carte page ci-contre ; www.christiania.org ; Prinsessegade ; 🚌9A, Ⓜ Christianshavn). Fuyez le capitalisme en vous réfugiant dans la "ville libre" de Christiania où l'odeur du hachisch flotte dans l'air. Depuis sa fondation par des squatteurs en 1971, ce secteur de l'est de Christianshavn, n'a cessé d'attirer les anticonformistes du monde entier avec ses

Christianshavn

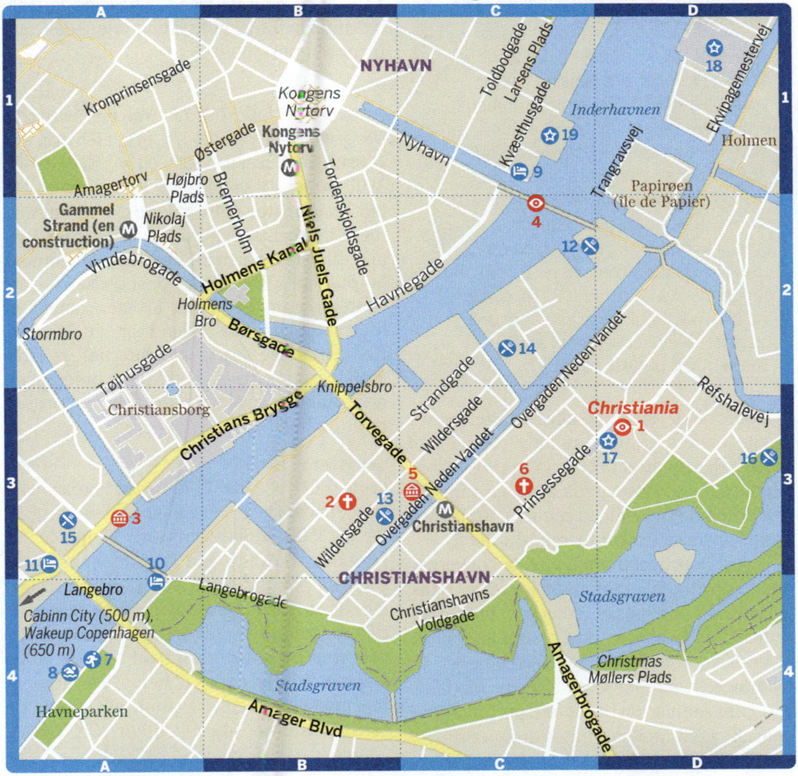

Christianshavn

Les incontournables
1 Christiania D3

À voir
2 Christians Kirke B3
3 Dansk Arkitektur Center A3
4 Inderhavnsbroen C2
5 Overgaden C3
6 Vor Frelsers Kirke C3

Activités
7 GoBoat A4
8 Islands Brygge Havnebadet A4

Où se loger
9 71 Nyhavn Hotel C1
10 CPH Living A4
11 Danhostel Copenhagen City A3

Où se restaurer
12 Barr C2
13 Kadeau B3
14 Kanalen C2
15 Lillian's Smørrebrød A3
16 Morgenstedet D3

Où sortir
17 Loppen D3
18 Operaen D1
19 Skuespilhuset C1

concepts d'entreprise collective, d'ateliers partagés et de vie communautaire.

Dépassez la célèbre "Pusher St" – laquelle est occupée par des dealers de cannabis qui n'apprécient guère les photographes – pour découvrir un paysage quasi bucolique, composé de maisons bricolées fantaisistes, de jardins coquets, de restaurants, de bars en plein air et de salles de concerts.

HORS DES SENTIERS BATTUS

AMAGER BAKKE

À l'est de Christianshavn, **Amager Bakke** (www.a-r-c.dk/amager-bakke ; Vindmøllevej 6 ; 37) est un ambitieux projet combinant un incinérateur de déchets à une centrale électrique. Son immense cheminée rejette des "ronds de fumée" (de la vapeur d'eau, en réalité) visibles pour chaque émission de 250 kg de dioxyde de carbone dans l'atmosphère. Lorsqu'il sera achevé à l'automne 2018, son toit incliné spectaculaire accueillera une piste de ski ouverte toute l'année et des sentiers pédestres.

Avant de devenir une enclave alternative, le site était un camp militaire désaffecté. Lorsque les squatteurs en prirent possession, la police tenta d'évacuer la zone, en vain. La révolution hippie était au zénith et les jeunes anticonformistes continuèrent d'affluer.

Face à la pression populaire, le gouvernement autorisa la communauté à rester dans le cadre d'une expérience sociale. Progressivement, les habitants de Christiania, plutôt favorables à l'autonomie, l'écologie et la tolérance, jugèrent nécessaire de modifier leur philosophie du "tout est permis". Une nouvelle politique bannit les drogues dures, entraînant l'expulsion des vendeurs de cocaïne et d'héroïne.

L'accès principal se trouve dans Prinsessegade, à 200 m au nord-est du carrefour avec Bådsmandsstræde.

De fin juin à fin août, des visites guidées durant de 1 heure à 1 heure 30 (60 DKK) sont programmées quotidiennement à 15h (le week-end uniquement de septembre à fin juin). Le départ se fait de l'entrée principale.

Vor Frelsers Kirke ÉGLISE

(église de Notre-Sauveur ; carte p. 57 ; 41 66 63 57 ; www.vorfrelserskirke.dk ; Sankt Annæ Gade 29 ; église gratuite, visite guidée adulte/enfant 65/20 DKK ; tlj 9h-20h ; 2A, 9A, 37, 350S, M Christianshavn). Difficile de manquer cette église du XVIIe siècle et sa tour en spirale de 95 m de haut. Pour une vue enivrante sur la ville, gravissez les 400 marches jusqu'au sommet – les 150 dernières longent la paroi extérieure, se rétrécissant jusqu'à quasiment disparaître. Inspirée par la tour de l'église Sant'Ivo alla Sapienza de Rome, signée Borromini, la flèche fut ajoutée en 1752 par Lauritz de Thurah. Dans l'église, admirez le bel autel baroque et le grand orgue délicatement sculpté (1698).

Overgaden GALERIE

(carte p. 57 ; 32 57 72 73 ; www.overgaden.org ; Overgaden Neden Vandet 17 ; 13h-18h mar, mer et ven, 13h-18h sam-dim, 13h-20h jeu ; 2A, 9A, 37, 350S, M Christianshavn). GRATUIT Rarement visitée par les touristes, cette galerie d'art à but non lucratif organise environ 10 expositions par an. Elle met particulièrement à l'honneur la photographie et les installations d'art contemporain de jeunes artistes, danois et internationaux. Le calendrier de la galerie, disponible sur le site Internet, est très étoffé : rencontres d'artistes, conférences, performances artistiques, concerts et projections de films.

Christians Kirke ÉGLISE

(carte p. 57 ; 32 54 15 76 ; www.christianskirke.dk ; Strandgade 1 ; 10h-16h mar-ven ; 2A, 9A, 37, 350S, M Christianshavn). Nommée en l'honneur de Christian IV, Christians Kirke est bien connue pour son intérieur rococo étonnant. On notera par exemple les galeries sur plusieurs étages qui font davantage penser à un théâtre qu'à un lieu de culte. L'église, édifiée entre 1754 et 1759, accueillit l'importante congrégation allemande de Christianshavn jusqu'à la fin du XIXe siècle.

Nørrebro et Østerbro

Østerbro est un quartier sage où boutiques raffinées et bistrots côtoient certains des plus beaux exemples d'architecture traditionnelle de Copenhague. Beaucoup plus bohème, Nørrebro offre un excitant mélange d'immeubles du XIXe siècle décorés de fresques, de rues bouillonnantes d'activité, d'ambiance cosmopolite, de bars et de cafés bondés. Le quartier s'enorgueillit aussi du célèbre cimetière d'Assistens Kirkegård. Pour un beau panorama, grimpez jusqu'à l'aire de jeux aménagée sur le toit du **Konditaget Lüders** (carte p. 60 ; Helsinkigade 30, Nordhavn ; 24h/24 ; 3A, 8A, 37, S Nordhavn), un parking de 8 étages, ou admirez les fameuses enseignes lumineuses de Nørrebrø depuis le **Dronning Louises Bro** (carte page ci-contre ; 5C, M Nørreport, S Nørreport), un pont de 1887.

Assistens Kirkegård CIMETIÈRE

(carte page ci-contre ; 35 37 19 17 ; assistens.dk ; Kapelvej 4, Nørrebro ; 7h-22h avr-sept, 7h-19h oct-mars ; 5C, 8A). Dans ce célèbre cimetière

Nørrebro

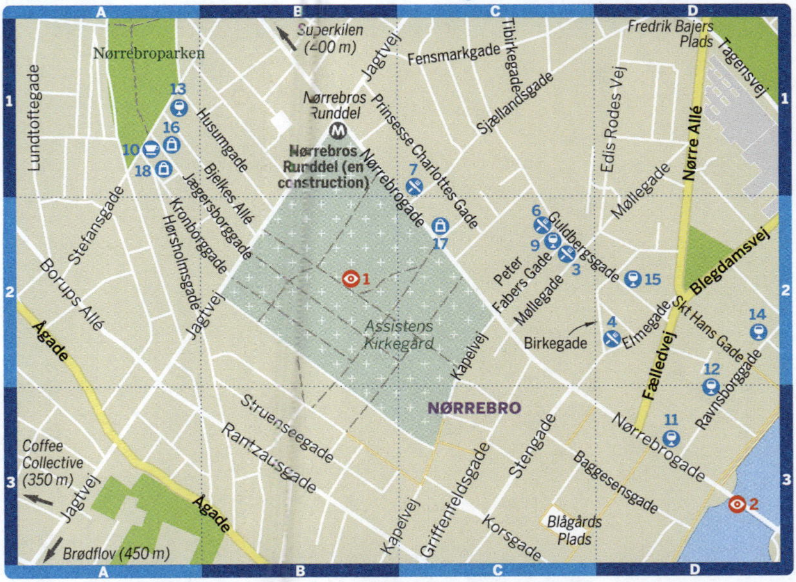

Nørrebro

À voir

1 Assistens Kirkegård B2
2 Dronning Louises Bro D3

Où se restaurer

3 Kiin Kiin C2
4 Laundromat Cafe D2
6 Mirabelle C2
7 Oysters & Grill C1

Où prendre un verre et faire la fête

9 Brus C2
10 Coffee Collective A1
11 Kassen D3
12 Kind of Blue D3
13 Mikkeller & Friends A1
14 Nørrebro Bryghus D2
15 Rust D2

Achats

16 Gågron! A1
17 Nørrebro Loppemarked C2
18 Vanishing Point A1

reposent quelques-uns des plus illustres citoyens danois, dont le philosophe Søren Kierkegaard, le physicien Niels Bohr, l'écrivain Hans Christian Andersen, ou encore les peintres Jens Juel, Christen Købke et Christoffer Wilhelm Eckersberg. Cet endroit délicieux, qui tient autant du parc que du cimetière, invite à la promenade. Débutez la visite par l'entrée principale, dans Kapelvej, où vous trouverez probablement des cartes pliables indiquant l'emplacement des tombes les plus célèbres.

Superkilen PARC
(Nørrebrogade 210, Nørrebro ; 5C, S Nørrebro). Cherchant à célébrer la diversité et à unir la population, ce parc fascinant de 1 km de long expose des objets glanés un peu partout dans le monde. On y trouve une fontaine en céramique du Maroc, des bornes du Ghana, des fauteuils à bascule d'Irak, ou encore des enseignes lumineuses russes et chinoises. Même les bancs, plaques d'égout et poubelles proviennent de terres étrangères.

Vesterbro et Frederiksberg

Difficile d'imaginer quartiers plus dissemblables que Frederiksberg, arboré et bourgeois, et Vesterbro, rugueux et tendance. Pourtant, tous deux ont beaucoup à offrir : une véritable ambiance, des sites passionnants, et des bars et restaurants où s'attarder. **Vesterbro**, qui commence à l'ouest de la gare centrale (København H) par Istedgade, l'artère la plus mal famée de la ville, est

Østerbro

Østerbro

Les incontournables
1 Designmuseum Danmark C4
2 Statens Museum for Kunst A4

À voir
3 Botanisk Have A4
4 Gefion Fountain C4
5 Geologisk Museum A4
6 Hirschsprung A4
7 Kastellet C4
8 Konditaget Lüders C1
9 Little Mermaid C3
10 Palmehus A4

Activités
11 Duffy Boat D3
12 Øbro-Hallen A1

Où se loger
13 Babette Guldsmeden C4

Où se restaurer
14 Fischer B2
15 Geranium A2
16 Kokkeriet B4
17 La Banchina D4
18 Pixie B1
19 Reffen Copenhagen Street Food D3

Où prendre un verre et faire la fête
20 Culture Box B4
21 Halvandet D3

Achats
22 Hoff B3
Stine Goya .... (voir 22)
23 Susanne Juul B3
24 Vintage 199 .... A1

l'épicentre de la branchitude à Copenhague. C'est un secteur où les menus et mobilier savamment choisis côtoient les œuvres de *street art*, les sex-shops, les salons de coiffure pour hommes et les épiceries à l'ancienne. À l'extrémité sud, Kødbyen (littéralement "la cité de la viande") était un quartier industriel dans les années 1950, on y trouve désormais une kyrielle de bars et restaurants à la mode. Au nord d'Istedgade, découvrez Vesterbrogade, une rue commerçante grand public, avec ses supermarchés et ses boutiques de mode de catégorie moyenne. À l'intersection entre Vesterbrogade et Frederiksberg Allé, tournez à droite pour rejoindre Værndamsvej. Surnommée le "petit Paris" de Copenhague, cette adorable artère compte une poignée de cafés, de bars à vins et de restaurants animés, ainsi que quelques boutiques de mode. Le respectable quartier de **Frederiksberg** mise sur des occupations plus paisibles : jardins royaux, art souterrain, zoo de Copenhague et brasserie mondialement connue.

♥ Frederiksberg Have — JARDINS

(carte p. 48 ; Frederiksberg Runddel, Frederiksberg; 6h-22h mai-août, 6h-21h avr et sept, horaires réduits le reste de l'année ; 6A, 8A, 71, 72, M Frederiksberg). Voici le parc le plus romantique de Copenhague, avec des lacs, des bois et de jolies pelouses pour pique-niquer. L'entrée principale est surveillée par une statue de Frédéric VI (1768-1839), qui ravissait ses sujets en canotant sur les canaux de Frederiksberg Have. L'imposant palais baroque du parc, le Frederiksborg Slot, fut la résidence d'été de la famille royale jusqu'au milieu du XIXe siècle. Il abrite désormais l'Académie militaire royale danoise. Le Pavillon chinois, autre héritage royal, fut conçu comme une maison de thé.

L'attraction la plus originale de Frederiksberg Have est son *suttetræet* (arbre à tétines), qui se dresse au nord du Pavillon chinois. Vous ne pourrez pas manquer cet arbre vieux de 250 ans : à ses branches sont accrochées des centaines de rubans colorés noués à des tétines de bébés. Selon la tradition danoise, quand un enfant atteint l'âge de 3 ans, il doit abandonner sa tétine. Pour faciliter ce moment, bambins et parents se rendent auprès du *suttetræet* de leur quartier et laissent un mot demandant à l'arbre d'en prendre bien soin.

Cisternerne — GALERIE

(carte p. 48 ; 30 73 80 32 ; www.cisternerne.dk ; Søndermarken, Frederiksberg ; adulte/enfant 125/60 DKK ; variables ; 6A, 72). En dessous de l'élégant Søndermarken Park s'étend le réservoir scintillant de Copenhague, qui date du XIXe siècle. Il est désormais plus connu sous le nom de Cisternerne, l'un des lieux artistiques les plus ori[...] pittoresques de la capitale. Chaq[...] un artiste réputé a la chance d[...] transformer le réservoir en une g[...] installation immersive. On a ain[...] rer les créations de la Danoise Eva Koch, l'Allemand Christian Lemmerz et de l'architecte japonais Hiroshi Sambuichi.

V1 Gallery — GALERIE

(carte p. 48 ; 33 31 03 21 ; www.v1gallery.com ; Flæsketorvet 69-71, Vesterbro ; 10h-17h mar-ven, 11h-16h sam ; 1A, 10, 14, S Dybbølsbro). GRATUIT Située à Kødbyen, la V1 figure parmi les galeries les plus audacieuses de Copenhague. Admirez les créations récentes d'artistes émergents ou confirmés, danois ou étrangers. Certains des plus grands noms du *street art* et du graffiti ont exposé ici, du Britannique Banksy aux Américains Todd James et Lydia Fong (alias Barry McGee).

Visit Carlsberg — BRASSERIE

(carte p. 48 ; 33 27 12 82 ; www.visitcarlsberg.dk ; Gamle Carlsberg Vej 11, Vesterbro ; 1A, 26, S Carlsberg). Jouxtant la brasserie Carlsberg à l'architecture hors du commun, Visit Carlsberg explore l'histoire de la bière danoise depuis 1370 av. J.-C. (la momie d'une petite fille retrouvée dans une tourbière, serrant un antique pichet de cervoise, date de cette période). Au moment de la rédaction de ce guide, l'endroit faisait l'objet d'une rénovation d'envergure visant, sans qu'aucune date de réouverture ne soit anoncée. L'objectif : miser sur davantage de modernité. Jusque-là, des dioramas illustraient les dernières nouveautés du processus de brassage. On y croisait d'anciennes cuves en cuivre et des écuries comptant une douzaine de chevaux de trait du Jutland.

La visite autoguidée s'achèvait au bar, où on pouvait déguster deux bières (ou boissons sans alcool), incluses dans l'entrée. Des visites guidées étaient aussi organisées.

D'avril à septembre, un bus faisait gratuitement la navette entre Visit Carlsberg et le Royal Hotel au n°6 de Vesterbrogade (juste à côté de la gare centrale), toutes les heures de 11h à 17h. Renseignez-vous.

Zoo de Copenhague — ZOO

(carte p. 48 ; 72 20 02 00 ; www.zoo.dk ; Roskildevej 32, Frederiksberg ; adulte/enfant 180/100 DKK ; 9h-18h juin et sept, 9h-20h juil, 9h-18h lun-ven, 9h-20h sam-dim août, horaires réduits le reste de l'année ; 6A, 72). Perché au sommet de Frederiksberg (colline de Frédéric), le zoo de Copenhague résonne des bruissements

Vesterbro et Frederiksberg

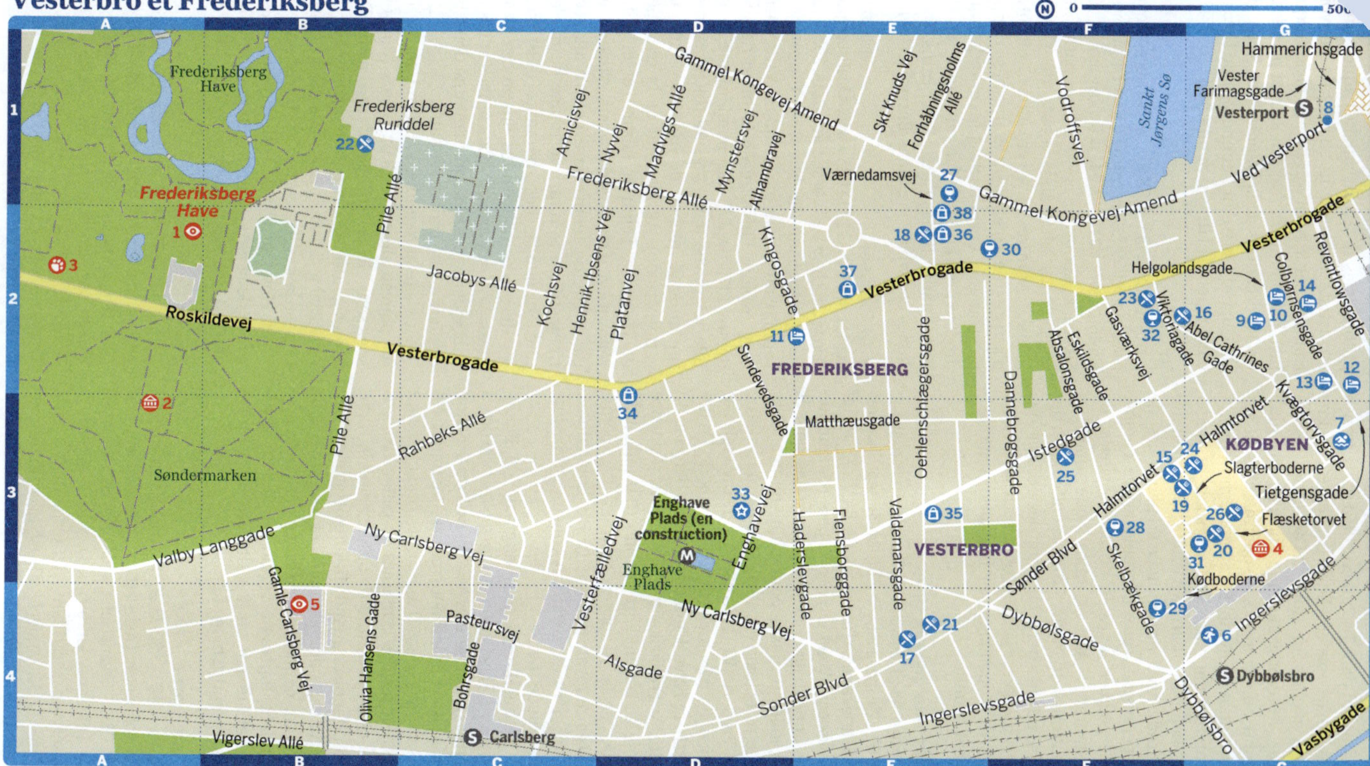

Vesterbro et Frederiksberg

Les incontournables
1 Frederiksberg Have A2

À voir
2 Cisternerne A3
3 Copenhagen Zoo A2
4 V1 Gallery G3
5 Visit Carlsberg B4

Activités
6 Baisikeli G4
7 DGI-byen G3
8 Nordic Noir Tours G1

Où se loger
9 Andersen Hotel G2
10 Axel Guldsmeden G2
11 Bertrams Guldsmeden E2
12 Hotel Ansgar G2
13 Tiffany G2
14 Urban House G2

Où se restaurer
15 Chicky Grill F3
16 Cofoco F2
17 Dyrehaven E4
18 Granola E2
19 Hija de Sanchez F3
20 Kødbyens Fiskebar G3
21 Mad & Kaffe E4
22 Mielcke & Hurtigkarl B1
23 Øl & Brød F2
24 Paté Paté G3
25 Siciliansk Is F3
26 WarPigs G3

Où prendre un verre et faire la fête
27 Falernum E1
28 Fermentoren F3
29 KBIII F4
30 Lidkoeb E2
31 Mesteren & Lærlingen G3
32 Mikkeller Bar F2

Où sortir
33 Vega Live D3

Achats
34 Designer Zoo D2
35 Kyoto E3
36 Playtype E2
37 Prag E2
38 Samsøe & Samsøe E2

et rugissements de plus de 2 500 créatures (lions, zèbres, hippopotames, gorilles, etc.). L'enclos des éléphants, ultramoderne, est l'œuvre de l'architecte anglais Norman Foster, tandis que l'enceinte arctique permet au visiteur de "traverser" le bassin des ours polaires pour un spectaculaire tête-à-tête (à travers une vitre).

Activités

Mystery Makers — CIRCUITS À PIED

(30 80 30 50 ; www.mysterymakers.dk ; Mystery Hunt à partir de 250 DKK/pers ; horaires variables). Mettez-vous dans la peau de l'inspecteur Sarah Lund en participant aux enquêtes interactives de Mystery Makers, proposées sur de nombreux sites historiques de la capitale – entre autres au Kastellet (p. 53). Les joueurs reçoivent une identité fictive et un mystère à résoudre, avec une série de devinettes et d'indices sur le parcours. Accessible aux adultes et aux enfants de plus de 12 ans, c'est une manière vivante d'explorer l'histoire de Copenhague.

Il faut 4 personnes minimum pour constituer une équipe. Consultez le site Internet pour les tarifs, qui varient en fonction du jour de la semaine et du moment de la journée (meilleurs prix du dimanche au mercredi, avant 15h). Mystery Makers propose aussi d'excellentes parties d'*escape game* (1 heure, à partir de 250 DKK).

Københavns Cyklerbørs — VÉLO

(carte p. 48 ; 33 14 07 17 ; www.cykelboersen.dk ; Gothersgade 157 ; vélo 90/450 DKK par jour/semaine ; 10h-17h30 lun-ven, 10h-14h sam, 10h-14h dim mai-août ; 5C, 37, 350S, M Nørreport, S Nørreport). Loueur de vélos proche du Botanisk Have (jardin botanique) à la lisière nord-ouest du centre-ville.

Baisikeli — VÉLO

(carte p. 48 ; 26 70 02 29 ; baisikeli.dk ; Ingerslevsgade 103, Vesterbro ; 10h-18h lun-ven, 10h-16h sam-dim ; 1A, S Dybbølsbro). Chaque année, les recettes de Baisikeli ("vélo" en swahili) permettent d'expédier 1 200 bicyclettes dans des villages africains. À côté de la gare S-tog de Dybøllsbro, juste au sud du quartier des bars de Vesterbro.

Hauser Plads — AIRE DE JEUX

(carte p. 48 ; ; 6A, 150S, 184, 185, 350S, M Nørreport, S Nørreport). Avec ses mini-collines vertes, ses structures d'escalade surréalistes, ses balançoires et son bac à sable, l'aire de jeux de Hauser Plads semble tout droit sortie

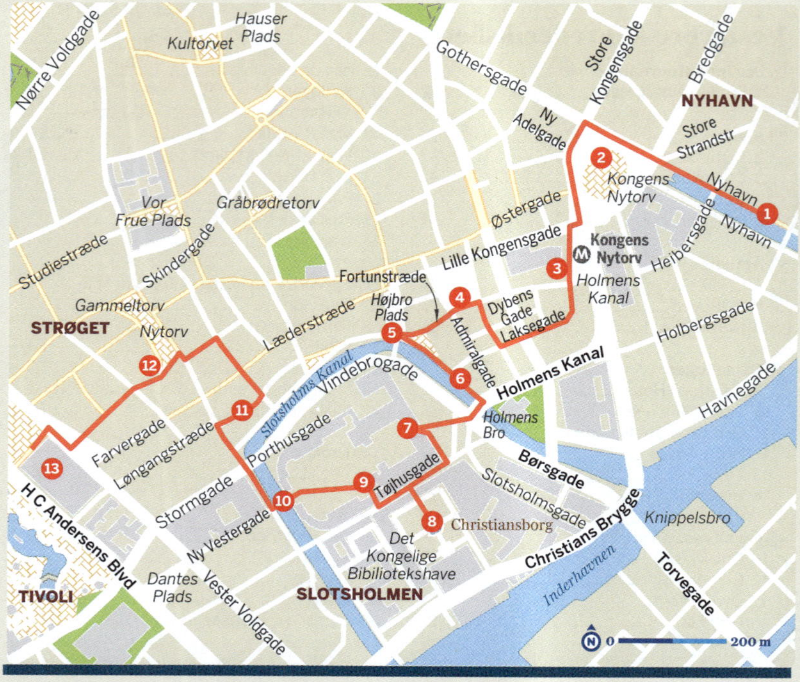

Promenade à pied
Copenhague : luxe, calme et pavés

DÉPART NYHAVN
ARRIVÉE RÅDHUSPLADSEN
DISTANCE ET DURÉE 2,7 KM ; 2 HEURES

Débutez votre balade par l'emblématique canal de 1 **Nyhavn** (p. 52), ancien repaire de marins et de femmes de "petite vertu", bordé de maisons colorées. Commandé par Christian V au XVIIe siècle, il fut construit par des prisonniers de guerre suédois pour relier le port à 2 **Kongens Nytorv**, la plus grande place de Copenhague. À l'extrémité sud de la place se dresse le 3 **centre commercial Magasin** (p. 90), typique de l'architecture néo-Renaissance française. Il fut bâti en 1894 à la place de l'Hotel du Nord, où vécut Hans Christian Andersen de 1838 à 1847.

Poursuivez dans Laksegade, puis prenez Nikolajgade, à droite, jusqu'au 4 **Nikolaj Kunsthal** (p. 46), un espace d'art contemporain logé dans l'une des plus anciennes églises de Copenhague. Continuez vers l'ouest dans Fortunstræde, jusqu'à 5 **Højbro Plads**, où se tient une statue de l'évêque Absalon, fondateur de Copenhague. Faites une pause dans l'excellent bar à vins 6 **Ved Stranden 10** (p. 82), puis traversez le canal au niveau de Holmens Bro. Devant vous se dresse l'imposant 7 **Christiansborg Slot** (p. 54), siège du Parlement danois. Passez sous le porche voûté à gauche du palais, puis sous le deuxième porche à gauche. Découvrez le 8 **jardin de la Bibliothèque royale**, construit sur les hauteurs de Tøjhushavnen, l'ancien port naval de Christian IV. Repassez sous le porche voûté et continuez jusqu'au 9 **complexe équestre**, de style baroque tardif. L'unique vestige du palais originel de Christiansborg mène au 10 **pont de marbre**, du XVIIIe siècle. Empruntez-le, tournez à droite dans Frederiksholms Kanal, puis parcourez 11 **Magstræde**, la plus ancienne rue de la ville. Prenez à gauche dans Knabrostræde, puis encore à gauche dans Brolæggerstræde. La rue débouche sur Nytorv, siège du 12 **Domhuset** (carte p. 48), le palais de justice de Copenhague, tout en stuc rose. À gauche du bâtiment, prenez Slutterigade : au bout trône le 13 **Rådhus** (p. 46).

des *Teletubbies*. Les architectes paysagistes hollandais Karres en Brands et l'entreprise danoise Polyform ont transformé cet ancien square tristounet en un paradis pour les enfants, les adultes qui les accompagnent, les employés des bureaux voisins en pause déjeuner et les amateurs de design.

Une ouverture géante aux formes arrondies donne sur le quartier général souterrain des services de nettoyage de la ville.

Canotage

GoBoat — BATEAU

(carte p. 57 ; 40 26 10 25 ; www.goboat.dk ; Islands Brygge 10 ; location bateau 1/2/3 heures 499/899/1149 DKK ; 9h30-crépuscule ; 5C, 12, Islands Brygge). Aucune expérience de la navigation n'est requise pour sillonner le port et les canaux de la capitale à bord de l'un de ces bateaux à énergie solaire. Chaque embarcation est équipée d'une table de pique-nique (ravitaillez-vous auprès de GoBoat ou emportez votre nourriture) et peut accueillir jusqu'à 8 personnes. Le prix s'entend par bateau : plus vous serez nombreux, moins le tarif individuel sera élevé.

Le guichet est installé juste à côté de Islands Brygge Havnebadet.

Duffy Boat — CIRCUIT EN BATEAU

(carte p. 60 ; 42 36 36 00 ; www.duffyboats.dk ; Refshalevej 163B ; location bateau 9 pers avec capitaine 2 heures 2 500 DKK environ ; 9h-19h30 ; 9A, Refshaleøen). Parfaits pour les grands groupes, ces bateaux électriques très confortables peuvent être loués pour des circuits de 2, 3 ou 4 heures dans le port. Les services d'un capitaine sont inclus dans le prix de la location. Les passagers peuvent prendre un forfait boissons (bière, bouteille de vin, boisson sans alcool et en-cas pour 110 DKK/pers) ou venir avec un pique-nique.

Canal Tours Copenhagen — CIRCUIT EN BATEAU

(carte p. 48 ; 32 96 30 00 ; www.stromma.dk ; Nyhavn ; adulte/enfant 99/45 DKK ; ; 1A, 26, 66, 350S, Kongens Nytorv). Ce prestataire organise des circuits de 1 heure au fil des canaux et du port, passant devant de nombreux sites, dont Christiansborg Slot, Christianshavn, la Bibliothèque royale, l'opéra, le palais d'Amalienborg et la Petite Sirène. Embarquez à Nyhavn ou Ved Stranden. Plusieurs départs par heure de fin juin à fin août (horaires réduits le reste de l'année).

Netto-Bådene — CIRCUIT EN BATEAU

(carte p. 48 ; 32 54 41 02 ; www.havnerundfart.dk ; Holmens Bro ; adulte/enfant 50/20 DKK ; 2/5 départs par heure en juil-août, horaires réduits reste de l'année ; 1A, 2A, 9A, 26, 37, 66). Circuits de 1 heure, d'un bon rapport qualité/prix, au fil des canaux et du port. Embarquement à Holmens Kirke ou Nyhavn. D'octobre à mars, les sorties se font à bord de bateaux chauffés et couverts d'un toit vitré.

Baignade

DGI-byen — PISCINE

(carte p. 48 ; www.dgi-byen.dk ; Tietgensgade 65, Vesterbro ; ; 1A, 32, København H). Extravagant centre aquatique couvert aux multiples piscines, dont un impressionnant bassin ovale assorti de lignes d'eau de 100 m, une "piscine de montagne" avec mur d'escalade, un bassin d'eau chaude et une piscine pour enfants. En cas d'oubli, maillots de bain et serviettes sont à louer (pièce d'identité avec photo à laisser en caution). L'endroit était fermé pour rénovation lors de la rédaction de ce guide. Il devrait avoir rouvert ses portes lorsque vous lirez ces lignes.

Øbro-Hallen — PISCINE

(carte p. 60 ; 82 20 51 50 ; https://svoemkbh.kk.dk/en/node/29 ; Gunnar Nu Hansens Plads 3, Østerbro ; adulte/enfant 25-55/15-30 DKK ; 7h-20h lun et ven, 7h-19h45 mar, 8h-20h mer, 6h30-20h jeu, 9h-15h sam-dim ; ; 1A). Inspiré des bains de l'Antiquité romaine et datant de 1929-1930, Øbro-Hallen est la plus ancienne piscine couverte du Danemark. C'est aussi l'une des plus belles, avec trois bassins – un de 25 m, un pour les enfants et une pataugeoire – et beaucoup de lumière naturelle traversant l'élégant plafond vitré.

Islands Brygge Havnebadet — PISCINE

(carte p. 57 ; https://svoemkbh.kk.dk/en/node/14 ; Islands Brygge ; 24h/24 juin-août, baignade surveillée 10h-18h ; ; 5C, 12, Islands Brygge). GRATUIT Le complexe aquatique extérieur le plus branché de Copenhague comprend trois bassins et se situe directement sur le principal canal de la capitale, en centre-ville. La qualité de l'eau est rigoureusement contrôlée et même si vous ne vous baignez pas, les pelouses, barbecues et restaurants sont parfaits pour voir et être vu par une belle journée d'été.

Havnebadet Sluseholmen — PISCINE

(carte p. 48 ; 51 82 63 79 ; https://svoemkbh.kk.dk/en/node/16 ; Ben Websters Vej 69 ; 6h-22h juin-août, baignade surveillée 10h-18h ; ; 14, 34, Teglholmen). GRATUIT Avec son architecture remarquable imitant le corail, ce complexe aquatique gratuit est installé à l'extrémité sud du port de Copenhague. Deux bassins peu profonds sont prévus pour les enfants, tandis qu'un autre est conçu pour nager et plonger sous l'œil des maîtres-nageurs. Complexe accessible aux personnes en fauteuil roulant.

Amager Strandpark PLAGE

(carte p. 48 ; www.kk.dk/amagerstrandpark ; ; MØresund, Amager Strand). L'été venu, ce formidable lagon au sud-est du centre-ville propose des hectares de sable et une ambiance festive, entretenue par les cafés et les bars. Avec ses équipements ludiques et son eau peu profonde, l'endroit est idéal pour les enfants. La plage abrite aussi un complexe rétro avec bassins d'eau de mer, le **Helgoland** (carte p. 48 ; 24h/24 tlj mai-août ; MØresund, Amager Strand) GRATUIT, ouvert aux non-membres de fin juin à fin août.

Circuits organisés

Kayak Republic KAYAK

(carte p. 48 ; 22 88 49 89 ; www.kayakrepublic.dk ; Børskaj 12 ; location 1/2/3 heures 195/295/395 DKK, visite guidée 2 heures 395 DKK ; 10h-21h juin-août, horaires réduits le reste de l'année ; 2A, 9A, 37, 350S). Kayak Republic propose chaque jour des sorties de 2 heures en kayak sur les canaux de la capitale permettant d'aborder l'architecture de la ville (395 DKK), ainsi que des circuits de 2 heures au soleil couchant (445 DKK). Aucune expérience n'est requise pour les circuits guidés, mais il faut un certificat "Pagaie verte" (et une pièce d'identité) pour louer un kayak de mer et pagayer seul.

Bike Copenhagen with Mike VÉLO

(carte p. 48 ; 26 39 56 88 ; www.bikecopenhagenwithmike.dk ; Sankt Peders Stræde 47 ; 300 DKK/pers ; 2A, 5C, 6A, 14, 250S). Pour ceux qui n'ont pas envie de marcher, "Bike" Mike organise des découvertes de la ville à vélo de 3 heures. Départ au Skt Peders Stræde 47, dans le centre, à l'est d'Ørstedsparken (au sud-ouest de la gare de Nørreport). Présent pendant le circuit, Mike est un personnage passionnant, qui connaît parfaitement sa ville. Location du vélo et du casque incluse. Paiement en espèces uniquement.

La réservation en ligne est nécessaire ; en général, il n'y a personne au bureau, sauf au moment des départs. Options saisonnières et circuits privés également proposés.

Copenhagen City Sightseeing CIRCUITS ORGANISÉS

(carte p. 48 ; 32 96 30 00 ; www.citysightseeing.dk ; billets adulte/enfant à partir de 199/100 DKK ; départs ttes les 30 à 60 min, 9h30-16h45 tlj fin avr à mi-sept, horaires et itinéraires réduits le reste de l'année). Ce bus à deux étages, permettant de monter/descendre à loisir, proposent des circuits thématiques en plusieurs langues pour découvrir les principaux sites de la ville. Le circuit "bus et bateau", sur deux jours (adulte/enfant 250/125 DKK), inclut un circuit du Canal Tours Copenhagen (voir p. 65). Il y a une billetterie dans Ved Stranden, en face de Christiansborg Slotskirke.

Copenhagen Free Walking Tours À PIED

(carte p. 48 ; www.copenhagenfreewalkingtours.dk ; Rådhuspladsen). Circuits pédestres gratuits. Le Grand Tour de Copenhague (3 heures) commence à 10h30 du jeudi au lundi devant le Rådhus (hôtel de ville) ; il vous fera découvrir tous les sites célèbres et des anecdotes intéressantes. Un circuit de Christianshavn (2 heure) démarre de Højbro Plads du jeudi au lundi à 15h. Un pourboire est attendu.

Nordic Noir Tours À PIED

(carte p. 48 ; www.nordicnoirtours.com ; 200 DKK/pers ; circuit The Killing/The Bridge 16h sam, circuit Borgen préréservé 14h sam ; S Vesterport). Les fans de séries danoises découvriront les lieux de tournage de *Bron* (*The Bridge*) et *The Killing* lors de ces promenades à pied de 1 heure 30. Départ de la gare S-tog de Vesterport. La réservation, facultative, permet d'économiser 50 DKK à condition de s'y prendre 48 heures à l'avance. Un circuit *Borgen* (1 heure 30) est également disponible sur demande. Consultez le site Internet pour le programme mensuel.

CPH:cool À PIED

(carte p. 48 ; 50 58 28 24 ; www.cphcool.dk ; Vesterbrogade 4A ; circuit 1-7 pers à partir de 2 000 DKK ; 2A, 6A, 12, 14, 26, 250S, S København H). D'une durée moyenne de 2 heures à 2 heures 30, ces circuits pédestres couvrent des domaines aussi variés que le shopping, l'architecture, le design, la gastronomie et la bière. Également quelques parcours cyclistes. Départ du centre des visiteurs de Copenhague (Vesterbrogade 4A, en face des jardins de Tivoli) ; tarif selon le nombre de participants.

Running Tours Copenhagen COURSE À PIED

(carte p. 48 ; 50 59 17 29 ; www.runningtours.dk ; 1-2 pers 370 DKK ; 2A, 12, 14, 26, 33, 250S,

S København H). Courez à votre rythme à travers la capitale pour une session de tourisme très cardio. Choisissez parmi différents thèmes, dont le Grand Tour, la Course nocturne ou encore la Tournée des Pubs. Les circuits commencent sur Rådhuspladsen, mais on pourra passer vous prendre à votre hôtel.

Fêtes et festivals

Festival de jazz de Copenhague MUSIQUE
(www.jazz.dk ; juil). Le plus grand événement de la capitale (et le plus important festival de jazz d'Europe du Nord) anime Copenhague pendant 10 jours début juillet. Du jazz sous toutes ses formes, avec une impressionnante programmation de talents locaux et étrangers.

Fredagsrock MUSIQUE
(www.tivoli.dk ; jardins de Tivoli, Vesterbrogade 3 ; avr-sept). De mi-avril à fin septembre, Plænen, la scène centrale des jardins de Tivoli, accueille les "Vendredis du rock", très appréciés. Gratuits moyennant le droit d'accès aux jardins de Tivoli, ces concerts du vendredi soir, en plein air, sont l'occasion d'écouter d'excellents artistes du Danemark et d'ailleurs. Dans le passé, on a pu voir Lil Wayne, 5 Seconds of Summer, Brian Wilson et Erykah Badu.

Ølfestival BIÈRE
(https://ølfestival.dk/ ; mai). Cette fête organisée en mai met à l'honneur plus de 800 bières de producteurs danois et internationaux. Les multiples événements (dégustations, démonstrations et musique live, entre autres) ont lieu dans un ancien atelier de trains, au sud de Vesterbro.

CPH:PIX CINÉMA
(www.cphpix.dk ; sept/oct). Le grand rendez-vous de cinéma de Copenhague se déroule sur deux semaines en septembre-octobre. Découvrez un large éventail de productions danoises et étrangères, ainsi qu'un programme dense de manifestations (rencontres avec réalisateurs et acteurs, notamment).

CPH:DOX CINÉMA
(www.cphdox.dk ; mars). Ce prestigieux festival international du documentaire est le troisième plus important du genre dans le monde. Onze jours durant en mars, une programmation variée est proposée dans les différents cinémas de la ville. Également des concerts, des expositions artistiques et des séminaires.

Marché de Noël de …
(www.tivoli.dk ; nov-…
fin décembre, les ja…
dans une atmosph…
vaste marché de N…
personnel costum…
théâtrales. Il y a p…
tionnent, mais le v…
(petits beignets) c…

Copenhagen Cooking & Food Festival GASTRONOMIE
(www.copenhagencooking.dk ; août). Au menu du plus grand festival gastronomique de Scandinavie : un savoureux programme mêlant démonstrations culinaires de grands chefs, dégustations et visites gourmandes de la ville. Les manifestations ont lieu dans différents lieux et restaurants, généralement en août.

Distortion MUSIQUE
(www.cphdistortion.dk ; mai/juin). Ce festival, qui bat son plein durant 5 jours fin mai/début juin, célèbre la culture de rue et du clubbing de la capitale. Fêtes de quartier animées et DJ réputés font danser les gens dans les bars et les clubs de toute la ville.

Strøm MUSIQUE
(www.stromcph.dk ; août). Le festival de musique électronique de Copenhague se déroule pendant 5 jours en août. Considéré comme le meilleur de Scandinavie, il propose master classes, concerts, raves et fêtes dans toute la ville ; la plupart des événements sont gratuits.

3 Days of Design DÉCORATION ET DESIGN
(www.3daysofdesign.dk ; mai/juin). Organisé fin mai ou début juin, cet événement de 3 jours consacré à la décoration et à l'architecture d'intérieur propose des événements ouverts au public dans des dizaines de lieux hétéroclites (boutiques de meubles et de design, cafés, Designmuseum Danmark, etc.). Au programme : conférences, visites et lancements de produits.

CPH Opera Festival MUSIQUE
(www.operafestival.dk ; juil/août). Pendant 11 jours, l'opéra est à l'honneur dans des lieux inattendus de la ville, des édifices historiques aux bateaux amarrés dans le port. En général, le festival a lieu de fin juillet à début août.

Kulturhavn CULTURE
(www.kulturhavn.dk ; août). En août, la culture vous donne rendez-vous 3 jours

… et les canaux de Copen-… une riche programmation …re, danse, musique, sport et …la "plage" d'Islands Brygge, ainsi …havnen, Papirøen et Refshaleøen.

…Copenhagen GAY ET LESBIEN
(…ww.mixcopenhagen.dk ; oct-nov). Le festival de cinéma LGBT de Copenhague se déroule pendant 10 jours, généralement fin octobre/début novembre. Les projections de films danois et étrangers ont lieu dans différentes salles de la ville.

Copenhagen Pride GAY ET LESBIEN
(www.copenhagenpride.dk; août). Les drapeaux arc-en-ciel flottent fièrement pendant les 6 jours d'août que dure la Copengahen Pride. Au programme : musique live et joyeux fêtards dans le centre-ville, soirées fabuleuses dans les clubs, projections de films ou encore forums culturels et politiques. Le défilé a lieu le samedi après-midi, entre Frederiksberg et Rådhuspladsen, dans le centre-ville.

Où se loger

L'offre d'hébergements de Copenhague continue de monter en gamme, avec une série d'hôtels branchés récemment ouverts ou sur le point de l'être. Ils offrent une alternative bienvenue aux innombrables hôtels d'affaires sans âme et aux "boutique-hôtels" en cruel besoin de rénovations. La catégorie petit budget a aussi connu un coup de fouet ces dernières années, avec l'apparition des chaînes sobres mais tendance WakeUp Copenhagen et Generator Hostel. Réservez vos chambres bien à l'avance, surtout en été.

Centre-ville

L'offre est large et variée dans le centre-ville, mais vous devrez supporter la circulation dans les rues, les hordes de touristes, et de façon générale le manque de confort. Le choix est beaucoup plus limité à Christianshavn, au bord de l'eau.

Copenhagen Downtown Hostel AUBERGE DE JEUNESSE €
(carte p. 48 ; 70 23 21 10 ; www.copenhagen-downtown.com ; Vandkunsten 5 ; dort à partir de 210 DKK ; ; 1A, 2A, 9A, 14, 26, 37, S København H). Bénéficiant d'un emplacement central dans le cœur historique, cette auberge de jeunesse est une base idéale pour explorer Copenhague à pied. Atmosphère animée, rétro et communautaire, bar coloré et café proposant un happy hour ainsi qu'un dîner gratuit tous les soirs (en réservant l'hébergement via le site Internet de l'auberge). Vous pourrez aussi profiter gratuitement de concerts et d'autres animations. Location de vélo et petit-déjeuner (70 DKK).

Cabinn City HÔTEL €
(33 46 16 16 ; www.cabinn.com ; Mitchellsgade 14 ; d à partir de 499 DKK ; @ ; 5C, 34, 66, 250S, S København H). Si votre exigence première n'est pas le design danois dernier cri et qu'un lieu propre et assez confortable vous suffit, Cabinn pourrait être l'adresse idéale. Les chambres y sont petites mais fonctionnelles : l'espace est astucieusement utilisé, le tout à proximité des lieux d'intérêt.

Danhostel Copenhagen City AUBERGE DE JEUNESSE €
(carte p. 57 ; 33 11 85 85 ; www.danhostel.dk ; HC Andersens Blvd 50 ; dort/d à partir de 205/590 DKK ; @ ; 5C, 250S, S København H). Dès l'entrée dans le hall pourvu d'un café-bar, on se sent davantage dans un hôtel que dans une auberge de jeunesse. Aménagés dans un immeuble dominant le port, juste au sud des jardins de Tivoli (imaginez le point de vue !), les dortoirs et les chambres privées sont lumineux, modernes, et tous dotés d'une salle de bains.

♥ Ibsens Hotel BOUTIQUE-HÔTEL €€
(carte p. 48 ; 33 13 19 13 ; www.ibsenshotel.dk ; Vendersgade 23 ; d à partir de 1 067 DKK ; @ ; 5C, 37, 350S, M Nørreport, S Nørreport). Un choix avisé pour combler vos envies de raffinement. La créativité danoise est perceptible dans tous les détails de cet hôtel, des sublimes textiles aux œuvres d'art. Le chaleureux salon est agrémenté de lampes françaises de style industriel et de tables en bois du célèbre ébéniste de Copenhague, Jul. Møller & Søns. Les chambres sont minimalistes mais somptueuses, avec des couleurs douces, des accessoires design et des lits divinement confortables. Réservez le plus tôt possible pour les meilleurs tarifs.

♥ Hotel Alexandra BOUTIQUE-HÔTEL €€
(carte p. 48 ; 33 74 44 44 ; www.hotelalexandra.dk ; HC Andersens Blvd 8 ; d à partir de 1 300 DKK ; P @ ; 2A, 10, 250S, S Vesterport). Des dieux du design danois comme Arne Jacobsen, Ole Wanscher et Kaare Klint ont sublimé l'intérieur sobre, distingué, mais chaleureux de l'Hotel Alexandra. Les chambres ultra tendance sont toutes équipées de mobilier

danois des années 1950. Les puristes pourront choisir l'une des suites mettant à l'honneur un designer danois. Parking : 180 DKK/jour.

L'hôtel fait face à une rue très fréquentée mais l'agréable Quartier latin est tout proche.

Hotel Danmark BOUTIQUE-HÔTEL €€

(carte p. 48 ; ☎33 11 48 06 ; www.brochner-hotels.com ; Vester Voldgade 89 ; d à partir de 1 310 DKK ; P ; 12, 33, S København H). Cet hôtel rénové est une adresse raffinée, proche des principaux sites d'intérêt. La plupart des 88 chambres sont plutôt petites, mais toutes sont chics et douillettes, avec des lits parfaits, des textiles soyeux et du mobilier danois sobre et élégant. La palette de couleurs douces – du vert sauge au bleu cobalt – est inspirée du Thorvaldsen Museum voisin.

Les chambres les moins chères, avec lits superposés, offrent le même luxe et les mêmes équipements que celles de catégorie supérieure. Le petit-déjeuner (199 DKK, demi-tarif pour les enfants), majoritairement bio, est délicieux et un verre de vin est offert chaque soir sur le toit-terrasse. Les chambres sont généralement moins chères le week-end. Parking : 295-395 DKK/jour.

Hotel Kong Arthur HÔTEL €€

(carte p. 48 ; ☎33 11 12 12 ; www.kongarthur.dk ; Nørre Søgade 11 ; d à partir de 1 595 DKK ; P @ ; 5C, 37, M Nørreport, S Nørreport). Les 155 chambres équipées de belles salles de bains sont peintes dans un blanc apaisant, ponctué d'œuvres d'art contemporain et d'éléments plus anciens. Certaines donnent sur les eaux du Peblinge Sø. Le spa de l'établissement – avec bain chaud, sauna et bain de vapeur parfumé – est gratuit pour les hôtes qui réservent via le site Web de l'hôtel.

Hotel SP34 BOUTIQUE-HÔTEL €€

(carte p. 48 ; ☎33 13 30 00 ; www.brochner-hotels.com ; Sankt Peders Stræde 34 ; d à partir de 1 197 DKK ; ; 5C, 6A, S Vesterport). Un choix apprécié des citadins férus de design. Les tons sable et pastel mettent en valeur les espaces communs, notamment le magnifique salon inondé de lumière, la bibliothèque d'inspiration moderniste et l'élégant bar dans le hall. Les 118 chambres sont simples mais chics, avec des tons gris sur gris austères, réchauffés par des pièces en bois, en cuivre et en cuir. Produits bio au petit-déjeuner et verre de vin gracieusement offert entre 17h et 18h.

Sur place, vous trouverez une petite salle de projection et un bon restaurant de cuisine nordique, le Väkst. Cerise sur le gâteau : l'hôtel se trouve en lisière du Quartier latin et de son animation. Réservez bien à l'avance.

Square HÔTEL €€

(carte p. 48 ; ☎33 38 12 00 ; www.thesquarecopenhagen.com ; Rådhuspladsen 14 ; d à partir de 1 225 DKK ; @ ; 2A, 12, 26, 250S, S Vesterport). Agrémenté de chaises Arne Jacobsen et de cuir rouge, cet excellent hôtel trois étoiles fait preuve d'un vrai sens du design et propose des infrastructures que l'on retrouve généralement dans des établissements plus coûteux et guindés. Chambres standards légèrement exiguës mais bien équipées, avec vue imprenable sur Rådhuspladsen pour certaines. Tous les sites touristiques majeurs sont accessibles à pied.

First Hotel Kong Frederik HÔTEL €€

(carte p. 48 ; ☎ 70 60 10 21 ; hotelkongfrederik.dk ; Vester Voldgade 25 ; d à partir de 1 160 DKK ; @ ; 2A, 10, 250S, S Vesterport). Il y a quelque chose d'aristocratique dans cet hôtel aux tons noir et or, avec son mélange de bois sombre, de meubles anciens et de tableaux représentant monarques danois et scènes de chasse. Chambres bien aménagées avec lits tout confort et couettes moelleuses. Bouteille d'eau et boissons sans alcool dans le mini-bar. Le personnel est sympathique et efficace. L'animation du Quartier latin est très proche à pied.

Hotel Skt Petri HÔTEL €€

(carte p. 48 ; ☎33 45 91 00 ; www.sktpetri.com ; Krystalgade 22 ; ch à partir de 1 390 DKK ; @ ; 14, 150S, M Nørreport, S Nørreport). En dépit de sa taille – l'entrée ressemble à un salon d'exposition de mobilier –, cet ancien centre commercial transformé en hôtel est très chaleureux. Les chambres sont coquettes et douillettes, composées de matières agréables et d'une palette charbon adoucie par le parquet en bois blond ainsi que par les généreuses touches de vert foncé, violet, bleu et bronze. Demandez une chambre au 4e étage ou plus haut pour une vue panoramique.

Hotel Nimb BOUTIQUE-HÔTEL €€€

(carte p. 48 ; ☎88 70 00 00 ; www.nimb.dk ; Bernstorffsgade 5 ; ch à partir de 3 200 DKK ; P @ ; 2A, 5C, 9A, 250S, S København H). Cette adresse de charme fait partie des jardins de Tivoli. Elle compte 17 chambres et suites au style personnalisé, mêlant lignes épurées, œuvres d'art, antiquités, matières luxueuses et éléments high-tech (machines à café Nespresso et TV et sytèmes audio Bang & Olufsen). La plupart des chambres comportent une cheminée et donnent sur le parc d'attractions.

Les plus : le salon à cocktails avec feu de cheminée crépitant et le restaurant tendance végétarienne **Gemyse** (carte p. 48 ; menu soir 8 plats 650 DKK, plats déj 115-145 DKK ; 11h-22h lun-jeu, 11h-23h ven-sam, à partir de midi dim ;). Réservez bien à l'avance pour avoir les meilleurs prix.

Hotel d'Angleterre HÔTEL €€€
(carte p. 48 ; 33 12 00 95 ; www.dangleterre.com ; Kongens Nytorv 34 ; ch à partir de 3 350 DKK ; ; M Kongens Nytorv). Inauguré en 1755, cet établissement néoclassique est le palace le plus glamour de Copenhague. Rénové en 2013, il accueille têtes couronnées et simples hédonistes. Dans les espaces communs, les portraits de souverains, les cheminées et les détails Art nouveau affichent une noblesse appropriée, tandis que les chambres et suites offrent un luxe classique, rehaussé de touches contemporaines, avec tons poudrés, matériaux somptueux et salles de bains en marbre.

À noter encore l'extraordinaire piscine en carrelage et marbre de 185 m², au sein du luxueux spa de l'hôtel, le premier **bar à champagne** de la ville, et le restaurant **Marchal**, étoilé au Michelin.

Scandic Palace Hotel HÔTEL €€€
(carte p. 48 ; 33 14 40 50 ; www.scandichotels.com ; Rådhuspladsen 57 ; d à partir de 1 160 DKK ; ; 10, 12, 14, 26, 33, S København H). Directement sur Rådhuspladsen, dans un édifice emblématique d'Anton Rosen de 1910, le Palace a trouvé le bon équilibre entre architecture historique et détails contemporains. Les chambres sont aménagées avec brio, avec des salles de bains raffinées et des tons pastel ou gris réveillant le blanc scandinave.

Nyhavn et le Quartier royal

Generator Hostel AUBERGE DE JEUNESSE €
(carte p. 48 ; 78 77 54 00 ; www.generatorhostel.com ; Adelgade 5-7 ; dort/d à partir de 179/650 DKK ; ; 350S, 1A, 26, M Kongens Nytorv). Située à l'extrême limite du centre médiéval, cette joyeuse adresse chic et design, mais abordable, est un excellent choix. Mobilier de designer, espaces communs élégants (avec bar et terrasse extérieure) et personnel jeune et chaleureux. Un peu exiguës, toutes les chambres sont néanmoins lumineuses, modernes et équipées d'une salle de bains (tout comme les dortoirs).

Bedwood Hostel AUBERGE DE JEUNESSE €
(carte p. 48 ; 61 42 61 46 ; www.bedwood.dk ; Nyhavn 63C ; dort à partir de 154 DKK ; ; 1A, 26, 66, 350S, M Kongens Nytorv). Au bord du célèbre canal de Nyhavn, cette auberge de jeunesse douillette occupe un entrepôt historique de 1756 aux poutres en bois. Les dortoirs comptent 6 à 12 lits ; chaque lit, fabriqué à la main, est doté d'un joli rideau assurant l'intimité et d'une prise de courant. Petite cuisine commune, laverie et location de vélos (pratique pour parcourir le Harbour Circle, à proximité). Le petit-déjeuner coûte 55 DKK et la réception est ouverte 24h/24.

Babette Guldsmeden BOUTIQUE-HÔTEL €€
(carte p. 60 ; 33 14 15 00 ; www.guldsmedenhotels.com ; Bredgade 78 ; d à partir de 1 095 DKK ; ; 1A). Cet établissement de 98 chambres est décoré d'éléments nordiques et indonésiens, un mélange harmonieux emblématique de l'excellente chaîne Guldsmeden. Les chambres sont assez petites mais plaisantes et chaleureuses, avec lits à baldaquin, coussins en peau de mouton et superbes œuvres d'art. Spa et sauna de style balinais sur le toit, cour luxuriante et paisible, bar animé prisé des Copenhagois et bon restaurant servant une cuisine majoritairement bio.

Copenhagen Strand HÔTEL €€
(carte p. 48 ; 33 48 99 00 ; www.copenhagenstrand.dk ; Havnegade 37 ; ch à partir de 1 035 DKK ; ; 11A, 66, M Kongens Nytorv). Cet hôtel séduisant, installé dans un ancien entrepôt du XIXe siècle, domine le port. Les chambres affichent un style classique, entre bois et cuivre, tonalités gris et bleu. Les chambres standards sont petites mais douillettes ; les chambres de catégorie supérieure et les suites donnent sur le port. Location de vélos possible.

Wakeup Copenhagen HÔTEL €€
(carte p. 48 ; 44 80 00 00 ; www.wakeupcopenhagen.com ; Borgergade 9 ; ch à partir de 500 DKK ; ; 1A, 26, M Kongens Nytorv). À courte distance de Nyhavn, du Rosenborg Slot et de certaines des meilleures boutiques de la capitale, c'est l'une des deux branches de Wakeup Copenhagen, chaîne connue pour offrir l'élégance à moindre coût (à condition d'avoir réservé en ligne et longtemps

à l'avance). Le hall d'entrée est spacieux et design, tandis que les 498 chambres sont petites mais calmes, propres et bien équipées, avec TV à écran plat et cabines de douche.

L'**établissement** original de Wakeup (☎ 44 80 00 00 ; www.wakeupcopenhagen.com ; Carsten Niebuhrs Gade 11 ; ch à partir de 500 DKK ; @ ; 34, 66, S København H) se situe plus près des jardins de Tivoli.

71 Nyhavn Hotel HÔTEL €€€
(carte p. 57 ; ☎ 33 43 62 00 ; www.71nyhavnhotel.com ; Nyhavn 71 ; ch à partir de 1 850 DKK ; @ ; 66, M Kongens Nytorv). Aménagé dans un entrepôt bicentenaire en bord de canal, ce bel hôtel offre une vue splendide sur le port et le canal de Nyhavn. Les chambres donnant sur l'eau sont relativement petites ; les autres compensent l'absence de vue par leurs dimensions. Prisé des voyageurs d'affaires, l'hôtel offre parfois des tarifs très intéressants le week-end.

Christianshavn

CPH Living BOUTIQUE-HÔTEL €€
(carte p. 57 ; ☎ 61 60 85 46 ; www.cphliving.com ; Langebrogade 1A ; ch avec petit-déj à partir de 1 480 DKK ; ; 5C, 12, M Christiania). Occupant un ancien navire de marchandises, le seul hôtel flottant de Copenhague compte 12 chambres élégantes et contemporaines, avec vue sur le port et la ville. Parmi les points forts, citons les salles de bains modernes avec douche à effet pluie, le chauffage au sol et la terrasse commune pour paresser au soleil en été. Le petit-déjeuner est très simple. L'emplacement central permet de gagner à pied le centre-ville, Christianshavn et les piscines du port à Islands Brygge.

Vesterbro

Proche de la gare centrale, Vesterbro offre une concentration de restaurants, de cafés et de bars ; la partie est du quartier est un peu plus délabrée. Deux hôtels de la chaîne pour petits budgets Cabinn sont installés près de la station de métro Forum.

♥ **Urban House** AUBERGE DE JEUNESSE, HÔTEL €
(carte p. 48 ; ☎ 33 23 29 29 ; www.meininger-hotels.com ; Colbjørnsensgade 5-11, Vesterbro ; dort/d à partir de 140/530 DKK ; @ ; 2A, 5C, 9A, 10, 14, 250S, S København H). Cette immense auberge de jeunesse occupe trois bâtiments historiques à proximité de la gare centrale et des adresses branchées de Vesterbro. Choisissez entre une ch
ou un lit superposé en
12 personnes) ; avec salle d
Draps et serviettes inclus dan
multiples services : cuisine
laverie, location de vélo, salle de jeu
cinéma et même salon de tatouage !

Des activités sont régulièrement orga
sées, notamment un circuit pédestre gratuit (tous les jours), des footings tôt le matin, des soirées salsa et des concerts. Il n'y a pas de réception, l'enregistrement est automatisé.

Andersen Hotel HÔTEL €€
(carte p. 48 ; ☎ 33 31 43 44 ; www.andersen-hotel.dk ; Helgolandsgade 12, Vesterbro ; d à partir de 1 150 DKK ; ; 6A, 26, S København H). Cet hôtel d'un blanc immaculé est égayé d'éléments de décoration audacieux. Les chambres sont simples mais rehaussées de détails amusants : couvertures et oreillers aux motifs géométriques, tapis et chaises à la *Mad Men* et textes imprimés sur les murs. Nous adorons les produits de toilette Molten Brown dans les salles de bains et le verre de vin gratuit le soir (entre 17h et 18h). Si vous avez le sommeil léger, demandez une chambre donnant sur la cour intérieure.

L'hôtel est tout proche de la gare centrale, ainsi que des bars, restaurants et boutiques prisés de Vesterbro.

Bertrams Guldsmeden BOUTIQUE-HÔTEL €€
(carte p. 48 ; ☎ 44 46 16 46 ; www.bertramshotel.com ; Vesterbrogade 107, Vesterbro ; d à partir de 1 195 DKK ; @ ; 3A, 6A). À l'instar des autres superbes hôtels Guldsmeden de la capitale, Bertrams mise sur un mélange de pierre brute, bois naturel, linge d'un blanc immaculé, baignoires spectaculaires et décoration exotique à la balinaise. L'établissement est extrêmement confortable, avec chauffage au sol, nombreux canapés et coins douillets pour se détendre. Le petit-déjeuner est un cran au-dessus de la moyenne.

Les hôtels Guldsmeden sont tous certifiés Green Globe, garantie d'une savoureuse nourriture bio et d'une véritable politique de recyclage.

Hotel Ansgar HÔTEL €€
(carte p. 48 ; ☎ 33 21 21 96 ; www.ansgarhotel.dk ; Colbjørnsensgade 29, Vesterbro ; d à partir de 920 DKK ; P @ ; 2A, 5C, 9A, 10, 14, 250S, S København H). À deux pas de la principale gare ferroviaire, les chambres d'un blanc quasi médical sont généralement spacieuses et pourvues de grandes salles

…rplombent la belle …fontaine, d'autres …le Tivoli. Des vélos …tion. Le personnel …vous conseiller et

HÔTEL €€

…www.hoteltiffany.dk ; …o ; d à partir de …, 9A, 10, 14, 250S, København H). Le Tiffany est un agréable petit hôtel de charme. Ses 30 chambres sont équipées de machines à café Nespresso et de kitchenettes avec réfrigérateur, four à micro-ondes et grille-pain. Le service est avenant et attentionné. Gare centrale, jardins de Tivoli et quartier branché de Vesterbro accessibles à pied.

Axel Guldsmeden BOUTIQUE-HÔTEL €€€

(carte p. 48 ; ☎33 31 32 66 ; www.guldsmeden-hotels.com ; Colbjørnsengade 14, Vesterbro ; d à partir de 1 200 DKK ; @ 📶 ; 🚌6A, 26, S København H). Succursale de la fameuse chaîne écoresponsable, Axel Guldsmeden apporte une touche nordique au chic balinais. Les chambres sont spacieuses et superbement décorées, avec des tapis orientaux contrastant avec le parquet et les couleurs pâles. Le spa luxueux comporte un sauna, un Jacuzzi, un bain à vapeur et un bain froid ; également un jardin luxuriant et une cheminée. Petit-déjeuner buffet bio.

Où se restaurer

Derrière sa galaxie d'étoiles Michelin, Copenhague compte de plus en plus de tables branchées servant une cuisine danoise contemporaine et novatrice à prix abordable. La cuisine internationale tire aussi son épingle du jeu, avec un éventail de nouvelles adresses proposant des plats authentiques comme le *pho*, les *ramen* et les tacos, préparés avec des ingrédients de première qualité. En parallèle, les institutions de la capitale continuent de servir les grands classiques danois comme les *smørrebrød*.

Centre-ville

♥ Café Halvvejen DANOIS €

(carte p. 48 ; ☎33 11 91 12 ; www.cafehalvvejen.dk ; Krystalgade 11 ; plats 59-175 DKK ; ⏲11h-2h lun-jeu, 11h-3h ven-sam ; 🚌5A, 6A, 14, 150S, M Nørreport, S Nørreport). Douillet et lambrissé, le Café Halvvejen incarne un Copenhague en voie d'extinction. Les plats sont revigorants, généreux et bon marché pour ce quartier : tartines garnies, *frikadeller* (boulettes de viande danoises) et *pariserbøf* (steak haché avec œuf et oignons). La *miniplatte* n'a rien de mini et offre un bon aperçu des saveurs nordiques traditionnelles. Quel que soit votre choix, accompagnez-le d'une lampée d'*akvavit*.

Le Café Halvvejen ne dispose que d'une poignée de tables : allez-y tôt ou réservez. La cuisine n'est ouverte que de midi à 15h.

♥ Torvehallerne KBH MARCHÉ €

(carte p. 48 ; www.torvehallernekbh.dk ; Israels Plads, Nørreport ; plats à partir de 50 DKK ; ⏲10h-19h lun-ven, 10h-18h sam, 10h-18h dim ; 🚌15E, 150S, 185, M Nørreport, S Nørreport). Le marché d'alimentation de Torvehallerne KBH est une étape essentielle pour tout gastronome de passage à Copenhague. Véritable ode aux produits frais, savoureux et artisanaux, les beaux étals débordent de fines herbes, fruits rouges, viandes fumées, produits de la mer, fromages, *smørrebrød*, pâtes fraîches et café moulu à la main. On peut facilement passer une heure – voire plus – à explorer les deux halles.

Il est possible de manger sur place : plusieurs marchands préparent des repas à petits prix.

♥ Gasoline Grill BURGERS €

(carte p. 48 ; www.facebook.com/gasolinegrill ; Landgreven 10 ; burgers 80 DKK ; ⏲11h-jusqu'à épuisement du stock ; 🚌1A, 26, M Kongens Nytorv). Certains des chefs les plus réputés de la capitale font la queue à Gasoline, une station-service transformée en échoppe de burgers à emporter. La carte est simple : quatre burgers (dont un végétarien), des frites avec un choix de sauces maison et deux desserts. La viande bio est hachée le jour même, le pain est moelleux et les saveurs sont divines. L'endroit ferme lorsque le stock est épuisé, généralement vers 18h ; mieux vaut y aller pour le déjeuner pour éviter toute déception.

Atelier September CAFÉ €

(carte p. 48 ; ☎26 29 57 53 ; cafeatelierseptember.com ; Gothersgade 30 ; plats 35-95 DKK ; ⏲7h30-17h lun-ven, 9h-17h sam-dim ; 🚌350S, M Kongens Nytorv). Avec son intérieur blanc sur blanc, ses affiches d'expositions rétro aux murs et sa verrière vintage (typique des anciennes pharmacies danoises), l'Atelier September pourrait figurer sur une couverture de

Vogue mais il s'agit bien d'un café. Installez-vous autour des tables communes pour savourer le fabuleux expresso et les plats simples mais bien inspirés. Notre coup de cœur : les tranches d'avocat sur pain de seigle, agrémentées de citron, ciboulette et paprika.

Palæo CUISINE SAINE €
(carte p. 48 ; ☎73 70 97 01 ; www.palaeo.dk ; Pilestræde32 ; plats 50-130 DKK ; ⊙8h-20h lun-ven, 9h-19h sam, 9h-17h dim ; wifi ; bus 1A, 26, 350S, M Kongens Nytorv). Cet établissement branché, sorte de fast-food préhistorique, sert une "gastronomie primitive", sur place ou à emporter. Les plats, inspirés du régime paléolithique, sont pauvres en glucides, comme les hot dogs servis dans des crêpes à base d'œufs (au lieu des pains briochés). Que les sceptiques se rassurent : derrière le menu se cache le chef étoilé Michelin Thomas Rode Andersen.

Far's Dreng DANOIS €
(carte p. 48 ; ☎30 86 89 89 ; www.farsdreng.com ; Ny Adelgade ; smørrebrod 70 DKK, salade à partir de 55 DKK ; ⊙8h-16h lun-ven, 9h-16h sam, 9h30-16h dim ; wifi ; M Kongens Nytorv). Avec ses deux étages équipés de lampes basses et de fauteuils recouverts de peaux de mouton, ce café animé attire une clientèle jeune et branchée grâce à des plats abordables, savoureux et frais. La petite carte met l'accent sur les *smørrebrod* préparés avec des ingrédients de qualité, souvent bio. Cochez vos choix sur le menu et remettez-les au comptoir.

Lillian's Smørrebrød DANOIS €
(carte p. 57 ; ☎33 14 20 66 ; lillians-smorrebrod.dk ; Vester Voldgade 108 ; smørrebrød à partir de 19 DKK ; ⊙8h-14h lun-ven ; bus 1A, 2A, 9A). Avec sa décoration rappelant les années 1970, le minuscule Lilian's propose des *smørrebrød* parmi les meilleurs et les plus économiques de la capitale. Côté cadre : carrelage blanc, œuvres d'art kitsch et nombre de tables limité. Côté assiette : tartines classiques et généreuses, garnies de harengs marinés, salade de poulet ou rosbif sauce rémoulade. En revanche, le café, certes bon marché, est médiocre.

Restaurant Kronborg DANOIS €
(carte p. 48 ; ☎33 13 07 08 ; www.restaurantkronborg.dk/en ; Brolæggerstræde 12 ; smørrebrød 75-139 DKK ; ⊙11h-17h dim-mer, 11h-22h jeu-sam ; wifi ; bus 14). Encadré par d'énormes murs centenaires et des poutres apparentes, le douillet Kronborg sert les classiques culinaires danois. Impressionnant choix de *smørrebrød* à midi, servis dans de la porcelaine royale de Copenhague. La star du menu est le succulent hareng de Brantevik mariné. Accompagnez-le d'un traditionnel *akvavit* ou d'une bière artisanale de la brasserie copenhagoise Nørrebro Bryghus.

Cock's & Cows BURGERS €
(carte p. 48 ; ☎69 15 70 01 ; www.cocksandcows.dk ; Gammel Strand 34 ; burgers 69-89 DKK ; ⊙16h-23h lun, 12h-22h mar-jeu, 12-minuit ven-sam, dim 11h30-15h ; wifi ; bus 1A, 2A, 9A, 26, 37, 66). Si une folle envie de burger vous prend, filez tout droit chez Cock's. Dans un cadre à mi-chemin entre le *diner* à l'américaine (box de cuir rouge) et le modernisme danois (lampes Poul Henningsen), un personnel énergique concocte des burgers frais. La viande danoise est grillée à la braise, et il y a aussi des burgers végétariens et végétaliens.

DØP HOT DOGS €
(carte p. 48 ; ☎30 20 40 25 ; www.døp.dk ; Købmagergade 50 ; hot dogs à partir de 37 DKK ; ⊙11h-18h30 lun-sam ; bus 14, M Nørrebro, S Nørrebro). Les Danois aiment les bonnes *pølse* (saucisses), c'est pourquoi on trouve des camions de hotdogs partout à Copenhague. Le meilleur est DØP, installé juste à côté de la Rundetårn (tour ronde). Viande, légumes et condiments, tout est bio. Choisissez entre un hotdog danois classique, ou une version végétalienne au tofu plus avant-gardiste.

♥ **Schønnemann** DANOIS €€
(carte p. 48 ; ☎33 12 07 85 ; www.restaurantschonnemann.dk ; Hauser Plads 16 ; smørrebrød 90-180 DKK ; ⊙11h30-17h lun-dim ; wifi ; bus 6A, 42, 150S, 184, 185, 350S, M Nørreport, S Nørreport). Véritable institution, Schønnemann remplit les estomacs de *smørrebrød* et de *snaps* (eau-de-vie) depuis 1877. Jadis très prisé des agriculteurs venus vendre leurs produits en ville, le restaurant est désormais fréquenté par des chefs comme René Redzepi. Goûtez le *smørrebrød* qui porte son nom : flétan fumé avec du concombre à la crème, du radis et de la ciboulette sur du pain au carvi.

♥ **Pluto** DANOIS €€
(carte p. 48 ; ☎33 16 00 16 ; www.restaurantpluto.dk/forside ; Borgergade 16 ; plats 85-210 DKK ; ⊙17h-23h lun-mer, 17h-1h jeu, 17h-2h ven-sam, 17h-23h dim ; wifi ; bus 1A, 26, M Kongens Nytorv).

Bruyant et convivial, Pluto ne manque pas d'adeptes, et c'est bien normal : bande-son très festive, personnel attentionné et plats tout simples élaborés par le talentueux chef local Rasmus Oubæk. Le menu d'inspiration familiale met systématiquement le produit à l'honneur.

Le bistrot propose une belle sélection de charcuterie et viandes fumées ainsi que d'intéressants vins naturels. Le comptoir est agréable, surtout pour les convives venus seuls.

♥ Slurp Ramen Joint RAMEN €€

(carte p. 48 ; ☎53 70 80 83 ; www.slurpramen.dk ; Nansensgade 90 ; ramen 155-160 DKK ; ⏲17h-21h mar, 12h-15h et 17h-21h mer-sam ; 🚌5C, 350S, Ⓜ Nørreport, Ⓢ Nørreport). Cet établissement au carrelage blanc rehaussé d'un néon rose sert les meilleurs *ramen* de Copenhague : le chef Philipp Inreiter a travaillé dans l'enseigne culte de Tokyo, Hototogisu. Le savoureux bouillon aux os de porc et de poulet mijote pendant plus de 8 heures et les nouilles sont faites maison, avec une pincée de farine de seigle fraîchement moulue pour plus de goût. La meilleure des trois options (dont des *ramen* végétariens) est le *shoyu*.

Petit et très couru, Slurp n'accepte pas les réservations : allez-y le plus tôt possible, faites inscrire votre nom sur la liste d'attente et prenez un verre dans l'un des bars de la rue.

The Market ASIATIQUE €€

(carte p. 48 ; ☎70 70 24 35 ; www.themarketcph.dk ; Antonigade 2 ; plats 155-350 DKK, menu 12 plats 595 DKK ; ⏲11h30-16h et 17h-22h lun-jeu, 17h-22h30 ven-sam, 17h-21h30 dim ; 🚌1A, 26, Ⓜ Kongens Nytorv). Sombre, épuré et contemporain (nous adorons le bar rétroéclairé et la vaisselle aux formes organiques), le Market mitonne de fabuleux plats asiatiques. Les sushis et les makis sont recommandés.

Cantina ITALIEN €€

(carte p. 48 ; ☎88 16 99 95 ; www.cantinacph.dk ; Borgergade 2 ; plats 225-265 DKK, pizzas 125-185 DKK ; ⏲11h-minuit dim-mer, 11h-1h jeu, 11h-2h ven-sam ; 📶; 🚌1A, 26, Ⓜ Kongens Nytorv). Les infatigables restaurateurs Henrik Laszlo et Mikkel Egelund sont aux commandes de ce bistrot-bar italien très animé à l'allure semi-industrielle. Les petites assiettes et les pâtes sont excellentes. Très correctes, les pizzas napolitaines cuites au feu de bois sont servies toute la journée.

Kanal Caféen DANOIS €€

(carte p. 48 ; ☎33 11 57 70 ; www.kanalcafeen.dk ; Frederiksholms Kanal 18 ; smørrebrød 66-149 DKK, assiettes à partir de 155 DKK/pers ; ⏲11h30-17h lun-ven, 11h30-15h sam ; 🚌1A, 2A, 9A, 14, 26, 37). Réputée pour son personnel bourru et son hareng incomparable, cette vénérable adresse à la décoration nautique est dotée d'un ponton ombragé donnant directement sur le canal : un bonheur en été. Commandez un verre de Linie Aquavit (*snaps* vieilli en mer dans des fûts de chêne ayant contenu du xérès) et un Kanal Platter (assiette gargantuesque de classiques danois).

Bistro Pastis FRANÇAIS €€

(carte p. 48 ; ☎33 93 44 11 ; bistro-pastis.dk ; Gothersgade 52 ; salades et sandwichs 135-145 DKK, plats 175-295 DKK ; ⏲11h-minuit lun-jeu, 11h-1h ven-sam, 11h-23h dim ; 📶; 🚌350S, Ⓜ Kongens Nytorv). Évoquant à la fois Paris et New York avec ses banquettes rouge vif et ses carreaux de faïence blancs de style métro, cet établissement est parfait pour déjeuner léger après une séance shopping, ou pour s'offrir un repas plus consistant en fin de journée. Vous pourrez y déguster des classiques de bistrots français. Délicieuses frites maison.

42° Raw VÉGÉTARIEN €€

(carte p. 48 ; ☎32 12 32 10 ; www.42raw.com ; Pilestræde 32 ; plats 99-139 DKK ; ⏲8h-20h lun-ven, 9h-18h sam-dim ; 📶🖉; 🚌350S, Ⓜ Kongens Nytorv). 🍃 Faites du bien à votre corps dans cet établissement branché proposant une nourriture saine, crue et riche, sur place ou à emporter (lasagnes "crues", burgers à base de petits pains bio et sans gluten, etc.). Le matin, goûtez aux bols du petit-déjeuner.

Restaurant Krebsegaarden INTERNATIONAL €€

(carte p. 48 ; ☎20 12 40 15 ; www.krebsegaarden.dk/en/home ; Studiestræde 17 ; plats 180-250 DKK ; ⏲18h-22h mar-sam ; 🚌5A, 6A, 10, 14, Ⓜ Nørreport, Ⓢ Nørreport). Ce petit restaurant offre une expérience culinaire unique en s'inspirant des œuvres exposées dans la Gallery Krebsen, située dans la belle cour attenante. La carte est influencée par l'exposition en cours, la nationalité, la culture et les saveurs préférées de l'artiste. Même la décoration varie en fonction des expositions : l'atmosphère n'est jamais la même.

Bror NORDIQUE MODERNE €€€
(carte p. 48 ; 32 17 59 99 ; Sankt Peders Stræde 24A ; menu à partir de 395 DKK ; 17h30-minuit mer-dim ; ; 2A, 5C, 6A, 250S, Nørreport, Nørreport). Fondé par Sam Nutter et Viktor Wågam, anciens seconds de cuisine du Noma, ce minuscule restaurant sur plusieurs niveaux ne paie pas de mine, mais on y sert des plats brillamment exécutés avec des produits nordiques de première qualité. Les vins sont naturels, bio ou biodynamiques, et accompagnent à merveille les créations audacieuses comme les petits pois au crabe et au kombucha, ou la mousse au chocolat avec gelée et sorbet de camomille, myrtilles et tuile.

Restaurant Mes DANOIS €€€
(carte p. 48 ; 25 36 51 81 ; www.restaurant-mes.dk ; Jarmers Plads 1 ; menu 5 plats 375 DKK ; 17h30-minuit lun-sam ; ; 2A, 5C, 6A, 250S, Vesterport). Cette étoile montante est apparue dans le paysage culinaire de Copenhague en 2017. Propriété du chef Mads Rye Magnusson (ancien du Geranium, trois étoiles au Michelin), c'est un lieu intimiste et plein de cachet, agrémenté d'un mur végétalisé et de graffitis de l'artiste local Fy dans les toilettes. Le plus époustouflant reste le menu, mariant les produits du marché à la créativité débordante du talentueux jeune chef.

Høst NORDIQUE MODERNE €€€
(carte p. 48 ; 89 93 84 09 ; cofoco.dk/en/restaurants/hoest ; Nørre Farimagsgade 41 ; menu 3/5 plats 395/495 DKK ; 17h30-minuit, dernière commande 20h30 ; 37, Nørreport, Nørreport). Le succès phénoménal de Høst est facile à comprendre : une décoration primée et une nouvelle cuisine nordique aussi fabuleuse que copieuse. Le menu fixe est fantastique, avec trois petits "plats surprises" et des créations prometteuses comme le flet sous une peau de poulet rôti aux crevettes, petits pois et fumet de poisson au vinaigre de pomme, ou le réjouissant sorbet d'églantine aux fraises danoises, purée de fraises vertes, meringue et fines herbes.

Si votre budget est limité, vérifiez le prix des vins au verre : certains peuvent faire exploser l'addition.

Orangeriet DANOIS €€€
(carte p. 48 ; 33 11 13 07 ; www.restaurant-orangeriet.dk ; Kronprinsessegade 13 ; smørrebrod 100 DKK, dîner 3/4/5 plats 350/450/550 DKK ; 11h30-15h lun-mer, 11h30-15h et 18h-22h jeu-ven, 18h-22h sam, midi-16h dim ; 350S, 26). Bordant la lisière orientale du Kongens Have, l'Orangeriet se distingue par ses créations contemporaines de saison misant sur la simplicité et la qualité des produits. Les plats épurés y sont très intrigants. Le déjeuner est plus simple, avec des *smørrebrød* à l'esthétique parfaite, à grignoter sous la verrière rétro ou dans le jardin lorsque la météo le permet. Réservez bien à l'avance.

VAUT LE DÉTOUR

SØLLERØD KRO

Toutes les tables étoilées de Copenhague ne se trouvent pas en plein centre. À Holte, une banlieue quelconque à 19 km au nord du centre-ville, **Søllerød Kro** (carte p. 48 ; 45 80 25 05 ; www.soelleroed-kro.dk ; Søllerødvej 35, Holte ; déj 2/3 plats 445/545 DKK, dîner 7/9 plats 1 195/1 795 DKK ; midi et soir mer-sam, midi seulement dim ; 195, Holte, then), aménagé dans une belle auberge du XVIIe siècle au toit de chaume, a reçu une étoile Michelin. Ses créations culinaires sont tout bonnement extraordinaires, menant la cuisine danoise vers les sommets de son art.

Marv & Ben NORDIQUE MODERNE €€€
(carte p. 48 ; 23 81 02 91 ; www.marvogben.dk ; Snaregade 4 ; plats 110-145 DKK, menu 4/6 plats 400/600 DKK ; 17h30-1h lun-sam, également dim en août ; ; 1A, 2A, 9A, 14, 26, 37). Ce restaurant, dont le nom signifie "Moelle et Os", a maintes fois reçu la distinction Bib Gourmand du Michelin pour son excellent rapport qualité/prix. Sa nouvelle cuisine nordique peut être découverte à la carte ou grâce à un menu dégustation de quatre ou six plats. Les compositions, imaginatives et évocatrices, sont un hommage aux paysages et à la culture nordiques, avec des créations comme le maquereau fumé au foin et parfumé à la camomille.

Uformel NORDIQUE MODERNE €€€
(carte p. 48 ; 70 99 91 11 ; www.uformel.dk ; Studiestræde 69 ; plats 125-235 DKK ; 17h30-minuit lun-sam ; ; 2A, 10, 12, 250S, Vesterport). Petit frère avant-gardiste du restaurant Formel B, étoilé au Michelin, Uformel propose une nouvelle cuisine nordique décontractée. Au menu, qui

PAINS ET GÂTEAUX

Où aller pour trouver du pain frais et de délicieux petits rouleaux à la cannelle ? Vous aurez l'embarras du choix. Petite et coquette, la **Sankt Peders Bageri** (carte p. 48 ; 33 11 11 29 ; Sankt Pedersstræde 29 ; viennoiseries 6-45 DKK ; 7h30-17h lun-ven, 8h-16h sam ; 5A, 6A, 14, 10) respecte les traditions datant de sa fondation en 1652. **Brødflov** (50 58 98 29 ; www.broedflov.dk ; Falkoner Alle 34, Frederiksberg ; pâtisseries/sandwichs à partir de 20/50 DKK ; 7h-18h lun-ven, 8h-18h sam-dim ; 8A, M Frederiksberg) est un bon choix à Frederiksberg, tandis que la boulangerie bio **Meyers Bageri** (carte p. 48 ; www.clausmeyer.dk ; Store Kongensgade 46 ; pâtisseries à partir de 14 DKK ; 7h-18h lun-ven, 7h-16h sam-dim ; 1A, 26, M Kongens Nytorv) possède plusieurs branches et doit sa renommée à son propriétaire Claus Meyers, initiateur du mouvement de la nouvelle cuisine nordique. Depuis 1870, on fait la queue devant la pâtisserie **La Glace** (carte p. 48 ; 33 14 46 46 ; www.laglace.dk ; Skoubogade 3 ; part de gâteau 57 DKK, pâtisseries à partir de 36 DKK ; 8h30-18h lun-ven, 9h-18h sam, 10h-18h dim ; ; 14) pour se régaler de classiques *valnøddekage* (tranches de gâteau aux noix). Enfin, **Bertels Salon** (carte p. 48 ; 33 13 00 33 ; www.bertelskager.dk ; Kompagnistrædet 5 ; 11h-21h dim-jeu, 11h-22h ven-sam ; ; 14) est réputé pour servir le meilleur cheesecake de la ville (paiement par carte uniquement).

évolue constamment, des produits de saison transformés en plats hallucinants. Les convives peuvent choisir plusieurs petites assiettes pour composer leur propre menu dégustation, ou opter pour un menu fixe, comme les quatre plats avec vins assortis (800 DKK).

Madklubben VIANDE €€€
(carte p. 48 ; 33 13 33 34 ; www.madklubben.dk ; Pilestræde 23 ; menu 3 plats 325 DKK ; 17h-minuit lun-sam ; ; 1A, 26, 350S, M Kongens Nytorv). Absolument ravissant avec ses box noir et saumon, ses briques apparentes et ses murs en carrelage, Madklubben est sympathique et branché. La spécialité de la maison : de succulents morceaux de bœuf – nourris au maïs ou à l'herbe – rissolés dans du beurre noisette, avec du lard et de l'ail. Les amateurs de produits de la mer ne sont cependant pas oubliés !

Nyhavn et le Quartier royal

District Tonkin VIETNAMIEN €
(carte p. 48 ; 60 88 86 98 ; www.district-tonkin.com ; Store Kongensgade 71 ; baguettes 68 DKK, soupes et salades 86-98 DKK ; 11h-21h30 dim-mer, 11h-22h jeu-sam ; 1A, 26, M Kongens Nytorv). Doté d'un intérieur imitant une rue vietnamienne à l'atmosphère chaleureuse et décontractée, District Tonkin propose des *bánh mì* (sandwichs vietnamiens) frais et copieux, garnis de coriandre, piment frais, saucisse vietnamienne, porc mariné ou pâté maison. Au menu également, de délicieuses soupes vietnamiennes peu connues, comme la *xíu mai* (tomates et boulettes de porc aux champignons).

AOC NORDIQUE MODERNE €€€
(carte p. 48 ; 33 11 11 45 ; www.restaurantaoc.dk ; Dronningens Tværgade 2 ; menu dégustation 2 500 DKK ; 18h30-0h30 mer-jeu, 18h30-1h ven-sam ; ; 1A, 26, M Kongens Nytorv). Dans la cave voûtée d'une demeure du XVIIe siècle, ce restaurant intimiste aux deux étoiles Michelin brille par ses combinaisons souvent surprenantes de saveurs, odeurs et textures. Ici, la saint-jacques est associée aux asperges fermentées, tandis que les cerises grillées se marient à la moelle fumée et à la poitrine de pigeon. Deux menus dégustation au choix. Réservez environ une semaine à l'avance.

Studio DANOIS €€€
(carte p. 48 ; 72 14 88 08 ; www.thestandardcph.dk ; Havnegade 44 ; menu dégustation à partir de 1 350 DKK ; 17h-minuit mer-sam, et midi-15h30 sam ; 66, Nyhavn, M Kongens Nytorv). Fruit de la collaboration entre Claus Meyer, cofondateur du Noma, et son ancien sous-chef Torsten Vildgaard, Studio a obtenu sa première étoile Michelin quelques mois après son inauguration. Ancrée dans les traditions nordiques, la cuisine puise aussi dans les ingrédients et les influences plus lointaines pour des créations comme l'*æbleskiver* (crêpes au levain soufflées) fourrées aux truffes et fromage ou le pigeon grillé accompagné de cerises chaudes aux épices sauvages.

Rebel DANOIS €€€

(carte p. 48 ; ☎33 32 32 09 ; www.restaurantrebel.dk ; Store Kongensgade 52 ; petites assiettes 125-185 DKK ; 17h30-minuit mar-sam ; 1A, 26, Kongens Nytorv). Ce restaurant élégant, sur plusieurs niveaux, revendique une cuisine danoise moderne, mais sans fanfare. Dans une salle relativement petite et sobre, tous les efforts se concentrent sur les créations inspirées comme le poulpe au poulet croustillant, à la sauge et à la mousse de champignons, ou les raviolis aux champignons sauvages frits, escargots, gingembre et soja. Faites confiance au sommelier – la cave recèle d'extraordinaires crus du Nouveau Monde et du Vieux Continent.

Damindra JAPONAIS €€€

(carte p. 48 ; ☎27 58 08 46 ; www.damindra.dk ; Holbergsgade 26 ; plats déj 125-393 DKK, menu dégustation dîner min 2 pers 765 DKK ; 14h-22h mar-mer, 11h30-22h jeu-sam ; ; 66, Kongens Nytorv). Le chef Taka Nishimura (ancien du Nobu à Melbourne) est moins connu que d'autres stars locales, mais il transforme des produits nordiques crus en spécialités japonaises stupéfiantes. Le soir, la sélection de sushis du chef permet de tester les prouesses de la cuisine, mais les gastronomes qui en ont les moyens opteront pour le superbe menu de 8 plats.

Kokkeriet DANOIS €€€

(carte p. 60 ; ☎33 15 27 77 ; www.kokkeriet.dk ; Kronprinsessegade 64 ; petit/grand menu dégustation 900/1 200 DKK ; 17h-minuit lun-sam ; 1A, 26). Niché dans le quartier historique de Nyboder, ce restaurant élégant et intimiste brandit fièrement une étoile Michelin. Les menus dégustation sont composés de fabuleux ingrédients locaux et réinventent les recettes danoises traditionnelles (option végétalienne possible). Le mardi soir, le restaurant propose des plats en cours d'expérimentation par les chefs.

Slotsholmen

Tårnet DANOIS €€

(carte p. 48 ; ☎28 10 14 02 ; https://meyers.dk/spis-ude/meyers-restauranter/meyers-i-taarnet/ ; Christiansborg Slotsplads, Christiansborg Slot ; smørrebrød déj 105-225 DKK, plats dîner 105-205 DKK ; 11h15-22h mar-dim, 11h15-16h30 dim ; ; 1A, 2A, 9A, 26, 37, 66, Det Kongelige Bibliotek). Réservation nécessaire pour un déjeuner au Tårnet. L'emplacement dans l'imposante tour du Christiansborg Slot est mémorable. Meilleur rapport qualité/prix à midi grâce aux extraordinaires *smørrebrød* contemporains, parmi les meilleurs de la ville. Il faut généralement prévoir deux *smørrebrød* par personne, mais les versions à la carte sont assez copieuses (en particulier celle au tartare), donc posez la question avant de commander.

Christianshavn

La Banchina CAFÉ €

(carte p. 60 ; ☎31 26 65 61 ; www.labanchina.dk ; Refshalevej 141A ; plats 95-145 DKK ; 8h-23h tlj, horaires réduits hors saison ; 9A, Refshaleøen). Dans cette minuscule cabane underground, deux plats préparés avec brio sont servis en toute simplicité chaque jour dans des assiettes en carton. L'emplacement est magique, dans une petite baie dotée de tables de pique-nique et d'un ponton en bois. Les pieds dans l'eau, on peut ainsi se régaler de saumon grillé et d'un verre de vin ou regarder le soleil d'été se coucher sur Copenhague.

Morgenstedet VÉGÉTARIEN €

(carte p. 57 ; Fabriksområdet 134, Christiania ; plats 50-110 DKK ; 12h-21h mar-dim ; ; 9A, Christianshavn). Chaleureux refuge hippie au cœur de Christiania, le Morgenstedet propose un menu succinct, végétarien et bio, inscrit sur un tableau noir. Il y a généralement une soupe et deux ou trois plats ainsi qu'un choix de salades. Les mets sont encore plus délectables dans l'adorable jardin. Paiement en espèces uniquement.

Cafe Wilder DANOIS €€

(carte p. 48 ; ☎32 54 71 83 ; www.cafewilder.dk ; Wildersgade 56 ; déj 129-139 DKK, plats dîner 139-249 DKK ; 11h30-23h lun-jeu, 11h30-minuit ven-sam, 11h30-22h dim ; ; 2A, 9A, 37, 350S, Christianshavn). Avec ses nappes blanches et ses tables rondes sur le trottoir, on croirait un bistrot parisien. Il s'agit en fait de l'un des plus anciens cafés de Copenhague, figurant à plusieurs reprises dans la série télévisée *Borgen*. À midi, délicieux *smørrebrød* et le soir, plats franco-danois.

Kadeau NORDIQUE MODERNE €€€

(carte p. 57 ; ☎33 25 22 23 ; www.kadeau.dk ; Wildersgade 10B ; menu dégustation 1 850 DKK ; 18h-minuit mer-ven, 12h30-16h et 18h30-minuit sam ; 2A, 9A, 37, 350S, Christianshavn). Petit frère du Kadeau sur l'île de Bornholm, ce restaurant doublement étoilé au Michelin s'est imposé parmi les meilleures tables nordiques modernes de Scandinavie. Les plats, qu'il s'agisse de pétoncles brûlés et salés arrosés d'un bouillon de palourdes, ou d'une combinaison de caramel, crème fraîche, pomme de terre, radis et fleur de sureau, démontrent une extraordinaire créativité et évoquent parfaitement les saveurs, la culture et les paysages nordiques.

Barr SCANDINAVE €€€

(carte p. 57 ; ☎32 96 32 93 ; www.restaurantbarr.com ; Strandgade 93 ; petites assiettes 35-235 DKK, menu 3 plats 435 DKK ; ⏲17h-23h mar-jeu, midi-23h ven-dim ; 📶 ; 🚌9A, 66, ⛴Nyhavn). Tout habillé de chêne, Barr ("orge" en vieux norrois, une langue scandinave médiévale) s'appuie sur les traditions de la mer du Nord pour proposer une cuisine sophistiquée centrée sur le produit. Les célèbres chefs de la nouvelle cuisine nordique, René Redzepi et Thorsten Schmidt, codirigent l'établissement.

Les petites assiettes sont un peu inégales et il faut en compter environ quatre par convive – les crêpes (notamment les crêpes au levain garnies de caviar) et les délicieuses côtelettes ou *frikadeller* (boulettes de viande danoises) présentent un meilleur rapport qualité/prix. La sélection de bières artisanales est exceptionnelle. Personnel très professionnel et attentionné.

Kanalen DANOIS €€€

(carte p. 57 ; ☎32 95 13 30 ; www.restaurant-kanalen.dk ; Wilders Plads 2 ; plats 85-215 DKK ; ⏲11h30-2h lun-sam ; 🚌2A, 9A, 37, 66, 350S, Ⓜ Christianshavn). Kanalen allie une savoureuse cuisine danoise moderne à un irrésistible emplacement en bord de canal. Le menu déjeuner propose d'honorables versions des classiques danois, mais la carte du soir épate avec ses impeccables plats sophistiqués. Réservation nécessaire.

Nørrebro et Østerbro

Mirabelle CAFÉ €

(carte p. 59 ; ☎35 35 47 24 ; www.mirabelle-bakery.dk ; Guldbergsgade 29, Nørrebro ; menu déj/dîner 195/325 DKK, plats 85-265 DKK ; ⏲7h-16h mer et dim, 7h-21h jeu-sam ; 📶 ; 🚌3A, 5C). Agrémentée d'un beau carrelage graphique, cette boulangerie artisanale doublée d'un café appartient au chef étoilé Christian Puglisi, qui possède aussi le fameux restaurant Bæst à côté. Dans cet établissement élégant et contemporain, vous trouverez des pâtisseries maison, des classiques du petit-déjeuner et quelques plats aux influences italiennes pour le midi ou le soir.

Reffen Copenhagen Street Food CUISINE DE RUE €

(carte p. 57 ; https://reffen.dk/en/ ; Refshalevej 167 A ; plats à partir de 50 DKK ; ⏲tlj midi-20h ; 🧒; 🚌66, ⛴Operaen). Prenez un espace désaffecté, remplissez-le de stands artisanaux, de *food trucks*, de baristas et de quelques bars décontractés, et vous obtiendrez ce nouveau lieu tendance. Les produits y sont frais et abordables, depuis les tacos et pâtes maison jusqu'aux burgers au porc effiloché et aux *koldskål* (dessert au babeurre) bio.

Des événements culturels y sont régulièrement programmés.

♥ **Oysters & Grill** PRODUITS DE LA MER €€

(carte p. 59 ; ☎70 20 61 71 ; www.cofoco.dk/da/restauranter/oysters-and-grill ; Sjællandsgade 1B, Nørrebro ; plats 185-295 DKK ; ⏲17h30-minuit lun-sam ; 🚌5C). Cette adresse de quartier sans prétention, aux tables couvertes de toile cirée kitsch, allie délicieusement les saveurs de la terre et de la mer. Les crustacés, d'une fraîcheur extrême, sont commandés au poids : pas de risque de vous retrouver avec une portion insuffisante ! Les carnivores ne seront pas non plus déçus : les viandes sont succulentes. La cuisine ferme à 21h45. Réservation nécessaire.

Fischer ITALIEN €€

(carte p. 60 ; ☎35 42 39 64 ; www.hosfischer.dk ; Victor Borges Plads 12, Østerbro ; plats déj 85-139 DKK, menu dîner 325 DKK ; ⏲17h-23h mer, 12h-23h jeu-sam, 12h-18h dim ; 📶 ; 🚌3A). Cet ancien bar ouvrier sert une cuisine d'inspiration italienne de grande qualité : le chef et propriétaire David Fischer a travaillé à La Pergola, une table romaine étoilée au Michelin. Les plats du petit-déjeuner peuvent également venir d'ailleurs, à l'instar du généreux croque-madame.

Pixie CAFÉ €€

(carte p. 60 ; ☎39 30 03 05 ; www.cafepixie.dk ; Løgstørgade 2, Østerbro ; plats 85-140 DKK ; ⏲8h30-23h lun-mer, 8h30-minuit jeu-ven, 10h-minuit sam, 10h-23h dim ; 📶; 🚌1A). Décoré de lumières colorées, ce petit café à l'atmosphère bohème ne ferait pas tache à Buenos Aires. À l'intérieur, l'ambiance est complètement *hyggelig* (douillette), avec du mobilier dépareillé, des bougies et de la musique douce. La nourriture est fraîche et sans chichis, des œufs

LE NOMA ET LA NOUVELLE CUISINE DANOISE

René Redzepi a largement contribué à la renommée de la nouvelle cuisine danoise à la tête du Noma, restaurant qui a obtenu deux étoiles au Michelin dès 2008 et a été désigné meilleur restaurant du monde en 2010 puis à trois autres reprises.

Dans une volonté de renouvellement, le chef a néanmoins fermé son établissement en 2017 avant d'en ouvrir un nouveau en février 2018, sous le même nom, associé à un vaste jardin potager. L'objectif consite alors à n'utiliser que des produits scandinaves pour créer d'extraordinaires symphonies de saveurs et de textures. L'année au Noma se divise ainsi depuis en trois saisons : saison des produits de la mer (janvier-fin du printemps), saison des légumes (fin du printemps-début de l'automne), saison du gibier et de la forêt (début de l'automne-janvier), la seule période où la viande est à l'honneur.

Malgré le tarif élevé du menu (autour de 375 €, 620 € avec les vins), la liste d'attente est toujours aujourd'hui longue pour accéder à l'une des tables du **Noma** (☎ 3296 3297 ; www.noma.dk ; Refshalevej 96 ; menu 2 800 DKK ; ⏲ 17h-23h jeu-sam ; Ⓜ Christianshavn).

brouillés bio en passant par les salades, le burger et les cookies maison.

Laundromat Cafe CAFÉ €€

(carte p. 59 ; ☎ 35 35 26 72 ; www.thelaundromatcafe.com ; Elmegade 15, Nørrebro ; plats 79-138 DKK ; ⏲ 9h-21h ; 📶 ; 🚌 3A, 5C, 350S). À la fois café douillet et laverie, cette institution rétro de Nørrebro désemplit rarement. L'endroit est particulièrement prisé pour son brunch, composé d'assiettes "propres" (végétariennes) ou "sales" (carnées), de café corsé et de jus de fruits frais. Outre ses plats de petit-déjeuner, le Laundromat sert en continu des hamburgers (option végétarienne incluse), des sandwichs, des soupes et du chili con carne.

♥ **Geranium** NORDIQUE MODERNE €€€

(carte p. 60 ; ☎ 69 96 00 20 ; www.geranium.dk ; Per Henrik Lings Allé 4, Østerbro ; menu dégustation déj/dîner 2 800 DKK, avec vin/jus de fruits 1 800/1 000 DKK ; ⏲ 18h-23h mer, 11h30-15h30 et 18h-23h jeu-sam ; 📶 ; 🚌 14). Perché au 8e étage du Parken (stade national de football), le Geranium est le seul restaurant de la capitale trois fois étoilé au Michelin. À sa tête, Rasmus Kofoed, ancien lauréat du Bocuse d'Or, transforme les ingrédients locaux en chefs-d'œuvre nordiques : homard au lait et jus d'argousier et de carottes fermentées, ou choux de Bruxelles et poulet accompagnés d'œufs de caille, de cèpes et de bière de foin.

Le menu dégustation compte plus de 20 plats ; si le vin (excellent) ne vous tente pas, demandez un jus de fruits parfaitement accordé.

Kiin Kiin THAÏLANDAIS €€€

(carte p. 59 ; ☎ 35 35 75 55 ; www.kiin.dk; Guldbergsgade 21, Nørrebro ; menu dégustation 8 plats 1 150 DKK, vins/jus de fruits 950/750 DKK ; ⏲ 17h30-23h lun-sam, dernière réservation 19h30 ; 🚌 5C). Seul restaurant thaïlandais d'Europe à avoir reçu une étoile au Michelin, et l'un des seuls restaurants étoilés de Copenhague ouverts le lundi, Kiin Kiin sert une cuisine thaïlandaise contemporaine raffinée. Le repas commence dans le salon par des en-cas de style cuisine de rue, et se poursuit dans la salle à manger avec six plats succulents, parfois dressés de façon inattendue.

Menu fixe uniquement, avec vins ou jus de fruits et amuse-bouche. Le menu classique compte 8 plats et le menu théâtre (17h-19h ; 550 DKK) 4 plats.

Vesterbro et Frederiksberg

Hija de Sanchez MEXICAIN €

(carte p. 48 ; ☎ 53 73 95 10 ; https://lovesanchez.com/ ; Slagterboderne 8, Vesterbro ; 3 tacos 105 DKK ; ⏲ 12h-22h lun-sam, 11h-18h dim ; 🚌 1A, 10, 14, Ⓢ Dybbølsbro). Hija de Sanchez sert des tacos frais et authentiques à Kødbyen. Né à Chicago, le chef et propriétaire Rosio Sanchez officiait auparavant au célèbre Noma. Trois plats différents, traditionnels ou originaux, sont chaque jour au menu. Il y a toujours une option végétarienne et des boissons mexicaines maison comme le *tepache* (jus d'ananas fermenté).

La branche originale de Hija de Sanchez, au marché de Torvehallerne, est opérationnelle d'avril à octobre.

Siciliansk Is GLACES €

(carte p. 48 ; ☎ 26 25 75 31 ; sicilianskis.dk ; Skydebanegade 3, Vesterbro ; ⏰ 12h-21h tlj mai-août, 13h-18h lun-ven, 12h-18h sam-dim avr et sept ; 🚌 10, 14). Après avoir fait leurs armes en Sicile, les maîtres glaciers Michael et David produisent désormais les meilleures glaces de Copenhague (voire du Danemark). Régalez-vous de doux parfums naturels : fraise, orange sanguine de Sicile ou noix de coco. Pour un cocktail inoubliable, tentez le *lakrids* (réglisse) avec la mandarine sicilienne.

Chicky Grill DANOIS €

(carte p. 48 ; ☎ 33 22 66 96 ; Halmtorvet 21, Vesterbro ; plats à partir de 65 DKK ; ⏰ 9h30-minuit lun-ven ; 🚌 10, 14, S København H). En dépit de son emplacement chic à Kødbyen, ce bar-grill de quartier, lambrissé et discret, se distingue par sa cuisine à l'ancienne qui réchauffe les cœurs. Les prix sont bas et les portions généreuses, du poulet frit aux burgers en passant par les classiques danois comme le *flæskesteg* (rôti de porc), le *pariserbøf* (steak haché avec œuf, oignons, câpres, betterave et pain de seigle) et le *stjerneskud* (filets de poisson panés cuits à la vapeur, sur du pain blanc).

Mad & Kaffe CAFÉ €

(carte p. 48 ; www.madogkaffe.dk ; Sønder Blvd 68, Vesterbro ; petit-déj 78-148 DKK ; déj 65-124 DKK ; ⏰ 8h30-20h ; 📶 ; 🚌 1A, 10, 14, S Dybbølsbro). Avec ses salles intimistes en enfilade et sa terrasse estivale, ce café décontracté est particulièrement apprécié pour son petit-déjeuner : choisissez entre 3, 5 ou 7 mets pour composer votre repas matinal. Les *smørrebrød* servis au déjeuner sont généreux et divins.

Les férus de houblon apprécieront l'intéressante sélection de bières locales. Évitez le week-end, car l'attente est souvent interminable.

Dyrehaven DANOIS €

(carte p. 48 ; www.dyrehavenkbh.dk ; Sønder Blvd 72, Vesterbro ; petit-déj 91-135 DKK, déj 85-135 DKK, plats dîner 142-178 DKK ; ⏰ 10h-2h lun-sam, 10h-17h dim ; 📶 ; 🚌 1A, 10, 14). Cet ancien bar ouvrier est désormais la deuxième maison de la jeunesse bohème et branchée de Vesterbro. Faites-vous de nouveaux amis autour d'un verre bon marché et d'une modeste cuisine de bar (le populaire *Kartoffelmad* est une tartine garnie d'un œuf, de mayonnaise maison et d'échalotes frites). DJ les vendredi et samedi soir (sauf en été).

♥ **Paté Paté** INTERNATIONAL €€

(carte p. 48 ; ☎ 39 69 55 57 ; www.patepate.dk ; Slagterboderne 1, Vesterbro ; petites assiettes 115-155 DKK, menu déj/dîner 325/385 DKK ; ⏰ 11h30-minuit lun-sam ; 📶 ; 🚌 10, 14). Autre adresse des plus appréciées de Kødbyen, cette ancienne fabrique de pâté revisite les standards européens à la sauce moderne. Le menu est renouvelé régulièrement, avec des plats à partager et des petites assiettes comme la *burrata* danoise bio aux courgettes salées, oignons nouveaux, piment, basilic et noix, ou le tartare de veau à la harissa, échalotes confites, moutarde et dukkah. Branché et effervescent mais très convivial, ce restaurant peut se targuer d'un personnel expert et d'une carte des vins variée. Comptoir idéal pour les repas en solo.

Øl & Brød DANOIS €€

(carte p. 48 ; ☎ 33 31 44 22 ; www.ologbrod.dk ; Viktoriagade 6 ; smørrebrod 85-165 DKK, plats dîner 150-250 DKK ; ⏰ 12h-17h lun-mar et dim, 12h-23h mer-sam, horaires réduits en basse saison ; 📶 ; 🚌 6A, 9A, 10, 14, 26, S København H). Le mobilier moderniste et les couleurs sobres se prêtent idéalement à la dégustation de *smørrebrod* haut de gamme. La bière artisanale accompagne parfaitement de sublimes combinaisons (maquereau fumé avec œufs brouillés) tandis que le menu du soir mise sur des plats danois revisités.

Le restaurant affirme posséder la plus vaste collection d'*aquavit* et de *snaps* du pays.

WarPigs BARBECUE €€

(carte p. 48 ; www.warpigs.dk ; Flæsketorvet 25 ; viande à partir de 45 DKK pour 100 g ; ⏰ 11h-minuit lun-sam, 11h-23h dim ; 📶 ; 🚌 10, 14, S Dybbølsbro). Bruyant et trépidant, WarPigs fait le bonheur des carnivores. Le barbecue de style américain est alimenté par certains des plus importants fumeurs de viande d'Europe (capables de fumer jusqu'à deux tonnes de viande par jour !). Commandez au comptoir et mélangez viandes et accompagnements pour créer un repas à votre goût. Également une superbe sélection de bières brassées sur place ; l'endroit se double d'un pub appartenant en partie à la microbrasserie **Mikkeller**.

Cofoco EUROPÉEN €€

(carte p. 48 ; ☎ 33 13 60 60 ; www.cofoco.dk ; Abel Cathrines Gade 7, Vesterbro ; menu 4/5/6 plats 300/365/420 DKK ; ⏰ 17h30-minuit lun-sam ; 🚌 6A, 26, 10, 14, S København H). Ce restaurant de belle facture, abordable et design, appartient à une équipe possédant plusieurs établissements du même type. Il offre un cadre glamour et une palette de plats créatifs, croisant saveurs nordiques et méditerranéennes : à vous d'imaginer votre propre menu. Les créations sont subtiles et dressées avec goût : parfait pour les gourmands surveillant (un peu) leur budget. La cuisine ferme à 20h45.

Granola CAFÉ €€

(carte p. 48 ; 33 33 00 95 ; www.granola.dk ; Værndemsvej 5, Frederiksberg ; déj 115-175 DKK, plats dîner 185-295 DKK ; 7h30-23h lun-mer, 7h30-minuit mer-jeu, 9h-minuit sam ; 9A, 26, 31, 71). Dans l'une des rues les plus continentales de Copenhague, le Granola séduit la population branchée de Vesterbro avec son mélange rétro de lampes industrielles, sol en granito et rangements de style "magasin général". Le menu n'est pas très élaboré, mais il est composé de petits plaisirs (flocons d'avoine le matin, croque-monsieur et crêpes ou classiques de bistrot). Venez tôt le week-end.

Kødbyens Fiskebar PRODUITS DE LA MER €€€

(carte p. 48 ; 32 15 56 56 ; www.fiskebaren.dk ; Flæsketorvet 100 ; plats 165-375 DKK ; 11h30-minuit ; ; 10, 14, S Dybbølsbro). Sols en béton, carrelage industriel, aquarium de 1 000 litres et produits de la mer exquis sont au programme de cette adresse branchée et très courue, en plein cœur du quartier tendance de Kødbyen, à Vesterbro. Prenez trois ou quatre entrées plutôt qu'un plat. La star de la carte : huîtres et homard avec meringue à la bière.

Mielcke & Hurtigkarl INTERNATIONAL €€€

(carte p. 48 ; 38 34 84 36 ; www.mielcke-hurtigkarl.dk ; Frederiksberg Runddel 1, Frederiksberg ; menus dégustation 1 150-1 300 DKK ; 18h-23h mar-sam ; ; 6A, 8A, 18, 26). Installée dans une ancienne résidence royale d'été assortie de fresques contemporaines d'inspiration botanique, Mielcke & Hurtigkarl séduit autant par son cadre éthéré que par son menu idyllique. L'utilisation inventive que fait le chef Jakob Mielcke des ingrédients locaux ou internationaux se traduit par des créations fantasques mêlant des saveurs d'Orient et d'Occident.

Où prendre un verre et faire la fête

Les quartiers les plus animés sont l'historique Quartier latin, Kødbyen (l'ancien quartier des abattoirs) à Vesterbro, Istedgade et l'extrémité nord de Viktoriagade, Ravnsborggade, Elmegade et Sankt Hans Torv à Nørrebro ainsi que Jægersborggade. Quand le soleil est de la partie, il est toujours possible de gagner le secteur touristique de Nyhavn, mais sachez que les prix sont plus élevés et que les meilleures adresses ne sont pas directement au bord de l'eau.

Centre-ville

Taphouse BAR

(carte p. 48 ; 88 87 65 43 ; www.taphouse.dk ; Lavendelstræde 15 ; 15h-2h lun-jeu, midi-2h ven-sam, midi-minuit dim ; ; 2A, 12, 14, 26, 33, S København H). L'une des adresses favorites des amateurs de houblon, Taphouse, propose un incroyable choix de 61 bières à la pression. La sélection constamment renouvelée est l'une des plus larges d'Europe, avec des bières artisanales provenant de microbrasseries du monde entier. Grand classique ou pépite introuvable, les serveurs chevronnés sauront vous guider pour dénicher la boisson idéale.

Coffee Collective CAFÉ

(carte p. 59 ; www.coffeecollective.dk ; Stall C1, halle 2, Torvehallerne KBH ; 7h-20h lun-ven, 8h-19h sam-dim). Pour votre dose de caféine, faites confiance au microtorréfacteur le plus respecté de Copenhague. Les grains, issus d'une production éthique, sont achetés directement auprès des paysans. Le Coffee Collective propose généralement deux variétés d'expresso – charpentée et traditionnelle, ou acide. Trop banal pour vous ? Commandez une tasse de café-filtre préparée dans une Kalita Wave. Il y a trois autres branches, notamment à Nørrebro (p. 84) et Frederiksberg (p. 85).

Bastard Café CAFÉ

(carte p. 48 ; 42 74 66 42 ; www.bastardcafe.dk ; Rådhusstræde 13 ; midi-minuit dim-jeu, midi-2h ven-sam, 10h-minuit dim ; 1A, 2A, 9A, 14, 26, 37). Une aubaine lorsqu'il pleut, ce café ultra cosy et populaire fait la part belle aux jeux de société, rangés contre les murs comme des livres dans une bibliothèque. Vieux standards comme jeux plus obscurs sont accessibles librement ou contre de modestes "frais de location".

Mother Wine BAR À VINS

(carte p. 48 ; 33 12 10 00 ; www.motherwine.dk ; Gammel Mønt 33 ; 15h-22h mar-jeu, 15h-minuit ven-sam ; wi-fi ; bus 350S, M Kongens Nytorv). Bar *hyggelig* (douillet) doublé d'une boutique et doté de très belles chaises Finn Juhl, Mother Wine est spécialisé dans les vins italiens naturels, bio et peu connus. Du Veneto Prosecco au Negroamaro des Pouilles, les clients sont encouragés à goûter les propositions du jour avant de commander un verre. Premiers prix très raisonnables (55 DKK) et en-cas italiens offerts.

Du jeudi au samedi, des apéritifs sont organisés à l'étage supérieur : le vin y est accompagné de fromages italiens ou de *salsiccia* (saucisse). Comptez 155 DKK par personne.

♥ Ved Stranden 10 — BAR À VINS

(carte p. 48 ; ☎ 35 42 40 40 ; www.vedstranden10.dk ; Ved Stranden 10 ; ⏲ midi-22h lun-sam ; wi-fi ; bus 1A, 2A, 9A, 26, 37, 66, 350S, M Kongens Nytorv). Les politiciens et les œnophiles initiés se pressent dans ce bar à vins en bordure de canal, à la cave remplie de classiques européens, de vins biodynamiques et de productions plus obscures. Assortie d'un design moderniste danois et d'un personnel aussi chaleureux que compétent, l'enfilade de pièces donne à l'endroit une atmosphère intimiste et sophistiquée.

♥ 1105 — BAR À COCKTAILS

(carte p. 48 ; ☎ 33 93 11 05 ; www.1105.dk ; Kristen Bernikows Gade 4 ; ⏲ 18h-2h mer, jeu et sam, 16h-2h ven ; bus 1A, 26, 350S, M Kongens Nytorv). Arrivez avant 23h pour une place au comptoir de ce sombre et luxueux bar lounge. Baptisé d'après le code postal du secteur, il propose des cocktails classiques ou revisités, ainsi qu'une belle sélection de whiskeys. La clientèle de trentenaires et de quadragénaires est plus encline à déguster des mixtures savamment dosées qu'à pousser l'ivresse à son paroxysme.

♥ Ruby — BAR À COCKTAILS

(carte p. 48 ; ☎ 33 93 12 03 ; www.rby.dk ; Nybrogade 10 ; ⏲ 16h-2h lun-sam, 18h-2h dim ; wi-fi ; bus 1A, 2A, 14, 26, 37, 66). Les amateurs de cocktails reconnaissent les qualités de ce bar dissimulé dans une maison du XVIIIe siècle sans enseigne. À l'intérieur, les maîtres ès cocktails préparent des libations parfaites à partir d'alcools artisanaux et de sirops maison, tandis qu'une clientèle enthousiaste déferle dans un labyrinthe de pièces confortables et décadentes. Pour une ambiance de club à l'anglaise avec fauteuils Chesterfield, peintures à l'huile et vitrines remplies de spiritueux, rendez-vous au sous-sol.

COPENHAGUE GAY ET LESBIEN

Copenhague est l'une des villes les plus accueillantes du monde pour les homosexuels. Symbole de tolérance, la Copenhagen Pride (p. 68) a lieu en août et le festival de cinéma LGBT Mix Copenhagen (p. 68) occupe les écrans en octobre. Parmi les sites Internet, citons www.out-and-about.dk, www.lgbt.dk et www.rainbowbusinessdenmark.dk (en anglais).

Beaucoup de cafés, bars et clubs LGBT sont installés dans le Quartier latin et en retrait de Rådhuspladsen, en centre-ville.

Oscar Bar & Cafe (carte p. 48 ; ☎ 33 12 09 99 ; www.facebook.com/oscarbarcafe ; Regnbuepladsen 77 ; ⏲ 10h-23h dim-jeu, 10h-2h ven-sam ; wi-fi ; bus 12, 14, 26, 33, S København H). À l'ombre du Rådhus, ce sympathique bar-café de quartier demeure le bar gay le plus populaire de la capitale. Il y a de la nourriture en cas de fringale et la clientèle mêle habitants et visiteurs de tous âges. À la belle saison, les tables de la terrasse sont prises d'assaut par des fêtards qui discutent avec leurs amis tout en jetant un œil à leurs notifications sur Grindr.

Never Mind (carte p. 48 ; www.facebook.com/nevermindbar.dk ; Nørre Voldgade 2 ; ⏲ 22h-6h ; bus 2A, 5C, 6A, 250S). Si vous ne supportez ni la foule, ni la fumée de cigarette, passez votre chemin. Dans le cas contraire, vous êtes assuré de vous amuser dans ce minuscule bar gay, bruyant et souvent bondé, où l'on écoute de la pop sans complexe en draguant jusqu'au bout de la nuit.

Jailhouse CPH (carte p. 48 ; ☎ 33 15 22 55 ; www.jailhousecph.dk ; Studiestræde 12 ; ⏲ 14h-2h dim-jeu, 14h-5h ven-sam ; wi-fi ; bus 5C, 6A, 14). Sympathique, sans ambages et particulièrement prisé des hommes d'âge mûr, ce petit bar s'inspire de l'univers carcéral, avec "gardiens" en uniforme et détenus consentants. Laissez tomber le restaurant médiocre à l'étage.

Jane CLUB

(carte p. 48 ; www.thejane.dk ; Gråbrødretorv 8 ; 20h-3h jeu, 20h-5h ven-sam ; 5C, 6A, 14, 150S, 350S, Nørreport, Nørreport). Ce bar branché propose de délicieux cocktails dans un décor de somptueux fauteuils, de canapés Chesterfield, et d'une magnifique bibliothèque s'ouvrant pendant la soirée pour révéler une piste de danse cachée. Le tout sur une bande-son jazz et blues.

Bankeråt BAR

(carte p. 48 ; 33 93 69 88 ; www.bankeraat.dk ; Ahlefeldtsgade 27 ; 9h30-23h lun-mar, 9h30-minuit mer-ven, 10h30-minuit sam, 10h30-20h dim ; ; 37, 5C, 350S, Nørrebro, Nørrebro). Ce bar cosy, excentrique (les urinoirs sont en forme de bouche) et décontracté est décoré d'animaux empaillés en drôle de tenue – comme ce bélier en costume d'époque. Derrière le Bankeråt se cache l'artiste local Filip V Jensen.

Living Room CAFÉ

(carte p. 48 ; 33 32 66 10 ; www.facebook.com/thelivingroomdk ; Larsbjørnsstræde 17 ; 9h-23h lun-jeu, 9h-2h ven, 10h-2h sam, 10h-19h dim ; ; 5C, 6A, 10, 14, Nørreport, Nørreport). Aménagé sur trois niveaux, associant décoration vintage et salon de thé marocain, le Living Room est un lieu très agréable (mais souvent bondé), parfait pour siroter café, thé, smoothie maison ou limonade. Des cocktails et autres boissons alcoolisées sont également servis dans la soirée.

Boulebar BAR

(carte p. 48 ; 82 82 08 00 ; www.boulebar.dk ; Nørregade 18 ; 16h-23h mar-mer, 16h-minuit jeu, 14h-1h ven, 11h-1h sam ; 14, 150S, Nørreport, Nørreport). Ce bar et restaurant original est équipé de 15 pistes de pétanque. Si vous avez faim, accordez-vous un clin d'œil parisien avec des moules, un steak-frites ou un tartare de bœuf. Le bar propose des forfaits repas/pétanque (partie de 1 heure 30 et sélection de plats).

Library Bar BAR

(carte p. 48 ; 33 14 92 62 ; www.librarybar.dk ; Bernstorffsgade 4 ; 16h-23h lun-sam ; ; 2A, 5C, 6A, 9A, 26, 250S, København H). Le bar intimiste de l'hôtel Copenhagen Plaza imite un club de gentlemen londoniens, avec fauteuils en cuir, étagères débordant de livres et vitraux au plafond. Pour parfaire l'ambiance, concert de jazz les vendredi et samedi.

Hviids Vinstue PUB

(carte p. 48 ; 33 15 10 64 ; www.hviidsvinstue.dk ; Kongens Nytorv 19 ; 10h-1h lun-jeu, 10h-2h ven-sam, 10h-20h dim ; 9A). L'un des plus anciens bars de Copenhague, Hviids Vinstue détourne les passants du droit chemin depuis 1723. Son intérieur en bois sombre et cuivre lui donne un caractère mystérieux. L'adresse est réputée pour son *gløgg* (vin chaud danois) dont la production débute en mai. Le bar lance la saison annuelle du *gløgg* à 11h le 11 novembre, juste à temps pour affronter le glacial hiver danois.

Palæ Bar PUB

(carte p. 48 ; 33 12 54 71 ; www.palaebar.dk ; Ny Adelgade 5 ; 11h-minuit lun-sam, 16h-minuit dim ; 1A, 26, 350S, Kongens Nytorv). La fumée de cigarettes ne flotte plus dans l'air, mais les conversations enflammées continuent d'emplir ce bar à l'ancienne. Traditionnellement prisé des journalistes, écrivains et politiciens, l'endroit attire une clientèle d'âge mûr : ici on vient pour échanger les dernières nouvelles, débattre, jouer aux échecs ou écouter du jazz (concert gratuit, généralement une fois par mois le dimanche).

Nyhavn et le Quartier royal

Beaucoup d'habitants évitent les bars touristiques jalonnant le canal de Nyhavn et achètent leurs boissons alcoolisées dans une petite boutique ouverte en saison, le **Turs Havneproviant** (carte p. 48 ; 33 13 40 47 ; Lille Strandstræde 3 ; 1A, 26, Kongens Nytorv), avant de s'installer au bord de l'eau.

Nebbiolo BAR À VINS

(carte p. 48 ; 60 10 11 09 ; www.nebbiolo-winebar.com ; Store Strandstræde 18 ; 15h-minuit dim-jeu, 15h-2h ven-sam ; ; 1A, 66, Kongens Nytorv). Juste en retrait du canal de Nyhavn, ce bar élégant et contemporain propose des vins de petits vignobles italiens prometteurs. Les vins au verre sont classés en trois catégories (75/100/125 DKK) et même les moins chers sont souvent fantastiques.

Den Vandrette BAR À VINS

(carte p. 48 ; 72 14 82 28 ; www.denvandrette.dk ; Havnegade 53A ; 16h-23h mar-jeu, 16h-1h ven-sam ; 66, Nyhavn). Sur le port, ce bar appartient au célèbre grossiste en vin **Rosforth & Rosforth** (carte p. 48 ; 33 32 55 20 ; www.rosforth.dk). L'accent est mis sur les crus naturels et biodynamiques ; la petite

HORS DES SENTIERS BATTUS

BAR DE PLAGE EN VILLE

Lorsque Copenhague rencontre Ibiza, on obtient le **Halvandet** (carte p. 60 ; 70 27 02 96 ; www.halvandet.dk ; Refshalevej 325, Refshaleøen ; 16h30-tard mer-jeu, midi-tard ven-dim mi-juin à août, horaires réduits mi-avr à mi-juin ; Refshaleøen), un bar *lounge* saisonnier installé sur le port, doublé d'un centre d'activités (vous pourrez pratiquer le beach-volley). Commandez un mojito et bronzez au son d'une musique sensuelle. Au menu : sandwichs, grillades, fruits de mer et salades, mais l'on vient d'abord ici pour l'ambiance et la musique. Les heures d'ouverture dépendent de la météo : consultez la page Facebook de Halvandet avant de vous déplacer.

carte de vins au verre, sélectionnés avec soin, comporte souvent des choix inédits. Les clients sont invités à explorer la cave et à désigner leur propre bouteille. En été, des tables et des transats sont installés au bord de l'eau.

Christianshavn

Christianshavns Bådudlejning og Café BAR

(carte p. 48 ; 32 96 53 53 ; www.baadudlejningen.dk ; Overgaden Neden Vandet 29 ; 12h-minuit ; ; 2A, 9A, 37, 350S, M Christianshavn). Donnant directement sur le canal principal de Christianshavn, ce festif café-bar tout en bois est idéal pour prendre un verre au bord de l'eau. Agrémenté de guirlandes lumineuses, l'endroit attire une clientèle joviale. En-cas pour combler les petits creux, chauffages extérieurs et bâches pour se protéger de la fraîcheur nordique.

Eiffel Bar BAR

(carte p. 48 ; 32 57 70 92 ; www.eiffelbar.dk ; Wildersgade 58 ; 9h-3h ; ; 2A, 9A, 37, 350S, M Christianshavn). Ne vous laissez pas berner par le nom : ce bar sombre et lambrissé est intrinsèquement danois. Ouvert en 1737, il attirait alors tous les marins du coin. Les bières locales, proposées à la pression, sont bon marché (également quelques ales danoises artisanales). Un bon choix pour une atmosphère animée et authentique.

Nørrebro et Østerbro

Coffee Collective CAFÉ

(carte p. 48 ; www.coffeecollective.dk ; Jægersborggade 57, Nørrebro ; 7h-20h lun-ven, 8h-19h sam-dim ; 8A). Micro-torrefacteur le plus productif de Copenhague, Coffee Collective a contribué à révolutionner la culture du café dans la capitale. Venez découvrir des arômes puissants et complexes, tout au bout de la créative Jægersborggade à Nørrebro. Les baristas vouent une véritable passion à leurs grains d'origine unique. Il y a trois autres branches, dont une au marché gastronomique de Torvehallerne KBH (p. 72) et une à Frederiksberg (page ci-contre).

Brus MICROBRASSERIE

(carte p. 59 ; 75 22 22 00 ; www.tapperietbrus.dk ; Guldbergsgade 29F, Nørrebro ; 15h-minuit lun-jeu, midi-3h ven-sam, midi-minuit dim ; ; 5C). Une ancienne fabrique de locomotive transformée en un gigantesque pub élégant et branché. Propriété de la microbrasserie To Øl, réputée dans le monde entier, le bar propose plus de 30 bières à la pression, dont une sélection tournante de classiques et de bières spéciales ; également 8 cocktails à la pression. Les barmans avenants vous inviteront à en goûter plusieurs avant de commander.

Mikkeller & Friends MICROBRASSERIE

(carte p. 59 ; 35 83 10 20 ; mikkeller.com ; Stefansgade 35, Nørrebro ; 14h-minuit lun-jeu, 14h-2h ven-sam, 14h-23h dim ; ; 5C, 8A). Sol turquoise et bois blond veiné, cet établissement, collaboration entre les brasseries Mikkeller et To Øl, a fière allure. Les vrais amateurs perdront la tête devant les 40 bières artisanales à la pression et les quelque 200 bouteilles, dont une bière brune au piment chipotle ou une stout impériale vieillie dans des fûts de tequila. Quelques en-cas (saucisse sèche gastronomique, fromage, etc.).

À l'arrière de l'établissement, un passage caché mène au Koelschip, un bar rétro merveilleusement confortable, proposant environ 250 bières belges.

Rust CLUB

(carte p. 59 ; www.rust.dk ; Guldbergsgade 8, Nørrebro ; horaires variables, club généralement 20h30-5h ven-sam ; ; 3A, 5C, 350S). Cet endroit fabuleux sur plusieurs niveaux attire un large public, parmi les plus branchés et décontractés de la ville de Copenhague.

La programmation privilégie le rock alternatif, l'indé, le hip-hop et l'électro. À partir de 23h, l'endroit se mue en club, avec des DJ locaux et internationaux mixant hip-hop, électro, house et autres.

Nørrebro Bryghus BRASSERIE

(carte p. 59 ; ☎35 30 05 30 ; www.noerrebro-bryghus.dk ; Ryesgade 3, Nørrebro ; ⏲midi-22h lun-dim ; 🚌3A, 5C, 350S). Cette brasserie désormais célèbre a lancé la vague de la microbrasserie il y a plus de dix ans. Le restaurant propose un burger correct à midi et une nouvelle cuisine nordique plus raffinée le soir, mais on vient surtout pour les bières, notamment la bière bio maison à la pression et le choix fantastique de bouteilles : ale blondes et brunes ou encore “The Evil”, brune impériale maltée subtilement fumée.

Kassen BAR

(carte p. 59 ; ☎91 76 32 45 ; www.kassen.dk ; Nørrebrogade 18B, Nørrebro ; ⏲19h-2h mer-jeu, 16h-2h ven, 18h-2h sam ; 🚌5C). Ce bar tapageur sert des doses généreuses et des verres à prix cassés (cocktail à 80 DKK). Moyennant 250 DKK, vous pourrez boire à volonté le mercredi tandis que vous aurez deux boissons pour le prix d'une toute la nuit le jeudi, de 16h à 22h le vendredi et de 20h à 22h le samedi. Les cocktails sont basiques et un tantinet sucrés, mais difficile de se plaindre compte tenu du prix.

Kind of Blue BAR

(carte p. 59 ; ☎26 35 10 56 ; www.kindofblue.dk ; Ravnsborggade 17, Nørrebro ; ⏲16h-minuit lun-jeu, 16h-2h ven-sam ; 📶 ; 🚌5A). Lustres, parfums capiteux et murs tapissés d'un bleu hypnotique des années 1950 – l'esprit du sud des États-Unis règne dans ce bar intime baptisé d'après le chef-d'œuvre de Miles Davis. En fin de soirée, une clientèle *hipster* vient y descendre des bières en se délectant de la collection musicale privée de Claus, le propriétaire, entre jazz, blues et folk. Dans Ravnsborggade, la rue des bars de Nørrebro.

Vesterbro et Frederiksberg

♥ Mikkeller Bar BAR

(carte p. 48 ; ☎33 31 04 15 ; mikkeller.dk ; Viktoriagade 8B-C, Vesterbro ; ⏲14h-23h mar-mer, 14h-minuit jeu, 14h-2h ven-sam, 14h-22h dim ; 📶 ; 🚌6A, 9A, 10, 14, 26, Ⓢ København H). Lumières tamisées, sol d'un vert moussu et 20 options à la pression : ce lieu culte porte haut les couleurs de la bière artisanale, avec un choix régulièrement renouvelé, créations populaires de Mikkeller ou de microbrasseries du monde entier. Attendez-vous à tout, des brunes vieillies dans des fûts de tequila aux bières aromatisées au yuzu. La gamme de bières en bouteille est tout aussi inspirée, à éponger à coup de fromage et d'en-cas.

♥ Lidkoeb BAR À COCKTAILS

(carte p. 48 ; ☎33 11 20 10 ; www.lidkoeb.dk ; Vesterbrogade 72B, Vesterbro ; ⏲18h-1h dim-lun, 16h-1h mar-mer, 16h-2h jeu, 15h-2h ven-sam ; 📶 ; 🚌6A, 26). Après une partie de cache-cache (suivez les panneaux “Lidkoeb” jusqu'à la deuxième cour, décorée de guirlandes), ce bar à cocktails de premier ordre gratifie le visiteur de subtiles concoctions servies par des passionnés. Calé sur une chaise Børge Mogensen, trinquez à l'ingéniosité danoise en dégustant des en-cas nordiques et des boissons de saison comme le Freja's Champagne, un mélange à base de gin, gingembre frais, citron et liqueur de marasquin.

♥ Coffee Collective CAFÉ

(☎60 15 15 25 ; www.coffeecollective.dk ; Godthåbsvej 34b, Frederiksberg ; ⏲7h30-18h lun-ven, 8h-18h sam-dim). C'est ici que la star du café de Copenhague torréfie ses précieux grains, utilisés pour son expresso et ses cafés “troisième vague”. Le premier vendredi du mois, le maître torréfacteur propose une visite de la brûlerie avec dégustation (150 DKK). Le prix comprend un sachet de café à emporter.

À NE PAS MANQUER

ÉLECTRO JUSQU'AU BOUT DE LA NUIT

Les férus d'électro se retrouvent à **Culture Box** (carte p. 60 ; ☎33 32 50 50 ; www.culture-box.com ; Kronprinsessegade 54A ; ⏲Culture Box Bar 18h-1h jeu-sam, Red Box 23h-tard ven-sam, Black Box minuit-tard ven-sam ; 🚌26), réputé pour ses locaux impressionnants, sa programmation de DJ internationaux et ses excellentes soirées électro, techno, house et drum'n'bass. Le club est divisé en trois espaces : le Culture Box Bar pour le début de soirée, le club Red Box à l'ambiance intimiste et le célèbre Black Box, où les plus grands DJ s'emparent des platines de l'énorme *sound system*.

Fermentoren BIÈRE ARTISANALE

(carte p. 48 ; ☎23 90 86 77 ; www.fermentoren.com ; Halmtorvet 29C, Vesterbro ; ⏱15h-minuit lun-mer, 14h-1h jeu, 14h-2h ven-sam, 14h-minuit dim ; 📶 ; 🚌1A, 10, 14, Ⓢ Dybbølsbro). Les vrais amoureux de la bière adorent ce bar en sous-sol, chaleureux et éclairé aux bougies. Les 24 options à la pression changent continuellement avec des bières artisanales, à la fois traditionnelles et novatrices. Goûtez les créations locales comme Evil Twin, Ghost et Gamma, ainsi que la *pale ale* brassée par Fermentoren.

Falernum BAR À VINS

(carte p. 48 ; ☎28 30 69 60 ; www.falernum.dk ; Værnedamsvej 16, Vesterbro ; ⏱11h30-minuit lun-jeu, 11h-minuit ven-sam, 11h-23h dim ; 📶 ; 🚌6A, 9A, 31). Les vieux parquets, les chaises rétro dépareillées et la clientèle d'âge mûr confèrent à Falernum une délicieuse atmosphère familiale. À la carte, 40 vins servis au verre, des bières fines, du café et de savoureuses assiettes à partager, variant au gré des saisons.

Mesteren & Lærlingen BAR

(carte p. 48 ; www.facebook.com/Mesteren-Lærlingen-215687798449433 ; Flæsketorvet 86, Vesterbro ; ⏱20h-3h mer-jeu, 20h-3h30 ven-sam ; 📶). Dans une vie antérieure, Mesteren & Lærlingen était un abattoir. Aujourd'hui, il s'agit de l'un des bars les plus courus de Copenhague : les murs carrelés accueillent une sympathique clientèle alternative (casquette et jean slim de rigueur). Glissez-vous dans la foule et profitez de la bande-son soul, reggae, hip-hop et *dance hall* concoctée par le DJ.

KBIII CLUB

(carte p. 48 ; ☎33 23 45 97 ; www.kb3.dk ; Kødboderne 3, Vesterbro ; ⏱bar 20h-fermeture tardive jeu-sam, club 23h-4h ven-sam ; 🚌1A, 🚆Dybbølsbro). Une gigantesque chambre froide désaffectée : ce lieu ne pourrait être mieux adapté pour ce club, le plus vaste du frénétique Kødbyen. Si le programme alterne projections de films, concerts, spectacles burlesques et soirées de lancement d'albums, l'endroit privilégie surtout les beats endiablés des DJ locaux et internationaux.

☆ Où sortir

L'offre de sorties de Copenhague est large, variée et sophistiquée. Quasiment tous les soirs, vous aurez le choix entre ballet, opéra, théâtre, clubbing et concerts, de l'indé au blues en passant par la pop. La capitale est réputée dans le monde entier pour sa scène jazz, avec de nombreux clubs attirant des stars du genre. On peut réserver la plupart des manifestations via **Billetnet** (☎70 15 65 65 ; www.billetnet.dk), qui possède un guichet à Tivoli. Sinon, essayez **Billetlugen** (☎70 26 32 67 ; www.billetlugen.dk).

Cinéma

Vous trouverez quelques cinémas au nord des jardins de Tivoli, près de la gare ferroviaire de Vesterport. Le multiplexe **Dagmar Teatret** (www.nfbio.dk/biografer/dagmar) programme des succès commerciaux et des films indépendants. Parmi les cinémas d'art et essai les plus populaires, citons l'historique **Grand Teatret** (carte p. 48 ; ☎33 15 16 11 ; www.grandteatret.dk ; Mikkel Bryggers Gade 8 ; ⏱11h-22h30 ; 📶; 🚌12, 14, 26, 33, Ⓢ København H) et la cinémathèque danoise, la **Cinemateket** (carte p. 48 ; ☎33

ÇA JAZZE À COPENHAGUE

Copenhague est la capitale scandinave du jazz depuis les années 1920, époque à laquelle le club Montmartre était l'un des plus réputés d'Europe. Ressuscité en 2010 après une longue pause, le **Jazzhus Montmartre** (carte p. 48 ; ☎70 20 20 96 ; www.jazzhusmontmartre.dk ; Store Regnegade 19A ; ⏱18h-23h les jours de concert ; 🚌350S, 1A, 26, Ⓜ Kongens Nytorv) est bien entouré, avec des adresses prestigieuses comme **La Fontaine** (carte p. 48 ; ☎33 11 60 98 ; www.lafontaine.dk ; Kompagnistræde 11 ; ⏱19h-2h mer-dim, musique live à partir de 20h mer-jeu, à partir de 21h ven-dim ; 🚌14). En outre, plusieurs bars programment discrètement des concerts de jazz et de blues : vous pourrez en écouter également une fois par mois environ au **Palæ** (p. 73). Le jazz a de beaux jours devant lui !

Le **festival de jazz** (p. 67) de Copenhague, dont la première édition date de 1978, dure 10 jours. Événement culturel le plus important de la ville, et l'un des plus grands festivals de jazz en Europe, il a attiré d'innombrables stars du genre.

74 34 00 ; www.dfi.dk ; Gothersgade 55 ; ⌚9h30-22h mar-ven, midi-22h sam, midi-19h30 dim ; 🚌350S). Comme ailleurs au Danemark, les films sont généralement projetés en VO avec sous-titrage en danois.

Danse, opéra, théâtre et musique classique

L'Operaen (opéra) de Copenhague accueille une programmation de classe internationale allant des classiques intemporels aux opéras contemporains (surtitrés en danois). Sur l'autre rive, le Skuespilhuset, tout aussi brillant, propose du théâtre danois et étranger, classique ou plus moderne. Le majestueux Det Kongelige Teater privilégie le ballet et l'opéra, tandis qu'à l'autre bout de la ville, la danse contemporaine est à l'honneur au Dansehallerne. Sur l'île d'Amager, le DR Koncerthuset héberge l'orchestre symphonique et l'orchestre de chambre national ; il accueille aussi une programmation éclectique de concerts alternant classique, musique de chambre, jazz, rock et musique expérimentale.

Det Kongelige Teater BALLET, OPÉRA
(Théâtre royal ; carte p. 48 ; ☎33 69 69 69 ; kglteater.dk ; Kongens Nytorv ; 🚌1A, 26, 350S, Ⓜ Kongens Nytorv). Aujourd'hui, le somptueux *gamle scene* ("vieux théâtre") privilégie les opéras et ballets de classe mondiale, avec notamment des productions du Ballet royal du Danemark. Achevé en 1872, le bâtiment actuel – le quatrième théâtre à occuper ce site – est l'œuvre de Vilhelm Dahlerup et Ove Petersen.

Skuespilhuset THÉÂTRE
(Théâtre royal du Danemark ; carte p. 57 ; ☎33 69 69 69 ; kglteater.dk ; Sankt Anne Plads 36 ; 🚌66, ⛴Nyhavn, Ⓜ Kongens Nytorv). Sur le port, ce bel édifice sert de résidence à la compagnie du Théâtre royal du Danemark, dont le répertoire danois et international allie grands classiques et créations contemporaines provocatrices. Réservez très à l'avance si vous visez une production en particulier. Visites en anglais en juillet-août.

Operaen OPÉRA
(opéra de Copenhague ; carte p. 57 ; ☎réservations 33 69 69 69 ; www.kglteater.dk ; Ekvipagemestervej 10 ; 🚌9A, ⛴Operaen). Conçu par feu Henning Larsen, l'ultramoderne opéra de Copenhague comporte deux scènes : la scène principale et la Takkeløftet, plus expérimentale. Le répertoire va des grands succès classiques à l'opéra contemporain. Certains opéras sont chantés en anglais mais le surtitrage est toujours en danois.

Dansehallerne DANSE
(carte p. 48 ; ☎billetterie 33 88 80 08 ; www.dansehallerne.dk ; H. C. Andersens 25, København ; 🚌1A, Ⓢ Carlsberg). Haut lieu de la danse contemporaine, le Dansehallerne accueille une riche programmation d'œuvres de compagnies internationales et danoises. Certains spectacles se produisent hors les murs, dans des lieux inattendus de la capitale. Achetez les billets en ligne ou à la billetterie.

Københavns Musikteater THÉÂTRE
(☎33 32 55 56 ; www.kobenhavnsmusikteater.dk ; Emblasgade 175, Nørrebro ; 🚌4A, 42). Repoussez vos limites avec ce théâtre musical d'avant-garde, au large choix de spectacles artistiques hybrides. Toutes les œuvres comprennent des nouvelles compositions ou des réinterprétations. Parmi les genres représentés figurent le classique, la musique de chambre, l'electronica, la pop poétique et le rock.

DR Koncerthuset SALLE DE CONCERT
(☎35 20 62 62 ; www.dr.dk/Koncerthuset ; Emil Holms Kanal 20, Amager ; Ⓜ DR Byen). Lieu de résidence de l'orchestre symphonique national et de l'orchestre de chambre national, l'audacieux cube bleu dessiné par Jean Nouvel accueille des concerts de premier plan, alternant classique, musique de chambre et chant choral, mais aussi rock, pop, jazz et musique expérimentale. Consultez le site Internet pour la programmation.

Tivoli Koncertsal SALLE DE CONCERT
(carte p. 48 ; www.tivoli.dk ; Tietgensgade 30 ; 🚌1A, 2A, 5C, 9A, 37, 250S, Ⓢ København H). La salle de concert des jardins de Tivoli accueille des orchestres symphoniques danois et étrangers, des quartets à cordes, divers ensembles de musique classique, des musiciens contemporains et des compagnies de danse. Achetez les billets en ligne ou à la Tivoli Box Office.

Concerts

Huset-KBH MUSIQUE LIVE
(carte p. 48 ; ☎21 51 21 51 ; www.huset-kbh.dk ; Rådhusstræde 13 ; ⌚horaires variables ; 📶 ; 🚌1A, 2A, 9A, 14, 26, 37). Cette institution locale programme près de 1 500 événements par an : concerts, théâtre, films d'art et essai, slam, cabaret et spectacles comiques. Le complexe abrite aussi le Bastard Café (p. 81), un café-bar toujours bondé avec une énorme sélection de jeux de société.

Vega Live MUSIQUE LIVE
(carte p. 48 ; 33 25 70 11 ; www.vega.dk ; Enghavevej 40, Vesterbro ; ; 3A, 10, 14, S Dybbølsbro). Pionnier de la scène live de Copenhague, le Vega accueille des pointures rock, pop, blues et jazz, tout comme de jeunes talents de la scène indé, hip-hop et électro. Les concerts sont programmés sur la scène principale (Store Vega), sur la petite scène (Lille Vega) ou dans l'Ideal Bar, un espace au rez-de-chaussée. Les horaires des représentations varient ; consultez le site Internet. Le bâtiment, siège d'un syndicat dans les années 1950, est l'œuvre de l'éminent architecte danois Vilhelm Lauritzen.

Loppen MUSIQUE LIVE
(carte p. 57 ; 32 57 84 22 ; www.loppen.dk ; Sydområdet 4B ; 20h30-tard dim-jeu, 21h-tard ven-sam ; ; 9A, 2A, 37, 350S, M Christianshavn). Installée dans un entrepôt doté de poutres en bois au cœur du très libre quartier de Christiania, cette salle programme des artistes confirmés et émergents du Danemark et d'ailleurs. Les styles musicaux, aussi éclectiques que les publics, vont du rock au funk, en passant par le post-punk, l'électro et le jazz.

Mojo BLUES
(carte p. 48 ; 33 11 64 53 ; www.mojo.dk ; Løngangstræde 21C ; 20h-5h ; 1A, 2A, 9A, 12, 14, 26, 33, 37, S København H). À l'est de Tivoli, une excellente adresse pour écouter du blues authentique et ses variantes bluegrass, zydeco ou soul. Concerts tous les soirs, relayés par un DJ. L'ambiance est conviviale et décontractée ; la bière à la pression coule à flots.

Achats

Qu'il s'agisse de vêtements, de design ou d'alimentation, la plupart des grandes enseignes sont installées à Strøget. L'axe parallèle, **Strædet** (carte p. 48 ; 1A, 2A,9A, 14, 26, 37, 66), combinaison des rues Kompagnistræde et Læderstræde, est réputé pour les antiquités et la céramique locale. À Vesterbro, flânez dans Værndamsvej et Istedgade, jadis délabrée mais désormais tendance, pour un mélange éclectique de mode, art et design. L'artistique Nørrebro compte d'intéressantes boutiques indépendantes dans Elmegade et Jægersborggade, un bric-à-brac à prix abordable le long de Ravnsborggade et, le samedi d'avril à octobre, le **Nørrebro Loppemarked** (carte p. 59 ; www.berling-samlerting.dk/32693948 ; Nørrebrogade, Nørrebro ; 8h-15h sam avr-oct ; 5C, 8A, 350S), le plus vaste marché aux puces du Danemark. Rendez-vous à Nørreport pour de la nourriture et des boissons gastronomiques, des sacs artisanaux et d'autres articles à la pointe de la mode. Directement sur Rådhuspladsen, **Politikens Boghal** (carte p. 48 ; 33 47 07 07 ; www.politikensforlag.dk ; Rådhuspladsen 37 ; 9h-19h lun-mar, 9h-20h mer-ven, 10h-18h sam, 11h-18h dim ; 2A, 5C, 6A, 10, 250S) est la plus grande librairie de la ville, tandis que **Posterland** (carte p. 48 ; 33 11 28 21 ; www.posterland.dk ; Gothersgade 45 ; 9h30-18h lun-jeu, 9h30-19h ven, 9h30-17h sam ; 350S, M Kongens Nytorv) est fabuleux pour les cartes postales, les calendriers, les affiches et les aimants à réfrigérateur.

Illums Bolighus DESIGN
(carte p. 48 ; 33 14 19 41 ; www.illumsbolighus.dk ; Amagertorv 8-10 ; 10h-19h lun-sam, 11h-18h dim ; ; 1A, 2A, 9A, 14, 26, 37, 66, M Kongens Nytorv). Les accros au design se pâmeront devant cet immense centre commercial sur quatre étages, proposant le meilleur en matière de déco nordique : céramique, verrerie, joaillerie, plaids, coussins, lampes, mobilier, etc.

Designer Zoo DESIGN
(carte p. 48 ; 33 24 94 93 ; www.dzoo.dk ; Vesterbrogade 137, Vesterbro ; 10h-17h30 lun, 10h-19h ven, 10h-15h sam ; 6A). Si vous vous trouvez à Vesterbro, passez absolument par ce haut lieu du design. À la fois boutique, galerie et atelier (les vendeurs sont les designers et artisans), il s'agit d'une plateforme pour les talents indépendants du design danois. Explorez les deux étages pour dénicher des objets fabriqués localement, en édition limitée : bijoux, textiles, meubles, céramique ou encore verrerie.

Hay House DESIGN
(carte p. 48 ; 42 82 08 20 ; www.hay.dk ; Østergade 61 ; 10h-18h lun-ven, 10h-17h sam ; 1A, 2A, 9A, 14, 26, 37, 66, M Kongens Nytorv). Ce fabuleux magasin de décoration intérieure commercialise la ligne de meubles, de tissus et d'accessoires design de Rolf Hay, ainsi que les produits d'autres créateurs danois. Entre autres souvenirs peu encombrants, on trouve des carnets, des tasses en céramique et des blocs de construction pour enfants.

Stilleben DESIGN
(carte p. 48 ; 22 45 11 31 ; www.stilleben.dk ; Frederiksborggade 22 ; 10h-18h lun-ven, 10h-17h sam, 11h-16h dim ; 350S, M Nørreport, S Nørreport).

L'une des plus belles boutiques de design de Copenhague, Stilleben, est renommée pour ses imprimés graphiques et son stock d'objets uniques de créateurs scandinaves peu connus : tasses aux motifs originaux, carafes, vases et théières, superbes coussins, bougeoirs sophistiqués, bijoux, sacs et chaussettes.

Royal Copenhagen CÉRAMIQUE
(carte p. 48 ; ☎33 13 71 81 ; www.royalcopenhagen.com ; Amagertorv 6 ; ⏲10h-19h lun-ven, 10h-18h sam, 11h-16h dim ; 🚌1A, 2A, 9A, 14, 26, 37, 66, Ⓜ Kongens Nytorv). Voici la principale vitrine de la porcelaine royale de Copenhague, qui figure parmi les souvenirs les plus prisés de la capitale. Son motif "Blue-Fluted" est célèbre dans le monde entier, tout comme le très coûteux service Flora Danica, dont les illustrations botaniques sont l'œuvre du peintre du XVIIIe siècle Johann Christoph Bayer.

Wood Wood MODE ET ACCESSOIRES
(carte p. 48 ; ☎35 35 62 64 ; www.woodwood.dk ; Grønnegade 1 ; ⏲10h-18h lun-ven, 10h-17h sam, midi-16h dim ; 🚌1A, 26, 350S, Ⓜ Kongens Nytorv). Le magasin vitrine de la marque unisexe Wood Wood est une adresse fiable pour des vêtements de *streetwear* originaux. Les plus belles pièces sont les créations ludiques de la maison, confectionnées avec de très beaux textiles et un grand soin du détail. En parallèle, vous trouverez des baskets, des habits originaux de créateurs comme Peter Jansen, Comme des Garçons Play et Gosha Rubchinskiy, ainsi que des accessoires (parfums, portefeuilles, lunettes fantaisie, etc.).

Vanishing Point ARTISANAT
(carte p. 59 ; ☎91 10 88 30 ; www.vanishing-point.dk ; Jægersborggade 45, Nørrebro ; ⏲10h-16h lun, 11h-17h30 mar, 11h-17h mer-ven, 11h-16h sam ; 🚌8A). Dans la rue branchée de Jægersborggade, cette boutique-atelier d'artisanat contemporain expose des céramiques originales, des bijoux uniques, des lainages et couvertures tricotés main ainsi que de belles lithographies en édition limitée. La plupart des pièces sont créées sur place et certaines sont le fruit d'une collaboration avec des associations à but non lucratif basées un peu partout dans le monde. Le but : encourager un mode de vie durable et ludique à travers l'humour, la nature et les techniques d'artisanat traditionnel.

Klassik Moderne Møbelkunst DESIGN
(carte p. 48 ; ☎33 33 90 60 ; www.klassik.dk ; Bredgade 3 ; ⏲11h-18h lun-ven, 10h-16h sam ; 🚌1A, 26, 350S, Ⓜ Kongens Nytorv). Proche de Kongens Nytorv, cette adresse est un Valhalla pour les amateurs de design danois, avec pléthore de classiques signés de grands noms (Poul Henningsen, Hans J. Wegner, Arne Jacobsen, Finn Juhl, Nanna Ditzel, etc.) – en d'autres termes, un véritable musée du meuble scandinave des années 1950.

Bornholmer Butikken GASTRONOMIE
(carte p. 48 ; ☎30 72 00 07 ; www.bornholmer-butikken.dk ; stand F6, halle 1, Torvehallerne KBH ; ⏲10h-19h lun-jeu, 10h-20h ven, 10h-18h sam, 11h-17h dim ; 📶; 🚌15E, 150S, 185, Ⓜ Nørreport, Ⓢ Nørreport). Le Bornholm Store du marché de Torvehallerne propose des spécialités de l'île danoise de Bornholm, réputée pour sa gastronomie. Approvisionnez-vous en miels, condiments, confitures, charcuterie, fromages, harengs, alcools, bières artisanales ou réglisse Johan Bülow.

Ostekælderen FROMAGES
(carte p. 48 ; ☎33 13 64 18 ; Gothersgade 41 ; ⏲11h-17h30 mar-ven, 10h-15h sam ; 🚌350S, Ⓜ Kongens Nytorv). Avec son sol recouvert de sciure, cette adorable fromagerie de 1888, installée en sous-sol, est la plus ancienne de la capitale. Ses propriétaires historiques, Vivvi et Hesluf, ont pris leur retraite en 2017, mais l'adresse reste très réputée pour ses fromages danois à prix raisonnables. Goûtez le *samsø*, un fromage au lait de vache à pâte pressée non cuite et à l'agréable goût de noisette.

Sømods Bolcher GASTRONOMIE
(carte p. 48 ; ☎33 12 60 46 ; www.soemods-bolcher.dk ; Nørregade 36 ; ⏲9h15-17h30 lun-jeu, 9h15-18h ven, 10h-15h30 sam, 11h-15h dim ; 🚌15E, 150S, 185, Ⓜ Nørreport, Ⓢ Nørreport). Fournisseur officiel de la famille royale danoise, Sømods Bolcher produit des *bolcher* (bonbons durs) depuis 1891. Les recettes et techniques d'origine se transmettent depuis quatre générations au sein de la famille Sømod. Le sucre perlé est chauffé à 180°C puis travaillé à la main pour confectionner plus de 70 sortes de confiseries.

Gågron! ARTICLES POUR LA MAISON
(carte p. 59 ; ☎42 45 07 72 ; www.gagron.dk ; Jægersborggade 48, Nørrebro ; ⏲11h-17h30 lun-ven, 10h-15h30 sam, 11h-15h dim ; 🚌8A). Des produits à la fois design et éthiques : priorité

VICTIMES DE LA MODE

Le style danois est un phénomène international ; l'Institut de la mode organise un "sommet" mondial encourageant la durabilité dans l'industrie, tandis que Copenhague organise sa propre *fashion week* et peut se targuer d'un large éventail de boutiques de créateurs.

Fer de lance de la mode féminine, l'ancienne mannequin devenue créatrice **Stine Goya** (carte p. 60 ; ☎32 17 10 00 ; www.stinegoya.com) associe la sobriété nordique à des détails loufoques avec ses combinaisons-pantalons ajustées aux imprimés abeilles ou ses blousons d'aviateur jaune canari rehaussées d'œuvres d'art contemporain locales. Il y a un deuxième magasin au n°58 de Gothersgade. Les créateurs Rikke Baumgarten et Helle Hestehave injectent une dose d'excentricité aux silhouettes structurées et aux belles matières de la respectable marque **Baum und Pferdgarten** (carte p. 48 ; ☎35 30 10 90 ; www.baumundpferdgarten.com ; Vognmagergade 2). **Day Birger et Mikklesen** (hors carte p. 48 ; ☎38 11 22 58 ; www.day.dk ; Frederiksberg Centret, Falkoner Alle 21) propose un style chic et discret, à l'esprit bohème, avec de subtils accents ethniques. Malene Birger possède aussi sa propre **boutique** (carte p. 48 ; ☎53 36 70 42 ; www.bymalenebirger.dk ; Antonigade 10). On raconte également que la princesse Mary enfourche son vélo pour acheter des chapeaux chez la modiste **Susanne Juul** (carte p. 48 ; ☎33 32 25 22 ; www.susannejuul.dk ; Classensgade 50c, København).

La marque danoise **NN07** (carte p. 48 ; ☎38 41 11 41 ; www.nn07.com ; Gammel Mønt 7) est très appréciée pour ses vêtements pour hommes discrets, aux couleurs unies faciles à accorder. Garçons et filles trouveront sweats, T-shirts et jeans confortables, ainsi que des vêtements contemporains aux coupes plus sophistiquées chez **Samsøe & Samsøe** (carte p. 48 ; ☎35 28 51 02 ; www.samsoe.com ; Værnedamsvej 12, Vesterbro), une enseigne qui n'a pas peur des motifs, couleurs et détails singuliers. **Storm** (carte p. 48 ; ☎33 93 00 14 ; www.stormfashion.dk ; Store Regnegade 1) regroupe plusieurs marques très tendance à l'esprit jeune et urbain, qui séduisent les amateurs de *streetwear* branchés aux comptes bancaires bien garnis. **Wood Wood** (p. 89) est également spécialisé dans le style de rue, et **Pop Copenhagen** (carte p. 48 ; ☎23 47 36 84 ; www.popcph.dk ; Møntergade 5) propose des collections avant-gardistes, s'inspirant des rockers vintage comme de la culture clubbing contemporaine. L'enfant terrible du Danemark, **Henrik Vibskov** (carte p. 48 ; ☎33 14 61 00 ; www.henrikvibskov.com ; Gammel Mønt 14), imagine des tenues effrontément créatives, imitant le glamour des années 1950 ou les robes sculpturales des geishas. **Kyoto** (carte p. 48 ; ☎33 31 66 36 ; www.kyoto.dk ; Istedgade 95, Vesterbro) est un excellent choix pour les vêtements unisexes de plusieurs marques. Ne sous-estimez pas non plus **Magasin** (carte p. 48 ; ☎33 11 44 33 ; www.magasin.dk ; Kongens Nytorv 13) – le plus grand et le plus ancien centre commercial de Copenhague. Enfin, les superbes friperies ne manquent pas – essayez **Vintage 199** (carte p. 60 ; ☎39 27 00 41 ; Jagtvej 199) à Østerbro, **Prag** (carte p. 48 ; ☎33 79 00 50 ; www.pragcopenhagen.com ; Vesterbrogade 98A) à Vesterbro et **Time's Up** (carte p. 48 ; ☎33 32 39 30 ; www.timesupshop.com ; Krystalgade 4) dans le Quartier latin.

Côté accessoires, **The Last Bag** (carte p. 48 ; ☎42 32 73 91 ; www.pietbreinholm.dk ; Nansensgade 48) est la boutique du musicien et créateur Piet Breinholm : ses sacs en cuir classiques sont fabriqués à partir de peaux de grande qualité en provenance d'une tannerie brésilienne respectueuse de l'environnement. Enfin, le talentueux joaillier **Georg Jensen** (carte p. 48 ; ☎33 11 40 80 ; www.georgjensen.com ; Amagertorv 4) possède un magasin vitrine à Copenhague, tandis que **Hoff** (carte p. 60 ; ☎33 15 30 02 ; www.gallerihoff.dk ; Østerbrogade 44, Østerbro) est un véritable coffre à trésors : ses bijoux novateurs sont des pièces de collection à conserver toute une vie.

aux fibres naturelles et aux matériaux recyclés et durables, transformés en objets simples et élégants pour une utilisation quotidienne.

Playtype CADEAUX ET SOUVENIRS

(carte p. 48 ; ☎60 40 69 14 ; www.playtype.com ; Værnedamsvej 6, Vesterbro ; ⊙10h-17h lun-ven, 11h-14h sam ; 🚌6A, 9A, 26). L'imprimerie est bien vivante à Playtype, pour le plus grand plaisir des passionnés. Cette agence de graphisme en ligne se double d'une boutique physique. Les polices danoises y sont déclinées sous forme de lettres, chiffres et symboles sur toutes sortes de supports (affiches, carnets, cartes postales, etc.).

Renseignements

ARGENT

Il y a des DAB partout. Cartes bancaires acceptées dans la plupart des hôtels, restaurants et commerces. De plus en plus d'établissements ne prennent pas les espèces.

CONSIGNE

La **gare centrale** dispose d'une consigne (☎24 68 31 77 ; 70-80 DKK par jour et par bagage, max 10 jours ; ⏲5h30-1h lun-sam, 6h-1h dim) et de casiers (par jour petit/grand 65/75 DKK, max 72 heures). Derrière la gare, près de la sortie de Reventlowsgade.

L'aéroport de Copenhague loue trois tailles différentes de **casiers** (24 heures 80-120 DKK) au parking 4 (P4). Paiement par carte Visa ou MasterCard uniquement. Durée maximale de la location : 7 jours consécutifs.

INTERNET (ACCÈS

Le Wi-Fi est disponible gratuitement dans de nombreux musées, cafés et restaurants, ainsi que dans l'écrasante majorité des hébergements, hôtels, auberges de jeunesse ou appartements indépendants. Vous pourrez aussi vous connecter à Internet depuis le **centre d'accueil des visiteurs de Copenhague** (carte p. 48 ; ☎70 22 24 42 ; www.visitcopenhagen.com ; Vesterbrogade 4B, Vesterbro ; ⏲9h-20h lun-ven, 9h-18h sam-dim juil-août, horaires réduits le reste de l'année ; 📶 ; 🚌2A, 6A, 12, 14, 26, 250S, Ⓢ København H) et à la principale bibliothèque publique, la **Københavns Hovedbibliotek** (☎33 66 30 00 ; www.bibliotek.kk.dk ; Krystalgade 15 ; ⏲8h-21h lun-ven, 9h-17h sam ; 📶 ; 🚌14, Ⓜ Nørreport, Ⓢ Nørreport). La bibliothèque dispose d'ordinateurs avec accès Internet.

OFFICE DU TOURISME

Centre d'accueil des visiteurs de Copenhague Excellent centre d'accueil doté d'un café et d'un salon avec Wi-Fi gratuit. On peut y acheter la **Copenhagen Card** (www.copenhagencard.com ; adulte/enfant 10-15 ans 24 heures 419/209 DKK, 48 heures 619/309 DKK, 72 heures 759/379 DKK, 96 heures 449/889 DKK, 120 heures 999/499 DKK).

POSTE

Bureau de poste (carte p. 48 ; ☎70 70 70 30 ; www.postnord.dk ; Pilestræde 58 ; ⏲15h-18h lun-ven ; 🚌350S, Ⓜ Kongens Nytorv) très pratique, au nord du Quartier latin, en centre-ville. La plupart des services postaux peuvent être assurés par des guichets installés dans les grands supermarchés.

SERVICES MÉDICAUX

Les consultations des médecins et des dentistes coûtent généralement un minimum de 1 400 DKK. Pour contacter un médecin, composez le ☎60 75 40 70.

Pour gagner du temps, appelez le ☎1813 avant d'aller aux urgences. Les hôpitaux suivants possèdent un service d'urgences ouvert 24h/24 :

Hôpital Amager (☎38 62 82 82 ; www.amagerhospital.dk ; Italiensvej 1, Amager ; 🚌2A, 4A, 12, Ⓜ Amager Strand). Au sud-est du centre-ville.

Hôpital Bispebjerg (☎38 63 50 00 ; www.bispebjerghospital.dk ; Bispebjerg Bakke 23 ; Ⓢ Bispebjerg, Emdrup). Au nord-ouest du centre-ville.

Frederiksberg Hospital (☎38 16 38 16 ; www.frederiksberghospital.dk ; Nordre Fasanvej 57, Frederiksberg ; ⏲24h/24 ; 🚌4A, Ⓜ Fasanvej). À l'ouest du centre-ville.

Tandlægevagten (☎70 25 00 41 ; www.tandlægevagten.dk ; Oslo Plads 14 ; 🚌1A, Ⓢ Østerport). Urgences dentaires, près de la gare d'Østerport.

Steno Apotek (☎33 14 82 66 ; www.stenoapotek.dk ; Vesterbrogade 6C ; ⏲24h/24 ; 🚌6A, 26, Ⓢ København H). Pharmacie ouverte 24h/24, en face de la gare centrale.

SITES WEB

Visit Copenhagen (www.visitcopenhagen.com). Renseignements utiles classés par thème : hébergements, sites touristiques, restaurants, shopping et événements.

CPH Post (cphpost.dk). Édition en ligne du *Copenhagen Post* : actualités et culture. En anglais.

AOK (www.aok.dk). Guide des nouveautés de Copenhague, restaurants et boutiques entre autres. En danois.

Depuis/vers Copenhague

AVION

L'**aéroport de Copenhague** (carte p. 48 ; ☎32 31 32 31 ; www.cph.dk ; Lufthavnsboulevarden, Kastrup ; Ⓜ Lufthavnen, Ⓢ Københavns Lufthavn), le plus fréquenté de Scandinavie, se trouve à Kastrup, à 9 km au sud-est du centre-ville. “Silencieux” (pas d'appels pour l'embarquement), il est doté de bons restaurants, commerces et points d'information.

BATEAU

DFDS Seaways (carte p. 60 ; www.dfdsseaways.com ; Dampfærgevej 30 ; Ⓢ Nordhavn). Une liaison quotidienne depuis/vers Oslo (aller à partir de 675 DKK, 17 heures 15). Les ferries partent de Søndre Frihavn, au nord de Kastellet.

Polferries (www.polferries.com) propose chaque jour deux liaisons combinées bus-ferry depuis/vers la Pologne (aller à partir de 400 DKK). Le bus n°866 relie Copenhague à Ystad, en Suède (1 heure 15), d'où des ferries partent pour Świnoujście, en Pologne. La traversée dure de 6 à 7 heures 30.

BUS

Copenhague est bien reliée au reste de l'Europe par des bus quotidiens (ou quasi quotidiens).

Flixbus (www.flixbus.com ; Ⓢ København H) assure des liaisons partout en Europe (service limité pour la Norvège et la Suède cependant). Destinations, horaires et tarifs sur le site Internet.

TRAIN

Tous les trains longue distance partent et arrivent à la gare centrale, København H (Central Station), un imposant bâtiment du XIXe siècle, avec poutres en bois. Nombreux services disponibles : bureau de change, poste de police, casiers, consigne à bagages et lieux de restauration. La **DSB Billetsalg** (billetterie DSB ; ☎ 70 13 14 15 ; www.dsb.dk ; Central Station, Bernstorffsgade 16-22 ; ⏲ 7h-20h lun-ven, 8h-18h sam-dim ; Ⓢ København H) est la meilleure option pour réserver et acheter des billets de train internationaux.

Parmi les destinations :

- Roskilde (84 DKK, 20 à 35 min, 3 à 9/heure)
- Helsingør (108 DKK, 45 min, toutes les 20 min environ)
- Odense (308 DKK, 1 heure 15 à 2 heures, au moins 2/heure)
- Aarhus (418 DKK, 2 heures 45 à 3 heures 30, 1 à 3/heure)
- Aalborg (468 DKK, 4 heures 30 à 5 heures, 1 à 2/heure)

DB (www.bahn.com) opère des trains InterCity Express (ICE) directs de København H (Central Station) à Hambourg (à partir de 298 DKK, 4 heures 45, traversée en ferry incluse) plusieurs fois par jour.

ℹ Comment circuler

Nous ne le dirons jamais assez : à Copenhague, le mieux est de se déplacer à pied. La plupart des sites intéressants ou des secteurs commerçants se situent à moins de 20 minutes de marche du centre-ville.

Le réseau de bus, métro, S-tog et Harbour Bus de Copenhague fonctionne avec un système de billet combiné basé sur sept zones géographiques. La majorité de vos déplacements se feront à l'intérieur de deux zones. Pour aller du centre-ville à l'aéroport, vous traverserez trois zones.

- Le billet le moins cher couvre deux zones et permet de circuler de manière illimitée pendant 1 heure (adulte/12-15 ans 24/12 DKK). Deux enfants de moins de 12 ans peuvent se déplacer gratuitement s'ils sont accompagnés d'un adulte titulaire d'un billet valide.
- Si vous envisagez des excursions hors de la ville, comme à Helsingør, sur la côte nord de la Sjaelland ou à Roskilde, il est plus intéressant d'acheter un billet journalier (toutes zones adulte/12-15 ans 130/65 DKK) ou une FlexCard hebdomadaire (toutes zones 675 DKK).
- Sinon, vous pouvez acquérir une **Rejsekort** (www.rejsekort.dk), une carte à puce sans contact qui couvre toutes les zones et tous les transports en commun du pays. Disponible auprès des distributeurs Rejsekort dans les stations de métro, la gare centrale et l'aéroport, elle coûte 180 DKK (80 DKK pour la carte, plus un crédit de 100 DKK). Pour l'utiliser, présentez la carte devant le détecteur dédié – en entrant dans la gare ou la station de métro, ou en montant dans le bus ou le ferry – puis présentez-la de nouveau à la sortie. Déconnectez-vous uniquement en toute fin de trajet – si vous devez prendre un métro puis un bus, connectez-vous à la station de métro et de nouveau dans le bus, mais déconnectez-vous seulement en descendant du bus.
- La **Copenhagen Card** vous donnera un accès illimité aux transports publics dans toute l'agglomération de Copenhague (aéroport inclus) et une entrée gratuite dans 83 musées et sites, ainsi que des réductions pour de nombreux restaurants, sites, locations, etc.
- Une autre option est le **City Pass** (www.citypass.dk), qui couvre tous les bus, trains, métros et Harbour Buses des zones 1 à 4 (adulte 24/120 heures 80/300 DKK, enfant demi-tarif).

ENVIRONS DE COPENHAGUE

Plages de sable, collections d'art moderne ou musée en plein air, les environs de Copenhague permettent de multiples excursions. Il est même possible de changer facilement de pays : la troisième ville de Suède, Malmö, n'est qu'à 35 minutes de train de la gare centrale de Copenhague, via le majestueux pont-tunnel de l'Øresund. N'oubliez pas votre pièce d'identité si vous envisagez d'y aller !

Lyngby

Principale attraction de Lyngby, le **Frilandsmuseet** (carte p. 48 ; ☎41 20 64 55 ; www.natmus.dk ; Kongevejen 100, Lyngby ; adulte 90 DKK, -18 ans gratuit ; 🕙10h-16h mar-dim fin mars à mi-déc ; 🚌184, 194, Ⓢ Sorgenfri) est un vaste musée en plein air composé d'une cinquantaine d'anciennes habitations campagnardes, rapatriées des quatre coins du pays. Présentées par petits groupes, elles donnent un aperçu de la vie rurale de diverses régions et couches sociales du Danemark.

Rungsted et Humlebæk

♥ **Louisiana** MUSÉE

(carte p. 48 ; ☎49 19 07 19 ; www.louisiana.dk ; Gammel Strandvej 13, Humlebæk ; tarif plein/étudiant/enfant 145/125 DKK/gratuit ; 🕙11h-22h mar-ven, 11h-18h sam-dim). Même si vous n'êtes pas fou d'art moderne ou contemporain, ce musée est un incontournable. Outre les fabuleuses expositions, sans cesse renouvelées, le cadre lui-même est remarquable. Pareil à un labyrinthe, un réseau de salles et de couloirs vitrés s'étend à travers un jardin vallonné où se succèdent des arbres magnifiques, des pelouses, un lac et un point de vue sur la plage. Au gré de votre balade dans le parc, vous découvrirez des sculptures abstraites monumentales de Henry Moore, Jean Arp, Max Ernst, Barbara Hepworth, etc.

Difficile de prédire quelles pièces seront exposées : la qualité et l'ampleur de la collection sont telles que même des œuvres de Pablo Picasso et Francis Bacon restent dans les réserves la plupart du temps. Vous verrez certainement des travaux d'Alberto Giacometti et de l'éminent artiste danois Asger Jorn, mais dans tous les cas une rotation a lieu tous les deux mois environ – il y a toujours de nouvelles choses à

Environs de Copenhague

Les incontournables

1 Louisiana ... A1

À voir

2 Arken Museum for Moderne Kunst ... A4
3 Cykelslangen ... B4
4 Den Blå Planet ... B4
5 Frilandsmuseet ... A2
6 Karen Blixen Museet ... A2
7 Ordrupgaard ... B3

Activités

8 Amager Strandpark ... B4
9 Bakken ... B3
Dyrehaven ... (voir 9)
10 Havnebadet Sluseholmen ... B4
11 Helgoland Badeanstalt ... B4

Où se restaurer

12 Søllerød Kro ... A2

Environs de Copenhague

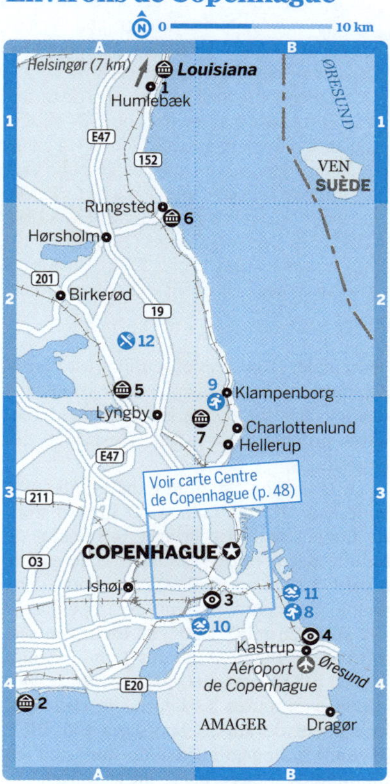

LA FERME DE RUNGSTED

Karen Blixen (1885-1962) est née à Rungsted, une ville bourgeoise du nord de Copenhague, sous le nom de Karen Christenze Dinesen. Durant toute sa vie, cette femme singulière a marqué les esprits par son excentricité, changeant de nom à plusieurs reprises, romançant sa vie et suscitant la controverse avec ses écrits "décadents".

En 1914, âgée de 28 ans et désireuse d'échapper au carcan familial, elle épousa le baron Bror von Blixen-Finecke – son cousin au deuxième degré – après avoir vécu une histoire d'amour médiocre avec le frère jumeau de ce dernier, Hans. Il s'agissait d'un mariage de raison : elle voulait son titre, lui avait besoin de sa fortune.

Le couple s'installa au Kenya et démarra une plantation de café, dont Karen finit par assumer la gestion seule. Là-bas, on lui diagnostiqua la syphilis, contractée auprès de son mari coureur de jupons (mais sa mauvaise santé serait plus due à une intoxication à l'arsenic, traitement contre la syphilis, qu'à la syphillis elle-même). La nouvelle fut d'autant plus bouleversante que le père de Karen s'était suicidé après avoir attrapé la syphilis alors qu'elle avait 10 ans. Elle rentra se faire soigner au Danemark, puis retourna en Afrique et divorça du baron en 1925.

Karen vécut alors avec le grand amour de sa vie, le Britannique Denys Finch-Hatton, pendant six ans jusqu'à la mort de ce dernier dans un tragique accident d'avion, en 1932. Le couple fut joué à l'écran par Meryl Streep et Robert Redford, dans *Out of Africa*, l'adaptation cinématographique oscarisée de l'autobiographie de Karen Blixen, *La Ferme africaine* (1937). Peu de temps après la mort de Denys, Karen quitta l'Afrique pour la propriété familiale de Rungsted, où elle commença à écrire. Il fallut un certain temps avant que ses écrits connaissent du succès au Danemark, notamment parce qu'elle employait un style idiomatique désuet, qu'elle se montrait complaisante vis-à-vis de l'aristocratie et qu'elle insistait pour être appelée "baronne" dans un pays résolu à gommer les disparités sociales.

Le premier recueil de nouvelles de Blixen, *Sept Contes gothiques (Le Livre de poche, 1983)*, fut publié à New York en 1934 sous le pseudonyme d'Isak Dinesen. Ce n'est qu'après l'immense succès remporté par son livre aux États-Unis que les maisons d'édition danoises lui manifestèrent un véritable intérêt.

Après le succès commercial de *La Ferme africaine* (Folio, 2006), d'autres livres suivirent : *Contes d'hiver* (1942 ; Folio, 1982), *Les Voies de la vengeance* (1946 ; Folio, 1991), *Les Derniers Contes* (1957 ; Folio, 1987), *Anecdotes du destin* (1958) et *Ombres sur la prairie* (1960 ; Folio, 1995). Un autre film oscarisé, *Le Festin de Babette*, fut tiré de l'un de ses contes sur l'art culinaire dans une petite ville de Norvège.

contempler. Une section entière est consacrée aux enfants : des crayons de couleur et des logiciels interactifs les invitent à créer leurs propres œuvres en s'inspirant des expositions.

Le Louisiana est situé dans la jolie ville côtière de **Humlebæk**, à 30 km au nord de Copenhague. De la gare ferroviaire de Humlebæk, le musée est fléché et accessible à pied (1,5 km au nord-est). Au moins deux trains par heure partent de Copenhague (92 DKK, 35 min). Pour une excursion à la journée, le billet 24 heures (adulte/enfant 130/65 DKK) est plus intéressant. Le bus n°388 part toutes les heures de Helsingør et s'arrête devant le Louisiana (36 DKK, 17 min) ; il gagne ensuite Rungsted en 30 minutes et passe par le musée Blixen.

Karen Blixen Museet MUSÉE

(carte p. 48 ; ☎45 57 10 57 ; www.blixen.dk ; Rungsted Strandvej 111 ; adulte/enfant 100 DKK/gratuit ; ⌚11h-20h mar-ven, 11h-17h sam-dim en saison, horaires réduits le reste de l'année). Auteur de *La Ferme africaine* (adapté au cinéma sous le titre *Out of Africa*, avec Meryl Streep et Robert Redford), Karen Blixen (1885-1962) a grandi dans cette auberge de relais vieille de 400 ans, à Rungsted. C'est là qu'elle s'installa à son retour d'Afrique, ruinée, le cœur brisé et atteinte d'un grave empoisonnement aux métaux lourds. Elle se mit alors à écrire. La maison est restée quasiment en l'état, avec beaucoup de mobilier d'époque, mais aussi des photographies, des objets personnels et deux pièces remplies de ses peintures remarquables.

Charlottenlund et Klampenborg

Charlottenlund est une agréable localité dotée d'une plage de sable, à environ 8 km au nord du centre-ville de Copenhague. La ligne C du S-tog vous mènera jusqu'à Klampenborg, dont la plage bien située (Bellevue) est bondée en été.

À voir et à faire

Ordrupgaard MUSÉE
(carte p. 48 ; ☎39 64 11 83 ; www.ordrupgaard.dk ; Vilvordevej 110, Charlottenlund ; adulte/enfant 120 DKK/gratuit ; 13h-17h mar-jeu et ven, 13h-20h mer, 11h-17h sam-dim ; S Klampenborg, puis 388). L'extension réalisée par la célèbre architecte Zaha Hadid a grandement contribué à la notoriété d'Ordrupgaard sur le plan international, mais ce petit musée, aménagé dans un manoir du début du XXe siècle, a toujours conservé une belle collection d'art des XIXe et XXe siècles. Le musée a fermé en décembre 2017 pour deux ans, en raison de la construction d'une extension souterraine par le cabinet d'architecture norvégien Snöhetta.

Dyrehaven BALADE À PIED ET À VÉLO
(carte p. 48 ; Dyrehaven, Klampenborg ; S Klampenborg). Le Dyrehaven, jadis appelé Jægersborg Dyrehave, est une vaste étendue de hêtres et de prés (1 000 ha), sillonnée par un séduisant entrelacs de sentiers pédestres et cyclables. Classé chasse royale en 1669, le parc est devenu la zone de pique-nique la plus prisée de Copenhague. On y dénombre quelque 2 000 cervidés, essentiellement des daims, mais aussi des cerfs sika et élaphes. Parmi ces derniers figurent quelques rares spécimens au pelage blanc.

Bakken PARC D'ATTRACTIONS
(carte p. 93 ; ☎39 63 35 44 ; www.bakken.dk ; Dyrehavevej 62 ; bracelet multi-attractions adulte/enfant 279/189 DKK ; fin mars-début sept ; S Klampenborg). Créé au XVIe siècle, le Bakken est aujourd'hui le plus ancien parc d'attractions du monde. Version prolétaire de Tivoli, il propose un bruyant carnaval d'auto-tamponneuses, de montagnes russes, de machines à sous et de bars à bières, à 800 m à l'ouest de la gare de Klampenborg.

Kastrup

Tout en aluminium et conçu pour ressembler à un tourbillon vu du ciel, le **Den Blå Planet** (carte p. 48 ; ☎44 22 22 44 ; www.denblaaplanet.dk ; Jacob Fortlingsvej 1, Kastrup ; adulte/enfant 3-11 ans 185/100 DKK ; 10h-21h lun, 10h-17h mar-dim ; 5C, M Kastrup) est le troisième plus grand aquarium d'Europe du Nord. Il est divisé en sections climatiques et géographiques, dont la plus impressionnante s'intitule "Océan/Barrière de corail". Outre ses myriades de poissons tropicaux, le site comporte un bassin de 4 millions de litres dans lequel évoluent des requins, des raies et d'autres créatures majestueuses.

Ishøj

Les amateurs d'art moderne ne passeront pas à côté d'une petite excursion à l'**Arken Museum for Moderne Kurnst** (Ark ; carte p. 48 ; ☎43 54 02 22 ; www.arken.dk ; Skovvej 100, Ishøj ; adulte/enfant 100 DKK/gratuit ; 10h-17h mar et jeu-dim, 10h-21h mer ; S Ishøj). Ce musée d'Art moderne est surtout réputé pour ses expositions temporaires composées d'installations créées spécifiquement pour le site, de sculptures, de peintures et d'œuvres utilisant des techniques mixtes. La collection permanente d'après-guerre comprend plusieurs Warhol, Damien Hirst et Ai Weiwei, ainsi que des créations de grands artistes danois comme Per Kirkeby, Asger Jorn et Olafur Eliasson. Les enfants trouveront largement de quoi s'occuper, avec notamment une formidable plage de sable à l'extérieur.

Sjaelland

Dans ce chapitre ➡

Le top des restaurants

- Dragsholm Slot (p. 125)
- Skipperhuset (p. 107)
- Restaurant Arken (p. 121)
- Little Cafe (p. 111)
- Vallø Slotskro (p. 121)

Le top des hébergements

- Rødvig Kro (p. 124)
- Øbjerggaard Bed & Breakfast (p. 123)
- Hotel Bretagne (p. 107)

Pourquoi y aller

La plus grande île du Danemark ne se résume pas aux charmes de Copenhague. On trouve ainsi au nord de la capitale de belles plages et d'imposants châteaux, dont celui de Frederiksborg à Hillerød. C'est à Helsingør (Elseneur) que se trouvent la forteresse de Kronborg (décor du *Hamlet* de Shakespeare) et le Musée maritime du Danemark.

À l'ouest de Copenhague, Roskilde, dont la cathédrale est inscrite au patrimoine mondial de l'Unesco, est une ville empreinte d'histoire. Elle abrite un musée des Bateaux vikings et accueille par ailleurs le plus grand festival rock de Scandinavie. De l'histoire encore au parc de loisirs Sagnlandet Lejre, qui fait revivre 10 000 ans d'histoire locale, tandis que, plus à l'ouest, se dresse la forteresse circulaire viking de Trelleborg.

Au sud, le charme médiéval de Køge, le site géologique des Stevns Klint (falaises inscrites au patrimoine de l'Unesco), et le fort abritant le musée de la Guerre froide valent eux aussi une visite.

Quand partir

C'est en juillet et en août que le climat est le plus chaud. La campagne est verdoyante, et les plages fort tentantes. De grands événements culturels comme le festival de Roskilde attirent des vedettes internationales. Le seul inconvénient peut alors être la foule : la plupart des Danois prenant leurs vacances en juillet, les villes côtières sont bondées et les hébergements rares. Pensez à réserver.

Mai, juin et septembre sont également des mois agréables : le temps est doux, les touristes moins nombreux, et la plupart des sites intéressants restent ouverts. En hiver, les journées sont courtes et froides : beaucoup de sites sont donc fermés, ou voient leurs horaires réduits.

NORD-EST DE LA SJAELLAND

La côte nord-est de la Sjaelland doit son surnom de “Riviera danoise” à ses stations balnéaires abritant de magnifiques demeures. Les plus belles plages de sable fin se trouvent tout au nord, dans les environs de Hornbæk et Tisvildeleje. Selon les jours, le Cattégat (*Kattegat*) – le bras de mer séparant le Danemark de la Suède – peut être calme, ou agité de rouleaux appréciés des surfeurs. Outre les plaisirs de la plage, les châteaux constituent le principal attrait de la région. À la folie ornementale de celui de Frederiksborg (p. 105) s'oppose la sévérité de la forteresse de Kronborg, située dans la ville ancienne d'Helsingør.

Helsingør

61 519 HABITANTS

Ville portuaire, Helsingør (Elseneur) défend le passage le plus resserré du détroit du Sund (*Øresund*), qui sépare le Danemark de la Suède. Principal point de passage entre la Baltique et l'Atlantique, la cité acquit une immense richesse aux XVe et XVIe siècles en taxant les navires forcés de passer par là. Aujourd'hui, des ferries effectuent fréquemment la liaison avec la ville suédoise d'Helsingborg, située de l'autre côté du détroit.

Malgré son développement important, Helsingør a su préserver les vestiges de son passé médiéval. Il faut prendre le temps de flâner dans les rues piétonnes de la vieille ville, et d'admirer les maisons à colombages couvertes de vigne et de roses trémières. Mais la principale attraction d'Helsingør reste bien sûr le château de Kronborg, rendu célèbre par *Hamlet*.

À voir

M/S Museet for Søfart MUSÉE

(Musée maritime du Danemark ; www.mfs.dk ; Ny Kronborgvej 1 ; adulte/enfant 120 DKK/gratuit ; ⏲11h-18h juil-août tlj, 11h-17h sept-juin tlj sauf lun). Ingénieusement bâti dans une cale sèche du port, ce musée souterrain mérite autant d'être visité pour son architecture que pour ses collections. Ces dernières retracent l'histoire maritime du Danemark de façon moderne et ludique. Maquettes de bateaux, instruments de navigation et cartes marines se mêlent ici à des objets plus inattendus, au fil de salles consacrées à la représentation des marins dans la culture populaire, l'exploitation des anciennes colonies, ou la vie à bord des porte-conteneurs modernes. Des salles interactives permettent aussi de se faire tatouer comme un marin, ou de mettre à l'épreuve ses compétences de navigateur. Le café est doté d'une agréable terrasse “souterraine”.

Kronborg Slot CHÂTEAU

(château de Kronborg ; www.kronborg.dk ; Kronborgvej ; intérieur tarif plein/étudiant 145/135 DKK ; ⏲10h-17h fin avr-fin oct tlj, 11h-16h mar-dim fin oct-fin avr). Mondialement connu grâce à *Hamlet*, dont il constitue le décor, cet édifice classé au patrimoine de l'Unesco est un chef-d'œuvre de la Renaissance, coiffé de flèches baroques vert-de-gris. Ses douves, fortifications et bastions en étoiles se visitent gratuitement. L'intérieur mérite cependant d'être découvert – pour ses salles aux riches tapisseries et aux plafonds peints, mais aussi pour ses beaux points de vue sur la mer.

Le château était à l'origine un poste de douane, érigé dans les années 1420 par le roi Erik de Poméranie. Dénommé Krogen, le bâtiment contrôlait les 4 km du détroit du Sund, obligeant tout navire en provenance ou en direction de la Baltique à s'acquitter de droits de péage. Ces recettes considérables firent la fortune d'Helsingør, et permirent à Frédéric II d'agrandir le château en 1585. En 1629, un incendie dévasta l'intérieur (à l'exception de la chapelle), mais le roi Christian IV reconstruisit Kronborg, conservant son style Renaissance tout en l'agrémentant de touches baroques.

Les guerres dano-suédoises virent l'ennemi occuper le château de 1658 à 1660, y volant toute pièce de valeur, notamment la célèbre fontaine de Neptune (Adriaen de Vries, 1623). Le système défensif de Kronborg fut ensuite renforcé par Christian V, mais la famille royale danoise renonça à y résider. L'édifice servit alors de caserne de 1785 à 1924, avant d'être transformé en musée (auquel le gouvernement suédois restitua certains des objets volés).

Les **appartements royaux** occupent deux étages du château. On y découvre le bureau du roi, sa chambre et celle de la reine, ainsi qu'une salle de bal qui, en 1585, était la plus longue de Scandinavie. Les banquets de l'époque comprenant 65 plats, chaque convive disposait d'un seau pour vomir... On termine le parcours en passant par la boutique, où se trouve une frise temporelle interactive.

À ne pas manquer

1. Le somptueux mobilier et les innombrables objets d'art du **château de Frederiksborg** (p. 104), le "Versailles danois".
2. Une séance de planche à voile à **Hornbæk** (p. 107), dont la plage de sable fin évoque la Méditerranée.
3. L'imposant **château de Kronborg** (p. 97), décor d'*Hamlet*.
4. Découverte de l'histoire maritime danoise à l'étonnant **M/S Museet for Søfart** (p. 97) d'Helsingør.
5. Une plongée dans l'âge du fer au parc **Sagnlandet Lejre** (p. 118).
6. Une cure de **rock à Roskilde** (p. 115), siège du plus grand festival d'Europe du Nord et du musée Ragnarock.
7. Les maisons à colombages, les jolies ruelles et les cafés de **Køge** (p. 118).
8. Les vestiges de la forteresse circulaire viking de **Trelleborg** (p. 127) et ses inépuisables mystères.

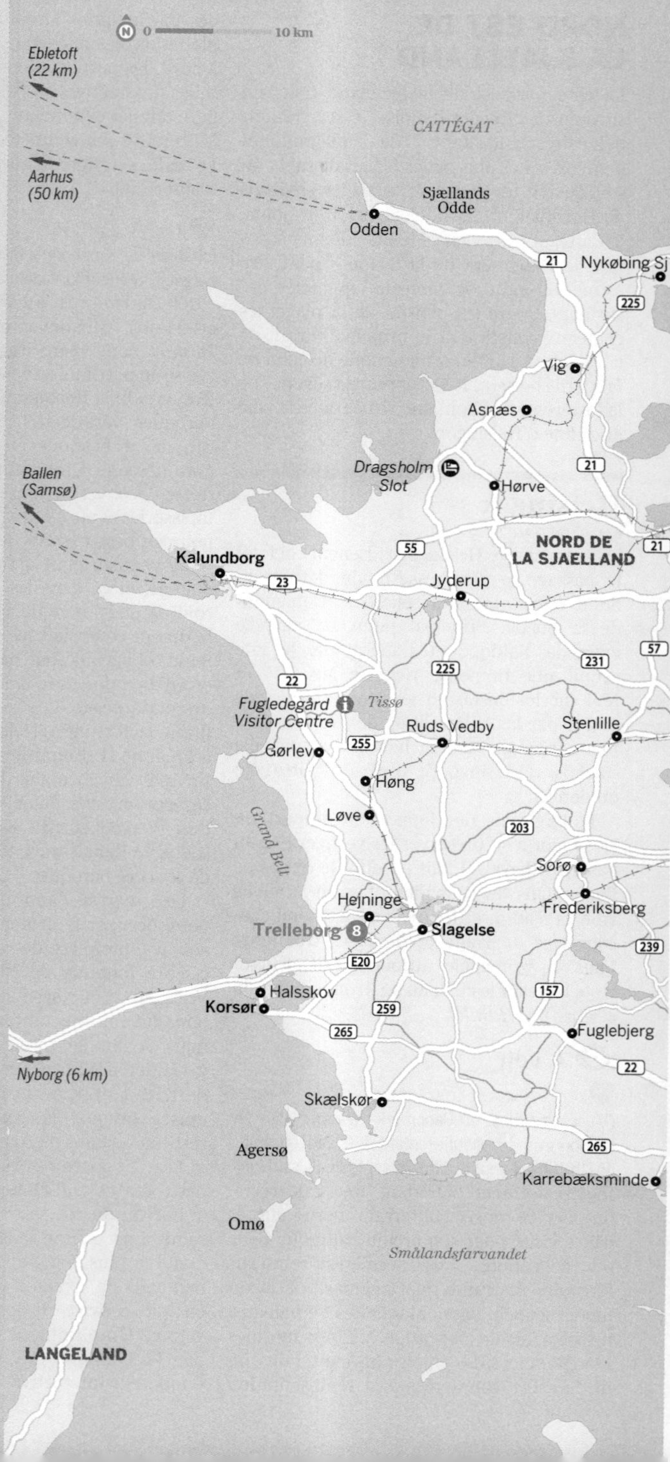

Gilleleje
Smidstrup
Rågeleje
Hornbæk
Hellebæk
SUÈDE
Helsingborg
Tisvildeleje
Kronborg Slot
Helsingør
Tisvilde Hegn
Helsinge
Fændrikhus
Esrum Sø
Gribskov
Liseleje
Arresø
Nødebo
Château de Fredensborg
ØRESUND
Hundested
Frederiksværk
Sørup
Fredensborg
Ishød
Humlebæk
Rørvig
Sølager
Frederiksborg Slot
Lynæs
Kulhuse
Hillerød
Rungsted
Landskrona
Gørløse
Hørsholm
Isefjord
Frederikssund
Ølstykke
Klampenborg
Lyngby
ORØ
Hellerup
Skibby
COPENHAGUE
Roskilde Fjord
Holbæk
Ishøj
Aéroport de Copenhague
Kastrup
Roskilde
Lejre
Dragør
AMAGER
Øresundsbron
Osted
Solrød
Køge Bugt
Køge
Ringsted
Vallø Slot
Valløby
Vråby
Harlev
SUD DE LA SJAELLAND
Haslev
Store Heddinge
Stevns Klint
Bornholm
Skelby
Højerup
Fensmark
Koldkrigsmuseum
Rødvig
Faxe
Carrière
Suså
BonBon Land
Næstved
Fakse Ladeplads
Gavnø
Præstø Fjord
Dybsø Fjord
Fakse Bugt
Køng
Lundby
Præstø
Knudshoved Odde
Knudskov
Møn
Vordingborg
Kalvehave
Stege

Helsingør (Elseneur)

À partir de la cour, on accède à la **Tour du canon** (145 marches, mais la vue en vaut la peine), à la salle des **tapisseries**, à la **chapelle** de 1582 (restaurée en 1843) et aux **casemates**, où vous attend une statue du chef viking Ogier le Danois (*Holger Danske*) qui, dit-on, hante encore les lieux. Cette longue enfilade de cachots et de réserves occupe une partie étonnamment vaste des sous-sols du château. Enfin, le billet d'entrée permet de rejoindre le **bastion du drapeau** pour y admirer la vue sur la Suède.

Il faut donc au moins 2 heures pour visiter ce vaste site. La billetterie et l'accès à la Tour du canon ferment 30 minutes avant le reste du musée. Le Wi-Fi gratuit et des points d'information avec codes QR permettent de télécharger des explications, ainsi qu'une application consacrée à Kronborg. Le billet inclut une visite guidée optionnelle. Pas de visites en français, mais quatre en anglais : tous les jours à 13h30 (Les souterrains) et à 14h (Le château) ; le samedi (Sur les pas d'Hamlet) et le dimanche (Le banquet royal) à midi. Pendant l'été, vous y croiserez des acteurs incarnant les personnages d'*Hamlet*. Le prince danois est évidemment la grande star du château, et vous trouverez à la

Helsingør (Elseneur)

boutique des tasses et des T-shirts ornés du célèbre "To be or not to be".

Han — STATUE

(Allégade 2). Version masculine de la Petite Sirène de Copenhague, cette sculpture (2012) réalisée en métal poli par le duo d'artistes Elmgreen et Dragset représente un adolescent regardant la mer. Derrière Han ("Il", en danois) se dresse l'étonnant Kulturværftet (Centre culturel), ouvert en 2010.

Skibsklarerergaarden — MUSÉE

(☎49 28 18 00 ; www.helsingormuseer.dk ; Strandgade 91 ; visite adulte/enfant 60 DKK/gratuit ; 11h-15h jeu-dim). Cette maison de 1580, dont le nom signifie "jardin aux épaves", semble indifférente au passage du temps. La "Boutik" au rez-de-chaussée (entrée libre) conserve l'apparence d'un magasin d'accastillage et de bières. À l'étage, on peut découvrir les intérieurs de 1780 (accès payant) en participant à une visite guidée consacrée au rôle d'Helsingør comme poste de douanes et centre de ravitaillement avant 1856.

Les visites ont lieu normalement toutes les heures, mais mieux vaut téléphoner. Le billet donne aussi accès au **Helsingør Bymuseum** (www.helsingormuseer.dk ; Sct Anna Gade 36 ; adulte/enfant 60 DKK/gratuit ; 11h-15h jeu-dim), un hôpital pour marins de 1516, plein de poupées, de bouteilles et de céramiques, ainsi qu'au **Værftsmuseet** (voir ci-dessous).

Værftsmuseet — MUSÉE

(musée du Port ; ☎49 28 18 00 ; www.helsingormuseer.dk ; Allégade 2 ; adulte/enfant 60 DKK/gratuit ; 11h-15h jeu-dim). Ce musée gratuit qui abrite des expositions temporaires est consacré à l'histoire de la construction navale à Helsingør. Jadis principal secteur économique de la ville, le chantier naval employait plus de 3 000 personnes dans les années 1960, avant de péricliter et de fermer en 1983. Devant le bâtiment, des statues géantes d'ouvriers semblent encore se rendre au travail.

Sankt Mariæ Kirke et Karmeliterklostret — ÉGLISE

(www.sctmariae.dk ; Sankt Anna Gade 38 ; 10h-15h mar-dim mi-mai à mi-sept, 10h-14h mar-dim mi-sept à mi-mai). Le monastère des Carmes est l'un des rares cloîtres de Scandinavie parfaitement préservés. Avec ses arcades en brique, il évoque une université anglaise. Dans l'église Sainte-Marie mitoyenne, des fresques du XVe siècle représentent d'étranges visages d'où semblent jaillir des grenouilles, des renards, des taureaux et des béliers, mais aussi des fleurs géantes.

L'église Sainte-Marie comprend aussi une galerie rococo ornementée, et un orgue du XVIIe dont jouait le compositeur baroque Dieterich Buxtehude (1637-1707). Ce musicien d'origine danoise fut si célèbre qu'en 1705, le jeune Bach aurait marché 400 km pour le rencontrer.

Sankt Olai Domkirke — CATHÉDRALE

(10h-16h mai-août, 10h-14h sept-avr). La belle cathédrale Saint-Olaf gothique en brique fut élevée en 1559 à l'emplacement d'une église du XIIIe siècle. Outre son mobilier Renaissance et baroque, on peut y admirer des fonts baptismaux en laiton de 1579, et un retable doré de 12 m de haut – l'un des plus grands du Danemark.

Sous la voûte surmontant le petit orgue du chœur nord-est, on distingue un boulet de canon. Ce dernier fut tiré sur Helsingør par la flotte britannique 3 jours avant la bataille de Copenhague (1801).

Danmarks Tekniske Museum — MUSÉE

(musée danois de la Technique ; www.tekniskmuseum.dk ; Fabriksvej 25 ; adulte/enfant 110 DKK/gratuit ; 10h-17h mar-dim fév-oct, 10h-16h mar-dim

ÊTRE OU NE PAS ÊTRE

C'est dans l'imposant château d'Helsingør, le fameux Elseneur (p. 97), que Shakespeare situe l'action d'*Hamlet* (1602). En fait, le dramaturge n'a jamais mis les pieds au Danemark, et a certainement glané des informations auprès d'une troupe d'acteurs anglais venus jouer à Helsingør en 1585, l'année où le château fut achevé. Deux personnages secondaires de la pièce seraient néanmoins inspirés de véritables nobles danois s'étant rendus à la cour d'Angleterre dans les années 1590 : Frederik Rosenkrantz et Knud Gyldenstierne (Guildenstern). Ces personnages se retrouveront bien plus tard au cœur de la pièce comique de Tom Stoppard *Rosencrantz et Guildenstern sont morts* (1966), et du superbe film qui en fut tiré en 1990, avec Gary Oldman et Tim Roth.

Bien qu'*Hamlet* soit très vaguement inspiré d'une histoire déjà vieille de 800 ans à l'époque de Shakespeare, le public du XVIIe siècle était convaincu de l'authenticité de la pièce. Les marchands anglais de passage à Helsingør étaient d'ailleurs si nombreux à demander où était enterré le prince danois qu'une "tombe d'Hamlet" fut finalement construite dans le parc du Marienlyst Slot, un pavillon de chasse de 1588 situé à 1 km au nord-ouest d'Helsingør.

Au mois d'août, la cour du château de Kronborg accueille le **festival Shakespeare** (www.hamletscenen.dk ; Kronborg Slot). *Hamlet* y est joué tous les ans, en anglais, avec dans le rôle-titre des monstres sacrés tels que Kenneth Branagh ou Jude Law. Sir Laurence Olivier y a bien sûr joué.

nov-jan, plus lun pendant les vacances ; 802). Situé dans une zone industrielle au sud-ouest d'Helsingør, ce musée expose des inventions technologiques innovantes de la fin du XIXe et du début du XXe siècle – premiers gramophones, radios, véhicules à moteur, etc. On y découvre un aéroplane danois de 1906, présenté comme le premier d'Europe à avoir volé (11 secondes en l'air !).

Le musée se trouve à 25 minutes du centre-ville par le bus n°802, direction Espergærde.

Rådhus ÉDIFICE HISTORIQUE

(Stengade 59). Bâti en 1852, restauré en 2015, cet hôtel de ville néogothique est particulièrement beau la nuit, lorsque la lumière filtre à travers ses vitraux.

Où se loger

À Helsingør, il est prudent de réserver, et il faut même s'y prendre des mois à l'avance si l'on veut assister au Festival Shakespeare (ci-dessus). Certains sites de réservation regroupent Helsingør et Helsingborg (en Suède) : attention à choisir le bon côté du détroit.

Centre-ville

Madam Sprunck BOUTIQUE-HÔTEL €€

(49 26 48 49 ; Bramstræde 5 ; s/d à partir de 665/895 DKK ; 12h-21h dim-mar, 10h30-22h mer-ven, 11h-23h sam). Combinant hôtel, restaurant, café et bar lounge avec DJ, cette affaire familiale ne manque pas de caractère. Lampes en formes de torches murales et meubles soigneusement vieillis : la décoration oscille entre modernité et tradition. Petite bouilloire à disposition. Les chambres situées en soupente ont un plafond incliné qui peut surprendre si l'on se lève en pleine nuit.

La réception ferme tôt, mais il y a un système de check-in 24h/24 et l'on peut s'adresser au restaurant en cas de besoin.

Autour de la plage

Le sentier côtier d'environ 1 km qui part du parking du château mène au **Helsingor Camping** (49 28 49 50 ; www.helsingorcamping.dk ; Strandalleen 2 ; empl par tente/caravane 50/75 DKK plus 75/35 DKK par adulte/enfant, chalet avec sdb 550-850 DKK ; toute l'année). Petit et un peu confiné, il jouxte la minuscule gare de Marienlyst, sur la ligne Helsingør-Gilleleje. Le casino du Badehotel et l'auberge de jeunesse Danhostel sont tout proches.

Danhostel Helsingor AUBERGE DE JEUNESSE €

(49 28 49 49 ; www.danhostelhelsingor.dk ; Nordre Strandvej 24 ; dort/s/d/tr 225/495/550/650 DKK ; P ; 842). Cette agréable auberge de jeunesse donne directement sur la plage. On peut y louer des vélos et des kayaks, ou simplement profiter de la vue sur le château. Cinq des 40 chambres sont situées dans le manoir d'origine, bâti par un comte en 1907. Du réfectoire on a une jolie vue sur la mer.

Les dortoirs ne sont disponibles que l'été, en haute saison. Location de draps (59 DKK) obligatoire.

Marienlyst Badehotel HÔTEL €€
(☎ 49 21 40 00 ; www.marienlyst.dk ; Nordre Strandvej 2 ; s/d à partir de 1 095/1 295 DKK ; P @ ☎ ≋). Cet immense hôtel de 225 chambres joue la carte du luxe à la danoise. Restaurant et chambres offrent une vue magnifique sur la mer – qu'on peut aussi contempler depuis le spa. On nage ici en plein *hygge* ! Rien ne subsiste pourtant de l'hôtel d'origine fondé en 1861, excepté un morceau de poutre fièrement exposé. L'architecture actuelle se veut avant tout fonctionnelle, mais quelques éléments plus anciens apportent à l'ensemble une touche d'authenticité.

Où se restaurer

Rådmand Davids Hus DANOIS €
(☎ 49 26 10 43 ; www.raadmanddavidshus.dk ; Strandgade 70 ; plats 32-98 DKK ; ⊙10h-17h lun-sam ; ☎). L'endroit idéal pour goûter aux spécialités danoises. Cette petite maison en bois datant de 1694 donne sur une jolie cour où fleurissent des hortensias. On y refait le plein d'énergie grâce à des en-cas simples et nourrissants. Le menu "spécial shopping" consiste en une copieuse assiette comprenant salade, pâté de saumon, tranches de charcuterie, fromage et pain de seigle maison. En dessert, optez pour les crêpes au Grand Marnier.

Café Hyacinth DANOIS €
(Bjergegade 4 ; déj 109 DKK ; ⊙12h-18h lun-mer, 12h-21h jeu-ven, 11h-21h sam, 12h-20h dim ; ☎). Ainsi nommé en hommage à Hyacinth Bucket, héroïne d'une sitcom anglaise, ce sympathique café déploie sa terrasse sur la place Axeltorv, très animée en été. Le menu, qui comprend trois *smørrebrød* (sandwichs ouverts), une bière et un petit verre de *snaps*, est particulièrement avantageux.

Spisehuset Kulturværftet INTERNATIONAL €
(kuto.dk/besoeg-os/cafeer/spisehuset/ ; Allégade 2 ; plats 45-129 DKK ; ⊙10h-17h lun-ven, 10h-19h sam-dim ; ☎). Intégré au beau complexe Kulturværftet, sur le port, ce café-restaurant lumineux propose une sélection de plats légers pour le déjeuner (salades vitaminées, croquettes de poisson, sandwichs, *fish and chips*) à déguster en regardant au loin le "château d'Hamlet" et le ballet des bateaux sur le détroit.

Brostræde Fløde Is GLACES €
(Brostræde 2 ; cône 30 DKK ; ⊙10h-18h). Pour goûter l'une des crèmes glacées les plus onctueuses jamais dégustées, rejoignez la file de gourmands devant cette échoppe de glaces à emporter. Au mur, des photos montrent quelques clients célèbres, dont le prince Charles, qui, lui, n'a sans doute pas fait la queue.

La Dolce Vita ITALIEN €€
(☎ 49 21 18 80 ; www.la-dolcevita.dk ; Kongensgade 6 ; pâtes/plats à partir de 150/190 DKK, menu 3/4 plats 380/420 DKK ; ⊙17h-21h30 lun-sam). Situé dans une magnifique maison à colombages avec jardin, ce restaurant propose une cuisine italienne savoureuse et authentique.

Où prendre un verre et faire la fête

Si la place centrale d'Axeltorv concentre l'essentiel des cafés et des pubs, on en trouve aussi dans la rue piétonne Stengade. Certains samedis, des concerts ont lieu au *bar lounge* de Madam Sprunck.

Københavneren PUB
(☎ 49 21 13 38 ; kobenhavnerenhelsingor.dk ; Sankt Anna Gade 15 ; Wiibroe beer 24 DKK, déj 49-169 DKK ; ⊙10h-minuit dim-jeu, 10h-2h ven-sam). Décoré d'une impressionnante collection de chopes à bière anciennes, ce bar chaleureux est aussi bon marché. Il sert de la Wiibroe, bière emblématique d'Helsingør qui a été rachetée par Carlsberg. Large éventail de *smørrebrød*, plats danois au déjeuner (12h-16h) et beau *beer garden*.

Gæstgivergaarden BAR À BIÈRES
(www.gaestgivergaarden.dk ; Kampergade 11 ; bière à partir de 30 DKK ; ⊙10h-23h lun-jeu, 10h-1h ven-sam). Un pub situé dans une jolie maison en brique, avec une bonne sélection de bières internationales et locales, notamment de la brasserie Esrum Kloster.

Renseignements

Office du tourisme (☎ 49 21 13 33 ; www.visitnordsjaelland.com ; Havnepladsen 3 ; ⊙10h-17h lun-ven, jusqu'à 14h sam-dim juil-août, horaires réduits le reste de l'année). Face à la gare.

Depuis/vers Helsingør

BATEAU

Les **ferries Scandlines** (☎ 33 15 15 15 ; www.scandlines.dk ; adulte/enfant 40/28 DKK, voiture jusqu'à 9 passagers aller/aller-retour en journée 380/390 DKK ; ⌚24h/24) mettent 20 minutes pour relier Helsingør à Helsingborg, en Suède. Plusieurs traversées par heure dans la journée, et au moins une fois par heure en soirée. Les voitures doivent passer par le portail d'accès accessible depuis l'avenue **Søndre Strandvej**. Pour les piétons, les billets sont en vente dans le **hall d'attente** au 1er étage de la gare d'Helsingør, au-dessus du quai n°1. De là, une série de portails conduit directement au bateau. Pour le même tarif, les piétons peuvent aussi emprunter les bateaux plus petits de **Sundbusserne** (☎53 73 70 10 ; sundbusserne.dk ; Færgevej 24 ; adulte/enfant 40/28 DKK ; ⌚10h30-18h30 lun-jeu, jusqu'à 20h30 ven-sam, jusqu'à 17h30 dim).

BUS

Une fois par heure, le **bus n°388** (Jernbanevej) rejoint Klampenborg (84 DKK, 1 heure 15), terminus de la ligne C du S-tog (le RER local), situé en périphérie de Copenhague. Le trajet est plus long qu'en train, mais offre une belle vue sur la mer et passe juste devant le **Louisiana** (p. 93) à Humlebæk, et le **Karen Blixen Museet** (p. 94) à Rungsted.

TRAIN

Des trains relient 1 à 3 fois par heure (5h-minuit) Helsingør aux destinations suivantes :

Copenhague (108 DKK, 45 min) via Rungsted

Gilleleje (68 DKK, 45 min)

Hillerød (68 DKK, 30 min) via Fredensborg (60 DKK, 20 min)

VOITURE

Le parking gratuit le plus central est celui de **Lundegade**.

Comment circuler

Le trajet tortueux du bus n°802 finit par relier la gare d'Helsingør au **Danmarks Tekniske Museum** (p. 101) et au Flynderupgård (musée de l'Agriculture et de la Pêche), mais cela prend presque 30 minutes.

Hillerød

31 900 HABITANTS

Avec ses tourelles vert-de-gris et ses jardins baroques, le château de Frederiksborg est assurément l'un des plus impressionnants de la région. Hormis ce palais, la ville d'Hillerød est assez anecdotique, mais permet un accès aisé au nord de la Sjaelland grâce à des connexions ferroviaires menant aux plages du littoral nord.

À voir

Frederiksborg Slot CHÂTEAU

(château de Frederiksborg ; dnm.dk ; adulte/enfant 75/20 DKK ; ⌚10h-17h avr-oct, 11h-15h nov-mars). Comptant parmi les édifices danois les plus spectaculaires, ce gigantesque palais de style Renaissance flamande semble flotter sur le lac de Slotsø. Les cours intérieures et les jardins baroques soigneusement entretenus sont en accès libre. Trois heures seront indispensables pour visiter le château lui-même (billet obligatoire) et ses quelque 80 pièces richement décorées et pleines de meubles splendides, de tapisseries et de portraits. Des panneaux d'information et des audioguides gratuits (en 9 langues) permettent de replacer l'ensemble dans son contexte.

La partie la plus ancienne du château remonte à l'époque de Frédéric II, qui lui a donné son nom. Son fils, Christian IV, fit construire la majeure partie de l'édifice actuel au début du XVIIe siècle.

Entre 1671 et 1840, les souverains danois étaient couronnés dans la fastueuse **Slotskirken**. Épargnée par l'incendie qui ravagea le château en 1859, cette chapelle a conservé son décor d'origine, commandé par Christian IV. Des chérubins aux joues roses se fondent parmi les ornements délicats, tandis que l'autel, les fonts baptismaux et la chaire sont incrustés de détails en argent. L'inestimable **orgue Compenius** de 1610 domine l'ensemble (concert de 30 minutes les jeudis à 13h30).

Également intacte, la **salle des Audiences** surprend par son faste. Décorée de détails en trompe-l'œil, elle abrite un portrait flatteur de Christian V dans une pose d'empereur romain et, clou de la présentation, une chaise élévatrice du XVIIe siècle qui permettait au souverain d'apparaître dans la salle par un système de trappe.

Plusieurs pièces du château ont été restaurées afin de leur rendre leur aspect initial, comme la **Riddershalen** (salle des Chevaliers), une vaste salle de bal richement ornée.

Le reste des 1er et 2e niveaux est occupé par le **Musée d'histoire nationale**, fondé en 1878 par J.C. Jacobsen, propriétaire de la brasserie Carlsberg : on y admire d'innombrables portraits de rois, de nobles et de figures historiques, ainsi que des meubles et des objets d'art.

Au nord du château se trouvent les grands jardins de **Slotshaven**. Le **jardin baroque** (ouvert de 10h au coucher du soleil), avec ses terrasses tirées au cordeau et ses ifs impeccablement taillés, démontrait que la nature elle-même devait se plier aux volontés du monarque... Dans l'**Indelukket**, un jardin romantique, la rigueur du XVIIIe siècle se mêle à une conception plus fantaisiste de l'art des jardins, caractéristique du XIXe. Encore plus au nord, se déploie la forêt de chênes de **Lille Dyrehave**, initialement plantée pour fournir en bois la construction navale, après que la flotte danoise fut confisquée par l'Angleterre en 1807. Comptez une bonne heure pour arpenter ces trois jardins. On pourra compléter la balade par une promenade à bord du petit **bateau de Frederiksborg** (www.partrederiet.dk ; Torvet ; adulte/enfant 30/10 DKK ; ⏲11h-17h lun-sam, 13h-17h dim mi-mai à mi-sept).

Où se loger et se restaurer

Loin du centre, se trouve une **auberge de jeunesse** (☎48 26 19 86 ; www.hillerodhostel.dk ; Lejrskolevej 4 ; dort/s/d 200/585/620 DKK ; P 📶 ; 🚌302, 301) semi-rurale ; à 2,5 km à l'est, un **hôtel d'affaires** (☎48 24 08 00 ; www.hotelhillerod.dk ; Milnersvej 41 ; s 905-1 100 DKK, d 1 150-1 370 DKK ; P ❄ @ 📶 ; 🚌305) fonctionnel dans une petite zone industrielle ; et à 20 minutes à pied au sud du château, un **camping** (☎48 26 48 54 ; www.hillerodcamping.dk ; Blytækkervej 18 ; empl par adulte/enfant 100/50 DKK ; ⏲mi-avr à sept ; P) deux étoiles, bien entretenu.

Spisestedet Leonora — DANOIS €€

(☎48 26 75 16 ; www.leonora.dk ; Frederiksborg Slot ; plats 69-139 DKK, buffet le week-end 295 DKK ; ⏲10h-17h). Petite maison en brique nichée dans l'un des bastions extérieurs du château, Leonora est un bel endroit où déjeuner. *Smørrebrød* de qualité, hamburgers gourmets, et quelques plats chauds, comme un filet de porc farci aux fruits, accompagné de canneberges et de sauce à la crème.

Réservation impérative pour le brunch des samedi et dimanche.

Café København — CAFÉ

(www.cafe-bistro.dk ; Torvet 4 ; plats 69-159 DKK ; ⏲10h-22h lun-jeu, jusqu'à 2h ven-sam, jusqu'à 17h dim). Un pub irlandais et plusieurs cafés sont répartis autour de la place centrale, mais le Café København est le meilleur choix, grâce à ses délicieuses glaces Hansens et à sa vue embrassant le lac et le château.

Depuis/vers Hillerød

Plusieurs S-tog relient directement Hillerød à Copenhague (standard/retraité/enfant 92/69/46 DKK). En semaine, la ligne E effectue ce trajet (42 min) toutes les 10 minutes, puis continue jusqu'à Køge (100 DKK, 80 min). Après 19h45 (jusqu'aux environs de minuit) et le week-end, la ligne B (50 min) prend le relais. Les nuits du vendredi et du samedi, il y a un train toutes les 30 minutes. Les autres nuits, le bus n°94N part toutes les heures de Rådhuspladsen, à Copenhague.

Depuis Hillerød, d'autres trains desservent au moins une fois par heure les destinations suivantes :

Fredensborg (24 DKK, 10 min)
Gilleleje (60 DKK, 30 min)
Helsingør (72 DKK, 30 min)
Tisvildeleje (60 DKK, 30 min)

Depuis/vers Gilleleje ou Tisvildeleje, la gare de Slotspavillionen est souvent plus pratique que la gare principale de Hillerød, car elle est plus proche des jardins baroques.

Il y a un assez grand **parking** près du château (10 DKK/h 8h-20h lun-ven, 8h-17h sam, gratuit dim) derrière l'**office du tourisme** (☎49 21 13 33 ; www.visitnordsjaelland.com ; Frederiksværksgade 2A ; ⏲10h-16h jeu-sam juin, lun-sam juil à mi-sept).

Comment circuler

Les bus n°301 et 302 – départs fréquents depuis la gare ferroviaire – vous déposent à proximité des grilles du château (24 DKK).

Fredensborg

8 425 HABITANTS

La ville de Fredensborg est un peu éclipsée par le palais royal et ses jardins boisés qui s'étirent le long du deuxième plus grand lac du Danemark. Le château n'est ouvert au public qu'en juillet et début août, mais ses espaces verts invitent à y passer la journée pour se détendre, se baigner, pêcher ou faire du bateau.

À voir et à faire

Fredensborg Slot — PALAIS

(château de Fredensborg ; ☎33 95 42 00 ; www.kongeligeslotte.dk ; Slotsgade 1 ; visite guidée adulte/6-17 ans 100/50 DKK, -6 ans gratuit ; ⏲visite guidée en anglais fin juin-août tlj 13h45 et 14h45). Résidence favorite de la reine du Danemark, le château de Fredensborg est un grand palais de style baroque italien datant de 1720. Seules les visites guidées organisées au milieu de l'été en permettent l'accès, mais on peut admirer la gracieuse façade depuis le parvis, ou depuis le parc, qui est le point fort de ce site. Lorsque la famille royale y demeure, les gardes, avec leur uniforme à rayures blanches et leur bonnet à poil, effectuent la **relève de la garde** chaque midi.

Le nom Fredensborg (littéralement "palais de la paix") commémore la trêve conclue par le Danemark avec ses voisins scandinaves au moment où le château fut commandé. L'absence de fortification, qui contribue à son harmonie architecturale, témoigne du climat apaisé de cette époque : Fredensborg contraste de manière saisissante avec les forteresses cernées de douves que sont Kronborg et Frederiksborg.

Le palais, clairement indiqué, est à 1 km au nord de la gare de Fredensborg.

Fredensborg Slotshave JARDINS
(visite guidée des jardins incluse avec l'accès au palais, adulte/6-17 ans 100/50 DKK, -6 ans gratuit ; ⏲parc du palais 24h/24 toute l'année). Les 120 ha de terrain boisé du palais sont traversés par de longues allées cavalières partant de l'édifice. La majorité du parc est ouvert au public toute l'année, mais les **jardins privés**, à l'ouest du palais, sont accessibles uniquement lors d'une partie des visites guidées du palais en été. Plusieurs stèles commémoratives, obélisques et statues sont disséminés dans le parc. Le double amphithéâtre baptisé **Normandsdalen** (Slotshave) GRATUIT présente notamment 70 statues grandeur nature de figures populaires de Norvège et des îles Féroé.

Il s'agit des répliques de figurines en bois sculptées par un facteur du XVIIIe siècle qui les envoya à Frédéric V. Le roi aima tant ces pêcheurs, fermiers, soldats et domestiques qu'il en fit faire des agrandissements en grès.

Bådfarten Esrum Sø PROMENADE EN BATEAU
(☎48 48 01 07 ; www.baadfarten.com ; Skipper Allé 6 ; aller/retour adulte/enfant 100/60 DKK ; ⏲sur réservation mai-sept). Les horaires de cette promenade d'une heure en bateau sur le lac Esrum (*Esrum Sø*) (ci-contre) dépendent du climat et de l'affluence. Le départ se fait à côté du restaurant Skipperhuset. Il faut réserver... ou avoir la chance de tomber sur un bateau avec des places libres.

HORS DES SENTIERS BATTUS

ESRUM SØ

Couvrant 17 km², le lac d'Esrum (*Esrum Sø*) est le deuxième du Danemark. L'accès le plus fréquenté se trouve près du joli Skipperhuset (page ci-contre). Depuis les grilles du palais de Fredensborg (p. 105), Skipper Allé conduit à ce restaurant au bord de l'eau (1 km). En réservant, vous pourrez y louer des **canoës et des kayaks** (☎20 33 00 33 ; www.kanoudlejningen.dk ; Skipper Allé 6 ; location 2h/8h/3 jours 275/350/950 DKK, location canoë/paddleboard à partir de 375/185 DKK ; ⏲10h-18h fin juin à août), ou faire un tour en bateau (ci-contre) jusqu'à l'ancienne forêt de chasse de **Gribskov** (aujourd'hui inscrite au patrimoine de l'Unesco). Le week-end, on déguste un café et une pâtisserie dans le café-cottage de **Fændrikhus** (☎48 48 01 07 ; Søvejen 8, Græsted ; café 25 DKK ; ⏲11h-15h sam-dim toute l'année, plus ven mai-sept), un lieu à la tranquillité idyllique. À environ 1 km au nord du lac, l'ancien monastère d'**Esrum Kloster** (www.esrum.dk ; Klostergade 11-12, Esrum ; adulte/enfant 85 DKK/gratuit ; ⏲10h-16h mar-dim avr-oct,sam-dim nov-mars) a beaucoup souffert de la Réforme, mais revit lors des foires médiévales organisées dans le domaine.

Où se loger et se restaurer

Les deux hébergements principaux sont à environ 200 m à pied au sud des portes du palais. Pour dîner simplement, des restaurants chinois, indiens, japonais ainsi que des pizzerias et sandwicheries jalonnent Jernbanegade, la rue piétonne sans charme qui relie le palais à la gare.

Fredensborg vandrerhjem AUBERGE DE JEUNESSE €
(☎60 54 97 00 ; fredensborgvandrerhjem.dk ; Østrupvej 3 ; s/d/tr/quad 550/595/655/695 DKK, sans sdb s/d/tr à partir de 295/395/495 DKK ; ⏲jan à mi-déc ; P 📶). En marchant vers le sud, puis vers l'ouest depuis l'entrée du château, on arrive vite à la ravissante et chaleureuse auberge de jeunesse de Fredensborg. Depuis la balançoire dans le jardin, on entraperçoit l'orangerie royale à travers les feuillages.

Fredensborg Store Kro HÔTEL €€
(☎71 71 21 21 ; www.storekro.com ; Slotsgade 6 ; ch/ste à partir de 1 195/2 095 DKK ; P 📶). Cet hôtel à l'élégance un brin tapageuse, mais au service exemplaire, s'est développé autour

d'une auberge de 1723 qui accueillait les quêteurs en visite à la cour de Christian IX. Les chambres les plus économiques, dotées de lavabos design mais de lits de 140, sont dans une annexe à l'arrière. Plus coûteuses, les chambres du bâtiment historique ont des matelas plus larges, des douches plus récentes et un mobilier d'époque.

Les lits sont très confortables, et les meilleures chambres ont vue sur les pelouses de l'hôtel. On se détend dans la bibliothèque aux murs noirs et au plafond vitré, et l'on dîne dans le joli restaurant doté d'une verrière. Menu haut de gamme mais pas inabordable.

Skipperhuset DANOIS €€

(☎48 48 10 12 ; www.skipperhuset.dk ; Skipper Allé 6 ; déj 95-325 DKK, dîner 5 plats 395 DKK ; ⏲11h30-16h et 18h-23h mar-sam, 11h30-16h dim). Difficile d'imaginer cadre plus idyllique pour un déjeuner tranquille. Ce hangar à bateaux de 1754 donne directement sur le lac d'Esrum (page ci-contre). Au déjeuner, les plats, frugaux mais joliment présentés, incluent du carrelet frit à la béarnaise et une sélection de *smørrebrød* (notamment un hareng du jour qui change quotidiennement) avec pain de seigle et légumes de saison.

Mieux vaut réserver pour dîner. Entre 15h et 16h, on y prend un verre, un café ou une pâtisserie. À 1 km du château en suivant l'artère piétonne : la promenade est très agréable.

Renseignements

Il y a un **office du tourisme en saison** (www.visitnordsjaelland.com ; Slotsgade ; ⏲12h-16h lun-ven mi-août à mi-juin, à partir de 10h mi-juin à mi-août plus 10h-14h sam-dim juil) dans l'hôtel **Fredensborg Store Kro**.

Depuis/vers Fredensborg

Fredensborg est à mi-chemin entre Hillerød (24 DKK, 10 min) et Helsingør (60 DKK, 25 min). Environ 2 trains par heure.

Hornbæk

5 260 HABITANTS

"La Saint-Tropez du Danemark !", proclament les brochures touristiques. C'est vrai que les longues plages de sable fin attirent la jeunesse dorée, mais on rencontre également ici des véliplanchistes, des kitesurfeurs… et bien sûr des peintres. Les artistes danois furent les premiers à découvrir au XIXe siècle le charme de ce qui n'était alors qu'un obscur village de pêcheurs. Les premiers touristes leur emboîtèrent vite le pas.

Activités

Hornbæk Strand BAIGNADE

Sur cette plage située juste à l'ouest du port, flotte un parfum de sel et de roses sauvages. C'est la plus agréable pour se baigner, et il y a un maître-nageur en saison. Des petits coins pour pique-niquer face à la mer sont disséminés dans les dunes.

Pour y aller, le plus simple est de partir du Cafe Hornbæk Strand et de suivre le sentier vers le nord après A R Frilsvej.

Hornbæk Surf Beach PLAGE

(Lochersvej). Pour le kitesurf, restez sur la plage est de Hornbæk. On la trouve derrière le restaurant Fiskehuset (p. 108) au port de plaisance.

Hornbæk Surf Shop KITESURF

(☎30 24 38 38 ; www.facebook.com/hornbaek-surfshop ; Havnevej 20 ; ⏲10h-18h juin-août, jusqu'à 17h sept-mai). À quelques pas du port sur Havnevej, ce nouveau magasin de sport s'adresse aux véliplanchistes et aux kitesurfeurs. Cours et locations.

Hornbæk Plantage RANDONNÉE

(Nordre Strandvej). Les arbres de cette zone boisée ont été plantés dans les années 1790 pour limiter l'érosion. Le bois s'étend sur 3,5 km vers l'est depuis Hornbæk et comprend de nombreux itinéraires qui s'entrecroisent. Tous sont signalés sur le plan *Vandreture i Statsskovene, Hornbæk Plantage* fourni à l'office du tourisme.

Les randonneurs pourront combiner le sentier forestier avec le **chemin côtier** (Lochersvej) ou prendre le bus n°342 (depuis/vers l'extrémité est du bois). En voiture, vous croiserez de nombreux parkings le long de la Nordre Strandvej (Rte 237) à partir desquels commencer une randonnée.

Où se loger

Hotel Bretagne BOUTIQUE-HÔTEL €€

(☎22 60 31 00 ; www.hotelbretagne.dk ; Sauntevej 18 ; d/deluxe ch/ste à partir de 895/1 295/1 495 DKK ; ⏲la réception ferme à 20h, fermé en jan ; P 📶). Construit en 1871, cet hôtel au charme "français" est en activité depuis 1939. Associant d'élégants tons bleus et blancs, l'intérieur est un havre de paix. Comme ses volets si reconnaissables, sa décoration a été entièrement refaite en 2017. Les chambres les plus chères sont très spacieuses, et beaucoup d'entre elles ont une vue magnifique sur le lac, les bois ou la mer. Le panorama est plus beau depuis le dernier étage - heureusement, il y a un ascenseur.

Hotel Hornbækhus HÔTEL €€
(☎49 70 01 69 ; www.hornbaekhus.com ; Skovvej 7 ; s/d avec petit-déj 895/995 DKK, sans sdb 725/825 DKK ; P @). Au bout d'une allée pleine de fleurs et d'oiseaux, cet hôtel occupe une immense maison de 1904, agrandie dans les années 1920 et 1930. L'établissement pâtit un peu d'une réception qui ferme à 15h (les serveurs se chargent ensuite du check-in jusqu'à 20h), mais les salons ont gardé toute leur majesté. Ce lieu de villégiature était très prisé des poètes et des artistes dans la première moitié du XXe siècle. Lors d'un séjour en 1956, Hergé fit même un dessin de Tintin pour remercier le Hornbækhus.

Certaines des 26 chambres ont un balcon donnant sur les grandes pelouses, mais quelques-unes, à l'étage supérieur, partagent une salle de bains avec WC très rudimentaire. De juin à août, l'ancien Hotel Villa Strand est utilisé comme annexe ; il est à l'écart des dunes, un pâté de maisons plus au nord (Kystvej 12).

Hotelpension Ewaldsgården PENSION €€
(☎49 70 00 82 ; www.ewaldsgaarden.dk ; Johannes Ewalds Vej 5 ; s/d petit-déj inclus 580/895 DKK ; fin juin à mi-août ; P @). Dotée d'un charmant jardin et d'une terrasse où grimpe la vigne, cette adorable fermette du XVIIe siècle mêle antiquités et mobilier rustique. Les 12 chambres sont équipées d'un lavabo ; on accède aux douches et aux toilettes depuis le hall d'entrée. En prévenant avant midi, il est possible de déjeuner ou de dîner sur place. La cuisine est accessible pour se faire un thé ou un café. La pension est ouverte seulement pendant les vacances d'été. Réservation et paiement de la chambre en avance.

Où se restaurer et prendre un verre

Fiskehuset Hornbæk PRODUITS DE LA MER €
(☎49 70 04 37 ; Havnevej 32 ; fiskehusethornbaek.dk ; plats 60-85 DKK, plats 30-119 DKK ; 10h-19h lun-dim, boissons servies jusqu'à 21h). Juste à côté du port d'Hornbæk, cette poissonnerie transformée en cafétéria prépare tout un éventail de poissons, souvent frits, à choisir sur un menu avec photos. Commandez et on vous appellera quand ce sera prêt. À savourer sur une table de pique-nique en bord de mer.

Hansens Café DANOIS €€
(☎49 70 04 79 ; www.hansenscafe.dk ; Havnevej 19 ; plats déj 119-149 DKK, plats dîner 299-339 DKK ; 18h-21h lun-jeu, 12h30-minuit ven-sam, 12h30-16h dim). Ce cottage au toit en chaume est pittoresque à souhait. Des tables vous y attendent en terrasse pour déjeuner au soleil. Au menu : bœuf danois et câpres, croquettes de poisson ou salade César. Au dîner, laissez-vous surprendre par des entrées d'inspiration asiatique, avant d'apprécier des plats danois comme la fricassée de veau et sa sauce au vin.

Le petit bar évoque un pub anglais à l'ancienne.

Sunspot Cafe CAFÉ
(Hornbæk Strand ; bière 20 DKK ; 10h-coucher du soleil juin à mi-sept, sam-dim en mai seulement). Ce café ultra basique ne sert que des bières en canettes, mais c'est un endroit superbe – et économique – pour regarder le soleil se coucher dans la mer. Hamburger végétarien, 50 DKK ; salade de pâtes au pesto, 40 DKK.

Renseignements

Office du tourisme (☎49 70 47 47 ; Vestre Stejlebakke 2A ; 13h-17h lun et jeu, 10h-15h mar, mer et ven, 10h-14h sam). Dans la bibliothèque, un peu en retrait au nord de Nordre Strandvej. Accès Internet gratuit.

Depuis/vers Hornbæk

Des trains relient Hornbæk à Helsingør (36 DKK, 25 min) et à Gilleleje (48 DKK, 20 min) entre 1 et 2 fois par heure.

Comment circuler

Tout est accessible à pied. Depuis la gare, le port et la plage pour le surf sont à 5 minutes de marche. Il suffit de suivre Havnevej vers le nord sur 400 m. Juste avant d'arriver au port, tournez à gauche (après **Hansens Café**) sur Øresundsvej, puis à droite au Cafe Hornbæk Strand pour rejoindre la plage où l'on se baigne.

Gilleleje

6 570 HABITANTS

En été, les touristes envahissent Gilleleje (prononcez "guileulailli") pour y déguster la pêche du jour dans un de ses restaurants simples et sans prétention. Avec son port bordé de pelouses, ses maisons aux toits de chaume, et son ancre de 1750, le village a beaucoup de charme, tout comme ses longues plages et les nombreux chemins qui les bordent.

À voir et à faire

Fyrhistorik Museum på Nakkehoved MUSÉE

(www.museumns.dk ; Fyrvejen 25A ; adulte/enfant 40 DKK/gratuit ; 11h-16h mar-dim et jours fériés fin juin à mi-sept, jeu-dim mi-sept à fin oct et fin avr à fin juin, sam-dim fin oct à fin nov). En suivant le sentier du littoral vers l'est depuis Gilleleje, on rejoint deux phares. Le premier (Vestre Fyr) abrite un petit musée. Cela vaut la peine de marcher encore 300 m jusqu'au second, ne serait-ce que pour boire un verre au restaurant **Fyrkroen 1772** (48 30 02 25 ; www.fyrkroen.dk ; Fyrvejen 29 ; bière/café à partir de 30/30 DKK ; 11h30-16h mar-dim) qui se trouve juste à côté. De sa terrasse, on jouit d'une vue magnifique sur la mer et la Suède.

Kierkegaard Memorial MONUMENT

(Søren Kierkegaard Stenen ; Gilbjerghoved). Sur le chemin menant à la falaise, entre le site d'observation des oiseaux de Gilbjerghoved et le Badehotel, se dresse une simple stèle portant le nom de Søren Kierkegaard. Elle commémore les séjours du philosophe (1813-1855) sur ce littoral.

La citation en danois est une pensée de 1835 : "Qu'est-ce que la vérité sinon une idée qui a pris vie ?"

Gilleleje Strand PLAGE

(Alfavej). Contrairement aux plages de sable fin de Hornbæk et Tisvildeleje, la plage principale de Gilleleje, juste à l'ouest du port, mêle sable et galets. Elle n'en est pas moins agréable.

On se baigne plutôt sur la partie est, car à l'ouest, de gros rochers gênent l'accès à la mer. Baignade surveillée en haute saison.

Où se loger

Hotel Gilleleje Strand HÔTEL €€

(48 30 05 12 ; www.gillelejestrand.dk ; Vesterbrogade 4B ; s 900 DKK, d 950-1 250 DKK ;). Hôtel central, mais pas vraiment sur la plage ("*Strand*"). Son joli café-restaurant et ses 25 chambres rénovées en 2017 forment un havre raffiné, d'une blancheur immaculée. Les grandes doubles ont un balcon.

Gilleleje Badehotel HÔTEL €€€

(48 30 13 47 ; www.gillelejebadehotel.dk ; Hulsøvej 15 ; ch petit-déj inclus à partir de 1 590 DKK ; P). À 1 km à l'ouest de la ville, cet hôtel au luxe discret est entouré de jardins donnant sur la falaise. Un sentier descend directement jusqu'au rivage en contrebas. De beaux planchers vernis et des tapis en jute conduisent à des chambres spacieuses, souvent munies d'un balcon avec vue sur la mer.

Ce bâtiment de 1895 abrite un hôtel depuis 1905, mais il a été tellement rénové qu'il paraît presque récent. Le spa associe sauna, hammam et bain turc.

Où se restaurer

Adamsens Fisk PRODUITS DE LA MER €

(48 30 09 27 ; www.adamsensfisk.dk ; Havnen 2 ; plats 60-89 DKK, repas sans/avec homard pour 2 minimum 145/269 DKK ; 9h-17h30 lun-ven, 10h-16h sm-dim). Situé au bout d'une enfilade de tables à pique-nique ombragées près du port, Adamsens se divise en trois sections. La *fiskbutik* (poissonnerie) vend du poisson frais et des filets frits, croquettes de poisson et salades de fruits de mer à emporter ; le kiosque à côté sert des assiettes déjeuner plus copieuses ; enfin, le "deli" (avril-sept uniquement) propose des sushis et des crêpes savoureuses. Le tout servi dans des assiettes en feuille de palmier biodégradables.

Gilleleje Havn DANOIS €€

(www.gillelejehavn.dk ; Havnevej 14 ; plats 115-245 DKK ; 11h30-22h). Face aux pelouses du port, Gilleleje Havn occupe deux maisons anciennes reliées entre elles. Chacune des trois salles à manger est décorée différemment, la Krostuen étant la plus traditionnelle. En plus des produits de la mer et des habituelles croquettes de poisson, le menu comporte une sélection de hamburgers et autres plats de la terre ferme, notamment des travers de porc.

Restaurant Brasseriet PRODUITS DE LA MER €€

(www.brasseriet-gilleleje.dk ; Nordre Havnevej 3 ; déj 138-165 DKK, plats dîner 225-315 DKK ; 11h30-16h et 17h30-21h). Donnant lui aussi sur le port, ce restaurant au mobilier scandinave des années 1950 cache une petite cour intérieure très prisée. Les gourmands s'y donnent rendez-vous, alléchés par les marmites de moules fumantes, les asperges de saison, les nombreuses salades et les plats de fruits de mer.

Pour dîner, le menu, plus restreint, inclut généralement steak de thon, demi-homard et faux-filet.

À NE PAS MANQUER

PARC DE SCULPTURES RUDOLPH TEGNER

Le littoral nord de la Sjaelland n'était autrefois qu'une lande indomptée. Une petite parcelle intacte de cet environnement subsiste entre Gilleleje et Hornbæk. Elle est parsemée de 14 sculptures monumentales en bronze, qui surgissent comme par magie parmi les buttes et les clairières. Il s'agit de l'œuvre de Rudolph Tegner (1873-1950) qui dispose ici d'un étonnant **musée-mausolée** (www.rudolphtegner.dk ; Museumsvej 19, Rusland ; musée/parc 70 DKK/gratuit ; ⏲parc 24h/24, musée 12h-17h mar-dim mi-avr à fin mai, 11h-18h juin-août ; 🚌362). Mitoyen au parking, ce bâtiment en béton jure un peu avec les 250 œuvres exposées.

Deux bus vous conduiront à proximité. Depuis Gilleleje, prenez le n°362 jusqu'à Museumsvej (Villingerødvej), puis continuez pendant 1 km vers l'est. Le dernier bus n°362 part de Museumsvej à 18h08 en semaine et à 17h07 le week-end. Depuis Hornbæk, le bus n°342 passe à environ 2 km du musée ; les arrêts les plus proches pour y aller et en revenir sont respectivement Tangvej et Bentsensvej. Derniers départs de Bentsensvej : 18h54, 20h54 et 22h57 tous les jours.

☆ Où sortir

Kulturhavn CENTRE CULTUREL

(www.kulturhavngilleleje.dk ; Peter Fjelstrupsvej 12 ; ⏲7h-22h ; 📶). Entre la gare et le port, ce centre culturel flambant neuf intègre une salle de théâtre et de cinéma, une bibliothèque, un café-restaurant et un office du tourisme. Parfait pour se détendre en cas de mauvais temps.

Renseignements

L'**office du tourisme** (www.visitnordsjaelland.dk ; Peter Fjelstrupsvej 12, Kulturhavn ; ⏲10h-16h lun-ven juin-août) est un point d'accueil dans la bibliothèque, accessible durant les heures d'ouverture du **Kulturhavn** (généralement 7h-22h). Bonne sélection de plans et de brochures.

Depuis/vers Gilleleje

Des trains raccordent Gilleleje à Hillerød (60 DKK, 30 min) et Helsingør (72 DKK, 45 min) via Hornbæk (48 DKK, 17 min), 1 à 2 fois par heure. Pour Tisvildeleje (36 DKK, environ 50 min), prenez le bus n°360R jusqu'à Helsinge (ne pas confondre avec Helsingør), puis le train.

Comment circuler

Nordkystens Cykeludlejning (☎51 29 29 43 ; www.nordkystenscykeludlejning.dk ; Svend Henriksensvej 14 ; 175-300/475-875 DKK par jour/semaine ; ⏲10h-14h ou par téléphone) loue des vélos et les livre à votre hébergement (s'il est à une distance raisonnable). Paniers, casques, vélos pour enfants et assurance contre le vol (10-50 DKK/jour) également disponibles. Mieux vaut téléphoner.

Tisvildeleje

1 490 HABITANTS

Tisvildeleje est une charmante petite station balnéaire, dotée d'une belle plage, de dunes et de forêts. Entre bronzage, baignades et flâneries dans le village, les jours s'écoulent ici en toute sérénité. Tisvildeleje fait partie de l'agglomération de Tisvilde.

À voir et à faire

Troldeskoven FORÊT

(forêt des Trolls). Les silhouettes étranges des arbres centenaires de Troldeskoven ont été sculptées par le vent. On peut rejoindre le site en marchant 3 km depuis le parking de Tisvildeleje, en suivant la plage ou un chemin forestier.

Plage de Tisvildeleje PLAGE

(👪) Cette bande de sable de 1 km en contrebas du village est le point fort de Tisvildeleje. Les familles l'apprécient pour sa pente douce et la présence de maîtres-nageurs au plus fort de l'été. Vous trouverez des toilettes et un kiosque à glaces près du grand parking.

Tisvilde Hegn RANDONNÉE

Tisvilde Hegn est une forêt enchantée aux arbres tortueux et aux collines couvertes de bruyères. S'étendant sur plus de 8 km au sud-ouest de Tisvildeleje, elle est quadrillée de chemins de randonnée.

L'un d'eux mène aux **Asserbo Slotsruin** (Bisp Absalonsvej, Frederiksværk) – modestes ruines d'un manoir et d'un monastère du XIIe siècle, cernées par des douves, à la lisière sud de la forêt. Plans fournis à l'office du tourisme de Tisvildeleje.

Où se loger

Tisvildeleje Strand Hotel HÔTEL €€
(☎48 70 71 19 ; www.strand-hotel.dk ; Hovedgaden 75 ; s/d 1 100/1 450 DKK, d sans sdb 950 DKK ; juin-août ; P wifi). Tons neutres, livres d'art et meubles de récup' associés à des éléments plus design font de ce petit hôtel fondé en 1895 un parfait exemple de décoration *hyggelig*. Apaisantes, les chambres associent tapis en coco, plaids en laine et salle de bains contemporaine (attenante, sauf pour 3 chambres).

Helenekilde Badehotel BOUTIQUE-HÔTEL €€€
(☎48 70 70 01 ; www.helenekilde.com ; Strandvejen 25 ; ch sans/avec vue sur la mer avec petit-déj à partir de 1 395/1 695 DKK ; P wifi). Les pelouses de cet hôtel de charme raffiné surplombent la plage. Cadeau de noces d'argent d'un riche entrepreneur à sa femme en 1896, cette grande maison est devenue hôtel en 1904. Douillet, le salon est décoré de jolis meubles, d'objets d'art et d'une malle vintage en guise de table basse. Une même élégance bohême caractérise les 28 chambres, dont 16 donnent sur la mer.

Également chic mais décontracté, le **restaurant** (Strandvejen 25 ; déj 395 DKK, menu dîner 3 plats 595 DKK ; 12h-15h et 18h-21h) offre un magnifique panorama. Le menu, constitué de plats traditionnels danois, change régulièrement. Indiqué depuis la gare, l'hôtel est à 5 minutes à pied au bout d'une allée verdoyante. Le sentier donnant accès à la plage est un peu raide. Stationnement difficile le midi.

Où se restaurer

♥ **Little Cafe** VÉGÉTARIEN €
(www.facebook.com/The-Little-Cafe-Tisvilde-1089772024450573/ ; Hovedgaden 57 ; panini/salade/dîners 65/95/145 DKK ; 10h-21h jeu-lun juil-août, 10h-17h30 jeu et sam, 10h-18h ven, 10h-17h dim et certains soirs sept-juin ; wifi). Musique éclectique, meubles de brocante, vaisselle dépareillée et bouquets de fleurs font bon ménage dans ce café étonnant. Au déjeuner : délicieux paninis sans viande relevés à l'ail, et salades du jour aussi copieuses que savoureuses. La formule dîner comprend plusieurs plats, comme des aubergines au jus de grenade, de la salade de poireaux, et du quinoa aux abricots.

Tisvildeleje Brød & Vin BOULANGERIE €
(☎48 70 70 29 ; www.brødogvin.dk ; Hovedgaden 60 ; brioche/croissant/pain à partir de 10/17/38 DDK, café 15 DKK, gla
25/33/40 DKK ; 7h-17h30). C
rie familiale dispose d'une g
cuisine pour ceux qui souhaite
place. Vin et glaces Kastbergs

Tinggården SCANDINAVE €
(☎48 71 22 35 ; www.tinggard
riksværkvej 182 ; formule dîner 3/4/5 plats 595/675/750 DKK ; 18h-21h jeu-dim mai-oct, jeu-dim nov-avr, tlj plein été). Jan Friis-Mikkelsen et Charlotte Vendorf sont des magiciens des fourneaux, qui n'utilisent pour leurs tours que des produits frais et locaux. Ce cottage à toit de chaume datant de 1702 se trouve au sud de Tisvilde Hegn, près de la route principale. À 1,3 km des Asserbo Slotsruin, et à 8 km de Tisvildeleje – on y vient par une route tortueuse mais très jolie. Le bus n°320R s'arrête presque devant, à Chr E Bartholdys Allé.

Depuis/vers Tisvildeleje

Des trains circulent entre Tisvildeleje et Hillerød (60 DKK, 30 min) toutes les 30 à 60 minutes. Suivre la côte en transports en commun depuis Gilleleje n'est pas aisé : il faut prendre le bus n°360R de Gilleleje à Helsinge, puis le train de Helsinge à Tisvildeleje. Le trajet coûte 36 DKK et prend 50 minutes du lundi au samedi, mais 1 heure 20 le dimanche.

ROSKILDE ET SES ENVIRONS

Roskilde

50 390 HABITANTS

Depuis des décennies, Roskilde est connue des amateurs de musique pour son festival de rock (p. 115), qui dispute à Glastonbury le titre de plus grand d'Europe. Ouvert récemment, le musée de musique contemporaine Ragnarock est une façon ingénieuse d'exploiter toute l'année cette réputation. Basé sur l'apprentissage participatif, il est situé à Musicon : cette zone post-industrielle en plein développement est un mélange de studios installés dans des conteneurs, de skate-parks et de sociétés liées aux pratiques artistiques.

Mais cette ville de culture et d'histoire a d'autres cordes à son arc. Inscrite au patrimoine de l'Unesco, la cathédrale domine un jardin tourné vers le fjord. Plusieurs répliques de bateaux vikings en état de

ilde

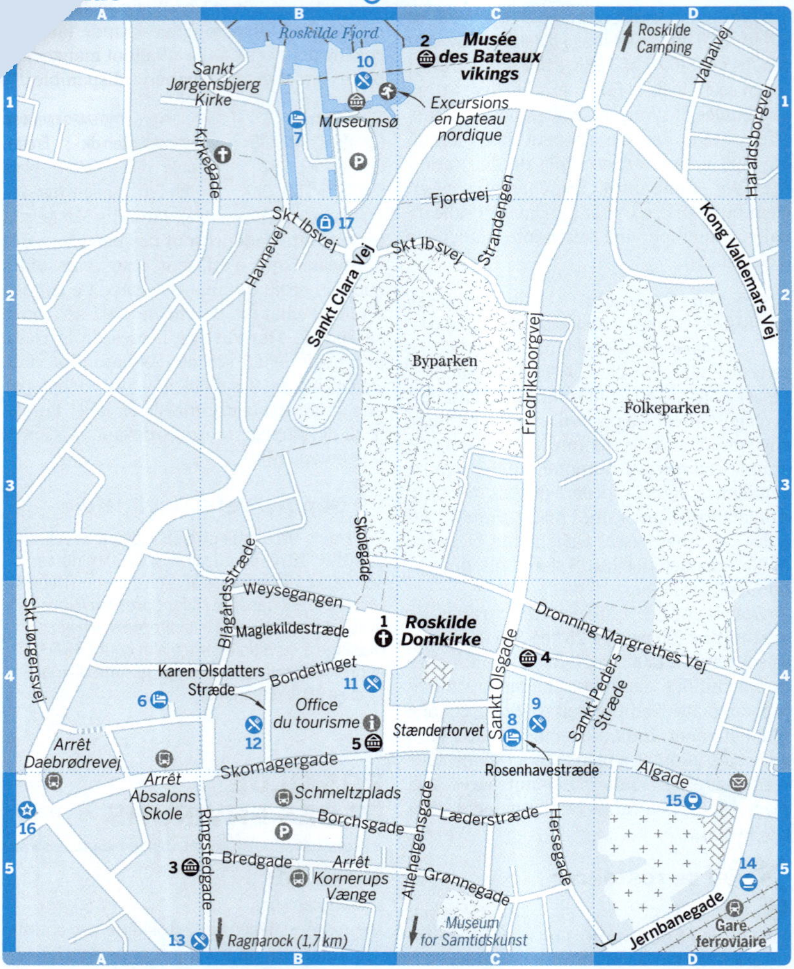

naviguer sont amarrées sur le port, à côté du musée abritant leurs modèles. Située à seulement 30 km de Copenhague, Roskilde constitue une destination parfaite pour une escapade d'une journée.

Histoire

C'est pendant l'ère viking que Roskilde acquiert son importance. Le roi Harald Ier à la Dent bleue y fit construire en 980 la première église chrétienne en bois de la Sjaelland. Elle fut remplacée par une construction en pierre en 1026, sur ordre d'une dénommée Estrid, dont le mari avait été assassiné dans l'ancienne église au terme d'une partie d'échecs mouvementée. Les fondations de cet édifice du XIe siècle subsistent sous la cathédrale actuelle, qui fut l'épicentre du catholicisme danois jusqu'à la Réforme. C'est autour d'elle qu'a grandi la ville royale de Roskilde, capitale du Danemark pendant des siècles (ou co-capitale aux côtés de Nyborg ; p. 174).

Le déclin de Roskilde s'amorça avec le transfert de la capitale à Copenhague, puis se poursuivit en 1443, quand un terrible incendie réduisit en cendres un quartier entier au nord de la cathédrale. Cette zone

Roskilde

Les incontournables
1 Roskilde Domkirke B4
2 Musée des Bateaux vikings C1

À voir
3 Lützhøfts Købmandsgård et Håndværksmuseet A5
4 Musée de Roskilde C4
5 Sankt Laurentius B4

Où se loger
6 B&B Roskilde City A4
7 Danhostel Roskilde B1
8 Zleep Hotel Roskilde C4

Où se restaurer
9 Cafe Satchmo C4
10 CafeKnarr B1
11 Raadhuskælderen B4
12 Restaurant Mumm B4
13 Why Food & Cocktails B5

Où prendre un verre et faire la fête
14 Kaffe Kilden D5
15 Kloster Kælderen D5

Où sortir
16 Gimle A5

Achats
17 Roskilde Gasværk B2

restera longtemps inhabitée – la population de la ville, déjà en baisse à l'époque, se réduisant encore suite à la Réforme. Dans les années 1730, une résidence royale de style baroque fut érigée à l'emplacement de l'ancien palais des évêques, mais les pâturages septentrionaux du quartier Provstevænget furent préservés. Après le legs d'un magnat du textile en 1898, ces champs deviendront les jardins publics de Byparken.

À voir

Ragnarock
MUSÉE

(www.museumragnarock.dk ; Rabalderstræde 16 ; adulte/enfant 110 DKK/gratuit ; 10h-17h mar-dim ; P ; 202A). Au sein d'un bâtiment à l'architecture étonnante, ce musée qui met l'interactivité à l'honneur invite à un passionnant voyage multisensoriel à travers l'histoire du rock et de la culture jeune, des années 1950 à nos jours. Des murs d'écouteurs permettent de remonter le temps en musique, et des platines expliquent le principe d'un gramophone. On joue avec des "lumières musicales interactives", on apprend pourquoi les toilettes furent constitutives de la création musicale danoise, et on peut même danser près de "la plus grande boule à facettes du monde".

La visite débute en fanfare dans un ascenseur qui vous propulse dans un kaléidoscope de miroirs. Tournez à gauche et plongez la tête dans une boîte pour une expérience simulant les effets d'un trip sous acides. La musique danoise occupe une bonne partie de ce musée, dont la pièce maîtresse est la Plymouth du groupe Gasolin. Mais les visiteurs étrangers y trouveront néanmoins beaucoup d'intérêt, la plupart des informations étant disponibles en anglais. Les alentours du musée, dans le quartier post-industriel et créatif de Musicon, sont également intéressants.

Musée des Bateaux vikings
MUSÉE

(Vikingeskibsmuseet ; 46 30 02 00 ; www.vikingeskibsmuseet.dk/fr ; Vindeboder 12 ; adulte/enfant mai à mi-oct 150 DKK/gratuit, mi-oct à avr 115 DKK/gratuit ; 10h-17h mai à fin oct, 10h-16h fin oct à fin avr, tour en bateau tlj mi-mai à sept ; P). Les 5 embarcations vikings découvertes au fond du fjord de Roskilde sont exposées dans la salle principale de ce musée incontournable. Le billet inclut l'accès aux ateliers du **Museumsø**, situé à quelques pas, où ont lieu le travail archéologique et les reconstitutions. C'est de là que partent les navires nordiques (p. 115). Visites guidées gratuites (45 min, en anglais) tous les jours à 12h et 15h de fin juin à fin août, et à 12h le week-end de mai à fin juin et en septembre.

Au milieu du XIe siècle, les Vikings de Roskilde craignaient une invasion. Cinq embarcations à clin, construites entre 1030 et 1042, furent délibérément coulées dans un bras de mer étroit, à 20 km au nord de Roskilde, certainement pour faire barrage à une attaque ennemie. Une fois les bateaux coulés, des pierres furent empilées sur les épaves pour former une barrière sous-marine.

En 1962, un batardeau fut installé autour de cette barrière pour pomper l'eau de mer. En quatre mois, les archéologues purent retirer les amas de pierres et remonter les bateaux, dont les carcasses étaient brisées en milliers de fragments. Les morceaux furent minutieusement réajustés sur des armatures, dans la **halle aux bateaux** construite à cet effet. Malgré un aspect extérieur peu engageant, la magie opère dans le bâtiment : les bateaux, fantomatiques, semblent flotter à nouveau sur les eaux du fjord.

Ces navires témoignent de l'éventail des techniques de construction maîtrisées par les Vikings : sont en effet exposés un navire marchand adapté à l'océan, un vaisseau de guerre de 30 m pour les raids en pays étranger, un caboteur, un bateau de guerre de 17 m (probablement utilisé dans la Baltique) et un chalutier. La datation au carbone et la dendrochronologie ont révélé d'autres secrets, notamment le fait qu'une embarcation est originaire de Norvège, et une autre d'Irlande.

D'excellentes expositions sur l'époque viking permettent de replacer les bateaux dans leur contexte historique, et un film sur les excavations de 1962 (14 minutes, en français) est projeté au sous-sol. À voir également, une exposition et un film retraçant le voyage aller-retour du *Havhingsten fra Glendalough* entre Roskilde et Dublin. Construit sur le modèle du navire de guerre de 60 rames *Skuldelev 2*, il s'agit de la plus grande reconstitution de bateau viking à ce jour : il a fallu 340 arbres pour sa construction.

À Museumsø, sont amarrées les reconstitutions d'autres bateaux vikings et de vaisseaux en bois scandinaves plus tardifs. "L'île du musée" présente aussi les ateliers où, d'avril à mi-octobre, les titulaires d'un billet du musée des Bateaux vikings peuvent observer les démonstrations de forgerons, goudronneurs, tisserands et fabricants de cordages ou de flèches. Les enfants sont invités à participer, en frappant des pièces et en peignant leur propre bouclier.

♥ Roskilde Domkirke — CATHÉDRALE

(roskildedomkirke.dk ; Domkirkestræde 10 ; standard/retraité/enfant 60/40 DKK/gratuit ; ⏲ horaires variables, voir site Internet). Inscrite au patrimoine mondial de l'Unesco, cette géante à deux flèches est le joyau des cathédrales danoises. Fondée par l'évêque Absalon en 1170, elle a été reconstruite et modifiée tant de fois qu'elle constitue désormais une vitrine présentant 850 ans d'architecture danoise. Nécropole royale, elle abrite les cryptes de 39 rois et reines du Danemark.

Quelque 11 chapelles et cryptes spectaculaires prolongent le bâtiment principal de la cathédrale. Dans la **chapelle du roi Christian IV**, à l'extrémité nord de l'édifice, repose le roi bâtisseur. Son cercueil vert océan cerné d'anges est plutôt sobre pour un monarque aussi ambitieux. Réalisée lors d'une rénovation au XIXe siècle, la décoration comporte plusieurs représentations de la vie du roi, encadrées de détails en trompe-l'œil. Seul élément d'époque, les portes de la chapelle sont si ornementées qu'elles ont la réputation d'être l'œuvre du diable lui-même (bien aidé par Caspar Fincke, le ferronnier favori du roi).

La **chapelle de Magi** abrite de sublimes fresques du XVe siècle (les plus grandes du Danemark), ainsi que la colonne royale où sont marquées les tailles des princes en visite – de l'imposant Christian Ier au petit Christian VII (1,64 m). Gardées par des soldats armés de hallebardes, les sépultures ouvragées des souverains de la Renaissance Christian III et Frédéric II évoquent des temples antiques.

De style néoclassique, la **chapelle de Frédéric V** est incontestablement la partie la plus lugubre de la cathédrale. Douze membres de la famille royale reposent ici dans des tombeaux d'albâtre ornés de crânes, d'anges et de femmes éplorées.

La loge royale de Christian IV est l'un des chefs-d'œuvre de la **nef**, face à la chaire ornementée du XVIIe siècle (1610) sculptée par l'artiste copenhagois Hans Brokman (marbre, albâtre et grès). Quant à la superbe **horloge** du XVIIIe, un doyen rabat-joie – irrité que les paroissiens y portent plus d'attention qu'à son prêche – en désactiva un jour le mécanisme. Mais depuis, l'Église a cédé, et saint Georges marque toujours les heures en tuant un dragon, tandis que deux personnages sonnent les cloches.

Dans le **chœur**, l'élégant sarcophage de Margrethe Ire et le retable en or attirent l'attention, mais il ne faut pas négliger la stalle et ses bas-reliefs du XVe siècle, étonnamment vivants.

L'été, on peut entendre gratuitement l'orgue baroque du XVIe siècle les jeudis à 20h. Horaires et jours de fermeture sur Internet (il arrive que la cathédrale ferme à l'occasion d'événements particuliers, notamment le samedi lors de mariages). L'entrée inclut un guide en couleur complet de 48 pages.

Sankt Laurentius — MUSÉE

(www.sanktlaurentius.dk ; Skomagergade 2, Stændertorvet ; adulte/enfant 40 DKK/gratuit ; ⏲ 11h-15h mar-dim juin-août, sam-dim uniquement reste de l'année). Pour accéder à l'horloge de ce clocher de 1500, il faut gravir un étroit escalier en colimaçon qui passe devant deux cachots du XIXe siècle. Après avoir apprécié la vue, redescendez jusqu'au sous-sol : on y voit les ruines d'une église du XIIe siècle et plusieurs tombes médiévales – squelettes inclus.

Cette église fut démolie dans les années 1530 suite à la Réforme. Le clocher, alors récent, fut sécularisé et épargné, puis, 2 siècles plus tard, incorporé au nouvel hôtel de ville – ce qui explique la présence des cellules de prison.

Lützhøfts Købmandsgård & Håndværksmuseet

MUSÉE

(håndværkermuseet.dk ; Ringstedgade 6-8 ; 12h-16h mar-ven, 10h-14h sam). GRATUIT Cette épicerie-quincaillerie reste quasiment inchangée depuis les années 1920. La cour abrite de vieilles brouettes et charrettes, ainsi qu'une adorable boutique de thés. À l'étage, dans le moulin aux volets verts, on visite de véritables ateliers de tourneurs et de charpentiers datant d'une centaine d'années, avec leurs outils encore intacts.

Insp!

CENTRE ARTISTIQUE

(www.insp.dk ; Slagteristræde 9 ; déj 50 DKK ; 10h-16h lun, 10h-17h mar, 10h-20h mer-jeu, 9h-16h ven, pas de déj servis le lun) GRATUIT Ce n'est certes pas Christiania (p. 56), mais depuis 2011, Roskilde a sa propre petite communauté alternative autogérée. Au sud-ouest de la gare, Insp! occupe un ensemble de bâtiments à moitié abandonnés et couverts de graffitis.

Mettez une pièce dans le gobelet et prenez un café, discutez avec les personnes qui usent de cet espace comme d'un modeste centre social, ou venez à midi pour un repas économique. Il y a des jeux de société, des guitaristes itinérants, du Wi-Fi gratuit et des événements impromptus.

Sankt Jørgensbjerg Kirke

ÉGLISE

(23 34 59 88 ; www.sjk.dk ; Kirkegade 26 ; 10h-13h lun-ven). La magnifique enfilade de chaumières qui se succèdent sur Kirkegade et Skt Ibsvej est la principale raison de visiter cette petite église du XIe siècle.

Museum for Samtidskunst

MUSÉE

(www.samtidskunst.dk ; Bagtæppet 10 ; adulte/étudiant/enfant 50/40 DKK/gratuit ; 12h-17h mar, jeu-ven, jusqu'à 20h mer, 11h-16h sam-dim). Ce musée est consacré à l'art contemporain, et notamment au mouvement Fluxus. Souvent déroutantes, les installations, créations musicales et vidéos sont l'œuvre d'artistes danois et étrangers. Dans la plupart des 8 salles, les présentations changent régulièrement. Exposé en permanence, l'Audiobar de Mogens Jacobsen permet de choisir plusieurs bouteilles afin d'accéder au contenu sonore qui leur est lié.

Musée de Roskilde

MUSÉE

(www.roskildemuseum.dk ; Sankt Olsgade 3). Le principal musée d'histoire de la ville explore le passé de Roskilde, de l'âge de pierre à la première voie ferrée danoise, en passant par l'héritage de Harald Ier à la Dent bleue.

Activités

Excursions en bateau nordique

BATEAU

(46 30 02 00 ; www.vikingeskibsmuseet.dk/fr ; Museumsø, Vindeboder 12 ; 120 DKK/personne ; mai-sept). Le musée des Bateaux vikings (p. 113) propose des promenades de 50 minutes à bord d'une reconstitution de navire traditionnel. Pour propulser l'embarcation, il faut hisser la voile et ramer en évitant les cordages au-dessus de sa tête. La billetterie, située au Museumsø (p. 113), fonctionne selon le principe du "premier arrivé, premier servi", et les départs se font en fonction de la météo (1 à 10 par jour, selon l'affluence estimée).

Festival

Festival de Roskilde

MUSIQUE

(www.roskilde-festival.dk ; Darupvej ; billet à partir de 1 995 DKK ; début juil). Équivalent danois de Glastonbury, le festival de Roskilde est le plus grand festival de rock d'Europe du Nord. Musique et bière y coulent à flots pendant une semaine.

Depuis 1971, le festival – où plus de 160 groupes (rock, techno, musiques du monde) se relaient sur 6 scènes – attire les têtes d'affiche du monde entier. De Neil Young à Iggy Pop, et des Foo Fighters à Arcade Fire, la programmation est riche en valeurs sûres. Mais les organisateurs sont aussi à l'affût des nouvelles tendances, et il n'est pas rare d'y entendre de futures rock stars.

Si la musique est évidemment la reine, les autres divertissements ne manquent pas : on peut notamment se baigner dans le lac, se joindre à des ateliers culinaires ou artistiques, et même participer à une course nudiste très populaire ! Les festivaliers sont nombreux à camper dès le dimanche précédant le début des concerts, pour 4 jours d'"*échauffement*". Vous trouverez de nombreux stands sur place, proposant aussi bien des tatouages que de la nourriture – les prix étant toutefois assez élevés, il peut être judicieux de prévoir des provisions.

Le billet pour l'intégralité du festival débute à 2 250 DKK, camping inclus. On peut aussi acheter un billet journée (1 100 DKK) pour chacune des 4 dates principales. Les places sont en vente sur le site officiel du festival à partir d'octobre. Attention : dès le mois de juin, les 75 000 billets sont généralement écoulés. Vous pouvez également travailler pour l'événement : plus de 30 000 bénévoles sont recrutés chaque année. Le site Internet fournit tous les renseignements et diverses solutions d'hébergement et de transport.

Où se loger

Par rapport à sa taille, Roskilde compte peu d'hébergements, la proximité de Copenhague en faisant souvent une simple excursion d'une journée. Les hôtels affichent facilement complet du lundi au mercredi soir.

B&B Roskilde City — B&B €

(☎25 11 10 55 ; www.bbroskildecity.dk ; Lille Højbrøndsstræde 14 ; s/d/tr 550/650/900 DKK). Dans une ruelle tranquille en plein centre, ce B&B propose 3 chambres dans une demeure familiale au joli jardin fleuri. Pratique pour visiter le quartier de la cathédrale. Il n'y a pas de panneau sur la porte et il faut appeler pour planifier votre arrivée.

Salle de bains et cuisine communes. Fermé pendant le Roskilde Festival. Dans une petite allée filant vers le nord depuis Lille Højbrøndsstræde.

Roskilde Camping — CAMPING €

(☎46 75 79 96 ; www.roskildecamping.dk ; Baunehøjvej 7, Veddelev ; empl 45 DKK plus 90/45 DKK par adulte/enfant, s/d/app 400/600/950 DKK, chalet 450-1 200 DKK ; ⏲avr-sept). Donnant sur le fjord, à 4 km du musée des Bateaux vikings (p. 113), cet immense camping trois étoiles dispose de nombreuses installations dédiées aux familles. Sur un terrain herbeux et le long d'une plage face à Roskilde.

Danhostel Roskilde — AUBERGE DE JEUNESSE €

(☎46 35 21 84 ; www.danhostelroskilde.dk ; Vindeboder 7 ; dort/s/d/q sept-juin 225/475/525/580 DKK, juil et août 250/575/700/750 DKK ; P 📶 ; 🚌203). Cette belle auberge de jeunesse cinq étoiles jouit d'un emplacement idéal sur le front de mer, à côté du musée des Bateaux vikings (p. 113). Agrémentées d'amusantes fresques en noir et blanc, chacune des 40 chambres est munie d'un vrai lit double, d'une douche et de toilettes.

La laverie coûte 30 DKK et le sèche-linge 15 DKK. Draps/serviettes disponibles pour 50/20 DKK.

Zleep Hotel Roskilde — HÔTEL €€€

(☎70 23 56 35 ; www.zleephotels.com ; Algade 13 ; ch semaine/week-end à partir de 1 795/1 095 DKK ; P 📶). Ouvert en 1695 sous le nom d'Hotel Prindsen, cet établissement central a reçu le roi Frédéric VII et Hans Christian Andersen. Chambres confortables, de type hôtel d'affaires. L'ensemble conserve tout de même une élégance très danoise.

Les tarifs varient selon les jours, mais baissent souvent les week-ends et jours fériés.

Où se restaurer

Cafe Satchmo — CAFÉ €

(Rosenhavestræde ; salades à partir de 79 DKK ; ⏲10h-18h lun-ven, 10h-17h sam, 11h-16h dim ; 📶). Ce café central propose un large éventail de salades, un brunch végétarien, un café équitable torréfié sur place, et la bière locale Herslev.

Des tables sont disposées dans la paisible cour pavée en été.

CafeKnarr — VIKING €€

(Museumsø, Vindeboder 12 ; sandwich/plat déj 99/125-179 DKK ; ⏲11h30-15h30). Le musée des Bateaux vikings (p. 113) intègre un café au design fonctionnel. Les sandwichs et les copieux plats de saucisses avec salade sont basés sur des recettes vikings mêlant ail des ours, baies d'argousier et cynorhodons secs.

Raadhuskælderen — DANOIS, INTERNATIONAL €€

(www.raadhuskaelderen.dk ; Fondens Bro 3 ; smørrebrød 65-148 DKK, plats dîner 178-388 DKK ; ⏲11h-21h lun-sam ; 📶). On mange dehors dans une jolie cour avec vue sur la cathédrale (p. 114) et les arbres fruitiers ; ou à l'intérieur dans une cave réaménagée de l'ancien hôpital et hôtel de ville. Assiettes de hareng, crevettes, salades, hamburgers et tartines garnies composent le menu du midi. Le dîner fait la part belle aux grillades, mais la carte inclut aussi un poisson du jour, et un alléchant carré d'agneau nappé de tzatziki et de sauce au romarin. Déconseillé aux végétariens.

Why Food & Cocktails FUSION €€€
(☎88 34 19 00 ; www.whyfac.com ; Ringstedgade 28B ; plats 70-125 DKK, menu 350 DKK ; ⏰12h-minuit mar-sam, 12h-23h dim). Dans une ambiance un peu bistrot, ce restaurant "concept" concocte des mets gastronomiques mêlant cuisines nordiques et asiatiques. Riches en saveurs, les petites assiettes de dégustation composent un repas à partager, à base de légumes, de viandes et de poissons, et d'accompagnements de riz ou de pommes de terre. La cuisine ouverte est à elle seule un spectacle, et les cocktails coulent à flots.

Restaurant Mumm SCANDINAVE MODERNE €€€
(☎46 37 22 01 ; www.mummroskilde.com ; Karen Olsdatters Stræde 9 ; plats 145 DKK ; ⏰17h30-minuit mar-sam, cuisine jusqu'à 21h30). La sobre élégance de ce restaurant sert d'écrin à une cuisine scandinave raffinée et inventive. Une expérience gastronomique qui confine à l'artistique.

Où prendre un verre et faire la fête

♥ **Kaffe Kilden** CAFÉ
(www.kaffekilden.net ; Htorvet ; ⏰7h30-21h lun-ven, 9h-21h sam, 10h-19h dim). Ce sympathique café paraît minuscule de l'extérieur, mais il cache en fait une succession de salles au mobilier dépareillé et à l'ambiance décontractée.

Kloster Kælderen BIÈRE ARTISANALE
(www.klosterkaelderen.beer ; Store Gråbrødrestræde ; bières artisanales 55 DKK ; ⏰14h-minuit lun-jeu, 12h-2h ven, 10h-2h sam). Cette cave à bières aux murs en pierre éclairée à la bougie est douillette et sans prétention. Les 10 bières pression changent régulièrement et incluent parfois la Hornbeer Strong Porter, une bière brune au goût fumé remarquable. La sélection de bières en bouteille est incroyable et comprend toutes les trappistes – même les plus rares.

Les habitués s'y pressent le jeudi soir à 20h pour assister aux concerts de jazz et de blues.

Où sortir

Gimle CONCERT
(www.gimle.dk ; Helligkorsvej 2 ; bières 30-55 DKK, plats 39-149 DKK ; ⏰pub 12h-minuit mar-mer, jusqu'à 2h jeu, jusqu'à 5h ven-sam, 10h-17h dim ; 📶). Ouvert dans une ancienne citerne, le Gimle est une salle de concert éclectique, qui peut accueillir jusqu'à 500 personnes.

La plupart des événements ont lieu de septembre à mai. En été, quelques concerts plus intimistes sont organisés en face, dans le pub convivial qui propose divers en-cas.

Achats

Roskilde Gasværk PRODUITS ARTISANAUX
(www.roskildegasværk.dk ; Skt Ibsvej 12 ; ⏰10h-17h mar-sam, 12h-16h30 dim). À proximité du port, l'usine à gaz de 1894 abrite désormais une galerie d'art moderne et des ateliers d'artistes, notamment la verrerie "Glasgallery" de Skat Snitker (également ouverte lundi) où des démonstrations ont souvent lieu (lundi-mercredi, sauf l'été).

Renseignements

Office du tourisme (www.visitfjordlandet.dk)

Poste (Algade51 ; ⏰10h-17h30 lun-ven). Dans le supermarché Kvickly.

Depuis/vers Roskilde

Quelques destinations desservies en train depuis Roskilde :

Copenhague (84 DKK, 21-30 min)
Køge (48 DKK, 23 min)
Odense (232 DKK, 1 heure 13)
Vordingborg (100 DKK, 45-55 min)

Pour rejoindre le nord-est de la Sjaelland, changez à Copenhague, ou, un peu plus rapide, prenez le bus n°600S jusqu'à **Hillerød** (76 DKK, 1 heure 10).

En voiture, vous trouverez un parking gratuit à côté du musée des Bateaux vikings. Plus près de la cathédrale, on peut stationner gratuitement pendant 2 heures (avec un disque) sur **Schmeltzplads** (Borchsgade) au sortir de Bredgade.

Comment circuler

Le centre de Roskilde est suffisamment compact pour que l'on puisse visiter à pied ses principaux sites. Autrement, **RosCykler** (☎46 32 26 66 ; Hestetorvet 5 ; 100 DKK/jour ; ⏰9h-18h lun-ven, 9h30-15h sam) loue des vélos. Aller de la cathédrale au musée des Bateaux vikings (p. 113) en passant par le Byparken prend environ 15 minutes ; c'est une agréable promenade en descente.

Le bus n°203 part de la gare (toutes les 30 min en semaine, et toutes les heures le week-end) et s'arrête à **Daebrødrevej** (Byvolden ; 🚌203), près de l'auberge de jeunesse (p119), du musée des Bateaux vikings (5 min), et à proximité du camping (page ci-contre) (20 min).

On peut prendre le bus n°202A desservant Musicon à l'arrêt de **Kornerups Vænge** (Bredgade ; 🚌202A) et sur Jernbangade près de la gare : pour **Ragnarock** (p. 113), descendez à Teknik Skole et marchez 350 m vers le nord.

HORS DES SENTIERS BATTUS

KNUDSKOV

Si vous êtes motorisé, la péninsule de 18 km de long de **Knudshoved Odde** offre d'intéressantes randonnées, car ses prairies, forêts et côtes sont émaillées de nombreux monolithes de l'âge de bronze. À environ 12 km à l'ouest de Vordingborg, le parking du somptueux domaine de **Knudskov** (www.rosenfeldt.dk ; Knudskovvej ; parking 15 DKK ; ⏲24h/24) constitue le principal point de départ. On y trouve un tumulus ainsi qu'une tombe à couloir dans laquelle on peut pénétrer. En cheminant à travers prunelliers, chèvrefeuilles et rosiers sauvages, on rencontre parfois des bisons rapportés d'Amérique par la famille Rosenfeldt, propriétaire des lieux.

Pour revenir au centre-ville, prenez la ligne en direction de Margrethehåb, puis descendez à **Schmeltzplads** (Schmeltzplads, Borchsgade ; 🚌202A) ou à **Absalons Skole** (Støden ; 🚌202A). Un itinéraire plus rapide existe à vélo.

Durant le **Roskilde Festival** (p. 115), une gare est spécialement mise en service à proximité du domaine.

Lejre

2 400 HABITANTS

Deux parcs à découvrir en famille sont situés dans la campagne à l'ouest de Lejre et, si vous êtes motorisé, la région a beaucoup à offrir. Le village de Gammel Lejre semble sortir tout droit d'une carte postale.

À voir et à faire

Sagnlandet Lejre MUSÉE

(Pays des légendes ; www.sagnlandet.dk ; Slangealleen 2, Lejre ; adulte/enfant 150/95 DKK ; ⏲10h-17h fin juin à mi-août, horaires réduits le reste de l'année). Au sein de ce centre archéologique expérimental, des passionnés recourent à d'anciennes techniques pour tester diverses théories. Combien de personnes faut-il pour construire un dolmen ? Quelles plantes utilisait-on pour teindre les vêtements ? Comment empêcher que les chèvres ne broutent votre toit en roseau ?

Le long d'un sentier de 3 km dans un paysage vallonné, vous croiserez un marché viking, des tumulus préhistoriques, un labyrinthe tortueux, et un village de l'âge de fer. Vous parcourrez ensuite des champs de cultures anciennes, et descendrez jusqu'à un bassin artificiel avant de traverser une passerelle en bois.

Les enfants pourront naviguer en pirogue, moudre du grain, cuire des gâteaux ou couper du bois à l'aide de haches primitives. Pendant les week-ends et les vacances, il y a beaucoup plus de figurants costumés qu'en semaine le reste de l'année. Consacrez au moins 3 heures à la découverte de ce centre. Le billet reste valable un an sans limite de visites.

Fly-High SPORTS D'AVENTURE

(Tyroliennes du palais de Ledreborg ; ☎46 48 00 38 ; www.ledreborg.dk ; Ledreborg Allé 2D, Lejre ; tyrolienne adulte/enfant 245/200 DKK ; ⏲10h-14h sam mai-sept). Les samedis d'été, vous pouvez traverser la forêt en tyrolienne et voir d'en haut les jardins du palais de Ledreborg (XVIIIe siècle). Long de 370 m, le parcours le plus intense est interdit aux enfants et jeunes adolescents. Mieux vaut réserver : consultez les créneaux disponibles sur Internet.

Le domaine est ouvert tous les jours aux randonneurs, mais le palais est uniquement accessible aux groupes ayant réservé.

Depuis/vers Lejre

Depuis Roskilde, un train rejoint Lejre à 7h30, puis une fois par heure à partir de 8h10. En semaine, le bus n°223 relie la gare de Lejre au palais de Ledreborg et à Sagnlandet Lejre (8 min, dernier service 16h05).

SUD DE LA SJAELLAND

Si le Nord-Est concentre l'essentiel des sites incontournables de la Sjaelland, le Sud n'est pas en reste, avec notamment les charmantes maisons à colombages de Køge. Les falaises de Stevns Klint sont quant à elles inscrites au patrimoine mondial de l'Unesco.

Køge

36 830 HABITANTS

Køge (*cou*-hi) est une jolie ville qui mérite un crochet si vous passez par les Stevns Klint pour rejoindre les îles méridionales du Danemark, ou si vous prenez le ferry vers l'île de Bornholm. Cette ville marchande du Moyen Âge conserve encore un noyau pittoresque de ruelles pavées, jalonnées d'édifices des XVIIe et XVIIIe siècles. En son cœur, Torvet est la plus grande place du pays.

À environ 7 km au sud, Vallø et son château Renaissance (p. 121) entouré de douves constituent une destination de choix pour une apaisante balade en vélo, le long d'avenues arborées et de chemins bucoliques. On trouve d'assez jolies plages de part et d'autre de la baie de Køge, mais le port industriel dépare un peu le paysage. Plus loin, les plages de Solrød et Greve (respectivement à 8 km et 17 km au nord de Køge), accessibles en S-tog, attirent les Copenhagois en mal d'embruns.

À voir et à faire

Sankt Nicolai Kirke ÉGLISE

(église Saint-Nicolas ; www.koegekirke.dk ; Kirkestræde 31 ; clocher adulte/enfant 10 DKK/gratuit ; 12h-16h lun, 10h-16h mar-ven, 10h-16h dim, clocher à partir de midi juil-début août). Baptisée en l'honneur du saint patron des marins, cette église en brique massive arbore un clocher du XIVe siècle. En 1450, une sorte d'oriel en brique ("Lygten") fut ajoutée sur la face est du clocher, et une lanterne suspendue y guidait les bateaux vers le port. Pendant la bataille de la baie de Køge, c'est du haut de ce clocher que Christian IV surveilla sa flotte défendant la ville contre l'invasion suédoise.

En juillet et début août, les visiteurs peuvent en faire l'ascension afin d'apprécier le point de vue qu'avait le monarque. À l'intérieur de l'église, on notera l'autel ouvragé du XVIIe siècle, la chaire à plusieurs niveaux, et la galerie en bois ornée d'armoiries qui permettait à la noblesse de dominer (littéralement) le peuple.

Musée de Køge MUSÉE

(56 63 42 42 ; www.koegemuseum.dk ; Nørregade 4 ; adulte/enfant 90/40 DKK ; 10h-17h lun-ven et 10h-15h sam juil-août, 10h-16h lun-ven et 10h-15h sam sept-nov et jan-juin, 10h-18h lun-ven et 10h-15h sam déc, 10h-15h 1er dim du mois tte l'année). Installé dans une maison du XVIIe siècle, le musée récemment rénové de Køge fait appel aux technologies les plus modernes pour redonner vie à l'histoire locale. Les collections s'intéressent ainsi au destin tragique du *Dannebroge* (un navire de ligne du XVIIe siècle), ou à la fosse commune de Strøby Egede, datant de 4 000 av. J. C. Le musée renferme aussi le plus important ensemble numismatique du Danemark : un trésor de 32 kg d'argent du XVIIe siècle découvert par deux électriciens dans la cour du 17, Brogade en 1987.

KØS MUSÉE

(Køge Skitsesamling ; www.koes.dk ; Nørregade 29 ; adulte/enfant 60 DKK/gratuit ; 11h-17h mar-dim, 11h-21h jeu). Ce musée consacré à l'art dans l'espace public (rues, édifices, hôpitaux...) est une institution unique en son genre : on n'y expose pas de réalisations abouties, mais les notes, croquis et maquettes ayant mené à l'œuvre finale. Voir le processus créatif ainsi décomposé est passionnant. Joli café et boutique intéressante.

Rådhus ÉDIFICE HISTORIQUE

(Torvet 1). Presque entièrement reconstruit en 1903, l'hôtel de ville de Køge est à l'origine un palais Renaissance des années 1550, partiellement édifié à partir de matériaux récupérés dans un monastère à l'abandon.

Aujourd'hui, ce bâtiment sert surtout de façade à un complexe moderne dissimulé derrière.

Plage de Værftsvej PLAGE

Juste au nord de la marina s'étend une plage de sable blanc où l'eau est d'un bleu émeraude. À marée basse, il faut marcher longtemps avant de pouvoir nager. À marée haute, un ponton facilite l'accès à la baignade, mais il n'y a aucun autre équipement, hormis des toilettes.

Il n'est pas facile d'y venir à pied depuis la ville.

Où se loger

La ville comprend deux hôtels centraux, deux campings, un **Danhostel** (61 18 12 03 ; www.danhostel-koege.dk ; Vamdrupvej 1 ; d/qua 500/600 DKK, dort/d/qua sans sdb 200/380/500 DKK ; réception 8h-12h et 16h-18h ; P) localisé à 2 km au nord-ouest, et une douzaine de B&B répartis dans les environs.

Troldegården B&B €€

(23 32 57 67 ; www.facebook.com/Troldegaarden ; Egøjevej 146, Egøje ; app 850-1 050 DKK ; check in après 16h30 ; P). Moins B&B que refuge bucolique, cette adresse campagnarde dispose de 4 beaux appartements, dotés chacun d'une cuisine et décorés avec goût. On s'y sent immédiatement chez soi ! Trois appartements disposent de poutres apparentes et d'une cheminée ; un autre, plus moderne, est décoré dans des tons gris charbon.

Køge

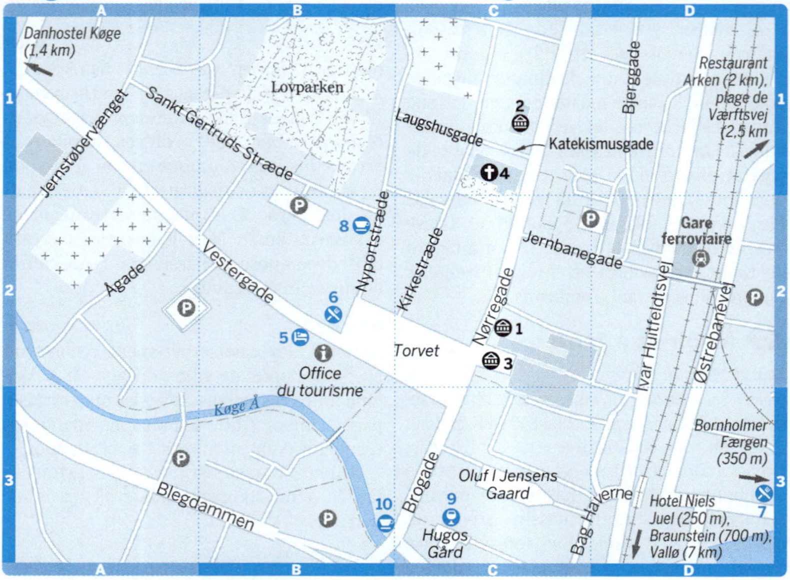

Køge

À voir

1 Musée de Køge C2
2 KØS C1
3 Rådhus C2
4 Sankt Nicolai Kirke C1

Où se loger

5 Centralhotellet B2

Où se restaurer

6 Café Vivaldi B2
7 Skipperkroen D3

Où prendre un verre et faire la fête

8 Café T B2
9 Hugos Kælder C3
10 Kaffekælderen B3

Le jardin est joliment aménagé, et les amis des animaux apprécieront la présence de magnifiques vaches Highlands et de chatons joueurs – tout cela à seulement 4 km de Køge. Paiement en espèces uniquement. Réservation préférable.

Hotel Niels Juel HÔTEL €€

(☎56 63 18 00 ; www.hotelnielsjuel.dk ; Toldbodvej 20 ; s/d/tr avec petit-déj lun-jeu 1 245/1 545/1 895 DKK, ven-dim et vacances 825/1 095/1 295 DKK ; ⏲réception 24h/24 ; P wifi). Proche du port, cet agréable hôtel-restaurant propose 51 chambres compactes avec salle de bains. Récemment rénovées, elles sont dotées d'une moquette originale dont les motifs imitent une plage de galets. Au-dessus des lits sont affichées des planches zoologiques sorties d'un vieux manuel scolaire. Sauna (gratuit pour les clients) et billard au sous-sol.

L'hôtel doit son nom au commandant qui triompha de la marine suédoise lors de la bataille de la baie de Køge en 1677. Cette victoire navale est considérée comme la plus éclatante de l'histoire danoise.

Centralhotellet HÔTEL €€

(☎56 65 06 96 ; www.centralhotellet.dk ; Vestergade 3 ; s/d 860/1 135 DKK, s/d/tr/qua sans sdb 705/860/1 450/1 600 DKK ; P wifi). Une déco sobre agrémentée d'œuvres abstraites donne une vraie personnalité aux chambres de cet hôtel effectivement central. De la petite simple (560 DKK) à la chambre familiale avec terrasse partagée sur le toit (accessible par un escalier en colimaçon), le choix est large.

Les 3 chambres à l'arrière donnent sur un parking de 4 places (le tunnel qui y conduit est étroit pour les voitures de taille moyenne). Encore derrière, se trouve un ravissant jardin sur les bords de la rivière. Attention : le café qui sert de réception ferme à 16h. Prévenez si vous arrivez plus tard.

Où se restaurer

À l'est de la gare, la zone portuaire restaurée de Havnepladsen concentre des restaurants très différents. Un marché fermier se tient les mercredi et samedi matin sur Torvet, la place principale que se disputent les terrasses animées des cafés **Vivaldi** (☎56 63 53 66 ; www.cafevivaldi.dk ; Torvet 30 ; brunch 129 DKK, plats 119-239 DKK ; ⏲10h-22h dim-jeu, jusqu'à minuit ven-sam) et Vanilla. Une rue piétonne mène à d'autres adresses au sud, comme une brasserie moderne (de l'autre côté de la rivière) et un restaurant indien.

Restaurant Arken PRODUITS DE LA MER €€
(☎56 66 05 05 ; www.restaurant-arken.dk ; Bådehavnen 21 ; déj 45-240 DKK, menu dîner 2/3/4/5 plats 305/360/415/470 DKK ; ⏲11h30-20h30 lun-jeu et dim, 11h-30-21h ven-sam ; 📶). Surplombant la marina à 2,5 km au nord de Torvet, Arken est réputé pour ses produits de la mer de qualité, cuisinés avec soin. Cuites 3 fois et accompagnées d'une sauce à l'ail, les frites sont délicieuses. Les petits pains maison sont servis sur un coquillage en guise d'assiette.

En plus d'une bonne carte des vins, Arken propose des alcools maison et une sélection de bières Skagen.

Skipperkroen DANOIS €€
(☎56 65 02 64 ; www.skipperkroen.dk ; Havnen 25 ; plats déj 98-178 DKK, plats dîner 98-228 DKK ; ⏲10h-22h). Avec ses chopes de bières suspendues entre d'innombrables gravures de voiliers, ses tables aux nappes vichy et sa clientèle d'un autre temps, le Skipperkroen est l'archétype de la taverne du port. Au déjeuner, les habitués se régalent de plats danois traditionnels et simples, comme du *leverpostej* (terrine de foie aux champignons et au bacon chaude) ou du *saltstegt sild* (hareng fumé frit aux oignons).

Où prendre un verre et faire la fête

Pour un verre en terrasse sur Torvet, direction le Vivaldi ou le Vanilla. Si vous préférez une atmosphère au charme suranné, le petit Kaffekælderen vous attend. Dans sa cave médiévale, le Hugos Kælder se distingue, lui, par son excellente sélection de bières.

Kaffekælderen CAFÉ
(www.kieskaffekælder.dk ; Brogade 26 ; café 25-42 DKK, gâteau 35-45 DKK ; ⏲9h30-17h lun-ven, 9h30-15h sam). Le café est excellent et la meringue aux fruits des bois succulente. Pourtant, l'atout principal du Kaffekælderen est son décor hors du temps, avec ses meubles chinés, sa minuscule terrasse au bord de l'eau et sa cour pavée digne d'un tableau romantique.

Hugos Kælder BIÈRE ARTISANALE
(www.hugos.dk ; Brogade 19 ; bière 30-200 DKK ; ⏲13h-22h lun, 13h-23h mar, 12h-23h mer-jeu, 12h-minuit ven, 10h-minuit sam, 14h-18h dim). On accède à cette cave aux murs de brique

VAUT LE DÉTOUR

BUCOLIQUE VALLØ

Dans un hameau à seulement 7 km de Køge, le **Vallø Slot** (www.valloe-stift.dk ; Slotsgade ; ⏲jardins 8h-coucher du soleil) a tout du château idéal, avec ses tourelles à chapeau pointu et ses douves envahies de nénuphars et de grenouilles volubiles. L'édifice de brique rouge a conservé son style original du XVIe siècle, malgré d'importants travaux de reconstruction suite à un incendie en 1893. Le château en lui-même est fermé au public, mais les visiteurs sont libres de flâner dans la cour centrale ainsi que dans les jolis bois et jardins qui s'étendent jusqu'à la mer. Le jour de son anniversaire en 1737, la reine Sophie-Madeleine créa une fondation convertissant le château, qui lui appartenait, en un foyer pour "vieilles filles de naissance noble". Les femmes célibataires de la famille royale danoise ne pouvant vivre dans leurs propres châteaux étaient accueillies à Vallø, et prises en charge par la fondation. Les dernières résidentes arrivèrent dans les années 1970, avant que ce programme de bienfaisance ne s'ouvre à partir de 1976 à un public plus large. Une poignée de femmes âgées au sang bleu y résident encore. Face à l'entrée, le **Vallø Slotskro** (☎56 26 52 66 ; www.valloeslotskro.dk ; Slotsgade 1 ; menu 4/5/6 plats 600/700/800 DKK ; ⏲13h-23h mer-sam ; P) propose une cuisine gastronomique qui met à l'honneur les produits locaux.

DANS LA VIEILLE VILLE DE KØGE

Les maisons de conte de fées qui jalonnent le centre de Køge concentrent des siècles d'histoire sur quelques centaines de mètres. Pour en découvrir quelques-unes, commencez votre promenade par le pont situé près du **Kaffekaelderen** (Brogade 26), un bureau de douane de 1721 devenu un charmant café (p. 121). Dans sa cour fleurie, on trouvera un barbier à l'ancienne dont l'échoppe donne sur la rivière. Au **n°23**, les colombages de la boutique ClauDine arborent des motifs de fleurs et de chérubins, sculptés au XVIIe siècle par le célèbre artiste Abel Schrøder. Une autre cour du XVIIe mène au **n°19**, dont la cave en brique médiévale (datant de 1300 environ) accueille l'incontournable bar à bières Hugos Kælder (p. 121). Le **n°17** n'attire pas autant les regards, mais c'est ici, en 1987, que des ouvriers travaillant dans la cour ont déterré un coffre en bois rempli de plus de 2 000 pièces d'argent du XVIIe siècle – le plus gros butin numismatique jamais trouvé au Danemark. Certaines sont aujourd'hui exposées au musée de Køge. Remontant à 1636, le **n°16** est le plus long bâtiment à colombages de la vieille ville. Derrière ces poutres vertes et ces murs jaunes se trouve un opticien, comme l'indique l'enseigne en métal.

En traversant la vieille place Torvet, Brogade devient Nørregade après le Rådhus (p. 119) de style néoclassique. Sur son fronton orné d'une horloge, sont allongées les allégories de la Justice et de l'Éducation. Juste derrière, on peut distinguer le beau bâtiment ancien du Køge Museum (p. 119). De l'autre côté de la rue, la façade du magasin de vêtements Rokkjær comporte une plaque en marbre avec l'inscription *Kiøge Huskors* (Kiøge et Kjøge sont les anciennes orthographes de Køge). Celle-ci commémore les victimes de la chasse aux sorcières du XVIIe siècle, qui vit 16 femmes périr sur le bûcher, parmi lesquelles deux résidentes de la maison qui s'élevait ici.

Regagnez le milieu de Torvet, jusqu'à la demeure de 1638 située à **Kirkestræde 3** ; en vous tournant vers le nord, vous ferez face à la plus belle vue de Køge. Avec l'église à mi-distance et les maisons à colombages des nos 6, 10 et 15, cette rue est magnifique. Au sommet du **n°13**, la cheminée entortillée servait de publicité au forgeron. Juste devant la bibliothèque, c'est au **n°20**, que se trouve la plus pittoresque de ces habitations. Avec son toit abrupt de 1527, il s'agirait de la plus vieille maison à colombages du Danemark. Bien qu'elle ne fasse que 4 m sur 5, les archives indiquent qu'à la fin du XIXe siècle, elle logeait un tanneur, sa femme et leurs 10 enfants.

du XIVe siècle par l'une des cours intérieures typiques de Køge. À l'intérieur, les amateurs de bières seront aux anges : plus de 20 références sont disponibles à la pression, et plus de 200 en bouteille.

Cela inclut une cinquantaine de bières danoises, de nombreuses bières artisanales américaines, et une sélection de bières belges où figurent toutes les trappistes – y compris la très rare Westvleteren 12, souvent classée "meilleure bière du monde". Des groupes jouent dans la cour le samedi midi en été.

Braunstein DISTILLERIE
(☎70 20 44 68 ; www.braunstein.dk ; Carlsensvej 5 ; bière à emporter 15 DKK ; ⌚boutique 10h-17h lun-dim). Dans la petite boutique des frères Braunstein, l'air sent bon la levure. Le premier samedi du mois, une visite guidée permet de découvrir les appareils un peu mystérieux de cette brasserie artisanale doublée d'une distillerie de whisky (175 DKK, 2 à 3 fois par heure, dégustation comprise).

Café T CAFÉ
(www.facebook.com/Cafe.T.4600 ; Nyportstræde 17 ; ⌚10h-17h mar-ven, 10h-15h sam). À deux pas de la place principale, cette maison de poupées au mobilier dépareillé est un endroit chaleureux et confortable pour déguster un bon café, du thé en vrac, et de savoureux gâteaux et cheesecakes maison.

ℹ Renseignements

Office du tourisme (☎69 15 61 70 ; www.visitkoege.com ; Vestergade 1 ; ⌚9h30-16h lun-ven, 10h-13h sam juil-août, 10h-16h lun-ven, 10h-13h sam reste de l'année ; 📶). À deux pas de la place principale. Wi-Fi gratuit et large éventail de brochures pour presque toutes les destinations du Danemark.

Depuis/vers Køge

Køge est le terminus sud de la ligne E du réseau S-tog qui dessert Copenhague et sa périphérie. Trois à six fois par heure, des trains rejoignent la gare centrale de Copenhague (100 DKK, 37 min), puis poursuivent jusqu'à Hillerød (100 DKK, 1 heure 20). Depuis 2019, une nouvelle ligne à grande vitesse relie Copenhague à Ringsted via Køge en 30 minutes, mais elle passe par la récente gare de Køge Nord, plus éloignée du centre.

Bornholmer Færgen (☎70 23 15 15 ; www.faergen.dk ; Østre Kajgade ; adulte/enfant 12-15 ans/moins de 11 ans 283/141 DKK/gratuit, basse saison 232/116 DKK/gratuit, voiture avec 5 passagers 850-1 064 DKK/aller-retour, couchettes dort/d/qua 225/450/900 DKK). Toute l'année, des ferries quotidiens relient Køge à Rønne, sur l'île de Bornholm. Départ à 0h30, arrivée à Rønne à 6h. Depuis Rønne, le ferry part à 17h et arrive à 22h30. Les prix changent selon la disponibilité et la date de réservation. Réservez en ligne.

Comment circuler

Garant Cykler (☎56 65 84 85 ; www.garant-cykler.dk ; Vestergade 41 ; ⏲10h-17h lun-ven, jusqu'à 14h sam) et l'**auberge de jeunesse** (p. 119) louent des vélos (100 DKK/j). L'**office du tourisme** (page ci-contre) vend un ensemble de 8 brochures répertoriant les itinéraires cyclables (25 DKK).

Næstved et ses environs

42 980 HABITANTS

Principale ville de la région, Næstved a mille ans d'histoire, comme en témoignent ses deux splendides églises du XIIIe siècle. Malheureusement, les édifices médiévaux et autres sites d'intérêt sont trop éparpillés pour faire une forte impression. Le **zoo** (zoo-park.dk) et le domaine insulaire de **Gavnø Slot** (www.gavnoe.dk) – château, jardins et parc de loisirs – sont situés à l'ouest de la ville. Non loin, Fensmark est le siège de la célèbre verrerie **Holmegaard Glasværker** (www.holmegaard.dk), et, sur la Rte 54, à l'est de la ville, s'étend le vaste parc d'attractions **BonBon Land** (www.bonbonland.dk). Les amoureux de la nature apprécieront les bois et les lacs au sud et à l'ouest, ou rejoindront les vacanciers du bord de mer à **Karrebæksminde**.

À Næstved, l'**Hotel Kirstine** (☎55 77 47 00 ; www.hotelkirstine.dk ; Købmagergade 20 ; d 1 195 DKK ; P 📶) est un bon hébergement central. Ses colombages vermillon confèrent à cette bâtisse de 1745 un charme que l'on retrouve dans les chambres rénovées et décorées d'apaisants motifs floraux.

> HORS DES SENTIERS BATTUS
>
> **LE B&B D'ØBJERGGAARD**
>
> Flanqué de dépendances à colombages, ce vaste **manoir** (www.objerggaard.com ; Øbjerggårds Allé 20, Køng ; d 545-895 DKK, sans sdb à partir de 445 DKK ; P 📶) est plein de charme. La salle de billard donne accès à une grande bibliothèque, remplie sur 2 étages de livres aux reliures en cuir. La cuisine commune est entièrement équipée, et les chambres au parquet grinçant sont décorées de meubles classiques. Petit bémol : il faut parfois attendre pour utiliser la salle de bains partagée.
>
> Situé en haut d'une avenue arborée partant du Køng Museum, cet édifice à fronton hébergeait autrefois la petite fabrique de lin du village de Køng, à 16 km au sud de Næstved.

Depuis/vers Næstved et ses environs

Un à deux trains par heure desservent :

Copenhague (100 DKK, 1 heure)
Køge (68 DKK, 33 min)
Ringsted (36 DKK, 18 min)
Roskilde (76 DKK, rapide/lent 30 min/1 heure)
Vordingborg (60 DKK, 14-18 min)

Stevns Klint

Figurant depuis 2014 au patrimoine de l'Unesco, les Stevns Klint (littéralement "falaises de Stevns") sont des falaises fossilifères à l'extrémité sud de la baie de Køge (*Køge Bugt*). Prise entre les dépôts de craie et de grès, une fine couche d'argile grise y renferme d'importants éléments géologiques qui témoignent de l'impact de la chute de météorite de Chicxulub survenue il y a environ 65 millions d'années et qui serait à l'origine de la disparition des dinosaures. Le meilleur moyen d'observer cette stratification est de descendre l'escalier à flanc de falaise qui part de la vieille église du village de Højerup.

Le paysage en lui-même vaut le détour, notamment si vous empruntez le sentier longeant la falaise depuis le phare de Stevns

Fyr. Un musée de la Guerre froide se situe 2 km au sud, un peu avant le port de pêche et de plaisance de **Rødvig**, où il est agréable de dîner.

À voir et à faire

Højerup Gamle Kirke ÉGLISE
(Højerup Bygade 30 ; 10h-17h juin-sept, horaires réduits reste de l'année). Avec ses fresques aux ocres presque effacés, cette église du XIIIe siècle se tient si près de la falaise qu'à l'endroit où se situait autrefois l'autel, un petit balcon domine maintenant la mer. L'ancien chœur est en effet tombé dans les flots le 16 mars 1928, en même temps que le cimetière.

Bråten PANORAMA
(sentier des falaises Stevns Klint). Pour rejoindre Bråten, marchez 10 minutes vers le nord depuis le parking de Højerup en direction de **Stevns Fyr** (56 57 50 54 ; www.facebook.com/StevnsFyr ; Fyrvej 2, Tommestrup ; phare 11h-15h lun-jeu, 11h-17h ven-dim), au nord du B&B rural de Klintgården. Les photographes apprécieront ce promontoire rocheux d'où l'on jouit de la meilleure vue sur le site des Stevns Klint. Attention en marchant, car aucune barrière ne vous retiendra en cas de chute.

Koldkrigsmuseum Stevnsfort MUSÉE
(musée de la Guerre froide ; 56 50 28 06 ; www.kalklandet.dk ; Korsnæbsvej 60, Rødvig ; visite guidée de la forteresse souterraine tarif plein/étudiant/enfant 180/160/100 DKK, en surface uniquement 80/60 DKK/gratuit ; site 10h-17h juil-sept, horaires réduits mai-juin et oct déc). Cet intéressant musée souterrain servait de forteresse secrète pendant la guerre froide, quand les tensions entre les États-Unis et l'URSS menaçaient l'Europe d'une guerre nucléaire. La visite guidée (en danois, mais il y a des audioguides en anglais et en allemand) dure 1 heure 30. Vous n'avez pas besoin d'un guide pour voir le complexe en surface, ainsi que les lance-roquettes, stations radar et salles de contrôle mobiles exposés.

Si vous souhaitez visiter le Stevnsfort, munissez-vous de vêtements chauds, car vous marcherez pendant 1,7 km à 18 m sous terre, où la température ne dépasse pas 10°C. Il est recommandé de réserver bien à l'avance, car il n'y a parfois qu'une à deux visites par jour (généralement à 11h, 13h et/ou 15h) et elles se limitent à 30 personnes. L'onglet "KØB BILLET" sur le site Internet permet d'afficher un calendrier des créneaux disponibles.

Le musée est à 3 km au sud des Stevns Klint, à mi-chemin entre Højerup et Rødvig. Depuis Gamle Kirk, un joli sentier côtier y conduit.

GeoMuseum Faxe MUSÉE
(www.kalklandet.dk ; Østervej 2, Faxe ; location de hachette 25 DKK, musée adulte/étudiants/6-17ans 90/75/30 DKK, -6 ans gratuit ; 10h-17h juil-sept, horaires réduits mai-juin et oct déc). À 20 km à l'ouest des Stevns Klint, le GeoMuseum surplombe une grande carrière calcique. Difficile d'imaginer que les récifs coralliens couvraient autrefois cette partie du Danemark, mais c'est pourtant ce qu'explique ce musée récent. On peut louer une petite hache pour rechercher des fossiles dans la carrière et extraire ses propres souvenirs préhistoriques. Prudence toutefois : la carrière est encore en activité.

Où se loger

Klintgården B&B €
(56 51 00 51 ; www.stevnsklintegaard.dk ; Hærvejen 24, Store Heddinge ; s/d avec petit-déj 300-500 DKK ; mi-mai à mi-sept ;). À seulement 100 m du meilleur panorama le long du sentier de Højerup-Stevns Fyr, cet excellent B&B rural dispose de 3 chambres. Elles se partagent une salle de bains, des toilettes et un salon/salle à manger plein d'objets d'art. Coin détente dans le jardin.

Rødvig Kro HÔTEL €€
(56 50 60 98 ; www.roedvigkro.dk ; Østersøvej 8, Rødvig ; d sans/avec vue 1 295/1 395 DKK, sans sdb 950 DKK). À mi-chemin entre l'hôtel de charme et la pension familiale chaleureuse, cet édifice de 1844 propose 19 chambres bien équipées, dont la plupart ont une vue dégagée sur la pelouse et la baie où débutent les falaises. Le cadre du salon et de la salle du petit-déjeuner est à la fois authentique et douillet. Excellent restaurant.

Où se restaurer

Dans le minuscule village d'Højerup, **Traktørstedet Højeruplund** (56 50 29 11 ; hojeruplund.dk ; Højerup Bygade 39 ; menu déj 179-198 DKK, menu dîner 249 DKK ; 12h-20h juil-août, horaires variables le reste de l'année) prépare d'honnêtes plats traditionnels danois. À partir de 50 DKK (prix de la formule café et pâtisserie, proposée jusqu'à 18h30), le parking (qui coûte normalement 40 DKK) est offert. À côté, les

HORS DES SENTIERS BATTUS

DRAGSHOLM SLOT

Dormir dans ce **château** (☎59 65 33 00 ; www.dragsholm-slot.dk ; Dragsholm Allé, Hørve ; d demi-pension à partir de 3 595 DKK par per ; P 📶) vieux de 800 ans, ou dans l'une de ses dépendances bien équipées, ajoute encore au plaisir de dîner dans l'un des restaurants les plus célèbres du Danemark. Concoctés par un ancien chef du Noma, Claus Henrikse, les plats scandinaves contemporains sont d'une simplicité trompeuse. Les formules d'hébergement incluent généralement chambre double, petit-déjeuner et dîner. Sur place, on peut opter aussi pour le plus décontracté **bistro** (menu 2/3 plats 395/495 DKK ; ⏲12h-15h et 18h-22h). Si vous n'avez pas réservé, le discret **MadBar** (en-cas 35-120 DKK, café/vin/bière 35/95/65 DKK) vous attend dans l'arrière-cour du château. Une petite sélection de boissons et d'en-cas y est proposée.

glaces de **Ishuset Højeruplund** (2 boules 30 DKK ; ⏲10h-20h avr-août) remportent un grand succès. À Rødvig, l'offre s'avère plus large, avec un supermarché, un restaurant huppé, et cinq établissements sans prétention, notamment un délicieux thaïlandais.

Renseignements

Le site et l'application de www.kalklandet.dk regorgent d'informations utiles.

Depuis/vers les Stevns Klint

Les Stevns Klint sont à 29 km au sud-est de Køge sur la Rte 261. Le parking coûte 40 DKK à Højerup, mais est gratuit à **Stevns Fyr** (page ci-contre), **Koldkrigsmuseum** (page ci-contre) et Rødvig.

Des trains circulent entre Køge et Rødvig (60 DKK, 35 min) 2 fois par heure en semaine, et 1 fois par heure le week-end, via Klippinge et Store Heddinge. Depuis les gares de Rødvig et Store Heddinge, le bus n°252 rejoint Højerup 1 fois par heure. De là, suivez Højerup Bygade vers l'est sur 500 m pour arriver aux Stevns Klint.

En juillet et en août, une navette gratuite effectue 5 allers-retours quotidiens entre la gare de Klippinge et Rødvig, desservant le Stevns Fyr, les Stevns Klint et le Koldkrigsmuseum. Chaque matin, un trajet supplémentaire dessert également **Vallø** (p. 121). Horaires et précisions sur www.stevnsbussen.dk.

Vordingborg

11 910 HABITANTS

Beaucoup de voyageurs en partance pour l'île de Møn changent de mode de transport à Vordingborg. C'est l'occasion d'y découvrir un château autrefois grandiose, qui joua un rôle majeur dans l'histoire danoise. Il n'en reste aujourd'hui qu'une tour (p. 126) et quelques bastions en ruine entourés de douves, mais le domaine est doté d'un joli parc donnant sur le port. La visite, autoguidée grâce à une tablette fournie par le Danmarks Borgcenter, est une façon ingénieuse de redonner vie au site.

Histoire

Le passé de Vordingborg est étroitement lié à celui du château. Autrefois centre du pouvoir sur la Baltique, le palais était la résidence royale de Valdemar Ier (Valdemar le Grand), le monarque qui mit fin à la guerre civile et réunifia le royaume danois en 1157. En 1241, Valdemar II (Valdemar le Victorieux) y ratifia le Code du Jutland, les premières lois écrites du Danemark. Ce code civil, qui affirmait la nécessité de lois et d'une justice souveraine et objective, est aujourd'hui considéré comme un précurseur du droit danois. Si le château resta de prime importance jusqu'au XVIIe siècle, il fut anéanti par la guerre dano-suédoise en 1660, et Vordingborg ne s'en releva jamais.

À voir

Danmarks Borgcenter MUSÉE

(Centre du château danois ; www.danmarksborgcenter.dk ; Slotsruinen 1 ; adulte/enfant 125 DKK/gratuit ; ⏲10h-17h juil-août, 10h-16h mar-dim sept-juin). Près des ruines du château aujourd'hui envahies de verdure, ce musée high-tech retrace l'histoire du site, ainsi que celle du pouvoir politique et de la vie de château dans le Danemark médiéval. À l'aide de tablettes numériques interactives, les visiteurs explorent des thèmes tels que les tactiques employées par les rois pour accéder au pouvoir et le conserver, et en apprennent davantage sur les pièces historiques du musée.

Vor Frue Kirke ÉGLISE

(Notre-Dame ; Kirketorvet ; ⏲8h-16h). Cette église en brique se dresse au centre de Vordingborg, sur une jolie place derrière la zone piétonne. À l'intérieur, la nef du XVe siècle arbore d'élégantes fresques, et le retable baroque de 1642 est l'œuvre du maître sculpteur Abel Schrøder.

Gåsetårnet TOUR

(Tour de l'oie ; www.danmarksborgcenter.dk ; Slotsruinen). Cette tour ronde en brique rouge de 36 m doit son nom à l'oie en or que Valdemar IV fit installer à son sommet en 1365. Le volatile tournait en dérision la déclaration de guerre des dirigeants de la Ligue hanséatique, que le roi taxait d'"oies caquetantes". Moins vaillant, son fils fit retirer l'oiseau, qui fut perdu : c'est une réplique de 1871 qui est aujourd'hui perchée sur la flèche en bronze du XIXe siècle.

Où se loger et se restaurer

Le **Kong Valdemar** (☎55 31 12 10 ; www.hotelkongvaldemar.dk ; Algade 101 ; s/d/tr/ste avec petit-déj 595/795/995/1 195 DKK ; P📶) est un hôtel d'affaires central, mais assez banal. On lui préférera le **Danhostel** (☎51 85 24 55 ; www.danhostel-vordingborg.dk ; Præstegårdsvej 16-18 ; s/d/tr/qua à partir de 350/500/550/600 DKK ; ⏲réception 16h-18h ; P), à 2 km au nord, ou l'une des pensions de Vordingborg qui disposent d'une chambre à louer.

On mange généralement mieux dans les restaurants proches du port que dans les cafés très fréquentés mais quelconques d'Algade, le boulevard qui mène aux ruines du château.

Marina Fisk PRODUITS DE LA MER €

(☎35 13 21 40 ; marinafisk.dk ; Nordhavnsvej 12 ; plats 79-145 DKK ; ⏲9h30-20h mar-sam, 12h-15h dim). L'adresse est modeste, mais les plats de poisson servis sur le pouce y sont bons, et leur prix imbattable. On commande au comptoir et on mange au soleil (avec un peu de chance) sur la terrasse face au port. Nous conseillons leur interprétation du classique danois *stjerneskud* (étoile filante) : un *smørrebrød* avec poisson frit, salade, poisson bouilli, crevettes et œufs de cabillaud.

Renseignements

Office du tourisme (☎40 49 44 25 ; www.sydkystdanmark.dk ; Nordhavnsvej 32)

Depuis/vers Vordingborg

En train, le trajet Vordingborg-Copenhague (142 DKK) dure entre 68 min et 1 heure 20 via Roskilde. Départ 1 à 2 fois par heure jusqu'en fin de soirée. En arrivant avant minuit, on peut enchaîner avec le bus n°660R (ou n°664) pour l'île de Møn.

OUEST DE LA SJAELLAND

La plupart des voyageurs traversent l'ouest de la Sjaelland sans s'arrêter entre Roskilde et la Fionie. Les églises remarquables de **Ringsted** et **Sorø** méritent pourtant une étape. En poussant un peu, vous pourrez également découvrir les importants sites vikings de Trelleborg (page ci-contre) et la riche avifaune du **lac Tissø**, non loin de là. Ce dernier est sur la route de Kalundborg, un port industriel doté d'une surprenante église à cinq flèches. Loin des sentiers battus, le Dragsholm Slot (p. 125) est un hôtel-restaurant étoilé installé dans un château médiéval.

Ringsted

22 500 HABITANTS

Justifiant à elle seule un arrêt dans la ville plutôt banale de Ringsted, **Sankt Bendts Kirke** (www.ringstedsogn.dk ; Sankt Bendtsgade, Ringsted ; ⏲10h-16h mai-août, jusqu'à 13h sept-avr) est une église aussi belle qu'imposante. Un guide particulièrement cultivé se fera une joie de vous faire découvrir ses plafonds ornés de fresques du XIVe siècle, ses tombes royales, et son petit musée installé dans le transept sud. On y voit entre autres un moulage du crâne de la reine Berengard, et une mèche de cheveux de Valdemar Ier, dont la statue en bronze trône à l'entrée.

Sorø

7 870 HABITANTS

Avec ses maisons à colombages et ses lacs entourés de sentiers tranquilles, Sorø est une ville agréable, à l'écart des circuits touristiques. Elle doit son existence à la Sorø Akademi, un monastère devenu une école destinée à l'élite.

À NE PAS MANQUER

TRELLEBORG

Cette grande **forteresse circulaire** (www.vikingeborgen-trelleborg.dk ; Trelleborg Alle 4 ; ⏲24h/24) GRATUIT, datant de 980, est l'un des plus importants sites vikings de la Sjaelland. Ce terrassement surélevé parfaitement circulaire se situe à 300 m d'un **musée** (Trelleborg Alle 4 ; ⏲10h-17h juin-août, jusqu'à 16h avr-mai et sept-oct) GRATUIT qui lui est consacré (il est possible de visiter le site en dehors des horaires d'ouverture du musée). Entre les deux, une immense maison viking en bois a été reconstituée à l'échelle 1:1.

À l'endroit de la forteresse elle-même, la marque parfaitement circulaire de l'ancien rempart est d'une étonnante précision. Ces talus recouverts d'herbe, qui mesurent 17 m de large et 6 m de haut, étaient à l'origine surmontés d'une palissade en bois. Les talus protègent un espace central où 2 rues divisaient le cercle en quartiers. Chacun comportait une cour où 4 maisons longues en bois étaient disposées. Elles ont disparu depuis longtemps, mais la trace des poteaux et l'emplacement des pignons ont été localisés et remplis de ciment pour faire apparaître les contours des fondations.

En retournant vers l'entrée, vous verrez à gauche du musée la reconstitution d'un mini-village comptant 6 édifices vikings au toit de chaume. À la mi-juillet, un **festival** (www.vikingeborgen-trelleborg.dk ; adulte/enfant 110/30 DKK) d'une semaine redonne vie à ce lieu, grâce à des comédiens en costume, des artisans au travail et de nombreuses activités pour les enfants.

À voir

Fondé en 1142, l'**Akademi** fut un temps le plus riche monastère du Danemark. Largement agrandi après 1161, il fut converti en école après la Réforme. C'est sous Christian IV que naquit l'académie des chevaliers de Sorø, établissement qui enseignait aux jeunes nobles l'art de la chasse et les bonnes manières. Bien que l'Akademi reste une école danoise renommée, les visiteurs peuvent parcourir son vaste domaine en bord de lac.

À l'ombre de grands chênes, l'accès à l'Akademi se fait par **Klosterporten** (Storgade), le portail médiéval de l'ancien monastère. Hormis l'église, la plupart des bâtiments ont été entièrement reconstruits au milieu du XVIIIe siècle, puis une nouvelle fois après un incendie en 1813. Les édifices Renaissance du XVIIe siècle incluent la **Boldhuset** (la bibliothèque actuelle) et la **Ridehuset**, construite à l'origine pour parquer chevaux et chiens de chasse. À côté, les bâtiments modernes jurent par leur banalité. Des sentiers pittoresques longent les berges du lac, et l'un des tracés passe par la **statue de Ludvig Holberg**, dramaturge du XVIIIe siècle qui fut l'un des bienfaiteurs de l'école. Pour regagner le centre-ville, suivez ses plus jolies avenues, **Søgade** et **Vestergade**, toutes deux jalonnées de belles maisons jaunes.

Sorø Kirke ÉGLISE

(église de Sorø ; ⏲9h-16h). Plusieurs monarques danois reposent dans cette église édifiée sur le domaine de l'Akademi. Son intérieur, sobre et harmonieux, est égayé par des **fresques médiévales** et un plafond gothique du XIIIe siècle. Enterré derrière l'autel principal, l'évêque Absalon est celui qui fit construire cette église afin d'y installer le mausolée familial. Elle intégrait à l'origine le monastère cistercien que ce membre du clan Hvide, homme d'État parmi les plus puissants du Danemark, avait fondé ici en 1161.

Sorø Kunstmuseum MUSÉE

(musée d'Art de Sorø ; www.sorokunstmuseum.dk ; Storgade 9 ; adulte/enfant 70 DKK/gratuit ; ⏲11h-17h mar, mer et ven-dim, jusqu'à 18h jeu avr-oct, 11h-16h mar, mer et ven-dim, jusqu'à 18h jeu nov-mars). Le cabinet d'architectes copenhagois Lundgaard & Tranberg est à l'origine de l'extension moderne du bâtiment. En plus d'organiser régulièrement des expositions, le musée présente le plus grand fonds d'icônes russes du Danemark, ainsi qu'une collection de peintures retraçant 350 ans d'art danois (âge d'or, école de Skagen...).

Musée de Sorø MUSÉE

(Sorø Museum ; www.vestmuseum.dk ; Storgade 17 ; adulte/enfant 25 DKK/gratuit ; ⏲10h-14h mar, 10h-16h sam-dim, fermé mi-déc à mi-fév). Installé dans une ancienne auberge de 1625, le musée renferme une collection d'artefacts

Søro

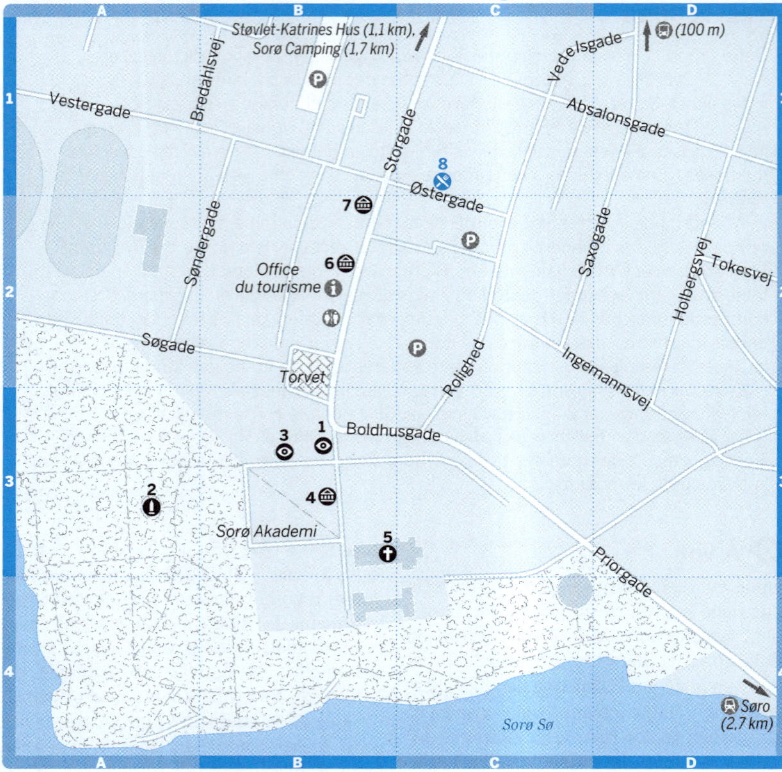

Søro

À voir

1 Klosterporten B3
2 Statue de Ludvig Holberg A3
3 Ridehuset B3
4 Sorø Akademi B3
5 Sorø Kirke B3
6 Sorø Kunstmuseum B2
7 Musée de Sorø B2

Où se restaurer

8 Café Tre Konger C1

régionaux, notamment des céramiques anciennes, et la reconstitution partielle d'une maison de Bornholm vieille de 5 500 ans. Plusieurs salles sont décorées avec du mobilier d'époque, reproduisant le salon d'un aristocrate, ou dévoilant les effets personnels du poète du XIXe siècle Bernhard Severin Ingemann, qui enseigna à la Sorø Akademi (p. 127).

Festival

Sorø Jazz MUSIQUE
(www.soroejazz.dk ; juil). Le festival de jazz de Sorø a lieu durant une semaine fin juillet. Environ 25 concerts sont donnés en divers endroits de la ville (musées, églises, cafés...). Chaque été, des spectacles inventifs rassemblent les musiciens du Sorø Jazz et ceux du **festival de musique classique** (www.soroemusik.dk ; juil-août), qui se trouvent en ville à la même période.

Où se loger

Sorø Sø Camping CAMPING €
(57 83 02 02 ; www.soroecamping.dk ; Udbyhøjvej 10 ; empl 79/40 DKK par adulte/enfant, suppl empl caravane 30 DKK, chalet 500-850 DKK ; P ; 422). Le terrain de ce camping trois étoiles descend doucement vers le lac du même nom. La carte électronique remise aux clients permet d'ouvrir le portail qui

donne sur le chemin longeant l'ouest du lac jusqu'à Sorø (1 km).

Où se restaurer

Café Tre Konger INTERNATIONAL €€
(Østergade 3 ; déj 40-149 DKK, plats dîner 129-309 DKK ; 11h-22h lun-sam, jusqu'à 21h dim). Café décontracté, installé dans un ancien cinéma décoré avec style de lustres et de chaises en rotin. On y sert une délicieuse "salade des trois rois" composée de canard fumé, de roquette, de noix et de tomates vertes marinées. Les hamburgers gourmets sont également savoureux, de même que les pâtes au saumon et le steak de veau pour dîner.

Støvlet-Katrines Hus DANOIS €€€
(57 83 50 80 ; www.stovletkatrineshus.dk ; Slagelsevej 63 ; plats déj 85-195 DKK, plats dîner 245 DKK, dîner 3/5 plats 995/1 425 DKK ; 12h-16h et 17h30-21h mar-sam, plus 12h-16h dim mai-sept). La maîtresse de Christian VII vivait autrefois dans cette jolie ferme au toit de chaume. Aujourd'hui, des serveurs tirés à quatre épingles vous y présentent de délicieux plats de saison, concoctés à partir de sirops de fleurs et de fruits rouges.

Depuis/vers Sorø

En train, Sorø est à mi-chemin entre Odense (184 DKK, 46 min) et Copenhague (132 DKK, 48 min ; via Roskilde, 76 DKK, 24 min). La gare étant localisée à Frederiksberg, à 3 km au sud-ouest de Sorø, le bus n°234 s'avère plus commode pour rejoindre Ringsted (36 DKK, 20 min) et Slagelse (36 DKK, 25 min), car il part de la gare routière, plus centrale. Les lignes n^os^421, 422 et 425 relient le centre-ville à la gare de Frederiksberg.

Lac Tissø

Sur les rives du quatrième plus grand lac danois, le récent **Fugledegård Visitor Centre** (www.naturparkaamosen.dk ; Bakkendrupvej 28, Store Fuglede ; tarifs variables ; 9h-14h lun-jeu, 9h-13h ven, également 10h-15h sam-dim en saison) donne accès à ce qui devait être un important centre rituel il y a 1 000 ans. Les constructions en bois des Vikings ont disparu depuis longtemps, mais des blocs de granite indiquent leurs contours. Le centre montre aussi une superbe reconstitution du collier d'or tressé de Tissø. Pesant 1,8 kg, c'est l'artefact viking le plus riche en or, et l'un des 12 000 objets mis au jour dans cette zone. Les enfants peuvent jouer à accomplir de faux sacrifices déguisés en Vikings, pendant que leurs parents lisent la brochure détaillant (en anglais) les croyances religieuses de l'époque. Le centre étant à l'écart de la route Korsør-Trelleborg-Kalundborg, un véhicule est nécessaire pour accéder au site. En chemin, une étape à **Løve** permet de visiter le **moulin** (www.loevemoelle.dk ; Knudstrupvej 6A, Løve ; adulte/enfant 25/10 DKK ; 13h-16h mar et jeu mi-juin à août ; 430R) de 1881 encore en activité, ou de faire simplement une photo en amoureux devant le panneau de la ville.

Korsør

14 700 HABITANTS

Le **Storebæltsforbindelsen** (liaison du Grand Belt ; www.storebaelt.dk ; autoroute E20 ; péage aller moto/voiture/caravane 130/245/375 DKK) est un chef-d'œuvre d'ingénierie qui permet de relier l'île de la Sjaelland à celle de la Fionie. Long de 18 km, cet ensemble est composé d'un tunnel ferroviaire et de deux ponts venant chacun s'appuyer sur l'îlot de Sprogø, au milieu du détroit du Grand Belt. Achevé en 1998 et aussi gracieux que le Golden Gate Bridge, le pont Est est le troisième du monde par sa portée (ses pylônes culminant à 254 m sont les plus hautes constructions du pays).

Le port de Korsør, situé côté Sjaelland, a souffert de ce progrès : ses ferries et ses brise-glace ont été rendus obsolètes par la création de la liaison du Grand Belt. Le meilleur endroit pour photographier le pont Est ne s'en trouve pas moins à Korsør, près de l'**Isbådsmuseet** (musée des Brise-Glace ; www.byogoverfartsmuseet.dk ; Søbatteriet 7 ; adulte/enfant 20 DKK/gratuit ; 11h-16h jeu-dim juil-août, 11h-16h ven-dim mai-juin et sept-oct).

Møn, Falster et Lolland

Dans ce chapitre ➜

Le top des restaurants

- Bandholm Hotel Restaurant (p. 143)
- Oreby Kro (p. 144)
- Lollesgaard (p. 136)
- Dhaba (p. 140)

Le top des hébergements

- Skelby Gammel Praestegaard (p. 142)
- Bandholm Hotel (p. 143)
- Hotel Stege Nor (p. 134)
- Liselund Ny Slot (p. 138)
- PilgrimsHuset (p. 143)

Pourquoi y aller

Bienvenue dans les "îles du Sud". Ici, pas de palmiers ni de colliers de fleurs, mais de longues plages à l'air vivifiant, des champs de blé ondulant sous la brise, et quelques tombes du néolithique – bref, tout le charme de la vie insulaire à la scandinave.

Joyau de ces îles, Møn séduit à la fois par son dynamisme artistique et ses paysages de falaises, très rares au Danemark. Plusieurs églises médiévales y renferment de magnifiques fresques. Ajoutez à cela des forêts magnifiques et des pensions douillettes, et vous tenez l'île rêvée pour une escapade.

Plus secrètes, les îles jumelles de Lolland et de Falster sont surtout connues pour l'immense plage de Marielyst. Mais leur mosaïque de fermes, de lacs et de bois ravira les cyclistes ; le Knuthenborg Safari Park est une attraction touristique d'envergure nationale ; et l'étonnant Dodekalitten ferait presque de Lolland l'île de Pâques danoise.

Des ponts ferroviaires et routiers permettent de rejoindre le sud de la Sjaelland sans avoir à prendre le bateau.

Quand partir

- Mai et juin sont les mois les plus indiqués pour admirer les orchidées rares de l'île de Møn.
- Les célèbres plages de Falster sont bondées en juillet et début août. À la mi-juin et à la fin août, le temps est superbe, et les plages presque désertes.
- À partir de l'automne et pendant tout l'hiver, beaucoup d'établissements du littoral sont fermés. À cette période, les paysages sombres et mélancoliques séduiront davantage les esprits contemplatifs.
- Avril et mai sont les mois idéaux pour observer les oiseaux migrateurs dans le sud de Lolland et Falster, tandis qu'en automne, les prairies de Nyord sont peuplées d'oies, de cygnes et de limicoles.

À ne pas manquer

1 La chasse aux fossiles préhistoriques près des **Møns Klint** (p. 136), les plus hautes falaises danoises.

2 L'ambiance médiévale du **Middelaldercentret** (p. 139), un village du Moyen Âge reconstitué tout près de Nykøbing F.

3 Les **fresques primitives** (p. 137) ornant les voûtes des églises médiévales de Keldby, Fanefjord et Elmelunde, sur Møn.

4 **Dodekalitten** (p. 145), la réponse danoise aux *moais* de l'île de Pâques.

5 Le sable blanc de **Marielyst Strand** (p. 141), la plus longue plage de Falster.

6 Un voyage dans le temps à **Klekkende Høj** (p. 139), tombe mégalithique de plus de 5 000 ans.

7 Les animaux sauvages du **Knuthenborg Safari Park** (p. 142) qui peuplent les terres de la plus vaste propriété du Danemark.

MØN

9 380 HABITANTS

Comptant parmi les îles les plus captivantes du Danemark, Møn est célèbre pour les longues falaises blanches Møns Klint (p. 136), couronnées de forêts d'un vert profond. Elles constituent une inépuisable source d'inspiration pour les peintres, qui sont nombreux à résider ici. Car Møn a d'autres atouts aux yeux des artistes : vastes plages de sable blanc et petites criques secrètes, mystérieuses sépultures néolithiques, et églises champêtres parées d'étonnantes fresques médiévales. Son ciel lui-même, dont on dit qu'il est le plus sombre du Danemark, attire toujours plus d'observateurs d'étoiles. Lesquels côtoient ici des randonneurs venus arpenter le réseau de sentiers bien organisé de **Camønoen** (camoenoen.dk), baptisé en référence au *Camino francés*, la dernière partie de la route du pèlerinage de Saint-Jacques-de-Compostelle.

Stege

3 850 HABITANTS

Principal village et porte d'accès à Møn, Stege dispose d'un excellent office du tourisme et d'un éventail convenable d'hébergements, de boutiques, de cafés et de supermarchés. On y trouve aussi deux musées remarquables, plusieurs galeries et une belle église aux fresques historiques.

À voir

Portée par une lucrative industrie de harengs, Stege fut un temps l'une des plus riches villes de province danoises. À partir des années 1430, elle fut protégée par une muraille ainsi que par des douves à l'est, mais, en 1534, ces fortifications furent partiellement détruites par des habitants de la ville qui soutenaient l'attaque d'une armée rebelle. Certaines portions des douves, désormais asséchées, subsistent à côté du Møns Museum. Non loin, on

Møn

remarque l'étonnante superposition de pierres et de briques de la **Mølleporten** (carte p. 134 ; Storegade), la dernière porte de la ville, qui a échappé de peu à la démolition en 1873.

Thorsvang — MUSÉE

(carte ci-dessous ; www.thorsvangsamlermuseum.dk ;Thorsvangsallé 7 ; adulte/enfant 60/30 DKK ; 10h-17h mi-mars à fin oct, jeu-dim fin oct à mi-mars). Dans ce ravissant musée pour collectionneurs, 30 intérieurs du milieu du XXe siècle sont reconstitués avec minutie et nostalgie : barbier, boucher, hall de cinéma, et même une salle de classe. On peut aussi admirer une collection d'outils, de vélos et six voitures – de la Baker de 1914 à la Fiat 500 de 1971. Même la billetterie est installée dans une épicerie à l'ancienne.

À 11h, 13h et 15h, il est possible d'entrer dans le bunker aérien de la Seconde Guerre mondiale, mais la présentation sonore des souvenirs de guerre est entièrement en danois. Thorsvang est à 800 m à l'ouest de l'arrêt de bus, perpendiculaire à la Rte 59.

Musée de Møn — MUSÉE

(Møns Museum ; carte p. 134 ; www.moensmuseum.dk ; Storegade 75 ; adulte/enfant 40 DKK/gratuit ; 10h-16h juil-août, 10h-14h mar-sam reste de l'année, fermé mi-déc à fin fév). La visite du musée de Møn se fait avec un audioguide (en anglais, allemand ou danois) proposant des histoires sur des thèmes aussi divers que l'âge de pierre ou les "senteurs locales", et replaçant dans leur contexte les pièces exposées.

Chaque salle de ce bel édifice de 1813 est munie de fauteuils confortables qui invitent à la détente, sous l'œil des animaux empaillés posés ici et là.

Møn

Les incontournables

1	Fanefjord Kirke	A4
2	Keldby Kirke	C2
3	Klekkende Høj	A3
4	Thorsvang	B3

À voir

5	Elmelunde Kirke	C2
	GeoCenter Møns Klint	(voir 7)
6	Liselund	D2
7	Møns Klint	D3
8	Museumsgården	C3

Activités

9	Tour d'observation des oiseaux	B1
10	Møns Fyr Cliff Hike	D3

Où se loger

11	Birkely B&B	B3
12	Hotel Stege Nor	B2
	Liselund Ny Slot	(voir 6)
13	Møn Hostel & Vandrehjem	D3
14	Møns Klint Resort	D3
	Pension Elmehøj	(voir 5)

Où se restaurer

	Liselund Ny Slot Cafe & Restaurant	(voir 6)

Stege Kirke — ÉGLISE

(carte p. 134 ; Provstestræde ; 9h-17h). Au cœur de Stege, cette église en brique du XIIIe siècle se distingue par ses touchantes fresques primitives. Réalisées en rouge et noir aux XIVe et XVe siècles, elles sont de moindres dimensions que celles de Fanefjord (p. 139) et d'Elmelunde (p. 137). Certains détails évoquent des dessins d'enfants : des visages simiesques surgissent des branches, un chasseur poursuit de mystérieux animaux, et un homme affligé est couvert de grosses taches (la rougeole ?).

Longtemps cachées par des peintures ultérieures, les fresques furent redécouvertes en 1892. La restauration de 1999 leur donne un air presque moderne. Une brochure (20 DKK, en anglais) présente les caractéristiques de l'église, notamment la superbe chaire sculptée de 1630. Le petit jardin paroissial de **Middelalderhaven** constitue un passionnant catalogue grandeur nature d'herbes et de plantes comestibles du Moyen Âge.

Liza's Gallery — GALERIE

(carte p. 134 ; www.lizasgallery.com ; Farverstræde 6 ; 10h-18h juil-août, 11h-16h jeu-sam reste de l'année). GRATUIT Les œuvres éclatantes de Liza Krügermeier sont exposées aux côtés d'artistes aux styles similaires dans l'un des plus beaux bâtiments à colombages de Stege, blotti derrière l'église.

Où se loger

Stege et ses alentours comptent une poignée de B&B, deux mini-hôtels, un camping et un golf hôtel. À Elmelunde, l'**Elmehøj** (carte page ci-contre ; 55 81 35 35 ; www.elmehoj.dk ; Kirkebakken 39 ; s/d/tr/qua sans sdb 350/425/575/690 DKK ; fermé nov-mars ; P@ ; 667), ressemble à une auberge de jeunesse.

Birkely B&B — B&B €

(carte p. 132 ; 93 84 26 10 ; www.sleep.perhave.dk ; Rødkildvej 23 ; s/d 375/525 DKK). Ouvert par

Stege

le sympathique Per Have au moment de sa retraite, ce B&B dispose de 2 chambres aux lits de bonne qualité, d'un garage à vélos couvert et d'une salle de bains commune. La véranda dans la salle du petit-déjeuner (60 DKK) donne sur un joli verger, et il y a même une salle commune avec table, réfrigérateur et bouilloire (mais pas de cuisine).

C'est la dernière maison de Stege sur la route de Bissinge, à 1 km au sud-ouest de la ville, du côté droit de la route.

Hotel Stege Nor BOUTIQUE-HÔTEL €€
(carte p. 132 ; ☎40 30 45 75 ; Klintevej 24 ; s/d/qua à partir de 550/600/1 000 DKK ; P 📶 ; 🚌667). Cet hôtel est un ancien moulin à bardeaux datant de 1824. La salle de petit-déjeuner agrémentée d'orchidées, la grande terrasse, et les chambres n^{os}11 et 12 (sur demande, double 750 DKK) offrent un panorama superbe sur les champs et l'anse marécageuse de Stege. Élégantes mais sans ostentation, les chambres ont toutes une salle de bains et d'excellents lits. À 1 km à l'est de Stege.

Prêt de kayak aux clients. Petit-déjeuner à 55 DKK.

Motel Stege MOTEL €€
(carte ci-dessus ; ☎55 81 35 35 ; www.motel-stege.dk ; Provstestræde 4 ; s/d/tr/qua 600/750/900/1 150 DKK ; P 📶). Caché dans une allée tranquille juste derrière l'église (p. 133), ce motel propose 12 chambres simples mais bien conçues. Contiguës à la vaste cuisine/salle à manger commune, les 6 chambres du bâtiment principal accueillent jusqu'à 4 personnes chacune. Une échelle un peu raide mène aux lits supplémentaires aménagés en mezzanine. Les chambres de l'annexe ont leur propre kitchenette.

Pas de réception : appelez les aimables propriétaires afin de pouvoir récupérer les clés dans un coffre-fort situé à l'arrière, face à la petite pelouse.

Stege

À voir

1	Liza's Gallery	C2
2	Mølleporten	D1
3	Musée de Møn	D1
4	Stege Kirke	B2

Où se loger

5	Motel Stege	B2

Où se restaurer

6	David's	B2
7	Hoffmanns	B3

Où prendre un verre et faire la fête

8	Det Gamle Bryghus	C3

Où se restaurer et prendre un verre

Hoffmanns PRODUITS DE LA MER €€
(carte page ci-contre ; ☎27 50 70 70 ; www.facebook.com/Hoffmannsspisehus ; Støvvasen 1 ; plats déj 95-135 DKK, plats dîner 135-245 DKK ; ⏲11h-16h et 17h30-22h). Les uniformes noirs du personnel (pas toujours très efficace) contrastent avec un cadre blanc et dépouillé, créant une ambiance sobre et raffinée. Les meilleures tables sont celles proches du cours d'eau, avec vue sur Stege. Le poisson frais est admirablement préparé.

David's INTERNATIONAL €€
(carte page ci-contre ; www.davids.nu ; Storegade 11A ; plats 112-195 DKK, brunch 149 DKK ; ⏲10h-17h lun-ven, jusqu'à 16h sam-dim ; 📶). Des plats de bistrot modernes, préparés dans une cuisine ouverte et servis dans une salle contemporaine et spacieuse, ou dans le petit jardin à l'arrière. Choisissez entre le célèbre plateau de tapas ou les spécialités, comme le roulé de saumon fumé aux pommes avec mousse de truite. Propose aussi de délicieuses salades, des gâteaux maison et un choix de sandwichs gourmets.

Det Gamle Bryghus BAR
(carte p. 134 ; ☎30 74 04 00 ; www.detgamlebryghus.dk ; Luffes Gård, Søndersti 3 ; bière petite/moyenne/grande 50/60/80 DKK, déj 115-275 DKK, plats dîner 219-259 DKK ; ⏲12h-20h). Dissimulé dans la jolie cour pavée de Luffes Gård, voici le magasin d'usine et le bar-restaurant officieux de la célèbre brasserie Møn, qui occupait autrefois les lieux. Bières sur place/à emporter pour 25/40 DKK, dégustation quatre verres pour 100 DKK. Une mention pour la bière citronnée et non filtrée Hvede.

Pour déjeuner, la carte propose de luxueux *smørrebrød* et des hamburgers gourmets. Les dîners sont plus raffinés et comportent seulement un plat de viande ou de poisson, ou un steak pour un coût supplémentaire.

Renseignements

Office du tourisme (carte page ci-contre ; ☎55 86 04 00 ; Storegade 2)

Depuis/vers Stege

Les bus partent de la **gare routière** (carte page ci-contre ; Storegade 2) située sur Ved Stranden. Pour Vordingborg, prenez le n°660R. Pour Elmelunde, Keldby et Magleby empruntez le n°667 jusqu'à Klintholm Havn, puis le n°678 jusqu'à Møns Klint.

Fri BikeShop (☎55 81 42 49 ; www.fribikeshop.dk/cykler-stege ; Storegade 91 ; 70 DKK/j ; ⏲8h-16h lun-ven, 9h-13h sam) loue des vélos. À l'est du centre-ville, après le supermarché Fakta.

Nyord

40 HABITANTS

Depuis la **péninsule d'Ulvshale**, au nord de Møn, un pont à voie unique mène à l'île marécageuse de Nyord. Ses 5 km² bruissent des pépiements d'oiseaux que l'on peut contempler depuis une **tour d'observation** (carte p. 136 ; Ulvshalevej, Nyord ; ⏲lever-coucher du soleil) GRATUIT située en bord de route. L'unique village, appelé également Nyord, arbore une chapelle octogonale et un ensemble de cottages du XIXe siècle aux toits de tuile et de chaume. Il est si petit qu'on le traverse à pied en 5 minutes. En louant un kayak à **NyordKajak** (www.nyordkajak.nu), vous pourrez l'admirer depuis la mer. Une poignée d'autres commerces ouvrent le week-end pour les visiteurs. Comme d'autres localités de Møn, Nyord fait partie de la communauté "Dark Sky" (www.darksky-moen.dk) : c'est en effet l'un des meilleurs endroits du Danemark pour observer les étoiles.

Où se loger

Bent's Gæstehus MAISON À LOUER €
(☎28 18 50 76 ; yrsa.bent@gmail.com ; Nordgade 9 ; s/d 500/600 DKK ; ⏲toute l'année). Occupant un petit cottage à toit de chaume, cette retraite accueillante au charme désuet est dotée de 2 lits simples et d'un petit salon sous les combles, juste au-dessus d'une cuisine tout équipée. La collection de masques ougandais de Ben tranche avec le nain de jardin dans la fenêtre à l'étage.

Par beau temps, les chaises de jardin sous le pommier sont idéales pour se détendre.

Nyord B&B PENSION €
(☎24 45 81 57 ; www.nyord-bb.dk ; Aksvej 8 ; s avec sdb 450 DKK, d 600-775 DKK, s/d sans sdb 400/500 DKK ; ⏲avr-sept ; 📶). Ce B&B comprend 8 chambres (dont 2 avec salle de bains et carrelage), 3 coins détente en extérieur, un pavillon de jardin octogonal et une cuisine commune de bonne taille. Sous les combles (attention la tête !), les chambres au beau parquet sont spacieuses et décorées avec des tissus indiens. Paiement uniquement en espèces. Petit-déjeuner à 75 DKK.

PAPILLONS ET ORCHIDÉES SAUVAGES

Klinteskoven abrite la plus grande diversité d'orchidées sauvages du Danemark : 18 variétés parsèment en effet les bois couronnant les **Møns Klint**. S'épanouissant sur ces sols riches en craie, beaucoup sont rares, et toutes sont protégées. Avec ses fleurs roses rassemblées en pyramide, l'*Anacamptis pyramidalis* est particulièrement belle. L'*Epipactis atrorubens* est également remarquable, avec ses feuilles ovales, sa haute tige et ses nombreuses fleurs pourpres. La période de floraison atteint son pic de fin mai à début juin. Un bon endroit pour les admirer se trouve juste à l'ouest du village de Busene, à **Høvblege** (carte p. 132 ; Busene), une zone couverte d'arbustes, également peuplée par les derniers spécimens danois de papillons azurés du serpolet.

Où se restaurer et prendre un verre

Lollesgaard DANOIS €€

(☎31 14 03 30 ; www.lolles.dk ; Hyldevej 1 ; plats 85-149 DKK ; ⏲11h-17h30 mer-dim avr-oct ; Ⓟ). Ce restaurant traditionnel est installé dans une vieille maison décorée de pichets en porcelaine et de faïences de Delft. Son petit jardin doté de tables blanches et de parasols est très accueillant. Avant 16h, la carte propose une sélection de *smørrebrød*, de sandwichs et de *frokostplatte* (assiettes avec fromage, hareng, salade et viande). À partir de 17h, le menu privilégie la viande et la pêche du jour. Les entrées incluent une tarte végétarienne.

Noorbo Handelen CAFÉ

(www.noorbohandelen.dk ; Nyord Bygade 1 ; café 20-35 DKK, bière/cocktail 35/65 DKK, sandwich/assiette déj 85/125 DKK ; ⏲11h-17h Pâques-Toussaint, 13h-17h ven, 11h-17h sam, 11h-16h dim reste de l'année). À la fois galerie et boutique, cette ancienne grange est envahie de bouteilles de *snaps* suspendues. À quelques mètres du parking du village, c'est un bon endroit pour goûter bières locales et *shots* parfumés, ou simplement prendre son temps après un déjeuner. Tables à l'intérieur et à l'extérieur.

Depuis/vers Nyord

Nyord est à 12 km de Stege. Il n'y a pas de transports en commun. Les voitures doivent être garées au **parking** (Nyordvej) à 100 m au nord du centre.

Centre de Møn

Entre Stege et Møns Klint, les églises ornées de fresques de Keldby et d'Elmelunde sont incontournables (p. 132). Si vous avez le temps, visitez aussi l'écomusée **Museumsgården** (carte p. 132 ; www.museumsgaarden.dk ; Skullebjergvej 15, Keldbylille ; adulte/enfant 40 DKK/gratuit ; ⏲10h-16h mar-dim mi-mai à début sept ; Ⓟ), installé dans l'une des fermes à toit de chaume les mieux conservées du Danemark.

Møns Klint

Contrastant avec les paysages majoritairement plats du Danemark, les Møns Klint, falaises blanches couronnées de forêts, constituent une merveille géologique. Elles attirent tant de monde que, les week-ends d'été, on s'étonne presque de ne pas les voir s'affaisser sous le poids des touristes... Heureusement, les vallons agricoles et forestiers qui y mènent sont assez vastes pour accueillir les innombrables randonneurs, cyclistes et cavaliers venus explorer les environs. Les kayakistes, eux, admirent les falaises depuis la mer, tandis que les parapentistes se jettent de leur sommet.

À voir et à faire

Les falaises constituent le principal attrait touristique du lieu. Beaucoup de visiteurs y accèdent en traversant Store Klint (parking 35 DKK) où s'élève l'impressionnant GeoCenter, un musée qui initie petits et grands à la géologie. À l'arrière du bâtiment, un long escalier permet de descendre au pied des falaises. On peut également y arriver en marchant 1 heure depuis Møns Fyr, ou opter pour une **promenade en bateau** (☎21 40 41 81 ; www.sejlkutteren-discovery.dk ; Klintholm Havn ; adulte/enfant 200/100 DKK ; ⏲avr-oct ; 🚌667) depuis la ville de Klintholm Havn, où l'on trouve par ailleurs de belles **plages de sable** (Thyravej, Klintholm Havn).

GeoCenter Møns Klint MUSÉE

(carte p. 132 ; www.moensklint.dk ; Stengårdsvej 8, Borre ; adulte/enfant 145/90 DKK ; ⏲10h-18h fin juin-début août, horaires réduits le reste de l'année ; 👪). Les falaises crayeuses des Møns Klint sont apparues il y a 5 000 ans, quand les dépôts calcaires nés de la sédimentation des coquillages ont émergé du plancher océanique.

La haute technologie du GeoCenter permet de mieux comprendre ces processus géologiques. Des expositions passionnantes (en danois, allemand ou anglais) ramènent à la vie des créatures marines du crétacé. Les enfants adorent ce musée interactif et sa "grotte de glace" artificielle.

Liselund JARDINS

(carte p. 132 ; ☎55 81 21 78 ; en.natmus.dk/museums/liselund ; Langebjergvej 4). GRATUIT Les jardins enchanteurs de Liselund furent créés en 1792 par Antoine de la Calmette, fils d'un aristocrate huguenot exilé aux Pays-Bas. Lui-même naturalisé danois, il devint préfet de Møn, et fit cadeau de ce domaine à son épouse, Lise (Liselund signifie "le bosquet de Lise"). Les chemins serpentent sous les marronniers et les chênes, entre pelouses et lacs idylliques. "Le pont des baisers", tout en bois, traverse un ruisseau sous les frondaisons, tandis que des sentiers mènent à un belvédère sur la falaise. Des constructions parsèment le domaine, notamment un château devenu hôtel (p. 138) et un manoir au toit de chaume doté d'une tourelle insolite.

Ce dernier est ouvert aux visites (50 DKK) à 10h30, 11h, 13h30 et 14h (mer-dim, mai-sept uniquement).

Randonnée du Møns Fyr RANDONNÉE

(carte p. 132 ; Fyrvej, Hampeland ; parking gratuit). Il faut environ 1 heure 15 pour faire ce circuit de découverte des Møns Klint. Il débute sur le parking face au Møns Fyr (le phare de Møn), élevé en 1845 au sud-est de l'île.

Depuis le phare, marchez environ 3 minutes vers le nord, puis prenez le sentier en descente et suivez la plage de galets pendant 30 minutes – à marée descendante seulement. Remontez par l'escalier suivant et retournez vers le phare par le sentier en haut de la falaise. En marchant 45 minutes de plus, vous pouvez prolonger la boucle jusqu'au GeoCenter de Store Klint.

Où se loger et se restaurer

Les champs et les forêts menant aux falaises font partie du **domaine de Klintholm** (www.klintholm.dk) qui comprend un grand **camping** (Camping Møns Klint ; carte p. 132 ; ☎55 81 20 25 ; www.moensklintresort.dk ; Klintevej 544, Børre ; adulte/enfant 104/74 DKK plus 20-60 DKK/tente, 30-80 DKK/caravane, électricité 40 DKK ; ⏲début avr-oct ; @ ; 678) bien conçu et plusieurs **cottages à louer** (www.moensklintresort.dk). Il y a une **auberge de jeunesse** (carte p. 132 ; ☎20 81 60 30 ; moenhostel.dk ; Klintholm Havnevej 17A, Magleby ; dort/s/d/qua à partir de 225/350/395/560 DKK ; ⏲mi-avr à mi-sept et Pâques, réception 16h-18h, jusqu'à 19h juil ; P ; 667) à Magleby, et le petit château du XIXe siècle de Liselund (p. 138) abrite un petit hôtel confortable.

La cafétéria qui s'ouvre sur la grande terrasse derrière le GeoCenter propose du café, des gâteaux et des plats de restauration rapide. Sinon, les adresses les plus proches sont localisées près du port de Klintholm Havn, qui compte notamment deux restaurants de poisson, un **italien** (☎55 85 51 81 ; www.restaurantportofino.dk ; Thyravej 4A, Klintholm Havn ; pizza 65-110 DKK, pâtes 119-139 DKK, plats 150-215 DKK ; ⏲17h-20h30 mer-ven, 14h-20h30 sam-dim mai-sept, 17h-20h30 jeu-dim oct-avr ; 667, 678), un snack-bar et

LES FRESQUES D'ELMELUNDE

Outre celle de Stege, plusieurs églises médiévales de Møn arborent sur leurs voûtes des fresques qui en font de véritables galeries d'art. C'est le cas de **Keldby** (carte p. 132 ; Rte 287 ; ⏲8h-16h45), **Fanefjord** (p. 139) et de la plus petite, **Elmelunde** (carte p. 132 ; www.keldbyelmelundekirke.dk ; Kirkebakken 41 ; ⏲8h-16h45 avr-sept, jusqu'à 15h45 oct-mars ; 667). C'est en référence à cette dernière que ces œuvres ont d'abord été nommées "fresques du maître d'Elmelunde" – on lui préfère toutefois aujourd'hui l'appellation "fresques de l'atelier de Møn", plusieurs peintres y ayant certainement contribué. Des batifolages insouciants du jardin d'éden aux démons grotesques sortant de la bouche béante de l'Enfer, la clarté du graphisme permettait d'enseigner les épisodes bibliques aux fidèles illettrés. Les visages impassibles, colorés de tons ocre, ont été peints à l'aquarelle sur le plâtre encore humide. Comptant parmi les mieux préservées du Danemark, ces fresques doivent leur sauvegarde à un coup de chance extraordinaire. Au XVIIe siècle, les luthériens firent disparaître ces images jugées trop catholiques sous une couche de chaux blanche. Ironie du sort, cela eut pour effet de protéger les œuvres de la pollution et de la décoloration, grâce à la couche de poussière qui se trouvait entre les fresques et le blanc de chaux. Celui-ci n'a été enlevé qu'au XXe siècle.

un **supermarché** (Thyravej 6, Klintholm Havn ; ⏲8h-18h). Le château-hôtel **Liselund Ny Slot** (carte p. 132 ; ☎55 81 20 81 ; www.liselundslot.dk ; Langebjergvej 6 ; café/pâtisserie 40 DKK, sandwich déj 169 DKK, dîner 2/3 plats 350/450 DKK ; ⏲13h-17h et 19h-21h fin juin-début août, horaires réduits le reste de l'année) compte un restaurant haut de gamme (réservation obligatoire) qui fait office de café l'après-midi.

♥Liselund Ny Slot HÔTEL **€€**
(carte p. 132 ; ☎55 81 20 81 ; www.liselundslot.dk ; Langebjergvej 6 ; s/d/tr/ste avec petit-déj 800/1 200/1 600/1 600 DKK ; P Wi-Fi ; bus 678). Rien de plus romantique que de s'endormir dans un château du XIXe siècle et de se réveiller dans le parc majestueux de Liselund (p. 137). Hormis l'élégant restaurant (p. 137), l'endroit ne respire pourtant pas le luxe. Les 17 chambres sont agréables mais assez simples, avec douche et toilettes. Ni bouilloire ni réfrigérateur.

Petite mais adorable, la chambre 226 est nichée dans la tour. Aménagées sous les combles, les chambres nos227 et 228 sont particulièrement lumineuses et spacieuses. Les espaces communs incluent un salon/bibliothèque intime, des pelouses agréables, et un salon lambrissé attenant au restaurant.

ℹ Depuis/vers Møns Klint

Le bus n°667 part de Stege (toutes les heures entre 8h37 et 16h37) et dessert Keldby, Elmelunde, Magleby (22 min) avant de faire cap vers le sud jusqu'à Klintholm Havn (30 min au total). De là, vous pouvez prendre le bus n°678 qui part juste après l'arrivée du n°667. Il rejoint le GeoCenter (p. 136 ; dernier retour 17h56) en 12 minutes, le camping (p. 137) en 20 minutes et **Liselund** (p. 137 ; dernier retour 17h32) en 25 minutes.

ℹ Comment circuler

Location de vélos (70 DKK/j) au supermarché **Min Købmand** (ci-contre) de Klintholm Havn. L'auberge de jeunesse de Magleby (p. 137) en loue à ses clients (70 DKK/j), tout comme le camping (page ci-contre ; 100 DKK/j).

Réserver une promenade en bateau de 2 heures (p. 136) depuis Klintholm Havn est une autre façon de découvrir les falaises. Il y a de 2 à 6 départs quotidiens entre avril et octobre. Ceux de 14h et 16h sont les plus réguliers. Mieux vaut réserver. Espèces seulement. Horaires complets sur le site Internet.

Ouest de Møn

Sur les routes de campagne de l'ouest de Møn, les faisans sont plus nombreux que les humains. Les transports en commun ne permettent pas d'explorer cette région, mais, en voiture, 2 heures suffisent pour visiter ses principaux sites, tout en faisant le trajet entre Stege et Falster – via le ferry de **Stubbekøbing-Bogø** (☎30 53 24 28 ; www.bogoe-stubbekoebing.dk ; Havnsgade ; aller adulte/enfant 35/25 DKK, voiture/moto/vélo 140/95/55 DKK ; ⏲mai-sept). Prévoyez plus de temps si les *jættestuer* (tombes à couloir) mégalithiques et les tumulus allongés de 1 800 av. J. C. vous intéressent particulièrement.

VAUT LE DÉTOUR

L'ART DU FUGLSANG KUNSTMUSEUM

Installé sur un domaine agricole, ce bâtiment bien agencé a été conçu pour accueillir un **musée** (www.fuglsangkunstmuseum.dk ; Nystedvej 71 ; tarif plein/-26 ans 85 DKK/gratuit ; ⏲11h-17h juil-août, 11h-16h mar-dim avr-juin et sept-oct, 11h-16h mer-dim reste de l'année ; 🐾). Par ses larges baies vitrées, on observe au loin des scènes bucoliques de moutons paissant dans les champs, qui semblent copier les tableaux naturalistes exposés à l'intérieur. Initiée en 1887 par le brasseur Carl Jacobsen, la collection offre un voyage exhaustif à travers la création artistique danoise de 1830 à nos jours.

Les plus belles pièces sont surtout des œuvres du début du XXe siècle, parmi lesquelles l'éclatante peinture futuriste *Afgang!* (1918) de Jais Nielsen, et la veillée funèbre d'Ejnar Nielsen (1930), mêlant des figures du réalisme soviétique à une composition d'icône religieuse. Le musée accueille aussi des expositions temporaires. On y trouve aussi un café, une petite boutique et, sur le domaine, un manoir du XIXe siècle cerné de douves qui fait office de B&B, avec 4 chambres (www.fuglsangherregaard.dk).

Le musée est au bord de la route Nykøbing-Nysted (Rte 297). Prenez le bus n°730 (24 DKK, 15 minutes depuis la gare de Nykøbing F) jusqu'à Fuglsang (Nystedvej) puis marchez 400 m.

À voir

Klekkende Høj
SITE ARCHÉOLOGIQUE

(carte p. 132 ; Klekkendevej, Røddinge ; 24h/24). Vu du parking, ce tumulus du néolithique a l'air d'un simple monticule d'herbes en plein champ. En approchant, on distingue deux ouvertures qui mènent à des corridors. Ils ne font qu'un mètre de haut, mais si vous vous faufilez dans celui du nord, vous y découvrirez un spectacle étrange : faiblement éclairée derrière une paroi de verre, on peut voir une chambre funéraire complète, avec des objets et des crânes datant de plus de 5 000 ans.

Fanefjord Kirke
ÉGLISE

(carte p. 132 ; Fanefjordvej ; 8h-18h). Dans un cadre bucolique surplombant une crique, cette superbe église blanchie à la chaux date de 1250. Elle est célèbre pour les fresques remarquables que le "maître d'Elmelunde" a peintes sur les voûtes autour de 1500 (p. 137). Un fascicule plastifié (disponible en anglais) permet de déchiffrer cette Bible en images destinée aux ouailles illettrées.

Parmi les images les plus étonnantes : deux diables extrayant l'âme de Judas ; la Vierge Marie qui, lors du Jugement dernier, fait pencher la balance en faveur de l'humanité ; et un démon cornu qui jubile en écoutant les cancans de deux commères ! À l'extérieur, le panorama devrait plaire aux aquarellistes.

Grønsalen
SITE ARCHÉOLOGIQUE

Pas très loin à pied, en continuant la route de la Fanefjord Kirke (tournez à gauche depuis l'allée de l'église), se trouve le plus long tumulus mégalithique du Danemark : Grønsalen. On ne peut pas y pénétrer, mais sa taille est impressionnante : 102 m de long, entouré de 145 énormes blocs de pierre d'un rose étincelant.

FALSTER ET LOLLAND

102 700 HABITANTS

Arrimées l'une à l'autre par plusieurs ponts, les îles de Lolland et Falster sont composées d'une mosaïque de forêts et de terres agricoles. L'atout principal de Falster est la longue plage aux eaux cristallines (p. 141) qui longe son littoral sud-est jusqu'à Gedser. Ce port dispute à Rødby, dans le sud-ouest de Lolland, le titre de principal point de connexion maritime entre l'Allemagne et le Danemark.

Nykøbing F

16 620 HABITANTS

Même si le "F" de son nom renvoie à Falster, cette ville-carrefour est en fait à cheval entre Falster et Lolland. Côté Falster, un front de mer banal est dominé par une raffinerie de sucre qui embaume l'air lorsqu'elle reprend brièvement son activité chaque mois d'octobre. Parmi les bâtiments majoritairement modernes se cachent une poignée de maisons médiévales, notamment le long de la belle **Bastebrostræde** jalonnée de cottages. Cette artère relie le parking principal à la rue commerçante Langgade et sa boutique de vieilles pipes, son musée et l'étonnant barbier Rolink. Au nord de Langgade, Slotsgade est le meilleur endroit où manger et boire un verre. Les deux sites les plus intéressants de la ville, Middelaldercentret et Fuglsang Kunstmuseum, sont de l'autre côté du détroit, sur l'île plus rurale de Lolland.

À voir

Middelaldercentret
PARC DE LOISIRS

(Centre médiéval ; www.middelaldercentret.dk ; Ved Hamborgskoven 2, Sundby L ; adulte/enfant/famille 160/90/460 DKK ; 10h-16h mar-dim mai-sept ; ; 702). Cette reconstitution d'un village médiéval du début du XVe siècle, peuplé de nombreux artisans costumés, nous ramène à l'époque des damoiselles et des chevaliers. Les démonstrations incluent du tir à l'arc, des joutes équestres à 13h30, ou encore, à midi, le déclenchement d'un trébuchet, sorte de catapulte. La partie la plus pittoresque est une ancienne maison de négociant donnant sur un port et ses bateaux. Les enfants adorent les nombreuses activités, et la taverne Gæstgiveri (p. 140) permet de goûter aux recettes de l'époque.

Le Centre médiéval se trouve de l'autre côté du pont, sur Lolland. Depuis la gare Brovejen/Nykøbing F, le bus n°702 y conduit (24 DKK, 18 minutes) à peu près toutes les demi-heures en semaine, et toutes les heures le week-end. Depuis l'Hotel Liselund (p. 142), vous pouvez rejoindre le musée à pied en longeant un joli sentier au bord de l'eau pendant 20 minutes (1,2 km).

Vandtårnet
GALERIE

(www.vandtaarnet.multicentersyd.dk ; Hollandsgård 20 ; 10 DKK ; 10h-16h lun-ven). Venant rompre la monotonie du paysage urbain de Nykøbing, ce château d'eau vieux d'un siècle accueille désormais un **café** (café 15-30 DKK, sandwichs 50 DKK ; 10h-16h lun-ven), ainsi que des ateliers pour jeunes artistes et des espaces d'exposition. Le panorama à 360° qu'on découvre par les fenêtres du dernier étage reste toutefois la principale raison pour laquelle on grimpe ses 151 marches.

Falsters Minder MUSÉE

(www.museumlollandfalster.dk ; Færgestræde 1A ; 65 DKK ; 10h-17h lun-ven, jusqu'à 16h sam mi-juin à août, 10h-16h mar-ven, 10h-14h sam sept à mi-juin). Ce musée d'histoire régionale est installé dans l'une des plus vieilles maisons de la ville. On y découvre des costumes, des jouets, des verreries, des céramiques, ainsi que des reconstitutions de pièces et de boutiques du XIXe et du début du XXe siècle, dont une élégante boutique d'orfèvre au décor pompéien. Les explications sont le plus souvent écrites uniquement en danois. Accès par l'office du tourisme.

Où se loger

Si l'Hotel Liselund est situé sur Lolland à quelques pas du Middelaldercentret (p. 139), la plupart des hébergements se trouvent sur Falster – notamment le **camping** (61 65 65 93 ; www.fc-camp.dk ; Østre Alle 112 ; empl par adulte/enfant 80/40 DKK, petite/grande cabane 300/440 DKK ; Pâques-sept ; P) et le sympathique **Danhostel** (54 85 66 99 ; www.vesterskoven.dk ; Østre Alle 110 ; dort/s/d/tr/qua 300/420/580/660/768 DKK ; réception 16h-18h ; P ; 742) à 1 km à l'est de la gare, près du zoo (bus n°742).

Hotel Liselund HÔTEL €

(54 85 15 66 ; www.hotelliselund.dk ; Lundevej 22, Sundby ; s/d mai-sept 560/710 DKK, oct-avr 460/610 DKK ;). Une ambiance apaisante règne dans cet hôtel de plain-pied bien entretenu, proche du superbe sentier côtier qui rejoint le Middelaldercentret (p. 139) en 20 minutes. Les 24 chambres sont compactes mais comprennent un bureau et une petite table derrière une grande baie vitrée. Toutes (sauf 4, les chambres nos28 à 31), donnent sur une belle pelouse ombragée.

De larges miroirs agrandissent les chambres décorées de tableaux, et la véranda-corridor apporte de la lumière. Ni bouilloire ni réfrigérateur. Location de vélo. Petit-déjeuner 85 DKK.

Avant Garden B&B €

(20 10 40 30 ; www.avant-garden.dk ; Nørre Blvd 72 ; s/lits jum avec petit-déj 495/695 DKK ;). L'Avant Garden est une demeure des années 1940 pleine à craquer des œuvres d'art de la sympathique propriétaire irlandaise, Patricia Satchwell. Au rez-de-chaussée, les 3 chambres sont petites et assez sombres, mais disposent chacune d'une entrée séparée. Elles partagent un salon, des toilettes et une belle douche à l'italienne. Par beau temps, le petit-déjeuner est servi dans le jardin.

Où se restaurer

La majorité des restaurants sont sur Slotsgade ou à proximité. C'est le cas de l'établissement gourmet **Vinkælderen** (54 85 09 10 ; www.restaurantvinkaelderen.dk ; Slotsgade 22 ; plats 120-265 DKK ; 17h30-22h mer-jeu, jusqu'à 23h ven-sam) et du restaurant indien, inventif mais abordable, **Dhaba** (www.dhaba.dk ; Torvet 7 ; plats 69-129 DKK, assortiment de plats 199-229 DKK ; 17h-21h lun-jeu, 12h-21h ven-dim).

Gæstgiveri Den Gyldne Svane MÉDIÉVAL €€

(93 10 50 63 ; www.dengyldnesvane.dk ; Middelaldercentret ; menu 250 DKK ; 11h-15h30 mai-sept, fermé lun mai et sept). Après avoir découvert au Middelaldercentret (p. 139) les images et les sons du XVe siècle, vous pourrez en goûter les saveurs dans cette taverne mitoyenne, éclairée aux chandelles. Assis sur des bancs, on y mange d'authentiques plats médiévaux avec des couverts en bois. Réservez bien à l'avance.

Renseignements

L'**office du tourisme** (54 85 13 03 ; www.visitlolland-falster.com ; Færgestræde 1A ; 10h-16h mer-ven, 10h-15h sam ;) sert également de billetterie pour le musée **Falsters Minder** (p. 139). Wi-Fi gratuit.

Danske Bank (45 12 53 00 ; danskebank.dk ; Langgade 13 ; 10h-16h lun-mer et ven, jusqu'à 17h jeu) change vos devises avec une marge de 5%, plus une commission de 40 DKK.

Depuis/vers Nykøbing F

Il y a un train par heure pour Maribo (60 DKK, 23 min) et pour Vordingborg (60 DKK, 28 min), où vous pouvez changer pour Møn. Les bus n°741 ou n°742 en direction de Marielyst (24 DKK, 22 min) partent presque à chaque heure depuis l'arrêt **Brovejen** (p. 139), proche de la sortie ouest de la gare.

Marielyst

725 HABITANTS

Hors saison, il est difficile de croire que Marielyst soit l'une des premières destinations balnéaires du Danemark. Depuis sa splendide plage de sable blanc, on n'aperçoit qu'un littoral préservé, séparé de toute construction par de larges dunes couvertes d'herbes et de roseaux. La ville, qui compte 6 000 résidences de vacances, s'étire jusqu'à Gedser. La plage est si longue que, même en plein été, il est possible de trouver un coin relativement à l'écart.

À voir et à faire

Le centre-ville consiste en une rue partiellement piétonne jalonnée de bars, de pizzerias et de glaciers. Filant vers l'ouest, elle est perpendiculaire au principal accès à la plage.

Au gros rond-point où arrivent les voitures venues de Nykøbing, le **Strandpark Velkomstcenter** est un grand complexe intégrant un bowling, un terrain de volley, et des espaces fitness et bien-être. Les terrains de golf et de "golf aventure" sont à 2 km au sud, et, au sud-ouest de là (à 3 km), se trouvent le principal camping et le parc aquatique. Enfin, le centre de paintball et le **circuit de kart** (www.gokart.dk) sont 600 m plus à l'ouest. Certaines des plages les plus tranquilles se trouvent quelques kilomètres au sud.

♥ Marielyst Strand — PLAGE

S'étirant sur près de 14 km le long du littoral sud-est de Falster, cette magnifique bande de sable blanc est bordée à l'arrière par des dunes de roseaux et une belle forêt. Des milliers de maisons sont dissimulées parmi les arbres, mais des normes de construction strictes leur ont imposé la discrétion.

Surfcenter Falster — KITESURF

(☎23 60 30 26 ; www.surfcenterfalster.dk ; Marielyst Strandvej 30). L'école de kitesurf et de planche à voile de Timo Sander occupe un kiosque mitoyen au Dr Emils Nightclub, à 600 m de la plage. Cours pour adultes et enfants, en danois, anglais ou allemand. Téléphonez pour organiser la leçon.

Golf & Fun Park — MINIGOLF

(www.golffunpark.dk ; Bøtø Ringvej 2E ; parcours 9/18 trous adulte 85/45 DKK , enfant 60/20 DKK ; ⌚fin mars à fin oct, voir calendrier en ligne ; 🚌742). À 1,8 km au sud du Strandpark, l'attraction principale de ce parc de loisirs est un parcours de "golf" de 18 trous où la balle est remplacée par des ballons de football et des Frisbees à frapper ou lancer dans des paniers à la fin de chaque piste gazonnée.

On y trouve aussi une cage de base-ball, des bulles gonflables pour tout-petits, et un terrain de football bulle (*bubble football*) – un type de football qui se joue en enfilant des sphères gonflables qui transforment les participants en autos-tamponneuses sur pattes. Il y a aussi un vrai terrain de golf à 600 m au nord.

Où se loger et se restaurer

Plusieurs centaines de maisons de Marielyst sont louées à la semaine par 3 agences principales (www.dansommer.dk, www.novasol.dk et www.sologstrand.dk). Leurs bureaux sont regroupés dans le **Strandpark Velkomstcenter** (www.dansommer.dk ; Strandpark 3 ; basse/haute saison à partir de 1 500/3 500 DKK par semaine), où l'on récupère les clés. Les locations débutent et finissent le samedi. Bien que l'immense majorité des locations se fasse par réservation, il est possible de louer sur place (3 jours min). Pour de plus courts séjours, l'office du tourisme (p. 142) dispose d'une liste à jour des chambres disponibles (double à partir de 800 DKK environ).

Marielyst Familiecamping — CAMPING €

(www.marielystfamiliecamping.dk ; Godthåbs Allé, Marielyst Feriepark ; empl 35 DKK plus 75/40 DKK par adulte/enfant, chalet 695-835 DKK plus entretien 500 DKK ; ⌚début avr-sept ; P ; 🚌742). Aménagé autour de 2 lacs, ce vaste terrain de camping compte un grand parc proposant divers équipements (toboggan aquatique, parcours d'escalade, îles et piscines à thème). Quasiment à l'abandon pendant des années, ils sont actuellement réhabilités par de nouveaux gérants. À 700 m au sud du Golf & Fun Park et 1 km à l'est du circuit de kart.

Oldfruen B&B De Luxe — PENSION €€

(☎54 13 13 80 ; www.oldfruen.dk ; Marielyst Strandvej 25A ; s/d/tr/qua 600/800/900/1 000 DKK ; ⌚10h-17h dim-jeu, 10h-18h ven-sam). Blotti derrière l'Oldfruen Cafe, presque face à l'Hotel Nørrevang, cet établissement récent bénéficie d'un emplacement central. Ses chambres soignées offrent le meilleur rapport qualité/prix pour de courts séjours, sur la rue principale de Marielyst. Appartements avec salle de bains, kitchenette et 3 lits simples aménagés dans une mezzanine sous les combles, juste au-dessus de la chambre principale.

Larsen på Torvet — INTERNATIONAL €€

(Larsens Plads ; ☎54 13 21 70 ; www.larsens-plads.dk ; Marielyst Strandvej 53 ; pizzas 49-85 DKK, plats 149-169 DKK, brunch/buffet dîner 119/169 DKK ;

HORS DES SENTIERS BATTUS

SKELBY GAMMEL PRAESTEGAARD

Difficile de trouver B&B plus charmant, surtout dans cette gamme de prix ! Installé dans l'**ancienne demeure d'un prêtre** (☎29 60 45 57 ; Gammel Landevej 59, Skelby ; d/tr/qua 550/700/850 DKK ; 740) rénovée avec amour, ce B&B est à 10 minutes en voiture de Marielyst, à côté de la vieille église du hameau de Skelby. Réservation sur www.booking.com uniquement. Les charmants gérants vivent à deux pas : organisez votre arrivée au préalable.

D'un blanc éclatant, les 7 chambres sont dotées de sols en plancher ou en brique et de mobilier en teck. Réparties dans 3 petits appartements, elles sont toutes munies d'une douche-toilettes, et 2 disposent d'une cuisine équipée. Chaque appartement est réservé à un seul groupe, ce qui est particulièrement rentable pour les familles. Le délicieux petit-déjeuner (75 DKK) est servi dans une ancienne salle à manger dotée d'un lustre magnifique.

10h-21h). Dans un cottage de 1919, ce bar-restaurant original et imposant règne sur la zone piétonne au centre de Marielyst. Il est rempli de maquettes de bateaux, de lanternes suspendues et de gramophones. À l'étage, les salles sous les combles ont des allures de musée des années 1940. Nourriture de pub par excellence : pizzas, poissons et steaks.

Renseignements

Central, le petit **office du tourisme** (☎54 13 62 98 ; www.visitlolland-falster.com/ln-int/lolland-falster/marielyst ; Marielyst Strandvej 54 ; 10h-16h fin juin-août, 10h-15h lun-mar et jeu-dim sept-mai ;) est situé sur la grande place piétonne près de la tour pointue.

Depuis/vers Marielyst

Les bus n[os]741 et 742 relient Marielyst à Nykøbing F (24 DKK, 22 min), une fois par heure environ. Le terminus du n°741 est **l'arrêt Marielyst Torv** (Bøtøvej), à côté de l'office du tourisme installé dans un petit immeuble au sud du centre-ville. Les samedis soir en été, il circule 24h/24. Le n°742 continue vers le sud.

Comment circuler

Dans le **Strandpark Velkomstcenter** (p. 141), Dansommer loue des vélos de toutes sortes pour 60 à 75 DKK/jour (250-300 DKK/semaine). Vous pouvez demander qu'ils soient déposés à votre hébergement ou à l'office du tourisme. Tandems et remorques pour bébé disponibles.

Maribo et Bandholm

5 890 ET 560 HABITANTS

Sur les rives d'un grand lac, Maribo doit son charme à une cathédrale du XVe siècle, des chemins au bord de l'eau et quelques musées modestes. En été, un train à vapeur, nommé le **Museumsbanen** (☎54 78 85 45 ; www.museumsbanen.dk ; Maribo Station ; aller/aller-retour adulte 50/90 DKK, enfant 25/45 DKK ; 10h, 13h et 15h dim ou mer et/ou jeu mi-avr à mi-oct), conduit plusieurs fois par semaine au ravissant petit port de Bandholm (8 km au nord). Un excellent hôtel-restaurant y est situé, à côté de la sortie du principal parc animalier du Danemark (dont l'accès se fait au village de Maglemer).

À voir et à faire

Knuthenborg Safari Park ZOO

(☎54 78 80 89 ; www.knuthenborg.dk ; Knuthenborg Allé ; adulte/enfant -11 ans 159-239/99-149 DKK ; 10h-17h ;). Le Knuthenborg Safaripark, dans lequel on circule en voiture, est le plus grand parc animalier du nord de l'Europe et l'une des attractions les plus courues du Danemark. Il héberge plus de 1 000 animaux sauvages qui circulent librement : zèbres, antilopes, girafes, rhinocéros, tigres, chameaux et autres créatures exotiques. Le parc, qui occupe l'un des plus vastes terrains privés du pays, inclut un arboretum, une volière, un grand terrain de jeux pour les enfants, et 23 km de routes.

Plusieurs zones (notamment la "savane") étant inaccessibles sans voiture, il est déconseillé de venir à vélo ou à pied.

Maribo Domkirke CATHÉDRALE

(Klostergade ; 9h-17h). Dressée au milieu des arbres dominant le lac, l'étonnante cathédrale en brique de Maribo est constituée d'une nef divisée en trois par de massives colonnes octogonales. Les dorures de la chaire de 1606 et du retable de 1641 tranchent gracieusement avec l'intérieur blanchi à la chaux et doté de bancs en bois massif.

L'église, construite en 1416, est d'abord attachée à un monastère brigittin, qui deviendra couvent protestant après la Réforme. C'est dans ce couvent qu'au

XVIIe siècle, la comtesse Leonora Christina - inhumée dans la crypte – s'est retirée pour écrire sa saisissante autobiographie, *Jammers Minde* (non traduit). Elle y retrace les deux décennies passées dans les prisons royales, entre les rats, les puces et un geôlier lubrique. L'église est devenue cathédrale en 1806 (voir aussi l'encadré p. 144).

Frilandsmuseet Maribo MUSÉE
(museumlollandfalster.dk ; Meinckesvej 5 ; adulte/enfant 50 DKK/gratuit ; ⏲10h-16h juil-août, mar-dim mai, juin et sept). Le Frilandsmuseet est un mini-village composé d'une douzaine d'édifices au toit de chaume et d'un moulin-pivot en bois. Le site est ravissant – même fermé (on l'aperçoit à distance derrière les hêtres et les vieux chênes). Depuis le camping (voir ci-dessous), on y accède en 4 minutes à pied en longeant le lac.

Stiftsmuseum Maribo MUSÉE
(museumlollandfalster.dk ; Banegårdspladsen 11 ; adulte/enfant 50 DKK/gratuit ; ⏲10h-16h lun-ven, jusqu'à 14h sam). Jouxtant la gare de Maribo, ce remarquable petit musée vaut le détour pour les 9 "Christ souffrant" qu'il abrite. Issues d'églises médiévales de Lolland, ces figures du XIIIe siècle sont réunies dans une salle à l'éclairage de circonstance.

Anemonen BATEAU
(☎54 78 04 96 ; www.naturparkmaribo.dk/aktiviteter/turbaaden-anemonen ; Maribo Kirkegaard ; adulte/enfant aller/retour pour Borgø 80/40 DKK). Chaque été, l'*Anemonen* part de la jetée devant la cathédrale pour sillonner le lac émaillé d'îles de Maribo. On choisit entre un circuit de 50 minutes, ou un tour de 2 heures avec étape sur Borgø, l'îlot qui dissimule les vestiges d'une forteresse du XIe siècle détruite par une insurrection paysanne au Moyen Âge.

Où se loger

Les abords du lacs comprennent un **camping** (☎54 78 00 71 ; www.maribo-camping.dk ; Bangshavevej 25 ; empl 78/42 DKK par adulte/enfant, chalet 500-900 DKK ; ⏲avr à mi-oct ; Wi-Fi) fréquenté, 500 m au sud-ouest de la cathédrale, et une **auberge de jeunesse** (☎55 37 72 12 ; www.maribo-vandrerhjem.dk ; Vestre Landevej 110 ; s/d/tr/qua 350/400/500/550 DKK ; ⏲réception 16h-18h juin-août ou sur rendez-vous ; P Wi-Fi) très fonctionnelle, à 1,5 km au sud-est, face à l'hôpital. Plus centrale, la PilgrimsHuset est minuscule mais bien plus mignonne. Si vous êtes motorisé, il existe des hébergements modestes au charme rural et au bon rapport qualité/prix – notamment l'**Otel Våbensted B&B** (☎42 48 25 63 ; otel-vaabensted.dk ; Kårup Møllevej 6, Våbensted ; s/d 415/660 DKK, sans sdb s/d/tr 375/575/825 DKK ; ⏲réception 15h-22h ; P Wi-Fi), 5 km à l'ouest, et l'**Hotel Femern** (☎50 59 88 08 ; www.hotel-femern.com/en ; Møllevej 3, Fuglse ; d 599 DKK, s/d/tr/qua sans sdb 349/499/649/799 DKK ; ⏲réception 16h-22h ; P Wi-Fi ; 🚌730), 8 km au sud. L'adresse la plus attrayante de la région est le majestueux quatre étoiles Bandholm Hotel.

♥ **PilgrimsHuset** AUBERGE DE JEUNESSE €
(☎30 63 66 20 ; www.pilgrimshus.dk ; Klostergade 18 ; 200 DKK/pers). Dans un joli bâtiment historique mitoyen à la cathédrale (page ci-contre), cette auberge de jeunesse miniature propose 4 petites chambres d'un blanc immaculé, disposées autour d'une cuisine commune. L'idée ? Proposer un hébergement économique aux randonneurs qui arpentent les deux chemins de pèlerinage se croisant à Maribo : le chemin de Saint-Jacques-de-Compostelle et la route monastique du Danemark. Téléphonez pour vérifier la disponibilité.

♥ **Bandholm Hotel** HÔTEL HISTORIQUE €€€
(☎54 75 54 76 ; www.bandholmhotel.dk ; Havnegade 37, Bandholm ; s/d avec petit-déj à partir 1 095/1 195 DKK ; ⏲réception 7h-23h ; P Wi-Fi). Meilleure adresse de Lolland, cet hôtel luxueux dispose de 40 chambres élégantes et d'équipements modernes. Développé autour d'un édifice en brique de 1886 blanchi à la chaux, il comprend une annexe dans la cour et 2 cottages voisins. Emplacement superbe, face aux pelouses du port de Bandholm.

Parmi les 15 chambres standards (dans l'annexe), la n°111 et la n°115 se distinguent par leur petite cour agrémentée de verdure. Dans le bâtiment principal, les chambres (à partir de 1 800 DKK) sont dotées d'un minibar gratuit. Le **restaurant** (☎54 75 54 76 ; www.bandholmhotel.dk ; plats 145-395 DKK, menu 3/4 plats 495/645 DKK ; ⏲11h-17h et 17h30-21h lun-sam, jusqu'à 19h30 dim ; P Wi-Fi) propose une cuisine inventive, à déguster dans le jardin ombragé avec vue sur la mer.

Où se restaurer et prendre un verre

Plusieurs restaurants sont situés à Maribo, notamment un thaïlandais, un chinois, un restaurant-grill, une pizzeria et un agréable café-boulangerie. Le Café Victoria sert de copieuses salades. Pour un repas sortant de l'ordinaire, on réservera un dîner gastronomique au Bandholm Hotel (jeudi-samedi avant 19h30), ou on optera pour Oreby Kro, à 8 km environ.

Oreby Kro DANOIS €€
(☎54 17 44 66 ; www.orebykro.dk ; Orebygaard 2, Oreby ; plats déj 150 DKK, dîner 2/3 plats 495/645 DKK, formule café-pâtisserie 60 DKK ; ⏲12h-22h jeu-sam, jusqu'à 16h dim, horaires selon la saison). À 3 km au nord-ouest de Sakskøbing, ce restaurant agréablement isolé occupe un imposant moulin de 1847 remis à neuf. Sur 3 étages, les salles à manger arborent parquet, mobilier XIXe et trophées de chasse. Les plats sont savoureux et préparés à partir d'ingrédients locaux, mais le choix est restreint. Le café-terrasse, avec son panorama sur les rives du fjord envahies de roseaux, est idéal pour un café, une pâtisserie ou une bière locale Krenkerup.

Café Victoria CAFÉ
(www.victoriamaribo.dk ; Lollands Centret 26 ; bière 35-65 DKK, café 25-35 DKK ; ⏲11h-21h lun-sam, 12h-21h dim). Cette brasserie moderne et spacieuse est étonnamment conviviale, compte tenu de son emplacement au milieu d'un centre commercial morose. Café de connaisseur à 25 DKK. Quatre bières à la pression, dont la Grimbergen Double.

Renseignements

Très pratique, l'**office du tourisme** (☎54 78 04 96 ; www.visitlolland-falster.com ; Banegårdspladsen 11 ; ⏲10h-18h lun-ven, jusqu'à 14h sam) sert également de mini-café et de billetterie pour le **Stiftsmuseum** (p. 143). Personnel très serviable.

Lollands Bank (www.lollandsbank.dk ; Vestergade 3 ; ⏲13h-16h lun-ven) dispose d'un bureau de change ouvert après 13h.

Depuis/vers Maribo et Bandholm

Jusqu'à minuit environ, 1 à 2 trains/heure relient Maribo et Nykøbing F (60 DKK, 25 min). En plein centre, **Larsson Cykler** (☎42 64 20 24 ; Torvet 11 ; adulte/enfant/vélo électrique 100/75/200 DKK/jour ; ⏲8h-17h lun-jeu, jusqu'à 18h ven, 9h-13h sam) loue des vélos pour 100/500 DKK par jour/semaine.

Rødby

2 080 HABITANTS

Pas suffisamment pittoresque pour qu'on s'y attarde, la rue principale de Rødby se trouve à 700 m à l'ouest du terminal des ferries partant pour l'Allemagne, et 1,5 km à l'est du parc Lalandia Rødby. Ce **parc de loisirs** (www.lalandia.dk ; Lalandia Centret 1, Rødby ; ⏲la plupart des activités 8h-22h, parc aquatique 10h-19h, jours d'ouverture sur Internet ; 👪) conçu pour les enfants est d'abord pensé pour un séjour en famille. Lorsqu'il n'est pas envahi par les habitants de la région, les visiteurs d'un jour peuvent pleinement profiter des équipements, parmi lesquels une **patinoire** (adulte/enfant 65/55 DKK), l'aire de jeux **Monky Tonky Land** (adulte/enfant 50/75 DKK) et surtout l'**Aquadome**

LA COMTESSE SÉQUESTRÉE

Inhumée dans la cathédrale de Maribo, la comtesse Leonora Christina, fille fougueuse et talentueuse du roi Christian IV, est aujourd'hui célèbre pour son autobiographie *Jammers Minde* (non traduite en français). Elle fut l'épouse de l'intrigant Corfits Ulfeld, dont les nombreux actes de trahison envers Frédéric III (le successeur de Christian IV) entraînèrent l'annexion d'importants territoires danois par la Suède. Pour éviter un procès, Ulfeld et Leonora Christina s'enfuirent, mais celui-ci continua à semer le trouble au Danemark en vue d'y assurer son retour. Après un exil à Bruges, Leonora gagna l'Angleterre dans l'espoir d'obtenir du roi Charles II l'argent que lui avait prêté son mari autrefois fortuné. Elle ne parvint qu'à se faire arrêter, puis renvoyer au Danemark en 1663, où elle fut écrouée afin de servir de monnaie d'échange pour la capture de son époux.

Malgré la mort d'Ulfeld l'année suivante, Leonora Christina resta emprisonnée dans la Tour bleue du château de Copenhague pendant 22 ans. L'épouse de Frédéric III, la reine Sophie-Amélie, était particulièrement rancunière et Ulfeld avait été accusé (probablement à tort) d'avoir voulu l'empoisonner. Après sa libération tardive, Leonora Christina rejoignit Maribo, où elle passa ses dernières années à corriger son journal intime. Resté inédit pendant 200 ans, le récit de ses mésaventures est aujourd'hui considéré comme un classique du genre autobiographique.

(adulte/enfant 260/210 DKK) : un complexe aquatique de piscines intérieures et extérieures, avec toboggans, Jacuzzis et bassin à vagues.

Depuis/vers Rødby

Des **ferries** (www.scandlines.com) rejoignent Puttgarden, en Allemagne (45 min) 2 fois/heure. Des portiques destinés aux piétons relient les bateaux à la gare de Rødby Færge, où une machine vend des billets de ferry pour les piétons (adulte/enfant 90/45 DKK) et les cyclistes. Un passage souterrain mène au bus n°720R à destination de Maribo (24 DKK, 40 min). Il passe 1/2 fois/heure pendant le week-end/la semaine et dessert Lalandia en 9 minutes.

Ouest de Lolland

Depuis ou vers le terminal de ferry de **Tårs-Spodsbjerg (Langeland)** (☎70 23 15 15 ; www.faergen.dk ; Spodsbjergvej, Tårs ; adulte/enfant/vélo 80/40/10 DKK, moto/voiture avec passagers 130/265 DKK), pourquoi ne pas faire un détour par les grands domaines agricoles de Lolland ? On peut goûter du vin de cerise chez **Frederiksdal** (Frederiksdalvej 30, Harpelunde ; ⏲10h-16h juin-août, ven-dim mai) GRATUIT, déguster des fromages biologiques à Knuthenlund, ou visiter le captivant musée Reventlow. Découvrez aussi le mystérieux Dodekalitten.

♥ Dodekalitten — SCULPTURE

(www.dodekalit.dk ; Glentehøjvej Ravnsby ; 🚌725, 719). À mi-chemin entre installation d'art contemporain et land art, ce cromlech (cercle de pierres) se compose de 6 mégalithes de 7 m de haut, pesant chacun plus de 25 tonnes. À leur sommet, des visages au regard fixe sont sculptés (3 étaient achevés lors de notre visite). Sous terre, une sonorisation les fait fredonner comme s'ils chantaient les uns pour les autres. Leur emplacement, dans un endroit isolé, avec une vue dégagée sur la mer et les champs de blé, renforce encore cette ambiance mystique, qui rappelle celle de l'île de Pâques.

Depuis la gare de Maribo, prenez le bus n°725 jusqu'à la station Rævegade sur Kragenæs (48 DKK, 36 minutes), puis marchez 1 km vers le sud à travers la forêt de Klinkesov. Depuis Nakskov, le bus n°719 y mène également.

HORS DES SENTIERS BATTUS

KRENKERUP BRYGGERI

Digne d'une carte postale, ce château cerné de douves est situé sur une propriété nobiliaire au sud-est de Sakskøbing. Construite en 1631, cette demeure privée abrite la brasserie locale renommée de **Krenkerup Bryggeri** (☎54 70 54 85 ; www.krenkerupbryggeri.dk ; Krenkerupvej 33, Sakskøbing ; bière à partir de 30 DKK, dégustation 3 verres 60 DKK, sandwichs 120 DKK ; ⏲12h-18h juin-août, jusqu'à 16h ven sept-mai). Ses bières d'inspiration allemande comprennent la délicieuse 1367 Premium, un bock primé au goût de miel, et d'autres mousses moins couronnées de succès. Caché dans une cour entourée de dépendances à colombages rouges, le Traktørstedet (*beer garden*) en propose 8 à la pression.

Ouvert tous les après-midi en été, et seulement 4 heures chaque vendredi de septembre à mai.

Reventlow-Museet — MUSÉE

(museumlollandfalster.dk ; Pederstrup Park, Saltov ; parc gratuit, musée adulte/enfant 50 DKK/gratuit ; ⏲parc lever-coucher du soleil, musée 12h-17h mer-dim juin-août, sam-dim mai et sept). Si vous traversez la campagne au nord-ouest de Lolland en voiture, le joli parc Pederstrup mérite le détour. Différentes chaque année, des sculptures y sont exposées devant une demeure vieille de 200 ans, dont la façade un peu trop restaurée cache un intérieur impressionnant. Le bâtiment accueille un musée présentant le mode de vie des riches Danois au temps de C.D.F. Reventlow, premier maître des lieux et aristocrate éclairé qui contribua à améliorer la condition des paysans.

Knuthenlund Organic Farm — FROMAGE €

(☎54 71 13 80 ; www.knuthenlund.dk/en ; Knuthenlundvej 7B, Stokkemarke ; déj 149 DKK ; ⏲10h-16h juin-août, jeu-dim sept-mai). Cette grande et moderne boutique agricole propose des plateaux de dégustation (99 DKK) composés de quatre délicieux fromages artisanaux, notamment un brie ayant remporté plusieurs prix internationaux. Des baies vitrées permettent d'observer la traite des chèvres. La ferme est située dans un environnement idyllique, que vous pourrez explorer en louant des vélos sur place (25 DKK).

Bornholm

Dans ce chapitre ➜

Le top des restaurants

- Kadeau (p. 151)
- Nordbornholms Røgeri (p. 162)
- Hallegaard (p. 154)
- Kalas-Kalas (p. 161)
- Fru Petersens Café (p. 160)
- Torvehal Bornholm (p. 150)

Le top des hébergements

- Stammershalle Badehotel (p. 159)
- Nordlandet (p. 161)
- Nordly (p. 161)
- Hotel GSH (p. 149)
- Allinge Badehotel (p. 161)
- Christiansø Gæstgiveri (p. 163)

Pourquoi y aller

Région la plus ensoleillée du Danemark, l'île de Bornholm est en mer Baltique, à à 200 km à l'est de Copenhague : elle est plus proche de la Suède et de la Pologne que du Danemark continental. Dame Nature l'a dotée de falaises rocheuses, de forêts touffues, de plages de sable blanc et de cette lumière pure et éthérée que les peintres s'efforcent de saisir.

Les êtres humains y ont ajouté de charmants détails : forteresse médiévale (aujourd'hui en ruine), village de pêcheurs aux toits de chaume, sans oublier les emblématiques *rundekirke* (églises rondes) et le musée des Beaux-Arts de Bornholm (p. 159). Les céramistes et les souffleurs de verre de l'île sont réputés dans tout le Danemark, tout comme les traditionnels ateliers de fumage des poissons, et les produits des "artisans du goût", qui réalisent des prouesses avec les produits locaux. Avec tant d'attraits, il n'est guère étonnant que 600 000 personnes visitent l'île chaque année – et ce nombre devrait encore augmenter avec le bouche-à-oreille.

Quand partir

- Bornholm est à son apogée de juin à mi-septembre : sites, offices du tourisme, transports en commun et manifestations culturelles atteignent alors le pic de leur activité. Il faut obligatoirement réserver son hébergement en été, surtout en juillet, le mois le plus fréquenté.
- Les longues journées et les températures plus douces de la haute saison sont idéales pour pratiquer la marche à pied et le vélo, et pour profiter de la baignade sur les belles plages de Bornholm.
- Bornholm accueille en juin le plus célèbre concours de cuisine d'une journée du Danemark, Sol over Gudhjem.
- En dehors des mois d'été, l'île vit au ralenti : beaucoup de sites, de restaurants et d'hébergements réduisent leurs horaires ou ferment complètement (renseignez-vous sur le site www.bornholm.info).

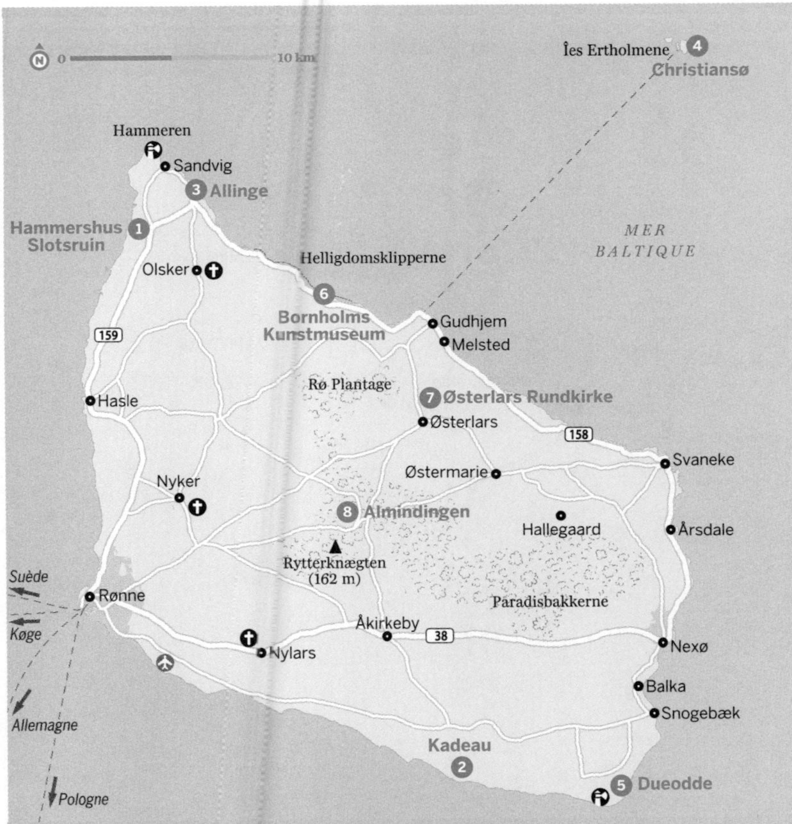

À ne pas manquer

1 Les ruines de la **Hammershus Slot** (p. 160) au sommet d'une falaise.

2 Un festin de nouvelle cuisine nordique chez **Kadeau** (p. 151), le seul restaurant de l'île étoilé au Michelin.

3 Du délicieux poisson fumé dans un *røgeri* (**atelier de fumage** p. 157) traditionnel, comme le Nordbornholms Røgeri à Allinge.

4 Un voyage dans le temps jusqu'à l'île-forteresse de **Christiansø** (p. 162).

5 L'immense plage de sable blanc de **Dueodde** (p. 152).

6 Le **Bornholms Kunstmuseum** (p. 159), pour admirer les œuvres d'art à l'intérieur, celles de la nature à l'extérieur.

7 Une excursion en vélo de Gudhjem à l'**Østerlars Rundkirke** (p. 159), église ronde emblématique de l'île.

8 Une balade dans la forêt de contes de fées d'**Almindingen** (p. 152), pour observer des cerfs sauvages et peut-être des bisons.

Rønne

13 600 HABITANTS

Principale ville de Bornholm, Rønne en est aussi la porte d'entrée puisqu'on y trouve le terminal des ferries et l'aéroport. La ville fut dès le Moyen Âge le carrefour commercial de l'île. Aujourd'hui, elle s'est beaucoup développée, mais une poignée de quartiers préservés offre encore d'agréables promenades. C'est particulièrement le cas de celui à l'ouest de Store Torv, avec ses bâtiments anciens et ses rues pavées, telles Laksegade et Storegade.

Rønne

Rønne

À voir

À voir

Mølgaard & Marcussen GALERIE

(28 53 12 77 ; miem.dk ; Raadhusstræde 1A ; 10h-16h lun-ven, 10h-13h sam). Bornholm accueille de nombreux artistes et la tradition de la céramique y est implantée depuis longtemps. Les deux sympathiques propriétaires de cette galerie-atelier-boutique maîtrisent parfaitement cette technique, et leurs créations aux tons pastel sont de véritables bijoux.

Erichsens Gård MUSÉE

(26 44 14 94 ; bornholmsmuseum.dk ; Laksegade 7 ; adulte/enfant 50 DKK/gratuit ; 10h-16h

ven-sam mi-mai à mi-oct). Charmante avec sa façade rose à colombages, cette maison de commerçant a été bâtie en 1806. Elle a compté parmi ses hôtes illustres les artistes Kristian Zahrtmann et Holger Drachmann (la villégiature favorite de ce dernier restera néanmoins Skagen, où l'on peut voir sa maison-musée). Durant les heures d'ouverture assez limitées, vous pourrez visiter les différentes pièces de la maison (tableaux, souvenirs, mobilier et vaisselle), ainsi que le joli jardin où il est possible de prendre un café ou un thé. Vous pouvez même apporter votre pique-nique.

Bornholms Forsvarsmuseum MUSÉE

(musée de la Défense de Bornholm ; ☎51 33 00 33 ; formus.dk ; Arsenalvej 8 ; adulte/enfant 65/35 DKK ; ⏲10h-16h mer-sam mi-mai à fin oct). Cette citadelle du XVIIe siècle appelée Kastellet abrite le musée de la Défense de Bornholm, au sud du centre-ville. Il recèle un grand nombre de fusils, épées, bombes et uniformes militaires, qui manquent toutefois souvent de mise en contexte historique. Quelques courtes explications en anglais sont disponibles à la billetterie. L'occupation de l'île par les nazis et le bombardement de Rønne et de Nexø par l'armée soviétique à la fin de la Seconde Guerre mondiale y occupent une large place.

Musée de Bornholm MUSÉE

(Bornholms Museum ; ☎56 95 07 35 ; bornholmsmuseum.dk ; Sankt Mortensgade 29 ; adulte/enfant 90 DKK/gratuit ; ⏲10h-17h fin juin à début août, fermé dim début mai à fin juin et début août à fin oct, sinon horaires réduits). Le musée de Bornholm possède une collection étonnamment riche et variée liée à l'histoire locale. On peut y voir des objets préhistoriques (armes, outils, bijoux), d'intéressantes pièces vikings, des jouets anciens, des pièces de monnaie romaines, de la poterie et des tableaux. La belle section maritime est conçue comme l'intérieur d'un bateau. Accueille également des expositions sur la nature.

Hjorths Fabrik MUSÉE

(musée de la Céramique ; ☎56 95 01 60 ; bornholmsmuseum.dk ; Krystalgade 5 ; adulte/enfant 90 DKK/gratuit ; ⏲10h-17h lun-sam fin avr à fin oct, horaires réduits le reste de l'année). Dans ce musée pourvu d'un atelier de fabrication, observer les maîtres artisans mouler l'argile pour en faire de magnifiques œuvres d'art constitue un temps fort de la visite. La boutique vend de belles pièces fabriquées localement.

Sankt Nicolai Kirke ÉGLISE

(église Saint-Nicolas ; Kirkepladsen 20). L'édifice le plus haut de la ville est coiffé d'un chapeau de sorcière immanquable. L'église Saint-Nicolas occupe l'emplacement d'une chapelle du XIIIe siècle, mais sa forme actuelle date de 1918.

Où se loger

La plupart des activités se déroulent en dehors de Rønne et beaucoup de visiteurs choisissent un hébergement au bord de la plage plutôt qu'en ville. Il y a toutefois d'excellentes options le long de Strandvej, au sud de la ville.

Arriver sur l'île sans réservation n'est pas une bonne idée en juillet. Toutefois, l'office du tourisme (p. 153) pourra vous conseiller un hébergement et téléphoner pour vous.

Vandrerhjem Rønne AUBERGE DE JEUNESSE €

(☎56 95 13 40 ; www.roennevandrerhjem.dk ; Arsenalvej 12 ; dort/s/d/qua avec sdb 200/375/475/575 DKK ; ⏲avr-fin oct ; P wifi). Cette auberge de jeunesse de 26 chambres, impeccablement tenue, est installée un peu en retrait et possède un jardin coquet. Les dortoirs sont petits et proprets, mais sans grand charme (tous partagent des salles de bains) ; les espaces communs sont confortables. Le jardin dispose de nombreux jeux pour les enfants, et des pistes cyclables partent directement de l'auberge (location de vélos sur place). Petit-déjeuner/draps pour 60/80 DKK.

Galløkken Strand Camping CAMPING €

(☎56 95 23 20 ; www.gallokken.dk ; Strandvejen 4 ; adulte/enfant/empl 79/40/35 DKK ; ⏲mai-août ; wifi). À environ 2 km au sud de l'embarcadère des ferries, ce camping de plage bien équipé et visant une clientèle familiale loue des bungalows en bois, rudimentaires mais jolis (à partir de 550 DKK/jour). Location de vélos.

♥ **Hotel GSH** HÔTEL €€

(☎56 90 44 44 ; www.greensolutionhouse.dk ; Strandvejen 79 ; s/d avec petit-déj 1 100/1 300 DKK ; wifi). La "Green Solution House" (Maison de la Solution Verte) est l'un des hôtels les plus novateurs du Danemark. Tous les aspects du développement durable ont été pris en compte, et une exposition au rez-de-chaussée explique les partis pris et les matériaux choisis pour la rénovation et l'extension du bâtiment d'origine.

Des informations sont même données sur la manière dont la construction pourrait encore évoluer.

La propriété comprend désormais un hôtel, un centre de conférences et un restaurant de bonne facture. Les chambres sont sobres, confortables et légèrement rétro – par souci de recyclage, des meubles anciens ont été rénovés et réutilisés. Le hall d'entrée baigné de lumière est splendide, tout comme le mur végétalisé.

Fredensborg Badehotel HÔTEL €€
(☎56 90 44 44 ; www.bornholmhotels.dk ; Strandvejen 116 ; s/d/f avec petit-déj 1 100/1 350/1 565 DKK ; P 📶). Perché sur un monticule dominant des rochers battus par les flots, à l'extrémité sud de Rønne, cet établissement récemment rénové est devenu un hôtel thermal. Les chambres sont très tendance, et toutes profitent de la vue sur la mer. On y trouve également un bon restaurant réputé pour ses buffets de produits de la mer. Pour parcourir les 2,5 km jusqu'au centre de Rønne, empruntez le beau sentier forestier à pied ou à vélo.

Où se restaurer et prendre un verre

On trouve différents restaurants et cafés autour de la place principale Store Torv. Aucun d'eux ne sort vraiment du lot. N'hésitez pas à marcher jusqu'aux restaurants des hôtels de Strandvej, le GSH (p. 149) et le Fredensborg (ci-dessus).

Atelier de fumage traditionnel le plus proche de Rønne, le **Hasle Røgeri** (☎56 48 80 11 ; www.hasleroegeri.dk ; Søndre Bæk 20, Hasle ; plats 58-115 DKK ; ⏲10h-21h) se trouve au bord de l'eau à Hasle, à environ 11 km au nord de la ville. Ce lieu vieux de plus de 100 ans se distingue par ses hautes cheminées carrées (emblématiques du fumage du poisson), ses nombreuses places assises en extérieur, et bien sûr son excellent choix de produits fumés (hareng, saumon, maquereau, anguille, crevettes) proposé au buffet de midi (149 DKK).

Faire ses courses

Dans un ancien abattoir, **Torvehal Bornholm** (☎21 28 98 92 ; www.torvehalbornholm.dk ; Gartnervangen 6 ; grillades 145-190 DKK ; ⏲10h-17h mar-jeu, 10h-20h ven-dim juin-août, horaires réduits le reste de l'année) est un excellent espace de restauration où vous pourrez découvrir les meilleurs producteurs de Bornholm, acheter des en-cas à un *food truck*, goûter de la bière brassée sur place, et vous régaler de viandes tout juste grillées. **Jensens Bageri** (☎56 95 03 67 ; www.jensensbageribornholm.dk ; Lille Madsegade 70 ; ⏲6h-17h lun-ven, 6h-14h sam, 6h-15h30 dim) est une petite boulangerie en centre-ville, et **Oste-Hjørnet** (☎56 95 05 99 ; Østergade 40B ; roulés déj 35 DKK ; ⏲9h-17h30 lun-jeu, 9h-18h ven, 9h-13h sam) est un délicieux traiteur.

Renseignements

Office du tourisme (Bornholms Velkomstcenter ; ☎56 95 95 00 ; www.bornholm.info ; Nordre Kystvej 3 ; ⏲9h-16h mar-jeu, 9h-16h30 ven-lun juil à mi-août, horaires réduits le reste de l'année). À quelques minutes à pied du port, ce grand office du tourisme au personnel sympathique est une mine d'information sur Bornholm et Christiansø.

Depuis/vers Rønne

Bornholm est accessible en avion, en ferry ou avec un billet combiné ferry et bus ou train via la Suède.

AVION

L'aéroport de l'île, **Bornholms Lufthavn** (www.bornholms-lufthavn.dk ; Søndre Landevej 2, Rønne), se situe à 5 km au sud-est de Rønne ; liaison avec le bus n°5. **DAT** (www.dat.dk) assure plusieurs vols par jour depuis/vers Copenhague.

BATEAU

Bornholmslinjen (www.bornholmslinjen.dk) relie Rønne par ferry aux destinations suivantes :

Køge 40 km au sud de Copenhague (adulte/voiture 284/1 631 DKK, 5 heures 30). Navigue tous les jours, toute l'année (de nuit en direction de l'est). Pour une couchette, supplément de 276 DKK.

Ystad, Suède (adulte/voiture 91/119 DKK, 1 heure 20, 2 à 9/jour)

Sassnitz, Allemagne (adulte/voiture 238/1 190-1 823 DKK, 3 heures 30 à 4 heures). Circule d'avril à octobre, tous les jours en juillet-août.

Les tarifs indiqués correspondent à un aller standard en haute saison ; le tarif voiture comprend jusqu'à 5 passagers. Les tarifs de basse saison et les offres en ligne peuvent être beaucoup moins élevés. Les enfants de 11 ans et moins voyagent gratuitement ; ceux de 12 à 15 ans paient la moitié du tarif adulte.

TT-Line (www.ttline.com) assure une liaison hebdomadaire en ferry, en été, entre Świnoujście (Pologne) et Rønne.

BILLETS COMBINÉS

Par voie terrestre depuis Copenhague via Ystad (Suède) puis ferry jusqu'à Rønne. Il y a trois types de billets, et dans tous les cas il faut compter 3 à 4 heures de trajet au total :

Train **DSB** (www.dsb.dk). (tarif plein/retraité/enfant/vélo 262/185/130/93 DKK)

Bornholmerbus 866 (tarif plein/retraité/enfant 260/160/130 DKK)

Bus n°700 (www.rute700.dk). Tous les jours depuis l'aéroport de Copenhague (300/225/150/80 DKK).

Comment circuler

BUS

BAT (☎56 95 21 21 ; www.bat.dk ; Munch Petersensvej 2, Rønne) gère le réseau de bus de l'île. Les tarifs sont basés sur un système de zones (le prix maximum vaut pour 5 zones). Le ticket (13 DKK par zone) est valable pour un nombre de trajets illimités pendant 30 minutes à l'intérieur d'une zone. La validité augmente de 15 minutes pour chaque zone ajoutée.

Le billet "*klippekort*" est valable pour 10 trajets et peut être utilisé par plusieurs personnes. Les pass journée/semaine coûtent 150/500 DKK et couvrent toutes les zones. Les enfants bénéficient du demi-tarif. Les bus circulent toute l'année, mais ils sont moins fréquents d'octobre à avril. La plupart des billets peuvent être achetés à bord (mais pas le pass hebdomadaire).

Les bus n°s 7 et 8 font le tour de l'île, avec des arrêts dans les villes principales. Des liaisons directes sont assurées entre Rønne et Nexø, Svaneke, Gudhjem et Sandvig. Il y a des arrêts de bus près de la boutique de vélos et dans Snellemark, à proximité de Store Tov.

VÉLO

Quelque 235 km de pistes cyclables sillonnent Bornholm ; elles sont indiquées sur la brochure gratuite *Welcome to Our Bike Island* (en danois, anglais ou allemand). Des loueurs de vélos sont installés dans la plupart des villes ; citons **Bornholms Cykeludlejning** (☎56 95 13 59 ; www.bornholms-cykeludlejning.dk ; Nordre Kystvej 5 ; location vélo 85/500 DKK par jour/semaine ; ⏲9h-12h et 14h-18h lun-ven, 9h30-18h sam-dim juil-août, horaires réduits le reste de l'année), avec un emplacement pratique à côté du terminal des ferries et du principal office du tourisme de Rønne. Il vous en coûtera 24 DKK de plus pour embarquer votre vélo à bord des bus publics.

VOITURE ET TAXI

Près du terminal des ferries, **Europcar** (☎56 95 43 00 ; www.europcar.com ; Finlandsvej 2, Rønne) loue des voitures (à partir de 600 DKK/jour environ).

Pour un taxi, appelez le ☎70 25 25 25.

VAUT LE DÉTOUR

EXCURSION GOURMANDE

Réservez bien à l'avance pour découvrir l'une des destinations culinaires les plus novatrices du Danemark, **Kadeau** (☎56 97 82 50 ; www.kadeau.dk ; Baunevej 18, Vestre Sømark ; déj 550-700 DKK, dîner 5/8 plats 800/1 100 DKK ; ⏲12h-16h et 17h30-minuit juil à mi-août, horaires réduits le reste de l'année, fermé oct à mi-avr). Solide et créative, la carte est une célébration des produits nordiques et des ingrédients glanés dans la nature, avec entre autres des herbes sauvages provenant de la plage et des bois alentour. À midi, le choix et limité mais inspiré. Le dîner est un véritable tour de force, avec des plats exquis sublimant la nature de Bornholm. Nul doute que vous en garderez un merveilleux souvenir.

Doté d'une étoile au Michelin, ce restaurant – qui a également ouvert une adresse à Copenhague (p. 77) – bénéficie ici d'un cadre on ne peut plus naturel, directement sur la plage (en retrait de Søndre Landevej), à 8 km au sud-est d'Åkirkeby.

Environs de Rønne

Les bus n°s 5 et 6 passent par Nylars et Åkirkeby, entre Rønne et Nexø.

♥ Nylars Rundkirke ÉGLISE

(www.nylarskirke.dk ; Kirkevej 10K, Nylars ; ⏲7h-18h avr-sept, 8h-15h30 oct-mars). Érigée vers 1150, Nylars Rundkirke est l'église ronde la mieux conservée et la plus facile d'accès des environs de Rønne. Son pilier central s'agrémente de magnifiques fresques du XIIIe siècle (les plus anciennes de l'île) illustrant des scènes de la Création, dont Adam et Ève chassés du jardin d'Éden. La nef cylindrique comporte 3 niveaux. À l'étage supérieur, une galerie servait de poste de guet au Moyen Âge.

À l'intérieur, le portail d'entrée est encadré par deux des 40 pierres runiques vikings de Bornholm.

De l'arrêt de bus de Nylars, l'église se trouve à 350 m en direction du nord, dans Kirkevej.

♥ NaturBornholm MUSÉE

(☎56 94 04 00 ; www.naturbornholm.dk ; Grønningen 30 ; adulte/enfant 125/60 DKK ; ⏲10h-17h

LE TROLL DE BORNHOLM

Durant votre séjour à Bornholm, vous apercevrez probablement des dessins et des silhouettes de la mascotte de l'île : un curieux troll à cornes baptisé Krølle Bølle, né dans les histoires qu'un historien du pays, Ludvig Mahler, racontait à son fils au début des années 1940. En général affublé d'un hareng fumé pendouillant de son filet de pêche, Krølle Bølle vit selon la légende avec ses parents, Bobbasina et Bobbarækus, sous la colline Langebjerg, près du Hammershus Slot. Il ne sort qu'à minuit, après le triple hululement d'un hibou.

avr-oct ;). Ce musée retrace de façon captivante l'histoire géologique de l'île, née d'un bloc de magma en refroidissement. Le bâtiment de Henning Larsen (architecte du célèbre Opéra de Copenhague) est d'ailleurs situé au niveau de l'ancienne ligne de faille où la partie sud en grès de Bornholm rencontre la partie nord granitique et gneissique. Le musée privilégie les présentations interactives, ce qui en fait une sortie appréciée des familles.

Il se trouve à Åkirkeby, à 200 m au sud de l'**Aa Kirke** (www.aa-kirke.dk ; Storegade 2 ; 8h-17h), la plus grande église de Bornholm (XIIe siècle).

Arrière-pays boisé

Avec un cinquième de sa superficie couvert de forêts, Bornholm est la région la plus boisée du Danemark. Hêtres, résineux (sapins, épicéas, pins du Canada) et chênes dominent. L'île compte 3 principales zones boisées, chacune parcourue de sentiers de randonnée (plans gratuits à l'office du tourisme). Tous les sentiers sont reliés par des pistes cyclables ; le beau parcours n°22 vous conduira à travers Almindingen et Paradisbakkerne.

La forêt d'**Almindingen** (6 000 ha), au centre de l'île, est la plus vaste ; on y accède en prenant la direction du nord à partir d'Åkirkeby. On y trouve le point culminant de Bornholm, la colline de **Rytterknægten** (162 m) et sa tour d'observation (Kongemindet) qui offre une belle vue sur la campagne environnante.

Un petit troupeau de **bisons** d'Europe a été introduit avec succès dans une parcelle clôturée, au sein de la forêt d'Almindingen, à côté du marécage de Svinemose. Vous pourrez tenter d'en repérer quelques-uns en retrait de Chr. X Vej, au nord d'Åkirkeby.

À 2 km au nord-ouest de Nexø, **Paradisbakkerne** (collines du Paradis) abrite des cerfs sauvages. Un chemin conduit à une sépulture monolithique.

À environ 5 km au sud-ouest de Gudhjem, **Rø Plantage** offre un paysage de collines de bruyères et de forêts.

Dueodde

Au point le plus méridional de Bornholm s'étire la magnifique **plage de Dueodde** (), avec sa forêt de pins et ses immenses dunes. Son sable est si fin qu'il servait autrefois pour les sabliers et les buvards. Du côté ouest des dunes, on peut grimper en haut du **phare** pour découvrir un panorama spectaculaire sur l'île et la mer. Il n'y a pas vraiment de village, mais les bus n°s 7/8 depuis/vers Nexø desservent la route en cul-de-sac. Près de l'arrêt de bus, vous trouverez quelques stands d'alimentation, un restaurant-grill et le **Dueodde Badehotel,** sorte d'appart'hôtel (56 95 85 66 ; www.dueodde-badehotel.dk ; Sirenevej 2 ; d pour 3 nuits avec petit-déj 2 262-3 744 DKK, app indépendant pour 3 nuits 1 454-4 159 DKK ;). De là, un chemin en planches mène à la plage à travers un marais. Très sympathique, le **Dueodde Camping & Hostel** (40 10 10 65 ; www.dueodde.dk ; Skrokkegårdsvejen 17 ; s/d/qua à partir de 375/425/580 DKK, camping adulte/enfant 75/45 DKK, empl 30-45 DKK ; mai-sept ;) se trouve à 10 minutes à pied à l'est de l'arrêt de bus.

À l'intersection avec la route principale, à 1 km au nord, **Bornholmertårnet** (40 20 52 40 ; www.bornholmertaarnet.dk ; Strandmarksvejen 2 ; adulte/enfant 75/50 DKK ; 10h-17h mai-oct) est une tour d'observation de 70 m de hauteur. On y trouve des informations sur l'histoire du site, qui fut durant la guerre froide le poste d'écoute le plus oriental de l'OTAN.

Sur la route de Nexø, vous traverserez **Snogebæk** (700 habitants), un pittoresque village de bord de mer réputé pour les *flødeboller* (meringues ou guimauves recouvertes de chocolat) de **Kjærstrup Chokolade** (56 48 80 89 ; www.kjaerstrup.dk ; Hovedgade 9 ; flødeboller 22 DKK ; 11h-17h30).

Nexø

3 640 HABITANTS

À voir et à faire

Deuxième ville de Bornholm par la taille, la dynamique Nexø (ou Neksø) possède un grand port moderne où les bateaux de pêche viennent décharger leurs prises. Pour découvrir à quoi ressemblait l'endroit avant d'être bombardé durant la Seconde Guerre mondiale, visitez le modeste **musée de Nexø** (☎56 49 25 56 ; www.nexoemuseum.dk ; Havnen 3 ; adulte/enfant 50/30 DKK ; ⏲10h-16h mar-ven, 10h-13h sam juil-août, 13h-16h mar-ven juin et sept-oct), l'un des rares édifices historiques à avoir survécu. Le front de mer du centre de Nexø est industriel, mais à 2 km au sud de la ville, la **Balka Strand** est un beau croissant de sable blanc où l'on peut pratiquer la planche à voile, le kitesurf et le paddleboard avec **Eastwind** (☎29 33 09 91 ; www.eastwind.dk ; Vestre Strandvej ; cours d'initiation à la planche à voile 575 DKK ; ⏲10h-17h30 fin juin-début sept).

Bornholms Sommerfuglepark RÉSERVE NATURELLE
(☎56 49 25 75 ; www.sommerfugleparken.dk ; Gammel Rønnevej 14B ; adulte/enfant 115/75 DKK ; ⏲10h-17h mai-sept ;). Juste à l'extérieur de Nexø, le Sommerfuglepark recrée le climat de la jungle et possède une serre abritant plus de 1 000 papillons.

Martin Andersen Nexø Huset MUSÉE
(☎56 49 45 42 ; www.andersennexoe.dk ; Ferskesøstræde 36 ; adulte/enfant 40 DKK/gratuit ; ⏲13h-16h mar-ven, 10h-13h sam mai-oct). Dans le sud de Nexø, la maison natale de l'auteur de *Pelle le Conquérant* (le livre ayant inspiré le long-métrage éponyme de 1988, Palme d'or à Cannes et Oscar du meilleur film étranger) présente des photos de l'écrivain, ainsi que certaines de ses lettres et divers souvenirs. L'intrigue de *Pelle le Conquérant* se passe en grande partie à Bornholm.

Où se loger

Strand Hotel Balka Søbad HÔTEL €€
(☎56 49 22 25 ; www.hotel-balkasoebad.dk ; Vestre Strandvej 25 ; s/d petit-déj inclus 950/1 175 DKK ; ⏲mai-sept ; P@). Doté de sa propre plage adaptée à la baignade, cet hôtel compte 106 chambres réparties dans des bâtiments de 2 étages, éparpillées dans la propriété boisée. Les chambres, au style un peu années 1970, sont propres et agréables, et comprennent au minimum 2 lits jumeaux, un canapé-lit, un balcon et une kitchenette. Court de tennis, piscine, bar et restaurant.

Hotel Balka Strand HÔTEL €€
(☎56 49 49 49 ; www.hotelbalkastrand.dk ; Boulevarden 9 ; s/d/f avec petit-déj 890/1 090/1 595 DKK ; ⏲mi-avr à mi-oct ; P). À seulement 150 m de la plage de Balka, cet hôtel sympathique se compose de chambres doubles et d'appartements à la déco un peu défraîchie mais fonctionnelle. Tous ont une terrasse extérieure. Sur place, nombreux équipements adaptés aux familles, dont une piscine, une salle de jeux, un grand jardin, un loueur de vélos, un bar et un restaurant.

Où se restaurer

Un supermarché et quelques restaurants modestes sont installés à l'est de l'église dans Torvet (juste en retrait de Jernbanegade).

♥ **Restaurant Molen** DANOIS €€
(☎88 87 67 33 ; www.restaurantmolen.dk ; Havnen 6 ; plats déj 95-165 DKK, déj/dîner 4 plats 375/550 DKK ; ⏲12h-15h et 18h-20h30). Situé directement sur le port, il s'agit du restaurant le plus attrayant de Nexø. Son chef Daniel Kruse, membre d'une famille jouissant localement d'une solide réputation, mise sur une cuisine créative privilégiant les produits locaux. Les desserts, en particulier, sont divins. Une adresse qui vaut vraiment le détour.

Renseignements

Office du tourisme (☎56 95 95 00 ; Havnen 4 ; ⏲11h-17h lun-ven, 10h-16h sam-dim fin juin à fin-août, horaires réduits le reste de l'année). Sur le port, renseignements utiles sur Nexø, Snogebæk, Svaneke et Dueodde.

Depuis/vers Nexø

Le bus n°6 circule entre Rønne et Nexø. Les bus n°s3, 5, 7 et 8 traversent aussi la ville.

Svaneke

1 060 HABITANTS

Adorable bourgade portuaire aux bâtiments du XIXe siècle coiffés de tuiles rouges, Svaneke a acquis une réputation internationale pour avoir su préserver son cachet historique. Très fréquenté par les plaisanciers et les touristes, le port est bordé d'anciennes maisons de marchands : pimpantes avec leur façade

VAUT LE DÉTOUR

JAMBONS CACHÉS

La charcuterie artisanale **Hallegaard** (☎56 47 02 47 ; www.hallegaard.dk ; Aspevej 3, Østermarie ; tapas 200 DKK ; ⌚café 12h-15h mer-sam, magasin 11h-16h fin juin à mi-sept) a les faveurs des locavores danois. Beaucoup de grands chefs de Copenhague se fournissent dans cette ferme bucolique, bien cachée au bout d'un chemin de campagne, à 8 km au sud-ouest de Svaneke. En tout, Hallegaard produit une trentaine de spécialités charcutières, parfois fumées dans des fours en brique traditionnels.

Pour le jambon fumé servi froid (une sorte de jambon cru), l'étape du fumage dure plusieurs mois, dans d'anciens bunkers de la Seconde Guerre mondiale. Goûtez-le sous forme de tapas avec une ale provenant de la petite brasserie de Hallegaard.

Pour trouver Hallegaard, suivez le panneau "Gårdbutik" (boutique de la ferme) à la sortie de Svanekevej, à Lyrsbyvej, juste à l'est d'Østermarie.

jaune et leurs colombages, elles sont devenues pour certaines des hôtels et des restaurants.

Svaneke offre aussi l'occasion de découvrir certains des trésors gastronomiques de l'île : notamment un atelier de fumage réputé (page ci-contre), une excellente microbrasserie (page ci-contre), et des producteurs passionnés de réglisses, caramels et chocolats – tous chaudement recommandés.

À voir

Comme l'attestent les nombreux moulins, le vent souffle fort à Svaneke, la ville la plus à l'est du pays. Au nord-ouest de la ville, non loin de Møllebakken, vous verrez un ancien **moulin-pivot** (c'est-à-dire tournant sur lui-même pour suivre le vent) et un **moulin hollandais**, ainsi qu'un **château d'eau** atypique à trois faces, construit dans les années 1950 par l'architecte Jørn Utzon (célèbre pour avoir conçu l'Opéra de Sydney).

Sur la route principale, à 3 km au sud de Svaneke, le hameau d'**Årsdale** abrite un moulin à vent en activité où l'on moud et vend le grain.

Glastorvet PLACE

Il y a des boutiques de céramistes et de verriers un peu partout en ville. À Glastorvet, en centre-ville, vous découvrirez l'atelier de la célèbre créatrice Pernille Bülow, où vous assisterez au travail du verre : après avoir été fondu en une masse orange étincelante, il est soufflé pour obtenir d'élégants objets en verre transparent. La jolie place est aussi idéale pour apprécier les saveurs et l'artisanat de la région.

Svaneke Kirke ÉGLISE

(Kirkepladsen 2 ; ⌚8h-15h lun-ven). D'intéressants bâtiments d'époque côtoient la haute Svaneke Kirke, à quelques minutes de marche au sud de Svaneke Torv. Toute rouge, l'église date de 1350, même si elle a été en grande partie reconstruite vers 1880. Elle abrite une pierre runique.

Où se loger

Hullehavn Camping CAMPING €

(☎56 49 63 63 ; www.hullehavn.dk ; Sydskovvej 9 ; adulte/enfant/empl 78/40/35 DKK ; ⌚mai à mi-sept ; wifi). Des deux campings de Svaneke, c'est celui qui se targue d'avoir le cadre le plus naturel, et il possède même sa propre plage de sable. Si vous n'avez pas de matériel, vous pouvez louer une caravane ou une tente. Une courte marche vous conduira au vieux phare. Découvrez le sympathique cabanon de plage, Syd-Øst for Paradis, où l'on se restaure et se désaltère dans une ambiance bon enfant.

Svaneke Vandrerhjem AUBERGE DE JEUNESSE €

(☎56 49 62 42 ; www.svanekevandrerhjem.dk ; Reberbanevej 9 ; d/qua 520/570 DKK ; ⌚avr-fin oct ; P wifi). Une option très prisée des voyageurs à petit budget, à 600 m au sud-est du centre-ville. Bon emplacement, à proximité de l'eau et des bois. Les chambres sobres, avec lits superposés, sont toutes équipées de salles de bains.

Hotel Siemsens Gaard HÔTEL €€

(☎56 49 61 49 ; www.siemsens.dk ; Havnebryggen 9 ; s/d avec petit-déj à partir de 875/1 325 DKK ; ⌚fermé jan-fév ; P @ wifi). Quoique toutes simples et un peu démodées, les chambres de cet hôtel idéalement situé, sur le port, sont confortables et bien équipées (certaines doubles ont une kitchenette). Demandez une chambre dans l'aile ancienne, un beau bâtiment à colombages datant du milieu du XVIIe siècle.

Où se restaurer

Røgeriet i Svaneke POISSON €

(☎56 49 63 24 ; www.roegerietsvaneke.dk ; Fiskergade 12 ; en-cas et repas 40-120 DKK ; ⏲à partir de 10h avr-oct). Un large choix d'excellentes spécialités fumées garnit le comptoir tout en longueur : *smørrebrød* (tartines), maquereau, truite, saumon, hareng, crevettes et *fiskefrikadeller* (croquettes de poisson), entre autres. Installez-vous à l'intérieur, non loin des énormes portes noircies des fumoirs, ou sur les tables de pique-nique surplombant les vieux canons, à l'extérieur.

Cet atelier de fumage aux cinq cheminées emblématiques se trouve au bord de l'eau, au bout de Fiskergade, au nord du centre-ville. Les horaires de fermeture varient : 20h en juillet, 17h le reste de l'année, quand il fait moins chaud.

Lakrids by Johan Bülow CONFISERIE €

(lakridsbybulow.dk ; Glastorvet 1 ; ⏲9h-17h30 lun-ven, 9h-16h sam-dim). Les Scandinaves adorent le *lakrids* (réglisse ; encore plus appréciée en version salée). C'est à Svaneke que cette marque a été créée, et on trouve désormais ses emballages design dans des épiceries fines partout au Danemark, et même à l'étranger. Venez goûter cette spécialité et repartez avec de délicieux souvenirs.

Svaneke Chokoladeri CONFISERIE €

(☎56 49 70 21 ; www.svanekechokoladeri.dk ; Svaneke Torv 5 ; flødeboller à partir de 20 DKK ; ⏲11h-18h lun-ven, 11h-17h sam, 11h-16h dim ; 👪). À l'entrée de la microbrasserie Bryghuset se cache l'un des meilleurs chocolatiers de Bornholm. Parmi les créations concoctées sur place, mentionnons une spécialité de Bornholm, la truffe au chocolat noir et au *havtorn* (argousier), ou les succulents *flødeboller* (goûtez le mélange framboise-réglisse).

Également une boutique sur Store Torv à Rønne.

Dagli'Brugsen SUPERMARCHÉ €

(Nansensgade 11 ; ⏲8h-20h juin-août, 8h-18h sept-mai). Pour faire vos courses ou composer un pique-nique, juste en retrait de Svaneke Torv.

Hotel Siemsens Gaard Restaurant DANOIS €€

(☎56 49 61 49 ; www.siemsens.dk ; Havnebryggen 9 ; déj 72-168 DKK, plats dîner 208-268 DKK ; ⏲dim-mer soir à partir de 17h30, jeudi-sam midi et soir). La terrasse donnant sur le port fait de cet hôtel-restaurant un lieu idéal pour déjeuner le midi quand il y a du soleil. La carte met l'accent sur les produits locaux et propose au déjeuner une cuisine légère (tels des *smørrebrød* à la présentation raffinée) ou du saumon fumé et mariné. Le dîner de 2 plats est d'un bon rapport qualité/prix (298 DKK).

Où prendre un verre

Bryghuset MICROBRASSERIE

(☎56 49 73 21 ; svanekebryghus.dk ; Svaneke Torv 5 ; déj 79-139 DKK, plats dîner 169-299 DKK ; ⏲11h-minuit, fermeture cuisine 20h30 ; 👪). Voici l'un des établissements les plus prisés de l'île pour se restaurer et prendre un verre tout au long de l'année. Il est connu dans tout le Danemark pour ses excellentes bières brassées sur place. Également une cuisine de pub honorable et généreuse, qui se marie bien avec les bières. Parmi les grands classiques danois servis à midi figurent les *smørrebrød*, les *fiskefrikadeller* et un bon burger. Le soir, priorité aux plats copieux et appétissants.

Depuis/vers Svaneke

Il y a plusieurs loueurs de vélos en ville.
Les bus n°s3, 5, 7 et 8 traversent Svaneke.

Gudhjem et Melsted

715 HABITANTS

Gudhjem est le plus joli village de bord de mer de Bornholm. Un moulin à vent trapu domine les maisons à colombages de la vieille ville, dont les rues descendent en pente douce jusqu'à un port de carte postale. Il s'agit d'un point de chute intéressant pour explorer le reste de l'île, grâce à des pistes cyclables et des sentiers de randonnée, plusieurs correspondances de bus, un bon choix d'hébergements et de restaurants, ainsi qu'une liaison maritime (p. 158) jusqu'à Christiansø.

Gudhjem possède un littoral rocheux, mais les amateurs de baignade trouveront une petite plage à Melsted, à 1 km au sud-est.

À voir

Oluf Høst Museet MUSÉE

(☎56 48 50 38 ; www.ohmus.dk ; Løkkegade 35 ; adulte/enfant 85 DKK/gratuit ; ⏲11h-17h fin avr à fin oct ; 👪). Ce merveilleux musée réunit l'atelier et les œuvres d'Oluf Høst (1884-1966), l'un des peintres les plus connus de

Gudhjem et Melsted

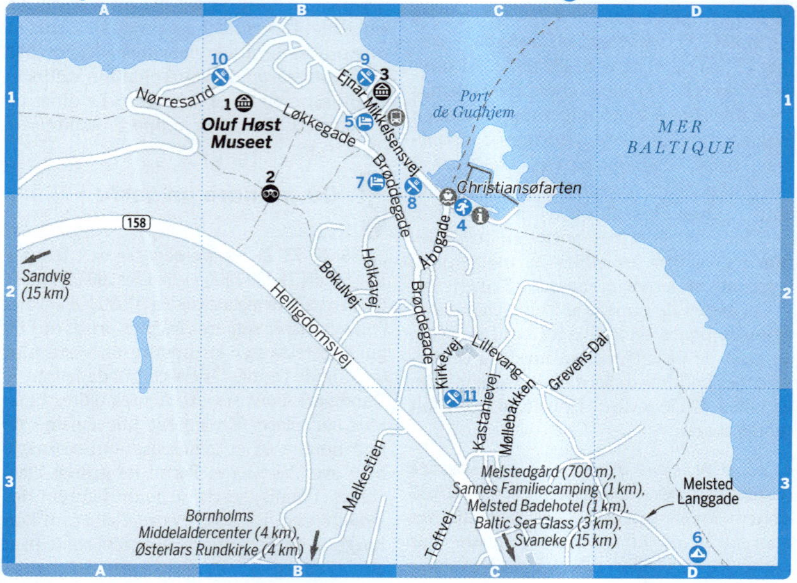

Gudhjem et Melsted

Les incontournables
1 Oluf Høst Museet B1

À voir
2 Bokul B1
3 Gudhjem Glasrøgeri B1

Activités
4 M/S Thor C2

Où se loger
5 Danhostel Gudhjem B1
6 Gudhjem Camping D3
7 Jantzens Hotel B1

Où se restaurer
8 Cafe Klint C1
9 Gudhjem Røgeri B1
10 Norresan B1
11 Spar C3

Bornholm. Il a été aménagé dans la maison où l'artiste vécut de 1929 à sa mort. Dans le joli jardin sur l'arrière, se trouve un cabanon où les enfants pourront faire preuve de créativité avec papier, pinceaux et stylos.

Melstedgård MUSÉE
(☎56 95 07 35 ; www.gaarden.nu ; Melstedvej 25 ; adulte/enfant 70 DKK/gratuit ; ⏲10h-16h mer-dim ; 👪). Ce musée des arts populaires et de l'agriculture se double désormais de la "Maison de la Culture culinaire de Bornholm" (Gaarden – Bornholms Madkulturhus), un lieu agréable où vous pourrez visiter une ancienne ferme, observer les animaux qui y sont élevés, et admirer le nouveau bâtiment moderne où sont organisés des événements tels que marchés de producteurs et cours de cuisine.

Gudhjem Glasrøgeri GALERIE
(☎56 48 54 68 ; www.gudhjem-glasroegeri.dk ; Ejnar Mikkelsensvej 13A ; ⏲10h-17h30 lun-ven, 11h-17h sam-dim Pâques-nov). Pour observer les souffleurs travailler le verre de Bornholm. Sur le port.

Activités

M/S Thor BATEAU
(☎23 83 51 65; www.ms-thor.dk ; Gudhjem Havn ; aller/aller-retour 100/125 DKK ; ⏲de Gudhjem 11h30 mai-sept). Faites une croisière le long de la côte ouest de Gudhjem pour contempler les formations rocheuses accidentées de **Helligdomsklipperne**. Vous pourrez rester à bord et regagner Gudhjem, ou descendre à l'embarcadère à côté des falaises et monter à pied jusqu'au Bornholms Kunstmuseum (p. 159).

Il y a des sorties supplémentaires en juillet et août.

Promenades à pied

En haut d'une colline couverte de bruyère accessible en 5 minutes à pied, **Bokul** (Bokulvej) ménage un beau panorama sur les toits de tuile rouge et la mer.

Quant à la colline à l'extrémité sud-est du port de Gudhjem, elle offre une vue magnifique sur la baie. En continuant sur le sentier qui longe le littoral sur 1,5 km vers le sud-est, vous arriverez à la petite plage de sable de Melsted, après une **charmante balade** où vous apercevrez des hirondelles, des rossignols et des fleurs sauvages.

Marchez vers l'ouest sur environ 6 km pour atteindre le superbe sentier côtier surélevé de Helligdomsklipperne, et l'excellent Bornholms Kunstmuseum. Le chemin *(sti)* longe la côte depuis Nørresand.

Fête

Sol over Gudhjem GASTRONOMIE

(Soleil sur Gudhjem ; www.solovergudhjem-konkurrence.dk ; juin). Organisé un samedi après-midi de la fin juin, sur le port, cet événement voit s'affronter quatre des chefs les plus en vue du Danemark. Le défi : créer avec les produits de Bornholm un alléchant menu de 2 plats. En plus de cette compétition au sommet, un marché alimentaire composé de plus de 50 étals propose le meilleur des spécialités et des produits danois (miel au hareng, fromages...).

Le concours gastronomique officiel débute à 13h. Venez tôt pour obtenir une bonne place, car l'événement peut attirer jusqu'à 10 000 spectateurs !

Où se loger

Guhjem possède quelques hôtels de catégorie moyenne, une **auberge de jeunesse** (56 48 50 35 ; www.danhostel-gudhjem.dk ; Ejnar Mikkelsensvej 14 ; dort/s/d à partir de 260/400/500 DKK ; wifi) en plein centre-ville et quelques campings : le **Gudhjem Camping** (42 41 58 15 ; www.gudhjemcamping.dk ; Melsted Langgade 45 ; adulte/enfant 78/40 DKK, empl 35-55 DKK ; mi-mai à mi-sept ; P wifi) est à seulement 15 minutes à pied au sud-est du port, mais le **Sannes Familiecamping** (56 48 52 11 ; www.familiecamping.dk ; Melstedvej 39 ; adulte/enfant 90/60 DKK, empl 30-90 DKK, bungalow 4 pers 3 150-11 050 DKK/semaine ; avr-oct ; P wifi), en bord de plage, 1 km plus loin, est un fabuleux établissement quatre étoiles avec sauna et centre de bien-être.

Il y a des hôtels en bord de mer au-delà de la ville ; on peut aussi trouver quelques adresses louant des chambres/appartements sur le site www.gudhjem.nu.

Jantzens Hotel BOUTIQUE-HÔTEL €€

(31 58 79 69 ; www.jantzenshotel.dk ; Brøddegade 33 ; s/d petit-déj inclus à partir de 875/1 225 DKK ; fin avr à mi-sept ; wifi). L'une des pépites de l'île. Le Jantzens compte de petites chambres élégantes et fort accueillantes, aménagées dans un beau bâtiment ancien. Certaines ont vue sur la mer. Le petit-déjeuner est l'un des meilleurs de Bornholm.

Melsted Badehotel BOUTIQUE-HÔTEL €€€

(56 48 51 00 ; www.melsted-badehotel.dk ; Melstedvej 27 ; d avec petit-déj 1 510-1 975 DKK ; mai-sept). Les splendides pelouses verdoyantes sont l'un des atouts de cette hôtel de charme de bord de mer, doté d'un terrain de croquet, d'un green et de chaises Adirondack qui donnent à l'ensemble une allure raffinée. Les chambres sont lumineuses, fraîches et décorées avec beaucoup de goût.

Où se restaurer

Il y a de bons restaurants au bord de l'eau et dans Brøddegade, où vous trouverez aussi un **supermarché Spar** (Brøddegade 14 ; 8h-18h). Pour une occasion spéciale, réservez bien à l'avance au restaurant du Stammershalle Badehotel (p. 159), au nord de la ville.

Norresan CAFÉ €

(20 33 52 85 ; www.facebook.com/norresand ; Nørresand 10 ; gâteau/sandwich 35/70 DKK ; 11h-21h juil, horaires réduits avr-juin et août-oct). Dans un ancien atelier de fumage particulièrement beau, au bord de l'eau (près de l'Oluf Høst Museet ; p. 155), ce café aux murs blanchis à la chaux multiplie les atouts : jolie vue, gâteaux et biscuits maison, glaces savoureuses et ambiance chaleureuse. Consultez la page Facebook pour les heures d'ouverture, et pour en savoir plus sur les *food trucks* qui s'invitent parfois au coucher du soleil.

Gudhjem Røgeri PRODUITS DE LA MER €

(56 48 80 11 ; www.smokedfish.dk ; Ejnar Mikkelsensvej 9 ; plats 64-115 DKK, buffet 130-185 DKK ; à partir de 10h avr-oct). Dans cet atelier de fumage très prisé de Gudhjem, on déguste du poisson et des salades sous forme de buffet, y compris le fameux *smørrebrød* baptisé Sol over Gudhjem (Soleil sur Gudhjem) : hareng fumé, jaune d'œuf cru, ciboulette et radis sur du pain de seigle. Il y

a des tables à l'intérieur et à l'extérieur, et de la musique live quasiment tous les soirs en juillet-août. En général, fermeture à 21h ou 22h en haute saison.

Cafe Klint INTERNATIONAL €€
(☎56 48 56 26 ; www.cafeklint.dk ; Ejnar Mikkelsensvej 20 ; en-cas et plats 60-199 DKK ; ⏲à partir de 10h avr-oct ; 📶). Par beau temps, la terrasse donnant directement sur le port invite à se détendre en sirotant une boisson fraîche. Salades, sandwichs, tapas et steaks généreux font partie des savoureuses spécialités. Ce lieu est très fréquenté en soirée ; concerts gratuits la plupart des soirs au plus fort de l'été. Les heures de fermeture varient énormément : 2h en juillet, 21h les autres mois d'été, 17h le reste de l'année.

ℹ Renseignements

Office du tourisme (☎56 95 95 00 ; Ejnar Mikkelsensvej 27 ; ⏲10h-15h lun-ven mi-juin à fin août, horaires réduits le reste de l'année). Petit local directement sur le port. Il y a du personnel en été ; de mi-avril à mi-octobre, l'endroit est ouvert en self-service (pour les brochures et autres) pendant quelques heures tous les matins.

ℹ Depuis/vers Gudhjem et Melsted

BATEAU

Christiansøfarten (☎56 48 51 76 ; www.christiansoefarten.dk ; Ejnar Mikkelsensvej 25 ; Christiansø aller-retour adulte/enfant 225/120 DKK ; ⏲horaires variables) gère les ferries de passagers entre Gudhjem et Christiansø. De juillet à fin août, les bateaux partent tous les jours de Gudhjem à 10h, 12h30 et 15h. Ils repartent de Christiansø à 14h, 16h30 et 19h30. Le trajet dure environ 1 heure. Sachez qu'il y a moins de liaisons en dehors du pic estival.

En été, les départs du port de Gudhjem à 10h sont agrémentés d'une aubade de la chorale locale !

De novembre à mi-avril, une liaison est assurée les jours de semaine avec le bateau postal – consultez le site Internet pour les détails.

BUS

Le principal **arrêt de bus** (Ejnar Mikkelsensvej) de Gudhjem se trouve près du port. Bonnes liaisons avec les autres secteurs de l'île.

Environs de Gudhjem et de Melsted

Sud de Gudhjem

Dans les terres, à environ 5 km de Gudhjem, juste au nord du village d'**Østerlars**, se cache un Centre médiéval, ainsi que la plus impressionnante église ronde de Bornholm. On peut s'y rendre à vélo, avec le bus n°1 ou 9 depuis Gudhjem, ou avec le bus n°4 depuis Rønne.

À environ 3 km au sud-est du centre de Gudhjem, sur la route côtière, la grande et moderne **Baltic Sea Glass** (☎56 48 56 41 ; www.balticseaglass.com ; Melstedvej 47 ; ⏲10h-17h) est l'une des meilleures galeries-ateliers indépendantes de Bornholm pour la céramique et le verre soufflé.

Près d'Østermarie, Fru Petersens (p. 160) constitue un pèlerinage qui ne décevra pas les amateurs de gâteaux.

LES ÉGLISES RONDES DE BORNHOLM

Les quatre églises rondes *(rundekirke)* du XIIe siècle sont aussi indissociables de Bornholm que les moulins à vent de Mykonos et les *moais* de l'île de Pâques. Tous les Danois connaissent ces églises, symboles de l'île. Caractérisées par des murs de 2 m d'épaisseur blanchis à la chaux et un toit noir conique, elles furent construites à l'époque où des pirates wendes venant d'Allemagne orientale ravageaient les côtes de toute la Baltique. Elles avaient donc une fonction de lieu de culte, mais aussi de refuge contre les attaques ennemies, comme en témoignent les galeries percées de meurtrières d'où l'on tirait des flèches, à l'étage supérieur. Elles servaient aussi de lieu de stockage pour sauver les biens de valeur et les marchandises lors des pillages.

Chaque église fut construite à environ 2 km dans les terres, en position suffisamment élevée, sur une butte, pour bénéficier d'une vue sur la mer. Ces églises étonnantes, uniques en leur genre, rappellent plus une forteresse qu'un lieu de culte. Situées à Østerlars (voir ci-dessus), Olsker(p. 160), Nyker et Nylars (p. 151), elles assurent encore toutes une messe dominicale.

Les horaires d'ouverture sont réduits (tout comme les prix et les activités) en dehors de la haute saison estivale.

À voir

Østerlars Rundkirke ÉGLISE
(www.oesterlarskirke.dk ; Vietsvej 25, Østerlars ; adulte/enfant 20/10 DKK ; 9h-17h lun-sam, 13h-17h dim juin-août, horaires réduits le reste de l'année). La plus grande et la plus impressionnante des églises rondes de Bornholm remonte au moins à 1150. Ses sept contreforts et sa galerie supérieure d'où l'on pouvait faire feu témoignent de son ancien rôle de forteresse. Dans un premier temps, le toit était plat afin de servir de terrain d'entraînement au combat, mais en raison du poids excessif exercé sur les murs, on le remplaça par l'actuel toit conique. L'intérieur est en grande partie blanchi à la chaux, même si on y a découvert et restauré une fresque médiévale.

Bornholms Middelaldercenter MUSÉE
(56 49 83 19 ; www.bornholmsmiddelaldercenter.dk ; Stangevej 1, Østerlars ; adulte/enfant 80-125/75-50 DKK ; horaires variables Pâques à oct ;). Ce Centre médiéval, qui reconstitue un village et un fort du Moyen Âge, offre l'occasion de pratiquer l'un des passe-temps favoris des Danois : se battre à coup d'épée en caoutchouc, habillé en costume d'époque. L'été, observez les figurants travailler dans une forge, entretenir les champs, ou moudre le blé dans un moulin à eau. En juillet, le programme s'enrichit de démonstrations de tir à l'arc, et d'activités manuelles plus tranquilles pour les enfants.

Nord de Gudhjem

À voir

Bornholms Kunstmuseum MUSÉE
(56 48 43 86 ; www.bornholms-kunstmuseum.dk ; Otto Bruuns Plads 1 ; adulte/enfant 90 DKK/gratuit ; 10h-17h juin-août, fermé lun avr-mai et sept-oct, sinon horaires réduits). Installé dans un bel édifice moderne avec vue sur la mer, les champs et (par temps dégagé) l'île de Christiansø au loin, le musée des Beaux-Arts de Bornholm rappelle le Louisiana de Copenhague. Il expose des tableaux d'artistes de l'école de Bornholm, dont Olaf Rude, Oluf Høst et Edvard Weie, qui œuvrèrent durant la première moitié du XXe siècle.

Le parc est splendide. Longez les pâturages où broutent de superbes vaches Highland pour atteindre les Helligdomsklipperne (p. 156), des formations rocheuses accidentées et haut perchées au bord de la mer.

Un chemin pédestre longe le haut des falaises jusqu'à Gudhjem, à quelque 6 km, et un bateau (p. 163) assure la liaison entre Gudhjem et le musée (un escalier part du débarcadère).

Il y a un café sur place. Plusieurs lignes de bus ont un arrêt devant le musée (dont le bus n°2 au départ de Rønne, et les bus n°s 4 et 8 au départ de Gudhjem).

Où se loger et se restaurer

Stammershalle Badehotel BOUTIQUE-HÔTEL €€
(56 48 42 10 ; www.stammershalle-badehotel.dk ; Søndre Strandvej 128, Stammershalle ; s/d petit-déj inclus à partir de 700/900 DKK ; mai-oct, mer-sam mars, avr et nov ;). L'une des adresses les plus chics de Bornholm. Cet imposant hôtel thermal du début du XXe siècle surplombe une partie rocailleuse du littoral, à quelques kilomètres au nord de Gudhjem. Il offre un cadre apaisant, mélange de bois peint en blanc et d'un style bord de mer élégant et discret. Réservez bien à l'avance, surtout pendant la haute saison estivale.

Stammershalle Badehotel DANOIS €€€
(56 48 42 10 ; www.stammershalle-badehotel.dk ; Søndre Strandvej 128, Stammershalle ; menu dégustation 4/7 plats 550/875 DKK ; 18h-22h mai-oct, mer-sam mars-avr). Ode à l'élégance décontractée typiquement scandinave, le restaurant du Stammershalle Badehotel est un paradis des gourmets. La vue sur la mer au soleil couchant fait autant vibrer que la cuisine et le service, qui s'avère aussi avisé que personnalisé. Réservation impérative.

Sandvig et Allinge

1 600 HABITANTS

Sandvig est un paisible petit bourg de bord de mer aux merveilleuses maisons anciennes, agrémentées de rosiers et de jardins fleuris. Il donne sur une superbe baie ourlée de sable, et l'on trouve à proximité un intéressant réseau de sentiers de randonnée sillonnant le secteur de Hammeren et menant jusqu'à Hammershus au sud-ouest.

La plupart des services, dont les banques, les épiceries et l'office de tourisme (p. 162),

VAUT LE DÉTOUR

PÈLERINAGE GOURMAND

Amateurs de gâteaux, réjouissez-vous ! Le **Fru Petersens Café** (☎21 78
78 95 ; www.frupetersenscafe.dk ; Almindingensvej 31, Østermarie ; buffet de gâteaux, boissons incluses 170 DKK ; ⏲12h-18h juin-août, horaires réduits le reste de l'année) est un adorable café situé à environ 1 km à l'ouest d'Østermarie. Il attire tous les gourmands de l'île grâce à son *kagebord* (buffet de gâteaux) exceptionnel. Ses tables joliment présentées semblent ployer sous le poids des gâteaux, tartes, biscuits, pâtisseries et autres douceurs maison. Les différentes salles du café sont décorées d'antiquités et de bibelots, dans un esprit très *hyggelig*. Quelques tables sont installées dans le jardin.

se trouvent à 2 km au sud-est, dans la localité d'Allinge, plus grande et moins pittoresque.

À voir

♥ Hammershus Slotsruin RUINES

(Langebjergvej 26, Allinge). GRATUIT Perchée de manière spectaculaire au sommet d'une falaise de 74 m de haut dominant la mer, cette forteresse en ruine est la plus imposante de Scandinavie. Une balade à travers ce site évocateur, qui offre en prime un superbe point de vue, est une étape incontournable de tout séjour à Bornholm.

Le château fut construit au XIIIe siècle à l'initiative de l'archevêque de Lund, qui souhaitait protéger son diocèse contre la Couronne, engagée dans une lutte de pouvoir avec l'Église. Il a été agrandi au fil des siècles. Les niveaux supérieurs de la tour carrée remontent ainsi au milieu du XVIe siècle.

Les progrès de l'artillerie navale finirent par rendre la forteresse vulnérable. Bombardé en 1645, le château tomba temporairement aux mains des Suédois. Hammershus servit ensuite de garnison militaire et de prison. La fille du roi Christian IV, Leonora Christina, et son mari Corfitz Ulfeldt y furent emprisonnés pour trahison de 1660 à 1661 (voir aussi l'encadré p. 144).

En 1745, l'armée danoise abandonna Hammershus dont les pierres furent en grande partie pillées pour servir de matériaux de construction ailleurs.

Le site est ouvert en permanence. Un **bâtiment moderne** s'inscrivant harmonieusement dans l'environnement est en cours de construction : il comprendra des salles d'exposition et un café (au moment de nos recherches, la date d'ouverture restait à préciser ; les expositions seront sans doute payantes).

Une fois par heure, un bus (le n°2 et le n°8) relie Sandvig à Hammershus. Le moyen le plus agréable de s'y rendre reste cependant le sentier pédestre traversant les collines de Hammeren – une superbe promenade d'une heure. Le sentier, très fréquenté et balisé, débute au camping Sandvig Familie (page ci-contre).

Si vous arrivez de Rønne, prenez le bus n°7 (peu fréquent).

Hammeren RÉSERVE NATURELLE

Ce promontoire granitique en forme de tête de marteau à la pointe nord de Bornholm est sillonné de **sentiers de randonnée** épousant des collines tapissées de bruyères pourpres. Certains sentiers longent la côte, d'autres s'enfoncent dans les terres. Quoi qu'il en soit, l'endroit ravit les amateurs de balades dans la nature.

D'autres sentiers, un peu plus sportifs, relient Sandvig à Hammershus Slot. L'itinéraire le plus court longe Hammeren par l'intérieur des terres, puis passe devant le **Hammersøen**, le plus grand lac de Bornholm, et **Opalsøen**, un étang profond au milieu d'une ancienne carrière (une **tyrolienne** est installée ici de fin juin à mi-juillet ; voir www.tovbanen.dk). Un itinéraire plus long et plus venteux suit la côte rocheuse de Hammeren, passe devant un **phare** à la pointe septentrionale de Bornholm, et continue vers le sud le long du littoral, jusqu'au ravissant petit port de **Hammerhavn**.

De la forteresse de Hammershus, des sentiers de randonnée partent vers le sud au milieu de paysages de bruyère dans un espace naturel appelé **Slotslyngen**, et vers l'est à travers une forêt domaniale jusqu'à la **carrière de granite de Moseløkken**. Moseløkken est également le site du Moseløkken Stenbrudsmuseum.

Olsker Rundkirke ÉGLISE

(Sankt Ols Kirke ; Rønnevej 51, Olsker ; 10 DKK ; ⏲9h-17h lun-ven mai-oct). À 5 km au sud d'Allinge, en périphérie sud du petit village d'**Olsker**, se dresse la plus haute (26 m) et la plus élancée des quatre églises rondes de l'île.

Moseløkken Stenbrudsmuseum MUSÉE
(56 48 04 68 ; www.moseloekken.dk ; Moseløkkevej 9 ; adulte/enfant 80/70 DKK ; 9h-16h lun-ven fin avr-sept). Situé dans la carrière de granite de Moseløkken, ce petit musée présente le travail des sculpteurs et tailleurs de pierre de la région. De temps en temps, on peut assister à une démonstration des techniques traditionnelles pour tailler la pierre.

Où se loger

Nordly AUBERGE DE JEUNESSE €
(56 48 03 62 ; www.nordlybornholm.dk ; Hammershusvej 94 ; d/qua sans sdb à partir de 475/610 DKK ; P). Un jeune couple a repris cet ancien établissement Danhostel, non loin de Hammershus, et l'a transformé en hébergement douillet et élégant pour voyageurs à petit budget. Les chambres, doubles ou familiales, entourent une cour à l'arrière, tandis que le bâtiment principal est agrémenté d'éléments rétro et d'espaces communs agréables. Salles de bains communes.

Sandvig Familiecamping CAMPING €
(56 48 04 47 ; www.sandvigcamping.dk ; Sandlinien 5, Sandvig ; adulte/enfant 75/40 DKK, empl 15-40 DKK ; fin mars à oct ;). Ce camping ombragé occupe un site fabuleux près de la belle plage de Sandvig ; il est pratique pour gagner les sentiers pédestres de Hammeren (page ci-contre). Il y a de belles cabanes, dont des versions familiales (louées à la semaine en haute saison estivale) et de minuscules "*Gotiske hytter*" louées pour la nuit (cabanes gothiques à petit prix – une touche de glamping à Bornholm).

Nordlandet BOUTIQUE-HÔTEL €€
(56 48 03 44 ; www.hotelnordlandet.com ; Strandvejen 68, Sandvig ; ch avec petit-déj à partir de 1 190 DKK ; P). On peut parler d'une vraie métamorphose. Les propriétaires du fantastique restaurant Kadeau (p. 151), dans le sud de Bornholm, ont jeté leur dévolu sur cet hôtel, avec des résultats tout aussi brillants. Cette propriété accrochée au littoral renferme des chambres minimalistes très tendance ; la plupart donnent sur la mer et certaines sont pourvues de terrasse et/ou cuisine. Sur place, on peut aussi profiter d'un restaurant joliment aménagé (réservez longtemps à l'avance) et d'un bar décontracté servant de la bière locale et des en-cas.

Allinge Badehotel PENSION €€
(Byskrivergården ; 71 96 56 16 ; www.byskrivergaarden.dk ; Løsebækegade 3, Allinge ; s/d avec petit-déj 780/1 050 DKK ; mi-mai à mi-sept ; P). Donnant directement sur une jolie plage, cette ancienne ferme a été transformée en une pension enchanteresse aux murs chaulés et poutres noires, à deux pas du restaurant Nordbornholms Røgeri. Les chambres sont simples et confortables (essayez d'en obtenir une donnant sur la mer et non sur la route). Il y a un jardin débordant de fleurs, une salle de petit-déjeuner vaste et chaleureuse – et des bassins naturels dans les rochers si vous avez envie de vous baigner.

Où se restaurer

Allinge possède de bons restaurants et supermarchés sur le front de mer, à l'extrémité sud du port. Il y a d'autres options en bord de plage à Sandvig, et quelques trésors bien dissimulés.

Kalas-Kalas CAFÉ €
(60 19 13 84 ; www.kalasbornholm.dk ; Strandpromenaden 14, Sandvig ; 2/3 boules de glace 34/44 DKK, café 30-40 DKK ; 11h-22h fin juin à mi-août, horaires réduits le reste de l'année). La combinaison gagnante de l'île ! Café délicieux, glaces maison pour lesquelles les habitués font la queue, superbe vue sur la

LA FAUNE DES ÎLES ERTHOLMENE

Christiansø, Frederiksø et Græsholm sont désignées collectivement sous le nom d'îles Ertholmene. L'archipel attire une colonie de phoques et, au printemps, jusqu'à 2 000 eiders à duvet viennent s'y reproduire. Ces gros canards plongeurs nichent à proximité des chemins côtiers. Les visiteurs doivent donc prendre garde à ne pas effrayer les mères : elles risqueraient d'abandonner un moment leurs œufs, qui pourraient servir de repas aux mouettes. **Græsholm**, une réserve ornithologique inhabitée, est aussi un lieu important pour les guillemots, les petits pingouins et d'autres espèces d'oiseaux marins.

mer et les rochers depuis les fenêtres, et fauteuils poires sur la terrasse pour un cocktail au coucher du soleil. Les ingrédients proviennent des jardins et des champs des environs : fleur de sureau, rhubarbe, groseilles et baies diverses. Renseignez-vous sur les circuits en bateau et les sorties snorkeling organisés par les fils des propriétaires (www.boatingbornholm.dk).

Nordbornholms Røgeri PRODUITS DE LA MER €
(☎56 48 07 30 ; www.nbr.dk ; Kæmpestranden 2, Allinge ; buffet 197 DKK ; 11h-22h ;). Plusieurs des grands chefs de Bornholm considèrent cet atelier de fumage comme le meilleur de l'île. On y sert un buffet alléchant de poissons fumés locaux, de salades et de soupes (glace incluse en dessert) - qui plus est sur une terrasse au bord de l'eau, ce qui en fait le cadre parfait pour déguster les saveurs de la Baltique.

Café Sommer INTERNATIONAL €€
(☎56 48 48 49 ; www.timos.dk ; Havnegade 19, Allinge ; déj 65-255 DKK, dîner 245-295 DKK ; 11h30-21h30 fin mai à août). Avec sa terrasse très prisée donnant sur le port et sa salle à la décoration urbaine, le Café Sommer est une adresse fiable (mais chère) pour un savoureux déjeuner (salades, burgers et *smørrebrød*) ou un dîner composé de plats plus copieux.

☆ Où sortir

Gæsten CONCERTS
(www.gaestgiveren.dk ; Theaterstræde 2, Allinge ; tarifs variables ; bar à partir de 17h, concerts à partir de 20h lun-sam juil à début août). Au plus fort de l'été, cette institution propose des concerts 6 soirs par semaine ; consultez la programmation et achetez vos billets en ligne (en général, on peut aussi payer sa place à l'entrée). Une atmosphère festive plane dans la cour et un bon buffet végétarien est dressé à partir de 18h (160 DKK ; plats à base de viande et poisson disponibles également).

Renseignements

Office du tourisme (☎56 95 95 00 ; Sverigesvej 11, Allinge ; 11h-17h lun-ven, 10h-16h sam-dim juil-août, horaires réduits le reste de l'année). Renseignements, à côté du port à Allinge.

Depuis/vers Allinge

Le bus n°1 circule fréquemment depuis Rønne, le bus n°4 depuis Gudhjem.

Christiansø

95 HABITANTS

Si vous pensez que Bornholm est l'endroit le plus reculé du Danemark, vous vous trompez. Encore plus loin à l'est, en pleine mer Baltique, la minuscule Christiansø est une île-forteresse (XVIIe siècle) d'environ 500 m de long, située à 1 heure de bateau au nord-est de Bornholm (départ de Gudhjem), ce qui en fait une destination parfaite pour une excursion d'une journée.

Le paysage de Christiansø rappelle celui des îles Féroé (à une échelle très réduite), avec ses rochers escarpés couverts de mousse, ses vieilles bâtisses en pierre et ses habitants qui semblent eux-mêmes taillés dans le roc. La visite de l'île donne réellement l'impression de remonter le temps, surtout si vous logez au charmant Christiansø Gæstgiveri et que vous découvrez l'île après le départ des touristes venus pour la journée.

Histoire

Habitée de manière saisonnière par des pêcheurs depuis le Moyen Âge, Christiansø tomba brièvement entre les mains des Suédois en 1658, ce qui convainquit Christian V d'en faire une forteresse imprenable. L'île fut ainsi dotée de bastions et de baraquements, puis d'une église, d'une école et d'une prison.

Christiansø devint ainsi l'avant-poste de l'armée danoise dans la mer Baltique : on y surveillait le commerce maritime suédois et, en temps de guerre, on y lançait les attaques contre l'ennemi. Cette base avancée cessa d'être une nécessité dans les années 1850. La marine danoise s'en retira, mais les soldats qui souhaitaient s'y établir comme pêcheurs furent autorisés à vivre gratuitement dans les vieux cottages. Leurs descendants, auxquels sont venus s'ajouter plus récemment quelques pêcheurs et des artistes, constituent désormais la modeste population de Christiansø et de Frederiksø, îlot voisin auquel on accède par un pont piétonnier. L'île tout entière est une réserve naturelle protégée (chats, chiens, voitures et constructions modernes y sont proscrits), de sorte qu'une multitude d'oiseaux y prospèrent.

À voir

Lille Tårn MONUMENT, MUSÉE

(billet combiné avec la Store Tårn adulte/enfant 40/20 DKK ; 8h-19h mi-juin à mi-août, 8h-16h fin mai à mi-juin et mi-août à mi-sept, 8h-14h mi-avr à fin mai et mi-sept à mi-oct). La Lille Tårn (Petite Tour) sur Frederiksø date de 1685. Elle accueille le musée d'histoire locale avec, au rez-de-chaussée, du matériel de pêche, des outils et de la ferronnerie – à l'étage, des canons, des meubles anciens, des maquettes et une exposition sur la faune et la flore insulaires.

Store Tårn MONUMENT

(billet combiné avec la Lille Tårn adulte/enfant 40/20 DKK ; 8h-19h mi-juin à mi-août, 8h-16h fin mai à mi-juin et mi-août à mi-sept, 8h-14h mi-avr à fin mai et mi-sept à mi-oct). Érigée en 1684, la Store Tårn (Grande Tour) de Christiansø en impose avec ses 25 m de diamètre. Le phare centenaire de la tour offre une vue panoramique sur l'île. Après des rénovations de grande ampleur, la tour a rouvert en juin 2017 avec de nouvelles expositions sur l'histoire locale et l'ornithologie.

Où se loger

Christiansø Teltplads CAMPING €

(20 31 29 13 ; www.christiansoe.dk ; empl 75-100 DKK, plus 40 DKK/pers ; mai à mi-sept). Le camping est autorisé l'été dans un petit champ à la pointe nord de Christiansø. Il n'est pas toujours facile de réserver un emplacement, l'espace étant limité. Une petite cuisine est à la disposition des campeurs.

Christiansø Gæstgiveri PENSION €€

(56 46 20 15 ; www.christiansoekro.dk ; s/d 1 150/1 250 DKK ; fermé fin déc à jan). Le seul hébergement de l'île a été aménagé dans la résidence d'un capitaine de navire datant de 1703. Les tarifs des 6 chambres avec salle de bains sont élevés. Le restaurant danois traditionnel est ouvert tous les jours à midi et le soir ; la terrasse ensoleillée jouit d'un point de vue imprenable.

Renseignements

En ligne sur www.christiansoe.dk.

Depuis/vers Christiansø

L'accès se fait en bateau depuis Gudhjem. Les ferries de **Christiansøfarten** (56 48 51 76 ; www.christiansoefarten.dk ; aller-retour adulte/enfant 225/120 DKK ; mi-avr à fin oct) assurent la liaison 3 fois par jour de juillet à fin août, moins fréquemment en dehors de la haute saison. De novembre à mi-avril, un bateau postal circule en semaine.

Fionie

Dans ce chapitre ➔

Le top des restaurants

- Vester Skerninge Kro (p. 183)
- Restaurant Generalen (p. 190)
- Oluf Bagers Gård (p. 171)
- Restaurant N°61 (p. 171)
- Fiske Restaurant Rudolf Mathis (p. 176)

Le top des hébergements

- Broholm Slot (p. 183)
- Pension Vestergade 44 (p. 193)
- Bjørnegården (p. 177)
- Stella Maris Hotel (p. 186)
- B&B Juelsberg Slot (p. 175)

Pourquoi y aller

Même si certains s'aventurent jusqu'à la capitale, Odense, pour découvrir la maison natale de Hans Christian Andersen, la Fionie (*Fyn* en danois) est souvent négligée par les voyageurs, qui privilégient Copenhague, les côtes de la Sjaelland ou le vaste Jutland.

Bien sûr, la ville du célèbre auteur de contes de fées – devenue une importante cité culturelle et commerciale – mérite une visite. Mais la Fionie, deuxième plus grande île du Danemark après la Sjaelland, a bien plus à offrir : chaumières, villages de carte postale et majestueux châteaux de la Renaissance s'élèvent ici entre champs et forêts.

Près de Kerteminde, vous pourrez admirer un remarquable bateau funéraire de l'ère viking. Au sud, les cultures agricoles produisent certains des meilleurs produits du pays. D'amusantes huttes en bois ont été installées pour abriter cyclistes et randonneurs ; les plaisanciers apprécieront le charme des ports, et un archipel idéal pour la navigation. Bref, si vous vous donnez la peine de l'explorer, vous découvrirez que la Fionie est un condensé parfait du Danemark.

Quand partir

- Comme le reste du pays, la Fionie s'anime pendant les vacances scolaires danoises (juillet et début août). Les voiliers affluent dans les ports du sud, et l'ambiance devient festive.
- Si vous souhaitez éviter la foule et avoir de meilleurs tarifs pour les ferries, la mi-juin et la fin du mois d'août sont des périodes intéressantes.
- Les excellents restaurants et musées d'Odense attirent les visiteurs toute l'année. La période de l'Avent est aussi très animée et agréable.

À ne pas manquer

1. Une croisière vers **Ærø** (p. 191), "île aux mariés" du Danemark.

2. L'**Egeskov Slot** (p. 182), un château splendide dont le jardin recèle un labyrinthe, des musées et d'autres merveilles.

3. Les chaumières à colombages de la **péninsule d'Hindsholm** (p. 177), au nord de Kerteminde.

4. Une promenade féerique dans la ville de Hans Christian Andersen à **Odense** (p. 166).

5. Le **Vikingemuseet Ladby** (p. 177), unique bateau funéraire du Danemark et ultime demeure d'un chef viking du Xe siècle.

6. Les casemates de **Langelandsfort** (p. 191), témoins de la guerre froide.

7. Les voiliers en bois du port de **Svendborg** (p. 183) et la réflexion sur la pauvreté proposée par son ancien hospice.

8. Les sculptures entre art et nature du vaste parc de **Tickon** (p. 189) derrière l'imposante forteresse de Tranekær.

ODENSE

175 245 HABITANTS

Capitale millénaire de la Fionie et troisième ville du Danemark, Odense est un lieu effervescent en pleine modernisation. Berceau de l'écrivain Hans Christian Andersen (voir p. 297), la ville foisonne de curiosités inspirées de ses contes les plus célèbres. Musées, centres pour enfants, sculptures... même les feux piétons reprennent la silhouette d'Andersen !

Mais Odense – qui est également la ville natale de Carl Nielsen (1865-1931), le plus célèbre compositeur danois – a bien d'autres atouts : galeries d'art innovantes, bars et cafés animés, musées remarquables – dont un village historique reconstitué (p. 167) – et le meilleur zoo du Danemark (p. 167). Avec ses nombreux parcs, la ville est une destination familiale qui fait honneur à sa devise : *At leger er at leve* (Jouer, c'est vivre).

Odense est le nœud des transports de l'île et elle dispose d'une offre de qualité en matière d'hébergements, même si elle est réduite.

Histoire

Odense peut se traduire par "sanctuaire d'Odin", en référence au dieu viking de la guerre, de la poésie et de la sagesse, dont elle aurait été la demeure. Mais cette symbolique religieuse de la ville changea au XIIe siècle, après l'assassinat du roi Knud le Grand : les ossements du monarque bientôt canonisé donnèrent lieu en effet à un important pèlerinage, qui permit à la ville de s'enrichir considérablement. Odense devint ainsi la plus grande ville de province du Danemark, et ce malgré l'absence d'un port. Finalement reliée à la mer par un canal en 1800, elle développa une industrie textile prospère, et ne cessa de se développer jusqu'à la fin du XXe siècle.

S'adaptant à l'évolution du monde, la ville se tourne désormais vers les domaines de l'éducation, du tourisme, et des industries médicales et robotiques de pointe. Elle a investi massivement dans de nouvelles infrastructures, notamment un nouveau tramway, et un centre-ville totalement repensé.

À voir

Vous rêvez de marcher sur les traces d'Andersen ? Les empreintes de bottes dessinées sur les trottoirs de la ville vous mèneront à diverses curiosités en lien avec son histoire. L'application et la brochure consultable sur andersensodense.dk éclaireront vos découvertes.

Centre-ville

Maison H.C. Andersen MUSÉE

(H.C. Andersens Hus ; www.museum.odense.dk ; H.C. Andersen Haven 1 ; billet combiné adulte/enfant 165 DKK/gratuit ; 10h-17h mi-juin à fin août, 9h-19h août, 9h-15h sept, 10h-17h mar-dim oct-juin ;). Ce musée flambant neuf présente de manière à la fois moderne et détaillée l'extraordinaire destin de l'écrivain. Son œuvre y est replacée dans son contexte et mise en exergue grâce à des présentations audiovisuelles et d'étonnantes installations.

Le billet combiné journalier donne également accès à la maison d'enfance de Hans Christian Andersen (voir ci-dessous) et au Møntergården (voir ci-dessous).

H.C. Andersens Barndomshjem MUSÉE

(maison d'enfance de Hans Christian Andersen ; www.museum.odense.dk ; Munkemøllestræde 3-5 ; billet combiné adulte/enfant 165 DKK/gratuit ; 10h-17h mi-juin à mi-sept, 11h-16h mar-dim reste de l'année). Arrivé dans cette maison à l'âge de 2 ans, Andersen l'a quittée 12 ans plus tard pour s'enfuir à Copenhague. Fils d'un cordonnier et d'une lavandière, il y a mené une vie misérable que ne laisse guère imaginer la beauté actuelle du lieu.

Le billet combiné journalier donne également accès à la Maison H.C. Andersen (voir ci-dessus) et au Møntergården (voir ci-dessous).

Møntergården MUSÉE

(www.museum.odense.dk ; Møntestræde 1 ; billet combiné adulte/enfant 165 DKK/gratuit, musée seul adulte/enfant 100 DKK/gratuit ; 10h-17h mi-juin à fin août, 9h-19h août, 9h-15h sept, 10h-17h mar-dim oct-juin). Dans la nouvelle section très design de ce musée d'histoire de la ville, l'exposition permanente "Fionie, centre de l'univers" propose un tour d'horizon des événements mondiaux et des courants culturels ayant marqué la Fionie. Au programme : divinités de l'ère pré-viking, impact de la révolution industrielle sur les villages, occupation pendant la Seconde Guerre mondiale, guerre froide... Vous découvrirez aussi l'origine du surnom "Jardin du Danemark" attribué à la Fionie.

Dans une annexe dédiée au Moyen Âge et à la Renaissance à Odense, on peut admirer la reconstitution de l'intérieur d'une maison de ville de 1646. La ruelle pittoresque de Mønterstræde mène aux portes d'un hospice du XVIIe siècle.

Le billet combiné journalier donne également accès à la H.C. Andersens Hus (ci-contre) et à la H.C. Andersens Barndomshjem (ci-contre).

Jernbanemuseet MUSÉE

(musée du Chemin de fer ; www.jernbanemuseet.dk ; Dannebrogsgade 24 ; adulte/enfant 80 DKK/gratuit ; 10h-17h ;). Pour les passionnés de chemin de fer, ce musée vaut presque le voyage au Danemark à lui tout seul. La collection comprend plus de 30 locomotives et wagons de 1868 à 1981, dont un chasse-neige de 1869, une voiture à 2 niveaux, et l'imposante voiture-salon du roi Christian IX, datant de 1900. Il y a aussi des vidéos, des maquettes de trains et de bateaux et, à l'étage, des présentations thématiques (signalétique, tunnels, catastrophes...).

De nombreuses activités sont proposées pendant les vacances : démonstration de plaque tournante et tour en mini-train, en bus ancien et parfois en train à vapeur.

Brandts MUSÉE

(www.brandts.dk ; Amfipladsen 7 ; adulte/enfant 110 DKK/gratuit ; 10h-17h mar et jeu-sam, 10h-21h mer, ouvert lun pdt vac. scol.). Ce vaste musée présente des expositions temporaires d'art moderne et contemporain. Selon les périodes, 2 salles au moins présentent une sélection d'œuvres issues de la collection permanente, la *Brandts Samling*, qui couvre 250 ans d'art danois.

Parmi les joyaux de la période classique, on trouvera le puissant *Udslidt* ("Épuisé", 1889) de HA Brendekilde, représentant un fermier évanoui. L'excellente section du Modernisme danois accueille les toiles cubistes d'Olaf Rude, celles impressionnistes de Karl Isakson, et l'œuvre de Vilhelm Bjerke-Petersen, aux faux airs de Miró.

Sankt Knuds Domkirke ÉGLISE

(cathédrale Saint-Knud ; www.odense-domkirke.dk ; Klosterbakken ; 10h-17h avr-oct, 10h-16h nov-mars). La construction de cette impressionnante cathédrale en brique, aux superbes voûtes gothiques, a duré 200 ans (1300-1499). L'ajout de la tour date des années 1580.

Au pied d'un escalier discret à droite de l'autel, la crypte abrite les reliquaires contenant des ossements vieux de 900 ans : ce seraient ceux du saint patron du Danemark, le roi viking Knud le Grand, et de son frère cadet, Benedikt, assassinés par des paysans du Jutland lors d'une révolte contre l'impôt. Si la légende raconte que Knud mourut en pleine prière dans l'église en bois qui deviendra plus tard sa cathédrale, il était loin d'être un saint et mena de nombreuses guerres sanglantes. Le pape le canonisa pourtant en 1101, renforçant à la fois l'influence de l'Église catholique au Danemark, et l'attrait des pèlerins médiévaux pour Odense.

Agglomération d'Odense

Den Fynske Landsby MUSÉE

(Le village fionien ; www.museum.odense.dk ; Sejerskovvej 20 ; adulte/enfant 145 DKK/gratuit ; 10h-18h mi-juil à début août, 10h-17h début juil à mi-juil et début août à fin août, 10h-17h mar-dim juin, 10h-16h mar-ven sept-oct et avr-mai ; 110, 111). Ce charmant musée de plein air vous fera découvrir un village des années 1850 reconstitué, avec plus d'une vingtaine de vieilles maisons typiques de l'île. On y croise des animaux de la basse-cour, une mare aux canards et un moulin à vent. Tous les jours en été (et certains week-ends de l'année), vous verrez même des "paysans" en costume s'occuper des oies pendant que des enfants en knickers jouent au cerceau.

Deux brochures et un film de 15 minutes (avec sous-titres anglais) présentent le contexte historique.

Le musée se trouve à 4 km au sud du centre-ville. Les bus n[os]110 et 111 (24 DKK, un bus/heure minimum) passent à proximité. De mai à août, les bateaux d'**Odense Aafart** (66 10 70 80 ; www.aafart.dk ; Filosofgangen 30 ; adulte/enfant aller-retour 95/65 DKK ; 10h-19h juil, 10h-17h mai, juin, août et sept ;) partent du parc Munke Mose pour rejoindre Fruens Bøge via le zoo d'Odense, à 15 minutes de marche à travers du musée.

Odense Zoo ZOO

(66 11 13 60 ; www.odensezoo.dk ; Søndre Blvd 306 ; adulte/enfant de moins de 11 ans 195/100 DKK ; 10h-16h, parfois plus tard, voir site Internet ;). Fleuron des zoos danois et promoteur de nombreux programmes de conservation et d'éducation, le parc se situe

Odense

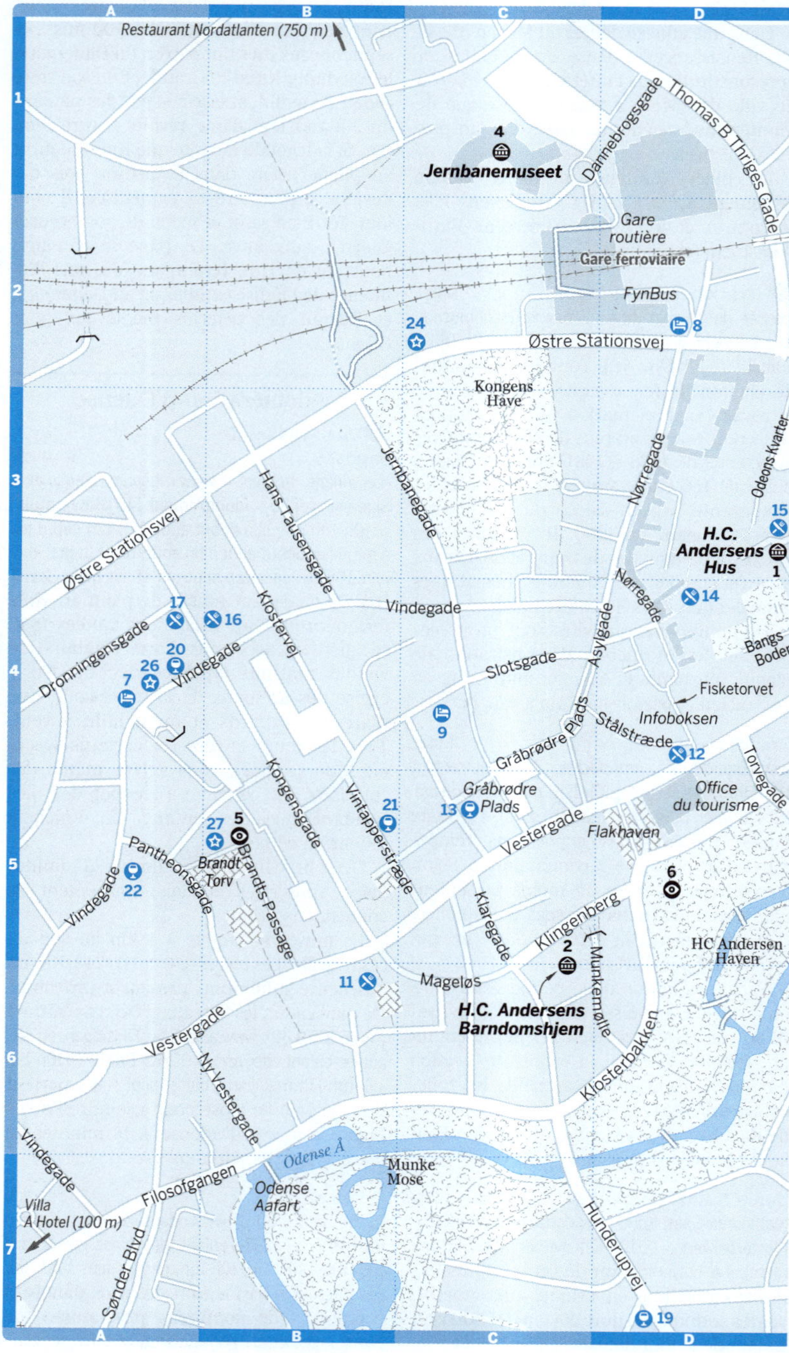

A
B
C
D
1
2
3
4
5
6
7
Restaurant Nordatlanten (750 m)
4
Jernbanemuseet
Dannebrogsgade
Thomas B Thriges Gade
Gare routière
Gare ferroviaire
FynBus
8
24
Østre Stationsvej
Kongens Have
Jernbanegade
Nørregade
Odeons Kvarter
15
H.C. Andersens Hus
1
Hans Tausensgade
Østre Stationsvej
Klostervej
Vindegade
Nørregade
14
Asylgade
17
16
Dronningensgade
20
26
Vindegade
7
Slotsgade
Bangs Boder
Fisketorvet
9
Gråbrødre Plads
Stålstræde
Infoboksen
12
Torvegade
Kongensgade
Vintapperstræde
21
Gråbrødre Plads
13
Office du tourisme
Vestergade
Flakhaven
27
5
Brandt Torv
Brandts Passage
Pantheonsgade
22
Vindegade
6
Klaregade
Klingenberg
2
Munkemølle
HC Andersen Haven
11
Mageløs
H.C. Andersens Barndomshjem
Vestergade
Ny Vestergade
Klosterbakken
Vindegade
Odense Å
Munke Mose
Filosofgangen
Odense Aafart
Villa A Hotel (100 m)
Sønder Blvd
Hunderupvej
19

à 2 km au sud du centre-ville. Il héberge tigres, lions, zèbres, chimpanzés, ainsi que pingouins et lamantins dans son "océanium". Sa section "Kiwara" recrée les grands espaces de la savane.

Festivals

Tinderbox MUSIQUE

(www.tinderbox.dk ; Falen ; 3e week-end de juin). Ce jeune festival réunit sur ses 4 scènes le meilleur de la musique pop, indé et électro.

Le site ne disposant pas de camping, les hôtels d'Odense affichent souvent complet pendant la durée du festival. Vous devrez peut-être faire plusieurs kilomètres pour vous loger.

Odense Blomsterfestival FLEURS

(www.blomsterfestival.dk ; mi-août). Lors de la fête de la Fleur, le centre-ville d'Odense se mue 4 jours durant en une farandole de couleurs et de parfums.

Odense Film Festival CINÉMA

(OFF ; www.filmfestival.dk ; Brandts Klædefabrik ; fin août). Un important festival de courts métrages, dont la plupart des séances sont gratuites.

HC Andersen Festivals CULTURE

(hcafestivals.com ; fin août). Chaque été, Odense célèbre comme il se doit son enfant prodige. Pendant une semaine, spectacles, conférences, concerts et activités familiales sont organisés un peu partout en ville.

Où se loger

Odense City B&B B&B €

(71 78 71 77 ; www.odensecitybb.dk ; Vindegade 73B ; s/d sans sdb à partir de 250/450 DKK ;). Tenu par des baroudeurs, ce B&B propose 7 chambres modernes impeccables. Sûrement le meilleur rapport qualité/prix d'Odense. Idéalement situé, il est accessible par une galerie flanquée de deux charmants petits restaurants. Déposez vos chaussures à l'entrée et appréciez le café, le thé et les fruits offerts dans la kitchenette sur le palier. Deux salles de bains communes à l'étage.

Billesgade B&B €

(20 76 42 63 ; www.billesgade.dk ; Billesgade 9 ; d/app à partir de 575/900 DKK ; P). Ce B&B

Odense

Les incontournables
1 H.C. Andersens Hus D3
2 H.C. Andersens Barndomshjem C5-C6
3 Møntergården E3
4 Jernbanemuseet C1

À voir
5 Brandts B5
6 Sankt Knuds Domkirke D5

Où se loger
7 Odense City B&B A4
8 Cabinn Odense Hotel D2
9 First Hotel Grand C4
10 City Hotel E3

Où se restaurer
11 Cafe Kosmos B6
12 Lagkagehuset D4
13 Cafe Skt Gertrud C5
14 Oluf Bagers Gård D4
15 Under Lindetræt D3
16 Restaurant No 61 .... B4
17 Goma A4
18 Den Gamle Kro E4

Où prendre un verre et faire la fête
19 Carlsens Kvarter D7
20 Den Smagløse Café A4
21 Christian Firtal B5
22 Nelle's Coffee & Wine A5

Où sortir
23 Odeon E3
24 Musikhuset Posten C2
25 Odense Koncerthus E3
26 Dexter A4
27 Cafe Biografen B5

Achats
28 Kramboden E4

propose 6 belles chambres immaculées, avec une salle de bains pour 3. Café et thé offerts dans la kitchenette commune, mais vous pouvez opter pour un bon petit-déjeuner avec les œufs frais issus du poulailler de l'hôte (60 DKK).

Cabinn Odense Hotel — HÔTEL €

(☎63 14 57 00 ; www.cabinn.com ; Østre Stationsvej 7 ; s/d à partir de 495/625 DKK, d/tr 690/820 DDK ; @📶). Jouxtant la gare, cet établissement appartenant à la chaîne Cabinn propose pas moins de 4 types de chambres différentes avec salle de bains. Les chambres standards incluent un troisième lit escamotable. Une option fonctionnelle et économique.

DCU-Odense City Camp — CAMPING €

(☎66 11 47 02 ; www.camping-odense.dk ; Odensevej 102 ; empl 55 DKK plus par adulte/enfant 96/51 DKK, chalets sans/avec sdb 560/815 DKK ; 📶🏊 ; 🚌61, 62). Dans ce camping situé à 4 km au sud du centre-ville, à l'orée d'une zone boisée traversée de sentiers pour randonneurs et cyclistes, les emplacements sont séparés par des haies.

First Hotel Grand — HÔTEL €€

(☎66 11 71 71 ; www.firsthotels.dk ; Jernbanegade 18 ; s/lits jum/d à partir de 995/1 045/1 095 DKK ; P📶). Ce grand édifice en brique était déjà un hôtel chic en 1897. Rénové par la chaîne First, il propose aujourd'hui des chambres dont les murs au blanc particulièrement éclatant mettent en valeur le parquet sombre et le mobilier noir. Le restaurant arbore des lustres en cristal et des piliers imposants – on peut préférer l'ambiance plus intime du bar et de sa petite bibliothèque.

Villa A Hotel — HÔTEL €€

(☎66 12 88 00 ; www.ansgarhus.dk ; Kirkegårds Allé 17 ; s/d 645/845 DKK, petit-déj 95 DKK ; P📶). Le Villa A Hotel compte 15 jolies chambres de taille très variable, allant de la minuscule chambre simple à la double particulièrement spacieuse. Arrière-cour agrémentée d'un joli jardin, dans un quartier résidentiel près de la rivière et d'un grand espace vert.

City Hotel — HÔTEL €€

(☎66 12 12 58 ; www.city-hotel-odense.dk ; Hans Mules Gade 5 ; avec petit-déj s 600-950 DKK, d 750-1 200 DKK ; P📶). Pratique pour explorer le quartier Andersen, cet hôtel lumineux propose 43 chambres à la décoration banale, mais qui ont l'avantage d'être très confortables et très propres. Il n'y a pas de bouilloire dans les chambres, mais on peut utiliser la cafetière de la salle à manger.

Où se restaurer

Cafe Kosmos VEGAN €

(☎25 11 31 23 ; www.facebook.com/cafekosmos-veganorganic ; Lottrupsgård 1 ; menu 50-99 DKK ; ⏲11h-20h mar-sam ;). Ce café à la déco branchée (plafonniers 60's et mobilier en palettes) ne sert que des plats sains : *wraps* et burgers "végés", bols de légumes au pesto, bières bio et excellent café.

Juste au sud de Vestergade, niché dans l'allée qui mène à la petite cour à colombages de Lottrupsgård.

Lagkagehuset BOULANGERIE €

(lagkagehuset.dk ; Vestergade 1 ; ⏲6h30-17h). Cette chaîne possède 3 cafés-boulangeries à Odense. Idéal pour petit-déjeuner tôt le matin. Propose aussi des jus de fruits fraîchement pressés et un choix intéressant de salades et de sandwichs le midi. Tables à partager et file d'attente avec ticket. Terrasse.

Cafe Skt Gertrud FRANÇAIS €€

(www.gertruds.dk ; Jernbanegade 8 ; plats 136-298 DKK ; ⏲9h-1h lun-jeu, 9h-2h ven-sam ;). Restaurant convivial aux airs de brasserie parisienne : vieilles affiches, chaises en rotin, et même, sur la façade, le losange rouge des bureaux de tabac français ! Au menu : moules au vin blanc, ris de veau, ou coquilles Saint-Jacques aux asperges avec mayonnaise aux mûres (mais aussi steaks, salades et poissons).

♥ **Oluf Bagers Gård** DANOIS €€€

(☎64 44 11 00 ; olufbagersgaard.dk ; Nørregade 29 ; plats 69-198 DKK ; ⏲12h-15h et 17h30-22h30 lun-sam). Le *smørrebrød* servi le midi dans ce charmant restaurant aux vieilles poutres est un délice, mais l'établissement est surtout connu pour son menu du soir divisé en trios de petits plats aux saveurs saisonnières.

Il est facile de rater la vieille bâtisse qui l'abrite au fond d'une jolie cour. Accès par la voie piétonne qui relie les quartiers est et ouest de la ville.

Restaurant Nordatlanten DANOIS €€€

(☎22 39 76 00, 66 13 70 85 ; www.restaurant-nordatlanten.dk ; Nordatlantisk Promenade 1, Finlandkaj ; plats 95-195 DKK, brunch dim 275 DKK, buffet dînatoire avec vin 800 DKK ; ⏲12h-23h lun-ven, 10h-23h sam, 10h-16h dim). Sur les quais du port récemment rénové, un bâtiment moderne, austère et rectiligne abrite la **Nordatlantisk Hus** (www.nordatlantiskhus.dk) : cette "maison de l'Atlantique Nord" célèbre la culture subarctique à travers des activités artistiques, mais aussi avec la cuisine de cet excellent restaurant aux saveurs marines. Buffet gastronomique au bon rapport qualité/prix, pouvant s'accompagner de bières islandaises et féroïennes.

Under Lindetræt INTERNATIONAL €€€

(☎66 12 92 86 ; underlindetraet.dk ; Ramsherred 2 ; brunch, déj 2/3 plats 320/395 DKK, dîner 455 DKK ; ⏲12h-15h et 18h-22h mer-ven, 10h-14h et 18h-22h sam, 10h-14h dim). Face aux ravissantes fenêtres de la maison d'Andersen (p. 166), le petit édifice de 1771 qui accueille l'Under Lindetræt ressemble à une maison de poupée. Brunch très prisé le week-end et menu gastronomique le soir, avec accompagnements saisonniers souvent renouvelés. Réservation indispensable.

♥ **Restaurant n°61** EUROPÉEN €€€

(☎61 69 10 35 ; www.no61.dk ; Kongensgade 61 ; 1/2/3 plats 195/285/355 DKK ; ⏲17h-22h ;). Familial mais gastronomique, ce bistrot rustico-chic offre un menu du mois, à base de produits locaux de première fraîcheur. Asperges blanches à la sauce hollandaise infusée aux truffes, ou desserts à base de fraises, rhubarbe, chocolat blanc et crème anglaise. Réservation conseillée.

Goma JAPONAIS €€€

(☎66 14 45 00 ; www.goma.nu ; Kongensgade 66-68 ; formules 375-800 DKK ; ⏲17h30-23h lun-jeu, 17h30-20h30 ven-sam). Voici une alliance étonnante de cuisine danoise et japonaise : au rez-de-chaussée, un bar à cocktails moderne et cosy sert des spécialités à base de gin, tandis que le restaurant en sous-sol est réputé pour ses préparations artistiques à base de sushis.

Den Gamle Kro DANOIS €€€

(☎66 12 14 33 ; www.dengamlekro.eu ; Overgade 23 ; smørrebrød 80-155 DKK, plats dîner 225-362 DKK, menu 2/3/4/5 plats 298/385/428/449 DKK ; ⏲11h-22h lun-sam, 11h-21h dim). Restaurant traditionnel installé dans une drôle de petite cour couverte, au milieu de maisons à colombages du XVIIe. Si romantique que des touristes vous prendront peut-être en photo pendant votre dîner.

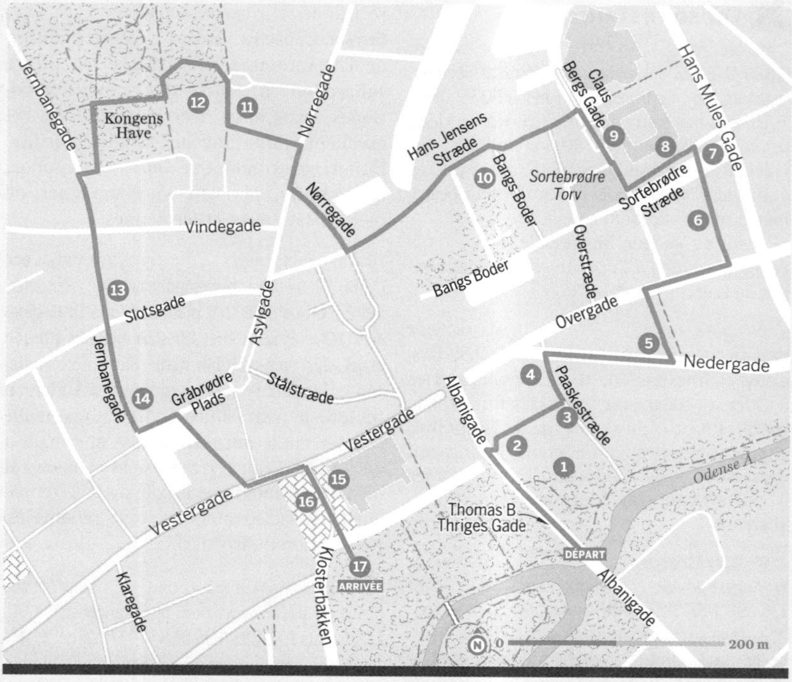

Promenade à pied Le vieil Odense

DÉPART PONT ALBANIGADE
ARRIVÉE CATHÉDRALE SAINT-KNUD
DISTANCE ET DURÉE : 1,5 KM, 1 À 2 HEURES

Partez vers le nord en longeant la maison médiévale de l'évêque – réhabilitée en 1 **bureau de l'Université du Danemark du Sud** – jusqu'à l'église catholique de 1867 2 **Sankt Albani Kirke** (église Saint-Alban), à la flèche vertigineuse. Tournez à droite jusqu'à la 3 **Paaskestræde**, dont les maisons pittoresques mènent à des jardins au bord de l'eau. Le bâtiment du 4 **Paaskestræde 1** fut jadis une école pour pauvres fréquentée par Andersen. Prenez à droite la rue pavée de Nedergade, bordée de maisons de guingois, de galeries et de boutiques. À côté de l'étonnant 5 **Kramboden** (page ci-contre), une ruelle mène à Overgade en traversant une cour à colombages. Dans la jolie 6 **Mønterstræde**, poussez les portes marquées Kig Ind ("entrez voir") pour admirer l'intérieur d'un hospice du XVIIe siècle. Après un saut au musée 7 **Møntergården** (p. 166), tournez à gauche devant la 8 **statue d'Andersen**. Un peu plus loin, une autre 9 **statue de l'écrivain** vous attend. Empruntez Ramsherred et Hans Jensens Stræde pour rejoindre la 10 **maison natale d'Andersen**. Rejoignez ensuite plus loin la 11 **Sankt Hans Kirke**, qu'un porche voûté relie à 12 **Odense Slot**, un ancien monastère transformé en palais en 1723, à présent occupé par des services municipaux. Rebroussez chemin sur Jernbanegade au sud et admirez le portique de la galerie 13 **Brandts**. Plus loin, l'ancien monastère de 14 **Gråbrødre Kloster** a longtemps abrité un "asile de fous" (le grand-père d'Andersen y fut enfermé) – il accueille désormais une maison de retraite. Le quartier compte aussi de sympathiques cafés, et il y a même une microbrasserie à l'intérieur du 15 **Rådhus**, grandiose hôtel de ville de 1881. La sculpture 16 **Oceania**, dont le corps charpenté sert de toboggan aux enfants, fait face à la 17 **Domkirke** (cathédrale, p. 167).

Où prendre un verre et faire la fête

Carlsens Kvarter PUB

(www.carlsens.dk ; Hunderupvej 19 ; bière à partir de 32 DKK, bières artisanales 55-225 DKK ; 12h-1h lun-sam, 13h-19h dim ;). Derrière cette façade un peu quelconque se cache le meilleur assortiment de bières d'Odense (20 en pression, plus de 130 en bouteille). Des perles rares telles que la Batch 1000 délicieusement houblonnée d'Amager et, si vous êtes chanceux, la savoureuse Imperial Stout de Midtfyns Bryghus.

Den Smagløse Café BAR

(www.facebook.com/densmagloesecafe ; Vindegade 57 ; bière 25-58 DKK, cocktails 70 DKK, café 25-50 DKK ; 12h-minuit ou plus tard ;). Chaleureuse et déjantée, la déco de ce bar mêle allègrement vieilles radios, journaux jaunis et sculptures de poupées démembrées. Découvrez son célèbre *pölşeũm*, musée de la saucisse en bocal (si, si). Vous pourrez vous remettre de vos émotions dans l'agréable jardin.

Christian Firtal BIÈRE ARTISANALE

(www.facebook.com/Firtallet ; Vintapperstræde 31 ; 14h-minuit lun-mer, 14h-1h jeu-ven, 11h-1h sam). L'une des meilleures adresses du centre-ville pour la bière en pression et le whisky. Salle avec banquettes, et terrasse donnant sur la rue.

Nelle's Coffee & Wine CAFÉ

(www.nellesbar.dk ; Pantheonsgade ; café 24-45 DKK, thé 36 DKK ; 9h-22h lun-jeu, 9h-minuit ven-sam, 9h-17h30 dim ;). Élu meilleur café de la ville par ses habitants, le café ougandais que prépare Nelle est issu du commerce équitable. À savourer dans une salle lumineuse au design typiquement danois.

Den Lille Kro PUB

(Benediktsgade 40 ; bière 22 DKK ; 13h-22h mar-sam, 12h30-15h dim). Simple et sans prétention, ce pub de 1932 au joyeux bric-à-brac réunit des habitués. Éventail restreint de bières locales bon marché.

Où sortir

Odeon CONCERTS

(odeonodense.dk ; Claus Bergs Gade). Construite en 2014, cette salle accueille pièces de théâtre, concerts, comédies musicales, ballets et conférences, surtout au printemps et à l'automne.

Musikhuset Posten CONCERTS

(www.postenlive.dk ; Østre Stationsvej 35). Dans un ancien entrepôt des postes près de la gare, Posten programme des musiciens de tous les horizons (rock, pop, hip-hop, etc.), connus ou non.

Odense Koncerthus CONCERTS

(www.odensesymfoni.dk ; Claus Bergs Gade 9 ; sept-mai). Salle de l'Orchestre symphonique d'Odense, spécialisée dans la musique classique.

Dexter CONCERTS

(www.dexter.dk ; Vindegade 65 ; sept-juin). Gérée par des bénévoles, une salle intime qui programme du jazz, du blues, de la folk et de la world music, d'artistes danois ou internationaux. Jam-sessions le lundi (entrée gratuite), mais comme beaucoup de salles à Odense, elle ferme pendant la majeure partie de l'été et ne rouvre que pour le festival Jam Days début août.

Cafe Biografen CINÉMA

(www.cafebio.dk ; Amfipladsen 13). Ce cinéma, doté d'un très beau café, projette surtout des films art et essai. L'Odense Film Festival (p. 169) s'y déroule chaque année.

Achats

Kramboden ARTICLES DE MAISON

(66 11 45 22 ; www.kramboden.net ; Nedergade 24 ; 11h-16h lun-ven, 10h-15h sam). Dans une demeure de négociant de la fin du XVIe siècle, sans chauffage ni eau courante, ce magasin vend pêle-mêle balais, serrures, bouteilles et drapeaux danois. Digne d'un musée, il survit en partie grâce aux réparations effectuées dans son atelier miniature. Photos autorisées.

Renseignements

ARGENT

Vestergade, principale rue commerçante, comporte plusieurs DAB.

Forex (66 10 86 18 ; www.forexbank.dk ; Rosengårdscentret, Ørbækvej 75 ; 10h-18h lun-ven, 10h-15h sam). Bureau de change acceptant de nombreuses devises. Taux avantageux ; commission (45 DKK) sur l'achat de couronnes, mais pas sur la vente.

INTERNET (ACCÈS)

La plupart des cafés et hôtels proposent le Wi-Fi gratuit.

ODENSE ET SES BRASSERIES

En plein cœur de la ville, à côté de l'office du tourisme, le **Bryggeriet Flakhaven** (☎66 12 02 99 ; www.flakhaven.dk ; Flakhaven 2 ; plats 89-199 DKK ; ⏱11h-23h, cuisine 11h-20h) est à la fois une microbrasserie, un bar et un excellent restaurant. Le personnel compte 4 "biérologues" d'élite, et le menu du mois accompagne la bière du moment. La salle de dégustation au rez-de-chaussée propose une sélection de 21 bières, dont les brassins de la maison (beaucoup ont des noms en rapport avec Andersen), mais aussi les bières Coisbo de chez Ghost – notamment le vin d'orge "Seven" à l'équilibre remarquable, un superbe stout, ainsi qu'une IPA sans gluten. Pour boire au litre, vous pouvez commander un verre géant en forme de sablier (type verre à Kwak), mais il vous faudra laisser une chaussure en guise de caution...

Les pubs du quartier servent les bières plus grand public de l'**Albani Brewery** (Tværgade 2), qui tient son nom d'un saint local. Facile à boire, la bière de cette brasserie créée en 1859 était, à ce que l'on dit, la préférée d'Andersen. Aujourd'hui rattachée à une multinationale, la brasserie est encore active : on peut en admirer les cuves par les grandes fenêtres donnant sur Albanigade, et une partie de la ligne d'embouteillage à l'intersection avec Tværgade.

À environ 10 km au sud d'Årslev, la microbrasserie moderne de **Midtfyns Bryghus** (☎63 90 88 80 ; midtfyns-bryghus.dk ; Industrivej 11-13) produit les bières les plus originales du pays, dont un délicieux Imperial stout à 9,5% aux notes cacaotées subtiles, et de surprenantes bières au piment. Eddie, l'inénarrable patron d'origine américaine, y donne parfois un spectacle humoristique consacré à la bière.

La brasserie a sa propre boutique, mais vous pouvez goûter certaines de ses bières au Carlsens Kvarter (p. 173) d'Odense.

OFFICE DU TOURISME

Office du tourisme (☎63 75 75 20 ; www.visitodense.com). Site Internet très utile.

ℹ Depuis/vers Odense

BUS

FynBus (☎63 11 22 00 ; www.fynbus.dk ; Dannebrogsgade 10 ; ⏱guichet 10h-17h lun et jeu, 10h-16h mar-mer, 10h-15h ven) gère la majorité des réseaux de bus de Fionie et d'Odense. Leurs lignes, ainsi que diverses lignes longue distance (*rutebiler*), partent de la **gare routière** (Dannebrogsgade ; ⏱point info 9h30-16h lun-ven), au nord de la voie ferrée.

Les nombreuses destinations desservies (1/heure minimum) incluent Faaborg (bus n°141 ; 72 DKK, 1 heure) et Kerteminde (bus n°150 ; 42 DKK, 43 min).

TRAIN

La gare est située dans l'**Odense Banegård Center** (OBC), un complexe qui comprend cafés, boutiques, bibliothèque municipale et équipements pour voyageurs, dont des casiers. Le **guichet** (⏱7h-18h lun-ven, 9h-16h sam, 10h-18h dim) est au 2e étage. De 1h15 à 5h, le hall de la gare est fermé : on emprunte alors le tunnel entre les quais 7 et 8.

Trains directs une fois par heure minimum vers :

Aarhus (244 DKK, 1 heure 45)
Copenhague (278 DKK, 1 heure 15 à 1 heure 35)
Esbjerg (222 DKK, 1 heure 20)
Nyborg (53 DKK, 15 min)
Svendborg (78 DKK, 42 min, 2 trains/heure)

ℹ Comment circuler

La mise en service du nouveau système de tramway (www.odenseletbane.dk) devrait être effective lorsque vous lirez ces lignes.

NORD-EST DE LA FIONIE

Nyborg

16 500 HABITANTS

Rivale de Roskilde pour le titre de première capitale du Danemark, Nyborg possède un argument de poids : c'est dans son château qu'Erik V signa la première constitution du pays en 1282, et que le *Danehof* (Parlement danois) tint conseil jusqu'en 1413. Autour de ses douves en partie préservées, la vieille ville déploie de belles bâtisses et les vestiges de bastions du XVIe siècle.

Environ 1 km plus à l'est, une longue plage étroite est bordée par trois hôtels d'où l'on voit le *Storebæltsforbindelsen* (liaison du Grand Belt, voir p. 129), qui a rendu inutiles les ferries de Nyborg. La zone portuaire a été reconvertie en marina.

À voir

Nyborg Slot CHÂTEAU

(www.nyborgslot.dk ; Slotsgade 34). Du XIIIe siècle à 1560, le château de Nyborg fut une résidence royale où s'écrivirent des pages essentielles de l'histoire danoise. Bien qu'en grande partie détruit, l'édifice reste impressionnant. Le site est actuellement fermé en raison de travaux de rénovation, mais aussi de construction : de nouveaux bâtiments modernes en brique (dont une tour de 22 m de haut d'où l'on verra la mer) vont en effet venir compléter les vestiges du Moyen Âge. Ce projet audacieux devrait être achevé en 2023.

Borgmestergården MUSÉE

(Slotsgade 11 ; tarif plein/étudiant/enfant 50 DKK/gratuit ; 10h-16h juin-août, 10h-15h mar-dim avr-mai et sept-oct, jeu-dim jan à mi-fév). Le musée de la Ville se situe dans la maison bâtie par le maire Mads Lerche en 1601, et agrandie par son fils dans les années 1630. Une série de salles interactives y recréée l'atmosphère de la Renaissance danoise, notamment des boutiques d'artisans. Tables et bancs dans la cour pour le pique-nique.

Où se loger et se restaurer

Bed & Breakfast

Juelsberg Slot HÔTEL HISTORIQUE €€

(65 31 00 99 ; www.juelsbergslot.dk ; Juelsbergvej 11 ; s/d avec petit-déj sans sdb 500/800 DKK). À 5 km au nord-ouest de Nyborg, on peut louer des chambres joliment décorées d'objets anciens (certaines ont un lit à baldaquin) dans l'aile d'une propriété de 1776 dotée d'un parc. Le petit-déjeuner est servi dans une salle aux airs de musée. L'établissement n'est pas desservi par les transports en commun et il n'y a pas de réception à l'entrée.

Hotel Hesselet HÔTEL €€

(65 31 30 29 ; hotel-hesselet.dk ; Christianslundsvej 119 ; s/d à partir de 1 095/1 195 DKK ; P). Bâti en 1967, l'hôtel le plus attrayant des trois principaux hôtels balnéaires de Nyborg, a conservé un look rétro et très danois avec ses briques rouges. Les chambres ont une belle vue pour la plupart, les plus récentes ont de grands balcons. Le cadre est apaisant, avec une terrasse entourée de verdure et une belle vue sur le *Storebæltsforbindelsen* (liaison du Grand Belt, p. 129). Piscine intérieure avec sauna et Jacuzzi et restaurant haut de gamme. Le bar a tout d'un club anglais. Personnel très serviable.

Central Caféen DANOIS €€

(Nørregade 6 ; plats déj 68-148 DKK, plats dîner 196-258 DKK ; 12h-21h mar-sam ;). Vieux de plus de 160 ans, le Central Caféen est un authentique café danois à l'ancienne. Ses murs sont tapissés de fleurs plutôt kitsch, et il y a une cour intérieure où des bouquets frais agrémentent des nappes vichy.

Café Apostrof CAFÉ

(www.cafeapostrof.dk ; Havnegade 2A ; café/bière/vin à partir de 35/30/46 DKK, menu 249-349 DKK ; 11h30-22h ou plus tard). Superbe petit café-restaurant proposant une sélection alléchante de plats internationaux (travers de porc, tapas, burgers). Un lieu reposant et raffiné pour prendre un verre en contemplant le port.

Renseignements

L'**office du tourisme** (63 33 80 90 ; www.visitnyborg.dk ; Torvet 2 ; 9h-16h lun-ven, 10h-14h sam juin-août, horaires réduits le reste de l'année) est sur la place principale qui accueille le grand tournoi de joute de la fête médiévale **Danehof** (www.danehof.dk ; Torvet ; 1er week-end de juil).

Depuis/vers Nyborg

Nyborg est sur la principale ligne ferroviaire reliant Kolding, Odense et Copenhague, à 30 minutes de Sorø et 15 minutes d'Odense (52 DKK). Le bus n°195 rejoint aussi Odense, mais le trajet dure 1 heure. Le bus n°920 arrive toutes les heures de Kerteminde (42 DKK, 35 min) ; pour le centre-ville de Nyborg, descendez à **Skolegade** (Nørrevoldgade).

Kerteminde et ses alentours

5 900 HABITANTS

Bâtie à l'embouchure d'un fjord, Kerteminde séduit avec ses belles maisons à colombages et ses cours intérieures d'un autre temps. Dotée de quelques musées et de plusieurs B&B, la ville est un bon camp de base pour visiter le bateau funéraire viking de Ladby, ou la péninsule d'Hindsholm (page ci-contre) et ses célèbres villages Viby et Måle.

À voir

La ville possède un **aquarium** très fréquenté (www.fjord-baelt.dk ; Margrethes Plads 1 ; adulte/enfant 110-140/55-70 DKK ; 9h-17h mi-juin à août, 9h-16h mar-dim fév à mi-juin et sept-nov ;). Quant au **Lundsgaard Gods** (65 32 10 26 ; www.anexet.dk ; Lundsgaardsvej 6), imposant domaine agricole de 1881, il comprend aujourd'hui une galerie d'art et un café ouvert le week-end.

Farvergården MUSÉE
(Langegade 8 ; 10h-16h mar-dim). GRATUIT Installé dans une maison de 1630, ce musée retrace l'histoire de Kerteminde à travers différentes thématiques (les enfants, la pêche, la justice). Un petit café permet de faire une pause en consultant des brochures d'information, ou de s'installer dans le joli jardin. Les plus courageux pourront essayer un vélocipède de 1880.

Johannes Larsen Museet MUSÉE
(www.johanneslarsenmuseet.dk ; Møllebakken 14 ; adulte/enfant 100 DKK/gratuit ; 10h-17h juin-août, 10h-16h mar-dim sept-mai). Ce musée plein de charme est situé dans l'ancienne maison de Johannes Larsen, peintre de paysages naturalistes et de scènes de la vie quotidienne. Entouré d'un magnifique jardin, il présente également l'œuvre d'une cinquantaine d'artistes issus, comme Larsen, du Fynboerne (école de Fionie), ainsi que des expositions d'art contemporain. Admirez l'atelier de Larsen, et la serre attenante dont les fleurs inspiraient à sa femme Alhed, également peintre, de magnifiques compositions.

De l'autre côté de la rue se dresse un pittoresque **moulin à vent**.

Où se loger

Le **Danhostel Kerteminde** (65 32 39 29 ; www.dkhostel.dk ; Skovvej 46 ; s/d/tr/qua 560/595/620/640 DKK ;) est une auberge de jeunesse nettement plus chic que la moyenne. Un **camping** (65 32 19 71 ; www.kerteminde-camping.dk ; Hindsholmvej 80 ; par adulte/enfant 89/49 DKK ; mars-sept) se trouve au nord de la plage. En centre-ville, le **Tornøes Hotel** (65 32 16 05 ; www.tornoeshotel.dk ; Strandgade 2 ; s/d/ste avec petit-déj 845/1 045/1 745 DKK, juil-août 945/1 145/1 845 DKK ;), construit en partie au XIXe siècle, est très bien placé. Les charmants B&B situés en ville et sur la péninsule d'Hindsholm (page ci-contre) sont aussi de bons choix.

Købmandsgårdens B&B PENSION €
(26 28 46 51 ; www.bnb-kerteminde.dk ; Andresens Købmandsgård 4 ; s/d sans sdb 450/550 DKK ;). Dans une cour pavée entourée de maisons à colombages bâties entre le XVIe et le XIXe siècle, ce B&B offre un bon rapport qualité/prix. Quatre jolies chambres avec espace commun spacieux, en plein cœur de la ville. Les gérants n'habitant pas sur place, téléphonez avant votre arrivée.

Kerteminde Bed & Breakfast B&B €€
(20 20 78 43 ; kertemindebedbreakfast.dk ; Strandvejen 2 ; petite/moyenne/grande d sans sdb 499/649/749 DKK). À deux pas des quais et d'un arrêt de bus, une ravissante maison de pêcheur centenaire, décorée de vieux violons et de tableaux. Même les plus petites chambres ont leur bouilloire et leur évier. Salles de bains communes bien équipées. Accès à une petite cuisine commune le soir.

Où se restaurer

La ville compte 3 pizzerias ainsi que d'autres bons restaurants près de l'église, sur le port de plaisance, et dans le Tornøes Hotel. Face au port, le **Cafe Boris** (27 12 26 56 ; Jollehavnen ; plats 69-99 DKK, snacks à emporter 15 DKK, bière 30-45 DKK ; 11h-20h fin juin à août) propose un menu simple à base de poisson frit.

Fiske Restaurant Rudolf Mathis PRODUITS DE LA MER €€€
(65 32 32 33 ; www.rudolf-mathis.dk ; Dosseringen 13 ; plats 345 DKK, 3 plats déjeuner/dîner 395-495/465-665 DKK ; 12h-13h30 et 18h-minuit mar-sam mars-déc). Souvent élu parmi les meilleurs de Fionie, ce restaurant du port revisite les classiques de la mer avec des produits locaux et une touche artistique de fines herbes et de fleurs. Vue directe sur l'eau et les bateaux.

Où prendre un verre et faire la fête

Minuscule, Kerteminde compte malgré tout quelques pubs locaux authentiques, dont le **Skænkestuen** (Muusgården 9 ; bière 17-22 DKK ; 10h-19h lun-ven, 10h-18h sam-dim) et le **Varmestuen** (Dosseringen 8A ; bière

À NE PAS MANQUER

LE MUSÉE VIKING DE LADBY

Le **Vikingemuseet Ladby** (www.vikingemuseetladby.dk ; Vikingevej 123, Ladby ; adulte/enfant 80 DKK/gratuit ; ⌚10h-17h juin-août, 10h-16h mar-sam sept-mai), à 6 km au sud-ouest de Kerteminde, abrite l'unique bateau funéraire viking du Danemark : celui du roi de Ladby. Ce site impressionnant se cache sous un tumulus herbeux où des portes automatiques s'ouvrent sur une pièce sombre et lugubre. À l'intérieur, des vitres préservent les vestiges du vaisseau funéraire, entouré par le squelette des 11 chevaux du roi sacrifiés lors des funérailles. À l'extérieur, la pelouse descend vers les eaux du fjord où est amarrée une reconstitution navigable du bateau.

Découvrez le musée - plus adapté aux enfants - situé 300 m avant le tumulus, et plongez-vous dans le contexte de l'époque (vers 900-930) grâce à ses objets funéraires. Le mercredi, des femmes de la région tissent la **tapisserie de Ladby**, inspirée de celle de Bayeux. Le sous-sol renferme une maquette du bateau avant son inhumation. Toutes les heures et demie est diffusé un dessin animé impressionniste muet (6 minutes).

Le musée se trouve à 1,2 km au nord du village de Ladby, relié à Kerteminde par le bus n°482 (24 DKK, 6 min) 5 fois par jour les jours d'école. Mieux vaut s'y rendre en vélo. Il est agréable de pique-niquer sur l'herbe au bord de l'eau.

20 DKK, plats 75 DKK ; ⌚9h-19h, cuisine jusqu'à 16h ou 17h), qui organise des concerts le mardi à partir de 17h.

Lulu's Cafe CAFÉ
(luluscafe.dk ; Langegade 2A ; café 25-35 DKK ; ⌚10h-17h30 lun et mer-ven, 10h-17h sam, 11h-17h dim). Au bout de la rue principale de Kerteminde, on peut déguster un bon café en terrasse sous de grands parasols, ou en salle à la lumière d'ampoules à filament. Petite restauration et pâtisseries. Également boutique de déco.

Achats

Høkeren ARTICLES DE MAISON
(Trollegade ; ⌚10h-17h30 lun-ven, 10h-13h sam juin-août et jours fériés). Avec son assortiment d'articles nostalgiques (paniers en osier, chaussures tressées, bâtons de réglisse...), ce musée-boutique recrée l'atmosphère d'un magasin d'autrefois. Il y a aussi une galerie d'art à côté.

Renseignements

L'office du tourisme de Kerteminde
(☎65 32 11 21 ; www.visitkerteminde.com ; Strandvejen 6 ; ⌚10h-16h lun-ven, 10h-15h sam juin-août, 10h-16h lun-ven, 10h sept-mai) partage ses bureaux avec la poste. Location de vélos (100 DKK/jour).

Depuis/vers Kerteminde

Les bus n°151 et n°885 relient Kerteminde à Odense (48 DKK, 40 min). Le bus n°920 rejoint Faaborg par un itinéraire tortueux via Nyborg (42 DKK, 35 min) et l'Egeskov Slot (60 DKK, 1 heure). Pour Faaborg même, prendre une correspondance à Odense est plus rapide.

Seuls quelques bus par semaine desservent Ladby et la péninsule d'Hindsholm. Optez donc plutôt pour la voiture ou le vélo (location possible à l'office du tourisme).

Péninsule d'Hindsholm

Dunes ondoyantes et paysages maritimes vous attendent sur la paisible péninsule d'Hindsholm, à découvrir à vélo ou avec une petite voiture (les routes y sont étroites). Les villages de **Langø** et **Nordskov** comptent quelques galeries, et les chaumières des villages de **Viby** et **Måle** sont particulièrement pittoresques. Les amateurs de **pêche à la truite de mer** trouveront leur bonheur à **Måle Strand**. Côté restauration, l'auberge de **Mesinge** est quasiment le seul établissement, excepté la boulangerie saisonnière de Måle. Quant au logement, il serait difficile de surpasser les 9 chambres du **Bjørnegården** (☎26 83 33 00 ; Bjørnegårdsvej 140, Hersnap ; s/d 350/600 DKK, petit-déj 50 DKK). À 12 km au nord de Kerteminde, via Dalby, vous aimerez cette ferme de 1638 décorée d'œuvres d'art et de mobilier de designers danois. Ce B&B est doté en outre d'un grand jardin, et la mer est à 500 m.

SUD DE LA FIONIE

Les villes de Faaborg et de Svendborg sont les principales portes d'accès aux 55 îles de l'archipel de la Fionie méridionale. Façonnées par la glaciation il y a environ 18 000 ans, ces formations géologiques qui n'étaient alors que des collines et des crêtes, devinrent des îles lorsque le niveau des mers monta et que l'eau s'engouffra dans la faille de Langeland, engloutissant en partie une civilisation de l'âge de pierre, et créant ce qu'une exposition à Faaborg a récemment nommé "l'Atlantide de Fionie".

Aujourd'hui, l'archipel réserve à qui s'y attarde certains des plus beaux paysages du Danemark. Un pont relie **Tåsinge** et Langeland (p. 145) à la Fionie, mais il faut prendre le ferry pour visiter la plupart des autres îles, où l'on peut louer des vélos et des chambres pour la nuit. La délicieuse Ærø est la destination de vacances la plus populaire, mais en été les bateaux relient régulièrement les autres îles entre elles, que ce soit depuis Faaborg (**Lyø**, **Avernakø** et **Bjørnø**), Svendborg (**Drejø**, **Skarø** et **Hjortø**), Marstal (**Birkholm**) ou Rudkøbing (**Styrnø**).

Au milieu de l'été, grâce au billet Ø-hop, vous pourrez aussi voguer d'île en île à bord du *Sea Hawk* (p. 181), qui relie Avernakø, Drejø et Skarø 4 fois par jour, au départ et au terminus de Svendborg. Une ligne Marstal-Rudkøbing a également ouvert.

De nombreuses activités à pratiquer dans le sud de la Fionie et l'archipel sont proposées sur le site **VisitFyn** (www.visitfyn.com) : kayak de mer, planche à voile, pêche à la ligne, plongée et vélo sont praticables un peu partout. Comptez une semaine pour réaliser l'itinéraire de randonnée Øhavsstien. Les drôles de **cabanes Book en Shelter** (bookenshelter.dk), ultrabasiques et disséminées dans tout l'archipel, sont accessibles aux cyclistes, kayakistes et randonneurs munis de matelas et sacs de couchage. Certaines sont payantes (généralement 30 DKK/personne), d'autres gratuites, auquel cas les premiers arrivés sont les premiers servis. La carte "Find a Shelter" du site Internet recense les cabanes et leurs coordonnées.

Faaborg

Faaborg est mentionnée pour la première fois dans un document historique daté de 1229 et conservé aux Archives nationales à Paris. Au XVIIe siècle, la ville détenait l'une des plus importantes flottes de bateaux de pêche du pays. Aujourd'hui, seuls les ferries fréquentent son port, mais les vestiges de cet âge d'or subsistent à travers les maisons penchées dans Adelgade, Tårngade, Feltens Rist et la tortueuse Holkegade. On y trouve aussi des galeries, des musées (dont un gratuit à la gare routière), et la sculpture la plus étrange de la région.

À voir

Ymerbrønden STATUE

(Torvet). Plus d'un siècle après son inauguration en 1912, la statue de bronze de Kai Nielsen surprend encore : elle ne représente rien de moins qu'un homme nu tétant les pis d'une vache. Il s'agit en fait d'Ymir, géant des glaces dont le corps servit à faire le ciel et la terre selon un mythe de la création nordique. Cette version, bien en vue sur la place principale, est une copie. L'original en granite se trouve au Faaborg Museum.

Faaborg Arrest MUSÉE

(ohavsmuseet.dk ; Torvet 19 ; tarif plein/enfant 75 DKK/gratuit ; ⏲10h-16h juil-août, 11h-15h, horaires réduits le reste de l'année). Les 12 cellules de l'ancienne prison de Faaborg (occupées jusqu'en 1989) ont été reconverties en un musée consacré aux évolutions du système judiciaire depuis le XVIIIe siècle, avec d'intéressantes installations interactives traitant surtout du début du XXe.

Klokketårnet TOUR

(www.klokketaarnet.dk ; Tårnstræde ; adulte/enfant 20 DKK/gratuit ; ⏲11h-16h lun-ven, 11h-13h30 sam-dim mi-juin à mi-août, horaires réduits le reste de l'année). Ce clocher du XVIe siècle était destiné à une nouvelle église avant que la Réforme ne déferle sur le Danemark. L'église inachevée fut démolie en 1550, mais le clocher, emblématique de Faaborg, demeura. Sa flèche de style rococo fut ajoutée en 1778. L'été, les visiteurs gravissent ses 108 marches (l'avant-dernier étage offre la meilleure vue).

Musée de Faaborg MUSÉE

(www.faaborgmuseum.dk ; Grønnegade 75 ; tarif plein/étudiant/enfant 90/50 DKK/gratuit ; ⏲10h-17h mar-dim juil, 10h-18h mar-dim août, 11h-16h mar-dim sept-juin). Dans un hôtel particulier de 1915 doté d'un jardin fleuri, cette collection de plus de 700 toiles présente les œuvres baignées de lumière des artistes du Fynboerne, collectif du début du XXe siècle – notamment Johannes et Alhed Larsen, Peter Hansen, Jens Birkholm et Anna Syberg.

Vesterport ÉDIFICE HISTORIQUE
(porte ouest ; Vestergade). C'est devant cette porte en brique du XVe siècle surmontée de pignons à gradins que l'on apprécie le mieux la vue sur les maisons à colombages de la rue Vestergade.

Den Gamle Gaard ÉDIFICE HISTORIQUE
(ohavsmuseet.dk ; Holkegade 1 ; 11h-15h tlj juil, 11h-15h sam-dim juin et d'août à fin oct). GRATUIT Si vous parvenez à entrer dans cette coquette maison à colombages des années 1720 (les heures d'ouverture sont limitées et changent chaque année), ses 22 pièces fourmillant de meubles anciens, porcelaines, jouets et objets maritimes vous dévoileront le mode de vie d'un riche négociant du début du XIXe siècle.

Activités

Havnebad NATATION
(Chr. IX's Vej 12, Langelinie). Quand on n'a pas de plage, on a des idées : cette étonnante structure en bois, baptisée Havnebad ("les bains du port"), illustre à la fois le sens pratique et esthétique des Danois. Sur ce vaste ponton à 3 branches sont posées 2 cabanes abritant un hangar à kayaks, des vestiaires avec toilettes, un sauna et une douche extérieure. Leur toit sert de belvédère, tout comme l'une des trois extrémités du ponton – les 2 autres formant respectivement une piscine d'eau de mer et une plateforme d'où l'on plonge joyeusement dans le fjord. Une zone de baignade est même prévue pour les enfants. Tout cela gratuitement, à une centaine de mètres du centre-ville.

Syd Fyenske Veteranjernbane CIRCUIT EN TRAIN
(20 15 15 53 ; www.veteranbanen-faaborg.dk ; aller-retour adulte/enfant 90/45 DKK). Fin juin, fin juillet et début août, ce train ancien qui fonctionne parfois à la vapeur rejoint Korinth en 30 minutes les dimanche, mardi et/ou jeudi. Départs à 11h et 14h et retour 1 heure plus tard (le circuit dure 1 heure 30).

Les jeudis de juillet, départ supplémentaire à 19h. À Faaborg, le départ se fait à l'est du Lidl sur Østebrogade. Si vous allez plus loin que Korinth, le bus n°920 vous emmènera à Ringe (42 DKK, 25 minutes) sur l'axe principal Odense-Svendborg.

Vaegterne PROMENADE
(Les Sentinelles ; Torvet ; à partir de 21h début juil à fin août). GRATUIT Quoi de mieux pour découvrir l'esprit du vieux Faaborg que de suivre la ronde de son veilleur de nuit en costume ? Départ à 20h à Klokketårnet (page ci-contre).

Où se loger

Danhostel Faaborg AUBERGE DE JEUNESSE €
(31 27 09 80 ; www.danhostelfaaborg.dk ; Grønnegade 71-72 ; s/d/tr/qua 375/450/550/600 DKK ; avr-sept ;). Nid douillet en centre-ville louant dans 2 bâtiments historiques 20 chambres immaculées. La plupart ont 4 couchages, dont 2 lits jumeaux rabattables. Prises électriques un peu rares. Supplément de 70 DKK pour les draps.

Flambant neuve, la salle de bains commune a des douches à portes battantes. La cuisine, modestement équipée, comprend 2 longues tables avec tabourets, ainsi qu'un micro-ondes, une bouilloire, un évier et un réfrigérateur. Situé juste à côté du Faaborg Museum (page ci-contre). Les prix augmentent d'environ 10% en période d'affluence.

LES CHEMINS DE L'ØHAVSSTIEN

L'**Øhavsstien** (randonnée de l'archipel) compte 220 km de chemins qui serpentent à travers le sud de la Fionie, le nord de Langeland et Ærø. Les 7 portions de 25 à 35 km font chacune l'objet d'une carte gratuite disponible en danois, allemand et anglais dans les offices de tourisme de l'archipel, ou sur www.visitodense.com/ln-int/funen/natural-areas/south-funen-archipelago-trail. Vous pouvez aussi acheter un guide de 180 pages, plus exhaustif.

Vagabond Tours (www.vagabondtours.dk) propose d'acheminer par ferry vos bagages à vos lieux d'hébergement successifs, avec un forfait randonnée 6 jours et 7 nuits (5 050 DKK par personne, 2 personnes minimum).

Faaborg

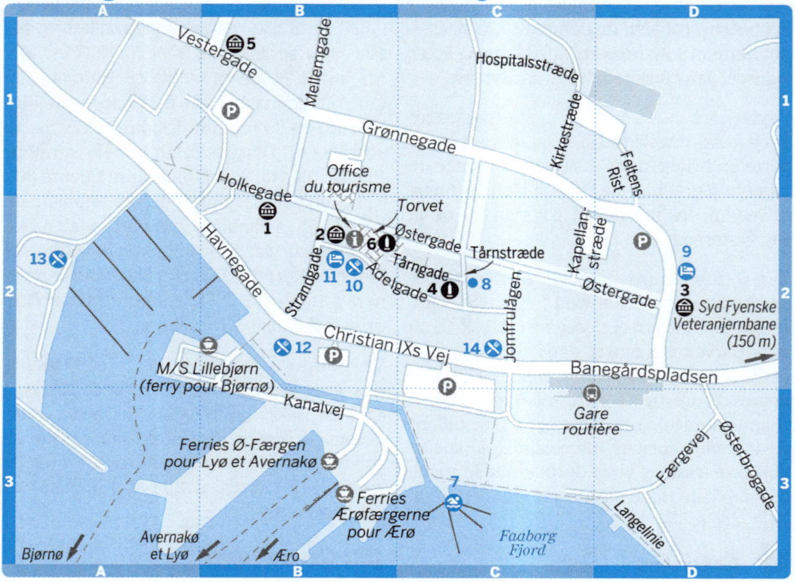

Faaborg

À voir

1 Den Gamle Gaard B2
2 Faaborg Arrest B2
3 Musée de Faaborg D2
4 Klokketårnet C2
5 Vesterport B1
6 Ymerbrønden B2

Activités

7 Havnebad C3
8 Vaegterne C2

Où se loger

9 Danhostel Faaborg D2
10 Magazin Gaarden Hotel Faaborg B2

Où se restaurer

11 Dangved Brønden B2
12 Det Hvide Pakhus B2
13 Faaborg Røgeri A2
14 Hotel Færgaarden C2

Magasingaarden & Hotel Faaborg HÔTEL €€

(☎62 61 02 45 ; hotelfaaborg.dk ; Torvet 13-15 ; s/d/ste avec petit-déj 750/950/1 200 DKK ; 📶🐾). Au-dessus d'un restaurant de contes de fées et d'un café de style plus urbain, cet hôtel design propose 13 chambres avec douche à l'italienne. Chocolat sur l'oreiller et tableaux de Paul Klee au mur. La chambre n°15 offre une vue particulièrement belle sur la grande place.

Chiens acceptés pour un supplément de 150 DKK par nuit. Accueil au restaurant ou, les samedi et dimanche, au café. Prenez rendez-vous pour récupérer les clés si vous arrivez tard.

Où se restaurer

Faaborg Røgeri PRODUITS DE LA MER €

(www.faaborgroegericafe.com ; Vestkaj 3 ; poissons 34-82 DKK ; ⌚10h-21h fin juin à mi-août, horaires réduits le reste de l'année). Ce café-fumoir des docks vend au kilo filets et boulettes de poisson à emporter, que l'on prépare aussi sur place avec salade verte ou sur du pain.

Dangved Brønden THAÏLANDAIS €€

(☎62 61 11 35 ; www.dangvedbronden.dk ; Torvet 5 ; plats avec riz 165-195 DKK ; ⌚17h-21h mars-nov). Jazz, bouddhas scintillants, lanternes et bougies apportent une touche séduisante à cette maison ancienne de la place principale. L'onctueux *tom kha kai* (soupe au poulet et à la noix de coco) et le curry vert très fort n'ont rien à envier à ceux de Bangkok.

Hotel Færgaarden DANOIS €€

(hotelfg.dk ; Christian IXs Vej 31 ; plats 95-250 DKK, dîner 2/3/4 plats 325/395/485 DKK). Unique en son genre, la plus petite salle à manger de l'Hotel Færgaarden possède d'authentiques buffets de 1919 et un plafond en verre de 1929. Bières provenant des principales microbrasseries de Fionie.

Det Hvide Pakhus DANOIS €€

(☎62 61 09 00 ; www.dethvidepakhus.dk ; Christian IXs Vej 2 ; déjeuner 125-155 DKK, menu dîner 2/3 plats 295/355 DKK ; ⏲11h30-22h juil-août, horaires réduits le reste de l'année). Ce restaurant installé dans un entrepôt des docks où filtre la lumière séduit entre autres par son personnel serviable et sa déco élégante. Cuisine danoise classique avec salades et burgers le midi. Le menu du soir propose aussi steaks et grillades.

Renseignements

Au 1er étage de l'ancien tribunal, l'**office du tourisme** (☎72 53 18 18 ; www.visitfaaborg.com ; Torvet 19 ; ⏲9h-17h lun-ven, 9h-14h sam juin-août, 10h-16h lun-ven sept-mai) propose des plans d'itinéraires cyclables et de randonnées, dont un guide de promenade urbaine (20 DKK). Il gère aussi les permis de pêche. Informations en libre accès au rez-de-chaussée de 9h à 21h sur dépliants gratuits et écran tactile.

Depuis/vers Faaborg

BATEAU

Le **M/S Lillebjørn** (☎20 29 80 50 ; aller-retour adulte/enfant/vélo fin juin à mi-août 59/30/18 DKK, hors saison 20/10/10 DKK) assure le transport de passagers pour Bjørnø en 17 minutes.

Pour rejoindre Ærø, les ferries **Ærøfærgerne** (☎62 52 40 00 ; www.aeroe-ferry.dk ; Kanalvej) vers Søby (1 heure) partent à 11h40 et 17h, mais aussi 5h10 la semaine. Pour le transport d'une voiture l'été, réservez une semaine en avance ou plus. En général, les passagers à pied prennent leur billet à bord sans problème.

Les ferries **Ø-Færgen** (☎72 53 18 00 ; islandferry.fmk.dk ; aller-retour adulte/enfant/vélo 120/85/30 DKK, hors saison 45/30/10 DKK) relient Faaborg et les petites îles de Lyø et d'Avernakø 5 à 8 fois/jour. Billets valables pour un aller-retour avec haltes possibles sur les 2 îles (possibilité d'y passer la nuit).

En plein été, piétons et cyclistes peuvent aussi prendre le **Sea Hawk** (www.sea-service-express.dk) à Avernakø pour rejoindre Svendborg avec 2 étapes de quelques heures à Drejø et Skarø, le tout en une soirée et avec le même billet.

BUS

La **gare routière** (Banegårdspladsen) de Faaborg permet de se rendre à :

Egeskov Slot (42 DKK, 26 min) bus n°920

Odense (60 DKK), bus n°141 (1 heure) ou bus n°111 (1 heure 35)

Svendborg (52 DKK, 1 heure) bus n°931

Comment circuler

Dans le charmant Askeris B&B, 4 km environ à l'est de Faaborg, le **Faaborg Cykeludlejning** (☎25 13 06 60 ; www.faaborgcykeludlejning.dk ; Svendborgvej 270 ; 125/600 DKK par jour/semaine) loue divers types de vélos. Livraison possible n'importe où dans les alentours (75-150 DKK pour 1 à 7 vélos).

Il y a un parking gratuit (Christian IXs Vej) près du port, et un autre plus petit (Grønnegade) près du **Danhostel** (p. 179) où le stationnement à disque est gratuit pour 3 heures.

Environs de Faaborg

Les voyageurs motorisés disposent de plusieurs options originales pour se loger et se restaurer à la sortie de Faaborg, notamment dans le joli village portuaire de Fasled (9 km au nord-ouest, via Millinge) et à Horne (4 km à l'ouest), célèbre pour son emblématique église ronde.

Horne

Avec sa tour élancée et ses salles lourdement décorées, le château-hôtel **Hvedholm Slotshotel** (☎63 60 10 20 ; www.slotshotel.dk ; Hvedholm 1 ; s 650-850 DKK, d 900-1 100 DKK, ste 2 000-2 200 DKK) évoque le décor d'un film romantique en costumes. La plupart des chambres, spacieuses et toutes différentes, ont un lit à baldaquin. Si certaines souffrent de quelques peintures écaillées et d'une décoration un peu trop fleurie, le rapport qualité/prix reste excellent. Petit-déjeuner compris.

Fasled

♥ **Falsled Kro** DANOIS €€€

(☎62 68 11 11 ; www.falsledkro.dk ; Assensvej 513, Falsled ; dîner menu 5/7 plats 1 025/1 725 DKK, avec vin 2 050/3 150 DKK). Le top de la gastronomie, avec des portions plus grandes et un service bien plus chaleureux que dans la plupart des restaurants haut de gamme.

Produits locaux cuisinés à la française avec une touche scandinave. Choisissez entre la véranda et l'intérieur de cette chaumière typique reconstruite en 1851, 10 km à l'ouest de Faaborg. Réservez bien à l'avance.

Egeskov Slot

Avec ses douves et son pont-levis, le château d'**Egeskov** (www.egeskov.dk ; Egeskov Gade 18, Kværndrup ; adulte/enfant 199/119 DKK ; ⏲10h-19h fin juin à début août, 11h-18h début août à fin août, 10h-17h fin avr à fin juin et fin août à fin oct ;) est considéré comme l'un des plus beaux édifices de la Renaissance danoise. Achevé en 1554, le château repose sur des milliers de pilotis, d'où son nom de "forêt de chênes" (*egeskov*). Bien qu'il soit encore habité, on peut visiter certaines de ses salles au mobilier d'époque, décorées de tableaux historiques et de trophées de chasse. Mais des collections plus surprenantes vous attendent aussi, car les propriétaires actuels se passionnent entre autres pour l'histoire des véhicules à moteur : des dizaines de modèles de voitures, motos, camions de pompiers et même avions sont exposés ici dans des bâtiments modernes. La mode est également à l'honneur, avec la présentation des tenues de la baronne Camilla et de la comtesse Jessie, anciennes occupantes des lieux (le morceau d'une robe de Marie-Antoinette constitue le clou de la collection). On visite par ailleurs un atelier de ferronnier, une épicerie des années 1930, et une crypte de Dracula plutôt kitsch mais amusante. Quant au grenier, il renferme une immense maison de poupées : le Palais de Titania, conçu par le peintre anglais sir Nevile Wilkinson pour sa fille, qui souhaitait y héberger les fées du jardin. Trois mille objets miniatures la décorent : une merveille !

Autre atout d'Egeskov : un magnifique parc de 15 ha proposant de nombreuses activités familiales. Sur des ponts suspendus à travers les arbres, un système interactif permet d'écouter des chants d'oiseaux enregistrés. Pas moins de 18 jardins différents appellent en outre à la flânerie (roseraie, jardin à l'anglaise, Renaissance...), dont un "jardin de repos" aux hamacs très appréciés. Le parc ferme généralement 1 heure après le château. Consultez le site Internet pour connaître les nocturnes (souvent le mercredi en été). Concerts et feux d'artifice sont alors organisés dans le parc, qui ferme exceptionnellement à 23h. Egeskov accueille le festival international de rock **Heartland** (heartlandfestival.dk ; billet 3 jours 1 950 DKK ; ⏲1er week-end de juin), et un feu de joie est allumé pour la nuit de la Saint-Jean (Sankt Hans Aften).

Vous trouverez dans le parc un café d'inspiration italienne et des kiosques vendant glaces et hotdogs. On peut donc consacrer toute une journée à ce lieu passionnant, l'un des plus visités de Fionie.

Le terrain de camping réservé aux tentes près de l'entrée est gratuit (les jetons pour la douche coûtent 5 DKK au guichet du château). Si vous souhaitez plus de faste, le château-hôtel de Broholm loue des chambres à une vingtaine de minutes en voiture.

Depuis/vers l'Egeskov Slot

Le bus n°920 depuis Faaborg (52 DKK, 25 min), Nyborg (60 DKK, 1 heure) ou Kerteminde (60 DKK, 1 heure 35) passe toutes les heures. Il s'arrête 400 m au sud de la porte du château, à Egeskov Gade sur la Rte 8. La gare ferroviaire de Kværndrup, 2 km à l'est, est desservie par la ligne Odense-Svendborg.

De Faaborg à Svendborg

Si vous êtes en voiture, des étapes insolites vous attendent le long de l'agréable route qui relie Faaborg à Svendborg.

À voir

Egebjerg Mølle POINT DE VUE

(egebjergmolle.dk ; Alpevej 36, Stenstrup ; ⏲24h/24). GRATUIT Cet ancien moulin à vent au nord d'Otterup a perdu ses ailes, et les grandes baies vitrées qui ont remplacé sa toiture en font un observatoire idéal pour admirer le paysage rural et maritime environnant. À l'intérieur, des cartes informent sur l'évolution des reliefs de l'île au fil des glaciations.

Gorilla Park Svendborg ACCROBRANCHE

(☎29 16 74 75 ; gorillapark.dk ; Rødmevej 45, Stenstrup ; adulte/8-11 ans/4-7 ans 320/270/95 DKK ; ⏲tlj fin juin à mi-août, autres dates variables, fermé nov-mars). De ponts de corde en tyroliennes, ce parc étonnant propose une demi-journée de marche et de grimpe en forêt, mais aussi du base jump et quelques "lianes de Tarzan".

Réservez en ligne et arrivez à l'heure : ce circuit de 4 heures commence par une séance d'entraînement obligatoire de 45 minutes. Café et petite restauration à l'entrée. Lieu magnifique, dans un coin perdu à 4 km de la gare de Sendstrup Syd.

M/F Ærøsund PLONGÉE

(www.dyk-sydfyn.dk/16-home.html ; Ballen). L'ancien ferry *M/F Ærøsund* a été volontairement coulé en 2014 pour devenir un site de plongée. L'épave, déjà changée en mini-récif, permet aux plongeurs de vivre une expérience insolite. Profondeur comprise entre 6 et 19 m.

Le site de plongée se situe à 7 km à l'ouest de Svendborg, et à 500 m du **Syltemae Camping** (www.syltemae-camping.dk), un établissement écolo et plein de charme, près du village de Ballen. Le site Internet regorge d'informations pratiques. À Odense, Diving 2000 (p. 185) propose la location d'équipement, et délivre le certificat PADI de plongée sur épave pour un week-end passé sur le site.

Où se restaurer

♥ Vester Skerninge Kro DANOIS €€

(☎62 24 10 04 ; www.vesterskerningekro.dk ; Krovej 9, Vester Skerninge ; plats déjeuner 95-220 DKK, plats dîner 110-260 DKK, menu 3/4/5/6 plats 415/495/575/640 DKK ; ⏲12h-15h et 18h-21h30 mer-sam). Sur la route reliant Svendborg à Faaborg, arrêtez-vous dans cette belle auberge à colombages jouxtant l'église de Vester Skerninge. Si vous n'accompagnez pas son excellente cuisine danoise de vin ou de bière artisanale, goûtez ses subtils breuvages maison à base de rhubarbe ou de sureau.

Svendborg

27 070 HABITANTS

Porte d'entrée du sublime archipel du sud, Svendborg est très prisée par les plaisanciers danois, dont on admire les voiliers dans le port. Malgré ses zones industrielles, la ville est très agréable et compte de nombreux espaces verts sillonnés de pistes cyclables, des plages et des petites rues agrémentées de cafés. L'été, un ferry parcourt l'estuaire parsemé d'îles jusqu'au château de Valdemar (p. 187).

HORS DES SENTIERS BATTUS

BROHOLM SLOT

Protégé par deux rangées de douves, le château-hôtel de **Broholm** (broholm.dk ; Broholmsvej 32, Gudme ; d/ste 1 795/2 195 DKK, moulin s/d sans sdb 695/895 DKK ; 🚌930, 931) est l'un des plus importants du Danemark, et sa longue histoire se lit dans la profusion de tableaux, antiquités et autres objets de famille qui se mêlent ici. On y trouve par ailleurs un musée archéologique du XIXe siècle, une collection de poupées anciennes, une immense cheminée et un restaurant très chic. L'atmosphère y est pourtant moins étouffante que dans d'autres établissements de ce genre.

Le site Internet permet d'admirer ses 19 chambres, toutes différentes, dont 4 partagent 2 salles de bains immenses dans l'aile la plus ancienne. L'aile ouest, qui date du XVIIIe, recèle d'élégantes chambres d'époque (dotées chacune d'une salle de bains). Le charmant moulin à eau, de l'autre côté de la route, comporte 3 chambres nettement plus abordables, avec cuisine, salon et salle de bains partagés (les clients ont aussi accès aux salons du château). Pour un dîner moins onéreux qu'au restaurant du château (entrées/plats 165/265 DKK, petit-déj 145 DKK), vous trouverez plusieurs cafés-restaurants sur le port de Lundeborg, 5 km plus à l'est.

À voir

Outre ses musées, son port et son front de mer, la ville offre aux visiteurs ses ruelles pittoresques et sa belle église. L'**Anne Hvides Gård** (www.svendborgmuseum.dk ; Fruestræde 3), doyenne légèrement penchée des maisons de Svendborg, date de 1560 et contraste nettement avec le café moderne avoisinant.

♥ Sejlskibsbroen FRONT DE MER

L'embarcadère est bordé de navires en bois parfaitement conservés, dont des goélettes à plusieurs mâts qui font encore régulièrement des sorties, et une pléthore de voiliers dans la marina accolée.

Svendborg

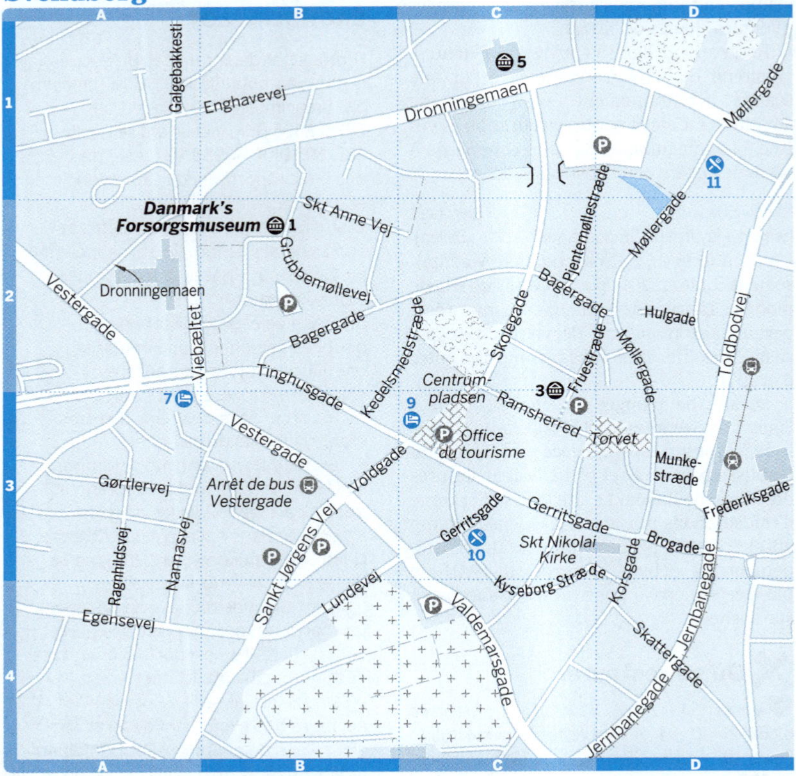

Danmarks Forsorgsmuseum
MUSÉE

(www.forsorgsmuseet.dk ; Grubbemøllevej 13 ; tarif plein/étudiant/enfant 75/60 DKK/gratuit ; 10h-16h fin avr à mi-déc). Ce “musée de l'aide sociale du Danemark” est situé dans l'ancien hospice pour indigents de Svendborg, ouvert en 1872 et fermé un siècle plus tard. Hommes et femmes y étaient séparés. Traités comme des prisonniers, ils devaient effectuer des tâches ingrates comme l'emballage de bâtonnets de glace ou la confection de tapis de corde.

On y distinguait les pauvres “méritants” (personnes âgées et handicapées, entre autres) des pauvres “non méritants” (personnes valides mais sans emploi, alcooliques, vagabonds et “femmes de petite vertu”). Difficile d'imaginer de telles conditions dans un pays devenu si socialement équitable… Le musée remet bien les choses en contexte, et donne à réfléchir sur la façon dont on traite aujourd'hui les démunis.

Danmarks Museum for Lystsejlads
MUSÉE

(Musée national du bateau à voile ; www.lystsejlads.dk ; Frederiksø 2 ; sur don ; 10h-16h ou plus tard juil et août, 10h-14h mar-ven, 10h-18h sam-dim sept). Dans ce grand entrepôt des docks, vous découvrirez plus de 30 voiliers, une collection de moteurs hors-bord et un atelier dans lequel on apprend aux volontaires à faire des nœuds marins.

Parmi les pièces d'intérêt, on compte le *Stormy II,* à bord duquel l'aventurier Sven Billesbøll sillonna le monde de 1988 à 1994, et le *Meteor IV,* pinasse à vapeur de 1892 du Kaiser Guillaume II.

Naturama
MUSÉE

(www.naturama.dk ; Dronningemaen 30 ; adulte/enfant 110-140 DKK/gratuit ; 10h-17h fin juin à août, 10h-16h mar-dim sept-oct et fév à fin juin ;). Musée moderne à l'approche

Svendborg

multisensorielle, le Naturama s'attache à faire découvrir la faune et la flore aux enfants, à travers des films et des jeux amusants ("Peux-tu taper plus vite qu'un pic vert ?"). Mais la principale attraction du musée consiste en une impressionnante collection d'animaux empaillés.

Activités

La région de Svendborg est idéale pour les amoureux de la mer. Les voiliers sont irrésistiblement attirés vers Sejlskibsbroen et le joli village de Troense, de l'autre côté du pertuis. Toute une gamme de navires, dont l'élégante goélette *Meta*, desservent des îles isolées. On peut aisément pratiquer le **kayak de mer** grâce à NicusNature (p. 187), et avec un peu d'organisation, rallier les divers **sites de plongée** recensés sur www.dyk-sydfyn.dk. Certains sites de l'âge de pierre sont accessibles en snorkeling, tandis que les plongeurs expérimentés exploreront l'épave du *M/F Ærøsund*. Le centre **Diving 2000** (Diveresort Fyn ; ☎66 13 00 49 ; diveresortfyn.dk ; Asylgade 16 ; ⊙10h-17h lun-ven, 10h-13h sam) d'Odense loue le matériel nécessaire et organise des sorties de groupe.

Meta EXCURSION EN BATEAU
(☎63 75 94 92 ; www.billet.dk/skonnerten-meta ; Havnepladsen 2 ; croisière de Skarø adulte/enfant 300/200 DKK, croisière coucher du soleil 200/150 DKK ; ⊙fin juin à fin août). Les dimanche, lundi et mardi pendant les vacances d'été, la goélette *Meta* propose une excursion de 4 heures vers Skarø (départ à 10h) et une balade au coucher du soleil de 2 heures (départ à 19h).

Les autres jours, les départs se font de Rudkøbing (les mercredi, jeudi et vendredi). Réservation en ligne ou par l'office du tourisme.

Festival

Festival d'orgue MUSIQUE
(www.sct-nicolai-kirke.dk ; Sankt Nikolai Kirke, Kyseborg Stræde 1 ; ⊙début août). Récitals d'orgue dans l'église Saint-Nicolas.

Où se loger

Le centre de Svendborg dispose d'un **Danhostel** (☎62 21 66 99 ; www.danhostel-svendborg.dk ; Vestergade 45 ; s/d/tr/qua 575/600/630/660 DKK, avec draps et petit-déj 600/750/850/900 DKK ; P@) tenant plus de l'hôtel que de l'auberge de jeunesse, et de quelques B&B sympathiques mais minuscules. De l'autre côté du pertuis, on trouve aussi un superbe château, deux campings et plusieurs autres B&B sur l'île de Tåsinge.

Hotel Ærø HÔTEL €€
(☎62 21 07 60 ; www.hotel-aeroe.dk ; Brogade 1 ; s/d avec petit-déj 850/1 025 DKK ; wi-fi). Hôtel bien situé disposant de plus de 60 chambres de styles variés, souvent garnies de faux mobilier des années 1930 et 1940. Supplément de 100 DKK pour la vue sur le port. Le bâtiment principal donnant sur le quai du ferry d'Ærø abrite un pub et un restaurant.

Hotel Svendborg HÔTEL €€
(☎62 21 17 00 ; www.hotel-svendborg.dk ; Centrumpladsen 1 ; s 800-1 225 DKK, d 900-1 325 DKK ; @ wi-fi). Hôtel d'affaires moderne et central. Chambres confortables au design discret.

♥ **Stella Maris Hotel** HÔTEL €€€
(☎62 21 25 25 ; www.stellamaris.dk ; Kogtvedvænget 3 ; d avec petit-déj à partir de 1 495 DKK). Summum du luxe discret, le Stella Maris est construit autour d'une villa du XIXe siècle rénovée avec une touche résolument contemporaine. La Suite Romantique (chambre n°8, 2 895 DKK) est la plus belle des 36 chambres : 2 fenêtres avec vue sur la pelouse et la baie, balcon-terrasse privé et baignoire bouillonnante à 2 places.

Où se restaurer et prendre un verre

Børsen PUB GASTRONOMIQUE €€
(www.borsenbar.dk ; Gerritsgade 31 ; plats 95-245 DKK, bière à partir de 35 DKK ; ⏲10h-23h ou plus tard). Spécialités danoises et internationales : hareng et salades nordiques, mais aussi *nachos* et burgers. Cet agréable pub aux multiples salles sert tous les jours un brunch (avant 14h).

Sa cuve de brassage est juste décorative, mais découvrez la salle "Martha" à l'étage, décorée façon cabine de navire et inspirée de la comédie danoise culte de 1967 du même nom, dont une diffusion – bien arrosée – a lieu à chaque "Martha Day" (1er vendredi de mai).

Pizzeria La Pupa ITALIEN €€
(www.lapupa.dk ; Møllergade 78 ; pizzas 90-160 DKK, plats 120-320 DKK ; ⏲17h30-22h mar-dim). Tenu par une famille sicilienne, ce typique restaurant italien à l'ancienne fait fièrement étalage de ses bouteilles de chianti.

Kammerateriet BAR
(www.kammerateriet.com ; Frederiksø ; bières Albani/bières artisanales à partir de 35/55 DKK ; ⏲11h-23h ou plus tard). Look d'entrepôt et bancs à coussins noirs, le Kammerateriet a des airs de hall de cinéma. En été, il accueille régulièrement des concerts ou des sets de DJ à partir de 21h le week-end. Lorsque le soleil brille, vous pouvez prendre un verre et quelques tapas de l'autre côté de la route, sur la plage artificielle.

Achats

Bente Sonne Glasblæseriet VERRERIE
(www.glasblaeseriet.dk ; 1er ét, Brogade 37 ; ⏲10h-17h30 mar-ven, 10h-13h sam). Objets en verre soufflés à la main devant vous (tôt le matin).

Renseignements

Le bâtiment du centre maritime datant du XIXe siècle héberge l'**office du tourisme** (☎62 23 69 51 ; www.visitsvendborg.dk ; Havnepladsen 2 ; ⏲9h-16h lun-ven, 10h-14h sam, 11h-15h dim juil à mi-août, 10h-16h lun-ven mi-août à déc et mars-juin), ainsi que le **Pakshusbutikken**, magasin de souvenirs et de produits du sud de la Fionie.

Depuis/vers Svendborg

Des trains partent d'Odense pour Svendborg toutes les demi-heures (78 DKK, 42 min).
Le bus n°931 s'arrête à Svendborg entre Faaborg (52 DKK, 50 min) et Nyborg (72 DKK, 50 min).
La gare ferroviaire et les principales gares routières sont au nord du terminal des ferries pour Ærø, sur Toldboldvej. Pour Langeland, il vaut mieux prendre un bus à l'arrêt **Vestergade**.

BATEAU

Les ferries d'Ærø relient Ærøskøbing (p. 192) jusqu'à 12 fois par jour (1 heure 15).

Les trajets depuis Svendborg vers 5 autres petites îles ne coûtent que 100/60/20 DKK par adulte/enfant/vélo pour une journée, ou 120/85/30 DKK si vous prenez aussi le ferry Ø-Færgen (p. 181) entre Avenakø et Faaborg.

Cette offre est valable pour :

Le **Sea Hawk** (p. 181) est un bateau de transport rapide qui effectue des va-et-vient compliqués entre Svendborg, Lyø, Avenakø, Skarø et Drejø (avec quelques retours en arrière), en plein été seulement.

Le **Højestene** (☎ 62 23 30 80 ; www.hoejestene.dk ; adulte/enfant 4-12 ans aller-retour 100/60 DKK, vélo/moto/voiture 20/100/200 DKK), ferry qui relie Svendborg à Drejø (1 heure 20) toute l'année via Skarø (35 min, 4 fois par jour ou plus).

Le ferry **Hjortøboen** (www.hjorto.dk/faergen.html ; adulte/enfant/vélo été 100/60/20 DKK, hors saison 40/24/8 DKK) vers Hjortø (1 à 3 par jour), qui s'arrête à Skarø lors d'un retour mais seulement pendant les vacances d'été.

Comment circuler

Tout le centre-ville se découvre à pied. On peut louer des vélos au **Fri BikeShop** (☎20 91 27 67 ; www.fribikeshop.dk/cykler-svendborg ; Tved Kirkevej 5A ; vélo par jour/semaine 100/250 DKK, VTT 300/650 DKK ; ⏲7h-17h30 lun-ven, 10h-15h sam) et à l'organisation caritative **Cykeltutten** (Svendborg Cykeludlejning ; ☎60 52 92 84 ; www.svendborgcykeludlejning.dk ; Frederiksø 18F ; premier jour/jour suivant 90/60 DKK). À l'office du tourisme (page ci-contre), des cartes des itinéraires cyclables de la ville sont en libre-service.

BATEAU

De mi-mai à début septembre, le *M/S Helge* (www.mshelge.dk ; jusqu'à 2 arrêts adulte/enfant 70/35 DKK, plus de 2 arrêts adulte/enfant 140/70 DKK) circule entre Svendborg et le château de **Valdemar**, en marquant 4 arrêts : Vindebyøre (camping de **Svendborg Sund**, 10 min), la plage populaire de Christiansminde (15 min), Troense (30 min), et Grasten, sur l'île de Thurø. Départ au port de Svendborg à 10h, 12h30 et 14h40, mais également en juillet à 16h40. Vous pouvez l'utiliser comme simple bateau de croisière (les paysages sur le trajet sont magnifiques), ou pour circuler d'île en île.

Environs de Svendborg

Nord de Tåsinge

Sur la côte boisée du bras de mer qui sépare Tåsinge de Svendborg, **Troense** est un charmant village, abritant de nombreuses chaumières à colombages (surtout le long des rues Grønnegade et Badstuen). La région est surtout célèbre pour "la plus grande demeure privée du Danemark" : le château de Valdemar. Si vous venez par la route, prévoyez une halte à **Bregninge**, village doté d'un **musée** au toit de chaume (www.taasinge-museum.dk : Kirkebakken 1 ; adulte/enfant 50 DKK/gratuit ; ⏲10h-16h mar-dim mai-oct) et d'une jolie aire de pique-nique. On a une vue magnifique depuis le **clocher** de l'église en brique (www.bregningekirke.dk ; Kirkebakken 2A ; clocher adulte/enfant 5/2 DKK).

À voir et à faire

Valdemars Slot CHÂTEAU

(www.valdemarsslot.dk ; Slotsalleen 100 ; adulte/enfant 125/60 DKK ; ⏲10h-17h juin-août, fermé lun mai et sept). Le somptueux château de Valdemar regorge de meubles d'époque et de curiosités : verreries vénitiennes, tapisseries des Gobelins, salle de bains dissimulée derrière une fausse fenêtre, armurerie secrète... et même le coffre couvert de gravures du héros danois Niels Juel. Dans le vaste grenier, le **Jagt & Trofæmuseet** (www.bhfnaturskole.dk) présente une collection de trophées de chasse du monde entier (230 espèces).

Le château de Valdemar – à ne pas confondre avec la forteresse de Vordingborg (p. 125), beaucoup plus ancienne – fut érigé sur ordre du roi Christian IV en 1644, pour son fils Valdemar Christian (qui mourra sur un champ de bataille polonais avant son achèvement). Le château fut ensuite offert à l'amiral Niels Juel, héros de la guerre de 1677 contre la Suède, qui en fit la demeure baroque que l'on visite aujourd'hui.

À elle seule, la croisière de Svendborg à Valdemar à bord du ferry *M/S Helge* vaut le détour. En outre, nul besoin de payer l'entrée du château pour se promener au bord de son bel étang à l'est, ou sur la plage près de la jetée. On peut déguster une glace dans son joli café-pavillon ou déjeuner au **restaurant** (☎62 22 59 00 ; www.valdemarsslot.dk ; Slotsalleen 100 ; déjeuner 99-149 DKK, 2/3 plats dîner 235/298 DKK, café et gâteau 65 DKK ; ⏲11h-17h fév-oct, jusqu'à 20h30 juil-août) installé dans les caves voûtées du château. En revanche, l'entrée au **jardin d'ornement** à l'ouest est payante (25 DKK).

Pour retourner à Svendborg par un itinéraire différent, vous pouvez marcher 1 km jusqu'au beau village de Troense et prendre le bus qui revient toutes les demi-heures de **Mærskgården/Lodsvej** (arrêt du bus n°250 ; 24 DKK, 28 min ; Eghavevej).

NicusNature KAYAK

(☎30 30 13 33 ; www.nicusnature.com ; Vindebyørevej 31B, Tåsinge ; kayaks pour 2 heures/jour à partir de 250/400 DKK). À l'entrée du Svendborg Sund Camping, cette petite cabane loue kayaks et paddleboards et organise aussi des parties de pêche au harpon. Téléphonez pour connaître les heures d'ouverture.

Où se loger

Svendborg Sund Camping CAMPING €

(☎21 72 09 13 ; www.svendborgsund-camping.dk ; Vindebyørevej 52, Vindeby ; 85/60/20/30 DKK adulte/enfant/chien/empl, juil à mi-août 90/65/20/70 DKK, petite/grande cabane 450/800 DKK, juil à mi-août 600/975 DKK ; avr-sept ; wifi). Depuis Svendborg, le ferry (p. 187) vous conduira à ce camping bien tenu, tout près de la jetée où accoste le *M/S Helge*. Outre un bungalow et un emplacement, vous pourrez louer une tente déjà dressée et équipée d'un lit, ainsi que des vélos et des kayaks si vous le souhaitez.

B&B Teglgaarden B&B €€

(☎28 11 71 82 ; www.teglgaarden.dk ; Jydevej 3, Gammel Nyby ; d avec petit-déj 700 DKK, sans sdb 650 DKK). À environ 1,2 km à l'est de Begninge, Pia vous accueille dans la cour bucolique d'une ferme où vous pourrez vous prélasser en contemplant les champs, caresser des chevaux, ou prendre un petit-déjeuner "nature" préparé avec les œufs du poulailler. Sur les 5 chambres, 4 partagent la salle de bains avec une autre chambre – mais toutes sont décorées de mobilier ancien et de beaux tableaux, et disposent d'un accès à une terrasse ou un jardin privé.

Langeland

Prisée des amateurs de vélo et des ornithologues, l'île étroite et essentiellement agricole de Langeland est bordée de quelques plages, et constellée de moulins à vent et de villages traditionnels. Hormis la circulation parfois difficile sur la grande route qui la traverse, la vie y est paisible.

Reliée par un pont à Svendborg via Tåsinge, Rudkøbing est la charmante ville principale de Langeland. Au nord, Tranekær offre aux visiteurs son château et un parc de sculptures. À la pointe sud de l'île, près de Bagenkop, l'ancien bastion de l'OTAN Langelandsfort (p. 191) donne une idée du degré de paranoïa atteint durant la guerre froide.

Renseignements

L'office du tourisme de Rudkøbing propose gratuitement un guide de Langeland de 142 pages, en 3 langues.

Depuis/vers Langeland

Langeland est reliée à la Fionie par plusieurs ponts.

Langeland et sud-est de la Fionie

Le bus n°930 et le bus n°810 (moins fréquent) font la navette entre Svendborg et Rudkøbing (42 DKK, 30 min). Pour Lolland, la ligne Spodsbjerg-Tårs de **ferry** (www.molslinjen.dk ; Spodsbjerg ; voiture/moto passagers compris 265/130 DKK, piétons adulte/enfant 80/40 DKK) circule toutes les heures dans les 2 sens entre 5h15 et 22h15.

Comment circuler

Les transports de l'île partent de Rudkøbing. Le bus n°912 conduit au sud et le n°913 au nord. Les deux partent de **l'arrêt de bus principal** (Ringvejen), mais si vous êtes en centre-ville, **l'arrêt** Rudkøbing Rådhus (Fredensvej) est plus commode.

Rudkøbing

4 590 HABITANTS

Depuis le pont qui mène à Langeland, on aperçoit la marina et les charmantes tuiles rouges des toits de sa ville principale, couronnée par la flèche de son église et son moulin. Ses rues sont bordées de maisons basses aux façades fleuries de roses trémières. Celles de **Ramsherred** et de **Smedegade** sont particulièrement gracieuses.

Il est agréable de se promener de l'église à la place principale, Torvet, où l'office du tourisme offre un guide trilingue recensant les curiosités de Langeland. La balade se poursuit dans la rue en partie piétonne d'Østergade, avec la fabuleuse brocante **Tingstedet** (www.tingstedet-langeland.dk ; Østergade 16 ; 11h-17h lun-jeu, 11h-17h30 ven, 10h-13h sam) où l'on trouve de tout, et un **musée** (www.langelandsmuseum.com ; Østergade 25 ; 10h-15h mer-ven juin-oct, plus 10h-13h sam pdt vac. scol.) GRATUIT. Plusieurs galeries d'art jalonnent aussi la ville.

Rudkøbing compte 2 hôtels, une **auberge de jeunesse** (Rudkøbing Camping ; rudkobing-camping.dk ; Engdraget 11 ; d/tr/qua 450/500/550 DKK, sans sdb 375/425/475 DKK ; fév-sept ; P) où l'on peut aussi camper, et des chambres d'hôtes à réserver depuis **l'office du tourisme** (62 51 35 05 ; www.langeland.dk ; Torvet 5 ; 9h30-16h30 lun-jeu, et 9h30-16h ven jan-juin et sept-déc, 9h30-16h30 lun-ven et 9h30-14h30 sam juil-août).

Plusieurs cafés longent la rue d'Østergade.

Tranekær

250 HABITANTS

Le petit village de Tranekær est le plus séduisant de l'île. La grande route de Langeland s'y faufile, bordée de maisons du XIXe siècle, de quelques galeries et du Tranekær Slot : un château rouge cerise au magnifique parc plein d'œuvres d'art, non loin d'un jardin d'herbes médicinales.

À voir

Tranekær Slot CHÂTEAU

(séjours 62 59 10 12, visites 60 96 80 90 ; www.tranekaergods.dk ; Slotsgade 86 ; par personne 150 DKK ; visite mi-juil seulement, généralement 11h et 15h mar-sam ; n°913). Site fortifié depuis le XIIe siècle, le château de Tranekær et sa tour appartiennent à une famille aristocrate depuis 1659. L'édifice héberge principalement des réunions d'affaires privées et des parties de chasse au faisan, et l'intérieur n'est ouvert au public que pendant 2 à 3 semaines en juillet, sur réservation.

HORS DES SENTIERS BATTUS

SKOVSGAARD

Malgré sa flèche et ses douves, **Skovsgaard** (62 57 14 15 ; www.skovsgaard.dn.dk ; Kågårdsvej 10, Hennetved ; adulte/enfant 60 DKK/gratuit ; 10h-17h avr-août, 10h-17h jeu-dim sept-oct, 10h-17h jeu-dim sept-oct, 10h-17h sam-dim nov-mars) est plus modeste que beaucoup d'autres manoirs de campagne ouverts au public. Dans le musée de l'édifice principal, mannequins et accessoires recréent la vie des domestiques des années 1930. Cuisines, garde-manger, salle à manger du personnel... le tableau le plus fascinant reste celui des chambres "sous escalier", remarquablement bien conservées. Les écuries renferment une collection de voitures à cheval et de tracteurs, ainsi qu'un excellent centre interactif d'éveil à la nature, **Kiss the Frog** (www.kys-froen.dk ; Skovsgaard Gods ; 24h/24 ;), parfait pour les enfants.

TICKON JARDIN

(Centre international de Tranekær pour les arts et la nature ; Botofte Strandvej ; adulte/enfant 25 DKK/gratuit ; du lever au coucher du soleil ; 913). Corne de licorne s'élevant dans une clairière, rivière de troncs d'arbre dévalant une colline, panier géant déversant un flot de rochers... Au total, 18 œuvres d'art inspirées de la nature sont éparpillées sur le domaine en bord de lac du château de Tranekær. Trouvez-les parmi plus de 80 ha boisés, grâce à 70 arbres identifiables sur la brochure disponible à l'entrée ou à des piliers présentant un code QR. Les cerfs ne semblent pas effarouchés par les promeneurs. S'il n'y a personne à l'entrée, payez en espèces en utilisant la boîte prévue à cet effet.

Tranekær Slotsmølle MOULIN À VENT

(slotsmoelle.dk ; Lejbøllevej 3 ; 12h-17h lun-jeu juil-août, mar et jeu mai-oct ; 913). Parmi les nombreux moulins à vent de l'île, le Slotsmølle de 1834 abrite un petit musée, et un estaminet où café et gâteaux coûtent seulement 25 DKK.

À 1,5 km au nord du château, juste à la sortie de la grande Rte 305. Attention :

quand on arrive par le sud, le moulin est caché par des arbres.

Où se loger et se restaurer

Le château peut loger des groupes sur réservation. Dans le village, le Sukkerfabrikken est ouvert l'été, le Tranekær Slotskro loue 14 chambres et le Restaurant Generalen quelques appartements. Dans la campagne environnante, il existe plusieurs B&B, ainsi qu'un camping haut de gamme sur la plage agréable (bien qu'envahie d'algues) de **Emmerbølle Strand** (Feriepark Langeland ; ☎62 59 12 26 ; feriepark-langeland.dk/en/emmerboelle ; Emmerbøllevej 24 ; adulte/enfant 99/78 DKK avec emplacement seulement en période d'affluence 69-139 DKK ; ⌚Pâques à mi-sept).

Æblegaarden B&B €

(☎59 64 02 44 ; www.aeblegaarden.dk ; Fæbækvej 25 ; adulte/enfant avec petit-déj 385/185 DKK ; Wi-Fi ; bus 913). Un B&B mi-ferme, mi-verger, à 8 km au nord du château de Tranekær (p. 189). Deux chambres lumineuses et élégantes avec kitchenette et salle de bains communes. L'excellent petit-déjeuner est inclus. Prévenez de votre heure d'arrivée.

Sukkerfabrikken PENSION €€

(da-dk.facebook.com/sukkerfabrikken ; Slotsgade 76 ; s/d 470/780 DKK ; ⌚juil à mi-août ; P Wi-Fi ; bus 913) 🌿. Après sa faillite en tant que première raffinerie de sucre danoise, ce grand édifice de 1804 a servi notamment de crèche et de brasserie. Aujourd'hui c'est un centre de formation, qui expose également des artistes locaux. En été, on peut louer ses chambres au mobilier simple et élégant et aux parquets en chêne. Draps, serviettes, Wi-Fi et petit-déj avec café bio inclus.

♥ Restaurant Generalen DANOIS €€

(☎62 53 33 03 ; housepichardt.dk ; Slotsgade 82 ; plats déjeuner 75-225 DKK, plats dîner 225-325 DKK ; ⌚12h-22h tlj juin-août, 18h-22h mar-jeu, 12h-22h ven-sam, 12h-16h dim fév-mai et sept-nov ; P ; bus 913). Élégant café-restaurant installé dans les écuries 1800 d'une dépendance du château de Tranekær (p. 189). Les cloisons des anciens box séparent encore certaines tables. Le menu, typiquement danois et à base de produits locaux, revisite les recettes du livre de cuisine du château édité en 1815.

Tranekær Slotskro AFRICAIN, DANOIS €€€

(Tranekjær Gæstgivergaard ; ☎62 59 12 04 ; Slotsgade 74 ; plats déjeuner 80-210 DKK, plats dîner 250-350 DKK ; ⌚10h-21h ; P).

Auberge de village de 1802 tenue par une famille de Tanzanie, 200 m au sud du château (p. 189). Cuisine indo-africaine (les formules déjeuner comprennent samoussas, bananes frites et couscous) ou plats danois plus classiques. Dans la salle, les chaises blanches sont décorées de rubans écarlates.

La partie hôtel dispose de 14 chambres (d/ste 600/1 000 DKK), pour la plupart dans une annexe des années 1970 à l'arrière.

Depuis/vers Tranekær

Toutes les 2 heures, le bus n°913 rejoint Tranekær (32 DKK, 20 min environ) au nord depuis l'arrêt Rudkøbing's Plads A.

À NE PAS MANQUER

NATURE ET OISEAUX AQUATIQUES

Les bas-fonds marécageux et les multiples lacs côtiers de **Tryggelev Nor** (www.fuglevaernsfonden.dk/fuglereservater/tryggelev-nor ; Stenbækvej) hébergent de nombreuses espèces d'échassiers et d'oiseaux aquatiques. Cette belle réserve naturelle offre quelques abris d'observation un peu vétustes. Accessible en voiture par le sud, via une route qui longe un sentier côtier.

Bagenkop

468 HABITANTS

La tour de Bagenkop, hameau le plus méridional de Langeland, surplombe sa marina très fréquentée et quelques restaurants. Au sud, plongez dans les galeries d'un tumulus vieux de 5 000 ans. Autres curiosités souterraines : les casemates d'artillerie du musée du fort de Langeland. À la pointe de l'île, des poneys Exmoor à moitié sauvages paissent dans les prés côtiers, qui forment une falaise miniature à **Dovnsklint**.

À voir

Langelandsfort SITE HISTORIQUE
(www.langelandsfort.dk ; Vognsbjergvej 4B ; adulte/enfant 110-125 DKK/gratuit ; 10h-17h mai-sept, 10h-16h avr et oct). Ensemble de positions d'artillerie enfoui dans les champs de Langeland en 1952-1953, en pleine guerre froide, pour retarder une invasion redoutée des pays du pacte de Varsovie. À l'intérieur des casemates, les expositions sur l'espionnage et le chargement des obus sont particulièrement intéressantes. Vous pourrez même monter à bord du dernier sous-marin danois (désaffecté en 2004 et désormais sur la terre ferme), visiter un dragueur de mines, ou encore un avion de combat soviétique MiG-23 et un Draken A-005 de l'OTAN.

Les informations sont données principalement en danois, mais des résumés en anglais et en allemand sont disponibles, et la plupart des films se passent d'explication. La visite complète dure bien 2 heures (2 km de marche environ).

Hulbjerg Jættestuen SITE ARCHÉOLOGIQUE
(Søgårdsvej). À 2 km au sud de Bagenkop, ce tumulus datant d'environ 3 200 av. J.-C. est si bien conservé que les visiteurs les plus téméraires pourront s'aventurer dans ses galeries. Les 53 dépouilles découvertes ici ont été déplacées en 1960. Les dents de l'une d'entre elles avaient été percées à l'aide d'un silex : il s'agit de la première trace de dentisterie en Europe.

Où se loger

Bagenkop Kro AUBERGE €€
(62 56 13 04 ; www.bagenkopkro.dk ; Østergade 15 ; s/d 500/800 DKK, petit-déj 89 DKK ;). Cette vieille auberge rénovée dispose de 44 chambres éparpillées dans une demi-douzaine de maisons du village. Particulièrement prisée pour sa formule demi-pension avec chambre double et buffet de fruits de mer au dîner (bière, vin, café et gâteaux compris) à seulement 1 195 DKK pour 2 personnes (995 DKK en milieu de semaine hors saison).

Depuis/vers Bagenkop

Le bus n°912 relie Rudkøbing à Bagenkop toutes les 2 heures (52 DKK, 35 min) et passe à moins de 700 m du fort de **Langeland**.

Ærø

6 290 HABITANTS

Petit paradis de 30 km de long et 9 km de large, Ærø (prononcez "é-reu") est peut-être bien l'île la plus ravissante – et accueillante – du Danemark.

Ærø

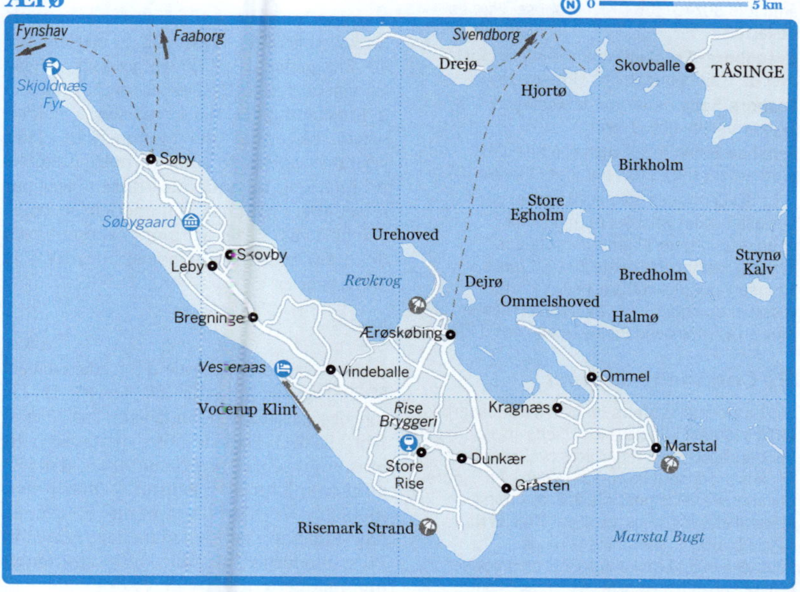

Parmi les chaumières à colombages et les vieux moulins serpentent de jolies routes de campagne. Cette île à la riche histoire maritime foisonne de plages aux cabines de bain pittoresques, et la petite ville d'Ærøskøbing est d'une beauté exquise. Ce cadre romantique est une destination de mariage très prisée en Europe du Nord. Côté hébergement, l'île compte surtout des pensions familiales et des B&B. Un **festival de jazz** (www.aeroejazzfestival.dk) s'y tient début août.

Les habitants d'Ærø sont probablement les Danois les plus accueillants. Pour preuve, le bus est gratuit ! Les trois principaux villages (Ærøskøbing, Marstal et Søby) se rejoignent facilement à vélo, mode de déplacement en accord parfait avec l'esprit de l'île, qui fonctionne presque entièrement aux énergies renouvelables, notamment solaire et éolienne.

Renseignements

Un guide pratique est disponible dans les offices de tourisme et sur www.aeroe.dk.

Depuis/vers Ærø

Toute l'année, **Ærøfærgerne** (☎ 62 52 40 00 ; www.aeroe-ferry.dk ; Søby Havn ; aller-retour adulte/enfant/voiture fin juin à mi-août 212/106/463 DKK, mi-août à fin juin 80/40/166 DKK) propose 3 lignes de ferries :

Svendborg-Ærøskøbing Service principal, avec 12 trajets quotidiens (1 heure 15)

Faaborg-Søby Deux/jour le week-end, 3/jour en semaine (1 heure)

Fynshav-Søby Relie Fynshav à l'île d'Als (Jutland du sud) 3 fois par jour (1 heure 10)

Tarifs identiques pour les 3 lignes. Les billets sont valables pour un aller et un retour, toutes lignes confondues. Transporter un vélo coûte 29 DKK toute l'année. Pour une voiture, mieux vaut réserver quelques jours plus tôt, et même bien en avance pendant les week-ends d'été.

Comment circuler

Les bus locaux gratuits Jesper (www.jesperbus.dk) traversent l'île dans les 2 sens environ 1 fois par heure. 60 km d'itinéraires cyclables bien fléchés proposent un circuit faisable en 3 jours. Location de vélos possible à Ærøskøbing, Marstal et Søby, mais aussi par **Bike Erria** (☎ 32 14 60 74 ; www.bike-erria.dk ; Pilebækken 5, Ærøskøbing), qui en propose la livraison et transporte vos bagages entre vos étapes. Vous pouvez aussi prendre le bus avec votre vélo à partir de 9h.

Ærøskøbing

940 HABITANTS

Cette délicieuse ville marchande du XVIIe siècle a du charme à revendre, avec ses maisons colorées et plantées de roses trémières. Dans les petites cours, les portes basses et les fenêtres en verre soufflé à la main laissent entrevoir une vie bien douillette. Pour parfaire le tableau, les hébergements sont confortables, les cafés et les restaurants charmants, et la cité compte plusieurs petits musées, ainsi qu'une distillerie de whisky. Grâce aux ferries qui la relient régulièrement à Svendborg, Ærøskøbing est aussi la ville la plus facilement accessible de l'île.

À voir

♥ Det Gamle Værft MUSÉE

(www.detgamlevaerft.dk ; Havn 2 ; adulte/enfant 50/30 DKK ⏲ 11h-17h lun-ven juin-sept, 11h-15h lun-jeu oct-mai). Au cœur d'un chantier naval toujours en service, dont les cales exhibent des bateaux centenaires, ce musée interactif vous apprendra à inscrire votre nom en alphabet runique dans du cuivre recyclé, tresser une corde, pêcher le crabe et même battre l'enclume.

Hammerichs Hus MUSÉE

(www.arremus.dk ; Gyden 22 ; adulte/enfant 40 DKK/gratuit ; ⏲ 11h-14h juil-août, 11h-14h lun-sam sept et oct). Des 3 petits musées d'Ærøskøbing, la vieille maison à colombages biscornue de Hammerichs Hus, véritable tanière de lutin, est notre préférée. À l'intérieur, les antiquités rassemblées par le sculpteur Gunnar Hammerich se bousculent et à l'étage, les murs exposent près de 3 000 faïences hollandaises des XVIIe et XVIIIe siècles.

Musée d'Ærø MUSÉE

(www.arremus.dk ; Brogade 3-5 ; adulte/enfant 50 DKK/gratuit ; ⏲ 10h-16h lun-ven, 11h-15h sam-dim juil-août, 11h-15h lun-sam mai, juin et sept à fin déc). Lors de notre visite, ce petit musée présentait un banal amas d'objets ethnographiques : peintures maritimes, mobilier, et vitrines tintant à chaque pas effectué sur le plancher grinçant. Plus moderne, la salle n°10 contenait une maquette de la ville et des codes QR proposant une “visite” d’Ærøskøbing à son apogée en 1863.

Le ravissant jardin à l’arrière a été réaménagé comme dans les années 1920.

Flaske Peters Samling MUSÉE

(Smedegade 22 ; adulte/enfant 50/20 DKK ; ⏲10h-16h fin juin à fin août, 11h-15h lun-sam mai à fin juin et fin août à fin oct). Dans un ancien hospice, découvrez plus de 500 bateaux en bouteille, œuvre étonnante de la vie de Peter Jacobsen, surnommé “Pierre-aux-Bouteilles” (*Flaske Peter*).

Activités

Vesterstrand PLAGE

(plage de l’Ouest ; Vestre Strandvej). À quelques minutes à pied ou à vélo au nord de la ville par Strandvejen ou Sygehusvejen, on peut se baigner ou admirer le coucher du soleil sur cette plage de sable et de galets, au milieu des célèbres cabines de bain bariolées.

Circuits organisés

Ronde du veilleur de nuit PROMENADE À PIED

(Torvet ; adulte/enfant 30 DKK/gratuit ; ⏲21h juil, 20h août). Avant le coucher du soleil, le veilleur ou la veilleuse de nuit, avec sa casquette et son costume, invite les visiteurs à suivre sa ronde d’environ 1 heure à travers la vieille ville. Circuit en anglais les mercredi et samedi.

Où se loger

Ærøskøbing Camping CAMPING €

(☎51 51 81 15 ; www.aeroecamp.dk ; Sygehusvejen 40 ; par empl adulte/enfant 78/48 DKK). À 1 km au nord du centre-ville, et à 2 minutes à pied de la plage de Vesterstrand, ce camping en pente douce offre des emplacements protégés par des haies, un terrain de jeux et une salle de billard.

♥ Pension Vestergade 44 B&B €€

(☎62 52 22 98 ; www.vestergade44.com ; Vestergade 44 ; s/d sans sdb avec petit-déj 990/1 090 DKK ; 📶). Susanne, originaire d’Angleterre, et Tillie, son setter Gordon, vous accueillent dans cette grande demeure de 1784 construite par un capitaine pour sa fille. Les chambres, nommées d’après leur couleur, sont joliment décorées de livres, de gravures et de mobilier d’époque. L’une d’elles se situe dans un pavillon du jardin, délicieuse oasis de verdure.

På Torvet APPARTEMENTS €€

(☎28 72 46 50 ; www.paatorvet.dk ; Torvet 7 ; d/ste 1 190/1 690 DKK ; ⏲fermé jan à mi-mars ; 📶). Attenants à un beau café inondé de lumière sur la place principale, ces studios admirablement conçus sont équipés d’un coin salon, d’une bouilloire et d’un réfrigérateur. Les plus grands sont au rez-de-chaussée, les plus confortables à l’étage, auquel on accède par un escalier vieux de 170 ans.

Andelen Guesthouse PENSION €€

(☎61 26 75 11 ; www.andelenguesthouse.com ; Søndergade 28A ; d/tr sans sdb 895/1 095 DKK, ste 2 295 DKK). Baroudeur anglais, Adam a transformé ce grenier de 1898 en une pension de caractère, conservant les élégants planchers, poutres apparentes, et même le palan d’origine dans la suite en duplex (4 couchages). Les 5 autres chambres partagent 2 grandes salles de bains bien conçues.

Où se restaurer

Den Gamle Købmandsgaard TRAITEUR €

(Le vieux tribunal de commerce ; dgkshop.com ; Torvet 5 ; ⏲10h-17h30 lun-ven). Pittoresque magasin créé par des bénévoles à l’époque où le dernier de la place menaçait de fermer. Devenu une véritable attraction, le “DGK” ravit les touristes avec ses produits locaux (pain, bière, salami, glaces, miel et chocolat), son charmant café et sa distillerie de whisky dans la cour.

Ristorante Pizzeria Badehotel Harmonien PIZZA €

(☎42 50 00 05 ; Brogade 1 ; pizza 70-120 DKK ; ⏲17h30-22h mai-sept, 17h30-22h jeu-mar oct-avr). Tenu par des Italiens, ce restaurant de caractère est situé dans le Badehotel, avec vue sur le front de mer. Nombreuses tables en extérieur.

Mumm Restaurant INTERNATIONAL €€

(mumm.restaurant ; Søndergade 12 ; plats déjeuner 59-179 DKK, plats dîner 175-425 DKK ; ⏲12h-21h juin à mi-sept, 18h-21h mer-sam mi-sept à mai ; 📶🍸). Avec ses poutres sombres, ses chaises à l’ancienne et son éclairage aux bougies, le Mumm est l’adresse de référence pour des repas de mariage décontractés (prosecco/champagne par bouteille 295/495 DKK). Pour autant, tout le monde s’y sent bien accueilli. Avis aux végétariens : le tartare de haricots à l'houmous avec carpaccio de pastèque est une merveille.

Café Aroma INTERNATIONAL €€
(☎62 52 40 02 ; www.cafe-aroma.dk ; Gilleballetofte 2A ; plats 82-158 DKK, steak 248 DKK ; 🕘11h-21h jeu-lun). Sympathique café du port où l'on vend de délicieuses glaces maison. Dans la salle décorée d'affiches de films, on se prélasse sur de vieux fauteuils de cinéma, un canapé usé ou même un siège de barbier. Poissons, salades et burgers "végés" servis toute la journée. L'Aroma est aussi un hôtel aux chambres design et lumineuses (avec un studio pour 4).

☆ Où sortir

Bio Andelen CINÉMA
(☎62 52 17 11 ; www.bio-andelen.dk ; Søndergade 28A ; adulte/enfant 70/50 DKK ; 🕘19h30 mar-sam, 15h dim, fermé juil à mi-août). Ce charmant cinéma de 50 places se targue d'être le plus petit du Danemark. Il est situé sous l'Andelen Guesthouse (p. 193), qui offre des places gratuites à ses résidents. Il accueille aussi de nombreux concerts pendant le festival de jazz annuel (p. 192).

Renseignements

L'**office du tourisme** (☎62 52 13 00 ; www.visitaeroe.dk ; Havn 4 ; 🕘10h-14h) se trouve juste au sud du terminal de ferry.

Au cas où vous voudriez en profiter pour vous marier, **Danish Island Weddings** (☎20 24 30 07 ; www.getmarriedindenmark.com ; Torvet 5) propose des services sur mesure.

Depuis/vers Ærøskøbing

Le ferry d'**Ærøfærgerne** (☎62 52 40 00 ; aeroe-ferry.dk) vers **Svendborg** (aller-retour adulte/enfant/voiture fin juin à mi-août 212/106/463 DKK, mi-août à fin juin 80/40/166 DKK) circule 3 fois par jour entre 5h35 et 20h35 (toutes les 4 heures). Si vous avez gardé votre billet pour Ærø, vous n'aurez pas à payer. En période d'affluence, pensez malgré tout à réserver votre départ.

Face à l'office du tourisme, à environ 100 m au sud-est du port, un arrêt de bus (Vestergade) desservi toutes les heures permet de rejoindre gratuitement Marstal et Søby (25 min).

Comment circuler

Minuscule, Ærøskøbing se découvre aisément à pied. Location de vélos en tout genre chez **Pilebækken Cycles** (Pilebækken 11 ; par jour/semaine 75/400 DKK ; 🕘9h-16h30 lun-ven toute l'année plus 9h-13h sam-dim juin à mi-sept), et pour des modèles plus récents à l'**Andelen Guesthouse** (p. 193 ; par jour 100 DKK).

En voiture, préférez les parkings à la lisière du centre qui, lorsqu'ils sont limités, le sont à 12 heures, contre 2 heures dans les rues étroites de la vieille ville (des panneaux vous rappelleront d'utiliser votre disque).

Marstal

2 230 HABITANTS

À l'extrême est d'Ærø, Marstal est plus grande et moins pittoresque qu'Ærøskøbing. Les petites rues entourant sa vieille église sont pourtant bien jolies. Dans les années 1890, plus de 300 navires marchands jetaient l'ancre chaque année dans son port, qui comptait 8 chantiers navals aujourd'hui disparus. Un superbe musée de l'Histoire maritime commémore la tradition. La plage voisine d'**Erikshale Strand** (Kalkovnsstien) et ses célèbres cabanes de plage à toit de chaume sont quant à elles devenues emblématiques de l'île, voire de tout l'archipel méridional.

Bonne préparation à l'histoire maritime locale, le roman à succès de l'enfant du pays, Carsten Jensen, *Nous, les noyés* (2012, éditions 10/18), se déroule à Marstal sur près d'un siècle, à partir de la Treårskrigen (première guerre de Schleswig, qui dura de 1848 à 1851) jusqu'à la Seconde Guerre mondiale.

À voir et à faire

Marstal Søfartsmuseum MUSÉE
(www.marmus.dk ; Prinsensgade 1 ; adulte/enfant 75 DKK/gratuit ; 🕘9h-17h tlj juin-août, 10h-16h avr-mai et sept-oct, 11h-15h lun-sam nov-mars). Quelques heures seront nécessaires pour apprécier ce musée maritime à sa juste valeur, tant il fourmille de maquettes, tableaux et autres coffres de marin... Dans certaines reconstitutions d'intérieurs de navires, les effets sonores et l'horizon en mouvement créent une impression si réaliste qu'on en aurait presque le mal de mer !

Ærø Kajak Udlejningen KAYAK
(☎29 40 96 56 ; kajakudlejningen.dk ; kayak par jour/semaine 500/2000 DKK, paddle-board 400/1200 DKK, caution 500 DKK ;

⌚mai-sept, appelez avant). Location de kayaks et de paddleboards. Combinaison de plongée, sac étanche et livraison compris. Appelez Théa, la gérante, pour convenir du lieu et de l'heure de livraison.

Où se loger et se restaurer

La ville compte plusieurs B&B et 3 hôtels, dont un est en partie une auberge de jeunesse. Il y a un modeste camping tout à fait à l'ouest de la plage d'Erikshale Strand.

Femmasteren Hotel & Hostel AUBERGE DE JEUNESSE €
(☎53 60 48 21 ; femmasteren.dk ; Færgestræde 29 ; d 995 DKK, s/d sans sdb 495/750 DKK, chambre auberge de jeunesse 2/3/4/5 lits 470/600/800/1 000 DKK ; ⌚début avr à oct ; 📶). Simple mais cosy. La moitié des chambres est organisée façon auberge de jeunesse : lits escamotables et draps non fournis (ou en supplément). Dans les 12 autres chambres, les draps et le petit-déjeuner sont inclus. Quatre d'entre elles ont une salle de bains. Il n'y a pas de dortoir et une seule chambre simple. L'agréable salle à manger comporte un poêle à bois. Accès au sauna/spa : 200 DKK.

Restaurant Fru Berg DANOIS, INTERNATIONAL €€
(☎24 63 56 57 ; www.bergsrestauranter.dk ; Havnepladsen 6 ; plats déjeuner 149-159 DKK, plats dîner 229-349 DKK ; ⌚12h-21h30 avr-oct). Idéalement situé sur les quais où s'amarrent les grands voiliers. L'intérieur épuré est agréable et décoré sur le thème nautique. On a une vue imprenable depuis la terrasse.

Den Gamle Vingaard INTERNATIONAL €€
(www.den-gamle-vingaard.com ; Skolegade 17 ; plats dîner 99-170 DKK, steaks 172-450 DKK ; ⌚17h-22h lun-dim, plus 12h-15h sam). Poulies, haches, cloches et vieilles lanternes se balancent dans la salle façon pub, tandis qu'une tonnelle ombrage la cour à l'arrière. Aux pâtes, filets de porc, curries d'agneau et pattes de crabe royal s'ajoute une longue liste de biftecks premier choix.

Renseignements

L'**office du tourisme de Marstal** (Prinsensgade 21A) occupe la bibliothèque à l'extrémité sud de la rue commerçante et piétonne de Kirkestræde.

HORS DES SENTIERS BATTUS

RETRAITE BUCOLIQUE

Envie d'évasion ? Le **Vesteraas Bed & Nature** (☎61 28 62 52 ; www.vesteraas.dk ; Voderup 41 ; pavillon 750-1 250 DKK ; ⌚mai-sept) est une ferme axée sur le "développement durable" où vaches et poules se promènent librement. Deux pavillons bien équipés, quoique biscornus et très rustiques, vous accueilleront en famille (jusqu'à 6 personnes chacun). L'un des deux est une ancienne écurie recouverte d'églantines, dont la porte arrière offre une vue magnifique sur le paysage.

Depuis/vers Marstal

Près du parking du port, un **arrêt de bus** (Havnepladsen) desservi presque toutes les heures permet de se rendre gratuitement à Søby via Ærøskøbing. L'**ÆrøXpressen** (aeroexpressen.teambooking.dk) relie Marstal à Rudkøbing.

Comment circuler

Location de vélos au **Nørremarks Cykeludlejning** (☎62 53 14 77 ; Møllevejen 77 ; par jour/semaine 75/300 DKK ; ⌚8h-17h lun-ven, 8h-14h sam), à la limite ouest de la ville, dans la station-service Thygesen.

Søby

450 HABITANTS

Le port de Søby, qui doit bientôt être agrandi, fait un bon point de départ/d'arrivée entre Ærø et Faaborg (ou Als, pour les automobilistes qui se rendent au Jutland ou en Allemagne). Søby n'a pas l'attrait touristique d'Ærøskøbing ou de Marstal, mais la campagne alentour est jolie.

En voiture ou à vélo, choisissez entre la visite du **Skjoldnæs Fyr** (adulte/enfant 20/10 DKK ; ⌚du lever au coucher du soleil), phare dressé sur la pointe de l'île à 5 km au nord-ouest, ou celle du **Søbygaard** (www.arremus.dk ; adulte/enfant 60 DKK/gratuit ; ⌚10h-16h mi-mai à fin oct ; 👪) à l'est, petit manoir historique transformé en centre d'expositions. À mi-chemin d'Ærøskøbing, les falaises morainiques érodées et verdoyantes de **Voderup Klint** raviront les amateurs de géologie, comme ceux de couchers de soleil.

Depuis/vers Søby

À côté du port, un **arrêt de bus** (Søby Havn) desservi presque toutes les heures permet de se rendre gratuitement à Marstal via Ærøskøbing.

Toute l'année, l'**Ærøfærgerne** (p. 194) propose des ferries de Søby à :

Faaborg (1 heure) à 4h les jours de semaine, 10h15 et 15h15.

Fynshav (1 heure 10) à 6h20, 12h55 et 18h10.

Comment circuler

Location de vélos dans une grange sur la route principale de la ville, avec **Søby Cykeludlejning** (☎ 40 33 91 14 ; Havnevejen 2, Pedersminde ; 80 DKK/jour, 70 DKK les jours suivants ; 🕒 9h-19h mi-mai à mi-sept), une entreprise familiale qui propose aussi un camping ultrabasique (30 DKK/personne) et un parcours de minigolf.

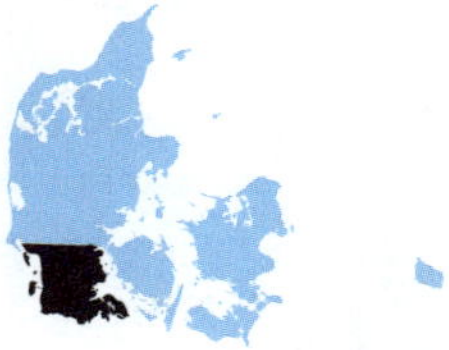

Sud du Jutland

Dans ce chapitre ➜

Le top des restaurants

- ➜ Sønderho Kro (p. 217)
- ➜ Hattesgaard (p. 207)
- ➜ Industrien (p. 215)
- ➜ Kolvig (p. 213)
- ➜ Kislings (p. 203)

Le top des hébergements

- ➜ Hotel Koldingfjord (p. 200)
- ➜ Sønderho Kro (p. 217)
- ➜ Schackenborg Slotskro (p. 205)
- ➜ Danhostel Ribe (p. 212)
- ➜ Kolding Hotel Apartments (p. 200)
- ➜ Hjerting Badehotel (p. 217)

Pourquoi y aller

Le sud du Jutland a bâti son identité autour de la mer du Nord, mais également autour de sa position "méridionale". C'est en effet la seule partie du Danemark reliée à l'Europe continentale – par 68 km de frontière –, et ses liens historiques avec l'Allemagne voisine sont perceptibles.

Dans cette région d'îles salines, de vieilles villes pleines de charme et de sobres palais royaux, architecture, art et design contemporains sont aussi bien présents. Les plages des îles d'Als, de Fanø et de Rømø sont idéales pour des vacances balnéaires tandis que les vasières de la mer des Wadden forment un habitat idéal pour les oiseaux migrateurs, pour le plus grand plaisir des passionnés d'ornithologie.

Quand partir

- ➜ Si vous recherchez le soleil et les plages, la période de juin à août s'impose pour rejoindre les vacanciers à Rømø, Fanø et Als – il y a moins de monde début juin ou fin août.
- ➜ Le principal festival de la région, à Tønder le dernier week-end d'août, conclut l'été sur fond de musique folk.
- ➜ Ribe est charmante toute l'année, mais son atmosphère est vraiment magique en décembre grâce aux marchés et festivités de Noël.
- ➜ L'attrait des autres centres urbains – Kolding, Esbjerg, Sønderborg et Tønder – n'a pas non plus de saison.
- ➜ Notez qu'au printemps (mars-avril) et à l'automne (mi-septembre à octobre), les opportunités d'observer les oiseaux sont exceptionnelles au bord de la mer des Wadden ; pour la récolte des huîtres, il est préférable de venir entre octobre et avril.

À ne pas manquer

1 Le “circuit du veilleur de nuit” dans la ville historique de **Ribe** (p. 209).

2 **Møgeltønder** (p. 205), adorable village de conte de fées.

3 La charmante île de **Fanø** (p. 217), accessible en 12 minutes depuis la ville industrielle d'Esbjerg.

4 **Kolding** (ci-dessous), séduisant mélange d'ancien et de nouveau.

5 La pratique du char à voile et du char à cerf-volant sur le **Sønderstrand** (p. 206) de Rømø.

6 Le spectacle du “Sort Sol” (Soleil noir) ou la dégustation d'huîtres fraîches dans le **parc national de la mer des Wadden** (p. 208).

7 Le musée de **Tirpitz** (p. 216) consacré aux récits de guerre et à la côte ouest sauvage.

Kolding

58 000 HABITANTS

Ville moyenne des plus agréables, Kolding est un savant mélange d'ancien et de nouveau, incarné par le château qui trône sur ses hauteurs.

À voir et à faire

Faites le tour du lac en admirant les plus anciennes demeures de la ville – **Borchs Gård** (Akseltorv 2A), construite en 1595, et l'édifice branlant du **18 Helligkorsgade**, une artère commerçante de 1589. Rejoignez ensuite Trapholt (page ci-contre) pour

Kolding

Kolding

Les incontournables

1 Koldinghus B1

À voir

2 Borchs Gård B2
3 Helligkorsgade 18 .... B3
4 Kolding Bibliotek C1

Où se loger

5 Kolding Hotel Apartments A1

Où se restaurer

6 Den Blå Café B2
7 Nicolai Biograf & Café A1
8 Rafaels B2

Où prendre un verre et faire la fête

9 You'll Never Walk Alone Pub B3

admirer les meubles de créateurs contemporains qui font la réputation du Danemark.

L'austère colonie religieuse de **Christiansfeld**, classée au patrimoine mondial de l'Unesco, se trouve environ 16 km au sud.

Koldinghus CHÂTEAU, MUSÉE

(☎33 18 60 99 ; www.koldinghus.dk ; Koldinghus 1 ; adulte/enfant 120 DKK/gratuit ; ⌚10h-17h ; 👪). Monument phare de Kolding, cette ancienne forteresse, bâtie en 1268, fut victime d'un incendie en 1808 et resta longtemps en ruine par manque de fonds. Aujourd'hui brillamment restaurée, elle se distingue par un mariage harmonieux d'architecture ancienne, incluant des vestiges du XVe siècle, et de touches contemporaines.

Le musée présente une belle collection permanente, notamment d'art, d'orfèvrerie et de porcelaines, ainsi que des expositions temporaires – un plan vous aidera à vous repérer dans les salles. Arriver au sommet de la tour demande quelques efforts, mais la vue panoramique sur la ville vaut le coup d'œil.

Trapholt MUSÉE D'ART MODERNE

(☎76 30 05 30 ; www.trapholt.dk ; Æblehaven 23 ; adulte/enfant 120 DKK/gratuit ; ⌚10h-17h mar et jeu-dim, 10h-21h mer ; 👪). Les passionnés de design apprécieront le détour au musée d'art moderne et de design de Trapholt, l'un des plus impressionnants du Jutland. Il occupe un bâtiment à l'architecture remarquable dans la banlieue résidentielle au nord-est de Kolding. Outre quelques œuvres des peintres de Skagen, des tableaux abstraits de Richard Mortensen (1910-1993) et un **parc de sculptures**, il présente avant tout une **collection de**

meubles signés de célèbres créateurs danois comme Hans Wegner (1914-2007), Verner Panton (1926-1998) et Arne Jacobsen (1902-1971).

Parmi les pièces maîtresses figure l'unique prototype du pavillon d'été **Kubeflex** (ouvert tous les jours à 13h et 15h, ainsi qu'à 11h le week-end), conçu par Jacobsen en 1969-1970 et composé d'éléments cubiques modulables.

Le musée comprend un café avec vue et une boutique cadeaux. Pour s'y rendre, il faut prendre le bus n°7 ou n°9.

Kolding Bibliotek BIBLIOTHÈQUE
(☎79 79 11 00 ; www.koldingbib.dk ; Slotssøvejen 4 ; ⏲8h-21h lun-jeu, 8h-18h ven, 10h-14h sam). Exemple de la qualité des lieux publics au Danemark, cette bibliothèque moderne abrite de séduisants espaces de détente, des guichets d'information et des installations de l'artiste dano-islandais Olafur Eliasson (à qui l'on doit la promenade circulaire spectaculaire au sommet du musée des Beaux-Arts d'Aarhus, ARoS).

SlotssøBadet BAIGNADE
(☎75 50 01 50 ; www.ssbad.dk ; Hospitalsgade 16 ; adulte/enfant 68/43 DKK ; ⏲5h30-21h lun et mer, 6h-22h mar et jeu, 5h30-16h ven, 9h-18h sam-dim ; 👪). Au bord du lac, ce populaire parc aquatique couvert se double d'un spa et d'un centre de bien-être.

Où se loger

♥ Danhostel Kolding AUBERGE DE JEUNESSE €
(☎75 50 91 40 ; www.danhostelkolding.dk ; Ørnsborgvej 10 ; dort 215 DKK, d sans/avec sdb 475/635 DKK ; 📶). Cet hébergement remarquable donnant sur un parc est situé environ 1,5 km au nord du centre-ville (20 minutes à pied depuis la gare). Le bâtiment ancien renferme des chambres plaisantes, l'annexe plus récente des salles de bains individuelles et une cuisine-salle à manger moderne. Le bus n°2 s'arrête à proximité.

♥ Hotel Koldingfjord HÔTEL €€
(☎75 51 00 00 ; www.koldingfjord.dk ; Fjordvej 154 ; ch à partir de 1 195 DKK ; @📶🏊). Venez jouer les châtelains dans cet ancien sanatorium, majestueux et reposant, situé dans un domaine forestier au bord du fjord de Kolding, 7 km à l'est de la ville (2 km après le musée de Trapholt). Les infrastructures sont de premier ordre et les chambres incarnent le minimalisme scandinave.

♥ Kolding Hotel Apartments APPARTEMENTS €€
(☎75 54 18 00 ; www.koldinghotelapartments.dk ; Kedelsmedgangen 2 ; app d/f à partir de 805/1 185 DKK ; 📶). Ce complexe aménagé sur la rive du lac offre un cadre classieux pour des vacances en famille. Ses bâtiments vitrés à 3 étages et aux formes originales – triangulaires, ronds, octogonaux ou en étoile – composent un ensemble surprenant vu du haut de la tour du château. Ils contiennent des appartements de taille variable, meublés avec style, qui peuvent loger jusqu'à 6 personnes. Design et service très soignés. Parking et petit-déjeuner avec supplément (des forfaits sont proposés).

Où se restaurer et prendre un verre

Rafaels ITALIEN €€
(☎88 82 32 32 ; www.rafaels.dk ; Slotsgade 17 ; pizza et pâtes 120-160 DKK ; ⏲17h-23h lun-sam). Cette pizzeria de quartier très animée fait l'unanimité. Elle sert aussi des pâtes et des risottos. Intérieur rustique et nombreuses tables en terrasse. Sur place ou à emporter.

Nicolai Biograf & Café ITALIEN €€
(☎75 50 03 02 ; www.nicolai-cafe.dk ; Skolegade 2, entrée sur Blæsbjerggade ; pizzas 88-138 DKK ; ⏲12h-21h mar-ven, 10h-21h sam, 10h-20h dim ; 👪). Dans une vieille école rénovée, le centre culturel Nicolai regroupe un cinéma d'art et d'essai ainsi qu'un sympathique café. Le buffet brunch du week-end (168 DKK) est prisé par les riverains branchés. Les enfants peuvent profiter du cinéma pendant que les adultes se régalent. Le soir, le buffet pizzas-pâtes est d'un excellent rapport qualité/prix (118-148 DKK, moins cher en semaine).

Den Blå Café FRANÇAIS €€
(☎75 50 65 12 ; www.denblaacafe.dk ; Slotsgade 4 ; déj plats 135-210 DKK, dîner menu 2/3 plats 250/295 DKK ; ⏲11h30-22h lun-mer, 11h30-minuit jeu-sam, 11h30-17h dim). Le "Café Bleu" arbore un air bien français et une grande terrasse propice à l'observation des passants. Le menu puise dans les classiques de bistrot qui font toujours mouche (salade César, croque-monsieur, moules-frites etc.). Agréable pour un café ou un verre en fin de soirée.

VAUT LE DÉTOUR

LES JARDINS DU CHÂTEAU DE GRÅSTEN

La bourgade assoupie de **Gråsten** (4 200 habitants) s'anime trois semaines dans l'année, quand la reine Margrethe et d'autres membres de la famille royale visitent leur résidence d'été, **Gråsten Slot**. Le château, sur les rives du lac, est privé, mais lorsque la royauté n'est pas là, les jolis **jardins** (www.royalpalaces.dk/en ; Slotsgade ; à partir de 7h30) GRATUIT sont ouverts au public (jusqu'à 16h30 en hiver, jusqu'à 20h en été). Quelques heures par semaine, la **chapelle** (74 65 14 54 ; Slotsbakken 1 ; 11h-14h lun, 10h-midi sam, 14h-16h dim avr-oct) richement ornementée est également accessible. Construite entre 1699 et 1702, elle constitue l'unique vestige de l'ancien château du XVIe siècle, détruit par un incendie en 1757. L'actuel corps principal date essentiellement de 1842. Des panneaux à l'entrée des jardins indiquent les dates de fermeture au public. Pour en savoir plus sur la famille royale, consultez le site kongehuset.dk/en. Depuis Sønderborg, prenez le bus n°223 (42 DKK, 30 min) ou la route 110 (22 min) en direction de Flensburg.

You'll Never Walk Alone Pub PUB
(75 50 80 44 ; www.denengelskepub.dk ; AL Passagen 2 ; 14h-20h lun, 14h-minuit mar-jeu, 12h-0h30 ven, 11h-0h30 sam, 14h-20h dim). Connu en ville comme "le pub anglais", cet établissement, caché dans un passage entre Jernbanegade et Klostergade, sert plus de 300 sortes de bières, dont des productions artisanales danoises. La terrasse, la nourriture, la musique live et les matchs de football diffusés sur grand écran contribuent à son attrait.

Renseignements

Renseignez-vous en ligne sur www.visitkolding.dk. Vous trouverez aussi des brochures et des plans à la **Kolding Bibliotek** (page ci-contre).

Depuis/vers Kolding

Des trains réguliers desservent Esbjerg (101 DKK, 50 min) et la plupart des destinations du Jutland, ainsi que le trajet entre Odense (122 DKK, 40 min) et Copenhague. En direction de l'est, il faut parfois changer à Fredericia.

La frontière allemande est située à 82 km. Si vous circulez en voiture, la Rte 170 est une alternative agréable à l'E45, bien que le trajet soit plus long.

Christiansfeld

2 950 HABITANTS

Le village jusqu'alors presque inconnu de Christiansfeld a été classé au patrimoine mondial de l'Unesco en 2015 pour son histoire unique ainsi que pour ses maisons à l'architecture homogène et aux façades en brique jaune, dénuées d'ornements.

Fondée en 1773 par l'Église morave, une congrégation luthérienne libre, la ville fut conçue comme un modèle urbain conforme à l'idéal protestant, illustrant une philosophie égalitariste novatrice. En face de l'église, le centre d'accueil des visiteurs **Christiansfeld Centret** (79 79 17 73 ; www.christiansfeldcentret.dk ; Nørregade 14, Christiansfeld ; 10h-17h juin-août, 10h-16h mar-dim avril-mai et sept-oct, 10h-15h mar-sam jan-mars et nov-déc) apporte des explications sur la spécificité du concept. On y trouve des cartes pédestres détaillant les bâtiments de la ville et leurs fonctions. Ne manquez pas l'autre célébrité de Christiansfeld : les délicieux gâteaux au miel (*honningkage*), en vente dans les boulangeries du centre.

Depuis Kolding, le bus n°134 part toutes les heures pour Christiansfeld (32 DKK, 20 min).

Sønderborg

27 400 HABITANTS

Sønderborg s'étend de chaque côté de l'Als Sund : la partie ouest de la ville se trouve sur le continent et la partie est sur l'île d'Als. Les rives sont connectées par deux ponts Bien que son château fort ait été édifié par Valdemar Ier (Valdemar le Grand) au XIIe siècle, la ville semble résolument moderne.

Théâtre de deux guerres prusso-danoises au XIXe siècle, Sønderborg a joué un rôle fondamental dans l'histoire du Danemark. En 1864, pendant la bataille de Dybbøl, les forces danoises rassemblées ici reçurent près de 8 000 obus prussiens en quelques heures, ce qui marqua le début de 60 ans d'occupation du sud du Jutland par l'Allemagne.

Ce n'est qu'après la Première Guerre mondiale que la région redevint danoise.

Aujourd'hui, Sønderborg connaît chaque année des assauts d'un nouveau genre : l'arrivée en masse des vacanciers allemands et danois. De ce fait, l'allemand est la seconde langue de beaucoup d'habitants – elle est même plus parlée que l'anglais.

À voir

Le centre-ville et le château se trouvent sur la rive est de l'Als Sund. Le secteur de Dybbøl et la gare ferroviaire sont à l'ouest, dans la partie reliée au Jutland continental. Perlegade, une rue piétonne juste au nord de Rådhustorvet, regroupe différents services.

Sønderborg Slot CHÂTEAU, MUSÉE
(65 37 08 07 ; www.museum-sonderjylland.dk ; Sønderbro 1 ; adulte/enfant 95 DKK/gratuit ; 10h-17h avr-oct, 10h-16h mar-dim nov-mars). Ce château, initialement un fort, fut édifié au XIIe siècle et ses bastions ajoutés par la suite. Après sa déposition, le roi Christian II y resta captif de 1532 à 1549. À la fin du XVIe siècle, l'ouvrage fortifié fut converti en résidence royale (sa **chapelle** de 1568 compte parmi les plus anciennes chapelles royales d'Europe). Des restaurations entreprises en 1718 lui donnèrent son aspect baroque actuel. Durant l'occupation du Danemark, les Allemands l'utilisèrent comme caserne.

Riche de folklore, Sønderborg abrite un **musée** d'Histoire régionale, présentant des peintures de l'âge d'or et des expositions sur les guerres prusso-danoises de 1848 et 1864.

Historiecenter Dybbøl Banke MUSÉE
(74 48 90 00 ; 1864.dk ; Dybbøl Banke 16 ; adulte/enfant 130/80 DKK ; 10h-17h mars-oct ;). Le 18 avril 1864, l'armée prussienne lamina les Danois et prit le contrôle du sud du Jutland jusqu'à la fin de la Première Guerre mondiale. Ce centre installé à la lisière ouest de la ville (bus n°1) éclaire de façon instructive l'épisode de la guerre des Duchés (1864), à l'aide de reconstitutions, de démonstrations et de récits. De grande qualité, il intéressera principalement les passionnés d'histoire militaire.

La bataille de Dybbøl marqua également la première participation de membres de la Croix-Rouge comme observateurs d'un conflit armé. Une pierre érigée à l'entrée du centre commémore cet événement.

Bombardé à deux reprises, le **Dybbøl Mølle** (74 48 90 00 ; 1864.dk ; Dybbøl Banke 7 ; adulte/enfant 50/25 DKK ; 11h-16h mi-avr à mi-oct) est un moulin à vent qui fait figure d'emblème national. Il abrite une exposition expliquant sa valeur symbolique.

DÉCOUVRIR ALS

Pour un aperçu de la vie dans la campagne danoise, faites tranquillement le tour de l'île d'Als en voiture ou à vélo au départ de Sønderborg, jusqu'à la plage abritée de **Kegnæs**, au sud, ou jusqu'aux charmants villages de la côte est. Vous pouvez aussi vous diriger vers **Augustenborg**, facile d'accès (10 km via la Rte 8), pour arpenter les jardins et le parc de sculptures du majestueux château jaune et blanc, Augustenborg Slot.

Où se loger

La ville offre un bon choix d'hébergement, notamment des hôtels d'affaires, un **camping** (74 42 41 89 ; www.sonderborg-camping.dk ; Ringgade 7 ; adulte/enfant/empl 80/35/45 DKK ; avr-sept ;) idyllique près du port de plaisance où mouillent les yachts et un **Danhostel** (74 42 31 12 ; www.sonderborgdanhostel.dk ; Kærvej 70 ; dort 175 DKK, s/d/f 435/450/540 DKK ;) situé à 15 minutes à pied au nord du centre-ville (ou à quelques minutes par le bus n°3).

Hotel Bella Italia BOUTIQUE-HÔTEL €€
(74 42 54 00 ; www.bella-it.dk ; Lille Rådhusgade 29-33 ; s/d petit-déj inclus 998/1 198 DKK ;). Ce nouveau venu élégant et rafraîchissant est flanqué d'un **restaurant italien** (74 42 54 00 ; www.bella-it.dk ; Lille Rådhusgade 33 ; pizza et pâtes 95-159 DKK, plats 189-279 DKK ; 17h-21h30) prisé. Les chambres stylées et bien équipées affichent une décoration soignée dans les tons blanc et anthracite.

Hotel Sønderborg Garni HÔTEL €€
(74 42 34 33 ; www.hotelsoenderborg.dk ; Kongevej 96 ; s/d petit-déj inclus à partir de 650/875 DKK ;). L'emplacement dans un quartier résidentiel cossu et le service sympathique adoucissent l'aspect un peu sinistre de ce petit hôtel. Le bâtiment de 1904, flanqué d'une tourelle, contient 18 chambres toutes différentes (les simples les plus économiques sont minuscules). L'atmosphère est accueillante et décontractée.

Où se restaurer

Un bon choix de restaurants vous attend près du port (dans Havnegade) et quelques cafés-bars sont ouverts en continu dans Rådhustorvet. Des escaliers relient les deux secteurs.

Kislings CAFÉ €
(www.kislings.dk ; Perlegade 49 ; en-cas et repas 69-139 DKK ; 8h-19h lun-jeu, 8h-21h ven, 8h-18h sam). Peut-être bien le meilleur café du sud du Jutland, idéal pour refaire le plein de caféine. Dans la grand-rue, cet établissement élégant se targue d'un charmant jardin, d'un décor éclectique et d'un bref menu riche en produits locaux de qualité et en pains savoureux.

Café Ib Rehne Cairo INTERNATIONAL €€
(74 42 04 00 ; www.ibrehnecairo.dk ; Rådhustorvet 4 ; repas 58-199 DKK ; 10h-23h lun-mer, 10h-minuit jeu, 10h-2h30 ven et sam, 9h30-21h dim). Baptisé en hommage à feu Ib Rehné, correspondant de la radio danoise au Moyen-Orient, ce café-bar présente un décor actuel et une carte classique (*smørrebrød*, burgers, salades). Les tables sur la place sont prises d'assaut dès le brunch, mais il y a aussi un coin lounge parfait pour siroter des cocktails en soirée.

Renseignements

Dans la rue principale, l'**office du tourisme** (74 42 35 55 ; www.visitsonderborg.com ; Perlegade 50 ; 10h-17h lun-ven, 10h-13h sam) cohabite avec un café spécialisé dans la cuisine locale.

Depuis/vers Sønderborg

Des trains partent pour Kolding toutes les 2 heures (162 DKK, 80 min) via Gråsten (p. 201) et continuent jusqu'à Copenhague (388 DKK, 3 heures 30).

La gare routière est plus centrale, un pâté de maisons à l'est de Perlegade. Le bus n°225 rejoint Fynshav (32 DKK, 25 min), sur la côte est de l'île d'Als, d'où partent 3 ferries/jour pour Søby, sur l'île d'Ærø, et 7 à 12 ferries par jour pour Bøjden (près de Faaborg, à Funen). Le bus n°110 rallie Flensburg (Allemagne) via Gråsten.

Comment circuler

Les bus urbains n°s1 et 2 relient la gare ferroviaire (côté continent) au centre-ville.

Padborg

4 390 HABITANTS

Située à la frontière de l'Allemagne, Padborg est surtout connu pour son **circuit automobile** (padborgpark.dk). Toutefois, à 4 km au nord-ouest du village, l'ancien camp de prisonniers de **Frøslevlejren** (41 20 60 53 ; www.natmus.dk ; Lejrvej 83, Padborg ; adulte/enfant 60 DKK/gratuit ; 10h-16h juil-août, 10h-16h mar-dim mars-juin et sept-oct, 10h-15h mar-dim fév-nov, fermé déc-jan) ne manque pas d'intérêt. Pendant la Seconde Guerre mondiale, les Allemands y reléguèrent les patriotes danois condamnés à la déportation. Une fois la guerre terminée, avec l'inversion des rapports de force, le camp fut transformé en lieu de détention des individus suspectés d'avoir collaboré avec les nazis. Le musée relate de passionnants récits de la Résistance danoise. Aucun transport public.

Tønder

7 600 HABITANTS

Bourgade engageante malgré une histoire tumultueuse faite d'inondations et d'annexions germaniques, Tønder conserve des liens étroits avec l'Allemagne, 4 km au sud.

Au XVIe siècle, une série de digues fut érigée pour contenir la menace des eaux, privant ainsi la ville d'activités portuaires. Ses habitants se tournèrent alors vers la production de dentelle, une industrie qui employa jusqu'à 12 000 personnes au XVIIIe siècle, période de son apogée.

À voir

Musée de Tønder MUSÉE
(74 72 89 89 ; www.museum-sonderjylland.dk ; Wegners Plads 1 ; adulte/enfant 95 DKK/gratuit ; 10h-17h avr-oct, fermé lun nov-mars). Trois musées sont ici regroupés en un. Le département **Kulturhistorie Tønder** rassemble une collection de délicates dentelles locales et de meubles peints. Dans l'aile attenante, le **Kunstmuseet i Tønder** accueille des expositions d'art temporaires. Notre préféré, le **Vandtårnet**, un château d'eau de 1902, bénéficie d'une vue panoramique. Prenez l'ascenseur jusqu'en haut et descendez à pied – chacun des 8 étages expose des sièges conçus par le célèbre designer Hans Wegner, natif de la ville.

Vous avez sans doute déjà vu ses modèles emblématiques en voyageant dans le pays : fauteuil Oxchair (5e étage), chaise Valet

(4e étage), fauteuil Paon et chaise Wishbone (2e étage).

Uldgade RUE

De Torvet, suivez Søndergade vers le sud et tournez à droite dans Uldgade, une rue pavée qui regroupe le plus bel ensemble de maisons à pignon de Tønder. Elle débouche sur une charmante place, bordée de quelques restaurants intéressants.

Drøhses Hus MUSÉE

(☎65 37 08 09 ; www.museum-sonderjylland.dk ; Storegade 14 ; adulte/enfant 50 DKK/gratuit ; ⏲11h-17h lun-ven, 10h-14h sam juin-août, fermé lun sept-mai). Dans la principale artère piétonne se dresse la **Drøhses Hus**, une maison de 1672 méticuleusement restaurée, qui expose des dentelles, des œuvres d'art et des pièces d'artisanat. Le billet combiné comprenant l'accès au musée de Tønder coûte 80 DKK. Le bâtiment abrite également une charmante boutique d'artisanat et de design (entrée libre).

Kristkirken ÉGLISE

(www.toender-kristkirke.dk ; Kirkepladsen 4 ; ⏲10h-16h lun-sam). Du côté nord-est de Torvet, cette robuste église en brique de 1592 arbore une opulente décoration intérieure grâce aux dons généreux versés par les marchands de bétail et de dentelles de la ville entre la fin du XVIIe et le XVIIIe siècle.

Det Gamle Apotek ÉDIFICE HISTORIQUE

(L'Ancienne Pharmacie ; ☎74 72 51 11 ; www.det-gamle-apotek.dk ; Østergade 1 ; ⏲10h-17h30 lun-ven, 10h-16h sam-dim). À deux pas de Torvet, cet édifice est doté d'une somptueuse porte baroque de 1671. Ses deux lions veillent sur une boutique au charme suranné abritant une vaste gamme de cadeaux.

Festival

Festival de Tønder MUSIQUE

(www.tf.dk ; ⏲août). D'une importance et d'une popularité croissante, cette manifestation de 4 jours programmée la dernière semaine d'août draine quelque 20 000 participants venus du monde entier. L'un des meilleurs festivals folk d'Europe, il reçoit des artistes internationaux de premier plan.

Où se loger

Le site www.toenderbb.dk répertorie les B&B du coin. Pour sortir de l'ordinaire, optez pour la vieille *kro* (auberge ; p. 205) à Møgeltønder.

Motel Apartments HÔTEL €

(☎23 21 37 60 ; www.motel-apartments.dk ; Vestergade 87 ; s/d/app 520/625/1 300 DKK ; 📶). Une valeur sûre, d'un bon rapport qualité/prix. Bien situé, cet hôtel se cache derrière une façade quelconque et peu attrayante. Les chambres sont confortables et dotées d'un coin cuisine (voire d'un jardin avec terrasse pour certaines). Également des appartements. Petit-déjeuner à 70 DKK.

Danhostel Tønder AUBERGE DE JEUNESSE €

(☎74 92 80 00 ; www.tsfc.dk ; Sønderport 4 ; dort 220 DKK, s et d avec sdb 500 DKK ; @📶). Dans la veine des autres enseignes Danhostel du sud du Jutland, ce sobre bâtiment bas en brique comporte de nombreuses chambres, toutes avec salle de bains, des espaces communs agréables et des installations propres. Il se situe à quelques minutes à pied au sud-est du centre-ville et son personnel est avenant. Les clients ont accès au centre sportif et à la piscine partenaires. Réception commune avec le camping voisin.

Où se restaurer et prendre un verre

Le marché de Torvet (fruits, légumes et fromages) a lieu le mardi et le vendredi matin.

Les restaurants se concentrent dans le secteur de Torvet et Storegade, une rue piétonne. Un peu à l'écart vers Lillegade, vous trouverez quelques adresses charmantes autour d'une place pavée.

Un bar à cocktails est ouvert le vendredi et le samedi soir dans Frigrunden. Quelques bars sont implantés le long de Storegade.

Victoria INTERNATIONAL €

(☎74 72 00 89 ; www.victoriatoender.dk ; Storegade 9 ; plats 75-265 DKK ; ⏲11h-22h dim-jeu, 11h-2h ven-sam). Au tournant du XIXe siècle, Tønder comptait près d'une centaine d'auberges. Seul héritier de ce temps, ce pub-café-restaurant fréquenté par toutes les classes d'âge sert des bières locales et étrangères dans un décor d'un autre âge où le bois domine. Menu varié (burgers, *burritos*, pâtes, sandwichs) ; prix abordables (la plupart des plats coûtent moins de 120 DKK). La cuisine ferme vers 21h.

Klostercaféen CAFÉ €€

(☎73 72 41 04 ; www.klostercafeen-toender.dk ; Torvet 11 ; plats 68-132 DKK ; ⏲10h-17h). Le très photogénique Klostercaféen est installé dans la plus ancienne maison de Tønder (datant de 1520, elle est ornée de magnifiques faïences anciennes). Le menu, très traditionnel, comprend des sandwichs, des salades et différents plats, notamment des filets de poisson et des escalopes viennoises.

Renseignements

Office du tourisme (☎74 75 51 30 ; www.romo-tonder.dk ; Storegade 2-4 ; ⌚11h-16h lun-ven). Un bureau bien utile qui fournit des renseignements sur la ville, Møgeltønder et Rømø.

Comment s'y rendre et circuler

Tønder se trouve sur la Rte 11, 4 km au nord de la frontière allemande et 78 km au sud d'Esbjerg.

La gare ferroviaire est située côté ouest de la ville, à 1 km de Torvet en suivant Vestergade. Il y a une liaison régulière avec Ribe (78 DKK, 50 min) et Esbjerg (112 DKK, 80 min).

Le bus n°266 se rend à Møgeltønder (22 DKK, 15 min).

Møgeltønder

850 HABITANTS

Un château royal, l'une des plus belles rues principales du Danemark et une église couverte de fresques vous attendent dans cet adorable village.

À voir

Møgeltønder Kirke ÉGLISE
(møgeltønderkirke.dk ; Sønderbyvej 2 ; ⌚8h-16h avr-sept, 9h-16h oct-mars). L'église de la ville, à l'extrémité ouest de Slotsgade, abrite une nef romane datant de 1180, et des fonts baptismaux de 1200. Parmi ses nombreux ajouts ultérieurs : les voûtes gothiques du chœur (XIIIe siècle), le clocher (vers 1500) et la chapelle du côté nord (1763).

Une profusion de fresques et de peintures rehausse l'intérieur, qui renferme le plus vieil orgue en état de marche du pays (1679) et un riche autel doré du XVIe siècle. Remarquez le "boudoir de la comtesse", la loge privée de la famille Schack, propriétaire de l'église de 1661 à 1970.

Schackenborg Slot CHÂTEAU
(☎79 30 69 00 ; www.schackenborg.dk ; Schackenborgvej ; visite guidée palais/jardin 100/50 DKK ; ⌚ visites guidées juil-août). À la lisière est du village se dresse ce petit château de la fin du XVIIe siècle où vécut le plus jeune fils de la reine Margrethe, le prince Joachim, de 1995 à 2014 (date à laquelle il a déménagé à Copenhague avec sa famille).

Des événements publics (concerts, etc.) ont lieu au château et dans ses agréables jardins. Des visites guidées, très demandées, sont proposées une ou deux fois par semaine l'été (en danois et en allemand ; renseignez-vous sur les visites en anglais). Consultez le site pour plus d'informations sur les horaires et l'achat de billets.

Circuits organisés

Sort Safari CIRCUITS
(☎73 72 64 00 ; www.sortsafari.dk ; Slotsgade 19 ; circuit Sort Sol adulte/enfant à partir de 145/95 DKK). Cette agence locale chevronnée vous fera découvrir la région de la mer des Wadden : circuits d'observation des oiseaux – notamment le phénomène du Sort Sol, (p. 209) –, collecte d'huîtres et observation de phoques en bateau.

Où se loger et se restaurer

Møgeltønder Camping CAMPING €
(☎74 73 84 60 ; www.mogeltondercamping.dk ; Sønderstrengvej 2 ; adulte/enfant/empl 72/42/45 DKK ; 📶🏊). Un terrain de camping spacieux et familial à la lisière ouest du village. Cabanes et caravanes à disposition.

Schackenborg Slotskro HÔTEL €€€
(☎74 73 83 83 ; www.slotskro.dk ; Slotsgade 42 ; s/d petit-déj inclus à partir de 1 199/1 449 DKK ; 📶). Avec le château pour voisin et une histoire prestigieuse remontant aux années 1680, cet hôtel chic dispose de 25 chambres élégantes et bien équipées (réparties entre le bâtiment principal et les maisons voisines).

Réputé pour sa cuisine danoise traditionnelle, le Slotskro est un bel endroit pour déjeuner (109-279 DKK) ou pour dîner somptueusement (menu 3/4 plats 398/458 DKK).

Mormors Lille Café CAFÉ €
(☎73 72 14 18 ; Slotsgade 9 ; gâteaux 40-60 DKK ; ⌚12h-18h mai-sept, ven-dim oct-avr). Le "petit café de grand-maman", dans une maison basse au toit de chaume, entourée de tables et de parterres de fleurs, traduit parfaitement le caractère du village. *Lagkage* (gâteau multicouche) ou *kiksekage* (gâteau aux biscuits et au chocolat) à l'ancienne figurent au menu. Côté *hygge* (convivialité), c'est le top !

Depuis/vers Møgeltønder

Møgeltønder se situe à 5 km à l'ouest de Tønder par la Rte 419. Le bus n°266 relie les deux villes (22 DKK, 15 min).

Rømø

650 HABITANTS

En été, l'île de Rømø se remplit de touristes, en majorité allemands. Il faut dire que toute sa côte ouest, une longue succession de plages sablonneuses, se prête au farniente comme aux activités nautiques.

Une chaussée de 10 km, dotée d'une piste cyclable, relie Rømø au continent. Durant l'hiver, ce territoire battu par les vents dégage un charme à mille lieues de son ébullition estivale.

Orientation

Après avoir traversé la chaussée menant à Rømø depuis le continent, continuez tout droit pour rejoindre **Lakolk**, vaste camping transformé en village, au centre de la côte ouest. C'est là que se trouve la plage la plus populaire, **Lakolk Strand**.

Si vous prenez à gauche (vers le sud) dès votre arrivée sur Rømø, vous atteindrez **Kongsmark**, **Havneby** et la plage de **Sønderstrand**, riche en activités.

En prenant à droite (vers le nord), vous tomberez sur le centre historique, **Toftum** et **Juvre**. L'extrémité nord de l'île est une zone militaire (accès interdit).

À voir

Naturcenter Tønnisgaard — CENTRE DES VISITEURS

(☎74 75 52 57 ; www.tonnisgaard.dk ; Havnebyvej 30, Tvismark ; exposition adulte/enfant 22/11 DKK ; ⏲10h-16h lun-ven avr-oct, plus dim juil-août, 10h-15h lun-mer nov-mars ; 👪). Basé à Rømø, ce centre d'information et d'activités du parc national de la mer des Wadden propose des expositions et divers circuits de saison adaptés aux familles (observation des oiseaux, ramassage des crevettes ou des huîtres, cueillette d'herbes aromatiques...). Circuits en danois et en allemand, en anglais sur réservation.

Kommandørgården — ÉDIFICE HISTORIQUE

(☎74 75 52 76 ; www.natmus.dk ; Juvrevej 60, Toftum ; adulte/enfant 50 DKK/gratuit ; ⏲10h-17h mar-dim juin-sept, 10h-15h mai et oct). GRATUIT À 1,5 km au nord de la chaussée menant au continent, cette belle maison au toit de chaume fut celle d'un des capitaines de baleinier de Rømø au XVIIIe siècle. Décorée de carreaux hollandais et de boiseries rococo, elle témoigne de la prospérité que ces hommes apportèrent à l'île, mais les explications en anglais restent succinctes. Le squelette d'un cachalot de 13 m, qui s'échoua sur le rivage en 1996, est présenté dans la grange.

Activités

♥ Sønderstrand — PLAGE

À Sønderstrand, une langue de sable très fréquentée dans le sud-ouest de l'île, le vent de la mer du Nord est idéal pour le char à voile ou pour faire évoluer un cerf-volant. Vous pourrez garer votre voiture à l'endroit où la route goudronnée rejoint le site, ou bien rouler sur la plage elle-même.

Sur place, une zone à gauche est réservée aux chars à voile (*strandsejlads*), une autre à droite, aux chars à cerf-volant (*kitebuggykørsel*). Très rapides, ces engins sont un véritable spectacle. Des opérateurs dispensent des cours et/ou louent le matériel, généralement de fin avril à début octobre, si la météo le permet.

Rømø Adventures — SPORTS D'AVENTURE

(☎20 21 03 06 ; romo-adventures.com ; Sønderstrand ; cours de char à voile 1 heure 375 DKK). Une équipe experte dans l'art de maîtriser la force du vent, qui propose des cours de char à voile, de kitesurf et de char à cerf-volant, ainsi que bien d'autres activités. Location de matériel également. Vous la trouverez sur la plage de Sønderstrand, lorsque le temps s'y prête.

Kommandørgårdens Islændercenter — BALADES À CHEVAL

(☎74 75 51 22 ; www.kommandoergaarden.dk ; Havnebyvej 201 ; 👪). Affilié à l'Hotel Kommandørgården (ci-contre), ce centre possède de nombreux chevaux islandais. Il propose des balades destinées aux enfants, aux débutants ou aux cavaliers plus expérimentés, en forêt et le long de la plage. Comptez 385 DKK pour une promenade de 3 heures au coucher du soleil, 895 DKK pour une journée d'excursion au nord de Rømø, et 1 145 DKK pour une journée d'excursion à Mandø (dont 4 heures 30 à cheval).

Enjoy Resorts Rømø — SPA, CENTRE D'ACTIVITÉS

(☎74 75 56 55 ; www.enjoyresorts.dk ; Vestergade 31, Havneby ; 👪). Ce complexe situé sur la route de Sønderstrand abrite un centre de bien-être (250 DKK pour les non-résidents) propice à la relaxation, une piscine couverte et un centre de remise en forme (adulte/enfant 75/35 DKK), un bowling (1 heure 120 DKK) et un parcours de golf difficile (18 trous, 350 DKK). Location de clubs et de buggy.

Où se loger

Quelque 1 600 pavillons d'été et appartements sont disséminés dans l'île, loués à la semaine en haute saison, et pour 3 nuits minimum le reste de l'année. L'office du tourisme propose un catalogue et un service de réservations.

Danhostel Rømø AUBERGE DE JEUNESSE €
(☎ 31 21 87 00 ; www.danhostel.dk/hostel/danhostel-roemoe ; Lyngvejen 7, Østerby ; dort 260 DKK, d avec/sans sdb 420/520 DKK ; ⏲ avr-sept ; 📶). Cette pittoresque maison rouge au toit de chaume, ancienne demeure d'un capitaine de marine, se cache parmi les pins, en retrait de la route principale, mais à une courte distance à pied d'un supermarché et d'une boulangerie. Chambres basiques bien qu'impeccables (quelques-unes avec salle de bains). Les espaces fleuris à l'extérieur invitent à la détente.

First Camp Lakolk Strand CAMPING €
(☎ 74 75 52 28 ; en.firstcamp.se/lakolk-strand ; Vesterhavsvej, Lakolk ; empl adulte/enfant 105/60 DKK ; ⏲ avr-oct ; 📶). Au cœur de l'été, ce vaste camping doublé d'un centre commercial au bord de la plage de Lakolk est le paradis (ou le cauchemar selon les points de vue) des vacanciers. Plein à craquer de camping-cars et de familles, il dispose de toutes les commodités, notamment de bungalows à louer (à partir de 755 DKK).

Hotel Kommandørgården HÔTEL, CAMPING €€
(☎ 74 75 51 22 ; www.kommandoergaarden.dk ; Havnebyvej, Østerby ; camping adulte/enfant/empl 82/45/75 DKK, hôtel s/d à partir de 995/1 195 DKK ; @📶🏊). Ce vaste complexe comprend des places de camping, des bungalows, des chambres d'hôtel et des appartements, ainsi qu'un restaurant-bar, mais il est un peu défraîchi par endroits. Les activités ne manquent pas : centre de bien-être, vélos à louer, kayak, équitation, espace de jeu pour les enfants, piscine couverte et piscine extérieure.

Enjoy Resorts Rømø RESORT €€€
(☎ 74 75 56 55 ; www.enjoyresorts.dk ; Vestergade 31, Havneby ; 2 nuits 4 pers à partir de 2 500 DKK ; 📶🏊). Ce complexe familial de luxe, riche en activités, comprend un terrain de golf, un centre de remise en forme, un restaurant et un grand lotissement avec des maisons de 2 chambres entièrement équipées pouvant loger jusqu'à 8 personnes. Séjour de 2 nuits minimum, nombreuses formules à la semaine et offres golf/bien-être.

Où se restaurer

Principale destination culinaire de l'île, Havneby compte un grand supermarché et un bon choix de restaurants, pour la plupart destinés aux familles. À Lakolk, on trouve une supérette et des établissements sans prétention où se sustenter (bistrot, pizzeria, glacier et cafés), ainsi qu'une discothèque en été.

Cherchez sur les cartes les produits typiques de Rømø, en particulier l'agneau nourri à l'herbe des marais (*marsklam*) et les crevettes (*rejer*).

Hattesgaard CAFÉ €
(☎ 73 75 52 11 ; www.hattesgaard.dk ; Hattesvej 17, Tvismark ; pâtisserie 45-50 DKK ; ⏲ 11h-17h30). Transformée en adorable boutique d'antiquités et d'accessoires pour la maison, cette ancienne demeure de capitaine mérite le détour (quittez la route principale au niveau du Naturcenter Tønnisgaard ; page ci-contre). Le café sert de délicieux gâteaux faits maison, à déguster à l'intérieur ou à l'extérieur.

Otto & Ani's Fisk PRODUITS DE LA MER €
(☎ 74 75 53 06 ; Havnespladsen, Havneby ; repas 60-195 DKK ; ⏲ 10h-17h30 ; 👪). Cette cafétéria, sans fioritures, se trouve sur le port de Havneby. Installez-vous dehors sur un banc pour vous régaler d'un *fish and chips* ou d'un petit pain garni de crevettes de Rømø. L'endroit vend aussi du poisson cru ou fumé et des fruits de mer. Il reste ouvert plus tard les soirs d'été.

Renseignements

Office du tourisme (☎ 73 70 96 50 ; www.romo-tonder.dk ; Juvrevej 6). Propose des locations de villas via l'agence de réservation **Feriepartner Rømø** (www.feriepartner.com/roemoe).

Depuis/vers Rømø

Rømø se trouve sur la Rte 175, 14 km à l'ouest de Skærbæk. Le bus n°285 circule entre Skærbæk et Havneby (32 DKK, 40 min), plusieurs fois par jour. De Skærbæk, des trains rallient Ribe, Tønder et Esbjerg toutes les heures.

Sylt Ferry (73 75 53 03 ; www.syltferry.com) assure plusieurs traversées quotidiennes entre Havneby et l'île allemande de Sylt (voiture et passagers 363 DKK aller, adulte 88 DKK aller-retour ; 40 min).

Comment circuler

Des routes conduisent jusqu'aux plages de Lakolk et de Sønderstrand (p. 206). Autrement, on peut parcourir la côte ouest en roulant sur le rivage sablonneux.

Le bus Havneby-Skærbæk (n°285) n'est pas d'une grande utilité pour se déplacer localement. Le terrain très plat de Rømø se prêtant au cyclotourisme, mieux vaut louer un vélo auprès de **Rømø Cykler** (88 93 50 40 ; www.romocykler.dk ; Nørre Frankel 1B, Havneby ; à partir de 75/375 DKK par jour/semaine ; 10h-17h avr-juin, sept-oct, 10h-18h juil-août).

Parc national de la mer des Wadden

Si l'évocation des vasières et des marais salants ne vous fait pas autant rêver que celle des sommets alpins, le parc national de la côte ouest du Danemark saura pourtant vous convaincre de leur charme. Vous pourrez partir en excursion en bus-tracteur dans les îles salines, chausser vos bottes cirées pour ramasser des huîtres et les écailler, voir de gros phoques se prélasser sur les bancs de sable, et admirer des nuées d'oiseaux.

Dans le parc national de la mer des Wadden (en danois, Nationalpark Vadehavet), le sol marin rejoint l'horizon deux fois par jour, lorsque la marée basse découvre les vasières de sable et de boue, et que les oiseaux fondent en piqué sur leurs proies (vers, coques, crabes, crevettes et escargots). Chaque année, ils sont quelque 12 millions à venir se nourrir dans la région, ou à s'offrir une pause au cours de leurs migrations.

Quant à l'histoire locale, elle transparaît dans les digues et les polders, témoignages du combat des habitants pour maîtriser ces contrées humides.

À voir

VadehavsCentret CENTRE DES VISITEURS

(Centre de la mer des Wadden ; 75 44 61 61 ; www.vadehavscentret.dk ; Okholmvej 5, Vester Vedsted ; adulte/enfant 120/50 DKK ; 10h-17h mai-oct, 10h-16h nov-avr ;). Environ 10 km au sud-ouest de Ribe, ce centre d'information et d'activités de premier ordre est la meilleure source d'information sur le parc. La nouvelle aile (en chaume de roseau) accueille des **expositions** sur les marées, la flore et la faune du parc national. La section relative aux oiseaux migrateurs est superbe.

Les **circuits organisés** s'adaptent au calendrier. Suivant la saison, vous pourrez observer les oiseaux et les phoques, vous promener dans les vasières ou ramasser diverses denrées. Certains circuits sont conçus pour les enfants et les familles.

Une sortie huîtres de 5 heures coûte 280 DKK (octobre-avril) et la formule Sort Sol, 75 DKK. Détails et points de rendez-vous sur le site Internet.

Mandø ÎLE

(www.visitmandoe.dk). À marée basse, des bus-tracteurs parcourent les vasières sur 11 km, depuis VadehavsCentret jusqu'à la paisible petite île de Mandø (8 km² ; environ 35 habitants), un véritable microcosme. Pour profiter au mieux de l'expérience, louez un vélo et suivez le sentier de 10 km autour de cette île toute plate. Vous longerez ainsi des bancs d'huîtres et des digues couvertes d'oiseaux, de phoques se dorant au soleil et des auberges chaleureuses.

Deux entreprises louent des bus-tracteurs (aller-retour adulte/enfant 60/40 DKK) tous les jours de Pâques à octobre environ. Pour les horaires et les forfaits de transport, consultez www.mandoebussen.dk.

Renseignements

Le **VadehavsCentret** donne un très bon aperçu du parc. On peut aussi se renseigner en ligne sur www.nationalparkvadehavet.dk.

Depuis/vers le parc national de la mer des Wadden

Sur la côte sud-ouest du Jutland, les possibilités d'accéder au parc sont nombreuses, notamment depuis Esbjerg, Ribe et Tønder, ou depuis les îles de Fanø et Rømø.

Il existe une liaison en bus ou en train entre les grandes villes et les petites localités, et plusieurs tour-opérateurs proposent des visites

À NE PAS MANQUER

SORT SOL

Pour approcher les merveilles naturelles du parc national de la mer des Wadden, rien ne vaut l'expérience du "Sort Sol" (Soleil Noir), qui a lieu au printemps (mars à avril) et à l'automne (mi-septembre à fin octobre). Ce phénomène est dû à la migration en masse d'étourneaux (jusqu'à un million) qui se rassemblent sur les marais autour de Ribe et Tønder. Ce ballet d'oiseaux s'ouvre juste après le crépuscule : avant de se poser pour la nuit, ils forment d'immenses nuées dans le ciel, masquant le soleil comme s'il s'agissait d'une éclipse.

du parc. Il est utile d'être motorisé, mais l'été, vous pouvez opter pour le vélo.

Ribe

8 200 HABITANTS

Rien de mieux pour s'imprégner de l'histoire locale que les rues pavées et tortueuses de Ribe. Construites à la fin du IXe siècle, elles font de la ville la doyenne des cités danoises. Ribe, riche de plus de cent édifices classés, a le statut de zone protégée.

Les maisons à colombages du XVIe siècle, à l'ombre de la plus ancienne cathédrale du pays, la rivière qui serpente paresseusement, et les vertes prairies inondables, composent un paysage de carte postale. Bref, cette jolie ville est une destination incontournable.

Histoire

Fondée au début du VIIIe siècle, Ribe fut un pôle essentiel du monde viking. Vers 860, l'évêque Ansgar (Anschaire) de Brême, venu christianiser le Danemark, reçut du roi la permission d'y ériger la première église scandinave. On ignore la date de construction de celle-ci, mais l'établissement du premier diocèse danois remonte à 948. Grâce au cours d'eau qui la reliait à la mer, la cité devint un carrefour commercial florissant entre l'Empire franc et les États scandinaves.

Au XIIe siècle, la dynastie des Valdemar fortifia Ribe et en fit l'une des résidences royales au Jutland.

À partir de la fin du XVIe siècle, une série de catastrophes – grave incendie (1580), inondations (1634), épidémies de peste (1659) et ensablement du port – ainsi que le transfert de la famille royale à Copenhague précipitèrent le déclin de la ville portuaire, qui perdit son importance régionale en même temps qu'une grande partie de sa population.

L'absence de moyens financiers empêcha la construction d'édifices modernes, figeant Ribe dans le temps jusqu'à la création en 1899 d'un organisme œuvrant pour la promotion du tourisme et la sauvegarde du patrimoine. En 1963, la municipalité transforma la vieille ville en zone protégée, favorisant ainsi l'afflux de visiteurs.

À voir

Ribe Domkirke CATHÉDRALE

(☎75 42 06 19 ; www.ribe-domkirke.dk ; Torvet ; tour adulte/enfant 20/10 DKK ; 10h-17h lun-sam, midi-17h dim mai-sept, horaires réduits oct-avr). L'imposante cathédrale de Ribe, la plus vieille du Danemark, daterait au moins de 948. Elle fut toutefois largement rebâtie en 1150, époque à laquelle la ville bénéficiait de l'argent royal. On utilisa pour cela du tuf extrait des environs de Cologne et acheminé par bateau sur le Rhin. Le chantier se prolongea pendant un siècle. Malgré l'ajout d'éléments gothiques, la structure de base reste résolument romane, et constitue un bel exemple de l'influence architecturale rhénane.

L'intérieur présente une juxtaposition de styles postérieurs. On peut voir notamment un buffet d'orgue réalisé au XVIIe siècle par le sculpteur Jens Olufsen, des fonts baptismaux de 1375 et une chaire ornementée de 1597 (une marque sur un pilier derrière montre le niveau atteint par la crue de 1634). Des traces de polychromie du XVIIe siècle subsistent sur les deux derniers piliers du côté nord, tandis que des fresques modernes, des vitraux et sept **mosaïques** créées dans les années 1980 par l'artiste du mouvement CoBrA Carl-Henning Pedersen égayent l'abside.

Pour profiter de la vue sur la campagne, grimpez les 248 marches (52 m) de la **tour**, construite en 1333. En scrutant les marais alentour, on comprend pourquoi elle servait aussi à guetter les inondations. Un **musée** retrace la longue histoire de la cathédrale.

Pour les mélomanes, la cathédrale accueille l'été des concerts de musique classique.

Ribe

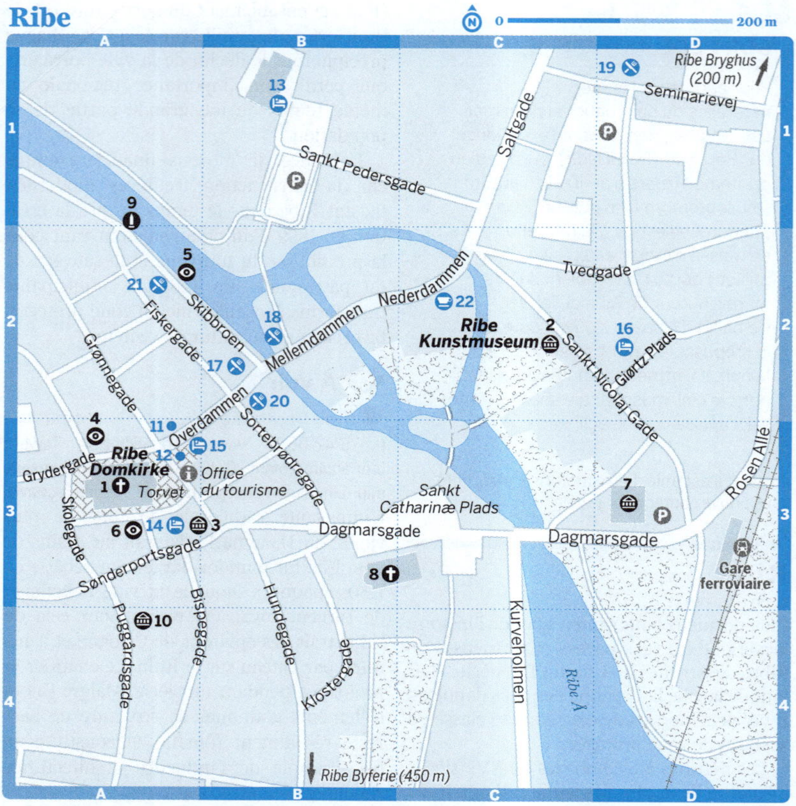

Ribe VikingeCenter MUSÉE

(☎75 41 16 11 ; www.ribevikingecenter.dk ; Lustrupvej 4 ; adulte/enfant 130/65 DKK ; ⏲11h-17h fin juin à fin août, 10h-15h30 lun-ven début mai à fin juin et fin août à mi-oct ; 👪). Installé à 3 km au sud de la ville (bus n°417), ce musée en plein air fait revivre les Vikings à travers des reconstitutions, comprenant une maison longue de 34 m. Des figurants, en costume d'époque, s'adonnent à des activités diverses : cuisson du pain au feu de bois, tir à l'arc, fauconnerie, artisanat (poterie, travail du cuir), entraînement guerrier avec épée et bouclier (pour les enfants), etc. Une manière concrète d'appréhender l'histoire.

Ribe Kunstmuseum MUSÉE

(☎75 42 03 62 ; www.ribekunstmuseum.dk ; Sankt Nicolaj Gade 10 ; adulte/enfant 80 DKK/gratuit ; ⏲11h-17h juil-août, 11h-16h mar-dim sept-juin). En tant que doyenne du pays, la ville de Ribe a rassemblé dans son musée d'art, superbement restauré, une importante collection de peintures, sculptures et dessins de grands artistes nationaux du milieu du XVIIIe siècle aux années 1950, dont des chefs-d'œuvre de l'âge d'or danois.

Derrière le complexe, un jardin au bord de l'eau forme un superbe écrin de verdure. Des sentiers traversent la rivière pour rejoindre l'église Sainte-Catherine ou Nederdammen.

Vieille ville QUARTIER

Une balade dans les rues pavées qui rayonnent de Torvet donne l'occasion d'admirer de jolies maisons à colombages : notez que le "circuit du veilleur de nuit" (encadré p. 212) couvre une grande partie de ce périmètre. Pour en profiter pleinement, procurez-vous une brochure gratuite en français à l'office du tourisme (p. 214).

Dans Puggårdsgade, vous pourrez voir **Taarnborg** (Puggårdsgade 3), une demeure privée du XVIe siècle, tout de guingois.

Ribe

Les incontournables
1 Ribe Domkirke A3
2 Ribe Kunstmuseum C2

À voir
3 Den Gamle Rådhus A3
4 Vieille ville.................... A3
5 Johanne Dan A2
6 Kannikegården A3
7 Museet Ribes Vikinger D3
8 Sankt Catharinæ Kirke B3
9 Stormflodssøjlen A1
10 Taarnborg A4

Activités
Ghost Walks .... (voir 7)
11 Circuit du veilleur de nuit.................... A3
12 Visites de la ville.................... A3

Où se loger
13 Danhostel Ribe B1
14 Den Gamle Arrest.................... A3
15 Hotel Dagmar A3
16 Ribo B&B D2
Weis Stue .... (voir 11)

Où se restaurer
Hotel Dagmar .... (voir 15)
17 Isvaflen B2
18 Kolvig B2
19 Kvickly.................... D1
20 Quedens Gaard.................... B2
21 Sælhunden.................... A2
Weis Stue .... (voir 11)

Où prendre un verre et faire la fête
22 Postgaarden C2

À côté, au n°5, se dresse une maison à colombages de 1550.

De Grønnegade, des ruelles étroites débouchent sur la ravissante Fiskergade et la traversent pour rejoindre Skibbroen et le vieux port pittoresque.

Sankt Catharinæ Kirke — ÉGLISE

(www.sct-catharinae.dk ; Sankt Catharinæ Plads ; 10h-16h mar-dim). Fondée en 1228 par des dominicains espagnols, Sainte-Catherine fut initialement bâtie sur un terrain marécageux avant de s'effondrer. L'édifice actuel date du XVe siècle. Des 13 églises de la ville antérieures à la Réforme, c'est la seule qui subsiste, avec la Ribe Domkirke (p. 209).

En 1536, la Réforme obligea les frères à abandonner les lieux. Ceux-ci servirent alors d'asile d'aliénés puis d'hôpital de campagne en temps de guerre. Une maison de retraite occupe aujourd'hui le complexe monastique.

Des restaurations furent entreprises à grands frais dans les années 1920 pour pallier les fondations défectueuses et l'église fut réaffectée au culte en 1934. Une chaire finement sculptée (1591) et un retable très ornementé (1650) décorent l'intérieur.

Pour 5 DKK, on peut profiter quelques instants du silence contemplatif qui règne dans le jardin du cloître.

Den Gamle Rådhus — ÉDIFICE HISTORIQUE

(76 16 88 10 ; www.detgamleraadhusiribe.dk ; Von Støckens Plads ; adulte/enfant 20 DKK/gratuit ; 13h-15h30 lun-ven mi-mai à mi-sept, plus sam-dim juin-août). Siège d'un tribunal jusqu'en 2006, le plus vieil hôtel de ville du Danemark (1496) est désormais un endroit prisé pour les mariages civils. Outre des objets cérémoniels, on peut y voir une exposition consacrée à l'ordre public présentant des armes médiévales et des instruments de bourreau.

Museet Ribes Vikinger — MUSÉE

(76 16 39 60 ; www.ribesvikinger.dk ; Odins Plads 1 ; adulte/enfant 85 DKK/gratuit ; 10h-17h juil-août, 10h-16h sept-oct, 10h-16h mar-dim nov-juin ;). Pour mieux comprendre le passé viking et médiéval de Ribe, visitez ce musée instructif qui montre, dans deux salles, le visage de la ville en 800 et 1500. Des pièces archéologiques rares et des explications bien conçues rendent l'ensemble concret. Jeux interactifs pour les enfants et reconstitutions de scènes de la vie quotidienne.

Johanne Dan — CURIOSITÉ

(amarré à Skibbroen). Le *Johanne Dan* est un vieux voilier à fond plat conçu pour naviguer dans les eaux peu profondes de la Ribe Å. On peut généralement monter à bord uniquement dans le cadre d'une visite guidée (renseignez-vous à l'office du tourisme ; p. 214).

Kannikegården — ÉDIFICE REMARQUABLE

(Torvet 15). Ce bâtiment primé de la place principale abrite le centre paroissial. On aperçoit par les fenêtres les objets issus des fouilles effectuées dans le secteur. Ils permettent de situer l'arrivée du christianisme à Ribe un siècle avant la période précédemment admise par les historiens.

Stormflodssøjlen — MONUMENT

(Skibbroen). Au bord de la rivière s'élève le Stormflodssøjlen, une colonne en bois

À NE PAS MANQUER

CIRCUIT DU VEILLEUR DE NUIT

L'une des meilleures attractions gratuites du Danemark, le "circuit du veilleur de nuit" de Ribe (45 minutes), a lieu chaque soir pendant les mois d'été. Des commentaires (en anglais et en danois), des chansons et des anecdotes hautes en couleur sur d'illustres citoyens de Ribe accompagnent la promenade à travers les ruelles étroites bordées de maisons de carte postale.

Aujourd'hui, cette promenade dans le centre historique permet de divertir et d'instruire les visiteurs de passage à Ribe, mais le circuit avait jadis une véritable raison d'être. Dès le XIVe siècle, les veilleurs de nuit effectuaient des rondes pour assurer la sécurité des habitants, guetter et signaler les menaces d'incendie ou d'inondation. Cette fonction fut supprimée en 1902, puis rétablie en 1932 comme attraction touristique. Inutile de réserver.

commémorant les nombreuses crues qui inondèrent Ribe. L'anneau au sommet marque le niveau atteint par la crue record de 1634, 6 m au-dessus de la normale, qui fit des centaines de victimes. Bien qu'un système de digues protège aujourd'hui la ville, des évacuations ont toujours lieu périodiquement.

Circuits organisés

Ghost Walks À PIED

(☎75 42 15 00 ; www.ribesvikinger.dk ; adulte/enfant 50 DKK/gratuit ; ⌚21h mer juil-août ; 👪). Ce circuit hebdomadaire au départ du Museet Ribes Vikinger raconte les heures sombres de Ribe, comme la mise au bûcher Maren Spliid, dernière victime de la chasse aux sorcières au Danemark en 1641. En danois et en anglais.

Visites de la ville À PIED

(adulte/enfant 100 DKK/gratuit ; ⌚11h30 lun-ven juil-août, lun mai-juin, sept-oct). En haute saison, l'office du tourisme (p. 214) propose des visites guidées de la ville (1 heure 30), en danois et en anglais.

Où se loger

Danhostel Ribe AUBERGE DE JEUNESSE €

(☎75 42 06 20 ; www.danhostel-ribe.dk ; Sankt Pedersgade 16 ; dort 240 DKK, s/d/q à partir de 455/500/760 DKK ; P@📶). Personnel compétent, chambres impeccables (toutes avec salle de bains) et excellents équipements : cette adresse de premier ordre comble autant la clientèle familiale que les baroudeurs. Sa sensibilité écolo se traduit par des distributeurs de café équitable et la promotion du tourisme durable dans la région de la mer des Wadden.

Le petit-déjeuner coûte 75 DKK ; la location de draps, 70 DKK. Location de vélos possible.

Ribo B&B PENSION €

(www.ribobandb.dk ; Giørtz Plads 3 ; s/d 475/550 DKK ; 📶). Cette nouvelle formule d'hébergement "self-service" sans personnel vient de faire son entrée au Danemark. Après la réservation en ligne, on reçoit un code de sécurité qui permet d'accéder à la chambre. Charme limité, mais les prix sont souvent avantageux pour cette pension moderne et centrale dotée de 3 chambres, d'équipements impeccables et d'une cuisine. Petit-déjeuner à 75 DKK.

Ribe Camping CAMPING €

(☎75 41 07 77 ; www.ribecamping.dk ; Farupvej 2 ; par adulte/enfant/empl 84/60/90 DKK ; @📶🏊). À 2 km au nord de la gare ferroviaire, ce terrain fréquenté brille par la qualité de ses installations et services, parmi lesquels une piscine extérieure chauffée (en été), des vélos à louer et un terrain de jeu. Il y a aussi des bungalows assez chics (certains avec Jacuzzi), à partir de 600 DKK.

Weis Stue PENSION €

(☎75 42 07 00 ; www.weisstue.dk ; Torvet 2 ; s/d avec sdb 395/495 DKK ; 📶). Cette maison à colombages du XVIIe siècle propose 8 petites chambres avec salles de bains communes, au-dessus d'un restaurant (page ci-contre). Les planchers qui craquent, les murs de guingois et les plafonds bas aux poutres apparentes, donnent à l'ensemble un certain cachet.

Den Gamle Arrest PENSION €€

(☎75 42 37 00 ; www.dengamlearrest.dk ; Torvet 11 ; d petit-déj inclus 740-1 090 DKK). Annitha, la charmante propriétaire, a fait preuve d'imagination en aménageant cette ancienne prison très bien située, qui fonctionna jusqu'en 1989. Simples et lumineuses, les chambres tirent le meilleur parti de l'espace restreint des anciennes cellules (un petit lit à roulettes vient se loger sous la mezzanine meublée d'une table et de chaises). La plupart ont un lavabo, mais se partagent une salle de bains commune. Celles qui occupent les anciens logements des gardiens disposent en revanche d'une vraie salle de bains.

Ribe Byferie APPARTEMENTS €€
(☎79 88 79 88 ; www.ribe-byferie.dk ; Damvej 34 ; app 4 pers 915-1 400 DKK ; P @). Bien tenu, ce "village" d'appartements modernes se trouve dans un quartier calme, à 10 minutes à pied au sud de Torvet. Modernes et spacieux, les appartements peuvent loger de 2 à 7 personnes. Les familles y trouveront centre de bien-être, salle de jeux, vélos et canoës à louer, club pour enfants et joli espace barbecue. Les prix varient suivant la saison. Draps et petit-déjeuner en sus.

Hotel Dagmar HÔTEL €€
(☎75 42 00 33 ; www.hoteldagmar.dk ; Torvet ; s/d petit-déj inclus à partir de 1 125/1 325 DKK ; @). Le plus vieil hôtel du Danemark (1581), élégant et central, propose des chambres dans les tons ocre jaune. Son décor classique, rehaussé de mobilier, d'œuvres d'art et de carrelages anciens, dégage un véritable charme.

Où se restaurer

Kvickly SUPERMARCHÉ €
(Seminarievej 1 ; 6h30-20h). Bien placé pour les hôtes de l'auberge de jeunesse (ci-contre). La poste est à l'intérieur.

Isvaflen GLACES €
(☎75 41 06 88 ; Overdammen 11 ; 2/3 boules 26/32 DKK ; 10h-22h juil-août, horaires réduits sept-juin ;). Les marchands de pizzas et de glaces sont présents en nombre dans l'artère principale. Par temps chaud, on se presse chez ce glacier réputé.

♥ **Kolvig** DANOIS €€
(☎41 82 37 27 ; www.kolvig.dk ; Mellemdammen 13 ; plats déj 109-329 DKK, menu dîner 2/3/4 plats 329/399/445 DKK ; 11h-21h lun-sam, 11h-20h30 dim). La terrasse, donnant sur la rivière, offre une vue privilégiée sur la ville. La carte la plus ambitieuse de Ribe fait la part belle aux produits locaux : essayez l'assortiment de saveurs de la mer des Wadden (crevettes, jambon, agneau fumé et fromage). Agréable aussi pour boire un verre. La cuisine ferme à 21h30.

♥ **Sælhunden** DANOIS €€
(☎75 42 09 46 ; www.saelhunden.dk ; Skibbroen 13 ; plats déj 89-269 DKK, plats dîner 139-550 DKK ; 11h-22h). Une charmante auberge noir et blanc en bord de rivière, dont la terrasse avoisine le voilier *Johanne Dan* (p. 211). Son nom veut dire "phoque" – pas étonnant qu'il se consacre à la cuisine danoise traditionnelle à base de fruits de mer, notamment des *smørrebrød* (tartines danoises) à l'heure du déjeuner. Goûtez le savoureux *stjerneskud* ("étoile filante"), spécialité de la maison, un filet de poisson frit et un autre cuit à la vapeur, servis sur du pain avec des crevettes et une sauce salade.

Weis Stue DANOIS €€
(☎75 42 07 00 ; www.weisstue.dk ; Torvet 2 ; plats déj 155-225 DKK, menu soir 2/3 plats 315/365 DKK ; 11h30-22h). Ne vous attendez pas ici à une cuisine actuelle standard : à l'image du cadre – une des plus vieilles auberges du Danemark (page ci-contre) –, la carte met la tradition à l'honneur. Les généreuses portions de viande (médaillon de porc au poivre, escalope viennoise...) et de pommes de terre, à arroser d'une bière du cru, fleurent bon l'Europe du Nord. L'endroit a du caractère, mais ne s'adresse guère aux végétariens.

Quedens Gaard CAFÉ €€
(☎75 41 10 50 ; www.quedensgaard.dk ; Overdammen 10 ; plats 49-195 DKK ; 9h30-18h). Ce restaurant lumineux et gai, chargé d'histoire et doté d'une charmante cour pavée, date de 1583. Dans la rue principale, il fera une parfaite étape pour une pause-café matinale, pour un panini ou un burger à l'heure du déjeuner.

Hotel Dagmar INTERNATIONAL €€
(☎75 42 00 33 ; www.hoteldagmar.dk ; Torvet 1 ; Dagmar 18h-21h lun-sam, Vægterkælderen 17h-21h lun-mar, 12h-21h mer-sam). Le plus grand hôtel de la ville, juste à côté de la cathédrale (p. 209), possède deux restaurants principaux : le Restaurant Dagmar (3 plats pour 595 DKK), à l'ambiance raffinée, et le Vægterkælderen – la "cave du veilleur de nuit " –, une adresse *hyggelig* (conviviale) pour l'hiver. En été, optez plutôt pour la terrasse de Torvet, ouverte toute la journée. Vous pourrez choisir un burger ou une salade dans un menu sans prétention.

Où prendre un verre et faire la fête

Ribe Bryghus BRASSERIE

(☎40 43 17 12 ; www.ribebryghus.dk ; Seminarievej 16B ; ⏲15h-18h ven, 10h-18h sam). Retrouvez cette marque de bière dans les restaurants et bars de la ville. Sinon, rendez-vous sur place aux horaires indiqués. Notez que l'endroit est également "ouvert" lors de la conception du breuvage. Visites guidées possibles à partir de 8 personnes.

Postgaarden CAFÉ

(☎75 41 01 12 ; www.postgaarden-ribe.dk ; Nederdammen 36 ; ⏲10h-18h30 lun-ven, 10h-16h sam, 11h-16h dim). Le Postgaarden vend diverses bières artisanales danoises et internationales dans sa boutique gastronomique, ainsi qu'une sélection toujours renouvelée de bières à la pression (parfois peu connues) pour accompagner son menu de bistrot, à déguster de préférence dans la jolie cour de 1668.

Renseignements

Office du tourisme (☎75 42 15 00 ; www.vadehavskysten.com ; Torvet 3 ; ⏲10h-16h lun-ven ; 📶). Quantité d'informations sur la ville et ses environs. L'espace libre-service proposant diverses brochures est ouvert tous les jours de 9h à 22h.

Depuis/vers Ribe

Toutes les heures (sauf le week-end), des trains desservent Esbjerg (60 DKK, 35 min), Tønder (78 DKK, 50 min) et Skærbæk, d'où l'on peut rejoindre Rømø (31 DKK, 20 min).

Comment circuler

Compacte, Ribe s'explore facilement. Tout, y compris l'auberge de jeunesse (p. 212) et la gare ferroviaire, se situe à 10 minutes de marche maximum de Torvet, la place centrale dominée par l'imposante cathédrale (p. 209).

On peut se garer gratuitement dans le centre, mais d'ordinaire pas plus de 2 heures en journée. La zone de stationnement près de l'auberge de jeunesse (4 heures) et celle juste au nord dans Saltgade (48 heures) permettent de rester plus longtemps. Idem au nord de la gare ferroviaire, dans Rosen Allé (48 heures).

Le Danhostel Ribe (p. 212) loue des vélos (1/2 jours 80/140 DKK).

Esbjerg

72 300 HABITANTS

Assez récente au regard de l'histoire du pays, Esbjerg (prononcez es-bi-air) a pris son essor grâce au pétrole, à la pêche et au commerce. Il s'agit aujourd'hui du plus grand port danois en mer du Nord. Bien que son activité économique reste tournée vers l'ouest,

Esbjerg

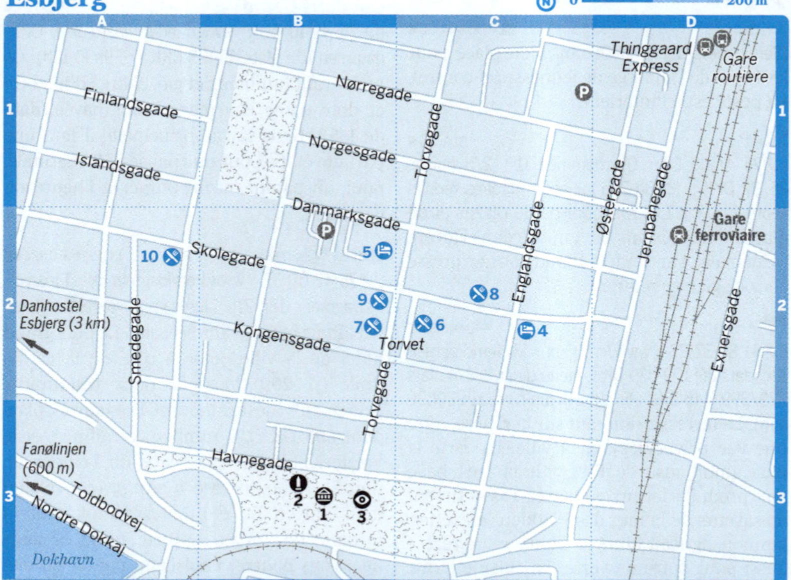

du côté des gisements d'hydrocarbures, les liaisons en ferry avec le Royaume-Uni ont cessé en 2014.

De prime abord, la ville ne séduit guère, ses silos et ses cheminées d'usine faisant grise mine comparés aux ruelles féeriques de Ribe, la ville voisine. Dans le port, vous apercevrez sans doute des plateformes pétrolières en réparation. En dépit de son aspect industriel, Esbjerg se rattrape par quelques attractions originales et le charme d'antan de la belle île de Fanø facilement accessible en ferry (12 minutes).

À voir

Mennesket ved Havet MONUMENT

(Sædding Strandvej). En face du Musée maritime et de la Pêche se dresse le *Menensket Ved Haved* ("l'Homme rencontre la Mer"), quatre figures stylisées de 9 m de haut, d'un blanc éclatant, scrutant les flots. Cette sculpture photogénique a été réalisée par Svend Wiig Hansen pour le centenaire de la ville en 1995.

Fiskeri- og Søfartsmuseet AQUARIUM

(76 12 20 00 ; www.fimus.dk ; Tarphagevej 2 ; adulte à partir de 150 DKK, gratuit pour les enfants ; à partir de 10h tlj ;). Pour observer la faune de la mer du Nord, visitez l'aquarium du Musée maritime et de la Pêche, situé 4 km au nord-ouest du centre-ville (bus n°3 ou n°6). Vous pourrez assister au repas des phoques, tous les jours à 11h et 14h30. Les expositions les plus récentes dépeignent la vie sur une plateforme pétrolière en mer du Nord. Horaire de fermeture variable (entre 16h et 18h).

Esbjerg

À voir

1	Esbjerg Kunstmuseum	B3
2	Esbjerg Vandtårn	B3
3	Musikhuset Esbjerg	B3

Où se loger

4	CabInn Esbjerg	C2
5	Hotel Britannia	B2

Où se restaurer

6	Dronning Louise	C2
7	Guldægget Cafe	B2
8	Industrien	C2
9	Posthuset	B2
10	Sand's Restauration	A2

Musikhuset Esbjerg ÉDIFICE REMARQUABLE

(76 10 90 10 ; www.mhe.dk ; Havnegade 18). Inaugurée en 1997, la Maison de la musique a été conçue par le célèbre architecte danois Jørn Utzon (1918-2008), créateur de l'Opéra de Sydney, et son fils Jan. Ce lieu accueille concerts, spectacles lyriques et ballets.

Où se loger

Danhostel Esbjerg AUBERGE DE JEUNESSE €

(75 12 42 58 ; www.esbjerg-danhostel.dk ; Gammel Vardevej 80 ; dort 240 DKK, d sans/avec sdb 570/720 DKK ;). Un excellent choix à 3 km au nord-ouest du centre-ville (bus n°11), près d'un stade, d'une piscine, d'un parc et d'un cinéma. Joli bâtiment ancien et cuisine commune de premier ordre. Les chambres de la nouvelle aile ont toutes une salle de bains.

CabInn Esbjerg HÔTEL €

(75 18 16 00 ; www.cabinn.com ; Skolegade 14 ; s/d à partir de 495/625 DKK ;). La meilleure adresse du centre-ville d'Esbjerg occupe ce bâtiment séculaire entièrement rénové, situé dans un quartier de choix. Elle est prisée des Danois comme des étrangers pour ses tarifs raisonnables et ses petites chambres lumineuses, toutes équipées de salle de bains, bouilloire et TV. Les chambres spacieuses coûtent plus cher. Parking et petit-déjeuner en sus.

Hotel Britannia HÔTEL €€

(75 13 01 11 ; www.britannia.dk ; Torvegade 24 ; s/d petit-déj inclus 1 295/1 495 DKK ;). Cet hôtel d'affaires très central propose un service professionnel, des chambres élégantes, un restaurant réputé et un pub anglais, mais ses prix sont un peu trop élevés.

Où se restaurer

Guldægget Cafe BOULANGERIE, CAFÉ €

(79 30 67 00 ; www.cafeguldaegget.dk ; Torvet 16 ; sandwichs et salades 62-70 DKK ; 7h30-18h lun-ven, 9h-17h sam-dim). Rempli de coins et recoins, cet immense café-boulangerie donnant sur la place principale est doté d'une vaste terrasse. Dégustez une pâtisserie ou un sandwich, ou jouez la carte santé en optant pour une salade ou un smoothie.

Industrien INTERNATIONAL €€

(75 13 61 66 ; Skolegade 27 ; repas 100-179 DKK ; 11h-23h mer-sam). Ce "bar rock gastronomique" décontracté est réputé pour ses concerts, ses vinyles, ses horaires tardifs

HORS DES SENTIERS BATTUS

LE BUNKER TIRPITZ

Tirpitz (☎75 22 08 77 ; www.vardemuseerne.dk ; Tirpitzvej 1, Blåvand ; adulte/enfant 145 DKK/gratuit ; ⌚9h-18h juil à mi-août, 10h-17h mi-août à déc et fin avr-juin) est un gros bunker menaçant perché sur les dunes côtières, ancien maillon du mur de l'Atlantique construit par Hitler pendant la Seconde Guerre mondiale. Abandonné en 1944, il a rouvert en 2017 sous la forme d'un intéressant musée aux allures de tunnel conçu par l'éminent cabinet d'architectes Bjarke Ingels Group (BIG). On y présente les effets de la guerre sur la vie sauvage de la côte ouest du Jutland, ainsi qu'une magnifique collection d'ambre – la région étant l'une des meilleures au monde pour trouver de l'ambre.

Tirpitz se trouve près de la station balnéaire de Blåvand, sur la côte ouest, à 38 km au nord-ouest d'Esbjerg par les Rtes 463 et 431. Le fameux restaurant Henne Kirkeby Kro (p. 223) est situé 30 km plus au nord.

(ouvert jusqu'à 3h ven-sam) et son excellente cuisine. Composez-vous un menu savoureux à base de mini-hamburgers gourmets (50 DKK pièce, certains végétariens) et d'accompagnements créatifs. Une fois rassasié, sirotez un cocktail au gin et savourez l'ambiance.

Posthuset INTERNATIONAL €€
(☎69 13 60 13 ; www.posthuset.dk ; Torvet 20 ; burgers 159 DKK ; ⌚9h-21h lun-sam, 9h-16h dim). Sur la place principale, cet établissement polyvalent flambant neuf occupe le majestueux bâtiment de l'ancienne poste. Il y en a pour tous les appétits et toutes les bourses, du bar à burgers décontracté au rez-de-chaussée au restaurant raffiné du “loft” ouvert le week-end. Entre les deux : un restaurant assez ordinaire, un café et une discothèque (le week-end seulement), ainsi qu'une terrasse.

Dronning Louise INTERNATIONAL €€
(☎75 13 13 44 ; www.dr-louise.dk ; Torvet 19 ; plats 89-279 DKK ; ⌚cuisine 10h-21h lun-dim, bar jusqu'à 23h ou plus tard). Stratégiquement situé sur la place centrale, cet établissement polymorphe fait office de restaurant, pub et discothèque (vendredi et samedi) avec parfois des concerts. Longue carte de classiques (sandwichs, burgers, steaks) à déguster dehors sur la place, en salle ou dans la cour derrière. Brunch servi jusqu'à 16h.

Sand's Restauration DANOIS €€
(☎75 12 02 07 ; www.sands.dk ; Skolegade 60 ; déj 65-179 DKK, dîner plats 79-269 DKK ; ⌚11h30-21h lun-sam). Cette table centenaire chic est une ode à la bonne vieille cuisine danoise : *smørrebrød* et assiettes de harengs au déjeuner (arrosés de *snaps*), poissons (essayez le *bakskuld*, du flet salé et fumé) et classiques à base de *bøf* (bœuf) le soir.

Où prendre un verre et faire la fête

Le soir, les restaurants s'adaptent à la vie nocturne. Torvet et Skolegade regorgent de bars. Industrien sert d'excellents cocktails sur fond musical, tandis que Dronning Louise se transforme en discothèque le week-end.

Depuis/vers Esbjerg

AVION

L'**aéroport d'Esbjerg** (esbjergairport.dk), 10 km au nord-est du centre-ville, dessert quotidiennement Stavanger (Norvège) et Aberdeen (Écosse), deux autres bases pétrolières de la mer du Nord.

BATEAU

Fanølinjen (www.fanoelinjen.dk ; Dockvej) propose au moins un bateau/heure (12 min) pour Fanø (ci-contre).

BUS

Depuis la **gare routière** (Jernbanegade), le bus n°915X (32 min) et le bus n°8C (55 min), beaucoup plus lent, relient Esbjerg à Ribe (60 DKK). Le bus n°980 de **Thinggaard Express** (☎98 11 66 00 ; www.expressbus.dk) se rend à Frederikshavn (340 DKK, 5 heures 15) une fois par jour, via Viborg et Aalborg.

TRAIN

Les destinations suivantes sont desservies régulièrement :

Aarhus (270 DKK, 2 heures 30)
Kolding (101 DKK, 45 min)
Ribe (60 DKK, 30 min)
Tønder (112 DKK, 1 heure 30)

Comment circuler

Torvet, la grand-place, se situe au croisement de Skolegade et Torvegade. Les gares routière et ferroviaire sont à environ 300 m à l'est ; le terminal des ferries (ci-contre) pour Fanø, 1 km au sud-ouest.

La plupart des bus urbains desservent la gare ferroviaire. Un ticket coûte 22 DKK (à acheter auprès du chauffeur).

Les bus urbains n^os^11, 12 et 13 desservent le port (pour prendre le ferry pour Fanø).

Le stationnement est gratuit en centre-ville mais limité (en général 2 ou 4 heures) et il faut un disque *(P-skive)* pour indiquer son heure d'arrivée.

Vous pouvez louer des vélos auprès de **PJ Ferie** (75 45 62 33 ; www.pjbolig.dk ; Hjertingvej 21 ; vélo 75/300 DKK jour/semaine ; midi-17h).

Fanø

3 200 HABITANTS

À seulement 12 minutes d'Esbjerg en ferry, l'île de Fanø ne manque pas de charme avec ses deux villages de marins traditionnels aux maisons paradisiaques avec toits de chaume, aux jardins fleuris et aux rues pavées émaillées de cafés. La côte exposée à l'ouest est bordée de larges bandes sablonneuses fréquentées par les estivants. Elles accueillent une rencontre internationale de **cerf-volistes** (www.kitefliersmeetingfanoe.de ; juin), très photogénique. Dans le centre de l'île, la réserve naturelle de **Klitplantage** (1 421 ha) attire les promeneurs et les amateurs d'oiseaux.

Où se loger

Møllesti B&B PENSION €

(75 16 29 49 ; www.mollesti.dk ; Møllesti 3, Nordby ; s/d sans sdb à partir de 300/450 DKK ; mai-août ;). Caché dans les ruelles pittoresques de Nordby, ce B&B à prix honnêtes occupe une maison de capitaine rénovée (1892). Ses 4 chambres sobres et confortables se partagent 2 salles de bains et un coin cuisine/salon. Petit-déjeuner en sus (50 DKK). 2 nuits minimum.

Sønderho Kro AUBERGE €€€

(75 16 40 09 ; www.sonderhokro.dk ; Kropladsen 11, Sønderho ; s/d petit-déj inclus à partir de 1 300/1 650 DKK ; mai-oct, ven-sam nov-avr). Cette chaumière de 1722, douillette à souhait, est l'adresse la plus plaisante de l'île et jouit d'une réputation nationale. Les 13 chambres garnies de mobilier ancien sont toutes personnalisées. Le restaurant

VAUT LE DÉTOUR

BAIN DE BEAUTÉ

Si la rudesse industrielle d'Esbjerg vous donne des envies de *hygge*, mettez le cap sur **Hjerting Badehotel** (75 11 70 00 ; www.hjertingbadehotel.dk ; Strandpromenaden 1 ; s/d petit-déj inclus à partir de 1 195/1 395 DKK ;), 10 km au nord-ouest de la ville. Cet "hôtel de baignade" séculaire situé directement sur la plage propose des chambres fraîches aux tons pastel et d'élégants bungalows de plage pour 4 personnes. On y trouve un centre de bien-être, des kayaks et des vélos à louer, ainsi que plusieurs adresses raffinées : réservez pour le restaurant gastronomique **Strandpavillonen** (3/5 plats 449/629 DKK ; 18h-23h lun-sam ;), avec vue sur la mer, ou optez pour l'atmosphère décontractée du Ship Inn, ouvert toute la journée.

gastronomique reconnu sert une cuisine locale de saison dans une salle à manger au cadre sobre et classique.

Où se restaurer

Slagter Christiansen CHARCUTERIE, ÉPICERIE FINE €

(75 16 20 67 ; www.fanoeslagteren.dk ; Hovedgaden 17, Nordby ; 8h-17h30 lun-jeu, 8h-18h ven, 8h-13h sam). Connu à travers le pays pour son *Fanø skinke* (jambon cru de Fanø), le boucher-charcutier de Nordby vend ici divers produits du terroir.

Rudbecks Ost & Deli CAFÉ €€

(30 44 66 11 ; www.rudbecks.dk ; Hovedgaden 90, Nordby ; plats 85-185 DKK ; 10h-16h lun-sam). Ce fabuleux café-traiteur familial offre un bel aperçu du panorama gustatif de l'île : pain, beurre et glace faits maison, saumon fumé à Fanø, burgers à base d'agneau et de bœuf nourris à l'herbe des marais. Remplissez votre panier pique-nique (la vitrine de fromage fait envie) ou attablez-vous pour un brunch, un déjeuner ou un délicieux gâteau.

Sønderho Kro DANOIS €€€

(75 16 40 09 ; www.sonderhokro.dk ; Kropladsen 11, Sønderho ; menu déj 329 DKK, dîner 2/3/5 plats 495/645/795 DKK ; 12h-22h ven-sam, 12h-14h dim). Réputée dans tout le pays, l'exquise Sønderho Kro abrite un restaurant gastronomique acclamé qui met

à l'honneur les spécialités locales de saison dans une salle à l'ancienne. Réservation conseillée.

Fanø Bryghus MICROBRASSERIE

(☎76 66 01 12 ; www.fanoebryghus.dk ; Strandvejen 5, Nordby ; ⏲10h-20h lun-mar, 10h-22h mer-sam, 10h-17h dim). Une petite soif ? Cette excellente brasserie en bordure de Nordby mérite une petite escale. Apportez de quoi manger et installez-vous dans le *beer garden* (aucune nourriture n'est servie) pour siroter pas moins de 40 bières différentes.

Renseignements

On trouve des DAB dans la grand-rue de Nordby, Hovedgaden, à un pâté de maisons à l'ouest du terminal des ferries.

Depuis/vers Fanø

Si vous faites une excursion dans la journée depuis Esbjerg, ou ne passez qu'une nuit sur l'île, mieux vaut laisser votre véhicule sur le continent et louer un vélo, ou circuler en bus.

Un ferry **Fanølinjen** (www.fanoelinjen.dk ; Langelinie, Nordby) assure la traversée de 12 minutes entre Esbjerg et Nordby 1 à 3 fois par heure, de 5h à 2h. L'aller/retour pour un piéton coûte 45/25 DKK par adulte/enfant ; le transport de vélos est gratuit. Comptez 195/415 DKK en basse /haute saison pour une voiture et ses passagers (aller-retour).

Comment circuler

Depuis le quai des ferries, le bus n°431 sillonne l'île 12 fois/jour, de Nordby à Sønderho (32 DKK, 20 min) via Fanø Bad (22 DKK) et Rindby Strand (22 DKK).

Plusieurs boutiques louent des vélos, notamment **Fri BikeShop** (☎75 16 24 60 ; Mellemgaden 12, Nordby ; location de vélo 100-145 DKK/jour ; ⏲10h-17h25 lun-ven, 10h-12h sam). Pour un taxi, appelez le ☎75 16 62 00.

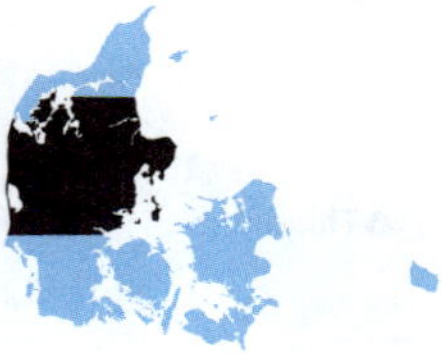

Centre du Jutland

Dans ce chapitre ➡

Le top des restaurants

- Molskroen (p. 247)
- Henne Kirkeby Kro (p. 223)
- Aarhus Street Food (p. 241)
- Langhoff & Juul (p. 242)
- Frederikshøj (p. 242)

Le top des hébergements

- Niels Bugges Hotel (p. 252)
- Hotel Guldsmeden (p. 240)
- Hotel Legoland (p. 225)
- Legoland® Holiday Village (p. 224)
- Villa Provence (p. 241)
- Danhostel Silkeborg (p. 229)

Pourquoi y aller

Le centre de la péninsule du Jutland est de loin la partie la plus vaste et la plus contrastée du Danemark, conjuguant les plages tranquilles de la côte orientale abritée et le littoral ouest sauvage, battu par les vents de la mer du Nord. Au milieu, le paysage vallonné et forestier de la région des lacs vient interrompre la platitude du relief.

Aarhus, la principale ville du Jutland et la deuxième du pays, est une aubaine pour les amateurs d'art et de restaurants haut de gamme, tandis que le fort de Fyrkat et la petite ville de Jelling s'enracinent dans le passé viking et l'histoire religieuse. Pour la nature et les activités de plein air, direction Rold Skov ou Silkeborg, et, pour la planche à voile, Hvide Sande. Enfin, pour réveiller l'enfant en vous, n'oubliez pas Billund, le royaume du Lego (attention aux vagues de nostalgie !).

Quand partir

- Le beau temps est la condition *sine qua non* pour profiter des plages, des parcs à thème, des festivals et des loisirs de plein air. Les musées, les cafés et les boutiques d'Aarhus s'apprécient toute l'année, même si les bars de la ville sont un peu moins animés en été lorsque l'université ferme ses portes.
- Durant la saison intermédiaire (mai, juin et septembre), vérifiez l'ouverture des parcs. Legoland®, la star régionale, accueille le public quotidiennement de mai à août, presque tous les jours en avril, septembre et octobre, mais reste fermé de début novembre à mars.
- En hiver, lorsque les attractions familiales les plus prisées font relâche, la scène culturelle s'enrichit de nombreuses représentations théâtrales et de concerts. Décembre, enfin, rime avec marchés de Noël, *hygge* (convivialité) en fête et bonne chère.

À ne pas manquer

1. La perspective sur les toits de la ville vue à travers la galerie vitrée multicolore de l'**ARoS Aarhus Kunstmuseum** (p. 233).
2. Les sites d'exception, les superbes restaurants et la vie nocturne d'**Aarhus** (p. 233).
3. Une excursion en canoë dans la **région des lacs** (p. 228).
4. Le monde miniature de Legoland® et de la merveilleuse Lego House à **Billund** (p. 223).
5. Une séance de planche à voile à **Hvide Sande** (p. 222), les cheveux au vent.
6. Le cachet historique et spirituel de **Jelling** (p. 226), haut lieu de l'identité danoise.
7. Les plages, les parcs d'attractions et les zoos de la péninsule de **Djursland** (p. 246), à voir en famille.
8. Une escapade à la fameuse **Henne Kirkeby Kro** (p. 223) pour se délecter des saveurs du cru.

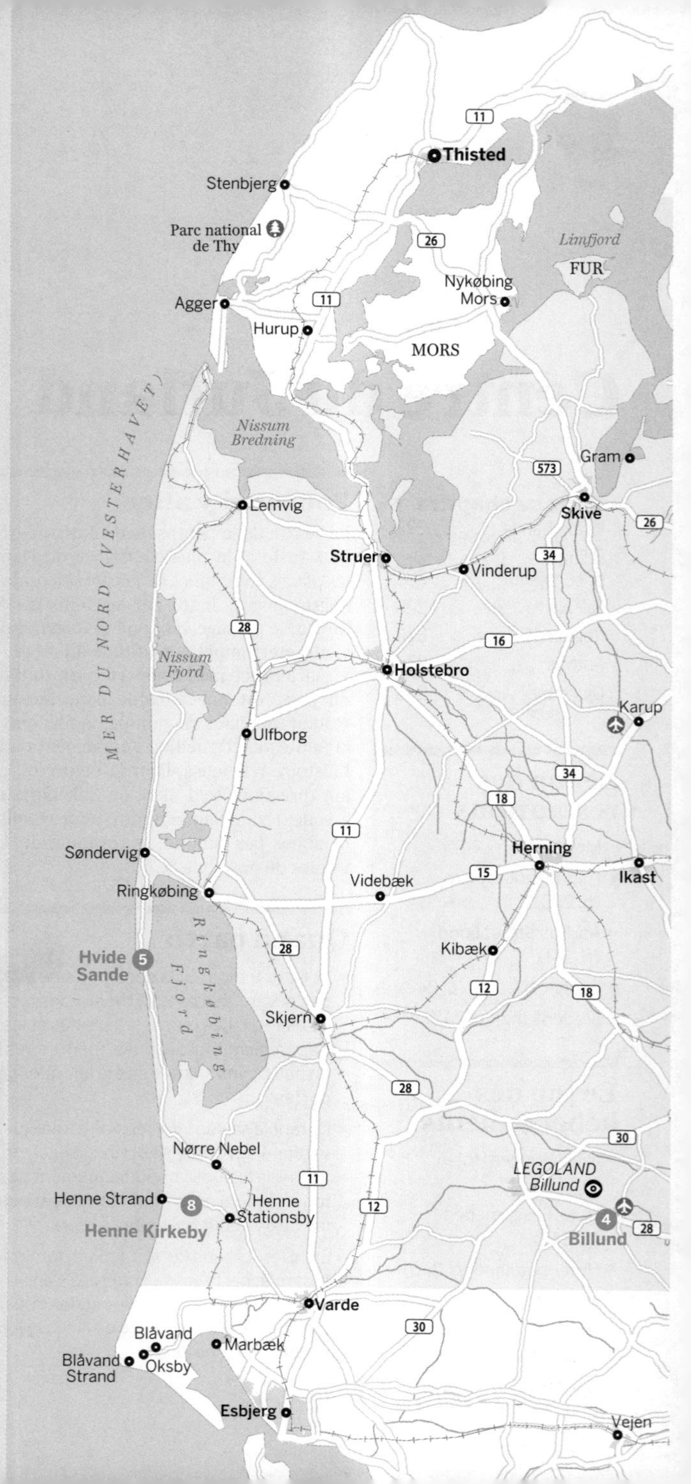

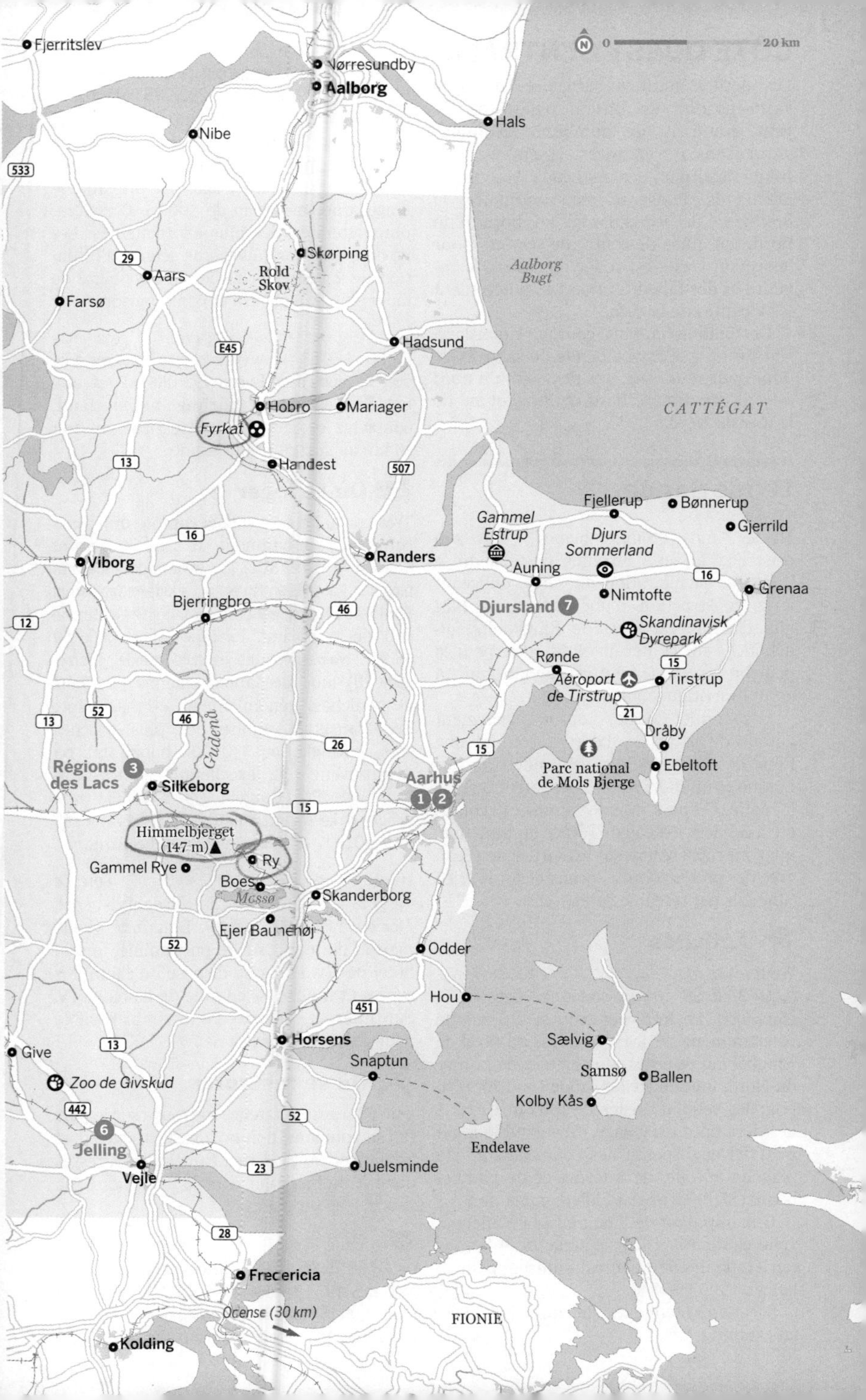

0
20 km
Fjerritslev
Nørresundby
Aalborg
Hals
Nibe
533
Skørping
Rold Skov
29
Aars
Farsø
Aalborg Bugt
E45
Hadsund
Hobro
Mariager
CATTÉGAT
Fyrkat
Handest
13
507
Fjellerup
Bønnerup
Gammel Estrup
Djurs Sommerland
Gjerrild
16
Viborg
Randers
Auning
16
Grenaa
Nimtofte
Bjerringbro
46
Djursland 7
12
Skandinavisk Dyrepark
Rønde
15
Aéroport de Tirstrup
Tirstrup
21
13
52
46
Gudenå
26
Dråby
15
Régions des Lacs 3
Silkeborg
Aarhus 1 2
Parc national de Mols Bjerge
Ebeltoft
15
Himmelbjerget (147 m)
Ry
Gammel Rye
Boes
Mossø
Skanderborg
Ejer Baunehøj
52
Odder
Hou
451
Horsens
Sælvig
Give
13
Snaptun
Samsø
Ballen
Zoo de Givskud
Kolby Kås
442
6
Jelling
52
Endelave
Vejle
23
Juelsminde
28
Fredericia
Odense (30 km)
FIONIE
Kolding

CÔTE OUEST CENTRALE

Les petites stations balnéaires de cette vaste portion de littoral balayé par le vent, comptent de nombreux campings et maisons de vacances, essentiellement fréquentés par des estivants danois et allemands. Plaisante mais ordinaire, la bourgade de Ringkøbing, au bord d'un fjord, fait office de centre de services pour le secteur - elle est reliée au réseau ferroviaire et des bus desservent régulièrement les localités de la côte.

Destination la plus courue, Holmsland Klit forme une mince bande de sable et de dunes qui s'étire sur près de 35 km du nord au sud, séparant le fjord de Ringkøbing de la mer du Nord.

Hvide Sande

3 050 HABITANTS

Hvide Sande ("sables blancs") doit son existence au vent. En effet, c'est lui qui a provoqué la migration du sable, obligeant à la construction d'une écluse en 1931 afin d'assurer au port de Ringkøbing un débouché sur la mer du Nord. Idéal pour la planche à voile, le vent est aujourd'hui un atout touristique majeur.

L'économie locale tourne également autour de la pêche. Le port compte une flotte de chalutiers, des usines de transformation et un **marché au poisson** ouvert tôt le matin. Un petit **musée/aquarium** consacré à ces activités jouxte l'office du tourisme, qui vous renseignera sur les sorties de pêche avec des professionnels locaux et sur la criée (une fois par semaine l'été).

Activités

Westwind PLANCHE À VOILE

(☎97 31 25 99 ; www.westwind.dk ; Gytjevej 15 ; ⏲mai-oct). Le fort vent d'ouest qui souffle constamment sur les eaux sûres du fjord de Ringkøbing et celles plus agitées de la mer du Nord, font de Hvide Sande l'endroit rêvé pour les véliplanchistes de tous niveaux. À la lisière nord du village, Westwind loue du matériel et dispense des cours de surf, de planche à voile, de kitesurf et de paddleboard (SUP) en anglais, allemand et danois.

Une initiation de 3 heures à la planche à voile coûte 499 DKK, le stage de 9 heures (en 3 modules de 3 heures), suffisant pour se lancer, 1 199 DKK.

Seconde antenne au sud du village, face au camping.

Kabel Park SPORTS NAUTIQUES

(☎28 72 80 00 ; www.kabelpark.dk ; Gytjevej 15B ; 1/2 heures matériel compris 290/375 DKK ; ⏲avr-oct). Au nord dans l'"Aqua Sports Zone", à côté de Westwind, ce parc aquatique permet de pratiquer le ski nautique et le wakeboard en étant tracté par un câble le long d'une voie d'eau de 800 m. Des tremplins attendent les plus expérimentés. Les novices peuvent suivre une séance d'initiation de 2 heures (400 DKK). Possibilité de louer skis, wakeboard et combinaisons.

Vinterlejegaard Ridecenter ÉQUITATION

(☎60 49 60 68 ; www.vinterlejegaard.dk ; Vesterledvej 9 ; promenade 1 heure 275 DKK). Pour une balade à cheval sur le rivage au couchant, contactez ce centre équestre situé environ 10 km au sud de Hvide Sande.

Où se loger

Très couru l'été, le village compte différents campings, notamment le **Hvide Sande Camping** (☎97 31 12 18 ; www.hvidesandecamping.dk ; Karen Brands Vej 70 ; adulte/enfant/empl 85/45/45 DKK ; ⏲avr-oct), en face de l'antenne sud de Westwind. **Feriepartner** (☎96 59 35 93 ; www.feriepartner.dk/hvide-sande ; Nørregade 2B) loue des appartements, pavillons et péniches, généralement à la semaine. Les transports publics les plus proches sont à Ringkøbing (10 000 habitants), où se trouvent une excellente **auberge de jeunesse** (ROFI-Centret ; ☎97 32 24 55 ; www.rofi.dk ; Kirkevej 28 ; dort 210 DKK, d sans/avec sdb 410/510 DKK ; wifi) et un vieil hôtel central.

Hvide Sande Hotel HÔTEL €€

(☎97 31 10 33 ; www.hssh.dk ; Bredgade 5 ; s/d/f 745/945/1 245 DKK ; @wifi). Dans une vieille maison de marin sur le port animé, le seul hôtel de Hvide Sande dispose de chambres sobres et fraîches avec salle de bains et TV. Sur Internet, le prix d'une simple/double peut descendre jusqu'à 645/745 DKK.

Où se restaurer

Outre un supermarché, on trouve sur le port (au sud du pont) nombre de cafés, glaciers et boulangeries. Également quelques adresses dans Troldbjergsvej, sur la rive nord, de l'autre côté du pont.

♥ **Nordsø Fisk** PRODUITS DE LA MER €

(☎28 58 75 05 ; www.facebook.com/nordsofisk ; Metheasvej 11 ; sandwichs 35-45 DKK ; ⏲9h-19h lun-ven, 9h-18h sam-dim juil-août, horaires restreints le reste de l'année). Le poisson dans tous ses

VAUT LE DÉTOUR

DÉLICES DANOIS

Perdu dans un coin pittoresque de l'ouest du Jutland, à mi-chemin entre Esbjerg (à 40 km au sud) et Hvide Sande (à 36 km au nord), le hameau de **Henne Kirkeby** abrite la **Henne Kirkeby Kro** (☎75 25 54 00 ; www.hennekirkebykro.dk ; Strandvejen 234, Henne ; menu déj/dîner 625/1 495 DKK ; ⏲midi-15h et 18h-21h30 jeu-sam, plus mer soir-mai-oct, fermé mi-déc à fév), une auberge rustique historique qui séduit jusqu'aux gourmets de la capitale – et du monde entier, depuis qu'elle a reçu une étoile Michelin en 2016.

L'équipe est menée par le chef britannique Paul Cunningham, qui a travaillé pour les meilleures tables du Danemark. Les somptueuses suites design sont à la hauteur de la réputation de l'auberge (chambres avec petit-déjeuner à partir de 1 650 DKK). Quant au menu, de toute beauté, il s'appuie sur les cultures de l'immense jardin et les meilleurs produits du cru.

Vous trouverez d'autres hébergements dans la station balnéaire de Henne Strand, à 4 km à l'ouest de l'auberge.

états, à déguster sur le port. Composez votre pique-nique : les délicieux petits pains farcis aux crevettes, au saumon ou aux *fiskefrikadeller* (boulettes de poisson) ne valent que 35 DKK. Sinon, installez-vous dehors à une table de pique-nique avec un *fish and chips.*

Renseignements

Office du tourisme (☎70 22 70 01 ; www.hvidesande.dk ; Kirkevej 4 ; ⏲10h-14h lun, mer et ven). L'space libre-service proposant diverses brochures est ouvert tous les jours de 8h30 à 20h30.

Depuis/vers Hvide Sande

Le bus n°580 relie Hvide Sande à la gare de Ringkøbing (40 DKK, 30 min) plusieurs fois par jour. De Ringkøbing, les bus n°s15 et 952X rallient Herning (90 DKK, 55 min) ; le bus n°952X continue 11 fois/jour jusqu'à Aarhus (200 DKK, 2 heures 30). On peut se rendre en train à Esbjerg (112 DKK, 1 heure 45), avec une correspondance à Skjern.

SUD DU JUTLAND CENTRAL

Les collines boisées de l'intérieur du Jutland cèdent la place à des champs ondulants à l'est. L'industrie occupe partout une place importante et nombre de villes moyennes, comme Fredericia, Vejle et Horsens constituent des haltes plaisantes, à défaut d'être des destinations à part entière.

Billund et Legoland®

6 200 HABITANTS

Les attractions de cette petite ville construite autour de l'entreprise danoise Lego (qu'on ne présente plus) s'adressent si résolument aux familles que les visiteurs sans progéniture se sentiront parfois un peu démunis. Que cela ne vous empêche pas de réaliser votre rêve d'enfant en consacrant du temps à Legoland® (p. 224) et à la superbe Lego House, flambant neuve.

À voir et à faire

♥**Lego House** CENTRE D'ACTIVITÉS

(☎82 82 04 00 ; www.legohouse.com ; Ole Kirks Plads 1 ; billet Experience Zones 289 DKK ; ⏲horaires variables, voir site Internet). Inauguré en 2017 au cœur de Billund, la Lego House est un "centre expérimental" interactif. Son design ingénieux imite une pile de 21 briques Lego géantes. La "Maison de la brique" comprend un excellent **musée** retraçant l'histoire de l'entreprise, des espaces d'exposition et des toits-terrasses. Le rez-de-chaussée (qui abrite plusieurs restaurants et la boutique Lego) est en accès libre ; pour pénétrer dans les **Experience Zones**, il faut être en possession d'un billet.

Le bâtiment se divise en 4 espaces Expérience assortis d'un code couleur où l'on "apprend en s'amusant", conformément à la philosophie Lego. Tout a été soigneusement pensé : les installations techniques sont impressionnantes (et très amusantes). Participez aux **Creative Labs** ("Labos créatifs"), petits ateliers de 20 minutes animés par des enseignants, où vous pourrez notamment réaliser des films d'animation en volume (stop-motion). En explorant les différentes zones, vous apercevrez la vedette du musée, l'**Arbre de la créativité**, haut de 15 m et composé de 6,3 millions de Lego.

La construction du bâtiment, conçu par le célèbre architecte danois Bjarke Ingels, a duré 7 ans. Ouvert toute l'année, le musée justifie amplement une escale à Billund (même l'hiver, lorsque Legoland® est fermé). Horaires et achat des billets en ligne.

LEGOLAND® Billund PARC D'ATTRACTIONS
(☎75 33 13 33 ; www.legoland.dk ; Nordmarksvej ; 399 DKK ; ⏲10h-20h ou 21h juil à mi-août, horaires réduits avr-juin et mi-août à début nov, fermé déc-mars ; P 🚻). Des modèles réduits en Lego hallucinants, des manèges amusants et l'atmosphère magique des grands parcs d'attractions font de Legoland® le premier site touristique du Danemark hors de Copenhague. En plein milieu du Jutland, 1 km au nord de Billund, c'est l'occasion d'une sortie inoubliable qui mérite bien une journée de votre temps.

Au cœur de Legoland®, **Miniland** est composé de 20 millions de briques en plastique assemblées pour former des villes miniatures et des sites internationaux emblématiques.

On ne peut qu'être émerveillé par les reproductions du centre spatial Kennedy, d'un château écossais ou de scènes de *La Guerre des étoiles*. Les villes et palais royaux danois côtoient des monuments célèbres du monde entier (statue de la Liberté, Acropole d'Athènes, temple égyptien...) à parcourir à bord de bateaux miniatures. Les reconstitutions (à l'échelle 1/20-1/40) étonnent par l'attention portée aux détails. La plus imposante, l'effigie du chef indien Tatanka Iyotake (Sitting Bull) a nécessité 1,4 million de briques.

Un plan vous aidera à vous repérer. Le parc se divise en plusieurs zones thématiques : **Legoredo Town**, une ville du Far West dotée d'une maison hantée ; **Knights' Kingdom** et son château médiéval ; **Pirate Land** (navires, combats à l'épée et aire de baignade) ; **Adventure Land**, mélange d'un univers à la Indiana Jones et de l'Égypte ; **Polar Land**, sa colonie de manchots et ses montagnes russes ; **Duplo Land**, pour les plus petits.

Découvrez également **Atlantis**, un aquarium émaillé de plongeurs et de submersibles en Lego. Les manèges vont des plus tranquilles, comme les carrousels et le petit train, aux montagnes russes les plus ébouriffantes. Une fois l'entrée payée, tout est gratuit à l'exception de la **SEAT Driving School** (99 DKK ; 7-13 ans).

Bon à savoir : l'achat des billets en ligne donne droit à des réductions et des forfaits familles (2 adultes+2 enfants, 1 176 DKK).

Lalandia Billund CENTRE D'ACTIVITÉS
(☎76 14 94 70 ; www.lalandia.dk ; Ellehammers Allé ; Aquadome adulte/enfant 290/240 DKK, Monky Tonky Land 60 DKK ; 🚻). Cet énorme complexe couvert tape-à-l'œil, où le ciel est toujours bleu et la température agréablement chaude, ressemble à une sorte de Las Vegas pour bambins. À défaut de droit d'entrée, les attractions (parc aquatique Aquadome, espace de jeux Monky Tonky Land, minigolf, bowling, patinoire...) et les innombrables activités sportives sont payantes. Il y a aussi des concerts gratuits pour les enfants.

Un lotissement de maisons de vacances (Aquadome et Monky Tonky gratuits pour les locataires) complète le tout – informations sur le site Internet.

Où se loger

Onéreux, les hôtels de Billund ciblent clairement la clientèle familiale (décor coloré, salles de jeux, activités l'été, etc.). La réservation est vivement recommandée. L'agence officielle **Legoland® Holidays** (www.legoland-holidays.dk) propose différents forfaits.

Près de l'aéroport, on trouve quelques B&B et pensions meilleur marché ainsi qu'un **hôtel de la chaîne Zleep** (☎70 23 56 35 ; www.zleephotels.com ; aéroport de Billund, Passagerterminalen ; d 720-1 280 DKK ; @ 📶) assez basique. Il y a aussi deux Danhostel abordables et facilement accessibles en bus, l'un à 23 km de Givskud (p. 227) et l'autre 13 km à l'ouest de **Grinsted** (☎75 21 19 19 ; www.danhostel-grindsted.dk ; Banegårdsvej 34, Grinsted ; s/d/f 595/645/795 DKK ; @ 📶).

Legoland® Holiday Village CAMPING, MOTEL €€
(☎79 33 13 33 ; www.legoland-village.dk ; Ellehammers Allé ; camping 295 DKK, motel ch/bungalow à partir de 1 595/1 175 DKK ; ⏲avr-début nov ; @ 📶). Faites-vous plaisir en séjournant dans ce "village" semé de détails Lego, qui réunit le Pirates' Inn Motel et un vaste camping. Les chambres "pirates" du motel logent jusqu'à 5 personnes et comprennent salle de bains, Wi-Fi, TV, draps et accès à la cuisine. Les bungalows indépendants conviennent bien aux familles (essayez les thèmes Wild West et Ninjago). Également disponibles : tipis et tonneaux géants aménagés.

Le camping est énorme et bien équipé. Les familles apprécieront le mini-golf, les

LEGOLAND® MODE D'EMPLOI

Si vous êtes à Billund, c'est que vous allez à Legoland®. Afin d'éviter de faire la queue, achetez vos billets en ligne, ou dans l'un des nombreux lieux d'hébergement qui les vendent. Les parkings du secteur coûtent 60 DKK.

Le parc ferme entre 18h et 21h selon la saison. Les visiteurs peuvent entrer sans billet 30 minutes avant l'arrêt des manèges, soit 1 ou 2 heures avant la fermeture du parc (voir site Internet). Avec un peu de chance, vous aurez ainsi jusqu'à 2 heures 30 pour découvrir Miniland gratis.

espaces de jeux et la ferme pédagogique. Restaurant sur place (petit-déj adulte/enfant 99/69 DKK ; inclus pour les clients du motel).

Refborg BOUTIQUE-HÔTEL €€

(☎75 33 26 33 ; www.refborg.dk ; Buen 6 ; d/tr/f petit-déj inclus 1 195/1 395/1 795 DKK ; [wifi]). Cette vieille auberge (*kro*) du centre, rénovée avec goût, est devenue un hôtel de milieu de gamme élégant, doté d'un restaurant fréquenté (plats dîner 185-295 DKK) et d'une épicerie fine. C'est une alternative bienvenue aux grands hôtels et à la thématique Lego omniprésente en ville.

Hotel Propellen HÔTEL €€

(☎75 33 81 33 ; www.propellen.dk ; Nordmarksvej 3 ; s/d/f petit-déj inclus 1 248/1 348/1 748 DKK ; @[wifi][piscine]). Comparé à d'autres adresses en ville, le Propellen a l'air plus adulte, ce qui ne l'empêche pas de cibler les familles avec une piscine intérieure, ainsi qu'une salle et un terrain de jeux. Les parents apprécieront le sauna, les Jacuzzis, le centre de remise en forme et le restaurant.

♥ **Hotel Legoland®** HÔTEL €€€

(☎75 33 13 33 ; www.hotellegoland.dk ; Aastvej 10 ; ch standard/thématique petit-déj inclus à partir de 1 820/2 170 DKK ; @[wifi]). Un établissement de 223 chambres décoré selon la thématique Lego, plein d'attrait pour les enfants et leurs parents. Les chambres standards (destinées au tourisme d'affaires), assez ordinaires, sont d'un bon rapport qualité/prix. Les chambres familiales et les fabuleuses chambres à thème (chevalier, princesse, pirate, Ninjago...) sont beaucoup plus attrayantes mais aussi beaucoup plus chères.

Les formules de séjour incluent habituellement le parking, le buffet du petit-déjeuner et deux jours d'accès au parc.

Où se restaurer

Outre les restaurants de Legoland®, de la Lego House (p. 223), de Lalandia Billund et des hôtels, vous trouverez à Billund même un supermarché, un bon café-pâtisserie, des pizzerias et quelques tables à prix abordables, en particulier autour de la Lego House.

Legoland® compte des aires de pique-nique, des restaurants proposant buffets et pizzas, et les enseignes incontournables des parcs d'attractions. Du parc, on peut aussi accéder au buffet du restaurant de l'Hotel Legoland® (ci-contre).

Pirates' Inn BUFFET €€

(Ellehammers Allé 10 ; buffet adulte/enfant 225/99 DKK ; ⏲18h-21h ; [enfants]). Une adresse économique du Legoland® Holiday Village, qui sert chaque soir un buffet familial. Plats à emporter également.

Panorama Restaurant – Hotel Legoland® BUFFET €€€

(Aastvej 10 ; ⏲11h30-15h et 17h30-21h ; [enfants]). Un vaste espace lumineux qui propose un menu complet pour les enfants et un buffet déjeuner (adulte/enfant 198/99 DKK) et dîner (265/125 DKK) à prix honnête. Les enfants (et les adultes) raffolent des pommes de terre en forme de briques Lego. Si vous préférez éviter la foule ou dîner plus tard, optez pour le grill à la carte (plats 225-325 DKK). Réservation recommandée.

Renseignements

Office du tourisme (☎79 72 72 99 ; www.visitbillund.dk ; Hans Jensensvej 6 ; ⏲8h-18h lun-jeu, 8h-16h ven, 10h-13h sam). Dans la commune de Billund, 1 km au sud-ouest de Legoland®.

Depuis/vers Billund et Legoland®

AVION

Presque à la porte de Legoland®, l'**aéroport de Billund** (www.billundairport.dk ; Passagerterminalen 10) est devenu le second aéroport du Danemark. Les compagnies SAS et British Airways assurent toute une liste de vols directs vers différentes villes de Scandinavie

DU PLASTIQUE QUI VAUT DE L'OR

Au chômage lors de la Grande Dépression, le menuisier Ole Kirk Christiansen se convertit en 1932 dans la fabrication de jouets en bois. Il fonda à Billund la société Lego (du danois *leg godt*, "joue bien") qui, à la fin des années 1940, devint la première entreprise danoise à acquérir une machine de moulage par injection, pour produire ses fameux modules en plastique emboîtables.

En 1960, il abandonna entièrement le bois et son produit phare connut rapidement un immense succès en Europe. En 2000, la brique Lego a été désignée "jouet du siècle" par le magazine américain *Fortune*.

Les statistiques donnent le tournis : Lego a produit à ce jour l'équivalent de 102 briques pour chaque habitant de la planète.

L'entreprise (mais pas le parc d'attractions) appartient toujours aux descendants d'Ole Kirk. Les nouvelles idées et les premières ébauches émanent du siège de Billund, une petite ville en plein essor grâce à l'afflux de travailleurs de tous horizons.

En 2017, l'entreprise a fait construire la Lego House (p. 223) pour abriter la "Maison de la brique", un musée retraçant son ascension vers la gloire.

et du reste de l'Europe. Ryanair assure plusieurs liaisons low cost, notamment avec Londres (Stansted), Berlin, Milan, Rome et Barcelone.

BUS

Depuis la gare routière de Vejle (la plus proche), le bus express n°43 et le bus n°143, plus lent, desservent Legoland® (p. 223), le centre de Billund et l'**aéroport de Billund** (60 DKK), respectivement en 30 et 45 minutes. Le n°166 assure la liaison avec Kolding (70 DKK, 50 min). Le n°912X relie Aarhus à l'aéroport de Billund (160 DKK, 1 heure 30).

Comment circuler

La plupart des bus locaux font halte dans le **centre** de Billund (dans Hans Jensensvej, près de l'office du tourisme), à Legoland® (p. 223) et à l'aéroport.

L'été (de fin juin à mi-août), une navette gratuite relie les hébergements et attractions au centre-ville et à l'aéroport (ce qui permet d'économiser sur le stationnement).

Vous pouvez louer des vélos auprès de **Jupiter Cykler** (☎ 75 33 12 03 ; www.jupitercykler.dk ; Vejlevej 20 ; 75-120 DKK/jour ; ⏲ 9h-17h30 lun-ven, 9h-13h sam), en centre-ville.

Jelling

3 400 HABITANTS

Cette paisible bourgade, chargée d'histoire, est révérée comme le lieu de naissance du christianisme et de la monarchie au Danemark. À l'apogée de la période viking, elle fut la capitale de Gorm l'Ancien (Xe siècle), traditionnellement considéré comme le premier roi du Danemark. Si le site de son château n'a pas été retrouvé, l'église recèle des vestiges remontant à son règne.

Jelling constitue une sorte de sanctuaire de l'identité nationale. Presque tous les Danois s'y rendent un jour pour voir Jelling Kirke, les deux pierres runiques et les tumulus funéraires, classés au patrimoine mondial de l'Unesco depuis 1994.

À voir

♥ Jelling Kirke ÉGLISE

(☎ 75 87 11 17 ; www.jellingkirke.dk ; Thyrasvej 1 ; ⏲ 8h-20h mai-août, 8h-18h mars, avr, sept-oct, 8h-17h nov-fév, ouverture à 12h30 dim). Construite vers 1100, la petite église blanche de Jelling, renferme des **fresques** du XIIe siècle aux couleurs vives. Les deux **pierres runiques** bien conservées, dressées juste devant la porte, éclipsent toutefois ces peintures restaurées.

La plus petite fut érigée au début du XIe siècle par Gorm l'Ancien en hommage à son épouse, l'autre par son fils Harald à la Dent bleue. Cette dernière porte l'une des plus vieilles représentations du Christ découverte au Danemark, couramment considérée comme le "certificat de baptême" du pays.

Son inscription dit : "Le roi Harald a ordonné l'édification de ce monument à la mémoire de son père Gorm et de sa mère Thyra, ce même Harald qui s'empara du Danemark et de la Norvège et christianisa les Danois." Harald réussit en effet à bouter les Suédois hors du territoire et entreprit pacifiquement la conversion de ses sujets païens. Une réplique de la pierre reproduisant sa polychromie d'origine se trouve au **Kongernes Jelling** (☎ 41 20 63 31 ;

www.natmus.dk ; Gormsgade 23 ; ⏲10h-17h mai-sept, fermé lun oct-avr) GRATUIT, un grand musée interactif situé en face de l'église, qui fournit un éclairage passionnant sur les monuments et les tumulus de la ville.

Où se loger et se restaurer

Outre les chambres de Jelling Kro, on trouve un camping en périphérie de la ville et quelques hébergements dans les villes voisines, Givskud et Billund (environ 20 km à l'ouest). Pour les pique-niques, on peut s'approvisionner au supermarché et à la boulangerie. Quelques restaurants également.

Cafe Sejd CAFÉ €

(☎29 61 54 16 ; www.cafesejd.dk ; Gormsstorv 7A ; déj 50-189 DKK ; ⏲11h-18h mar-dim). Bjarne et Ole, qui tiennent cet élégant café au décor mythologique, sont des conteurs nés (ils vous parleront volontiers des Vikings ou de l'actualité). Très bon café et bières artisanales du cru, ainsi que de savoureuses assiettes.

Jelling Kro DANOIS €€

(☎75 87 10 06 ; www.jellingkro.dk ; Gormsgade 16 ; plats 169-235 DKK ; ⏲12h-21h mer-dim). Dans un bâtiment jaune vif plein de cachet, datant de 1780, cette auberge campagnarde mitonne des spécialités danoises riches en viande. Quelques chambres également (avec salle de bains commune ; double avec petit-déjeuner 595-750 DKK).

Byens Café CAFÉ €€

(☎76 80 19 90 ; www.byenshus.com ; Møllegade 10 ; plats 119-189 DKK ; ⏲12h-21h). Outre la bibliothèque, un cinéma et une galerie, la Byens Hus ("maison municipale") renferme un spacieux café servant des plats de tous les jours (sandwichs, salades, hamburgers). À l'intérieur trônent les grandes cuves en cuivre de la microbrasserie Jelling Bryggeri, dont vous pourrez goûter la production.

Renseignements

Vous trouverez des renseignements touristiques au Kongernes Jelling. Brochures et plans sont disponibles à la Byens Hus, qui abrite la bibliothèque.

En attendant, consultez le site www.visitvejle.com.

Depuis/vers Jelling

Jelling se trouve sur la ligne ferroviaire Fredericia-Herning-Struer. La gare est desservie au minimum toutes les heures en semaine, moins souvent le week-end. Pour Billund, descendez à Vejle (32 DKK, 15 min) et prenez le bus n°43.

Comment circuler

Jelling Kirke se tient dans le centre-ville, à 5 minutes à pied au nord de la gare ferroviaire en suivant Stationsvej.

Givskud

620 HABITANTS

Le principal (le seul ?) attrait de Givskud est son zoo, mais l'excellent **Danhostel** (☎75 73 05 00 ; www.givskudzoo.dk ; Løveparkvej 2B ; dort/s/d/f 200/600/700/770 DKK ; 📶) est aussi bien pratique – c'est l'auberge de jeunesse la plus proche de Legoland® (23 km). Le bus n°211 assure la liaison entre Givskud et Vejle, via Jelling.

Le divertissant **zoo de Givskud** (Zootopia ; ☎75 73 02 22 ; www.givskudzoo.dk ; Løveparkvej 3 ; adulte/enfant 220/120 DKK ; ⏲fin mars à fin oct, horaires variables, voir site Internet ; 👪) est peuplé de nombreux animaux africains. Certaines zones se parcourent en voiture ou dans le cadre d'un safari en bus organisé par le parc (40 DKK). Des sentiers pédestres passent devant les enclos des éléphants et des gorilles, et un espace permet aux petits de toucher certains animaux.

Consultez le site pour connaître les jours de fermeture. L'horaire d'ouverture varie entre 9h30 et 10h, celui de fermeture entre 16h et 20h.

Herning

49 200 HABITANTS

Si vous appréciez l'art moderne, vous avez sans doute entendu parler de l'artiste conceptuel italien Piero Manzoni (1933-1963). Mais vous ne savez peut-être pas que la plus importante collection publique de ses œuvres ne se trouve pas à Milan, mais à la périphérie est d'Herning, un centre textile régional à 40 km à l'ouest de Silkeborg. Le **HEART** (☎97 12 10 33 ; www.heartmus.dk ; Bitten og Aage Damgaards Plads 2 ; adulte/enfant 125 DKK/gratuit ; ⏲10h-16h mar-dim), l'impressionnant musée d'art contemporain de Herning, expose en effet des œuvres de Manzoni et d'autres artistes visionnaires. Imaginée par l'Américain Steven Holl, l'architecture du bâtiment – murs extérieurs à l'aspect froissé et toit évoquant des manches – rend hommage au fabricant de chemises danois Aage Damgaard (1917-1991), fondateur du musée. C'est en effet à l'invitation de ce collectionneur d'art passionné, que Manzoni passa deux étés à Herning en 1960 et 1961 où il créa une série de chefs-d'œuvre. Mais le HEART ne s'arrête pas à l'art conceptuel : il accueille chaque année plusieurs expositions internationales d'art contemporain.

De l'autre côté de la rue, le **CHPEA Museum** (☎96 28 86 50 ; www.chpeamuseum.dk ; Birk Centerpark 1, Herning ; adulte/enfant 75 DKK/gratuit ; ⏲10h-16h mar-dim) expose les peintures, aquarelles, mosaïques, céramiques et sculptures aux couleurs vives de Carl-Henning Pedersen (1913-2007) et d'Else Alfelt (1910-1974). Un vaste parc de sculptures s'étend au-delà du musée.

L'autre fierté d'Herning est **Boxen** (www.mch.dk ; Kaj Zartows Vej 7), flambant parc des sports et salle de concert qui accueille des stars internationales en tournée. Il est situé au sud de la ville, près de l'autoroute 15.

Depuis/vers Herning

Pour vous rendre au HEART depuis Silkeborg, descendez à la gare de Birk Centerpark (65 DKK, 32 min), et non à Herning St. Pour Boxen, continuez jusqu'à Herning Messecenter.
Les trains Jelling-Herning (92 DKK, 40 min) circulent toutes les heures. Les bus n°s 15 et 952X se rendent à Ringkøbing, d'où on peut rejoindre Hvide Sande.

RÉGION DES LACS

Territoire vallonné couvert de forêts et de plans d'eau, le Søhøjlandet ("région des lacs") est arrosé par le plus long fleuve danois, le Gudenå (160 km). Il abrite aussi le plus grand lac du Jutland (Mossø) et le point culminant du pays, Møllehøj (presque 171 m). Ces hauteurs n'ont rien de renversant, mais le paysage charmant invite à la randonnée. Très prisée des estivants, la région ne manque pas de campings (souvent avec bungalows), ni d'hôtels dans les villes. Elle compte aussi un petit nombre d'auberges de jeunesse et quelques B&B et *kro* (auberges traditionnelles).

Silkeborg

43 200 HABITANTS

Dans un plat pays comme le Danemark, Silkeborg tranche par son décor de collines, son vaste lac et son déploiement urbain. Si les amateurs d'art moderne et d'histoire ont des raisons d'y faire étape, la nature constitue toutefois son atout majeur. Les touristes, surtout des familles et des accros aux activités de plein air, viennent marcher ou pédaler dans ses forêts luxuriantes et faire du canoë-kayak sur ses voies d'eau.

À voir

Indelukket PARC

(Åhave Allé ; 👪) Accessible en longeant Åhavevej vers le sud, ce pittoresque espace vert au bord de la rivière compte un snack, un minigolf, une aire de jeux, une marina et une scène en plein air. À pied, vous n'aurez qu'à le traverser pour gagner le musée Jorn, le camping (p. 230) et les lieux plus au sud.

Musée de Silkeborg MUSÉE

(☎86 82 14 99 ; www.museumsilkeborg.dk ; Hovedgårdsvej 7 ; adulte/enfant 75 DKK/gratuit ; ⏲10h-17h juil-août, 11h-16h reste de l'année). Cette collection archéologique a pour fleuron la dépouille momifiée incroyablement bien conservée de l'**homme de Tollund**, datant de l'âge du fer et dont les traits demeurent intacts dans leurs moindres détails, jusqu'au soupçon de barbe. Découvert en 1950 dans une tourbière à la périphérie de Silkeborg, il reposait en position fœtale, comme endormi, un bonnet de cuir sur le visage et un mince nœud coulant autour du cou. Comme pour l'homme de Grauballe du Moesgaard Museum (p. 235) d'Aarhus, la vie de l'homme de Tollund reste nimbée de mystère.

L'examen au carbone 14 fait remonter son existence au IVe siècle av. J.-C. Son autopsie indique un décès par pendaison, mais le motif de sa fin violente – exécution ou sacrifice humain – demeure inconnu. L'exposition qui traite de cette question présente moins d'intérêt que celle du Moesgaard Museum.

KunstCentret Silkeborg Bad MUSÉE D'ART

(☎86 81 63 29 ; www.silkeborgbad.dk ; Gjessøvej 40 ; adulte/enfant 75 DKK/gratuit ; ⏲10h-17h mar-dim mai-sept, midi-16h lun-ven, 11h-17h sam-dim oct-avr). Un ancien établissement thermal de 1883 accueille ce beau musée d'art contemporain, où des expositions de peintures, sculptures, céramiques, verrerie, design et architecture complètent les collections permanentes. Le parc, toujours ouvert, est parsemé de sculptures contemporaines. À 2 km au sud-ouest de la ville (bus n°10).

Musée Jorn MUSÉE

(☎86 82 53 88 ; www.museumjorn.dk ; Gudenåvej 7-9 ; adulte/enfant 100 DKK/gratuit ; ⏲10h-17h mar-dim, jusqu'à 21h jeu). Cet espace remarquable réunit des œuvres du peintre Asger Jorn (1914-1973), enfant du pays, et de membres danois du mouvement CoBrA dont il fut l'un des fondateurs. Des artistes étrangers comme Max Ernst, Francis Picabia, Fernand Léger et Man Ray enrichissent la collection. À 1 km au sud du centre-ville.

Aqua AQUARIUM
(☎89 21 21 89 ; www.visitaqua.dk ; Vejlsøvej 55 ; adulte/enfant 175/100 DKK ; ⊙à partir de 10h ; 👪). À 2 km au sud du centre-ville, cet aquarium/parc zoologique imaginatif, construit sur plusieurs lacs et pourvu de bassins tactiles, explore les écosystèmes de la région, peuplés notamment de poissons, de loutres et d'oiseaux. Horaires de fermeture variables – de 16h l'hiver à 18h en juillet.

Le bus local n°4 s'arrête ici. L'été, le plus agréable est toutefois de venir en bateau avec la Hjejlen Boat Company.

Activités

Le site www.silkeborg.com fournit des informations sur le canoë-kayak, la randonnée, le vélo, la baignade, le golf, l'équitation, la pêche, etc.

♥Østre Søbad BAIGNADE
(Horsensvej). Le lac Almindsø offre un cadre idyllique pour nager. Dirigez-vous vers le sud de la ville sur Frederiksberggade et tournez à gauche au rond-point en direction de Horsens. Au bout de 1 km, un panneau sur la droite indique l'aire de baignade, équipée de jetées, de vestiaires et d'un kiosque.

Silkeborg Kanocenter CANOË
(☎86 80 30 03 ; www.silkeborgkanocenter.dk ; Østergade 36 ; canoë 135/475 DKK heure/jour ; ⊙9h-20h juin à mi-août, 9h-17h mai et fin août ; 👪).Ce centre loue des canoës et propose une gamme de circuits (de 2 à 5 jours). Location de bateaux à moteur (200/900 DKK heure/jour).

Hjejlen Boat Company SORTIES EN BATEAU
(☎86 82 07 66 ; www.hjejlen.com ; Sejsvej 2 ; aller simple /retour 135/200 DKK ; ⊙mai-sept ; 👪). Le *Hjejlen,* doyen des bateaux à aube en activité dans le monde, sillonne les eaux de la région depuis son lancement en 1861. L'été, il transporte les touristes de Silkeborg à Himmelbjerget, comme de nombreux autres navires de la compagnie (départs quotidiens à 10h, 11h, 13h30 et 14h30 en période d'ouverture ; horaires supplémentaires en haute saison).

Le parcours permet d'admirer une grande variété de paysages fluviaux et lacustres. C'est l'une des excursions les plus prisées de la région des lacs. Les bateaux font aussi escale à l'auberge de jeunesse (ci-dessous), au parc Indelukket et à l'aquarium Aqua. Une croisière touristique sur les lacs (1 heure), sans escale, est aussi proposée.

Randonnée et cyclotourisme

Il existe diverses cartes et brochures sur les itinéraires de randonnée à pied et à vélo, notamment *12 Beautiful Bicycle Tours* et *12 Lovely Walks in the Lakelands.*

Le **Silkeborg Mountainbike Center** (☎53 74 56 00 ; www.silkeborgmtbcenter.dk ; Søndergade 36 ; location VTT 350 DKK/jour) loue des VTT. Comme entrée en matière, on peut rallier Himmelbjerget en bateau avec son vélo et revenir en pédalant (15 km). Si vous cherchez un vélo "normal" (plus économique), adressez-vous au **Silkeborg Sø Camping** (☎86 82 28 24 ; www.seacamp.dk ; Aarhusvej 51 ; location de vélo jour/semaine 125/600 DKK ; ⊙avr-oct).

Des sentiers pédestres et cyclables sillonnent la forêt de hêtres de **Nordskoven**. Pour rejoindre celle-ci, suivez Åhavevej vers le sud puis franchissez à gauche le vieux pont ferroviaire près de l'auberge de jeunesse.

L'ancienne voie ferrée entre Silkeborg et Horsens forme un excellent parcours d'une cinquantaine de kilomètres pour les marcheurs et les cyclotouristes.

La **Hærvejen** (www.haervej.com) est une ancienne voie qui traverse la région des lacs, à l'ouest de Silkeborg. Longue de 250 km, cette route historique coupe le Danemark en son milieu du sud au nord, de la frontière allemande jusqu'à Viborg. Elle est praticable à vélo, à pied et à cheval.

Festival

Riverboat Jazz Festival MUSIQUE
(www.riverboat.dk ; ⊙juin). Les Scandinaves aiment le jazz, et Silkeborg le met à l'honneur pendant 5 jours à la fin juin. On peut notamment acheter un billet pour des concerts en bateau ou en écouter d'autres gratuits dans les rues.

Où se loger

♥Danhostel Silkeborg AUBERGE DE JEUNESSE €
(☎86 82 36 42 ; www.danhostel-silkeborg.dk ; Åhavevej 55 ; dort 275 DKK, d sans/avec sdb 520/750 DKK ; ⊙mars-nov ; @📶). Le superbe emplacement au bord de la rivière, la qualité des équipements et la pénurie d'adresses petits budgets en ville expliquent le succès

Silkeborg

de cet établissement auprès des cyclistes, des familles, des groupes scolaires et des baroudeurs européens ; réservez bien à l'avance. Espaces communs accueillants et tables dehors. Dortoirs de juillet à mi-septembre. Petit-déjeuner 80 DKK.

♥ Villa Zeltner B&B €

(☎29 82 58 58 ; www.villa-zeltner.dk ; Zeltnersvej 4 ; s/d/app à partir de 400/550/700 DKK ; 📶). Ce charmant B&B en plein centre affiche un excellent rapport qualité/prix. Il propose une poignée de chambres avec salle de bains et cuisine communes, plus quelques petits appartements équipés chacun d'une salle de bains et d'une cuisine. Jardin, gril et vélos à disposition des hôtes. Petit-déjeuner possible avec supplément.

Gudenåens Camping CAMPING €

(☎86 82 22 01 ; www.gudenaaenscamping.dk ; Vejlsøvej 7 ; adulte/enfant/empl 88/54/72 DKK ; 🕐avr-oct ; @📶). Suivez les panneaux indiquant le chemin vers Aqua (p. 229) pour atteindre ce terrain arboré en bord de rivière, environ 2 km au sud du centre-ville, juste au sud du parc Indelukket (p. 228). Bungalows et caravanes à louer. Équipements pratiques pour les familles. Le bus n°4 passe par là.

Silkeborg

Les incontournables

Activités

Où se loger

Où se restaurer

Où sortir

Radisson BLU Hotel HÔTEL €€

(☎88 82 22 22 ; www.radissonblu.com/hotel-silkeborg ; Papirfabrikken 12 ; d petit-déj inclus à partir de 1 275 DKK ; @☜). Cet hôtel sélect occupe une ancienne usine de papier qui fut le fleuron de l'économie locale. Situé au bord de la rivière, au milieu de restaurants, il comporte des chambres design, petites mais confortables et bien équipées. Tarifs plus bas le week-end.

Où se restaurer

Les restaurants et les bars se concentrent en deux endroits : l'ancienne usine de papier réhabilitée (Papirfabrikken) et Nygade, qui regroupe des fast-foods et des restaurants de cuisine internationale.

Okkels Is GLACES €

(☎86 81 83 99 ; www.okkelsis.dk ; Nygade 26E ; 2/3 boules 30/40 DKK ; ⏲11h-22h mai à mi-août, horaires réduits le reste de l'année ;). Savoureuses glaces à l'italienne maison.

Føtex SUPERMARCHÉ €

(Torvet ; ⏲8h-21h). Supermarché central avec boulangerie et café intégrés (la boulangerie ouvre à 7h).

Evald Brasserie & Cafe INTERNATIONAL €€

(☎86 80 33 66 ; www.evald.nu ; Papirfabrikken 10B ; déj 150-230 DKK, plats dîner 150-355 DKK ; ⏲11h-23h lun-jeu, 11h-minuit ven-sam, 11h-22h30 dim ;). Parmi les restaurants familiaux, les cafés-bars et le cinéma de la Papirfabrikken, cette adresse fréquentée présente une carte qui plaît au plus grand nombre. Attablé devant la rivière, commandez une bière de la brasserie locale Grauballe Bryghus pour accompagner un fameux Evald burger ou un menu 3 plats le soir.

Où sortir

Jysk Musikteater THÉÂTRE

(www.jmts.dk ; Papirfabrikken 80). Ce grand théâtre moderne accueille régulièrement des concerts et des pièces de théâtre.

Renseignements

Vous trouverez nombre d'informations utiles sur le site www.silkeborg.com. Il n'y a pas d'office du tourisme mais des écrans tactiles et des présentoirs de brochures trônent à plusieurs endroits en ville, notamment dans le hall du **Jysk Musikteater**.

Depuis/vers Silkeborg

Silkeborg est située 44 km à l'ouest d'Aarhus, sur la Rte 15.

Des trains relient Silkeborg à Aarhus (90 DKK, 45 min) via Ry (40 DKK, 15 min) toutes les 30 minutes.

Les bus longue distance s'arrêtent au **Trafikterminal** (Drewsensvej), juste à côté de la gare ferroviaire.

Comment circuler

Les bus locaux desservent le **Trafikterminal** et un **arrêt** (Godthåbsvej) central proche de Torvet.

Ry

5 700 HABITANTS

Cette paisible localité rurale est nichée au cœur de la région des lacs. Des bateaux d'excursion pour l'Himmelbjerget mouillent dans la charmante marina où nagent des canards et où l'on peut louer des canoës. La campagne et les villages alentour se prêtent à des promenades bucoliques.

Activités

Hjejlen Boat Company BATEAU

(☎86 82 07 66 ; www.hjejlen.com ; aller simple/aller-retour 105/135 DKK). Trois bateaux naviguent entre Ry et l'Himmelbjerget presque chaque jour de juin à août, ainsi que le week-end en mai et septembre (consultez le site Web pour vérifier les dates). Les bateaux quittent Ry à 10h30, 12h45 et 15h, et repartent de l'Himmelbjerget une heure plus tard. Mieux vaut réserver la veille.

Ry Kanofart CANOË
(☎86 89 11 67 ; www.kanoferie.dk ; Kyhnsvej 20 ; canoë 135/600 DKK heure/jour ; ⌚9h-18h juin-août, 9h-18h sam-dim mai et sept, ou sur rdv). Comme ses confrères de Silkeborg, ce loueur de canoës vous aidera à organiser un circuit d'un ou plusieurs jours sur le Gudenå et les lacs.

Ry Cykler VÉLO
(☎86 89 14 91 ; www.rycykler.dk ; Parallelvej 9B ; vélo/VTT 75/200 DKK/jour ; ⌚9h30-17h30 lun-ven, 9h30-midi sam). Location de vélos.

Où se loger

Knudhule Badehotel HÔTEL €€
(☎86 89 14 07 ; www.knudhule.dk ; Randersvej 88 ; s/d à partir de 585/770 DKK ; 📶). À environ 2 km de Ry, cet hôtel agréablement situé face aux jetées de baignade du lac de Knudsø a été rénové. Les chambres les plus économiques sont petites mais bien équipées. Également 4 bungalows familiaux avec cuisine. Le Restaurant Gastronomisk Institut sur place est excellent.

Hotel Ry HÔTEL €€
(☎86 89 19 11 ; www.hotelry.dk ; Kyhnsvej 2 ; s/d à partir de 840/1 000 DKK ; 📶). Dans la rue principale, 55 chambres fraîches et colorées à la décoration personnalisée, ainsi que plusieurs options de restauration (dont un restaurant, un pub gastronomique et une enseigne de plats à emporter).

Où se restaurer

Des restaurants de sushis, des restaurants italiens et quelques enseignes de plats à emporter bordent Skanderborgvej. En face de la gare ferroviaire, l'élégante pâtisserie **Le Gâteau** (☎86 89 03 37 ; www.legateau.dk ; Klostervej 12 ; sandwichs à partir de 45 DKK ; ⌚7h-17h30 lun-ven, 7h-14h sam, 7h-midi dim) vend du bon café. Le supermarché **Kvickly Supermarket** (Siimtoften 2 ; ⌚8h-20h) se trouve juste en retrait de la marina.

Lakeside INTERNATIONAL €€
(☎70 70 71 13 ; www.lakesidery.dk ; Skimminghøj 2 ; menu 2/5 plats 245/395 DKK ; ⌚18h-22h mer, 12h-22h jeu-sam, 12h-16h dim mi-juin à mi-août, horaires restreints le reste de l'année). Une adresse proche de la marina, au cadre idyllique et à la décoration décontractée. Le menu de pâtes, hamburgers, steaks et classiques français (moules-frites, notamment) fait beaucoup d'heureux. Le kiosque attenant vend des glaces à l'italienne maison, des paninis et du *fish and chips*.

Restaurant Gastronomisk Institut EUROPÉEN €€
(☎86 89 14 07 ; www.knudhule.dk ; Knudhule Badehotel, Randersvej 88 ; menus 235-510 DKK ; ⌚midi-14h et à partir de 18h). Ce restaurant raffiné est à la hauteur de son nom ampoulé. Ses menus riches en produits régionaux changent avec les saisons – du carrelet poêlé au filet de veau – et il propose aussi des formules abordables. Au déjeuner, les clients savourent le classique *smørrebrød*. Dans le Knudhule Badehotel, à l'extérieur de la ville, au bord du lac. Réservation recommandée.

Renseignements

Renseignements sur www.visitskanderborg.com

Depuis/vers Ry

Des trains partent toutes les 30 minutes pour Aarhus (70 DKK, 30 min) et Silkeborg (40 DKK, 15 min).

Depuis Munkedalsvej, qui se sépare de Rodelundvej juste au sud du pont de Ry, un itinéraire de marche de 7 km (2 heures) conduit vers le nord-ouest et l'Himmelbjerget. Le sentier balisé rejoint d'abord l'embarcadère du ferry avant de gravir la colline jusqu'à la tour. On peut ensuite prendre le bateau pour rentrer à Ry ou rallier Silkeborg.

Himmelbjerget

L'un de points culminants du pays, l'Himmelbjerget ("montagne du ciel") ne mesure que 147 m de haut. Cette colline offre néanmoins de charmants points de vue sur les forêts et les lacs environnants. Il s'agit à ce titre d'une destination touristique populaire, avec son lot de marchands de glaces et de stands de souvenirs autour du parking.

Après avoir garé votre voiture (10 DKK) et effectué la brève ascension jusqu'au sommet, vous pourrez gravir l'élégante **tour** (⌚10h-17h mai à mi-sept) de 25 m, construite en 1875 – sachant que le panorama est le même depuis la base de l'édifice.

Un certain nombre de monuments commémoratifs, d'aires de jeux pour enfants et de sentiers balisés se trouvent également autour.

Un itinéraire de 1 km conduit du haut de l'Himmelbjerget jusqu'aux rives du lac où mouillent les bateaux en provenance de Ry et de Silkeborg.

Depuis/vers l'Himmelbjerget

L'Himmelbjerget se dresse à l'ouest de Ry, à 10 minutes en voiture par la Rte 445 (pas de bus). Autrement, un agréable itinéraire de 7 km permet de s'y rendre à pied ou à vélo. On peut aussi y aller à bord du **Hjejlen** (p. 229) – trois croisières par jour en période d'ouverture (aller simple/retour 70/100 DKK, 50 min, consultez le calendrier sur le site). Un bateau assure la liaison avec Silkeborg, 4 à 6 fois/jour en période d'ouverture (135/200 DKK, 75 min).

AARHUS

269 000 HABITANTS

Si Aarhus (prononcez *ô-rous*) a longtemps vécu dans l'ombre de Copenhague, les choses sont en train de changer. La seconde ville du Danemark redouble d'efforts pour attirer l'attention et s'affirme progressivement comme une nouvelle destination phare en Europe pour les amateurs d'escapades citadines, de festivals et de bonne chère, ou pour ceux qui se lassent de la capitale.

Il faut dire que cette ville étudiante fondée par les Vikings collectionne les honneurs : en 2017, elle a endossé les titres de Capitale européenne de la culture et de Région européenne de la gastronomie (ce dernier titre récompensait Aarhus et tout le centre du Danemark). L'engouement croissant pour ses curiosités architecturales, ses restaurants, ses bars, ses festivals et ses boutiques témoigne de sa vitalité. Condensée, pittoresque et accueillante (on la surnomme "la ville des sourires"), elle fait le bonheur de visiteurs. Une fois ici, vous comprendrez pourquoi le Danemark est si bien représenté dans le palmarès des villes où il fait bon vivre.

À voir

La gare marque la lisière sud du centre-ville. Une rue commerçante piétonne s'étend sur 850 m de la gare à Aarhus Domkirke (la cathédrale), au cœur de la vieille ville.

Les quartiers les plus intéressants, y compris pour le shopping et les restaurants, sont le **Quartier latin**, au nord de la cathédrale, et **Frederiksbjerg**, au sud de la gare.

Ne manquez pas l'idyllique **Møllestien**, de loin la plus jolie rue d'Aarhus, avec ses pavés, ses rosiers et ses maisons aux tons pastel.

Si vous avez l'intention de visiter la ville à fond, l'**AarhusCard** peut s'avérer rentable. En vente au Dokk1 (ci-contre), à la gare routière (p. 245) et dans la plupart des hébergements (24/48/72/120 heures 329/449/599/749 DKK), elle offre un accès illimité aux bus locaux et la gratuité sur la plupart des sites. Plus d'informations sur le site www.visitaarhus.com.

♥ ARoS Aarhus Kunstmuseum — MUSÉE

(☎87 30 66 00 ; www.aros.dk ; Aros Allé 2 ; adulte/enfant 150 DKK/gratuit ; ⏲10h-21h mar-ven, 10h-17h sam-dim, parc fermé en hiver ; 👪). Fleuron d'Aarhus, ce bâtiment cubique, en brique rouge, rassemble une formidable collection présentée sur 9 niveaux dans des espaces blancs aux beaux volumes. Il expose des pièces de l'âge d'or et du modernisme danois, ainsi que des créations contemporaines.

L'AroS a pour thématique principale *La Divine Comédie* de Dante. De l'entrée, au niveau 4, les visiteurs descendent en **Enfer** ou montent au **Paradis**. Le premier, **De 9 Rum** (Les 9 Espaces), occupe le niveau inférieur et présente sur fond noir des œuvres sombres. Le second correspond au **Your Rainbow Panorama**, un superbe passage circulaire sur le toit dévoilant une vue à 360° à travers des baies vitrées multicolores. Cet "arc-en-ciel" a été conçu par l'artiste islando-danois Olafur Eliasson, connu pour ses œuvres conceptuelles de grande dimension.

Découvrez **Boy**, de l'Australien Ron Mueck, une sculpture hyperréaliste de 5 m de haut représentant un jeune garçon accroupi.

Le musée accueille aussi des expositions temporaires (calendrier sur le site Internet). Une boutique de cadeaux et un café lumineux vous attendent au niveau 4 (entrée libre), un restaurant au niveau 8.

♥ Dokk1 — CENTRE CULTUREL

(☎89 40 92 00 ; www.dokk1.dk ; Hack Kampmanns Plads 2 ; ⏲8h-22h lun-ven, 10h-16h sam-dim ; 👪). Inauguré en 2015 dans le cadre d'un vaste projet de rénovation du front de mer, ce fabuleux bâtiment est un bel exemple du talent des Danois pour aménager les espaces publics. Il abrite la plus grande bibliothèque de Scandinavie, qui compte d'innombrables recoins où s'installer pour lire, un café, une aire de jeux pour enfants et un guichet d'information pour les touristes.

♥ Den Gamle By — MUSÉE

(La Vieille Ville ; ☎86 12 31 88 ; www.dengamleby.dk ; Viborgvej 2 ; adulte/enfant 150 DKK/gratuit ; ⏲10h-17h, horaires variables suivant la saison ; 👪).

Le goût des Danois pour les reconstitutions historiques atteint son paroxysme avec ces 75 maisons à colombages transplantées des quatre coins du Danemark en 1909 pour former une bourgade de l'époque d'Andersen (XIXe siècle). Des quartiers inspirés des années 1920 et 1970 ont été ajoutés plus tard.

On peut monter dans une **carriole** tirée par un cheval, qui fait le tour du site, puis visiter chaque bâtiment, échoppe et atelier pour observer les artisans au travail. Il y a aussi sur place plusieurs musées : le **musée de l'Affiche danoise** (Dansk Plakatmuseum), merveilleusement rétro, le **musée du Jouet**, et le **musée des Arts décoratifs**, qui expose de l'argenterie, des porcelaines et des horloges. Un **immeuble de 1974** renferme des appartements et des commerces d'époque, dont un magasin de TV et de hi-fi.

Le musée ne cesse d'évoluer. Parmi les derniers venus : **Aarhus Story**, qui propose un fascinant voyage dans le passé de la ville, Bent J, un ancien bar jazz très apprécié, légué par son propriétaire en 2008, ou la reconstitution d'une maison de migrants somaliens ouverte en 2016.

Den Gamle By se situe à 1,5 km à l'ouest du centre-ville (20 min de marche depuis la gare ferroviaire) ; les bus nos3A, 19 et 111 s'arrêtent à proximité. Le site Web détaille les horaires et les tarifs (qui dépendent des activités du musée). En dehors des heures d'ouverture, les rues pavées sont accessibles gratuitement. L'accès se fait via le **Botanisk Have** (sciencemuseerne.dk/botanisk-have ; Vesterbrogade ; ⏲24h/24 ; 👪) GRATUIT.

Aarhus Domkirke CATHÉDRALE

(www.aarhus-domkirke.dk ; Store Torv ; ⏲9h30-16h lun-sam mai-sept, 10h-15h lun-sam oct-avr). La cathédrale d'Aarhus possède la nef la plus longue (près de 100 m) du Danemark. Sa chapelle romane d'origine, à l'extrémité est, date du XIIe siècle. Le reste remonte pour l'essentiel au XVe siècle, et arbore un style gothique.

AARHUS OU ÅRHUS ?

Depuis 2011, Århus s'écrit de nouveau Aarhus, comme avant l'introduction officielle de la lettre å (transcription du son "ô") dans l'alphabet danois en 1948. L'orthographe précédente figure encore sur certains panneaux de signalisation, cartes, etc.

À l'instar d'autres églises danoises, la Domkirke était décorée de fresques destinées à l'éducation religieuse d'une population inculte. Après la Réforme, en 1536, les autorités ecclésiastiques firent badigeonner de chaux ces peintures aux relents de catholicisme romain. Restaurées depuis, elles montrent notamment saint Georges tuant le dragon et des scènes de l'Enfer.

Un retable doré de 5 panneaux, réalisé à Lübeck par le peintre et sculpteur Bernt Notke (1435-1517), fait partie des pièces maîtresses.

Aarhus Ø QUARTIER

Les docks d'Aarhus sont devenus un quartier résidentiel semé de saisissants bâtiments, comme les tours de l'**Isberget** (Iceberg), lauréates de plusieurs prix d'architecture et très populaires sur Instagram. Flânez pour profiter de l'architecture et du panorama sur la mer et la ville.

Godsbanen CENTRE CULTUREL

(www.godsbanen.dk ; Skovgaardsgade 3). Cette gare de marchandises rénovée, devenue un haut lieu de la culture alternative, vaut vraiment le détour. On y trouve des scènes de théâtre, des ateliers, des cafés, et la salle de concert Radar (p. 244). Godsbanen accueille aussi des expositions, marchés et événements.

Rådhus ARCHITECTURE

(Rådhuspladsen ; ⏲8h-16h lun-ven). Achevé en 1942, l'hôtel de ville d'Aarhus a été co-conçu par le célèbre architecte Arne Jacobsen, pionnier du modernisme danois. Paré de marbre gris norvégien, il suscite la controverse mais l'intérieur mérite le coup d'œil pour les férus de design. Jacobsen a également dessiné plusieurs salles (avec Hans Wegner).

Le hall du bâtiment est accessible au public pendant les horaires d'ouverture. Consultez le site Internet d'Aarhus Guiderne (p. 239) pour une visite guidée hebdomadaire du bâtiment (en général, le samedi matin ; 80 DKK). Pas de réservation, mais vérifiez bien l'heure du rendez-vous.

Kvindemuseet MUSÉE

(☎25 45 45 10 ; www.kvindemuseet.dk ; Domkirkeplads 5 ; adulte/enfant 75 DKK/gratuit ; ⏲10h-17h mar et jeu-sam, 10h-16h dim, 10h-20h mer ; 👪). Si le Danemark est aujourd'hui un modèle d'égalité des genres, il n'en fut pas toujours ainsi, comme le montre le musée de la Femme, installé dans l'ancien hôtel de ville. La section "Histoire de l'enfance", dotée

AARHUS EN...

Deux jours

Commencez par les deux attractions phares d'Aarhus : l'architecture et les œuvres contemporaines d'avant-garde du musée **ARoS** (p. 233) et les reconstitutions du Danemark de jadis de **Den Gamle By** (p. 233). Entre les deux, déjeunez dans l'**aire de restauration** de la ville. Terminez la journée par un dîner au **Restaurant Hærværk** (p. 242). Le lendemain, direction le remarquable **Moesgaard Museum** (p. 235) à la périphérie de la ville, puis la **cathédrale** (ci-dessous) et les boutiques et bistrots du **Quartier latin**, où vous pourrez prendre un verre ou écouter de la musique live.

Quatre jours

Le troisième jour, optez pour un circuit à vélo ou pédalez en solo pour explorer **Marselisborg** (ci-dessous), au sud, ou **Risskov**, au nord, en passant par **Aarhus Ø** (page ci-contre). Plus tard, partez à la découverte des boutiques et restaurants du quartier de **Frederiksbjerg**. Le dernier jour, sortez un peu de la ville pour découvrir **Legoland®** (p. 234), les rivières de la **région des lacs** (p. 228) ou les plages et parcs d'attractions de la péninsule de **Djursland** (p. 246).

d'installations interactives, s'adresse plus spécifiquement aux familles. Joli café sur place.

Vor Frue Kirke ÉGLISE

(www.aarhusvorfrue.dk ; Frue Kirkeplacs ; ⏲10h-16h lun-ven, 10h-14h sam). En retrait de Vestergade, Notre-Dame se compose de plusieurs strates architecturales. Érigée vers 1060, la première cathédrale d'Aarhus resta debout jusqu'aux environs de 1240, avant d'être remplacée par l'église actuelle, construite en brique rouge. La **crypte** voûtée originelle de l'édifice, découverte en 1955 lors de restaurations, est accessible par un escalier derrière le chœur.

Vikingemuseet MUSÉE VIKING

(www.moesgaardmuseum.dk ; Sankt Clements Torv 6 ; ⏲10h15-17h ou 18h). GRATUIT Au milieu des années 1960, des fouilles ont exhumé un site viking dans le sous-sol de la banque Nordea, juste à côté de la cathédrale. Cette exposition concise présente un squelette, la reconstitution d'une maison semi-souterraine, des outils de charpentier vieux de 1 000 ans et des poteries.

Marselisborg et Moesgård

À 2 km au sud du centre-ville débute une ceinture verte, propice à la randonnée et au cyclotourisme, qui embrasse la côte sur près de 10 km. Elle traverse les quartiers sud de Marselisborg, Moesgård et Fløjstrup, dont les noms sont ceux des anciens domaines dont ils faisaient partie. **Marselisborg** renferme un palais royal, un parc d'attractions et l'hippodrome Jysk Væddeløbsbane. **Moesgård** est réputé pour son musée ; de là, un agréable sentier pédestre de 2 km, surnommé le "voie préhistorique" (Oldtidsstien), mène jusqu'à Moesgård Strand, l'une des plus belles plages de sable d'Aarhus, en passant par des forêts de hêtres et des prairies de fleurs sauvages où broutent des moutons. L'été, vous pourrez rentrer par le bus n°31.

♥ **Musée de Moesgaard** MUSÉE

(☎87 39 40 00 ; www.moesgaardmuseum.dk ; Moesgård Allé ; adulte/enfant 160 DKK/gratuit ; ⏲9h-17h mar et jeu, 9h-19h sam-dim, 9h-21h mer ; 👪). À 10 km au sud de la ville, ce musée entièrement réinventé occupe un bâtiment moderne à l'architecture spectaculaire primée. Il traite de la période allant de l'âge de la pierre jusqu'aux Vikings, grâce à des présentations archéologiques et ethnographiques bien conçues.

L'**homme de Grauballe**, vieux de plus de 2 000 ans, en est la vedette. Cette momie des tourbières, étonnamment bien conservée, a été découverte en 1952 dans le village éponyme, 35 km à l'ouest d'Aarhus. La section dédiée ressemble à une enquête criminelle visant à élucider les circonstances de la mort de cet homme vers 290 av. J.-C. Son corps présente la marque d'un égorgement et ses jambes sont brisées – a-t-il été sacrifié à un dieu de la fertilité de l'âge du fer, ou victime d'un crime ? Quoi qu'il en soit, on reste subjugué par ses traits, ses cheveux, ses ongles et sa peau tannée, préservés grâce aux qualités chimiques et biologiques de la tourbe qui le recouvrait.

Le bus n°18 dessert le musée à intervalles fréquents. Sinon, l'itinéraire en voiture

Aarhus

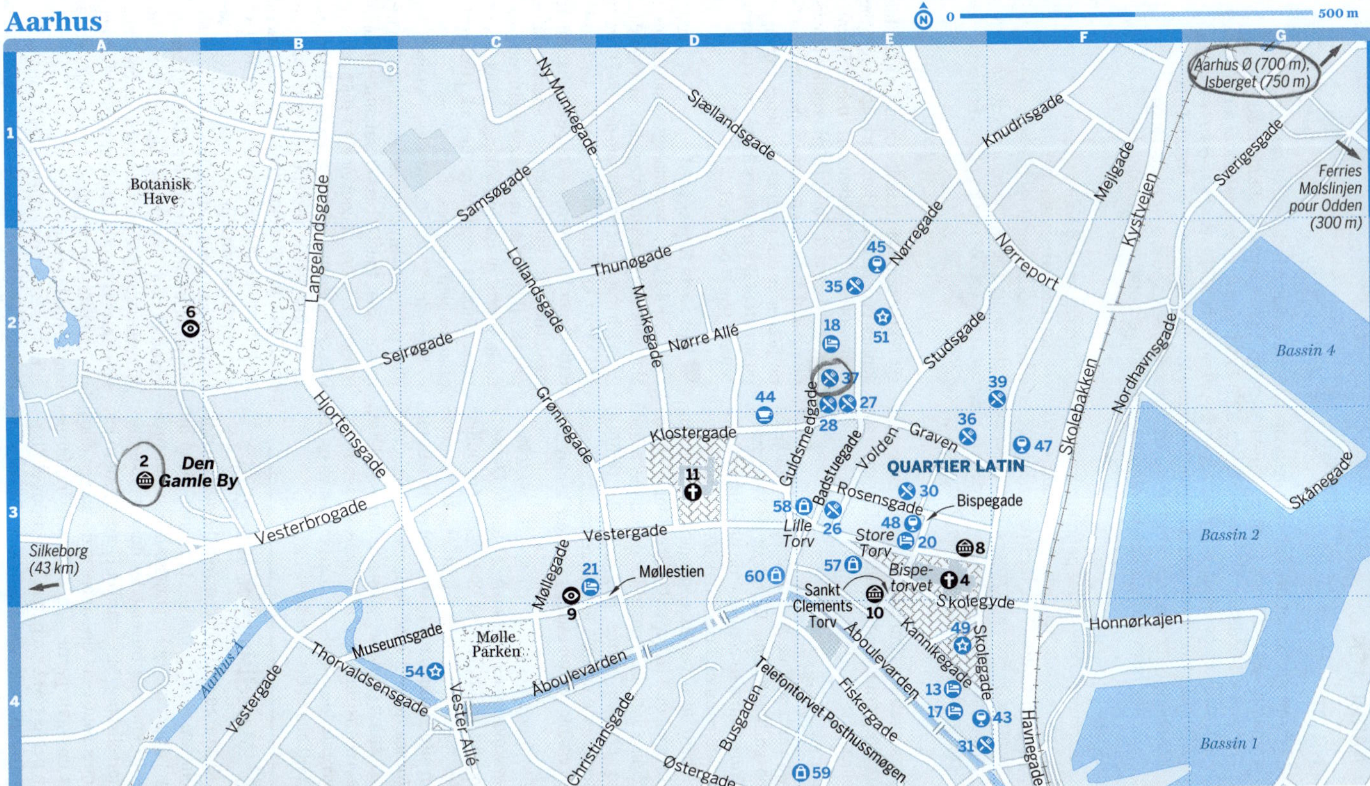
0
500 m
Aarhus Ø (700 m),
Isberget (750 m)
Ferries
Molslinjen
pour Odden
(300 m)
Botanisk
Have
Den
Gamle By
Silkeborg
(43 km)
Mølle
Parken
QUARTIER LATIN
Lille
Torv
Store
Torv
Bispe-
torvet
Sankt
Clements
Torv
Bassin 4
Bassin 2
Bassin 1
Aarhus Å
Ny Munkegade
Sjællandsgade
Knudrisgade
Mejlgade
Kystvejen
Sverigesgade
Samsøgade
Langelandsgade
Thunøgade
Lollandsgade
Munkegade
Nørregade
Nørreport
Sejrøgade
Nørre Allé
Studsgade
Nordhavnsgade
Skolebakken
Hjortensgade
Grønnegade
Klostergade
Guldsmedgade
Graven
Volden
Badstuegade
Rosensgade
Bispegade
Skånegade
Vesterbrogade
Vestergade
Møllegade
Møllestien
Skolegyde
Honnørkajen
Kannikegade
Skolegade
Åboulevarden
Museumsgade
Thorvaldsensgade
Vester Allé
Christiansgade
Busgaden
Telefontorvet Posthussmøgen
Fiskergade
Havnegade
Østergade

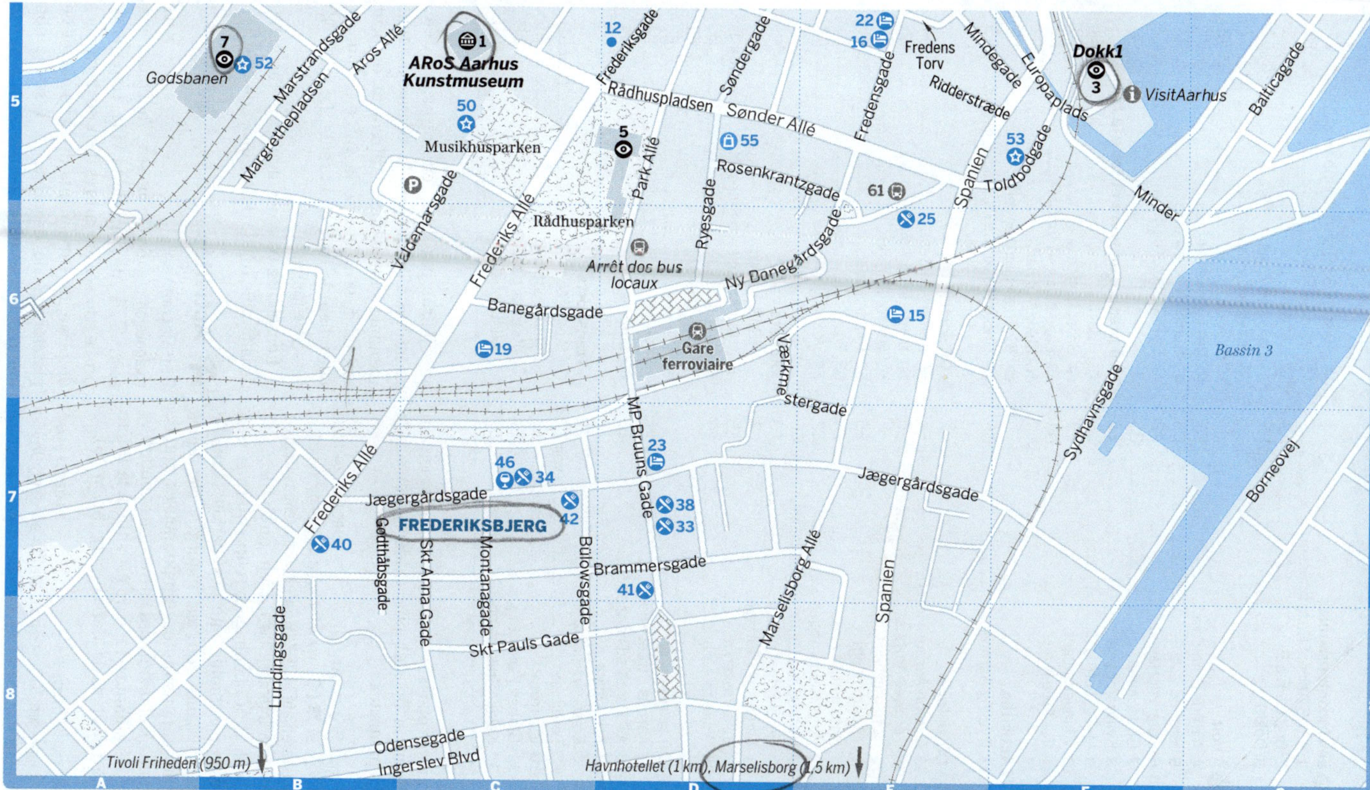
Godsbanen
Marstrandsgade
Aros Allé
AROS Aarhus Kunstmuseum
Margrethepladsen
Frederiksgade
Rådhuspladsen
Søndergade
Fredensgade
Fredens Torv
Mindegade
Ridderstræde
Europaplads
Dokk1
VisitAarhus
Balticagade
Sønder Allé
Musikhusparken
Park Allé
Rosenkrantzgade
Spanien
Toldbodgade
Minder
Valdemarsgade
Rådhusparken
Ryesgade
Frederiks Allé
Arrêt des bus locaux
Ny Banegårdsgade
Banegårdsgade
Gare ferroviaire
Værkmestergade
Bassin 3
Sydhavnsgade
MP Bruuns Gade
Jægergårdsgade
Borneovej
FREDERIKSBJERG
Godthåbsgade
Skt Anna Gade
Montanagade
Bülowsgade
Brammersgade
Marselisborg Allé
Skt Pauls Gade
Lundingsgade
Odensegade
Ingerslev Blvd
Tivoli Friheden (950 m)
Havnhotellet (1 km), Marselisborg (1,5 km)

Aarhus

Les incontournables
1 ARoS Aarhus Kunstmuseum C5
2 Den Gamle By A3
3 Dokk1 .... F5

À voir
4 Aarhus Domkirke E3
5 Rådhus D5
6 Botanisk Have A2
7 Godsbanen B5
8 Kvindemuseet E3
9 Møllestien C3
10 Vikingemuseet E3
11 Vor Frue Kirke D3

Activités
12 Cycling Aarhus D5

Où se loger
13 CabInn Aarhus Hotel E4
15 Comwell Aarhus E6
16 Hotel Aarhus City Apartments E5
17 Hotel Ferdinand E4
18 Hotel Guldsmeden E2
19 Hotel Oasia C6
20 Hotel Royal E3
21 Møllestien Cottages C3
22 Villa Provence E5
23 Wakeup Aarhus D7

Où se restaurer
25 Aarhus Street Food E6
26 AC Perch's Thehandel E3
27 Arla Unika E2
28 Emmerys E2
Ferdinand .... (voir 17)
30 Gastromé E3
31 Globen Flakket E4
33 Kähler Spisesalon D7
34 Klassisk 65 Bistro & Vinbar C7
35 Klassisk Fisk E2
36 La Cabra E3
37 Langhoff & Juul E2
38 Nordisk Spisehus D7
39 OliNico F2
40 Restaurant Hærværk B7
41 Social Foodies D7
42 St Pauls Apothek C7

Où prendre un verre et faire la fête
43 GBar E4
44 Great Coffee D3
45 Løve's Bog- & VinCafé E2
46 Mikkeller Bar C7
47 Ris Ras Filliongongong F3
48 Under Masken E3

Où sortir
49 Aarhus Teater E4
50 Musikhuset Aarhus C5
51 Øst for Paradis E2
52 Radar B5
53 Train F5
54 VoxHall & Atlas C4

Achats
ARoS Aarhus Kunstmuseum Store .... (voir 1)
55 HAY D5
57 Kristian F Møller E3
58 Paustian E3
59 Salling E4
60 Summerbird D3

Transports
Abildskou .... (voir 61)
61 Gare routière E5
Kombardo Expressen .... (voir 61)
Midttrafik .... (voir 61)

s'avère plaisant : prenez Strandvejen en direction du sud, puis Oddervej, et suivez les panneaux.

Tivoli Friheden PARC D'ATTRACTIONS
(☎86 14 73 00 ; www.friheden.dk ; Skovbrynet 5 ; adulte/enfant 140 DKK/gratuit ; horaires variables, voir site Internet ;). Bien qu'en deçà du Tivoli de Copenhague, celui d'Aarhus n'en reste pas moins une destination familiale divertissante, où les manèges classiques pour enfants (autos- tamponneuses, grande roue...) côtoient des attractions modernes et décoiffantes. Le parc est situé à la lisière nord des bois de Marselisborg (bus n°16).

Marselisborg CHÂTEAU ET PARC
(Kongevejen 100 ; parc 8h-21h avr-sept, 9h-16h oct-mars). Quand la famille royale danoise ne séjourne pas dans cette résidence d'été, les jardins à l'anglaise et la roseraie ouvrent au public (entrée libre). Autrement, on peut assister à la relève de la garde à midi en s'installant le long de la route. Le bus n°19 dessert le palais.

Renseignez-vous en ligne sur l'actualité de la famille royale (kongehuset.dk/en).

Activités

Den Permanente PLAGE
(Salonvejen ; 6h-19h lun-sam, 7h-19h dim juin-août). GRATUIT Au nord de la ville, cette plage prisée adossée aux arbres dispose de cabines de plage, de surveillants de baignade et de plateformes de bronzage. À Risskov, non loin du Danhostel (p. 240).

Circuits organisés

Cycling Aarhus À VÉLO

(☎27 29 06 90 ; www.cycling-aarhus.dk ; Frederiksgade 78 ; circuits 299-349 DKK ; ⌚location de vélo 9h-13h mai-oct, ou sur rdv). Ce prestataire propose des formules à vélo d'avril/mai à octobre. Le "Must See Tour" (12 km, 3 heures) englobe les principaux sites d'Aarhus et part tous les jours à 10h30 du siège de la compagnie (qui loue aussi des vélos). Il existe également des circuits thématiques, notamment pour explorer le port ou admirer l'architecture. Horaires et réservations en ligne.

Aarhus Guiderne CIRCUITS GUIDÉS

(☎25 88 88 17 ; www.aarhusguiderne.dk). Le site Internet des guides d'Aarhus présente les circuits disponibles, notamment une visite hebdomadaire du Rådhus (hôtel de ville) et des promenades guidées dans la ville (en anglais) les week-ends d'été. Plus de précisions en ligne. En général, comptez 80/40 DKK par adulte/enfant.

Fêtes et festivals

NorthSide Festival MUSIQUE

(www.northside.dk ; ⌚juin). Ces 3 jours de musique organisés à la mi-juin gagnent en réputation, et rivalisent avec le célèbre festival de rock de Roskilde.

Viking Moot CULTURE

(www.moesgaardmuseum.dk ; ⌚juil). Fin juillet, le temps d'un week-end, les Vikings renaissent de leurs cendres à Moesgård Strand. Au programme : costumes, artisanat, ripaille authentique (viande à la broche et hydromel, entre autres), manifestations équestres et combats guerriers.

Spot Festival MUSIQUE

(www.spotfestival.dk ; ⌚mai). Tous les ans en mai, des jeunes talents de la musique nordique se produisent au Musikhuset et alentour (p. 244).

Festival de jazz d'Aarhus MUSIQUE

(www.jazzfest.dk ; ⌚juil). Divers théâtres, cafés et places d'Aarhus accueillent des grands noms du jazz durant une semaine à la mi-juillet.

Fête d'Aarhus CULTURE

(www.aarhusfestuge.dk ; ⌚août). Pendant 10 jours à la fin août, la ville revêt ses habits de fête et célèbre la culture sous toutes ses formes (musique, théâtre, arts graphiques, cuisine, manifestations en plein air pour petits et grands...). Accès souvent gratuit. Le festival est grandiose début septembre lors d'un **week-end gastronomique** (www.foodfestival.dk).

ARoS Triennial ART

(www.aros.dk). Inaugurée durant l'été 2017, cette nouvelle exposition internationale d'art contemporain se tiendra tous les 3 ans. Organisée par l'ARoS Aarhus Kunstmuseum (p. 233), elle investit différents quartiers.

Où se loger

Wakeup Aarhus HÔTEL €

(☎44 80 00 00 ; www.wakeupcopenhagen.dk ; MP Bruuns Gade 27 ; d à partir de 500 DKK ; 📶). Ouverte mi-2017, cette adresse économique propose 315 chambres fraîches et fonctionnelles, à deux pas de la gare. Assez sobre, avec un style résolument scandinave et un design élégant. Offres spéciales en ligne. Comptez un supplément pour une chambre plus spacieuse ou avec vue, ou pour une réservation modulable.

CabInn Aarhus Hotel HÔTEL €

(☎86 75 70 00 ; www.cabinn.com ; Kannikegade 14 ; s/d/tr/f à partir de 495/625/805/950 DKK ; P@📶). "Meilleur emplacement, meilleur prix", telle est la devise gagnante de CabInn, dont cette antenne spacieuse donne sur la rivière, en plein centre. Les 400 chambres fonctionnelles s'inspirent des cabines de bateaux (d'où le nom). La moins chère est vraiment minuscule, mais toutes ont une salle de bains, une TV et une bouilloire.

Havnhotellet HÔTEL €

(BB Hotel ; www.bbhotels.dk ; Marselisborg Havnevej 20 ; d/tr petit-déj inclus 670/920 DKK ; P📶). Ces chambres fraîches d'un bon rapport qualité/prix semblent tout droit sorties d'une chaîne de production Ikea. Les réservations s'effectuent uniquement sur Internet (pas de numéro de téléphone) et l'enregistrement au moyen d'un ordinateur. L'hôtel se tient sur la marina, à 1,5 km au sud du centre-ville (près de Strandvejen ; bus n°19) et à une courte distance à pied de Marselisborg (p. 235), près de plusieurs restaurants et d'une zone de stationnement gratuite.

Un conseil : choisissez une chambre au 1er étage, car celles du rez-de-chaussée manquent d'intimité.

À NE PAS MANQUER

FESTIVAL EN FORÊT

Les mélomanes raffoleront du **Smukfest** (www.smukfest.dk ; ⌚août), grand festival de musique qui a lieu le deuxième week-end d'août et qui se veut le "plus beau festival du Danemark". Il doit ce titre au cadre magnifique où il se tient, une forêt de hêtres des environs de Skanderborg, dans la région des lacs, environ 28 km au sud-ouest d'Aarhus, et à une distance à peu près équivalente de Silkeborg.

Danhostel Aarhus AUBERGE DE JEUNESSE €
(☎86 21 21 20 ; www.aarhusdanhostel.dk ; Marienlundsvej 10 ; dort 275 DKK, d sans/avec sdb 550/720 DKK ; ⌚début jan à mi-déc ; P📶). Le bâtiment principal, une ancienne salle de bal de forme octogonale, a beaucoup de cachet. L'hébergement se fait dans des chambres simples et claires, parfois dotées d'une salle de bains (draps en sus). Le petit-déjeuner coûte 69 DKK. À 3 km au nord du centre, dans un charmant coin boisé proche de la plage (bus n°s 5A, 17, 18 ou 20).

DCU-Camping Blommehaven CAMPING €
(☎86 27 02 07 ; www.dcu.dk/da/dcu-camping/dcu-camping-aarhus-blommehaven ; Ørneredevej 35 ; adulte/enfant/empl 96/51/55-70 DKK ; ⌚fin mars à fin oct ; P📶). Ce vaste camping au bord de la plage, 6 km au sud du centre, est implanté dans les jolis bois de Marselisborg (p. 235), sur le chemin de Moesgård. Il compte de nombreux équipements familiaux et des bungalows sans prétention pour 4/6 personnes (500/650 DKK). En voiture, suivez Strandvejen vers le sud. Autrement, prenez le bus n°18 ou, en été, le n°31.

♥ **Hotel Guldsmeden** BOUTIQUE-HÔTEL €€
(☎86 13 45 50 ; guldsmedenhotels.com/aarhus ; Guldsmedgade 40 ; d avec/sans sdb à partir de 1 075/895 DKK ; 📶). 🍃 Un excellent choix pour son emplacement privilégié, son personnel chaleureux, ses chambres de style colonial rehaussées de tapis persans, son jardin luxuriant et son ambiance chic décontractée. *Guldsmed* signifie à la fois "orfèvre" et "libellule", d'où les motifs du décor. Le prix comprend un petit-déjeuner bio copieux et une gamme d'articles de toilette écologiques.

Cette ancienne maison familiale fut le premier hôtel d'une petite chaîne danoise présente sur tout le territoire.

Møllestien Cottages PAVILLONS €€
(☎86 13 06 32 ; www.house-in-aarhus.com ; Møllestien 49 et 51 ; d 800-900 DKK). Dans la plus jolie rue d'Aarhus (p. 233), un céramiste loue deux petits pavillons au cadre accueillant. Chacun d'eux comporte cour, cuisine, salon et salle de bains, mais le moins cher est plus rustique. Notez qu'on accède aux chambres par un escalier raide. Supplément de 300 DKK pour les séjours d'une seule nuit. Réservez bien à l'avance.

Comwell Aarhus HÔTEL €€
(☎86 72 80 00 ; www.comwellaarhus.dk ; Værkmestergade 2 ; d à partir de 1 200 DKK ; P📶). Enseigne de la chaîne Comwell, ce grand hôtel moderne sert de vitrine aux designers de l'entreprise locale HAY (p. 245), qui l'ont meublé gracieusement. Les chambres les plus haut perchées jouissent d'un beau panorama, le petit-déjeuner est somptueux et l'emplacement central.

Hotel Oasia HÔTEL €€
(☎87 32 37 15 ; www.hoteloasia.com ; Kriegersvej 27 ; d petit-déj inclus 895-1 695 DKK ; P📶). Adepte du minimalisme, l'Oasia propose des chambres modernes et lumineuses aux lignes épurées. Le *nec plus ultra* des marques scandinaves – literie, TV et fauteuils de designers – compose l'équipement. Bien placé par rapport à la gare ferroviaire et aux restaurants de Frederiksbjerg.

Hotel Aarhus City Apartments APPARTEMENTS €€
(☎86 27 51 30 ; www.hotelaca.dk ; Fredensgade 18 ; d à partir de 799 DKK, studio/app à partir de 989/1 189 DKK ; P📶). Tous pourvus d'une cuisine ou d'une kitchenette, et équipés d'une TV, ces chambres, studios et appartements dans un immeuble de 3 étages sont une bonne formule pour les familles et pour les longs séjours. Réservez pour être accueilli : il n'y a pas de réception.

Hotel Ferdinand BOUTIQUE-HÔTEL €€
(☎87 32 14 44 ; www.hotelferdinand.dk ; Åboulevarden 28 ; s/d studio à partir de 950/1 150 DKK, ste à partir de 1 100/1 300 DKK ; 📶). Sur Åboulevarden, au cœur de l'animation, l'adresse comprend une brasserie française chic au rez-de-chaussée (p. 242). Elle compte aussi 8 grandes suites luxueuses à l'étage, auxquelles s'ajoutent 11 studios avec balcon, cuisine et machine à laver dans un bâtiment voisin.

Villa Provence BOUTIQUE-HÔTEL €€€
(☎86 18 24 00 ; www.villaprovence.dk ; Fredens Torv 12 ; d petit-déj inclus 1 395/1 900 DKK ; P 📶). Cet établissement, fréquenté par une clientèle aisée, loue des chambres élégantes de style provençal. Les plus chères sont spacieuses et magnifiques. Plus petites, les standards présentent le même souci du détail – TV, minibar, linge "made in France" et affiches de films français. Outre le petit-déjeuner gastronomique, nous avons apprécié la cour, agrémentée de fleurs en pot et de guirlandes lumineuses dans les arbres.

Hotel Royal HÔTEL €€€
(☎86 12 00 11 ; www.hotelroyal.dk ; Store Torv 4 ; s/d à partir de 1 295/1 445 DKK ; P 📶). Ici, point de minimalisme scandinave. Du portique à l'entrée aux lustres en cristal et peintures du hall, le Royal frise parfois le tape-à-l'œil. Nous apprécions néanmoins les couleurs chaudes du décor et le grand aquarium de la réception.

Où se restaurer

La scène gastronomique d'Aarhus est en ébullition : de nouveaux restaurants, cafés, microbrasseries et enseignes en tout genre ouvrent régulièrement. Le visiteur affamé dispose donc d'innombrables options, notamment d'une aire de restauration et de quelques restaurants étoilés au Michelin. Le Quartier latin compte une foule de restaurants internationaux et de charmants cafés-bistrots. Au sud de la gare, le secteur de MP Bruuns Gade et Jægergårdsgade est un bon terrain de chasse pour les gourmets.

Social Foodies FRIANDISES €
(www.socialfoodies.dk ; MP Bruuns Gade 60 ; glace 25-39 DKK ; ⏲10h-20h). Cette enseigne mérite des louanges pour son engagement social – elle est investie dans plusieurs projets en Afrique – et pour ses glaces et chocolats, en particulier ses *flødeboller* (rochers à la guimauve ou à la meringue enrobés de chocolat), les plus emblématiques des douceurs danoises – on peut même prendre un cours pour apprendre à les faire !

La Cabra CAFÉ €
(www.lacabra.dk ; Graven 20 ; ⏲8h-17h30 lun-sam, 9h-17h dim). Grains et torréfaction de qualité, service très professionnel : La Cabra est l'un des meilleurs cafés de la ville, comme en atteste la file d'attente pour les boissons à emporter. À cela s'ajoutent une salle spacieuse, une terrasse, et de délicieux sandwichs et pâtisseries.

Aarhus Street Food AIRE DE RESTAURATION €
(www.aarhusstreetfood.com ; Ny Banegårdsgade 46 ; plats 50-150 DKK ; ⏲11h30-21h ; 📶♿). Cet ancien garage derrière la gare routière (p. 245) abrite des stands animés servant aussi bien des pizzas et des burgers que des curries thaïlandais et des *banh mi* vietnamiens. L'endroit est vite devenu un lieu incontournable pour se retrouver ou faire connaissance en mangeant un morceau. Bars ouverts jusqu'à minuit vendredi et samedi.

OliNico INTERNATIONAL €
(☎86 25 05 70 ; www.olinico.dk ; Mejlgade 35 ; plats 60-165 DKK ; ⏲11h30-14h et 17h30-21h lun-sam, 17h30-21h dim). Il faut parfois se battre pour avoir une table dans ce petit restaurant-traiteur qui prépare des classiques à prix avantageux (moules frites 65 DKK, *fish and chips* 60 DKK). Le menu quotidien de 3 plats (150 DKK) est une véritable aubaine. Pas de réservations. On peut acheter des plats à emporter.

Arla Unika ÉPICERIE FINE €
(☎91 31 46 66 ; www.arlaunika.dk ; Klostergade 20 ; sandwich grillé 45 DKK ; ⏲10h-17h30 lun-jeu, 10h-19h ven, 10h-16h sam). Cette épicerie fine (qui vend surtout du fromage et des alcools de luxe) montre la place que le design prend dans le quotidien des Danois. Goûtez les saveurs locales (*gammel knas* et *havgus* sont les fromages les plus appréciés), faites le plein pour un pique-nique ou prenez place à l'arrière pour un café et un croque-monsieur danois.

Emmerys BOULANGERIE, CAFÉ €
(☎51 85 76 97 ; www.emmerys.dk ; Guldsmedgade 24 ; sandwichs et salades 60-70 DKK ; ⏲7h-18h lun-ven, 7h-17h sam). Un bon ambassadeur de la pâtisserie danoise, idéal pour un café matinal accompagné d'un gâteau ou un sandwich au déjeuner. Cette

BON PLAN ÉTUDIANT

Dans cette ville étudiante, n'hésitez pas à sortir la carte ISIC ou celle de votre université. Des pubs aux restaurants en passant par les musées, vous aurez souvent droit à des tarifs préférentiels.

enseigne de la chaîne Emmerys, café-épicerie de style moderne, fut la première à ouvrir.

Langhoff & Juul DANOIS €€

(☎30 30 00 18 ; www.langhoffogjuul.dk ; Guldsmedgade 30 ; déj 98-198 DKK, menu dîner 3/4 plats 318/418 DKK ; ⏲9h-22h lun-sam, 10h-16h dim). Un incontournable rustique du Quartier latin, où le décor décontracté contraste avec les plats exquis qu'on y sert, en particulier le soir. Fabuleux buffet brunch, tous les jours (148 DKK). Salades et *smørrebrød* le midi. Le service soigné, le raffinement du lieu et l'ambiance détendue et agréable sont autant d'atouts supplémentaires.

Kähler Spisesalon DANOIS €€

(☎86 12 20 53 ; MP Bruuns Gade 33 ; smørrebrød 1/3 pièces 79/200 DKK ; ⏲9h-22h lun-sam, 10h-22h dim). Plantes, lampes, photos vintage et belles céramiques de chez Kähler (une compagnie fondée il y a 175 ans, dont la boutique mère se trouve en bas de la rue, au n°41) composent le décor de cet élégant "salon". Il fait bon s'y arrêter à toute heure : pour le buffet petit-déjeuner en semaine (80 DKK), pour un brunch le week-end (159 DKK), pour l'excellent café, mais surtout pour son *smørrebrød* habilement revisité.

Restaurant Hærværk DANOIS €€

(☎50 51 26 51 ; www.restaurant-haervaerk.dk ; Frederiks Allé 105 ; menu 5 plats 495 DKK ; ⏲17h-tard mar-sam). Le "Restaurant vandalisme" est l'une de ces nouvelles adresses audacieuses qui chamboulent l'ordre établi : le menu change tous les jours, parfois même d'une table à l'autre ; les ingrédients originaux sont achetés localement (de préférence chez des petits producteurs). Excellente adresse à prix honnêtes, avec une belle carte des vins (4 verres 350 DKK).

Klassisk 65 Bistro & Vinbar FRANCO-DANOIS €€

(☎86 13 12 21 ; www.klassiskbistro.dk ; Jægergårdsgade 65 ; plats 190-600 DKK ; ⏲17h-tard). Cette adresse au cadre chic-récup' – meubles disparates, vaisselle dépareillée et étagères chargées de bouteilles de vin – fait le plein. Les habitants s'y pressent pour l'atmosphère *hyggelig* (conviviale) et l'intéressant rapport qualité/prix de la cuisine française revue à la mode danoise. Menu du jour de 3 plats à 350 DKK.

Ferdinand FRANÇAIS €€

(☎87 32 14 44 ; www.hotelferdinand.dk ; Åboulevarden 28 ; menu déj 3/4/5 plats 165/185/195 DKK, dîner 375/445/495 DKK ; ⏲11h-22h). Surplombant magnifiquement la rivière, ce bistrot chaleureux sert des plats équilibrés d'inspiration française, modernes ou classiques, à base de produits locaux de qualité.

AC Perch's Thehandel SALON DE THÉ €€

(☎33 15 35 62 ; www.perchstearoom.dk ; Volden 3 ; repas 140-175 DKK ; ⏲10h-17h30 lun-jeu, 10h-18h ven, 10h-17h sam). Ce salon de thé hors du temps propose un choix si vaste que même les buveurs de thé les plus exigeants trouveront leur bonheur. Laissez-vous tenter par le populaire *high tea* (cérémonie du thé, 225-250 DKK) qui s'accompagne de mini-sandwichs, petits-fours, scones à la confiture et crème caillée, ainsi que d'une théière intarissable.

Vous trouverez dans la boutique adjacente des confitures, du miel, des biscuits maison, des confiseries, et du thé joliment empaqueté.

Klassisk Fisk PRODUITS DE LA MER €€

(☎28 71 99 95 ; www.klassiskfisk.dk ; Nørregade 38 ; déj 68-165 DKK, plats dîner 195-250 DKK ; ⏲12h30-16h et 17h30-22h). L'équipe du bistrot Klassisk 65 a encore frappé : décor soigné, atmosphère détendue et produits frais de la mer, c'est aussi simple que cela et tout à fait délicieux. Huîtres, homard, carpaccio de thon, crabe à carapace molle, bouillabaisse ou menu du jour (3 plats 325 DKK), vous vous régalerez.

Globen Flakket INTERNATIONAL €€

(☎87 31 03 33 ; www.globen-flakket.dk ; Åboulevarden 18 ; plats dîner 120-225 DKK ; ⏲8h30-22h30 lun-jeu, 8h30-1h ven, 9h-1h sam, 9h-22h30 dim ; 👪). Une clientèle sans distinction d'âge fréquente à toute heure cet agréable café-restaurant au bord de la rivière. Des formules buffet avantageuses – petit-déjeuner en semaine (42 DKK), brunch le week-end (129 DKK) et pâtisseries l'après-midi (42 DKK) – complètent la carte de burgers, pâtes et autres classiques.

Frederikshøj DANOIS €€€

(☎86 14 22 80 ; www.frederikshoj.com ; Oddervej 19-21 ; menu 2 000 DKK ; ⏲18h-minuit mer-sam). La réservation est impérative dans ce restaurant étoilé au Michelin. Dans un cadre boisé juste au sud du centre-ville, le chef et propriétaire Wassim Hallal, né à Beyrouth, éblouira vos papilles. Plusieurs menus au choix, allant des trois classiques infaillibles au festival de saveurs "deluxe" composé de 10 plats. Hallal a un penchant pour les valeurs sûres haut de gamme comme le homard, le caviar, les huîtres et le foie gras.

Kähler Villa Dining DANOIS €€€

(☎86 17 70 88 ; www.villadining.dk ; Grenåvej 127 ; menus dîner vin compris 649-799 DKK ; ⌚18h30-21h30 mar-sam). Ce champion de la scène culinaire locale vous attend à 5 km au nord du centre-ville, dans une gracieuse villa où la magie gustative s'exerce à un prix accessible. Le concept est malin : pour la modique somme de 799 DKK (649 DKK du mardi au jeudi), les convives s'attablent à une heure établie devant un menu fixe incluant apéritif, entrée, plat et dessert, plus vin à volonté.

Suivez Skovvejen vers le nord après Risskov et continuez dans Grenåvej, son prolongement. De nombreux bus urbains desservent cet itinéraire, dont les n°s 13, 18 et 100.

Demi-tarif pour les moins de 12 ans. Formule économique, du mardi au jeudi : 239 DKK (ni dessert ni boisson).

St Pauls Apothek DANOIS €€€

(☎86 12 08 33 ; www.stpaulsapothek.dk ; Jægergårdsgade 76 ; menu 2/3 plats 275/365 DKK ; ⌚17h30-minuit mar-jeu, 17h30-2h ven et sam). Cette ancienne pharmacie accueille l'une des tables les plus tendance d'Aarhus, son architecture rétro, son éclairage étudié et ses mixologues branchés. La courte carte met à l'honneur les produits nordiques et les combinaisons audacieuses. Pour 645 DKK, vous aurez droit à 3 plats assortis de breuvages inspirés. Réservez. L'endroit fait aussi fureur le soir comme bar de luxe, avec des cocktails audacieux.

Nordisk Spisehus INTERNATIONAL €€€

(☎86 17 70 99 ; www.nordiskspisehus.dk ; MP Bruuns Gade 31 ; menu déj 89 DKK, dîner 4/6/8 plats 499/699/899 DKK ; ⌚17h30-22h lun-jeu, 12h-15h et 17h30-22h ven-sam). Cet établissement conceptuel propose des menus à thème géographique ("Rome" ou "New York rencontre Paris", par exemple) et revisite à la sauce nordique des plats de restaurants étoilés au Michelin (avec leur accord). Les menus changent tous les deux mois. Bon rapport qualité/prix pour la formule déjeuner.

Gastromé DANOIS €€€

(☎28 78 16 17 ; www.gastrome.dk ; Rosensgade 28 ; menus à partir de 900 DKK ; ⌚à partir de 17h30 mer-sam). Quintessence de l'élégance nordique, Gastromé est tout en bois clair et peaux de mouton. Le cadre apaisant laisse toute leur place aux mets, ce qui est de bon ton dans un établissement étoilé au Michelin. Le menu "halv gas" (mi-régime, 900 DKK) offre un aperçu abordable du talent des chefs, tandis que le "fuld gas" (plein régime, 1 500 DKK) décolle véritablement. Le menu "signature" (spécial) est délicieux.

Où prendre un verre et faire la fête

Aarhus accueille une importante population étudiante qui égaie ses parcs, ses rues pavées et ses bars. À Frederiksbjerg, **Jægergårdsgade** et les rues alentour comptent nombre de bars et cafés. Outre les bars-restaurants chics du nord d'**Åboulevarden**, on trouve de bons troquets au sud et, non loin, dans **Skolegade**, des adresses plus intimes et des bars de quartier. Les pubs anglais et irlandais tapageurs de **Frederiksgade** accueillent souvent des concerts et des jam-sessions. Dans le Quartier latin, **Mejlgade** concentre bistrots huppés et bars à vins.

Plusieurs restaurants vous attendent aussi pour un verre, comme St Pauls Apothek qui sert d'excellents cocktails (page ci-contre), ou Aarhus Street Food (p. 241) pour grignoter et boire un verre dans une ambiance détendue.

♥ Mikkeller Bar BAR

(☎32 16 01 92 ; www.mikkeller.dk ; Jægergårdsgade 61 ; ⌚15h-22h lun-mer, 14h-minuit jeu, 14h-2h ven, 13h-2h ven, midi-2h sam). Le fameux brasseur itinérant de Copenhague a ouvert une enseigne populaire à Frederiksbjerg. Dans un cadre lumineux à la sobriété très scandinave, venez goûter une (ou plusieurs) de ses bières artisanales uniques. Le personnel très calé vous aidera à choisir parmi les 20 variétés en stock.

♥ Løve's Bog- & VinCafé BAR À VINS

(☎27 83 16 33 ; www.loeves.dk ; Nørregade 32 ; ⌚9h-minuit lun-ven, à partir de 10h sam, 10h-18h dim). Garni de mobilier ancien et de bibliothèques, ce bar à vins a la faveur des amateurs de livres et des propriétaires d'ordinateurs portables. Des lectures de poésie et des concerts contribuent parfois à l'atmosphère culturelle tandis que les tapas aident à guérir les syndromes de la page blanche.

Under Masken BAR

(Bispegade 3 ; ⏲ midi-2h lun-mer, midi-3h jeu-sam, 13h-minuit dim). Tenu par un artiste, ce bric-à-brac délirant (miroirs dorés, masques africains, photos de marins et aquariums illuminés) baigne dans une ambiance bruyante et enfumée où l'on ne s'ennuie pas. Pas de nourriture sur place.

Ris Ras Filliongongong BAR

(☎86 18 50 06 ; Mejlgade 24 ; ⏲midi-1h lun-mer, midi-2h jeu-sam, 16h-22h dim). Avec son mobilier vintage et ses objets décalés, Ris Ras (le nom d'une berceuse pour enfants) pourrait être le salon d'un ami danois plutôt zen. Petit, intime, convivial : toute l'essence du *hygge*. On peut fumer à l'intérieur, ce qui risque de gâcher le plaisir aux non-fumeurs.

Great Coffee CAFÉ

(www.greatcoffee.dk ; Klostergade 32H ; ⏲ 10h-17h mar-ven, 10h-16h sam). Comme le suggère son nom, ce café décontracté au décor industriel sert un café de qualité (ses moutures ont été récompensées), mais très peu à grignoter. Vous le trouverez au fond, dans la cour.

GBar GAY ET LESBIEN

(☎21 35 35 61 ; www.gbar.dk ; Skolegade 28 ; ⏲21h-3h jeu, 22h-5h ven-sam). Le plus grand bar-club gay d'Aarhus accueille tout le monde. Consultez la page Facebook pour les événements et soirées à venir.

☆ Où sortir

♥ **Øst for Paradis** CINÉMA

(☎86 19 31 22 ; www.paradisbio.dk ; Paradisgade 7-9). Dans la partie nord du "Quartier latin", cette salle d'art et d'essai diffuse des films en version originale sous-titrée en danois.

Aarhus Teater THÉÂTRE

(☎70 21 30 21 ; www.aarhusteater.dk ; Teatergaden). Ce théâtre inauguré en 1900, grandiose à souhait, est orné de gargouilles et autres éléments décoratifs extravagants. Les pièces sont pour l'essentiel en danois, mais il y a aussi des spectacles de musique et de danse.

VoxHall & Atlas CONCERTS

(☎87 30 97 97 ; www.fondenvoxhall.dk ; Vester Allé 15). Établi de longue date, VoxHall (700 places) programme des concerts variés. Plus intimiste, Atlas (300 places) se consacre au jazz et aux musiques du monde.

Radar CONCERTS

(☎86 76 03 44 ; www.radarlive.dk ; Skovgaardsgade 3). Pour un aperçu de la scène indé locale, avec un large éventail de concerts (rock, techno, punk, folk...), au sein du pôle culturel Godsbanen (p. 234).

Train CONCERTS

(☎86 13 47 22 ; www.train.dk ; Toldbodgade 6). La salle numéro un d'Aarhus propose des concerts 2 ou 3 soirs par semaine. Des vedettes internationales figurent parfois à l'affiche. Les vendredi et samedi, Train se transforme en boîte de nuit. Des DJ talentueux font alors danser jusqu'à 1 300 fêtards. Le complexe comprend aussi Kupé, un club lounge branché.

Musikhuset Aarhus CONCERTS

(☎89 40 90 00 ; www.musikhusetaarhus.dk ; Thomas Jensens Allé). Derrière sa façade vitrée, le grand auditorium de la ville présente des spectacles variés, de Rod Stewart à *Rigoletto*, en passant par le Den Kongelige Ballet (Ballet royal danois) ou l'orchestre symphonique d'Aarhus.

Achats

Salling GRAND MAGASIN

(☎87 78 60 00 ; www.salling.dk ; Søndergade 27 ; ⏲10h-20h lun-ven, 10h-19h sam, 10h-18h dim). Ce grand magasin du centre (dans la rue piétonne) compte un important rayon gastronomique. Toutes les grandes marques locales sont représentées et différents événements y sont programmés (marché de Noël, concerts...). Belle vue sur la ville depuis le toit-jardin.

SHOPPING À AARHUS

Søndergade Cette rue piétonne longue de 850 m (dont la section initiale, en face de la gare, s'appelle Ryesgade) est bordée d'enseignes de grandes marques et de chaînes. On l'appelle aussi Strøget.

Quartier latin Cette zone pavée, en grande partie piétonne, est semée d'attrayantes boutiques de mode et de design. Jetez un œil à Badstuegade et Volden, et arpentez Vestergade, à l'ouest.

Frederiksbjerg Boutiques et trouvailles hétéroclites, notamment des enseignes rétro et des ateliers d'artisans.

ARoS Aarhus Kunstmuseum Store LIVRES, CADEAUX, SOUVENIRS
(Aros Allé 2 ; ⌚10h-21h mar-ven, 10h-17h sam-dim). La boutique de cadeaux du musée ARoS (p. 233) propose un vaste choix de livres, objets déco, accessoires et gadgets.

Paustian DESIGN
(☎87 41 50 00 ; www.paustian.dk ; Lille Torv 2 ; ⌚10h-18h lun-jeu, 10h-19h ven, 10h-17h sam, 11h-15h dim). Gare à la tentation dans ce véritable temple du design danois et international.

Summerbird CHOCOLAT
(☎87 31 65 00 ; Immervad 2-8 ; ⌚10h-20h lun-sam, 10h-18h dim). Joliment emballés, les chocolats de cette boutique font des cadeaux élégants.

HAY DESIGN
(☎42 82 08 20 ; www.hay.dk ; Rosenkrantzgade 24 ; ⌚10h-18h lun-ven, 10h-16h sam). Le mobilier danois dernier cri côtoie des articles pour la maison, textiles et tapis de créateurs.

Renseignements

VisitAarhus (☎87 31 50 10 ; www.visitaarhus.com ; Hack Kampmanns Plads 2 ; ⌚10h-14h lun-ven) dispose d'un site Internet, d'écrans tactiles disséminés en ville et d'une application gratuite. Pour des informations actualisées, consultez leurs médias sociaux. Il y a un petit guichet d'information en libre-service dans le **Dokk1** (p. 233) et un second point info dans la **gare routière** (Rutebilstation ; Fredensgade 45).

ARGENT

Forex Bank (Banegårdspladsen 20 ; ⌚10h-18h lun-ven). Bureau de change proche de la gare ferroviaire.

CONSIGNE

Les gares routière et ferroviaire sont équipées de consignes automatiques à pièces (grande/petite 20/40 DKK pour 24 heures).

Depuis/vers Aarhus

AVION

L'**aéroport d'Aarhus** (AAR ; www.aar.dk ; Ny Lufthavnsvej 24, Kolind), ou de Tirstrup, se situe à 45 km au nord-est de la ville.

Scandinavian Airlines (SAS) effectue des liaisons quotidiennes avec Copenhague. Sun-Air, une filiale de British Airways, assure des vols directs pour Stockholm, Göteborg (Suède) et Oslo (Norvège).

Le bus n°925X relie la gare ferroviaire d'Aarhus à l'aéroport (115 DKK, 50 min, www.midttrafik.dk). Les horaires coïncident avec les heures de départ et d'arrivée des vols. En taxi, comptez 650 DKK.

L'aéroport de **Billund** (p. 223), situé 95 km au sud-ouest d'Aarhus, est beaucoup plus fréquenté. Le bus n°912X le dessert (160 DKK, 1 heure 30) ; il part de la gare routière d'**Aarhus** ou d'un arrêt sur Banegårdspladsen, devant la gare ferroviaire.

BATEAU

Molslinjen (☎70 10 14 18 ; www.molslinjen.dk ; Hveensgade 4 ; 📶). Des ferries à grande vitesse naviguent entre Aarhus et Odden, dans le nord de la Sjaelland (aller simple adulte/voiture 349/699 DKK, 1 heure 15), plusieurs fois par jour. Le tarif appliqué aux voitures inclut les passagers. Prix avantageux en ligne.

BUS

Le réseau X-bus (bleu) dessert presque tout le Jutland au départ de la gare routière d'Aarhus, située 300 m au nord-est de la gare ferroviaire.

Pour rejoindre Copenhague, réservez en ligne auprès d'**Abildskou** (☎ 70 21 08 88 ; www.abildskou.dk) pour le bus express n°888 (149-249 DKK, 3 heures 30 à 4 heures 30, jusqu'à 10/jour via la Fionie), ou auprès de **Kombardo Expressen** (www.kombardoexpressen.dk ; 99-299 DKK, 3 heures 30, en ferry jusqu'à Odden).

TRAIN

Des trains fréquents desservent les destinations suivantes :

Aalborg (197 DKK, 1 heure 30)

Copenhague (388 DKK, 3 heure-3 heures 30), via Odense (244 DKK, 1 heure 30)

Frederikshavn (256 DKK, 2 heures 30)

Silkeborg (90 DKK, 45 min)

Comment circuler

BUS

Aarhus dispose d'un vaste et efficace réseau de bus. La plupart des bus urbains (jaunes) s'arrêtent à proximité de la gare ferroviaire, dans Park Allé. Achetez votre billet via l'automate à bord (aller simple 20 DKK).

Renseignements sur les billets, les forfaits, les itinéraires et les horaires à la gare routière, dans Fredensgade ou auprès de **Midttrafik** (☎70 21 02 30 ; www.midttrafik.dk).

MÉTRO LÉGER (LETBANE)

Un métro léger (Aarhus Letbane) est opérationnel depuis décembre 2017. Pratique, il relie notamment la gare ferroviaire d'Aarhus au port (via le **Dokk1** ; p. 233).

VÉLO

Aarhusbycykel (www.aarhusbycykel.dk), système de vélos gratuits en libre-service, fonctionne d'avril à octobre (téléchargez un plan sur le site Internet). Il existe plusieurs stations dans la ville. Certains vélos ne sont pas en très bon état.

Pour louer un engin de meilleure qualité, adressez-vous à **Cycling Aarhus** (p. 239) qui propose des circuits au départ du centre-ville et loue aussi des vélos (110 DKK/jour). Leur application suggère également des destinations pour les cyclistes.

DJURSLAND

Grande péninsule au nord-est d'Aarhus, le "nez" du Jutland est une destination estivale prisée des Danois, des Suédois et des Allemands pour passer des vacances en bord de mer en famille. Les villes de Grenaa et d'Ebeltoft se distinguent des autres. La première, plus étendue et reliée à Varberg (Suède) par une ligne de ferry, voisine avec de plus jolies plages, mais Ebeltoft a plus de charme.

De belles étendues de sable émaillent la péninsule, surtout au nord à Fjellerup, Bønnerup et Gjerrild, et juste au sud de Grenaa. Côté activités familiales, des manoirs historiques, des parcs animaliers, des aquariums peuplés de requins et un parc de loisirs très populaire assurent le divertissement de tous.

Ebeltoft

7 500 HABITANTS

Avec ses rue pavées bordées de maisons à colombages, ses plages de sable blanc et son navire de guerre, Ebeltoft a toutes les qualités requises pour une escapade estivale, d'où l'afflux de vacanciers. Désormais, la ville fait en outre partie d'un parc national.

La frégate *Jylland* et le port se trouvent dans Strandvejen. Depuis le port, empruntez Jernbanegade ou Toldbodvej vers l'est ; un pâté de maisons plus loin, vous déboucherez dans la grande artère commerçante, Adelgade. Torvet, la place principale, est à l'extrémité sud d'Adelgade.

À voir et à faire

♥ Adelgade RUE

Des cafés, des boutiques aux tons pastel et des cours ravissantes bordent la grand-rue pavée, l'une des plus jolies du Jutland. La petite **mairie**, demeure à colombages de 1789, se dresse à son extrémité sud. Très prisée pour les mariages, on peut y voir une exposition sur l'histoire locale (entrée libre).

Glasmuseet Ebeltoft MUSÉE

(☎86 34 17 99 ; www.glasmuseet.dk ; Strandvejen 8 ; adulte/enfant 120/30 DKK ; ⏲10h-17h juil-août, 10h-16h avr-juin, sept-oct, 10h-16h mer-dim nov-mars). Cet espace inondé de lumière sert d'écrin design au musée de la Verrerie contemporaine. Il présente une remarquable collection permanente et des expositions. On peut également y observer des souffleurs de verre à l'œuvre.

Fregatten Jylland BATEAU

(☎86 34 10 99 ; www.fregatten-jylland.dk ; SA Jensen Vej 4 ; adulte/enfant 125/80 DKK ; ⏲à partir de 10h mi-avr à fin nov ; 👪). Cette frégate, le plus long navire en bois du monde, mesure 71 m de la proue à la poupe. Inaugurée en 1860, elle joua un rôle déterminant dans la marine danoise au XIXe siècle. Depuis sa restauration, elle permet au public de découvrir la vie des marins à bord.

Ree Park Safari ZOO

(☎86 33 61 50 ; www.reepark.dk ; Stubbe Søvej 15, Ebeltoft ; adulte/enfant 190/110 DKK ; ⏲à partir de 10h ; 👪). Le parc héberge un nombre impressionnant d'animaux des quatre coins du globe, même si l'Afrique se taille largement la part du lion. Les visiteurs peuvent faire un tour en Land Rover dans la "savane africaine" (45 DKK) ou en train dans les "prairies d'Amérique du Nord" (55 DKK), et assister aux repas des bêtes à différents moments de la journée. Promenades à dos de dromadaire également.

Plage BAIGNADE

(Nordre Strandvej). Ebeltoft se love dans une baie calme et protégée, ourlée de sable blanc. Une belle plage se déploie le long de Nordre Strandvej, la route côtière qui part du centre vers le nord.

Où se loger

♥ Danhostel Ebeltoft AUBERGE DE JEUNESSE €

(☎86 34 20 53 ; www.ebeltoft-danhostel.dk ; Egedalsvej 5 ; s/d/tr/qua 500/530/585/630 DKK ; @📶). Vous aurez certainement besoin d'une carte ou d'un GPS pour repérer cet établissement perché au-dessus de la ville, à 3 km par la route, ou à 25 minutes de marche. Le jeu en vaut toutefois la chandelle, car il assure un hébergement digne d'un hôtel (salle de bains et TV dans toutes les chambres) et s'agrémente de touches design. Draps 55 DKK ; petit-déjeuner 70 DKK.

PARC NATIONAL DE MOLS BJERGE

Le **parc national de Mols Bjerge** (eng.nationalparkmolsbjerge.dk) couvre 180 km² de forêts, de landes et de prairies de la péninsule de Djursland, ainsi que des lacs, des portions de littoral et des zones maritimes. Il englobe par ailleurs la ville d'Ebeltoft et les petites localités voisines. Son nom lui vient du principal site naturel de la région, la colline de Mols (137 m), tapissée de bruyère. Les pittoresques **Kalø Slotsruin** (Molsvej 31, Rønde), ruines d'un château de 1313 érigé par Erik VI Menved, roi du Danemark, sont la vedette du parc. Elles trônent sur un îlot, dans une crique de la baie de Kalø, au sud de Rønde. Une chaussée de 500 m y conduit depuis le parking et le restaurant.

Ebeltoft Strand Camping CAMPING €
(☎86 34 12 14 ; www.ebeltoftstrandcamping.dk ; Nordre Strandvej 23 ; empl/adulte/enfant 100/95/60 DKK ;). Le premier camping que vous verrez, à droite en entrant dans la ville. Bons emplacements et bungalows adossés à la plage. Idéal pour les familles, il compte une piscine, des aires de jeux et un minigolf. Vélos et kayaks à louer.

Langhoff & Juul Boutique Hotel HÔTEL €€
(☎86 34 33 00 ; langhoffogjuul.dk ; Nordre Strandvej 3 ; s/d petit-déj inclus à partir de 1 195/1 395 DKK ;). Ce vaste hôtel bien équipé bénéficie d'un emplacement de choix au bord de la plage, près de la frégate *Jylland* (page ci-contre). Il propose des logements à différents tarifs, notamment des chambres (toutes avec vue sur la mer) et des appartements élégants, assez grands pour accueillir des familles.

Où se restaurer

Brasseriet FRANÇAIS €€
(☎86 36 22 00 ; www.molskroen.dk ; Hovedgaden 31A, Femmøller Strand ; plats 150-350 DKK ; 11h30-20h30). Les propriétaires de Molskroen ont redonné un coup de jeune à l'hôtel de la plage de Femmøller (rebaptisé Molskroen Strandhotel) avec leur menu raffiné. Ouvert en continu, Brasseriet propose des classiques bien français (foie gras, steak tartare), sans oublier les favoris comme les moules-frites ou le homard au naturel. Dans la catégorie haut de gamme, le grill A Hereford Beefstouw est aussi intéressant.

♥ **Molskroen** DANOIS €€€
(☎86 36 22 00 ; www.molskroen.dk ; Hovedgaden 16, Femmøller Strand ; plats 250-750 DKK ; midi-15h et 18h-21h lun-sam). Pour une occasion spéciale, direction cette auberge (*kro*) gastronomique renommée dans tout le pays. Charmants colombages et cadre idyllique à l'extérieur ; décor contemporain soigné avec luminaires en cuivre et élégant mobilier à l'intérieur. Le soir, les formules révèlent le talent culinaire des créateurs, avec des spécialités locales habilement présentées. Réservation nécessaire.

Renseignements

Office du tourisme (☎87 52 18 00 ; www.visitdjursland.com ; SA Jensen Vej 4 ; à partir de 10h mi-fév à déc). Dans la billetterie de la frégate *Jylland*, avec les mêmes horaires d'ouverture.

Depuis/vers Ebeltoft

BATEAU

Molslinjen (www.molslinjen.dk). Un ferry rapide navigue entre Ebeltoft et Odden dans le nord de la Sjaelland (aller simple standard adulte/voiture 349/699 DKK, 55 min). Les tarifs appliqués aux voitures incluent les passagers. Offres spéciales en ligne. Notez qu'il y a beaucoup moins de traversées sur cet itinéraire que sur la ligne Aarhus-Odden.

BUS

La liaison est assurée avec les villes suivantes :
Aarhus (90 DKK, 1 heure 15), bus n°123
Grenaa (60 DKK, 1 heure), bus n°351
Randers (90 DKK, 1 heure 30), bus n°212

Comment circuler

Location de vélos auprès de **LP Cykler** (☎86 34 47 77 ; lpcyklerogmaskiner@mail.dk ; Nørrealle 5 ; vélo 80/40 DKK jour/semaine ; 8h-17h30 lun-ven, 8h-midi sam).

Grenaa

14 600 HABITANTS

L'attrait touristique de Grenaa réside dans son quartier historique, son port artificiel qui compte un aquarium peuplé de requins ; et ses 7 km de jolies plages sablonneuses. Organisée autour du Torvet, la vieille ville forme le centre économique et commerçant de la région. Elle se situe à 4 km à l'ouest du port, investi par les vacanciers et les passagers des ferries à destination de la Suède.

À voir et à faire

Kattegatcentret AQUARIUM
(☎86 32 52 00 ; www.kattegatcentret.dk ; Færgevej 4 ; adulte/enfant 175/95 DKK ; ⏲10h-16h ou 17h ; 👪). Si vous avez toujours rêvé d'approcher un requin, le tunnel vitré de cet aquarium marin permet de le faire sans risques. À 14h débute le repas des squales, une occasion de les voir dans leur rôle de prédateur au sommet de la chaîne alimentaire. On peut aussi observer celui des phoques qui évoluent dans un autre espace. Enfin, les petits apprécieront le bassin tactile.

Museum Østjylland Grenaa MUSÉE
(☎87 12 26 00 ; www.museumoj.dk ; Søndergade 1 ; ⏲10h-16h mar-dim). GRATUIT Occupant une grande maison de marchands vert et or, au sud de Torvet, ce musée régional ne passe pas inaperçu.

Plage BAIGNADE
(accès par Kystvej ; 👪). Portant le label écologique Pavillon Bleu, la plage de 7 km au sud de Grenaa constitue le haut lieu des chaudes journées d'été. Ses eaux peu profondes conviennent bien aux enfants. La plage bourdonne d'activité dans sa partie nord et devient un peu plus tranquille en avançant vers le sud. Pour y accéder, longez le rivage depuis le port.

Où se loger et se restaurer

Grenaa Strand Camping CAMPING €
(☎70 88 40 57 ; www.grenaastrandcamping.dk ; Fuglsangvej 58 ; empl/adulte/enfant 100/84/62DKK ; ⏲avr à mi-sept ; @ 📶 🏊). Option parfaite pour un séjour entièrement balnéaire, ce camping occupe une place de choix au bord de la plage, à quelques kilomètres au sud de la ville. Thème inspiré des pirates, activités pour les enfants en haute saison, minigolf et piscine, tout est pensé pour le bonheur des familles. Il y a aussi un café l'été et une supérette.

Hotel Grenaa Havlund HÔTEL €€
(☎86 32 26 77 ; www.hotelgrenaahavlund.dk ; Kystvej 1 ; s/d petit-déj inclus 695/895 DKK ; 📶). Ce petit hôtel ensoleillé propose des chambres sans fioritures, à 1 km au sud du la zone portuaire et à deux pas de la plage.

MundGodt CAFÉ €€
(☎93 20 20 81 ; www.mundgodt.com ; Storegade 6 ; déj 125-185 DKK, menu dîner 2/3 plats 310/375 DKK ; ⏲11h30-21h mer-sam). Un agréable espace polyvalent : boutique de café et de vin en journée, restaurant-bar à vins le soir, et séduisant espace extérieur. En journée, le *smørrebrød* domine mais le soir un petit menu est proposé. Cuisine raffinée et excellente carte des vins.

Restaurant Skakkes Holm PRODUITS DE LA MER €€
(☎86 30 09 89 ; www.skakkesholm.dk ; Skakkes Holm 56, Lystbådehavn ; buffet dîner adulte/enfant à partir de 329/118 DKK, boissons incluses ; ⏲17h-21h lun-ven, 12h-21h sam-dim ; 👪). De l'autre côté d'une passerelle près du Kattegatcentret, l'agréable marina abrite ce restaurant dont l'impressionnant buffet du soir met logiquement l'accent sur le poisson. Le week-end, le buffet est servi également au déjeuner.

Renseignements

Office du tourisme (☎87 58 12 00 ; www.visitdjursland.com ; Torvet 1 ; ⏲10h-15h lun-ven). Près de la cathédrale, sur la place principale.

Depuis/vers Grenaa

BATEAU

Les ferries de **Stena Line** (www.stenaline.com ; Færgevej 1) relient fréquemment Grenaa à Varberg, en Suède.

BUS

Au départ du **Trafikterminalen** (Stationsplads), à courte distance de Torvet, les bus n°s 83, 120 ou 123 se rendent à Aarhus (110 DKK, 80 min), et le bus n°351 à Ebeltoft (60 DKK, 50 min).

TRAIN

Le métro léger Letbane relie Grenaa à Aarhus.

Autres sites de la péninsule du Djursland

Depuis les jolies villes côtières d'Ebeltoft et Grenaa, nombre de sites de la péninsule de Djursland peuvent faire l'objet d'excursions – parc d'attractions, zoo, musée-manoir et parc de safaris –, surtout avec un véhicule.

À voir

Djurs Sommerland PARC D'ATTRACTIONS
(☎86 39 84 00 ; www.djurssommerland.dk ; Battrupholtvej 3, Nimtofte ; 265-299 DKK ; ⏲saison mai-oct, tlj mi-juin à mi-août ; 👪). Parmi les principaux atouts touristiques de la péninsule,

Djurs Sommerland propose sans conteste les meilleurs manèges du Jutland (plus de 60, dont les plus longues montagnes russes du Danemark), de même qu'un parc aquatique doté de piscines et de toboggans pour petits et grands.

Skandinavisk Dyrepark ZOO

(☎86 39 13 33 ; www.skandinaviskdyrepark.dk ; Nødagervej 67B, Nødager ; adulte/enfant 195/100 DKK ; ⏲à partir de 10h mi-avr à mi-oct ; 👪). Les stars ici sont les ours polaires ainsi que d'autres grands animaux nordiques comme les ours bruns, les morses, les loups et les bœufs musqués. Les daims, rennes et chèvres peuvent être nourris à la main.

Gammel Estrup MUSÉE

(☎86 48 30 01 ; www.gammelestrup.dk ; Randersvej 2, Auning ; manoir et musée adulte/enfant 100-110 DKK/gratuit ; ⏲10h-17h fin mars à fin oct, horaires réduits le reste de l'année). À la périphérie d'Auning, 33 km à l'ouest de Grenaa, ce noble manoir en brique cerné de douves date pour l'essentiel du XVIIe siècle. Il est implanté dans de splendides jardins et sert d'écrin à deux musées.

Le **Herregårdsmuseet** (musée du Manoir) présente des intérieurs danois du XVIIe au XIXe siècle avec mobilier, tapisseries, porcelaines et portraits d'époque.

Quant à **Det Grønne Museum** (Le Musée vert ; www.gl-estrup.dk), il retrace habilement l'histoire de l'agriculture et de la gastronomie danoises.

NORD DU JUTLAND CENTRAL

Randers

62 300 HABITANTS

Le zoo de Randers séduit les familles et les amateurs de faune sauvage. L'activité industrielle et commerciale reste au cœur de l'économie locale, mais il suffit de savoir où regarder pour découvrir les aspects historiques et culturels de la ville.

À voir

Le centre de Randers présente un mélange disparate d'architecture ancienne et de disgracieux bâtiments modernes. La *Star Route*, un circuit autoguidé de 2,5 km dans la ville, permet d'en dénicher les perles. Elle inclut l'**Helligåndshuset** (Erik Menveds Plads), une ancienne dépendance d'un monastère médiéval de 1434, et l'imposante **Sankt Mortens Kirke** (Vester Kirkestræde 7), une église en brique rouge du XVe siècle.

♥ Randers Regnskov ZOO

(www.regnskoven.dk ; Tørvebryggen 11 ; adulte/enfant 195/135 DKK ; ⏲à partir de 10h ; 👪). À l'abri de trois coupoles, le site le plus couru de Randers affiche en permanence une chaleur moite entre 20 et 30°C (habillez-vous en conséquence) reconstituant le climat de la forêt tropicale humide (*regnskov*). Sous la touffeur des dômes, des sentiers traversent les enclos où cohabitent crocodiles, singes, lamantins, pythons, iguanes, orchidées, hibiscus et autres créatures exotiques. Avec sa nature exubérante et ses cascades, le dôme Amérique du Sud surpasse ceux consacrés à l'Afrique et à l'Asie.

Memphis Mansion MUSÉE

(Graceland Randers ; ☎86 42 96 96 ; www.memphismansion.dk ; Graceland Randers Vej 3 ; musée adulte/enfant 99/69 DKK ; ⏲10h-20h). À 4 km au sud-est du centre-ville, le **musée Elvis Presley** est hébergé dans une réplique de Graceland mesurant le double de l'originale. Plutôt incongru au fin fond de la province danoise, ce temple du kitsch a été construit par un fan inconditionnel du King pour y exposer les souvenirs de son idole. Le complexe renferme également une boutique bien fournie, un *diner* américain et une petite salle de cinéma.

Où se loger

Hotel Randers HÔTEL €€

(☎86 42 34 22 ; www.hotel-randers.dk ; Torvegade 11 ; d/ste à partir de 1 255/1 525 DKK ; 📶). Trésor Art déco comme on n'en fait plus, cet hôtel de 1856 fut réaménagé dans les années 1920. Suite à un incendie en 2015, il a fait l'objet d'une rénovation d'envergure, mais son style unique a été préservé. Luxe et élégance imprègnent l'endroit. Si vous le pouvez, offrez-vous une suite et menez grand train le temps d'une nuit. Offres spéciales en ligne.

Stephansen Hotel & Restaurant BOUTIQUE-HÔTEL €€

(☎86 44 27 77 ; www.stephansenshotel.dk ; Møllestræde 4 ; s/d petit-déj inclus 750/1 075 DKK). Ce petit bijou tenu par une famille possède 10 chambres d'un blanc immaculé, une cour-jardin ravissante et un petit restaurant.

Où se restaurer

Café Borgen CAFÉ €
(☎86 43 47 00 ; Houmeden 10 ; repas légers 40-75 DKK ; ⏲10h-22h lun-sam, 11h-18h dim). Un établissement à l'éclairage tamisé, avec des tables en extérieur. Parfait pour savourer un bon café, ou un déjeuner prolongé dans la journée, il se transforme le soir en lieu sympathique pour prendre un verre.

Bistroteket FRANÇAIS €€
(☎88 97 27 37 ; www.bistroteket.dk ; Rosengade 2 ; plats déj 128-298 DKK, dîner plats 128-348 DKK ; ⏲11h30-15h et 17h-tard mar-sam). Ce bistrot central marie harmonieusement saveurs françaises et classiques danois. Menu 3 plats du soir à 798 DKK) ; la bouteille à choisir dans la "Carte des bons vins" ou la "Carte des grands vins" montre l'humour du lieu.

Café Mathisen INTERNATIONAL €€
(☎87 11 30 68 ; www.cafemathisen.dk ; Torvegade 11 ; déj 69-195 DKK, plats dîner 115-225 DKK ; ⏲11h-23h lun-sam). Dans le charmant Hotel Randers, le Mathisen présente un décor blanc et noir raffiné évoquant le style Art déco. À midi, il propose des plats simples et légers (club sandwich, salade César) ; le soir, il n'est pas rare que les burgers et la pintade cohabitent au menu.

Où prendre un verre et sortir

Storegade est bordée de bars, cafés et pubs, avec çà et là quelques discothèques et bars à burgers.

Renseignements

Renseignements sur www.visitranders.com.

Depuis/vers Randers

Randers est situé à 81 km au sud d'Aalborg et à 42 km au nord d'Aarhus par l'E45. La Rte 16 conduit à Viborg, située 44 km à l'ouest, et à Grenaa, 58 km à l'est.

Tous les trains entre Aarhus (80 DKK, 30 min) et Aalborg (112 DKK, 55 min) s'arrêtent ici. La gare ferroviaire se trouve dans Jernbanegade, à l'ouest du centre-ville.

De nombreux bus desservent les villes du centre du Jutland, au départ de la **gare routière** (Dytmærsken), située dans le centre.

Comment circuler

La gare ferroviaire est à 15 minutes à pied de Rådhustorvet, la place centrale, en passant par Vestergade.

Rebild Bakker et Rold Skov

La belle histoire des Rebild Bakker (collines de Rebild) remonte à 1912, quand un groupe d'Américains d'origine danoise acheta 200 ha de landes et en fit don à l'État danois, à la condition que le domaine reste sauvage, ouvre au public, et soit accessible pour la célébration des fêtes américaines.

Cette initiative incita l'Office des forêts à acquérir les bois attenants, plantés de trembles, de hêtres et de chênes, formant ainsi un territoire de 80 km² connu aujourd'hui sous le nom de Rold Skov (forêt de Rold, la plus grande du pays). Des sentiers pédestres et des pistes de VTT sillonnent le paysage vallonné tapissé de bruyère.

Lieu d'excursion paisible, les Rebild Bakker commencent à devenir une destination à part entière pour les adeptes du cross-country et du VTT. Près du parking à l'entrée du parc national, l'office du tourisme fournit des informations sur les activités de plein air, dont le canoë, la pêche, l'équitation et le golf.

À voir et à faire

RebildPorten CENTRE DES VISITEURS
(☎99 88 90 00 ; www.rebildporten.dk ; Rebildvej 25A ; ⏲10h-17h mar-dim). Ce nouveau bâtiment à l'architecture étonnante abrite l'office du tourisme et son personnel aimable ainsi que des expositions bien faites, notamment sur la nature et le folklore de la forêt.

Randonnée

De nombreux sentiers de randonnée s'entrecroisent à l'intérieur du parc. Un itinéraire de 4 km débute dans une prairie à moutons à l'ouest du parking. Il passe par la **Tophuset**, une chaumine centenaire construite pour les premiers gardiens et transformée depuis en café. La **Blokhusmuseet** voisine reproduit la cabane en rondins où grandit le président américain Abraham Lincoln. Le chemin conduit ensuite au **Cimbrerstenen**, un gros rocher sculpté en forme de tête de taureau cimbre par Anders Bundgaard en 1924, une cavité où l'on célèbre la fête de l'Indépendance américaine (4 juillet) et **Sønderland** (102 m), la plus haute colline du parc. La balade revêt tout son charme en été et en automne, quand la bruyère teinte les coteaux de mauve.

VTT

Haut lieu du VTT, le parc comprend de nombreuses pistes destinées aux adeptes de ce sport. La "Den Store Rold Skov rute" (17-26 km), très populaire, parcourt un paysage de lacs et de collines boisées.

Skørping Cykler VÉLO
(☎98 39 13 05 ; www.skørpingcykler.dk ; Møldrupvej 10, Skørping ; VTT demi-journée/journée 200/275 DKK). Cette enseigne de Skørping loue des vélos et fournit des renseignements sur les itinéraires.

Où se loger et se restaurer

Danhostel Rebild AUBERGE DE JEUNESSE €
(☎98 39 13 40 ; www.danhostelrebild.dk ; Rebildvej 23 ; dort/s/d/f 405/460/510 DKK ; @📶). Un établissement de bon standing, aménagé dans une jolie chaumière ancienne. Les chambres, toutes avec salle de bains, occupent une annexe à l'arrière.

Comwell Hotel Rebild Bakker HÔTEL €€
(☎98 39 12 22 ; www.comwellrebildbakker.dk ; Rebildvej 36 ; d petit-déj inclus à partir de 1 098 DKK ; 📶🏊). Autoproclamé "hôtel sportif", ce vaste complexe promet les vacances actives : piscine intérieure, sauna, salle de gym, restauration diététique, VTT gratuits à disposition et séances quotidiennes de yoga, boxe, aquagym, course à pied et cyclisme. Chambres modernes et confortables.

Rold StorKro DANOIS €€
(☎98 37 51 00 ; www.rold.dk ; Vælderskoven 13 ; déj 75-159 DKK, plats dîner 208-298 DKK ; ⏲midi-21h). À 2 km de l'entrée du parc, non loin de la Rte 180 pour Hobro, cette auberge à l'ancienne a pour atout majeur son Panorama Restaurant offrant une vue sur la forêt et un menu traditionnel. À midi, le *smørrebrød* cède la place au poisson, au porc, au bœuf, et à la viande de cerf (élevé sur place), spécialité de la maison. Le soir, le menu 3 plats est d'un bon rapport qualité/prix (478 DKK).

Renseignements

Un office du tourisme efficace est installé dans le **RebildPorten** (page ci-contre).

Depuis/vers Rebild Bakker et Rold Skov

La Rte 180 relie Rebild Bakker à Hobro, 23 km au sud, à travers la forêt de Rold.

Les trains entre Aalborg (50 DKK, 25 min) et Aarhus (162 DKK, 1 heure 10) s'arrêtent à Skørping, 3 km à l'ouest de Rebild Bakker ; le bus n°104 (22 DKK) dessert le parc plusieurs fois par jour, uniquement en semaine.

Viborg

39 000 HABITANTS

Sise au bord de deux lacs, Viborg inspire une escapade romantique. Avant la Réforme, elle comptait 25 églises. Il n'en reste aujourd'hui plus que deux pour témoigner de son important passé religieux.

À voir et à faire

Viborg Domkirke ÉGLISE
(☎87 25 52 55 ; www.viborgdomkirke.dk ; Sankt Mogens Gade 4 ; adulte/enfant 10 DKK/gratuit ; ⏲11h-17h lun-sam, midi-17h dim mai-sept, 11-15h lun-sam, midi-15h dim oct-avr). Aussi impressionnante à l'intérieur qu'à l'extérieur, la cathédrale, flanquée de deux tours jumelles, est ornée de **fresques** (1908-1913) du peintre Joakim Skovgaard illustrant l'histoire de la Bible protestante. L'édifice fut presque entièrement rebâti en 1876, devenant la plus grande église en granite de Scandinavie. La crypte est le seul vestige du bâtiment originel du XIIe siècle.

Sankt Mogens Gade RUE
La vieille ville se déploie au nord et à l'ouest de la cathédrale. Sankt Mogens Gade forme une charmante enclave bordée de maisons du milieu du XVIe siècle, parmi lesquelles Den Hauchske Gård (n°7), Villadsens Gård (n°9A) et Den Gamle Præstegård (n°11). Le secteur compte plusieurs B&B.

Skovgaard Museet MUSÉE
(☎86 62 39 75 ; www.skovgaardmuseet.dk ; Domkirkestræde 2-4 ; adulte/enfant 60 DKK/gratuit ; ⏲10h-17h mar-dim juin-août, 11h-16h mar-dim sept-mai). Devant la cathédrale, ce musée met en lumière des œuvres de Joakim Skovgaard (auteur des fresques de la cathédrale), de sa famille et de ses contemporains. Il accueille aussi des expositions temporaires.

Margrethe I PROMENADES EN BATEAU
(☎53 63 28 70 ; margrethe1.dk ; Anløbsbroen, Hans Tausens ; adulte/enfant 90/70 DKK ; ⏲14h et 15h30 mi-juin à fin août, sam-dim seulement mai à mi-juin). Embarquez à bord du *Margrethe I* pour une heure de croisière sur les lacs de la ville. Le bateau lève l'ancre devant le restaurant Golf Salonen, dans Randersvej, entouré d'un parc agréable. Le kiosque voisin loue des barques et des canoës de mi-mai à septembre.

Où se loger

Sur l'autre rive du lac, à 3 km à l'est de la ville (pas de bus), se trouvent un **Danhostel**

HORS DES SENTIERS BATTUS

LE FORT CIRCULAIRE VIKING DE FYRKAT

Plus petit et moins connu que celui de Trelleborg (p. 127), sur l'île de Sjaelland, le **fort circulaire de Fyrkat** lui ressemble pourtant beaucoup. Vieux d'un millénaire, il aurait été édifié vers 980 par le roi viking Harald à la Dent bleue. Sa fonction demeure mystérieuse – peut-être s'agissait-il d'un centre de pouvoir régional ou d'une caserne. Ses remparts circulaires de 3 m de haut, recouverts d'herbe, se divisent en quatre quadrants, tous dotés d'une "cour" centrale entourée de quatre bâtiments symétriques. Aucun édifice ne subsiste dans l'enceinte, mais on peut voir à l'extérieur la réplique d'une maison longue viking. À 1 km au nord, le **Vikingecenter Fyrkat** (☎31 99 06 67 ; www.nordmus.dk ; Fyrkatvej 37 ; adulte/enfant avec Fyrkat 75 DKK/gratuit ; ⏲10h-16h mai et oct, 10h-17h juin-août, 10h-15h sept ; 👪) reproduit fidèlement l'une des fermes vikings qui devaient entourer le fort et assurer son approvisionnement en produits frais. Sa construction, à l'aide des matériaux et des outils de l'époque, a nécessité plus de 10 ans d'efforts. La maison longue impressionne par sa dimension (33 m). Des figurants en costume travaillent l'argent, tirent à l'arc, fabriquent du pain, jouent de la musique et s'adonnent à diverses activités typiquement vikings.

Le cadre rural est charmant mais Fyrkat n'est desservi par aucun bus. La gare la plus proche est celle d'Hobro, à 3 km au nord-est, située sur la ligne Aarhus-Randers-Aalborg.

(☎86 67 17 81 ; www.danhostelviborg.dk ; Vinkelvej 36 ; dort/s/d 210/415/515 DKK ; @📶) bien tenu et un camping au bord de l'eau.

♥ **Niels Bugges Hotel** BOUTIQUE-HÔTEL €€
(☎86 60 10 60 ; www.nielsbuggeskro.dk ; Ravnsbjergvej 69, Hald Ege ; d petit-déj inclus avec/sans sdb 1 350/850 DKK ; 📶). Cette ancienne auberge installée dans la forêt, à la périphérie urbaine, prend la décoration et la gastronomie très au sérieux. Avec leurs meubles anciens, leurs tissus fleuris et leurs patchworks, les chambres incarnent parfaitement le chic rustique. Ajoutez à cela une bibliothèque, un parc romantique et le formidable restaurant Skov ("Forêt") d'inspiration néonordique : vous n'aurez plus envie de partir.

Oasen B&B €€
(☎23 24 18 54 ; www.oasenviborg.dk ; Nørregade 9 ; s/d 395/650 DKK, avec sdb 650/795 DKK, petit-déj inclus ; 📶). En centre-ville, cet ensemble de chambres et d'appartements engageants constitue une alternative aux auberges de jeunesse et aux hôtels d'affaires. Certaines chambres se partagent une salle de bains, mais toutes possèdent TV câblée et accès à la cuisine (certaines ont une cuisine privée). Petit-déjeuner servi dans le ravissant café du jardin.

✕ Où se restaurer

Café Morville EUROPÉEN €€
(☎86 60 22 11 ; www.cafemorville.dk ; Hjultorvet 4 ; déj 129-149 DKK, plats dîner 145-265 DKK ; ⏲10h-22 lun-mar, 10h-23h mer-jeu, 10h-minuit ven-sam, 11h-17h dim ; 📶). L'un de ces lieux chics que l'on retrouve dans les villes danoises, aussi bien pour prendre un café en milieu de matinée qu'un verre tard le soir.

Niels Bugges Kro DANOIS, FRANÇAIS €€€
(☎86 60 10 60 ; www.nielsbuggeskro.dk ; Ravnsbjergvej 69, Dollerup ; menu dîner 750-995 DKK ; ⏲12h-16h et 18h-20h jeu-sam). Les propriétaires du charmant Niels Bugges Hotel tiennent aussi cette auberge pittoresque de Dollerup, au bord du lac. Elle abrite un restaurant traditionnel qui fait honneur à la gastronomie française le soir venu.

ℹ Renseignements

Banques et autres services sont installés sur Sankt Mathias Gade.

Office du tourisme (☎54 33 39 39 ; www.visitviborg.dk ; Tingvej 2A ; ⏲10h-13h lun-ven). Bien renseigné sur la région, ce bureau fournit des plans et brochures utiles, et loue aussi des vélos (100 DKK/jour). Un peu éloigné du centre.

ℹ Depuis/vers Viborg

Viborg se situe à 66 km au nord-ouest d'Aarhus par la Rte 26 et à 44 km à l'ouest de Randers par la Rte 16.

Des trains réguliers relient Viborg à Aarhus (140 DKK, 65 min). La gare ferroviaire est à 1 km au sud-ouest de la cathédrale ; empruntez Jernbanegade et Sankt Mathias Gade.

Nord du Jutland

Dans ce chapitre ➜

Le top des restaurants

- Applaus (p. 259)
- Museumscaféen (p. 265)
- Penny Lane (p. 258)
- Ruths Gourmet (p. 265)
- Jacobs Fiskerestaurant (p. 262)

Le top des hébergements

- Villa Vendel (p. 268)
- Aahøj (p. 262)
- Ruths Hotel (p. 265)
- Strandgaarden Badehotel (p. 261)

Pourquoi y aller

Séparé du reste du Jutland par le Limfjord, le nord du Jutland envoûte les voyageurs par ses magnifiques paysages de dunes. Au crépuscule, son ciel se pare d'infinies nuances de bleu. On comprend mieux alors pourquoi la région est surnommée *Lysets Land* (Pays de Lumière), et l'attrait qu'elle exerce sur les peintres.

Mais les artistes ne sont pas les seuls à s'aventurer ici. Dès que le soleil se montre, surfeurs et amateurs de bains de mer affluent sur les plages. Les zoos, aquariums et autres parcs d'attractions attirent les familles, tandis que les gourmets viennent savourer la pêche du jour.

À la pointe nord du Danemark, Skagen est la destination la plus touristique de la région, prisée à la fois pour ses restaurants raffinés, ses musées, et ses magnifiques espaces naturels.

Quand partir

- L'été est le meilleur moment pour visiter le Nord, même si les plages, les parcs de loisirs et les festivals sont très fréquentés et les prix des hébergements aussi élevés.
- Pendant la saison intermédiaire (mai, juin et septembre), la fréquentation baisse et le climat est correct, la plupart du temps.
- Aalborg est animée toute l'année (notamment lors du populaire carnaval de mai) et de nombreux spectacles se tiennent dans son impressionnante salle de concert.
- Il y a aussi un certain romantisme à affronter le froid hivernal de Skagen, en contemplant, bien emmitouflé, la mer déchaînée et les dunes mouvantes. Le tout sans la foule estivale, et à moindre prix. Après tout, l'hiver n'est-il pas le meilleur moment pour apprécier le concept danois du *hygge* (ambiance cosy) ?

À ne pas manquer

1 La rencontre de deux mers à **Grenen** (p. 263), pointe septentrionale du Danemark.

2 Le traitement de la lumière par les peintres danois au **Skagens Kunstmuseer** (p. 263).

3 Le front de mer d'**Aalborg** (p. 255).

4 Du vent, du surf, de la planche et du kitesurf à **Klitmøller** (p. 268).

5 Le coucher de soleil féerique après un bon repas à **Gammel Skagen** (p. 265).

6 Une promenade ou un cours de surf sur la ravissante **plage de Løkken** (p. 268).

7 Le phare de **Rubjerg Knude** (p. 268) assailli par le vent et le sable.

8 Le parc national de **Thy** (p. 269), où trouver un coin au calme sur 55 km de côtes, de dunes et de landes.

9 Un bain d'eau salée dans une ancienne église à **Læsø** (p. 260), petite île hors du temps.

Aalborg

112 200 HABITANTS

Quatrième ville danoise, Aalborg est en plein développement. Le cœur de la ville, établi au point le plus étroit du Limfjord (le fjord qui traverse le Jutland d'est en ouest), s'est déplacé vers les quais récemment mis en valeur. Une action concertée est en cours pour revivifier les zones industrielles du centre et transformer les espaces abandonnés en lieux plus attrayants.

Si Aalborg a longtemps été négligée par les voyageurs, cela pourrait bien changer. La ville a de quoi occuper plusieurs jours familles et amateurs d'architecture, fêtards et passionnés d'histoire.

À voir

Front de mer — PAYSAGE

(Jomfru Ane Parken). La promenade du front de mer, qui s'étend vers l'est depuis Limfjordsbroen, est un bel exemple de réhabilitation urbaine. Les habitants se réapproprient désormais cet espace jadis occupé par des docks délabrés. Restaurants, parc, terrain de jeu et bateaux (notamment un ancien brise-glace reconverti en bar-restaurant) se succèdent ici. Notre coup de cœur ? L'**Aalborg Havnebad** (Jomfru Ane Parken 6 ; 10h-19h juil à mi-août, 12h-18h juin et fin août) GRATUIT, une piscine extérieure ouverte en été qui permet de se baigner dans le Limfjord.

À l'est de l'Utzon Center, se détachent d'autres constructions récentes, tels les bâtiments universitaires et les logements, bien conçus et bon marché, pour la population étudiante grandissante d'Aalborg. L'ajout le plus récent est la futuriste Musikkens Hus (p. 259), une salle de concert de premier ordre.

Kunsten — MUSÉE

(99 82 41 00 ; www.kunsten.dk ; Kong Christians Allé 50 ; tarif plein/enfant 120 DKK/gratuit ; 10h-17h mar et jeu-dim, jusqu'à 21h mer). Bâtiment en marbre blanc dessiné par le célèbre architecte finlandais Alvar Aalto, le musée d'art moderne et contemporain d'Aalborg, baigné de lumière, renferme une belle collection d'œuvres essentiellement danoises. Le café vaut également une visite.

Pour accéder au Kunsten, empruntez le tunnel sous la gare : il débouche sur le **Kildeparken**, un espace vert agrémenté de fontaines et de statues. Traversez ce parc, puis Vesterbro et la zone boisée pour arriver au musée (12 minutes à pied). Autrement, le bus n°15 s'y rend.

Utzon Center — ARCHITECTURE, MUSÉE

(76 90 50 00 ; www.utzoncenter.dk ; Slotspladsen 4 ; tarif plein/enfant 80/40 DKK ; 11h-17h mar, mer et ven, jusqu'à 21h jeu, 10h-17h sam-dim). Coiffé d'un toit argenté, l'Utzon Center en impose par sa superficie (700 m²), son architecture, son design intérieur et son emplacement sur les quais. Présenté comme un "centre de culture et de savoir dynamique et expérimental", c'est le dernier bâtiment conçu par le Danois Jørn Utzon (1918-2008), dont l'œuvre la plus célèbre est l'Opéra de Sydney. L'architecte, né à Aalborg, est décédé peu après l'ouverture du centre.

Expositions temporaires sur l'architecture, le design et l'art.

Lindholm Høje — SITE VIKING

(Vendilavej, Nørresundby ; aube-crépuscule). GRATUIT Les Vikings empruntaient le Limfjord pour accéder rapidement à l'Atlantique lors de leurs expéditions : on ne s'étonnera donc pas que le principal site historique d'Aalborg date de l'ère viking.

L'impressionnant Lindholm Høje est un cimetière où 700 tombes, de l'âge du fer et de l'époque viking, sont disséminées sur une colline plantée de hêtres.

Beaucoup de tombes sont signalées par des pierres dont la disposition en ovale évoque un bateau viking, avec deux pierres plus imposantes à la poupe et à la proue. À la fin de l'ère viking, le site fut enseveli sous les sables mouvants et ainsi préservé jusqu'à nos jours.

Le **Lindholm Høje Museet** (99 31 74 40 ; www.nordmus.dk ; Vendilavej 11, Nørresundby ; adulte/enfant 90 DKK/gratuit ; 10h-17h mar-dim avr-oct, 10h-16h nov-mars), attenant au site, retrace son histoire et expose les trouvailles dénichées durant les fouilles. En plus des expositions, des fresques représentent des scènes de la vie quotidienne à Lindholm durant cette période.

Aalborg Zoo — ZOO

(96 31 29 29 ; www.aalborgzoo.dk ; Mølleparkvej 63 ; adulte/enfant 190-210/105-125 DKK ; 10h-19h juin-août, horaires réduits reste de l'année ;). Ce zoo, où vivent quelque 1 200 animaux, toutes espèces confondues (tigres, zèbres, éléphants, girafes, chimpanzés, pingouins, ours bruns et polaires...), est l'un des plus populaires du Danemark.

Aalborg

Aalborg

Les incontournables

1 Utzon Center C2
2 Front de mer B1

À voir

3 Aalborg Historiske Museum A2
4 Aalborghus Slot C2
5 Budolfi Domkirke B2
6 Gråbrødrekloster Museet B3
7 Helligåndsklostret B2
8 Jens Bangs Stenhus B2
9 Jørgen Olufsens House B2
10 Langes Gård B3
11 Nordkraft D3
12 Ancien hôtel de ville B2
13 Vor Frue Kirke B3

Activités

14 Aalborg Havnebad B1

Où se loger

15 CabInn Aalborg C2
16 Slotshotellet C2
17 Hotel Aalborg D3
18 Villa Rosa A3

Où se restaurer

19 Abbey Road D3
20 Applaus B2
22 Café KlosterTorvet B2
23 Caféministeriet B3
24 Føtex C3
25 Mortens Kro B3
26 Penny Lane B3
27 Pingvin B2

Où prendre un verre et faire la fête

Irish House .... (voir 9)
28 Søgaards Bryghus B2

Où sortir

29 Musikkens Hus D2

Achats

30 Friis Shopping Centre C3

AALBORG, CITÉ HISTORIQUE

Aalborg a sacrifié une partie de son charme à son développement industriel, mais le centre a conservé suffisamment de maisons à colombages pour que l'on devine l'aisance des marchands qui y habitaient à la Renaissance.

À l'est de la cathédrale, on observera trois bâtiments intéressants : l'**ancienne mairie** (1762) baroque, à l'angle d'Østerågade et de Gammel Torv ; la **Jens Bangs Stenhus** à 5 étages (1624) au n°9 de l'Østerågade ; et la **maison de Jørgen Olufsens** (1616) au n°25 de la même rue. Ces deux dernières sont de beaux édifices Renaissance. Bâtie par un marchand bien établi, la maison de Jens Bang fait désormais office de pharmacie, tandis que celle de Jørgen Olufsen, construite par un maire fortuné, est devenue un pub irlandais cosy.

Le quartier autour de la **Vor Frue Kirke** (Peder Barkes Gade ; 10h-14h lun-ven, jusqu'à midi sam) vaut également le détour, notamment la rue pavée en L de **Hjelmerstald**. À mi-chemin, se trouve le **Langes Gård** (98 13 82 68 ; www.langekeramik.dk ; Hjelmerstald 15 ; showroom 10h30-17h30 lun-jeu, 10h30-18h ven, 10h-14h sam), une cour décorée de drôles de sculptures et abritant des ateliers d'artistes.

La brochure en anglais *Good Old Aalborg* distribuée à l'office du tourisme (p. 266) propose deux itinéraires et donne des détails sur les sites et les bâtiments incontournables.

Gråbrødrekloster Museet MUSÉE

(www.nordmus.dk ; Algade 19 ; 10h-17h mar-sam, avr-oct, 10h-16h nov-mars). Ce musée souterrain permet de quitter l'une des rues commerçantes les plus fréquentées pour découvrir la vie d'un monastère franciscain du Moyen Âge. On y accède par l'ascenseur face aux grands magasins sur Algade. Le musée est gratuit mais l'ascenseur est payant (40 DKK par groupe).

Helligåndsklostret MONASTÈRE

(98 12 02 05 ; www.aalborgkloster.dk ; Klosterjordet 1 ; tarif plein/enfant 50 DKK/gratuit ; visites 14h mar et jeu juil-août). Une allée perpendiculaire à Algade mène à ce labyrinthique monastère du Saint-Esprit (1431). Belles fresques à l'intérieur. Visites guidées uniquement.

Budolfi Domkirke ÉGLISE

(98 12 46 70 ; www.aalborgdomkirke.dk ; Algade 40 ; 9h-16h lun-ven, 9h-14h sam juin-août, 9h-15h lun-ven, 9h-12h sam sept-mai). Cette cathédrale du XIIe siècle dédiée à Saint-Budolphe occupe le cœur de la vieille ville, et son joli carillon sonne chaque heure du jour. Son intérieur chaulé a presque un air méditerranéen.

En entrant depuis Algade, jetez un coup d'œil au porche et à ses fresques colorées du XVIe siècle. L'intérieur comprend aussi des éléments finement gravés, dont un autel baroque doré et son pupitre ciselé.

Aalborg Historiske Museum MUSÉE D'HISTOIRE

(99 31 74 00 ; www.nordmus.dk ; Algade 48 ; adulte/enfant 60 DKK/gratuit ; 10h-17h mar-dim avr-déc, 10h-16h jan-mars). Le musée d'Histoire de la ville, qui s'élève juste à l'ouest de la cathédrale, rassemble des artefacts de la préhistoire à nos jours. Les meubles et intérieurs exposés témoignent de l'opulence des marchands d'Aalborg à la Renaissance.

Aalborghus Slot ÉDIFICE HISTORIQUE

(Sotspladsen ; donjon 8h-15h lun-ven mai-oct). GRATUIT Cet édifice à colombages date du milieu du XVIe siècle. Modeste château devenu bâtiment administratif, il constitue un vestige historique au milieu des constructions récentes du bord de mer. Son petit donjon *(fangehul)* est ouvert aux visites.

Fête

Aalborg Karneval CARNAVAL

(www.aalborgkarneval.dk ; mai). Chaque année, fin mai, Aalborg se défoule pendant une semaine. 100 000 participants et spectateurs s'y mêlent lors du plus important carnaval d'Europe du Nord.

Où se loger

À quelques exceptions, le choix n'est pas très attrayant.

CabInn Aalborg HÔTEL €

(96 20 30 00 ; www.cabinn.com ; Fjordgade 20 ; s/d/tr 495/625/820 DKK ; @). Chaîne fiable et abordable, CabInn a ouvert un vaste

hôtel au centre d'Aalborg, face à l'Utzon Center et proche du centre commercial **Friis** (www.friisaalborg.dk ; Nytorv 27 ; ⏲10h-19h lun-ven, jusqu'à 17h sam, 11h-16h 1er dim du mois). Les 239 chambres sont équipées de TV et de salle de bains (les moins chères sont exiguës). Petit-déjeuner : 75 DKK.

BBBB i Aalborg AUBERGE DE JEUNESSE, CAMPING €
(☎60 11 60 44 ; www.aalborg-vandrerhjem.dk ; Skydebanevej 50 ; s/d/q 470/580/732 DKK ; P@📶). Situé dans un cadre verdoyant, cet ancien Danhostel se trouve à 3 km du centre, près de la marina, ce qui le rend pratique pour les activités nautiques. Les chambres sont simples, mais ont toutes une salle de bains. Pour s'y rendre : bus n°2 (l'arrêt est tout proche). Linge de lit/petit-déj à 52/62 DKK ; dortoirs disponibles en été. Le camping adjacent se divise en deux parties, naturiste et textile (www.aalborgcamping.dk ; tarif plein/enfant/emplacement 60/30/60 DKK). On peut aussi louer des petits bungalows en bois sur une île (cabin.bbbb.dk).

Villa Rosa PENSION €€
(☎98 12 13 38 ; Grønnegangen 4 ; ch et app petit-déj inclus 500-800 DKK ; P📶). Il faut réserver bien à l'avance pour être sûr de pouvoir louer l'une des 6 chambres au cadre théâtral que compte cette villa de 3 étages (sans ascenseur) de la fin du XIXe siècle. La "chambre anglaise" est particulièrement jolie. Les 3 petits appartements autonomes sont un choix économique. Les 3 chambres partagent une grande salle de bains et une cuisine. Les prix raisonnables et la situation centrale sont des atouts supplémentaires. La meilleure option en ville.

Slotshotellet HÔTEL €€
(☎98 10 14 00 ; www.slotshotellet.dk ; Rendsburggade 5 ; d petit-déj inclus à partir de 920 DKK ; P@📶). Certaines des chambres récemment rénovées de cet élégant hôtel, proche du fjord et de l'Utzon Center (p. 255), ont vue sur l'eau. Stationnement 95 DKK/jour. L'emplacement central, la salle de gym et le bar sont de vrais plus. Tarifs réduits en ligne.

Hotel Aalborg HÔTEL €€
(Sømandshjemmet ; ☎98 12 19 00 ; www.hotel-aalborg.com ; Østerbro 27 ; s/d à partir de 795/945 DKK ; P📶). Ce vieil hôtel de marins a longtemps pâti de son emplacement, mais l'aménagement des quais lui a donné pour voisins les très branchés Nordkraft (page ci-contre) et Musikkens Hus (page ci-contre). Chambres confortables et sans prétention. Parking gratuit et location de vélo. Personnel très accueillant.

Où se restaurer

Pour un bon repas, on se dirige en priorité vers CW Obels Plads, Ved Stranden et Østerbro, autour du Nordkraft (page ci-contre).

♥ **Penny Lane** CAFÉ, TRAITEUR €
(☎98 12 58 00 ; www.pennylanecafe.dk ; Boulevarden 1 ; repas 99-145 DKK ; ⏲8h-18h lun-ven, jusqu'à 17h sam, 9h-17h dim). À la fois boulangerie, traiteur et crêperie, ce café est une perle. Pain frais, fromages régionaux et viandes fumées composent d'excellents pique-niques. On peut aussi opter pour un plateau brunch, des sandwichs, des salades ou des tapas. Déco très cosy.

Café KlosterTorvet CAFÉ €
(☎98 16 86 11 ; www.klostertorvet.dk ; CW Obels Plads 14 ; repas 45-95 DKK ; ⏲10h-23h lun-mer, 10h-1h jeu, 10h-3h ven-sam, 10h-22h dim). Sur une jolie place pavée, le KlosterTorvet est un café-bar décontracté à la déco décalée (un piano est accroché au plafond). L'atmosphère est estudiantine – sans doute grâce à ses plats simples (sandwichs, salades, pâtes), son café corsé et ses bières abordables. Fermeture de la cuisine à 21h.

Føtex SUPERMARCHÉ €
(Slotsgade 8 ; ⏲8h-21h). Supermarché central. Boulangerie ouverte à partir de 7h.

Abbey Road CAFÉ €€
(☎98 11 42 43 ; www.abbeyroadcafe.dk ; Kjellerupsgade 1A ; repas 89-125 DKK ; ⏲10h-21h lun-mer, 10h-22h jeu-ven, 9h-22h sam). Situé face au Nordkraft (page ci-contre), ce café-bar frôle le 10/10 : très bons cafés, thés et vins dans un cadre éclectique célébrant le rock et les années 1960-1970. Au menu : salades, sandwichs, tapas et pâtisseries. Le Penny Lane n'étant pas loin, on s'interroge sur la Beatlemania locale...

Caféministeriet CAFÉ €€
(☎98 19 40 50 ; www.cafeministeriet.dk ; Møllegade 19 ; plats du soir 105-189 DKK ; ⏲9h-minuit lun-jeu, jusqu'à 2h ven et sam, jusqu'à 23h dim). Une clientèle branchée se retrouve ici autour des classiques de la cuisine de bistrot. La terrasse donne sur Mølleplads, une jolie place piétonne. Au menu : petit-déjeuner fruité, hamburgers, *smørrebrød* et tapas.

Pingvin INTERNATIONAL €€

(☎98 11 11 66 ; www.cafepingvin.dk ; Adelgade 12 ; dîner 4/6/8 tapas 185/225/255 DKK ; ⏲12h-23h lun-sam). Ce café-restaurant plutôt chic sert une sélection de 30 "tapas" (plutôt des assiettes de dégustation). Petite soupe de poisson façon asiatique, coq au vin, carpaccio de bœuf et bonnes assiettes végétariennes.

♥ **Applaus** DANOIS €€€

(☎71 72 81 81 ; www.restaurantapplaus.dk ; Ved Stranden 9A ; menu 450 DKK ; ⏲17h30-0h30 mar-sam). Ici, on ne lésine pas sur les efforts, et cela se sent : délicieuses assiettes et excellent rapport qualité/prix. On peut choisir à la carte (peu étoffée), mais mieux vaut s'en remettre à l'équipe en cuisine et savourer les 10 plats du menu spécial, des amuse-bouche au dessert.

Mortens Kro DANOIS €€€

(☎98 12 48 60 ; www.mortenskro.dk ; Møllea 4-6 ; menu du soir 4 plats à partir de 648 DKK ; ⏲11h-2h mar-sam). L'élégant Mortens Kro compte parmi les meilleures tables de la ville. Aux fourneaux, le célèbre chef Morten Nielsen. Cet établissement sélect et discret tire parti des meilleurs produits locaux et saisonniers.

Où prendre un verre et faire la fête

Irish House PUB

(☎98 14 18 17 ; www.theirishhouse.dk ; Østerågade 25 ; ⏲13h-1h lun-mer, jusqu'à 2h jeu, midi-4h ven et sam, 14h-minuit dim). Ce beau bâtiment du XVIIe siècle, tout en poutres apparentes et vitraux, propose des concerts du jeudi au samedi, du sport sur grand écran, une petite restauration et une sélection de bières.

Søgaards Bryghus MICROBRASSERIE

(☎98 16 11 14 ; www.soegaardsbryghus.dk ; CW Obels Plads 4 ; ⏲11h-23h lun-mer, 11h-minuit jeu, 11h-jusque tard ven-sam, 10h30-22h dim). Toute ville danoise qui se respecte a sa microbrasserie, et celle d'Aalborg est une réussite. Nombreuses places assises en terrasse, longue carte d'accompagnements, et un choix si étendu de bières Søgaard qu'on y passerait aisément un après-midi. Son annexe, le Missing Bell Brewpub, propose 24 bières pression.

☆ Où sortir

Le **Nordkraft**, ancienne centrale électrique (www.nordkraft.dk ; Kjellerups Torv ; ⏲5h30-23h lun-ven, 6h30-23h sam-dim), est un centre culturel regroupant un théâtre, une salle de concert, un cinéma art et essai, une galerie, un club de fitness et un petit office du tourisme.

♥ **Musikkens Hus** SALLE DE CONCERTS

(☎60 20 30 00 ; www.musikkenshus.dk ; Musikkens Plads 1 ; ⏲10h-22h). On ne peut pas rater cette salle de concerts futuriste (qui accueille l'orchestre symphonique de la ville), ouverte en 2014 sur le front de mer revitalisé d'Aalborg (p. 255). Sa conception ambitieuse est signée du cabinet autrichien Coop Himmelb(l)au. Prenez le temps d'en admirer l'intérieur et de vous informer sur les concerts.

Renseignements

Det Danske Udvandrerarkiv (les Archives de l'émigration danoise ; ☎99 31 42 20 ; www.udvandrerarkivet.dk ; Arkivstræde 1 ; ⏲10h-16h lun-mer, 10h-17h jeu, 10h-15h ven). Derrière la Vor Frue Kirke, ces archives gardent trace des émigrations danoises et peuvent

PASS POUR LE NORD

L'avantageux NT Travel Pass permet de voyager en illimité durant 24/72 heures dans tout le nord du Jutland (train et bus) pour 150/250 DKK. Le pass s'achète en ligne (www.nordjyllandstrafikselskab.dk/travelpass) et est envoyé directement sur votre téléphone. Les enfants voyagent gratuitement sous certaines conditions.

Le réseau ferroviaire danois ne couvre pas le nord-ouest du Jutland. Vous devrez emprunter le bus n°99 qui part plusieurs fois par jour de la pointe du Jutland (Grenen) et longe la côte nord-ouest, desservant Skagen, Gammel Skagen, Hirtshals, Tornby Strand, Hjørring, Lønstrup, Løkken, Fårup Sommerland (où une correspondance avec le bus n°200 conduit à Aalborg) et Blokhus.

Attention, ce bus ne circule que durant 6 semaines, en pleine saison estivale (fin juin-début août). Pour connaître les horaires, appelez le ☎98 11 11 11 ou rendez-vous sur le site de **Nordjyllands Trafikselskab** (www.nordjyllandstrafikselskab.dk) – il est en danois, mais les horaires sont faciles à trouver (cherchez "Sommerbusser").

aider les étrangers d'origine danoise dans leurs recherches généalogiques (payant).

Office du tourisme (☎99 31 75 00 ; www.visitaalborg.com ; Nordkraft, Kjellerups Torv 5 ; ⌚10h-17h30 lun-ven, 10h-14h sam). Un bureau petit mais bien fourni, dans **Nordkraft**.

Depuis/vers Aalborg

AVION

L'**aéroport d'Aalborg** (www.aal.dk ; Ny Lufthavnsvej 100, Nørresundby) est à 6,5 km au nord-ouest du centre-ville. Nombreuses liaisons directes avec Copenhague, Oslo et Amsterdam.

BUS

Les bus longue distance s'arrêtent à la **gare routière** (John F Kennedys Plads 1), au sud de JF Kennedys Plads (derrière le centre commercial Kennedy Arkaden), non loin de la gare ferroviaire.

Depuis Aalborg, on rejoint aisément les principales villes du Jutland par le réseau X-bus (www.nordjyllandstrafikselskab.dk). Le bus **Abildskou** (☎70 21 08 88 ; www.abildskou.dk) n°888 relie 2 à 3 fois/jour Aalborg à Copenhague (à partir de 209 DKK, 5 heures 30-6 heures 30), marquant l'arrêt à la gare, à la gare routière et à l'aéroport. Le bus **Thinggaard Express** (☎98 11 66 00 ; www.expressbus.dk) n°980 d'Esbjerg à Frederikshavn (1 à 2/jour) s'arrête aussi à Viborg et Aalborg.

TRAIN

Des trains partent presque toutes les heures vers le nord jusqu'à Frederikshavn (100 DKK, 1 heure 15), où des correspondances mènent à Skagen (depuis Aalborg 120 DKK, 2 heures).

Il y a environ 2 trains/heure vers Aarhus (197 DKK, 1 heure 30) et Copenhague (438 DKK, 4 heures 30-5 heures).

Comment circuler

DEPUIS/VERS L'AÉROPORT

Le bus municipal n°12 relie presque en continu la gare routière, le centre-ville et l'aéroport (22 DKK). Le tarif de la course en taxi depuis l'aéroport vers le centre-ville ne doit pas dépasser 100 DKK.

BUS

Presque toutes les lignes municipales (22 DKK, paiement auprès du chauffeur) partent de la JF Kennedys Plads et marquent l'arrêt dans le centre-ville sur Østerågade et Nytorv, près du Burger King.

VÉLO

Munk's Eftf loue des vélos (☎98 12 19 46 ; www.munk-aalborg.dk ; Løkkegade 25 ; location vélo 100/500 DKK par jour/semaine ; ⌚8h30-17h30 lun-ven, 10h-13h sam), mais le magasin est fermé presque tout le mois de juillet.

Bon plan : l'**application Donkey Bike** (www.donkey.bike/cities/bike-rental-aalborg) permet de localiser et louer un vélo dans la ville (100 DKK/jour).

VOITURE ET TAXI

Le stationnement est gratuit (mais limité dans le temps) dans de nombreuses petites rues. Horodateurs dans le centre-ville, et plusieurs grands parkings (tarif heure/jour jusqu'à 18/160 DKK). Pour un taxi, appelez le ☎98 10 10 10.

Frederikshavn

23 500 HABITANTS

Ville de transit plus que destination touristique, Frederikshavn est le plus grand terminal de ferries du Jutland. La compagnie **Stena Line** (☎96 20 02 00 ; www.stenaline.com ; Færgehavnsvej 10) propose des liaisons vers Göteborg (Suède) et Oslo (Norvège), et dessert plusieurs fois par jour l'île de Læsø.

Dans le hall du terminal on trouve un **office du tourisme** au bout d'un grand couloir (☎98 42 32 66 ; www.visitfrederikshavn.dk ; Skandiatorv 1 ; ⌚9h-16h lun-sam, 10h-14h dim juillet/mi-août, 9h30-16h lun-ven, 10h-13h sam mi-août/juil), et des artères commerçantes à l'extérieur. La gare et la gare routière adjacente sont à 10 minutes à pied un peu plus au nord. Il y a des banques et autres services sur Danmarksgade, rue piétonne. Frederikshavn possède tout de même un petit bijou, le musée **Bangsbo** (☎98 42 31 11 ; www.kystmuseet.dk ; Dronning margrethesvej 6 ; tarif plein/enfant 100 DKK/gratuit ; ⌚10h-16h lun-ven, 11h-16h sam et dim juin-août, lun-ven sept-mai), situé sur un grand domaine comprenant un jardin botanique et un blockhaus de la Seconde Guerre mondiale. À 3 km du centre par le bus n°3.

Train toutes les heures pour Aalborg (100 DKK, 1 heure 15), Aarhus (256 DKK, 2 heures 30) et Skagen (60 DKK, 35 minutes). Les bus **Thinggaard Express** (☎98 11 66 00 ; www.expressbus.dk) quotidiens pour Esbjerg marquent l'arrêt à Viborg et Aalborg.

Læsø

1 800 HABITANTS

L'île de Læsø n'est qu'à 28 km au large de Frederikshavn, mais a conservé une douceur hors du temps : petites fermes, plages de sable, bruyère, dunes, traditions maritimes et jolis hameaux.

À voir et à faire

L'île compte quelques villages (Vesterø Havn, Byrum et Østerby Havn), églises médiévales et **musées**, dont l'un occupe une ancienne ferme au toit d'algues.

Au sud de l'île, **Rønnerne** est une zone de marais littoraux abritant une avifaune exceptionnelle, au sein d'un écosystème unique.

Læsø Kur SPA
(☎98 49 13 22 ; www.saltkur.dk ; Vesterø Havnegade 28, Vesterø Havn ; entrée pour la journée 295-345 DKK ; 9h30-21h30 mi-juin/mi-août, jusqu'à 16h, 17h30 ou 18h le reste de l'année). Prenez un bain d'eau salée dans cette ancienne église transformée en spa. Offrez-vous un massage ou un gommage, avant de profiter du hammam, du sauna et des Jacuzzis (intérieur et extérieur, avec vue sur les dunes). De quoi vous convaincre qu'au Danemark, le bien-être est réellement une religion.

Où se loger et se restaurer

Den Gamle Elværk AUBERGE DE JEUNESSE €
(Læsø Vandrerhjem ; ☎98 49 91 95 ; www.dge-laesoe.dk ; Lærkevej 6, Vesterø Havn ; d sans/avec sdb 550/650 DKK ; wifi). Cette auberge de jeunesse modeste mais joyeuse est à proximité du ferry, du Læsø Kur et de la plage. Sur les 24 chambres, la moitié a une salle de bains privative.

Strandgaarden Badehotel HÔTEL €€
(☎98 49 90 35 ; www.badehotel.eu ; Strandvejen 8, Vesterø Havn ; d sans/avec sdb, petit-déj inclus à partir de 825/1 175 DKK ; avr-oct ; wifi). Ce ravissant hôtel au toit de chaume propose des chambres "les pieds dans l'eau" pour presque tous les budgets. Bel extérieur et accès à la plage. Location de vélos. Très bon restaurant.

Thorsen Fisk PRODUITS DE LA MER €
(☎23 60 64 55 ; Industrivej 1, Østerby Havn ; repas 60-75 DKK ; 10h-17h lun-sam, jusqu'à 16h dim). On trouve quelques bons restaurants sur la place principale (en front de mer) d'Østerby Havn. Cette poissonnerie par exemple, où l'on peut déguster la pêche du coin, des *jomfruhummer* (langoustines) ou se régaler d'un *fish and chips* et de *fiskefrikadeller* (petites galettes au poisson).

Renseignements

Office du tourisme (☎98 49 92 42 ; www.visitlaesoe.dk ; Havnepladsen 1, Vesterø Havn ; 9h-15h lun-ven, jusqu'à 11h ou 14h sam et dim mi-juin/mi-août, horaires restreints le reste de l'année). À l'arrivée du ferry à Vesterø Havn.

Depuis/vers Læsø

Le Færgeselskabet Læsø (☎98 49 90 22 ; www.laesoe-line.dk ; Havnepladsen 1, Vesterø Havn ; A/R tarif plein/enfant juil-août 270/130 DKK, sept-juin 210/100 DKK) relie Læsø à Frederikshavn 3 à 7 fois/jour toute l'année (tarif plein/enfant/vélo 55/50/45 DKK, 1 heure 30). Voiture avec passagers à partir de 240 DKK l'aller simple.

Comment circuler

Un bus gratuit dessert les hameaux de Vesterø Havn, Byrum et Østerby Havn. Il est synchronisé sur le départ et l'arrivée des ferries.

On peut louer des vélos chez **Jarvis Cykler** (☎40 44 94 78 ; www.jarvis-laesoe.dk ; Vesterø Havnegade 29, Vesterø Havn ; jour/semaine 80/400 DKK ; 9h-17h30 lun-ven, 9h-13h30 sam-dim), près du terminal des ferries. L'office du tourisme distribue le plan des principaux itinéraires cyclables.

Sæby

8 800 HABITANTS

Si Skagen fut un atelier à ciel ouvert pour beaucoup de peintres scandinaves, Sæby a quant à elle attiré plutôt les écrivains.

À voir

Cette jolie station balnéaire a inspiré à Herman Bang le roman *Plaisirs d'été*, et Ibsen a écrit sa pièce *La Dame de la mer* après y avoir séjourné. Une statue exposée sur le port célèbre d'ailleurs cette fameuse Dame. Jalonnés de restaurants de poisson et de vendeurs de glaces, les quais sont plaisants. Le panneau "Kirkestien" vous conduira à l'arrière de la **Sæby Kirke** (www.saebykirke.dk ; Strandgade 5 ; 9h-16h oct-mars, 9h-18h avr-sept), imposante église et seul vestige d'un monastère carmélite du XVe siècle. À l'intérieur, on admire de précieuses fresques médiévales. Parcourez ensuite **Algade**, la plus vieille artère de la ville, bordée de jardins, de maisons à colombages et d'ateliers d'artistes (céramiques, soufflage du verre et ambre). Le joli **musée** (www.kystmuseet.dk ; Algade 1 ; tarif plein/enfant 100 DKK/gratuit ; 12h-16h jeu-sam fév-déc) occupe une

VAUT LE DÉTOUR

RÅBJERG MILE

Råbjerg Mile (derrière Kandestedvej) est la plus grande dune mobile du Danemark. Ce phénomène naturel ne laisse pas d'impressionner. On explore avec plaisir ces collines de sable hautes de 40 m, entre lesquelles on se perdrait presque. La dune s'est formée sur la côte ouest lors des grands mouvements de sable du XVIe siècle, et se déplace vers la forêt de 15 m par an. Sur son passage, elle laisse une couche de sable humide qui s'étend à l'ouest jusqu'au Skagerrak.

Råbjerg Mile est à 16 km au sud-ouest de Skagen : sur la Rte 40, prenez la direction du hameau de Kandestederne. Par train, elle est à environ 4 km de la gare d'Hulsig, sur la ligne Frederikshavn-Skagen.

maison à colombages du XVIIe siècle. On y retrouve de l'ambre, mais également une salle de classe des années 1920 et un salon au mobilier victorien.

Où loger et se restaurer

Sæby ventidscenter & Hostel AUBERGE DE JEUNESSE €
(☎98 46 36 50 ; www.saebyfritidscenter.dk ; Sæbygaardvej 32 ; d sans/avec sdb à partir de 460/600 DKK ; @ Wi-Fi). Cette auberge se trouve à 1,5 km à l'ouest du centre-ville, près d'un complexe sportif et entouré d'un grand espace vert. L'équipement répond aux standards élevés du pays et les chambres sont variées : les plus économiques partagent une salle d'eau, tandis que les "A++" (805 DKK) disposent de balcon, TV et salle de bains. Des cottages rudimentaires sont également proposés.

♥ **Aahøj** CHAMBRE D'HÔTES €€
(☎98 46 11 27 ; www.aahoj.dk ; Hans Aabelsvej 1 ; s/d petit-déj inclus à partir de 695/795 DKK ; Wi-Fi). Avec son ambiance intimiste (9 chambres confortables dans une élégante villa de 1896), sa situation centrale et son jardin donnant sur un bras de mer, Aahøj tient le haut du pavé à Sæby.

♥ **Jacobs Fiskerestaurant** PRODUITS DE LA MER €€
(☎98 46 11 56 ; www.jacobsfiskerestaurant.dk ; Havnen 12 ; buffet déj/dîner 159/249 DKK ; ⏲11h30-21h). Sur le port, les restaurants attirent les promeneurs par leurs étals ployant sous les fruits de mer. Chez Jacob, on monte à l'étage dans la salle lumineuse pour un buffet (excellent rapport qualité/prix) ou un repas à la carte. En bas, Jacobs Fiskebix est un petit comptoir où déguster un *fish and chips* (70 DKK) au grand air.

Frøken Madsen's Spisehus DANOIS €€
(☎98 40 80 36 ; www.frk-madsen.dk ; Pindborggade 1 ; plats 199-329 DKK ; ⏲17h-21h mer-jeu, 17h-22h ven, 12h-15h et 17h-22h sam, 12h-15h dim). Frøken Madsen cuisine des classiques danois (et quelques surprises plus exotiques) dans un intérieur confortable derrière la rue principale. Les soirs d'été, les tables du jardin qui donnent sur la rivière sont très convoitées. Les buffets déjeuner du week-end (129 DKK) ou du dîner le vendredi soir (229 DKK) sont particulièrement intéressants. Réservation recommandée.

Depuis/vers Sæby

Le bus n°973X s'arrête à Sæby entre Frederikshavn (32 DKK, 18 minutes) et Aalborg (80 DKK, 45 minutes). Moins rapide, le bus n°73 dessert également Frederikshavn (26 minutes). La **gare routière de Sæbyn** (Stationspladsen 4) est à 300 m au sud-ouest du centre-ville (prenez Stationsvej depuis Vestergade).

Location de vélo chez **Cykelgården** (☎98 46 14 10 ; Søndergade 6A ; location jour/semaine 90/390 DKK ; ⏲9h-17h30 lun-ven, jusqu'à midi sam).

Skagen

8 200 HABITANTS

Skagen (prononcé "skeïn") se tient à la pointe nord du Jutland, là où la mer du Nord rencontre la Baltique. Son riche passé, ses fruits de mer tout juste pêchés, ses quartiers pittoresques et son âme traditionnelle forment un charmant condensé du Danemark.

Au milieu du XIXe siècle, les artistes y ont afflué, séduits par la lumière qui baignait ces paysages d'une âpre beauté. Aujourd'hui, ce sont les touristes qui se pressent ici, attirés par la combinaison d'un port en activité, de longues plages de sable et d'une sympathique ambiance de vacances. Bien qu'assiégé en été, le village conserve tout son charme, en particulier dans les quartiers anciens, avec leurs maisons jaunes bordées de barrières blanches.

Skagen

Skagen

Les incontournables
1 Skagens Kunstmuseer D1

À voir
2 Drachmanns Hus A3
3 Skagen Kystmuseet A3

Où se loger
4 Brøndums Hotel D1
5 Finns B&B D1
6 Hotel Plesner C2

Où se restaurer
Brøndums Hotel Restaurant .... (voir 4)
7 Jakobs Café & Bar C2
8 Jorgens Spisehus B3
9 Krages Bageri D1
Museumscaféen .... (voir 1)
10 Pakhuset B3
11 Skagen Fiskerestaurant C2
12 Slagter Munch D1

Où prendre un verre et faire la fête
13 Skagen Bryghus B2

À voir

On accède à la **plage** la plus proche de la ville par Østre Strandvej. Les plages à l'est, à l'abri du vent, sont plutôt familiales ; la côte ouest est plus sauvage.

Grenen — PLAGE

La pointe nord du Danemark s'achève joliment par une fine langue de sable, large de quelques mètres seulement. C'est là que les eaux du Skagerrak (au nord) rencontrent celles du Cattégat (au sud). Si l'on peut donc avoir "un pied dans chaque mer", on reste toutefois près du bord : la baignade est interdite en raison de forts courants.

La pointe de Grenen se trouve à l'extrémité d'une longue bande de sable, à 3 km au nord-est de Skagen sur la Rte 40. On y trouve un parking, ainsi qu'un excellent restaurant et une petite galerie d'art. Pour parvenir à la pointe, marchez environ 30 minutes depuis le parking, en passant devant la tombe de l'écrivain Holger Drachmann (1846-1908).

Le **Sandormen** (40 30 50 42 ; www.sandormen.dk ; Grenen ; aller-retour adulte/enfant 35/15 DKK ; avr-oct ;), un bus tiré par un tracteur, peut vous véhiculer jusqu'à la pointe. Il part du parking de Grenen dès 10h et effectue le trajet toute la journée à la demande.

Skagens Kunstmuseer — MUSÉE

(98 44 64 44 ; www.skagenskunstmuseer.dk ; Brøndumsvej 4 ; tarif plein/enfant 110 DKK/gratuit ; 9h-17h juin-août, mar-dim fin avr à mai et sept-déc, ;). C'est au milieu du XIXe siècle que des peintres s'éprirent de Skagen et

de ses dunes balayées par le vent. La vie difficile des pêcheurs devint alors un sujet romantique. Le musée de Skagen met à l'honneur les œuvres réalisées par la colonie d'artistes scandinaves qui, entre 1870 et 1930, firent de Skagen l'équivalent danois de Pont-Aven. Les salles exposent entre autres les œuvres intimistes de Marie et P. S. Krøyer, Anna Encher et Carl Locher. Le billet combiné (180 DKK) est avantageux si l'on pense voir aussi l'Anchers Hus et la Drachmanns Hus.

Drachmanns Hus MUSÉE

(☎98 44 64 44 ; www.skagenskunstmuseer.dk ; Hans Baghs Vej 21 ; tarif plein/enfant 50 DKK/gratuit ; 🕐11h-16h juin-août, mar-dim fin-avr à mai et sept-oct, fermé nov à mi-avr). À l'ouest du centre-ville, la maison du célèbre peintre et poète Holger Drachmann.

Anchers Hus MUSÉE

(☎98 44 64 44 ; www.skagenkunstmuseer.dk ; markvej 2 ; tarif plein/enfant 80 DKK/gratuit ; 🕐10h-16h fin mai à août, mar-dim fin-avr à fin mai et sept-oct, fermé nov à fin avr). La maison pleine d'âme des peintres Anna et Michael Ancher n'a pas changé depuis la mort d'Anna en 1935. En plus de leurs objets personnels, on y découvre plus de 280 œuvres d'art. Une petite galerie accueillant des expositions et un agréable café complètent le lieu.

Skagen Kystmuseet MUSÉE

(Skagen By- og Egnsmuseum ; ☎98 44 47 60 ; www.kystmuseet.dk ; PK Nielsensvej 8 ; tarif plein/enfant 100 DKK/gratuit ; 🕐10h-16h mar-ven, 11h-16h sam-dim juin-août, fermé dim le reste de l'année ; 👪). À 200 m au sud-ouest du port, ce musée à ciel ouvert retrace l'histoire de la ville et reconstitue à travers des mises en scène la vie de la communauté de pêcheurs qui fascina tant les peintres.

Skagen Odde Naturcenter CENTRE DE DÉCOUVERTE

(☎96 79 06 06 ; www.skagen-natur.dk ; Bøjlevejen 66 ; adulte/enfant 70/30 DKK ; 🕐10h-16h lun-ven, 11h-16h sam-dim mai-oct, fermé lun hors juil-août ; 👪). Ce complexe conçu par Jørn Utzon se situe au nord de la ville, dans un lieu sauvage au milieu des dunes. Ses bâtiments modernes nous présentent de manière originale les éléments naturels qui ont façonné Skagen et son histoire : le sable, la mer, l'eau, la lumière... Les passionnés d'architecture et/ou de nature apprécieront. Expositions artistiques et activités pour les enfants.

Den Tilsandede Kirke RUINES

(Gamle Landevej 63). Construite à la fin du XIVe siècle, "l'église ensablée" était autrefois la plus grande de la région. Au XVIIe siècle, un déplacement progressif des dunes contraignit les paroissiens à user de pelles pour y pénétrer. En 1795, la communauté religieuse, découragée, finit par fermer l'édifice. La partie principale s'écroula en 1810, mais la belle **tour** (Gamle Landevej 63 ; adulte/enfant 20 DKK/gratuit ; 🕐10h-18h juin-août, sam-dim avr, mai et sept) blanchie à la chaux est restée debout. On y grimpe pour le superbe panorama.

Le campanile et ses alentours font partie de la réserve naturelle de **Skagen Klitplantage**, qui commence à 5 km au sud de Skagen et est indiquée sur la Rte 40. Le meilleur moyen de s'y rendre est le vélo, en prenant Gamle Landevej depuis Skagen.

Où se loger

Danhostel Skagen AUBERGE DE JEUNESSE €

(☎98 44 22 00 ; www.danhostelskagen.dk ; Rolighedsvej 2 ; dort/s/d 180/525/625 DKK ; 🕐mars-nov ; P 📶). Cette auberge toujours animée est à la fois impeccable, moderne et fonctionnelle. Le rapport qualité/prix est intéressant, en particulier pour les familles et les groupes. Elle est située à 1 km de la gare de Skagen, en direction de Frederikshavn (si vous venez en train, descendez à Frederikshavnsvej). Tarifs très réduits en basse saison.

Grenen Strand Camping CAMPING €

(☎63 60 63 61 ; www.campone.dk/grenen ; Fyrvej 16 ; empl 55-110 DKK, plus 87/55 DKK par adulte/enfant ; 🕐avr-oct ; @📶). Ce camping fréquenté et bien tenu est joliment situé en bord de mer, à la limite de la ville en direction de Grenen. C'est un lieu arboré et doté de bons équipements, notamment des petites cabanes de quatre lits.

Brøndums Hotel HÔTEL €€

(☎98 44 15 55 ; www.broendums-hotel.dk ; Anchersvej 3 ; s/d avec sdb commune et petit-déj 595/895 DKK ; 📶). Cet hôtel romantique fut un haut lieu de l'école de Skagen : l'artiste Anna Encher, fille des propriétaires, y réunissait ses amis peintres. Les chambres sont ravissantes, mais les tarifs un peu élevés pour une salle de bains partagée. L'annexe de l'Admiralgaarden, non loin de là, propose plus de chambres (certaines avec salle de bains) à de meilleurs tarifs.

Hotel Plesner BOUTIQUE-HÔTEL €€

(☎98 44 68 44 ; www.hotelplesner.dk ; Holstvej 8 ; s/d petit-déj inclus 1 395/1 495 DKK ; 📶). Rayures et carreaux rythment la décoration design de cet hôtel de 16 petites chambres pimpantes. On prend le petit-déjeuner et le thé dans un "jardin" au sol de galets.

Finns B&B PENSION €€

(☎40 15 45 33 ; www.finns.dk ; Østre Strandvej 63 ; s/d petit-déj inclus à partir de 500/775 DKK ; ⏲mai à mi-sept ; 📶). Prenez une cabane en rondins construite pour un comte norvégien en 1923, puis emplissez-la de peintures, objets anciens et autres souvenirs, et vous obtiendrez une pension confortable et délicieusement bizarre. Le Finn est à deux pas de la plage et compte 6 chambres décorées différemment (certaines partagent une salle de bains). Gay-friendly, sans télévision et réservé aux plus de 15 ans. Séjours de 3 nuits minimum en période haute l'été.

Où se restaurer

Le port est plein de restaurants de fruits de mer, où la crevette est à l'honneur. En été, mieux vaut réserver.

♥ **Museumscaféen** CAFÉ €

(www.skagenskunstmuseer.dk ; Skagens Kunstmuseer, Brøndumsvej ; déj 90-100 DKK ; ⏲10h-17h mai-août, 10h-17h mar-dim sept-oct). Le café du musée de Skagen (page ci-contre) est un cadre exceptionnel pour déjeuner ou prendre un verre. Grand choix de gâteaux et de tartes maison. Accès indépendant du musée.

Jorgens Spisehus DANOIS €

(☎98 44 26 24 ; www.joergensspisehus.dk ; Sardinvej 7 ; plats 90-219 DKK ; ⏲11h-19h). Cuisine simple, traditionnelle et service souriant. Plat du jour à 79 DKK. Parmi les spécialités de la maison, le *stjerneskud* (plat composé d'un filet de poisson frit, d'un filet de poisson vapeur, d'une tartine aux crevettes et aux asperges.) La cuisine ferme à 19h.

Skagen Fiskerestaurant PRODUITS DE LA MER €€

(☎98 44 35 44 ; www.skagenfiskerestaurant.dk ; Fiskehuskajen 13 ; plats 110-235 DKK ; ⏲11h-23h avr-oct, horaires restreints le reste de l'année). La promesse de ce restaurant sur les docks est séduisante : produits frais, assiettes sans prétention au déjeuner comme au dîner (*fiskefrikadeller,* soupe de poissons crémeuse, *fish and chips*), terrasse et concerts en été. Ici, c'est à la bonne franquette.

Pakhuset PRODUITS DE LA MER €€

(☎98 44 20 00 ; www.pakhuset-skagen.dk ; Rødspættevej 6 ; plats 65-369 DKK ; ⏲café 11h-tard). De la succulente queue de homard norvégien flambée aux simples croquettes de poisson à la rémoulade, la mer est ici à l'honneur. Horaires extensibles et atmosphère agréable à l'extérieur (sur le port) comme à l'intérieur (poutres en bois et têtes de mât colorées). Dîner gastronomique au restaurant à l'étage (395 DKK à partir de 18h), ou repas moins onéreux au café du rez-de-chaussée. Musique live à l'occasion.

À NE PAS MANQUER

GAMMEL SKAGEN ET LE RUTHS HOTEL

L'élégant village de **Gammel Skagen** ("Vieux Skagen"), également appelé Højen, est réputé pour ses merveilleux couchers de soleil, ses hôtels chics et ses résidents aisés.

Un hameau de pêcheurs occupait l'endroit avant que des tempêtes de sable ne s'abattent sur ce secteur fouetté par les vents, forçant nombre de ses habitants à déménager vers Skagen sur la côte orientale, plus protégée. Situé à 4 km à l'ouest de Skagen, le vieux village est aisément accessible à vélo. Si votre budget le permet, logez et/ou dînez au **Ruths Hotel** (☎98 44 11 24 ; www.ruths-hotel.dk ; Hans Ruths Vej 1, Gammel Skagen ; ch avec petit-déj à partir de 1 750 DKK ; P📶), établissement thermal très prisé. Son intérieur allie subtilement tradition et modernité. L'hôtel compte en outre deux restaurants réputés. L'intimiste **Olê** (menu 1 495 DKK, à partir de 17h, uniquement le week-end hors saison) met à l'honneur la cuisine danoise contemporaine et revisite la tradition régionale. Réservez longtemps à l'avance (seulement 22 couverts). **Ruths Brasserie** (repas 210 DKK à 375 DKK), doté d'une jolie terrasse, est un excellent plan B. On y sert une bonne cuisine française en continu (moules-frites, escargots et confit de canard, par exemple).

VAUT LE DÉTOUR

TORNBY STRAND

Si vous aimez les plages immenses, vous apprécierez **Tornby Strand** (Strandvej), à 5 km au sud d'Hirtshals. Le sable y est si compact que le stationnement est autorisé sur la plage ! Mais vous pourrez vous éloigner des voitures pour vous balader dans les dunes et les forêts qui s'étendent au sud.

À environ 1 km dans les terres, un joli **camping** (98 97 78 77 ; www.tornbystrandcamping.dk ; Strandvejen 13 ; tarif plein/enfant/empl 85/50/60 DKK ;) propose piscines intérieure et extérieure, minigolf, salle de jeux, bungalows familiaux et chambres à petit prix pour les courts séjours (d 250-350 DKK). Parfait pour une nuit en attendant le ferry.

Jakobs Café & Bar INTERNATIONAL €€
(98 44 16 90 ; www.jakobscafe.dk ; Havnevej 4 ; déj 85-159 DKK, dîner 210-320 DKK ; 11h-23h lun-jeu, 11h-1h ven, 10h-1h sam, 10h-22h dim ;). La terrasse de ce café-restaurant à l'ambiance détendue est parfaite pour observer le ballet des passants. Le menu, très complet, inclut burgers, salade César, moules-frites et steaks (fermeture des cuisines à 21h, sauf 22h ven-sam). L'été, les jeunes Danois viennent ici en nombre pour commencer la soirée autour de quelques verres. Concerts ou DJ le week-end à partir de 22h30.

Brøndums Hotel Restaurant FRANÇAIS, DANOIS €€€
(98 44 15 55 ; www.broendums-hotel.dk ; Anchersvej 3 ; déj 135-235 DKK, dîner 235-355 DKK ; 12h-16h et 18h-21h mer-sam). Classiques danois revisités à la manière française. L'intérieur à l'ancienne de la salle à manger peut convenir à une occasion spéciale, mais on vient tout aussi bien pour un *smørrebrød* au déjeuner, ou une part de gâteau et un café l'après-midi. Somptueux jardin, idéal pour dîner dehors.

Faire ses courses

Slagter Munch TRAITEUR €
(98 44 37 33 ; www.munch-skagen.dk ; Sankt Laurentii Vej 1 ; 9h-17h30 lun-ven, 8h-13h sam). La file d'attente témoigne de la réputation de ce boucher, récompensé pour son *skinke* (jambon) et ses saucisses. Propose aussi des salades et plats préparés, bienvenus pour un pique-nique.

Krages Bageri BOULANGERIE, CAFÉ €
(98 44 12 06 ; Sankt Laurentii Vej 104 ; 6h-17h30 lun-ven, 6h-16h sam, 6h30-16h dim). Une bonne boulangerie proposant pains frais, gâteaux, viennoiseries, sandwichs, quiches et salades. Idéalement située près des musées.

Où prendre un verre

Skagen Bryghus MICROBRASSERIE
(98 45 00 50 ; www.skagenbryghus.dk ; Kirkevej 10 ; 10h30-18h lun-jeu, jusqu'à 19h ven-sam, jusqu'à 16h dim). Concerts en été, de quoi manger sur le pouce et un grand *beer garden* : cette microbrasserie se prête parfaitement à un après-midi de farniente. Goûtez aux bières en commençant par la Drachmann Pilsner, primée.

Renseignements

Office du tourisme (98 44 13 77 ; www.skagen-tourist.dk ; Sct. Laurentii Vej 6B ; 9h-16h lun-sam, 10h-14h dim fin juin à mi-août, horaires réduits le reste de l'année)

Depuis/vers Skagen

En juillet et août uniquement, le bus "Skagerakkeren" n°99 (www.nordjyllandstrafikselskab.dk) parcourt la côte ouest pour relier Skagen à Gammel Skagen, Tversted, Hirtshals, Løkken, Fårup Sommerland et Blokhus. Des **bus** (Banegårdspladsen, Sankt Laurentii Vej) marquent l'arrêt devant la gare, située sur l'artère principale de Sankt Laurentii Vej, à 100 m du centre-ville piétonnier. Environ 1 train/heure à destination de Frederikshavn (60 DKK, 35 minutes), d'où vous pouvez prendre des correspondances vers le sud.

Comment circuler

BUS

Une fois par jour de la fin juin à début août, le Bybus n°1 (www.nordjyllandstrafikselskab.dk) relie les principaux sites, du parking de **Grenen** (p. 263) à **Gammel Skagen** et **la Tilsandede Kirke** (p. 264). Ticket 22 DKK, ou pass journée à 50 DKK à acheter auprès de l'office du tourisme.

TAXI

Des **taxis** (98 44 22 44) sont disponibles à la gare.

VÉLO

Le vélo est le meilleur mode de transport et il est très facile d'en louer. **Skagen CykelUdlejning** (98 44 10 70 ; www.skagencykeludlejning.dk ; Banegårdspladsen, Sankt Laurentii Vej ; location

90/375 DKK jour/semaine ; ⌚9h-17h avr à mi-sept), attenant à la gare, propose un bon choix. Second local ouvert toute l'année dans une boutique près du port (Fiskergangen 10).

VOITURE

Le stationnement est cher en été. Places payantes (11 DKK/h, de 9h à 18h) devant l'office du tourisme (page ci-contre), et à côté de la gare.

Hirtshals

6 000 HABITANTS

Peuplée avant tout de marins et appréciée des Norvégiens en quête de bonnes affaires, cette ville moderne peut constituer une base pour rayonner, mais ne brille pas par son charme. Ses ferries en partance pour le nord (Islande, îles Féroé et Norvège), ses plages et son aquarium constituent néanmoins des atouts.

Si vous vous intéressez à la vie sous-marine, filez à l'impressionnant **Nordsøen Oceanarium** (☎98 94 44 44 ; www.nordsoeno-ceanarium.dk ; Willemoesvej 2 ; tarif plein/enfant 170/90 DKK ; ⌚9h-18h juil-août, 10h-16h ou 17h le reste de l'année, fermé début jan ;), dont les bassins sont les plus grands d'Europe du Nord. Dans un réservoir sur 4 niveaux, 4,5 millions de litres d'eau de mer servent d'habitat de substitution aux élégants bancs de maquereaux et de harengs. Consultez les horaires de nourrissage sur le site : en été, ils ont lieu à 11h et 15h pour l'Oceanorium (effectué par un plongeur muni d'une caméra), et à 12h et 16h pour le bassin des phoques à l'extérieur.

Côté hébergement, on trouve ici de nombreux motels et hôtels, parmi lesquels l'**Hotel Hirtshals** (☎98 94 20 77 ; www.hotel-hirtshals.dk ; Havnegade 2 ; s/d/f petit-déj inclus, à partir de 845/950/1645 DKK ;), situé sur la place principale au-dessus du port de pêche. Si vous avez du temps, préférez peut-être la ville plus grande de **Hjørring**, à 17 km au sud, qui possède un petit supplément d'âme. L'**Hotel Phønix** (☎98 92 54 55 ; www.phoenix-hjoerring.dk ; Jernbanegade 6 ; s/d avec petit-déj, à partir de 695/895 DKK ; P) y est très agréable.

Pour des courses avant de prendre le ferry, vous avez le choix parmi plusieurs supermarchés sur Jørgen Fibigersgade. Restaurants et cafés se trouvent principalement sur le front de mer et sur Hjørringgade, où le traiteur **Slagter Winther** (☎98 94 16 11 ; www.slagterwinther.dk ; ⌚6h30-22h) propose de la viande et de l'alcool à prix cassés. DAB disponibles au sud-ouest de la gare et des terminaux de ferry. Petit **office du tourisme** dans une rue perpendiculaire à Nørregade, l'artère piétonne principale (☎98 94 22 20 ; www.visithirtshals.dk ; Jørgen Fibigersgade 26 ; ⌚9h-16h lun-ven, jusqu'à 13h sam).

ℹ Depuis/vers Hirtshals

BATEAU

Hirtshals est le port principal des ferries internationaux suivants :

Color Line (www.colorline.com ; Norgeskajen 2). Depuis/vers les ports norvégiens de Kristiansand et Larvik.

Fjord Line (www.fjordline.com ; Containerkajen 4). En direction de la Norvège : catamaran pour Kristiansand de mi-mai à août, et ferries toute l'année jusqu'à Stavanger, Bergen et Langesund.

Smyril Line (www.smyrilline.com ; Containerkajen 4). Départs hebdomadaires vers les îles Féroé et l'Islande.

Pour plus de détails, reportez-vous au chapitre *Transports* (p. 313) et les sites des compagnies.

BUS

Le bus n°99 dessert (en été uniquement) le Nordsøen Oceanarium, Tornby Strand et la gare d'Hirtshals.

TRAIN

La gare d'Hirtshals est sur Havnegade, à l'ouest des terminaux des ferries. Depuis Hirtshals, on rejoint Hjørring en train (toutes les heures, 30 DKK, 20 minutes). Au départ de la gare de Hjørring, on rejoint :

Aalborg (80 DKK, 40 minutes)
Aarhus (232 DKK, 2 heures)
Frederikshavn (50 DKK, 30 minutes)
Skagen (60 DKK, 1 heure 15) avec correspondance à Frederikshavn

Løkken

1 600 HABITANTS

Cela surprend encore de nombreux Danois, mais Løkken est devenue une destination pour tous les âges. Il faut dire que cette station balnéaire fut longtemps la chasse gardée d'adolescents bien décidés à faire la fête tout l'été. L'ambiance s'est assagie, et Løkken accueille désormais des vacanciers moins survoltés et davantage tournés vers les sports nautiques.

La vaste plage constitue l'atout majeur de cette ancienne bourgade de pêcheurs – sans oublier les boutiques, glaciers et autres cafés qui attendent de pied ferme les estivants.

Activités

Plage BAIGNADE

Cette longue étendue de sable blanc est bordée par un alignement de cabanons en bois, auquel s'ajoute une poignée de petits bateaux de pêche tirés sur la grève (pour l'anecdote, ces 485 cabines de bain sont stockées dans les terres en hiver). On vient aussi admirer les kitesurfeurs, ou prendre un cours avec la **North Shore Surf School** (☎20 70 86 43 ; www.northshoresurf.dk ; Sønder Strandvej 18 ; 2 heures de cours de surf 399 DKK ; ⌚juil-août ; 👪).

Où se loger et se restaurer

Villa Vendel PENSION €€

(☎98 99 14 56 ; www.villavendel.dk ; Harald Fischers Vej 12 ; ch et app 550-950 DKK ; 📶). À l'est de Torvet, cette charmante adresse fait partie de l'association Small Elegant Hotels ("petits hôtels élégants", un nom tout à fait approprié). Elle se compose de 4 chambres (avec salle de bains) et de 2 appartements. Le parquet et la décoration dans les tons neutres confèrent à l'endroit une ambiance chic et classique. Cuisine commune et grand jardin.

North Shore Surf Café CAFÉ €

(☎20 70 86 43 ; www.northshoresurf.dk ; Sønder Strandvej 18 ; en-cas et repas 40-120 DKK ; ⌚à partir de 10h juil-août). On s'installe en terrasse entre les dunes et à l'abri du vent pour un café, une glace ou un repas sur le pouce (*fish and chips*, crevettes...). L'heure de fermeture varie en fonction de la météo et des diverses activités organisées par l'école de surf.

Restaurant Løkken Badehotel DANOIS €€

(☎98 99 22 00 ; www.restaurantlb.dk ; Torvet 8 ; déjeuner 89-159 DKK, plats du soir 159-239 DKK ; ⌚9h-21h). Cet hôtel d'un jaune éclatant jouit d'une situation idéale sur la place principale, Torvet. Grande terrasse où l'on sert de bons classiques danois, comme le *smørrebrød* ou le *stegt rødspætte* (carrelet frit à la poêle).

Renseignements

Office du tourisme (☎98 99 10 09 ; www.loekken.dk ; Jyllandsgade 15 ; ⌚10h-16h lun-ven, 9h-16h sam juil-août, 10h-15h lun-ven, 9h-12h sam sept-juin). Un bureau très utile, à côté du supermarché SuperBrugsen.

Depuis/vers Løkken

Le bus n°71 (fréquent) marque l'arrêt à Løkken sur son trajet entre Hjørring (42 DKK, 30 minutes) et Aalborg (60 DKK, 1 heure 10). Løkken est aussi sur la ligne du bus estival n°99.

Environs de Løkken

Rubjerg Knude PHARE

(www.rubjergknude.dk ; Fyrvejen). À environ 13 km au nord de Løkken (en direction de Lønstrup, ci-dessous), Rubjerg Knude est une zone couverte de dunes où règne une nature balayée par les vents. **Rubjerg Knude Fyr** (le phare) était à 200 m dans les terres lorsqu'il fut construit en 1900. Il culminait alors à 60 m, mais, avec le temps, la mer s'est rapprochée et, dès la fin des années 1960, le phare dut fermer en raison d'importants mouvements de dunes qui rendaient sa lumière imperceptible en mer.

En 1980, le phare s'est transformé en musée consacré à ce phénomène... mais son ensevelissement progressif a entraîné sa fermeture en 2002. Partiellement enfoui dans les dunes, il attire aujourd'hui les touristes par sa photogénie et son étrangeté. On estime que l'érosion de la côte provoquera l'engloutissement du phare par la mer durant la décennie à venir.

Lønstrup VILLAGE

À 15 km au nord de Løkken (après Rubjerg Knude), cette station balnéaire un peu chic est aussi le repaire d'artistes, galeristes et céramistes. On s'y arrête pour une balade et un café.

Fårup Sommerland PARC D'ATTRACTIONS

(☎98 88 16 00 ; www.faarupsommerland.dk ; Pirupvejen 147, Blokhus ; 240-275 DKK ; ⌚à partir de 10h mi-juin à mi-août, et certains jours en mai, sept et oct). Figurant parmi les sites les plus visités du Danemark, cet excellent (et coûteux) parc d'attractions cible les familles en vacances. Chacun y trouvera son compte, des montagnes russes aux manèges pour les petits, en passant par un immense parc aquatique avec piscine à vagues et toboggans. Tous les visiteurs de plus de 3 ans paient le même tarif.

Klitmøller

900 HABITANTS

Le vent et les vagues de Klitmøller ont métamorphosé ce hameau de pêcheurs en

À NE PAS MANQUER

PARC NATIONAL DE THY

Le **parc national de Thy** (eng.nationalparkthy.dk) est l'un des espaces nouvellement protégés du Danemark. Il s'étire sur 55 km le long de la mer du Nord et couvre 244 km^2 de littoral, de dunes, de lacs, de forêts de pins et de landes. On profite pleinement de la beauté de ces paysages grâce à des sentiers balisés pour la randonnée, le cyclisme et l'équitation. Au programme également : ornithologie, promenades les pieds dans l'eau, et un peu d'histoire au gré des villages de pêcheurs et des bunkers allemands de la Seconde Guerre.

Les offices du tourisme régionaux vous indiqueront toutes les activités – sinon, consultez le site www.visitthy.dk. Un petit centre d'information se tient à **Stenbjerg Landingsplads** (Stenbjergvej ; ⏲13h-17h avr-nov), un groupe de cabanes de pêcheurs accessible depuis la Rte 181.

Avec ses petits chalutiers échoués sur la plage, le village de **Nørre Vorupør** vaut également le coup d'œil. On s'y baigne au *havbad*, une piscine d'eau de mer en béton où l'on peut nager sans risque dans la mer du Nord.

une destination majeure du surf en Europe. Surnommée "Cold Hawaii" par les aficionados, cette petite station balnéaire est parcourue par des surfeurs en combinaison qui ne paraissent aucunement souffrir des fortes bourrasques qui soufflent ici.

Chaque année en septembre, Klitmøller accueille la Professional Windsurfing Association World Cup.

Activités

Si vous n'êtes ni champion de planche, ni prêt à affronter les vagues de la mer du Nord, pas d'inquiétude : les eaux plus calmes du lac Vandet Sø ou du Limfjord tout proches conviennent parfaitement aux débutants.

Westwind Klitmøller SURF
(☎97 97 56 56 ; klitmoller.westwind.dk ; Ørhagevej 150 ; ⏲mi-mars à oct). Les experts enthousiastes de Westwind vous expliqueront patiemment les ficelles de la planche à voile, du kitesurf, du surf et du paddleboard – en anglais, allemand ou danois. Stages de surf également proposés.

Cold Hawaii Surf Camp SURF
(☎29 10 88 73 ; www.coldhawaiisurfcamp.com ; Ørhagevej 151). Comment ce jeune couple de surfeurs, un Israélien et une Tahitienne, est-il arrivé à Klitmøller ? À vous de le découvrir en poussant la porte de cette boutique qui organise des cours et des stages, en plus de louer du matériel.

Où se loger

Si vous avez réservé un stage de surf, vous pouvez contacter l'école pour l'hébergement. Chambres d'hôtes et campings sont souvent pleins en été. Vous trouverez d'autres hébergements un peu plus loin à Nørre Vorupør.

Gaarden Klitmøller CHAMBRE D'HÔTES €
(☎40 12 66 83 ; www.gaardenklitmoller.dk ; Kalles mark 2 ; ch sans sdb 400-550 DKK ; 📶). Une partie de ce vieux bâtiment a été reconvertie en jolie petite pension colorée, dotée de 4 chambres partageant une salle de bains, une kitchenette, un salon et une terrasse. Simple et chaleureux.

Nystrup Camping CAMPING €
(☎97 97 52 49 ; www.nystrupcamping.dk ; Trøjborgvej 22 ; tarif plein/enfant 84/39 DKK, empl 30-80 DKK ; ⏲mars-oct ; 📶). Repaire de surfeurs, ce camping propret est bien ombragé. Bungalows, location de vélo et aire de jeux.

Guesthouse Klitmøller CHAMBRE D'HÔTES €€
(☎41 66 04 77 ; www.guesthouse-klitmoller.dk ; Ørhagevej 84 ; d sans sdb 650-750 DKK, avec sdb 950 DKK ; 📶). Dans cette maison en bois élégante, symbole d'un certain renouveau de Klitmøller, l'intérieur est tout en simplicité scandinave et déclinaison de blanc ; 11 chambres, dont 3 avec salle de bains privative.

Où se restaurer et prendre un verre

On trouve de quoi se régaler dans la rue principale (Ørhagevej) : supermarché, restaurants et même *food trucks* en été. Goûtez aux bières locales de Thisted Bryghus, dont la nouvelle Cold Hawaii.

Kesses Hus CRÊPES €

(☎61 69 38 16 ; www.kesseshus.dk ; Bavnbak 4 ; crêpes 40-90 DKK ; ⏲10h-21h juil-août, horaires réduits avr-juin et sept-oct). Galettes et crêpes au menu ! Côté salé, on aime celle au colin fumé et purée de petits pois, ou au fromage de chèvre, pesto de persil et compotée de tomates.

Fiskerestaurant Niels Juel PRODUITS DE LA MER €€

(☎71 99 63 63 ; www.nielsjuel.com ; Ørhagevej 150 ; plats 89-330 DKK ; ⏲11h-21h mar-dim en saison, horaires réduits hors saison). Ce restaurant surélevé aux murs blancs et au toit de chaume est doté d'une terrasse permettant de contempler les surfeurs en action. L'avantageux buffet de produits de la mer déborde de harengs, crevettes et saumons.

ℹ Depuis/vers Klitmøller

Le bus n°322 relie 10/3 fois/jour en week-end/semaine Klitmøller à Thisted (32 DKK, 30 minutes). De là, vous pouvez prendre le bus n°70 ou n°970X pour Aalborg (140 DKK, 1 heure 45-2 heures 15), le bus n°940X (130 DKK, 1 heure 45, 8 départs/jour) ou le train (184 DKK, jusqu'à 3 heures, 4 fois/jour avec changement à Struer) pour Viborg.

Comprendre le Danemark

Histoire

La taille du Danemark est inversement proportionnelle à l'importance du rôle qu'a joué ce pays dans l'histoire de la région. Dès la fin du IVe siècle, les Jutes (qui donnèrent leur nom au Jutland) avaient envahi l'Angleterre et s'y étaient installés. Suivirent, quelques siècles plus tard, les Vikings dont la présence devait s'étendre de Terre-Neuve jusqu'à Bagdad. Au début du XIXe siècle, la puissance coloniale danoise s'étendait sur les quatre continents. Et malgré la réduction drastique de leur territoire, les Danois continuent d'inspirer et d'influencer le monde entier.

Âges de la pierre, du bronze et du fer

Il y a environ 12 000 ans, le climat se radoucit et la glace qui recouvrait le sol du Danemark se mit à fondre. La toundra apparut alors, lichens et mousses se développèrent, attirant les troupeaux de rennes et les chasseurs-cueilleurs, qui commencèrent à s'établir de manière permanente le long des côtes où poissons, oiseaux de mer et phoques assuraient leur subsistance. Puis, vers 3 000 av. J.-C., ils se mirent à cultiver la terre et à s'installer au sein de villages, près des champs.

Vers 1 800 av. J.-C., les premiers artisans commencèrent à fabriquer des armes, des outils, des bijoux et des objets décoratifs dans un nouvel alliage, le bronze, provenant du commerce avec certains peuples de régions lointaines comme la Crète ou Mycènes.

La présence dans la région de minerai de fer permit la fabrication d'outils de labour de meilleure qualité et le développement de plus grandes communautés agricoles. Les racines linguistiques et culturelles du Danemark actuel remontent à la fin de l'âge du fer quand, vers l'an 500 de notre ère, la tribu des Danes, probablement venue de Suède, fit son apparition.

De nombreux dolmens sont encore visibles au Danemark. Ces constructions mégalithiques, constituées d'une grosse dalle de couverture posée sur des pierres verticales, servaient à abriter les sépultures des hommes de l'âge de la pierre.

Ère viking

L'histoire des Vikings (un terme qui désigne l'ensemble des peuples scandinaves du VIIIe au XIe siècle) est beaucoup plus complexe que l'image donnée couramment. L'ère viking a duré plusieurs siècles, évoluant au fil du temps. Pour en marquer le début, on retient généralement l'année

CHRONOLOGIE

Vers 12 000 av. J.-C.

Premières installations humaines permanentes dans le Jutland et sur les îles voisines de la Baltique.

Vers 4 000 av. J.-C.

Début de l'agriculture. Les arbres sont abattus et brûlés avant que les parcelles ainsi défrichées soient ensemencées.

Vers 1 800 av. J.-C.

L'introduction du bronze, provenant d'échanges avec les pays du Sud, permet aux artisans danois de fabriquer des armes, des outils, des bijoux et des objets décoratifs.

793, date du pillage du monastère de Lindisfarne, une île située sur la côte sud-est de l'Écosse. Les survivants décrivirent les élégants bateaux vikings à voile carrée comme des "dragons volant dans les airs" et les assaillants comme de "terrifiants païens".

Les premiers raids visaient surtout l'or et les trésors des églises et monastères. Les atteintes portées aux livres ou autres objets précieux faisaient seulement partie des dommages collatéraux. Les moines, qui subirent les pillages – et qui écrivirent l'histoire de cet âge –, n'ont transmis que cette sombre image des Vikings.

Les Vikings étaient à l'origine des aventuriers opportunistes qui profitaient des troubles et de l'instabilité régnantes pour lancer raids et pillages. Au fil du temps, ils abandonnèrent ces pratiques violentes au profit d'expéditions maritimes organisées pour aller établir de lointaines colonies.

C'étaient d'insatiables explorateurs, des marins hors pair et d'excellents commerçants : leurs exploits les amenèrent à Byzance, en Russie, en Afrique du Nord et jusqu'à la mer Caspienne et à Bagdad. Ils établirent aussi des colonies en Islande, au Groenland et à Terre-Neuve.

Les Vikings s'implantèrent dans différents endroits, en particulier en Normandie et dans les îles Britanniques, où ils se montrèrent d'excellents agriculteurs. Leur sens aigu de la politique leur permit de fonder des royaumes, de nouer des alliances avec les nobles du cru ou de soutirer de l'argent aux rois locaux. Même la bataille de Hastings (1066), qui joua un rôle clé dans l'histoire, peut être considérée non comme une bataille entre l'Angleterre et la France, mais plutôt comme un combat entre deux descendants de ces hommes du Nord (Guillaume et Harald).

La sédentarisation des Vikings et leur assimilation sont l'une des raisons qui expliquent l'abandon des raids et des pillages. Un autre facteur plus important encore fut la christianisation, au Xe siècle, de la Scandinavie.

Les Vikings étaient si redoutables que les Anglais avaient introduit une prière spéciale dans les églises : "Seigneur, délivrez-nous de la fureur des hommes du Nord !"

Vers l'unification du Danemark et la fin de l'ère viking

À la fin du IXe siècle, le chef norvégien Hardegon vint conquérir la péninsule du Jutland puis étendit son pouvoir sur le reste du territoire danois actuel. La monarchie danoise actuelle remonte au fils d'Hardegon, Gorm l'Ancien qui régna au début du Xe siècle depuis sa cour de Jelling, dans le centre du Jutland.

Son fils, Harald à la Dent bleue, qui régna durant 35 ans, acheva la conquête du Danemark et son unification. On lui doit aussi la christianisation du pays, en partie pour apaiser les Francs, ses puissants voisins du Sud, qui, un siècle plus tôt, avaient envoyé le missionnaire Ansgar construire des églises dans les villes danoises de Ribe et d'Hedeby.

Si les Vikings ne portaient pas de casques à cornes ou ailes et ne festoyaient pas non plus autour des cadavres de leurs proies en buvant de l'hydromel dans des crânes, certains rois vikings ont porté des surnoms terribles dignes des plus grands contes, comme Eirik Blodøks (Erik Ier, surnommé "à la hache sanglante") et Sweyn Tveskæg (Sven Ier, "à la barbe fourchue").

Vers 500 av. J.-C.

Fin de l'âge du fer. Arrivée des Danes, une tribu probablement venue de Suède, à laquelle le Danemark actuel doit ses racines culturelles et linguistiques.

793

Pillage de Lindisfarne, au nord-est de l'Écosse, premier raid viking connu.

950-985

Harald Ier à la Dent bleue, fils de Gorm l'Ancien, unifie le Danemark. Depuis sa cour de Jelling, il initie la conversion des Danois au christianisme.

985-1014

Le fils de Harald à la Dent bleue, Svend Ier "à la barbe fourchue" et ses petits-fils Harald II et Knud le Grand conquièrent l'Angleterre et règnent sur un éphémère royaume anglo-danois.

LE DANEVIRK

À l'aube du IXe siècle, le territoire de l'actuel Danemark se situait en Europe, mais Charlemagne (vers 742-814) étendit le pouvoir des Francs jusqu'au nord de l'actuelle Allemagne. Pour repousser l'invasion franque, Godfred, roi du Jutland, fit édifier un immense rempart de terre, le Danevirk, à la lisière sud du pays. Les Francs réussirent cependant à percer ce rempart, qui servira par la suite à plusieurs reprises pour repousser les attaquants. Sa dernière utilisation remonte à 1864 lors de la guerre des Duchés, qui opposa le Danemark à la Prusse et à l'Autriche. Le Danevirk se trouve désormais en territoire allemand et a été abandonné.

L'esclavage occupait une place centrale dans la société viking. Lorsqu'ils pillaient les villages anglo-saxons, celtes et slaves, les Vikings capturaient femmes et jeunes gens pour les vendre dans les grands marchés aux esclaves d'Europe et du Moyen-Orient.

Sites vikings

- *Lindholm Høje (p. 255)*
- *Musée des Bateaux vikings (p. 113)*
- *Vikingemuseet Ladby (p. 177)*
- *Nationalmuseet (p. 45)*
- *Trelleborg (p. 127)*

La pierre de Jelling dressée dans le cimetière de l'église de Jelling (p. 226) témoigne de cette christianisation.

Le fils de Harald à la Dent bleue, Svend (ou Sven) à la barbe fourchue (vers 987-1014) et ses petits-fils Harald II (vers 1014-1018) et Knud (Canut) le Grand (vers 1019-1035) conquirent l'Angleterre, établissant un éphémère royaume anglo-danois sur une grande partie des îles Britanniques. Knud le Grand fut le premier roi danois à régner sur le trône d'Angleterre comme un roi anglais, à ceci près qu'il employait des soldats scandinaves pour défendre son pouvoir.

Quand le fils de Knud, Hardeknud, mourut, le pouvoir repassa à la lignée saxonne d'Angleterre, les héritiers d'Alfred le Grand, même si de nombreux Danois qui s'étaient installés en Angleterre avaient voulu élire l'un des leurs. Au Danemark, c'est le fils illégitime du roi de Norvège, Magnus le Bon, qui devint roi.

Malgré les tentatives ultérieures des Danois pour revendiquer l'Angleterre, la défaite des Vikings norvégiens face à Harold II d'Angleterre, à la bataille de Stamford Bridge (1066), marqua la fin de l'ère viking.

Sanglant Moyen Âge

Conflits internes, complots, contre-complots et assassinats entre nobles rivaux, riches propriétaires terriens et chefs d'églises corrompus furent un véritable fléau au début du Moyen Âge.

Las de tant de guerres, le roi Valdemar Ier (1131-1182) décida de coopérer avec l'Église catholique romaine pour stabiliser le pays. Il promulgua les premières lois écrites du Danemark (Code du Jutland) et se lança dans des guerres de conquête sur les côtes de la Baltique. Son fils, Knut VI, continua la politique expansionniste du Danemark. Son successeur, Valdemar II (1170-1241), publia le premier cadastre

1066

La défaite des Vikings norvégiens à la bataille de Stamford Bridge, contre Harold II d'Angleterre, marque la fin de l'ère viking.

1137-1157

Conflits, complots et assassinats minent le pays jusqu'à ce que Valdemar, fils de Knud Lavard, s'empare du trône, en 1157, et promulgue les premières lois écrites, le Jyske Lov (Code de Jutland).

1219

Le Dannebrog (drapeau du Danemark, le plus ancien drapeau national au monde) est créé. Sa croix blanche sur fond de ciel embrasé serait apparue au roi Valdemar II. au plus fort d'une bataille.

1363

Margrethe, fille de Valdemar IV, roi de Danemark, épouse le roi Haakon de Norvège. Elle deviendra une reine puissante et influente.

À LIRE

- **Contes** (Hans Christian Andersen, Folio, 1994). Le livre danois le plus célèbre au monde.
- **Traité du désespoir** (Søren Kierkegaard, Folio, 1988). Par le père de l'existentialisme.
- **Smilla et l'Amour de la neige** (Peter Høeg, Seuil, 1996). L'héroïne, groenlandaise, mène l'enquête à Copenhague. Un succès mondial.
- **Bienvenue chez les Danois** (Helen Russell, Marabout, 2017). Quand une Britannique perce les mystères de la vie danoise.
- **Nous, les noyés** (Carsten Jensen, 2012, 10/18). Une saga épique située dans le port de Marstal, sur l'île d'Ærø.

du Danemark, ainsi qu'un Codex du Jutland en 1241 et fit également codifier les lois danoises.

Mais à la fin de son règne, et plus encore sous le règne de son fils Erik IV, le pouvoir royal s'affaiblit, l'argent vint à manquer et les dettes envers les comtes allemands du Holstein s'accumulèrent. En 1332, ces derniers possédaient de fait la totalité du territoire danois et le trône resta vacant pendant 8 ans. En 1340, Valdemar IV, fils du roi Christophe II, accéda au trône. Il réussit à reconquérir tous les territoires perdus, récupérant entre autres la Fionie. Mais à partir de 1362, il dut faire face à l'opposition de la Ligue hanséatique (association de villes marchandes autour de la mer du Nord et de la Baltique) qui réussit à prendre Copenhague en 1368. En 1370, lors de la paix de Stralsund, Valdemar accepta d'ouvrir tous ses domaines à la Ligue hanséatique.

À sa mort en 1375, c'est son fils Olaf qui lui succéda. Il n'avait que 5 ans et c'est sa mère, Margrethe, qui devint régente. Olaf mourut jeune, en 1387, et Margrethe Ire devint la première femme à régner sur le Danemark. L'année suivante, les nobles suédois sollicitèrent son soutien dans leur lutte contre leur impopulaire roi d'origine germanique. Les Suédois reconnurent Margrethe comme leur régente, en échange de quoi, elle envoya ses troupes en Suède pour renverser le roi.

Une décennie plus tard, en 1397, Margrethe établit l'union de Kalmar, une alliance entre le Danemark, la Suède et la Norvège, pour contrer l'influence de la puissante Ligue hanséatique qui dominait le commerce dans toute la région.

En 1410, le roi Erik de Poméranie, petit-fils de Margrethe, lança une attaque contre la Ligue hanséatique, dont l'échec sapa quelque peu la vitalité de l'union de Kalmar. Ceci, ajouté au fait qu'Erik avait tendance

La monarchie danoise, la plus ancienne d'Europe, remonte au roi viking Gorm l'Ancien, qui régna de 936 à 958.

Le nom de "Danemark" (*Danmark* en danois) date de l'ère viking. Il est gravé sur la pierre de Jelling (vers 900). Cette dernière est considérée comme le certificat de baptême de la nation.

1375-1387

À la mort de Valdemar IV, son petit-fils Olaf, âgé de 5 ans, devient roi du Danemark, puis, 5 ans plus tard, roi de Norvège. Sa mère Margrethe assume la régence jusqu'à la mort de son fils.

1396-1439

Règne d'Erik de Poméranie, petit-fils de Margrethe. Son échec dans l'attaque qu'il lance contre la Ligue hanséatique épuise les ressources de l'union de Kalmar. La noblesse danoise le dépose en 1439.

1534

Après la mort du roi Frédéric Ier, des mercenaires de la Hanse venus de Lübeck (aujourd'hui en Allemagne) envahissent le sud du Jutland et la Sjaelland. Ils sont bien accueillis par les Danois.

1588-1648

Le long règne de Christian IV commence par une période de paix et de prospérité qui s'achève lorsque le roi s'embarque dans la guerre de Trente ans contre la Suède. Un désastre pour le Danemark.

à nommer des Danois dans les fonctions publiques de Suède et de Norvège, envenima les relations avec les aristocrates de ces deux pays et interrompit plusieurs fois l'union de Kalmar.

Le successeur d'Erik, Christophe III (1416-1448), s'engagea à garantir la séparation des administrations des 3 pays. Jean Ier s'attacha à renforcer l'Union et le pouvoir royal, mais son fils, Christian II (1481-1559), fut à l'origine du Bain de sang de Stockholm, au cours duquel il laissa massacrer des nobles suédois. Ce roi réformiste fut très impopulaire. En 1523, les Suédois élurent d'ailleurs leur propre roi, Gustave Vasa, dissolvant de fait l'union de Kalmar. La Norvège resta pour sa part sous domination danoise pendant 3 siècles encore.

LES BIENFAITS DE LA TOURBE

L'exploitation des tourbières a permis, ces derniers siècles, de mettre au jour des centaines de restes momifiés d'hommes, de femmes et d'enfants qui, pour la plupart, datent de l'âge du fer (500 av. J.-C. à 700 apr. J.-C.).

Étonnamment bien conservés, ces cadavres momifiés constituent une formidable source de connaissance sur certains aspects de la civilisation de cette période.

Ces corps posent bien des énigmes, notamment sur les causes de la mort. À cette époque, où il était rare que les morts soient enterrés (l'usage était la crémation), certaines de ces personnes semblent avoir été victimes de sacrifices rituels. Sacrifices peut-être liés au pouvoir surnaturel que les hommes de l'âge du fer attribuaient, pense-t-on, aux tourbières. S'il s'agissait de sacrifice rituel, ces personnes étaient-elles des victimes consentantes ou non ? Les restes de Windeby I, par exemple, un garçon de 16 ans découvert en 1950 en Allemagne, se trouvaient sous des rochers et des branches, sans doute utilisés pour pousser le corps, comme dans une sorte de rituel. D'autres personnes ont pu être simplement attaquées, tuées et jetées.

L'homme de Grauballe laisse en tout cas penser qu'il a connu une mort atroce, sans doute une exécution violente. L'exposition qui lui est consacrée dans le lieu où il repose aujourd'hui, le musée Moesgård (p. 235), à Aarhus, donne une leçon d'histoire et d'expertise médico-légale très bien illustrée. Au Nationalmuseet (p. 45), à Copenhague, la femme de Huldremose a apparemment connu une fin aussi atroce, son bras droit ayant été presque sectionné. Vingt-deux siècles après sa mort, elle reste enveloppée dans sa jupe, son foulard et sa confortable cape.

Le plus célèbre des cadavres, celui de l'homme de Tollund qui date de plus de 2 000 ans, est visible au musée de Silkeborg (p. 228). Sa tête remarquablement préservée et coiffée d'un bonnet de cuir, porte encore une barbe de plusieurs jours. Âgé d'une trentaine d'années, il repose nu, portant autour du cou la corde en cuir tressée qui servit à l'étrangler. Son visage semble serein. A-t-il été pendu lors d'un sacrifice rituel ? Ou était-ce un prisonnier qui fut exécuté ? Le mystère demeure.

1658
Le Danemark signe le traité de Roskilde, le plus humiliant de son histoire : il cède un tiers de son territoire, dont l'île de Bornholm et les provinces du sud de la péninsule scandinave.

1660-1665
Frédéric III instaure la monarchie absolue. Il édicte le Kongeloven (loi royale), loi successorale danoise qui restera en vigueur pendant près de deux siècles.

1675-1720
La monarchie reconstruit son armée et livre trois autres guerres à la Suède (1675-1679, 1699-1700 et 1709-1720), sans récupérer ses territoires perdus. S'ensuit une période de paix relative.

1784
Au cours de sa régence, le jeune Frédéric VI fait participer les propriétaires libéraux à son gouvernement et engage une série de réformes visant à améliorer les droits du peuple.

Réforme luthérienne et guerre civile

L'entrée en scène de la Réforme luthérienne au Danemark provoqua un affrontement entre la monarchie et l'Église catholique. En l'espace de 10 ans, le roi Frédéric Ier (1471-1533), qui s'était d'abord engagé à défendre le catholicisme contre l'hérésie, se montra de plus en plus favorable aux luthériens, invités finalement à venir prêcher la Réforme au Danemark.

L'année suivant sa mort (1534) débuta la "guerre du comte", une guerre civile qui dura 2 ans et qui vit s'affronter les partisans de Christian II et du fils de Frédéric, Christian III (1503-1559). Des mercenaires de la Hanse, venus de Lübeck (aujourd'hui en Allemagne), envahirent le sud du Jutland et de la Sjaelland où ils furent accueillis en libérateurs par les paysans et les bourgeois en révolte contre la noblesse.

Le général Rantzau, sous les ordres du roi, reprit le contrôle de la situation : après avoir coupé Lübeck de l'accès à la mer, il marcha vers le nord à travers le Jutland, en écrasant brutalement les bandes de paysans. Ses troupes assiégèrent Copenhague où les marchands soutenaient la révolte dans l'espoir de rescindre la Ligue hanséatique. Affamés et victimes d'épidémies, les assiégés finirent par se rendre en 1536.

Christian III s'empressa alors de consolider son pouvoir en accordant sa clémence aux marchands et aux citoyens de Copenhague qui avaient pris part à la révolte, en échange de leur allégeance. Les évêques catholiques furent arrêtés et les biens ecclésiastiques confisqués au profit de la Couronne.

La religion luthérienne devint la religion officielle, placée sous l'autorité du roi. Enrichi par les biens confisqués de l'Église catholique, le pouvoir royal sortit de cette guerre civile plus fort que jamais.

Histoire du Danemark d'Astrid-E Helle (Hatier, 1992) permet d'en savoir plus sur le passé de ce pays.

Guerre et monarchie absolue

Une période de paix marqua le début du règne de Christian IV (1577-1648) avant que celui-ci n'embarque son pays dans ce qui allait être la ruineuse guerre de Trente ans. L'objectif du roi était de neutraliser l'expansion suédoise, mais le conflit se solda par un désastre moral et financier pour le Danemark.

En 1657, voyant un espoir de revanche, au moment où les forces suédoises étaient occupées sur le front polonais qu'ils avaient envahi en 1654, Frédéric III (1609-1670), le successeur de Christian IV, déclara à nouveau la guerre à la Suède. Erreur fatale pour les Danois alors mal préparés à la bataille !

Charles X Gustave de Suède fit revenir ses troupes de Pologne via l'Allemagne pour attaquer par le Jutland et remonter vers le nord. Au cours de l'hiver 1657-1658, le plus froid de l'histoire du Danemark,

L'honneur le plus grand au Danemark est celui de l'Ordre de l'Éléphant, officiellement créé en 1693 par le roi Christian V.

Années 1790
Abolition du servage et suppression du domicile forcé. Morcellement de terres pour les répartir entre les paysans qui en sont dépourvus. École obligatoire jusqu'à 14 ans.

1800-1801
Le Danemark forme la Ligue de neutralité armée avec la Suède, la Prusse et la Russie. En représailles, la flotte britannique attaque la flotte danoise ancrée devant Copenhague et force le Danemark à renoncer à l'alliance.

1846-1849
Paysans et libéraux danois, dont la force va croissant, s'allient pour former un parti libéral en 1846. La constitution danoise est édictée en 1849 et la monarchie absolue abolie.

1901
Arrivée au pouvoir du Venstrereformparti (Parti de la gauche réformiste) qui entame un ambitieux programme de réformes sociales, dont le droit de vote aux femmes.

les troupes suédoises traversèrent le détroit du Petit Belt (Lillebælt) pris par les glaces entre Fredericia et la Fionie. Puis jouant de l'effet de surprise, elles progressèrent, sans rencontrer trop de résistance, à travers le détroit du Grand Belt (Storebælt) jusqu'à Lolland puis Falster.

Après la défaite de Napoléon Ier, en 1814, les Suédois, alors alliés de l'Angleterre, réclamèrent que le Danemark, alors allié de la France, leur cède la Norvège.

Le roi de Suède avait à peine franchi les eaux gelées du détroit du Storstrøm et pris pied sur la Sjaelland que le redoux entraîna la fonte les glaces derrière lui, le séparant, lui et son détachement avancé, du reste de ses forces. Sans même s'apercevoir de ce soudain avantage qui leur aurait permis de capturer le roi, les Danois capitulèrent et acceptèrent un nouveau traité désastreux.

Par l'humiliant traité de Roskilde (1658), le Danemark céda un tiers de son territoire, dont l'île de Bornholm et les provinces du sud de la péninsule scandinave. Seule Bornholm finirait par revenir sous le drapeau danois, après avoir mené une révolte sanglante contre les Suédois.

En 1658, Charles X Gustave de Suède envahit le Danemark et fut bientôt aux portes de Copenhague. Les Danois se mirent au travail et fortifièrent la ville. L'attaque suédoise fut repoussée.

En 1660, Frédéric III, rendu populaire entre autres par sa défense de Copenhague assiégée, instaura la monarchie absolue. Au cours des décennies suivantes, la monarchie toute-puissante reconstruisit l'armée et continua de lancer, vainement, des campagnes contre la Suède. Finalement, une sorte de paix s'établit. Pendant la majeure partie du XVIIIe siècle, Danois et Suédois réussirent à coexister sans plus guère d'hostilité.

Lumières danoises

Le Danemark n'échappa pas au mouvement des Lumières, qui se développa dans toute l'Europe à partir du XVIIe et surtout au XVIIIe siècle. Frédéric IV (1671-1730) fut le premier roi danois à incarner

LE BLUETOOTH, UNE TECHNOLOGIE VIKING

Aujourd'hui, on parle de "Bluetooth" ("dent bleue" en anglais) pour décrire la transmission sans fil de données électroniques entre deux appareils. Le terme tire son origine du nom d'Harald à la Dent bleue (Harald Blåtand), qui unifia au Xe siècle plusieurs territoires en guerre du Danemark et de la Norvège, notamment la Scanie (aujourd'hui en Suède), où l'entreprise suédoise Ericsson a développé la technologie Bluetooth. Le roi Harald voulait relier les territoires ; le Bluetooth relie entre eux les appareils électroniques. C'est pour cela que le logo du Bluetooth est inspiré des initiales du roi (H et B) en alphabet runique nordique.

1914-1918

Pendant la Première Guerre mondiale, le Danemark réussit à rester neutre, tout en se conformant aux désirs des Allemands.

1943

La résistance danoise organise à la hâte une opération pour faire passer 7 200 citoyens juifs en Suède restée neutre.

1948

Les îles Féroé obtiennent un statut d'autonomie.

1953

La Constitution danoise fait l'objet d'un amendement autorisant une femme à monter sur le trône : Margrethe II devient reine. C'est la première femme monarque depuis le XIVe siècle.

LE MÉDECIN PERSONNEL DU ROI

L'histoire de la trahison de Johann Struensee est très célèbre au Danemark : elle est enseignée dans les écoles et Struensee a longtemps incarné le traître dans la psyché nationale. Elle a même donné naissance à un opéra (*The Visit of the royal physician*, Bo Holten, 2012), à un ballet (*Caroline-Mathilde*, Flemming Flindt, 1991), à plusieurs livres (le plus récent *Le Médecin personnel du roi*, Per-Olov Enquist, Actes Sud, 2002) et dernièrement, à un très beau film, *Royal Affair*, de de Nicolas Arcej, qui a remporté deux Ours d'argent à la Berlinale de 2012.

cet esprit réformiste. Il développa l'enseignement pour tous et surtout abolit le servage en 1702. La culture devint florissante, le théâtre danois fut créé et l'évangélisation du Groenland commença.

Son petit-fils, Frédéric V (1723-1766), continua sur cette voie et s'entoura de ministres qui s'inspiraient de la philosophie des Lumières. Il réussit même à éviter une énième guerre, la guerre de Sept ans.

Mais c'est avec Christian VII, roi psychologiquement instable et déséquilibré, que, paradoxalement, les Lumières connurent leur véritable heure de gloire au Danemark. Le roi laissa en effet le pouvoir à son médecin, Johann Struensee (1737-1772), qui mena une politique libérale et humaniste (réduction de l'influence des grands propriétaires terriens, amélioration du réseau scolaire et du système de soins, abolition de la torture, liberté de la presse, etc.). Amant de la reine, extrêmement puissant, Struensee finit décapité en 1772 suite à un coup d'État mené par la belle-mère du roi, Juliane Marie de Brunswick, qui devint régente et rétablit l'ordre ancien. Le fils de Christian VII, Frédéric VI (1768-1839), reprit les réformes de Struensee et libéralisa le Danemark.

Le royaume du Danemark comprend le Groenland et les îles Féroé, tous deux territoires autonomes.

Révolution

Au tournant du XIXe siècle, l'essor commercial danois commença à inquiéter l'Angleterre, qui était alors la plus grande puissance maritime du monde. Voyant que le Danemark adhérait à la Ligue de neutralité armée (alliance formée en 1780 avec la Suède, la Prusse et la Russie, pour garantir le commerce durant la guerre d'indépendance des États-Unis), la flotte britannique attaqua en 1801 la flotte danoise ancrée devant Copenhague, provoquant un désastre qui contraignit le Danemark à se retirer de la Ligue.

Le Danemark réussit à se tenir à l'écart des conflits ultérieurs. Le pays profita même du commerce lié à la guerre jusqu'à ce qu'en 1807, un traité franco-russe ramène le conflit à ses portes. Soucieux de l'influence

L'ours polaire qui fut introduit dans les armoiries du Danemark, dans les années 1660, était le symbole de la revendication du pays sur le Groenland.

1973
Le Danemark entre dans la Communauté économique européenne (actuelle UE).

1989
Le Danemark est le premier pays du monde à reconnaître légalement les unions entre personnes du même sexe.

1992
Le Danemark refuse le traité de Maastricht par 50,7%.

2000
Réticent face à une plus grande intégration dans l'Union européenne, le Danemark vote contre l'adoption de l'euro.

croissante de Napoléon Ier dans la Baltique, les Anglais craignaient que le Danemark ne soutienne la France. Bien que le Danemark affiche sa neutralité, la flotte britannique lança un bombardement surprise dévastateur sur Copenhague : la ville fut incendiée, les chantiers navals détruits, la flotte danoise confisquée.

Le Parlement britannique eut beau critiquer violemment cette attaque unilatérale, le gouvernement anglais conserva la flotte danoise. Une alliance fut proposée aux Danois, qui bien sûr la refusèrent, préférant rejoindre l'alliance continentale contre l'Angleterre. La Grande-Bretagne riposta par le blocus des eaux danoises et norvégiennes, provoquant la misère au Danemark et la famine en Norvège.

Malgré ce début de siècle désastreux, le Danemark retrouva tout son essor économique et culturel dans les années 1830. L'époque vit émerger des figures majeures comme le philosophe Søren Kierkegaard, le théologien Nikolaj Frédéric Severin Grundtvig et l'écrivain Hans Christian Andersen. Le sculpteur Bertel Thorvaldsen légua ses grandioses sculptures néoclassiques à Copenhague, et Christoffer Wilhelm Eckersberg fut l'initiateur de l'âge d'or de la peinture danoise.

En 2000, le Danemark vota par référendum contre l'adoption de l'euro. La même année fut inauguré l'Øresundsbroen (pont de l'Øresund) qui relie le Danemark et la Suède par la route et le rail.

Démocratie

Lors de la vague révolutionnaire qui balaya l'Europe au printemps 1848, on vit se développer les partis politiques danois issus des nouvelles assemblées provinciales tandis que déclinait le pouvoir monarchique. Sous la pression du nouveau parti libéral, Frédéric VII, qui venait de monter sur le trône du Danemark, abolit la monarchie absolue et rédigea une Constitution démocratique créant un Parlement à deux chambres, le Folketing, élu à un large suffrage, et le Landsting.

Si le roi conservait voix au chapitre, le pouvoir législatif était entièrement aux mains du Parlement. La Constitution établit aussi l'indépendance

LES HEURES GLORIEUSES DU DANEMARK

Peu après avoir pris le contrôle du Danemark en août 1943, les nazis organisèrent la déportation des juifs danois, comme ils l'avaient fait dans les autres pays d'Europe qu'ils occupaient. La résistance danoise monta alors à la hâte une opération extrêmement bien coordonnée pour faire passer quelque 7 200 juifs – soit 90% environ des juifs danois – en Suède restée neutre. En reconnaissance de son action pour avoir sauvé des juifs pendant la guerre, le Danemark est honoré en tant que "Juste parmi les nations" au mémorial de Yad Vashem élevé à Jérusalem en mémoire des victimes de la Shoah.

2000

Inauguration du pont de l'Øresund et du tunnel de Drogden, qui assurent un lien direct par la route et le rail entre le Danemark et la Suède.

2004

Le prince consort Frédéric épouse l'Australienne Mary Elizabeth Donaldson. Cette union de conte de fées captive les foules.

2005-2006

La publication des caricatures de Mahomet dans le *Jyllands-Posten* déclenche de violentes réactions d'hostilité de la part de nombreux musulmans, à l'intérieur du Danemark et dans le monde entier.

2011

Les sociaux-démocrates gagnent les élections législatives et Helle Thorning-Schmidt se retrouve à la tête du gouvernement. C'est la première femme Premier ministre du Danemark.

À VOIR

- **Le Festin de Babette** (Gabriel Axel, 1987). D'après une nouvelle de Karen Blixen, Oscar du film étranger.
- **Pelle le Conquérant** (Bille August, 1987). Palme d'or en 1988, Oscar du film étranger en 1989.
- **Festen** (Thomas Vinterberg, 1998). Le premier film de Dogme95.
- **Revenge** (Susanne Bier, 2010). Harcèlement à l'école et choix existentiels conflictuels.
- **Royal Affair** (Nikolaj Arcel, 2012). Un roi fou, une jeune reine, une relation interdite. Film historique inspiré d'une histoire vraie.

du pouvoir judiciaire et garantit la liberté d'expression, de religion et de réunion. Du jour au lendemain, c'en était fini de l'absolutisme, le Danemark était devenu l'une des démocraties les plus avancées d'Europe.

Lorsque, conformément à la nouvelle Constitution, le Danemark revendiqua le rattachement au royaume danois du duché frontalier du Schleswig, sa population allemande s'insurgea et s'allia au Holstein voisin, ce qui allait déclencher des années de conflit. En 1864, le ministre-président de Prusse, Otto von Bismarck, déclara la guerre à un Danemark affaibli sur le plan militaire et s'empara du Schleswig. Cette nouvelle amputation de son territoire fit surgir des doutes sur la survie du Danemark en tant que nation.

À la suite de cette défaite, un gouvernement conservateur accéda au pouvoir où il se maintint jusqu'à la fin du siècle. D'importantes avancées économiques eurent lieu à cette période : extension du réseau ferré et industrialisation rapide avec le développement des chantiers navals et des industries sucrière et brassicole.

XXe siècle

Le pays resta neutre durant la Première Guerre mondiale et déclara également sa neutralité lorsque éclata la Seconde Guerre mondiale. Mais l'Allemagne convoitait des bases sur la côte nord du Jutland et le 9 avril 1940, les forces allemandes franchirent la frontière danoise, s'emparèrent de points stratégiques et occupèrent le pays.

Réussissant à conserver un certain degré d'autonomie, le Danemark continua à mener ses affaires internes sous supervision nazie jusqu'en août 1943, date à laquelle les Allemands prirent le contrôle total du pays. Rapidement, la résistance s'organisa contre l'occupant.

Mis à part les violents bombardements de l'île de Bornholm par les Soviétiques, le pays sortit relativement indemne du conflit mondial. Le

2013
Le Danemark remporte le concours de l'Eurovision, avec Emmelie de Forest.

2015
En février, un attentat terroriste fait 3 morts en plein Copenhague.

2015
Le gouvernement passe à droite après les législatives de juin, avec à sa tête Lars Løkke Rasmussen (déjà Premier ministre avant 2011). Son parti de centre droit participe ensuite à une coalition de droite.

2015
Le DF obtient 21% des suffrages lors des élections anticipées (presque le double de 2011).

5 mai 1945, jour officiel de la libération du Danemark, la population descendit dans la rue et fit brûler les caches noirs qui servaient à obscurcir les fenêtres lors des raids aériens.

Après-guerre, les sociaux-démocrates développèrent l'État-providence en mettant en place aides publiques, éducation et soins médicaux. Avec la croissance de l'économie et de l'emploi, les femmes furent de plus en plus nombreuses à travailler à l'extérieur, et les revenus des familles atteignirent de nouveaux sommets.

Dans les années 1960, les grandes villes furent en prise avec la révolte d'une jeunesse déçue par le matérialisme croissant, la course aux armes nucléaires et l'autoritarisme du système éducatif. Le mouvement atteignit son paroxysme à Copenhague, en 1971, quand des manifestants démolirent les barrières d'une base militaire désaffectée, du côté est de Christianshavn, et firent du site la commune libre de Christiania, encore bien vivante de nos jours.

Le Danemark entra dans l'OTAN en 1949 et dans la Communauté économique européenne (CEE) en 1973, mais se montra plus réticent à une plus grande intégration dans l'Union européenne (UE). Après un premier rejet par référendum du traité de Maastricht (établissant les termes d'une plus grande coopération économique et politique au sein de l'Union européenne), il le ratifia de justesse en 1993 et seulement à condition que le pays soit dispensé de la défense commune et de la monnaie unique. Les Danois votèrent contre l'adoption de l'euro en 2000.

En pointe sur les questions de société et en matière de politique environnementale, le Danemark a notamment autorisé en 1989 les unions entre personnes du même sexe et mis en œuvre une vigoureuse politique en faveur des sources d'énergies alternatives.

À la fin des années 1990 et au début des années 2000, le gouvernement revint à une coalition regroupant le parti Venstre de centre droit et le Parti populaire conservateur, avec parfois la nécessité d'obtenir l'appui du Parti du peuple danois (Dansk Folkeparti, DF), l'aile droite nationaliste. Cette coalition a conduit le Danemark à imposer en 2002 la loi sur l'immigration la plus sévère de l'Union européenne, qui comporte en particulier des restrictions aux mariages entre Danois et étrangers.

Turbulences politiques

La première décennie du XXIe siècle a été marquée par diverses turbulences. Les débats sur l'immigration – en particulier en provenance des pays musulmans – ont été marqués par un renforcement de la droite et en particulier du DF nationaliste. Dans la pratique, ce parti a contribué à ce que le Danemark rejoigne les États-Unis, la Grande-Bretagne et les

2016 — Le Danemark fait les gros titres pour sa politique d'immigration très stricte et sa réaction face à la crise des réfugiés.

2017 — Le Danemark crée un poste d'ambassadeur dédié aux nouvelles technologies, le premier du genre.

2017 — Le prince Henrik, d'origine française, déclare qu'il ne sera pas enterré aux côtés de son épouse, la reine Margrethe, dans la cathédrale de Roskilde. Un communiqué annonce qu'il souffre de démence.

2018 — Le Prince Henrik meurt : il est incinéré et ses cendres répandues en partie dans la mer, en partie inhumée dans une urne pour reposer dans les jardins du palais de Fredensborg.

BONHEUR ET HARMONIE ?

Contrairement aux apparences, tout n'est pas si rose au royaume du Danemark. Les espaces publics, qui semblent si harmonieux dans la plupart des villes danoises, cachent, comme dans un conte d'Andersen, un côté plus obscur. Immigration et érosion des valeurs traditionnelles sont des sujets de préoccupation de plus en plus présents et, à l'instar d'autres pays européens, cette nation de tradition progressiste a tendance à glisser politiquement vers la droite.

En dépit des discours sur l'intégration et des mesures prises par l'État pour la mettre en œuvre, les préjugés raciaux, culturels et religieux persistent. Cette situation préoccupe de nombreux Danois, tandis que d'autres évitent de s'interroger sur les causes de leur ressentiment envers les immigrés, en particulier ceux venus d'en dehors des frontières de l'UE. En 2015, lors de législatives anticipées, le Parti du peuple danois (Dansk Folkeparti, DF), anti-UE et anti-immigration, a remporté 21% des suffrages et est devenu le 2e parti au Parlement. Les instituts de sondage n'avaient pas du tout prévu cette victoire.

autres pays alliés dans la guerre contre l'Irak (2003) et poursuive son intervention en Afghanistan.

En 2006, la publication des caricatures de Mahomet dans le journal *Jyllands-Posten* a provoqué l'hostilité de nombreux musulmans, à l'intérieur du pays comme à l'étranger. Les images de manifestants brûlant des drapeaux danois ont choqué une nation peu habituée à des attaques si violentes à son égard.

En 2010, le mécontentement croissant face à la quasi-stagnation de l'économie du pays a fait repartir la balance politique vers la gauche. En septembre 2011, après un scrutin serré, une coalition de centre gauche est arrivée au Parlement. Nommée à la tête du gouvernement, Helle Thorning-Schmidt a été la première femme Premier ministre du Danemark.

Mais son règne a été de courte durée. La droite a par la suite remporté les élections législatives anticipées de 2015, et le DF a obtienu 21% des voix. Un gouvernement minoritaire a alors été formé, avec à sa tête Lars Løkke Rasmussen, président du parti Venstre. Le gouvernement a constitué ensuite une coalition avec d'autres partis conservateurs, mais sans DF ; ce dernier le soutient alors malgré tout au Parlement, imposant toujours plus de restrictions en matière d'immigration.

L'année 2019 voit le retour au pouvoir du parti social-démocrate, avec à sa tête Mette Frederiksen. Dans la foulée de la victoire électorale, un nouveau gouvernement social-démocrate minoritaire est formé avec pour crédo "une direction juste pour le Danemark". Le parti

2018

Le Danemark intègre l'Alliance Sahel qui, créée en 2017, vise à combattre l'insécurité chronique dont pâtit cette partie du monde.

2019

Le 5 juin, le parti social-démocrate dirigé par Mette Frederiksen remporte les élections.

2019

Lors du sommet Action Climat de l'ONU en septembre, le pays annonce doubler son financements en faveur de la reconstitution du Fonds vert pour le climat.

2019

En décembre, un partenariat stratégique est conclu avec les États-Unis dans le cadre de l'OTAN pour développer la surveillance de la zone arctique.

LA QUESTION CENTRALE DU DÉVELOPPEMENT DURABLE

Outre leur sens civique exemplaire (taux de participation aux dernières élections parlementaires d'environ 87% ; faible évasion fiscale), les Danois associent conscience écologique et affaires. Tandis que certains gouvernements occidentaux continuent à débattre de l'exactitude des études sur le changement climatique, le Danemark a mis en pratique le développement durable. La démarche de l'État est détaillée à travers sa marque State of Green (www.stateofgreen.com).

L'éolien assure plus de 40% de la consommation électrique du pays, par ailleurs pionnier dans cette technologie. À l'échéance 2050, le Danemark souhaite ne plus avoir recours aux énergies fossiles. La ville de Copenhague vise même une empreinte carbone neutre pour 2025. Elle a déjà réduit ses émissions de gaz à effet de serre de plus de 40% depuis 1990, alors que sa population a augmenté de 50%.

La culture du vélo traduit également l'état d'esprit "vert" qui prévaut au Danemark. Copenhague compte ainsi 400 km de pistes cyclables continues et sécurisées. En 2016, le nombre de vélos dans le centre-ville a dépassé celui des voitures. Les infrastructures dédiées aux vélos sont en pleine expansion, et sont une source d'inspiration pour d'autres villes.

social-démocrate, la Liste unitaire (gauche radicale), le Parti populaire socialiste (verts) et le Parti social-libéral, quatre partis qui détiennent à eux tous la majorité absolue au Parlement, se rallient à l'accord de coalition. Tous s'engagent notament autour de la mise en œuvre d'une politique climatique ambitieuse.

La société danoise

Beaucoup d'éléments laissent à penser que les Danois mènent une vie parfaite : ils font preuve de civisme, prônent l'égalité femme/homme et savent entretenir la bonne humeur. Mais quels sont donc les secrets de leur mode de vie ? Et qu'avons-nous à apprendre d'eux en matière de bonheur, d'égalité et de confort de vie ?

Le hygge, mode d'emploi

Si vous vous liez d'amitié avec un Danois, vous aurez toutes les chances d'être invité à partager un peu de *hygge*. Ce terme intraduisible renferme une certaine philosophie de vie qui va bien au-delà du simple confort : le *hygge* (prononcez *hou*-gah ou *hue*-geuh) représente tous ces petits moments de bien-être à partager avec les gens qu'on aime ou à savourer seul. À deux ou en groupe, si la conversation est aisée (on évitera des sujets comme la politique), une certaine bonhomie sera de mise. On lèvera alors les verres devant un bon feu (ou au minimum un grand nombre de bougies). L'ambiance se tissera, l'harmonie se créera, le confort sera là.

Les Danois mettent généralement en œuvre le *hygge* dans le confort de leur foyer. Mais de nombreux cafés, bars et restaurants font de leur mieux pour être *hyggelig* : feu de cheminée, bougies à toute heure du jour, boissons en tout genre, bons petits plats servis dans un joli décor chaleureux, à l'éclairage tamisé. Noël est par exemple le moment le plus *hyggelig* de l'année.

Il est à noter que le terme n'est pas danois, mais norvégien et que sa signification se rapproche de celle de notre "bien-être". Il est apparu pour la première fois dans les écrits danois au début du XIXe siècle et tire peut-être son origine du mot *hugge* (enlacer). Le monde entier a "découvert" le *hygge* à la faveur d'ouvrages en détaillant les principes et de modes d'emploi à destination des non-Danois. Pour en faire l'expérience, enfilez une paire de chaussettes en laine, allumez quelques bougies, faites-vous un bon chocolat chaud, installez-vous confortablement (sortez les plaids et les coussins) et parcourez le *Livre du hygge* de Meik Wiking (First éditions, 2016). L'auteur est le président du Happiness Research Institute (Institut de recherche sur le bonheur) à Copenhague, autant vous dire qu'il maîtrise son sujet !

Selon l'indice de la perception de la corruption établi en 2016 par Transparency International (www.transparency.org), le Danemark et la Nouvelle-Zélande sont les pays les moins corrompus au monde.

Égalité femme/homme

Le Danemark, qui a pourtant la réputation d'être un pays progressiste, n'en a pas moins obtenu un score assez bas dans l'indice mondial de l'écart entre les sexes figurant au rapport 2019 du Forum économique mondial. L'indice classe plus de 140 pays selon leurs pratiques en matière d'égalité des genres. Le Danemark est arrivé à la 14e place, loin derrière ses voisins scandinaves (qui occupent les 4 premières places).

Si le Danemark n'a pas à rougir de ses résultats, bien au contraire (notamment sur la question de la parité en matière d'éducation), la réalité est assez contrastée. Le pays compte par exemple plus d'étudiantes que d'étudiants en études post-master, mais les chiffres de 2014 de l'**OCDE** montrent que les Danois consacrent 1 heure 47 par jour aux tâches ménagères, contre 2 heures 25 pour les Danoises. Au Danemark, le congé paternité est obligatoire, et des programmes accompagnent les jeunes mères dans la reprise d'une activité professionnelle. Cette politique a aidé à dessiner un pays dans lequel les femmes peuvent davantage trouver un équilibre entre carrière et vie de famille. Pour en savoir plus, visitez le site **Statistics Denmark** (www.dst.dk).

Le sexisme n'a toutefois pas vraiment disparu. La première concernée est le Premier ministre, Helle Thorning-Schmidt, dont le goût attesté pour les marques de créateurs lui a valu le surnom de "Gucci Helle". Mais si les détracteurs de Helle Thorning-Schmidt prétendent que sa passion pour les grandes marques de mode sape les principes fondamentaux de son parti – les sociaux-démocrates –, d'autres font valoir que ses collègues masculins ne font jamais l'objet de telles critiques en ce qui concerne leur apparence.

Les Danois sont les maîtres non seulement du bonheur, mais aussi du développement durable. State of Green (www.stateofgreen.com) est la marque écolo de l'État : découvrez-en les réalisations et projets.

Un peuple heureux

L'ONU a publié un rapport sur le bonheur dans le monde tous les ans depuis 2012, classant plus de 150 pays selon leur niveau de bonheur ressenti. Le score prend en compte 6 facteurs : le produit intérieur brut (PIB) par habitant, l'espérance de vie, le soutien social (avoir quelqu'un sur qui compter en cas de coup dur), la confiance (l'absence de corruption en politique et dans les affaires), la liberté (ressentie comme telle) de choisir sa vie, et la générosité (mesurée par les dons récents).

Le Danemark a été le grand gagnant du premier rapport, et s'est maintenu sur le podium depuis (en 2020, il se classe au 2e rang, juste derrière la Finlande).

Quel est donc son secret ? Selon *The Happy Danes*, un rapport publié en 2014 par le Happiness Research Institute (Institut de recherche sur le bonheur) danois, cette réussite en matière de bonheur est notamment due à :

- une société dotée d'un sens civique fort – qui se traduit par une forte cohésion sociale et une implication dans le bénévolat
- une démocratie qui fonctionne bien – avec un taux de participation élevé à chaque élection
- un grand sentiment de sécurité – dû en partie au système social
- la confiance – à l'échelle du monde, seule une personne sur 4 fait confiance aux autres, au Danemark, le chiffre est de 3 sur 4
- la liberté – la plupart des Danois se sentent en mesure de changer et d'améliorer non seulement leur vie, mais aussi celle de la communauté
- la prospérité – le Danemark est l'un des pays les plus riches du monde
- de bonnes conditions de travail pour une vie équilibrée

Anne et Peter sont les deux prénoms les plus courants aujourd'hui au Danemark. Jensen et Nielsen sont les noms de famille les plus répandus.

Heureux comme un Danois de Malene Rydahl (J'ai lu, 2015) est présenté par son éditeur comme "un mode d'emploi de l'allégresse". Lisez-le pour vous faire une opinion !

Un moral saisonnier

Une épaule amicale sur laquelle s'appuyer peut se révéler bien utile quand les feuilles d'automne tombent en voltigeant et que se profile un autre long et sombre hiver danois. C'est un sentiment que traduit bien le poème *Året har 16 måneder* (*L'année a 16 mois*), du grand poète contemporain Henrik Nordbrandt : "L'année a 16 mois : novembre, décembre, janvier, février, mars, avril, mai, juin, juillet, août, septembre, octobre, novembre, novembre, novembre, novembre."

C'est en novembre que la nature déroule habituellement son épais manteau de brouillard hivernal sur le pays, étouffant tout espoir d'une seule journée encore de douceur automnale. Comme le dit le scénariste danois Adam Price : "C'est en novembre, quand la lumière nous quitte

D'après l'indicateur du vivre mieux de l'OCDE (www.oecdbetterlifeindex.org/fr), les Danois sont les champions de l'équilibre vie professionnelle-vie personnelle.

UN SYSTÈME DE PROTECTION SOCIALE GÉNÉREUX

Si on leur demande en quoi leur mode de vie est enviable, la plupart des Danois vous parleront avec fierté de leur fameux système de protection sociale, assez proche de celui de la France. Ce système est l'un des plus généreux au monde, avec un accès gratuit à de nombreux services, comme la santé ou l'éducation.

Même les adultes bénéficient d'activités subventionnées par l'État : les *højskoler* (écoles populaires), typiques du Danemark, sont des écoles à dominante artistique offrant des possibilités de formation dans de très nombreux domaines : philosophie, débat, écriture créative, danse, arts appliqués, cuisine ou même jardinage. Un adulte sur 10 profite de cette institution.

Les *højskoler* ont été fondées au milieu du XIXe siècle par le pasteur théologien, et figure politique, Nikolaj Frederik Severin Grundtvig (1783-1872). Convaincu que la démocratie danoise, nouvellement instaurée, ne pourrait se développer que si tous les citoyens avaient les moyens de participer à la vie politique du pays, Grundtvig fonda des collèges d'art progressiste pour la population pauvre des campagnes. Ces écoles sont à l'origine des universités populaires qui émaillent aujourd'hui le pays.

Les idées de Grundtvig ont joué un rôle extrêmement important dans le développement des valeurs d'égalité et de sens civique du Danemark moderne. Certes la division des classes existe, mais le fossé entre riches et pauvres est beaucoup moins prononcé que dans beaucoup d'autres pays développés. L'écart des revenus reste relativement limité, si bien que les métiers moins payés sont moins déconsidérés.

Ce civisme danois s'illustre également dans le rapport aux impôts. Les enquêtes montrent ainsi que les Danois sont généralement contents de payer les leurs, malgré un taux qui pourrait faire peur à d'autres. Ainsi que l'a écrit Meik Wiking du Happiness Research Institute de Copenhague cela est dû à "une conscience aiguë du fait que la richesse collective est source de bien-être pour tous. Nous ne payons pas des impôts, nous investissons dans notre société. Nous achetons notre qualité de vie".

que sonne l'heure du blues. Cela devient un état d'esprit. Une attente, un sentiment de nostalgie, peut-être teintée de tristesse. Nous les Danois, nous vivons avec. Cela fait partie de nous."

Environ 12% des Danois souffrent d'ailleurs d'un "trouble affectif saisonnier" (TAS), une dépression saisonnière liée au manque de lumière naturelle. Qu'ils en soient ou non affectés, de nombreux Danois combattent le blues hivernal en s'échappant vers des climats plus chauds. Les cabines UV, de leur côté, ne désemplissent pas, malgré les risques sanitaires. Chez soi, on cherche le *hygge* : flamme vacillante des bougies, lumière douce, chaleureux moments partagés entre amis transforment l'obscurité en une célébration des petites choses de la vie. Cette tradition danoise atteint son apogée à Noël, quand les marchés, les lumières scintillantes et le *gløgg* (vin chaud) coulant à flots transforment les villes en pays des merveilles.

Il n'est donc pas étonnant que les Danois profitent avec ferveur de la douceur des courts étés, quand les longues nuits de l'hiver font place à des journées merveilleusement longues et revigorantes. Les parcs se transforment en hauts lieux de bronzage, les festivals en plein air font recette, et les habitants qui disposent d'une *sommerhus* (maison d'été) ou d'un *gril* (barbecue) en profitent tout l'été.

Pour en savoir plus sur le World Happiness Report (rapport mondial sur le bonheur) et voir le classement complet : www.worldhappiness.report.

Le design danois

Difficile de trouver pays plus attaché au design que le Danemark. Copenhague reflète ce souci permanent qu'ont les Danois de conjuguer esthétisme, technique et fonctionnalité. Le Danemark, ainsi que les autres pays scandinaves, a profondément influencé la conception de l'architecture, de l'aménagement d'intérieur, du mobilier et des objets du quotidien.

Architecture

L'architecture danoise est riche et variée, de la précision militaire de Trelleborg (p. 127), vieux d'un millénaire, aux courbes des églises médiévales de Bornholm (p. 158), en passant par les fantaisies Renaissance du château de Kronborg (p. 97) à Helsingør, ou l'élégance rococo du Pont de marbre à Copenhague. Sur le plan international, elle s'illustre de façon particulièrement brillante depuis le milieu du XXe siècle, par son approche novatrice.

Grand parmi les grands, l'architecte Arne Jacobsen (1902-1971), l'un des papes du modernisme international, a été le premier à revisiter le style Bauhaus à la danoise. Parmi ses réalisations les plus célèbres figurent le Radisson Blu Royal Hotel de Copenhague, l'hôtel de ville fonctionnaliste de Aarhus (avec Hans Wegner pour l'aménagement intérieur, p. 234) et son prototype de maison d'été Kubeflex, au musée de Trapholt à Kolding (p. 199), qui toutes témoignent de son remarquable sens des proportions.

Le Centre d'architecture danois (www.dac.dk) constitue une excellente source d'information sur les nouveautés en matière d'architecture, d'innovation et de développement urbain dans la capitale. Son site Internet (en anglais ou danois) permet de télécharger des itinéraires de promenade pour passionnés d'architecture et fournit des renseignements sur ses visites architecturales guidées dans Copenhague.

Aussi illustre, Jørn Utzon (1918-2008) reflète la tendance organique du courant moderniste. C'est lui qui a construit l'Opéra de Sydney (1967-1973), inscrit en 2007 au patrimoine mondial de l'Unesco. Utzon est connu pour incorporer des éléments mayas, japonais ou arabes dans un design typiquement danois. Dans le Jutland, on peut admirer ses réalisations à Esbjerg et à Skagen, mais l'idéal reste de visiter l'Utzon Center à Aalborg (p. 255), une architecture inspirée par les chantiers navals et l'industrie de la ville, dernière œuvre d'Utzon avant sa mort en 2008.

Autre architecte danois à avoir conçu une icône architecturale à l'étranger, Johan Otto von Spreckelsen (1929-1987) est l'auteur de la Grande Arche de la Défense, à Paris. Achevé en 1989, ce gigantesque bâtiment en forme de cube évidé, couvert de marbre de Carrare, témoigne de cet art d'allier le spectaculaire et l'inédit à la pureté et l'harmonie dont font souvent preuve les architectes danois contemporains. Parmi ceux-ci, Henning Larsen a conçu un complexe résidentiel en forme de vagues et aux courbes blanches, en bordure du fjord, à Vejle, dans le Jutland.

Autre prouesse architecturale encore plus récente, le Musée maritime du Danemark (M/S Museet for Søfart, p. 97) à Helsingør, tout de verre et de béton, reprend avec ingéniosité la forme de l'ancienne cale sèche à l'intérieur et autour de laquelle il est construit. Ce musée est l'œuvre de la très prolifique agence BIG (Bjarke Ingels Group), qui parmi ses autres projets spectaculaires compte aussi le VM Bjerget (Logements de la Montagne), à Copenhague, un complexe résidentiel dessinant une très haute structure pyramidale dont l'intelligente configuration confère à chaque appartement un sentiment d'espace et d'intimité semblable à ceux de pavillons.

Parmi les dernières réalisations de l'agence, la très ludique Lego House (p. 223) à Billund, qui célèbre l'univers de la marque dans un immense bâtiment rappelant ses briques colorées, et Tirpitz (p. 216), musée inspiré installé dans un blockhaus de la Seconde Guerre mondiale. Cet édifice niché dans le sable se trouve sur la côte ouest du Jutland. Mention spéciale à Amager Bakke (p. 58), un projet combinant un incinérateur de déchets à une centrale électrique, en cours de construction à Copenhague et dont le toit sera doté d'une piste de ski, et d'un sentier de randonnée.

Architecture capitale

Voici le top 5 des icônes architecturales modernes de Copenhague :

Radisson Blu Royal Hotel (1960, Arne Jacobsen). L'architecte fut chargé non seulement de la conception du bâtiment mais aussi de son aménagement intérieur et ce jusqu'aux poignées de porte. C'est pour cet hôtel que Jacobsen dessina les célèbres fauteuils Œuf et Cygne. La chambre n°606 est restée dans son état d'origine datant de 1960.

Le Diamant noir (1999, Schmidt, Hammer & Lassen). Cette extension monolithique de la bibliothèque royale de Copenhague offre un étonnant contraste avec le bâtiment d'origine en brique rouge. Alors que ce dernier se dresse fier et sombre, l'extension en granite noir et en verre s'incline sur le canal dont elle reflète l'eau.

Opéra (2005, Henning Larsen). Sa façade rehaussée d'une grille lui a valu le surnom de "grille-pain", mais l'intérieur en marbre sicilien et en bois d'érable est une réussite.

Skuespilhuset (2008, Lundgaard & Tranberg). Cet édifice primé qui appartient au Théâtre royal a été construit en brique brun sombre et son étage extérieur est recouvert de verre teint. Le bâtiment est couronné d'un cube en cuivre qui abrite les mécanismes des décors et des lumières de la scène.

Den Blå Planet (2013, 3XN). L'aquarium national du Danemark a fait des vagues avec son architecture toute en spirale façon tourbillon. Sa façade argentée est bardée de plaques d'aluminium en forme de losanges qui épousent la forme organique du bâtiment.

INDEX: Design to Improve Life (www.designtoimprovelife.dk) est une ONG danoise qui se consacre à la promotion du design et à la recherche de solutions durables et de moyens d'améliorer la vie dans le monde.

Intérieur et mobilier

S'il existe de merveilleux magasins, musées, hôtels et restaurants au superbe design, c'est dans une maison danoise traditionnelle que vous comprendrez le mieux cette alliance de l'esthétique et du fonctionnel à laquelle les Danois attachent tant d'importance. Vous y trouverez une chaîne stéréo et/ou une télévision Bang & Olufsen dans le salon, des lampes Poul Henningsen pendues au plafond, des chaises Arne Jacobsen ou Hans Wegner dans la salle à manger, et, sur la table, des assiettes Royal Copenhagen, des couverts Georg Jensen et des verres Bodum. Car, au Danemark, le design est un art de vivre au quotidien.

L'esthétique des meubles modernes danois, qui sont à la fois beaux et pratiques, doit être le reflet du confort qu'ils offrent à l'utilisateur.

KAARE KLINT

Si le design moderne a connu une évolution extraordinaire dans les années 1950, ses racines remontent aux années 1920 avec Kaare Klint (1888-1954), le père du design moderne danois. Cet architecte consacra une partie de sa carrière à étudier la forme humaine et à redessiner de nombreux sièges pour les rendre plus fonctionnels.
Ce souci permanent qu'avait Klint d'allier le caractère fonctionnel, la simplicité et la grande attention aux détails allait profondément marquer le design danois du milieu du XXe siècle et faire sentir son influence jusqu'à nos jours.

LES STARS DES SIÈGES

Les grands designers danois pouvaient passer des mois, voire des années à perfectionner une simple chaise ou un banal fauteuil. Dans les années 1950, le magazine *Time* a même consacré une couverture à ce phénomène. Parmi les dizaines de modèles existants, voici quelques grands classiques :

La ronde (Hans Wegner). En 1950, le magazine américain *Interiors* a mis cette chaise en couverture avec pour titre "La plus belle chaise au monde". Elle finit par être connue sous le nom de "La Chaise" (The Chair) quand elle apparut à la télévision lors du débat télévisé entre Nixon et Kennedy, en 1960.

La chaise Fourmi (Arne Jacobsen). Peut-être la plus osée : dans les années 1960, le photographe Lewis Morley fit poser nue sur cette chaise Christine Keeler, une call-girl dont la double liaison avec le ministre de la Guerre britannique Profumo et avec un espion soviétique fit scandale.

Le fauteuil Œuf (Arne Jacobsen). La quintessence de la modernité pour la jet-set des années 1950. Jacobsen dessina le fauteuil Œuf pour le Royal Hotel de Copenhague (actuel Radisson Blu Royal Hotel).

La chaise Panton (Verner Panton). Après avoir collaboré avec Jacobsen à sa chaise Fourmi, Panton réalisa des meubles grandioses en plastique, dont l'iconique chaise Panton, une chaise en porte-à-faux monobloc.

La chaise Nxt (Peter Karpf). Il fallut 30 ans à Peter Karpf pour mettre au point la production de cette chaise en contreplaqué de hêtre moulé, à partir de laquelle a été développée la collection Voxia, qui se vend toujours très bien.

Cette esthétique aux lignes douces et épurées a pour père fondateur l'architecte Kaare Klint, qui créa le département de conception de mobilier à l'Académie royale des Beaux-Arts de Copenhague.

Contemporain de Klint, Hans Wegner (1914-2007) créa en 1949 "La Chaise" qu'il surnommait "la ronde". Ses lignes fluides et ses courbes en firent aussitôt un classique qui allait servir de modèle à de nombreux designers et contribuer aux premiers succès à l'exportation du mobilier danois. On peut voir une superbe collection de sièges dessinés par Wegnerau au musée de Tønder (p. 203), sa ville natale.

Une décennie après "La Chaise", Arne Jacobsen créa la chaise Fourmi, conçue pour une production industrielle. Meuble danois le plus vendu et le plus copié dans le monde, on la retrouve un peu partout dans les écoles et les cafétérias. Autres créations de Jacobsen, les fauteuils Œuf et Cygne, deux modèles de sièges pivotants aux formes rondes et épurées.

Le travail de designers danois contemporains comme Thomas Bentzen, Hee Welling et Lee Storm est mis en avant dans les magasins de design danois Hay (www.hay.dk) installés dans les grandes villes du pays et du monde entier.

Le design danois excelle aussi dans l'art du luminaire. Dans ce domaine, le plus célèbre designer fut Poul Henningsen (1894-1967) qui voulait que la lumière soit douce, que les abat-jour diffusent une ombre agréable et que l'ampoule ne soit pas directement visible. Sa lampe PH5 créée en 1958 reste l'une des suspensions les plus vendues aujourd'hui au Danemark.

Les lignes épurées du design industriel se retrouvent aussi dans les appareils électroniques de Bang & Olufsen comme dans la coutellerie et l'argenterie danoise. Le père de l'argenterie moderne danoise aux courbes épurées est le sculpteur et orfèvre Georg Jensen (1866-1935) dont la société du même nom reste leader en la matière.

À la suite de ces maîtres du modernisme est progressivement apparue une nouvelle génération de designers danois qui imposent leur marque. Si certains restent influencés par les grands designers des années 1950, d'autres remettent en question leur hégémonie en expérimentant un design original et inventif souvent plus audacieux et irrévérencieux. Parmi eux figure Thomas Bentzen (né en 1969), designer dont le mobilier et les lampes semblent toujours sur le point de s'animer.

La cuisine danoise

En une dizaine d'années, le Danemark a opéré une véritable révolution culinaire. Alors que la nouvelle cuisine nordique continue d'enthousiasmer critiques et gastronomes, les classiques danois remis au goût du jour retrouvent eux aussi le chemin du succès. Rien d'étonnant pour ce pays qui dispose d'excellents produits et voit naître des chefs talentueux. La redécouverte de recettes anciennes et l'intérêt pour la cuisine traditionnelle ne cessent de se développer. La cuisine danoise est en constante évolution, et c'est toujours un délice que de l'explorer.

Nouvelle cuisine nordique

Même si certains trouvent qu'on en parle trop, la nouvelle cuisine danoise continue de passionner critiques, gastronomes, éditeurs et bloggeurs de par le monde. Et cela ne l'empêche pas d'évoluer – signe d'une vitalité pérennisée.

L'avènement de ce mouvement remonte à 2004, quand certains des plus grands chefs de Scandinavie, réunis pour un symposium sur la cuisine nordique, rédigèrent le *Manifeste de la nouvelle cuisine nordique*. "Pureté, fraîcheur, simplicité, éthique" et "reflet de notre région" sont les maîtres mots de ce manifeste en 10 points : la nouvelle cuisine nordique se doit de privilégier les produits locaux, de saison, savoureux et sains, provenant de sources respectueuses de l'environnement et préparés de la meilleure façon en alliant les traditions nordiques aux influences venues d'ailleurs pour créer un cuisine qui reflète l'originalité et la spécificité de la Scandinavie.

Ce mouvement a mis en valeur l'exceptionnelle qualité des ingrédients danois, depuis le porc, le bœuf, le gibier et les produits issus de la mer jusqu'aux racines, herbes et baies sauvages. Il a aussi mis en lumière des ingrédients plus rares de la région nordique : bœuf musqué du Groenland, moules géantes des îles Féroé, baies noires de Finlande et truffes de l'île suédoise de Gotland.

Jusqu'en 2017, le plus célèbre restaurant au monde de nouvelle cuisine nordique était le Noma (arrivé à 4 reprises en tête du classement des 50 meilleurs restaurants au monde). Son chef et copropriétaire René Redzepi, dont la mère est danoise et le père albanais de Macédoine, excluait de ses créations tous les ingrédients d'origine étrangère, y compris l'huile d'olive et les tomates. Il laissait la part belle aux produits souvent délaissés, et consultait des historiens pour retrouver des traditions oubliées. Il était également connu pour partir lui-même à la recherche de plantes et aromates en pleine nature. Au Noma, ces produits et ingrédients étaient préparés avec brio, dans une cuisine où se mêlaient techniques traditionnelles (séchage, salage, fumage, confits et marinades) et innovations (des fourmis comme ingrédients). Deux fois étoilé au Michelin, il n'a toutefois pas réussi à avoir une troisième étoile et a été détrôné par le Geranium (p. 79), qui a, lui, réussi à obtenir les trois étoiles.

Entre 2014 et 2017, le Noma est devenu nomade, s'installant à Tokyo, Sydney et Tulum au Mexique pour y puiser des méthodes et ingrédients

En dehors de Copenhague, les gourmets se tourneront en priorité vers Bornholm, où sont encore en activité d'excellents ateliers de fumage de poisson, la charcuterie Hallegaard (p. 154), réputée dans tout le pays, et où se trouve également Kadeau (p. 151), bijou de la nouvelle cuisine nordique. Parmi les spécialités locales : du caramel artisanal et des bières brassées en microbrasserie.

locaux. La fin 2016 fut marquée par la fermeture du restaurant de Copenhague, qui a rouvert début 2018 à une autre adresse et avec une autre formule. Pour en savoir plus, reportez-vous à la p. 79 et consultez le site noma.dk.

Dans le même temps, de nouveaux chefs danois ont rejoint la scène (parmi lesquels d'anciens disciples de René Redzepi). Leur approche semble moins dogmatique, leurs assiettes de saison allient tradition scandinave et touches d'exotisme. Certains ont ouvert des restaurants plus grand public, démocratisant ainsi la nouvelle cuisine nordique.

Dernière tendance, la cuisine haut de gamme, contemporaine et "non danoise" réalisée cependant avec la même précision et le sens du design que la nouvelle cuisine nordique. Si certains critiquent ce compromis, d'autres y voient une étape dans l'évolution de la cuisine danoise contemporaine.

Votre découverte du *hygge* ne serait pas complète sans le livre *La Cuisine hygge* (Birgit Dahl, Solar, 2017) !

Classiques et spécialités danoises

Viande

La cuisine traditionnelle a un faible pour la viande. En particulier, le porc *(flæsk* ou *svinekød)* que l'on retrouve partout sous forme de *flæskesteg* (rôti de porc), de *mørbradbøf* (filet de porc) ou de *frikadeller,* un grand favori, des boulettes de porc généralement servies avec des pommes de terre à l'eau et du chou rouge. La simple évocation du *flæskesvær* fait monter des larmes de nostalgie aux yeux des Danois : la couenne de porc frite, que l'on déguste salée en en-cas, est remise à l'honneur dans certains bars branchés de Copenhague. Autre délice : l'*æbleflæsk,* mélange de bacon, d'oignons et de pommes poêlés servi sur du *rugbrød* (pain de seigle), à accompagner d'une bière brune.

Le bœuf *(bøf* ou *okse)* se mange aussi bien haché dans des plats roboratifs bon marché que sous la forme plus onéreuse de steaks, souvent servis avec une sauce béarnaise. Le *hakkebøf* est un hamburger, généralement surmonté d'oignons frits, servi avec des pommes de terre à l'eau, de la sauce brune et des betteraves. On voit aussi revenir sur les cartes le *pariserbøf,* steak haché saignant, servi avec des câpres, un jaune d'œuf cru, des betteraves, des oignons et du raifort.

Le Danemark accueille deux grands festivals gastronomiques : le Copenhagen Cooking & Food Festival (p. 67), qui a lieu chaque année en août, et le plus grand concours de chefs du pays, le Sol over Gudhjem (p. 157), qui se déroule en juin sur l'île de Bornholm.

Poisson et fruits de mer

Baigné par la mer, le pays ne manque pas d'excellents produits de la mer. Le hareng *(sild)* occupe la place du roi. On le sert mariné de multiples façons, au sherry, à la moutarde, à l'orange ou au curry, mais aussi fumé, frit ou grillé. La saumon mariné ou fumé *(laks)* abonde également, l'une des préparations favorites étant le *gravad laks* : du saumon cru mariné à l'aneth et servi avec une sauce à la moutarde sucrée.

Parmi les autres poissons figurent le *stegt rødspætte,* de la plie panée souvent servie avec des pommes de terre persillées, le *kogt torsk,* du cabillaud poché avec une sauce à la moutarde et des pommes de terre à l'eau, ou les omniprésents *fiskefrikadeller,* croquettes de poisson servies avec une sauce rémoulade ou tartare et des quartiers de citron. Autre icône de la cuisine danoise, le *stjerneskud* se compose de filets de poisson à la vapeur et frits surmontés de saumon fumé, de crevettes et de caviar servis sur du pain beurré.

Les Danois adorent le poisson fumé, dont l'arôme embaume la cuisine scandinave. Des ateliers de fumage (*røgeri*) jalonnent le littoral où harengs, anguilles, crevettes et autres poissons sont fumés au feu de bois. La plus réputée se trouve sur Bornholm.

À la pointe nord du Jutland, Skagen est l'endroit idéal pour faire un festin de crevettes *(rejer)* et de homard *(hummer).*

Smørrebrød

La plus ancienne mention du *smørrebrød* remonte au XIIIe siècle, dans la *Saga de Haakon*. Mais la version actuelle sophistiquée de ces tartines garnies ne date que de la fin du XIXe siècle. Parallèlement à l'essor des restaurants chics, les modestes bars à vins et à bières de Copenhague se sont mis à revisiter ces tartines de pain beurré en inventant de nouvelles garnitures plus raffinées.

Le *smørrebrød* basique consiste en une tranche de pain de seigle sur laquelle on pose un ou plusieurs ingrédients tels que rosbif, porc, crevettes, hareng mariné, pâté de foie ou filet de poisson frit. La garniture (laissée au choix du cuisinier) confère souvent au produit final une telle apparence d'œuvre d'art qu'on ose à peine croquer dedans. L'usage danois veut que les *smørrebrød* au saumon fumé soient servis sur du pain blanc, et ceux au hareng sur du pain noir. Dans tous les cas, les *smørrebrød* s'accompagnent de préférence d'*akvavit* (eau-de-vie) ou de bière.

Au déjeuner, les *smørrebrød* sont les mets de base d'innombrables restaurants et cafés, le plus réputé étant Schønnemann (p. 73), à Copenhague, vénérable établissement datant du XIXe siècle, qui en offre toute une déclinaison du plus classique au plus moderne, avec par exemple une cuisse de gibier fumé accompagnée d'une rémoulade de cèpes et de chips de betterave.

De manière générale, les *smørrebrød* sont moins chers dans les boulangeries ou dans les boutiques de *smørrebrød* à emporter comme on en trouve près des gares et des immeubles de bureaux. Essayez de prononcer *smørrebrød* "smur-brut", mais ne vous en faites pas si votre prononciation n'a rien à voir avec celle d'un Danois (c'est mission impossible !).

Claus Meyer (www.meyersmad.dk) est un chef star au Danemark. Il est l'un des fondateurs du Noma et du mouvement la nouvelle cuisine nordique. Il officie aussi bien à la télévision que dans des écoles de cuisine, a signé des ouvrages spécialisés et, depuis 2016, il est aux fourneaux du restaurant Agern au cœur de Grand Central à New York.

Koldt bord

Autre classique en matière de repas, le *koldt bord* (table froide) est une sorte de petit buffet de préparations froides – viande en tranches, poisson fumé (au moins du hareng), fromages, légumes, salade, condiments, pain, biscuits salés – accompagné de petits plats chauds, comme des *frikadeller* ou du poisson pané (bien souvent du carrelet).

Viennoiseries et pâtisseries

Pour qui aime les viennoiseries (*wienerbrød*), riches en beurre et en sucre, le Danemark est un paradis.

SAVEURS DANOISES

Nouvelles saveurs nordiques Les produits scandinaves sont mis en valeur dans des créations assez épatantes, notamment chez Geranium (p. 79) à Copenhague, Kadeau (p. 77), ou Høst (p. 75), plus abordable.

Smørrebrød Une tranche de pain de seigle ou de pain blanc sur laquelle sont posées toutes sortes de garnitures comme du tartare de bœuf, de l'œuf, des crevettes, etc. Ces tartines garnies sont *la* grande spécialité danoise.

Sild Salé, fumé, mariné, frit, le hareng est l'une des bases de l'alimentation danoise. On l'accompagne d'une bonne dose d'*akvavit* (eau-de-vie généralement produite à partir de la pomme de terre et épicée au carvi).

Kanelsnegle Roulé à la cannelle, parfois agrémenté d'un filet de chocolat. Aussi savoureux que riche !

Koldskål Soupe de lait caillé froid, sucré et aromatisé à la vanille, traditionnellement accompagnée de biscuits, comme les *kammerjunkere*.

Bière Si Carlsberg domine le marché, il existe aussi une foule de brasseries artisanales, parmi lesquelles Mikkeller, Amager Bryghus et Bryghuset Møn.

Présentes à tous les coins de rue, les boulangeries (*bageri*) en proposent différentes variétés toutes plus gourmandes les unes que les autres. Les Danois en font leur délice au petit-déjeuner. Le nom de *wienerbrød* (pain de Vienne) viendrait d'un boulanger danois du XVIIIe siècle qui aurait déménagé à Vienne pour perfectionner ses délices à base de pâte feuilletée et de beurre.

Parmi les autres douceurs danoises prisées figurent le *kanelsnegle,* un roulé à la cannelle parfois agrémenté de filets de pâte de chocolat, ou le *tebirkes,* sorte de croissant fourré à la pâte d'amandes et parsemé de graines de pavot.

Quelques coutumes à respecter : regardez toujours la personne avec qui vous trinquez dans les yeux. Avant de vous lever de table, remerciez toujours votre hôte pour le repas ou la boisson, ne serait-ce qu'une simple tasse de café.

Hot dogs

En matière de repas sur le pouce, le *pølse* (hot dog) est incontournable. On en achète à l'un des nombreux kiosques de rue ambulants.

Certains cherchent à réinventer ce classique, comme DØP (p. 73) à Copenhague par exemple.

Où se restaurer et prendre un verre

Même si les grandes tables danoises se trouvent surtout à Copenhague, le reste du pays ne manque pas de bonnes adresses, que ce soit en ville comme chez Gastromé (p. 243) à Aarhus, ou dans des châteaux ou manoirs où l'on peut ensuite passer la nuit. Depuis 2015, le guide Michelin et le **White Guide** (whiteguide.com) ont consacré plusieurs établissements hors de la capitale.

Les marchés gourmets comme le Torvehallerne KBH (p. 72) subliment les achats du quotidien. Sur les routes de campagne, on trouve souvent des étals de produits frais (où l'on dépose l'argent dans une caisse laissée là) ou des *gårdbutik* (boutiques à la ferme). Dégustez des *jordbær* (fraises), des *kirsebær* (cerises) et des *nye kartofler* (pommes de terre nouvelles).

Les cuisines des restaurants danois ferment tôt, pour une fin de repas autour de 22h (21h ou plus tôt dans les petites villes). Passez à table vers 19h30 pour ne rien manquer du menu.

Se régaler à petit prix

Dîner dehors coûte facilement cher au Danemark, où les restaurants les plus convoités et les plus chics sont souvent plus onéreux que leurs équivalents français. Sachez aussi que les boissons alcoolisées coûtent extrêmement cher dans ces lieux à la mode et peuvent facilement doubler le prix du repas.

À Copenhague, un certain nombre de restaurants haut de gamme (ou leurs anciens chefs) ont créé des annexes, un peu moins chères et

FESTIN DE YULETIDE

Le Noël traditionnel danois (*jul*), qui déborde de *hygge* (ambiance cosy), donne lieu à de grandes agapes.

Les plus importantes festivités ont lieu la veille de Noël avec la distribution des cadeaux, les chants autour du sapin, de l'*akvavit* et de la bière spécialement brassée pour Yuletide. En plat principal : cochon, canard ou oie rôtie servis avec du chou rouge et des pommes de terre à l'eau revenues au beurre et au sucre. Après le repas, vient le moment du *risalamande* (riz au lait, servi avec des cerises au sirop) dans lequel est placée une amande entière. Celui qui trouve l'amande dans son bol a gagné, généralement une petite douceur à la pâte d'amandes. Le 25 décembre, au déjeuner, on mange les restes de la veille qui font une excellente *koldt bord* (table froide).

Les délices de Yuletide commencent dès l'Avent avec notamment les *brunekager* et *pebernødder* (gâteaux aux épices), les *klejner* (beignets tressés) et les *æbleskiver*, des petits gâteaux ronds traditionnellement servis avec le *gløgg* (vin chaud).

plus informelles, qui servent une nouvelle cuisine nordique pleine de créativité. Parmi les meilleurs figurent Høst (p. 75) et Bror (p. 75).

À côté des ateliers de fumage, boulangeries et cafés, d'autres options s'offrent à vous pour manger sans trop entamer votre budget. Dans la capitale, le Torvehallerne KBH permet de se régaler à petit prix, tout comme son cousin à Aarhus. D'autres marchés gourmet ont ouvert à Rønne et Bornholm. Gros succès également à Copenhague et Aarhus pour les aires de restauration où l'on sert des plats simples, sur place ou à emporter.

Les restaurants de cuisine chinoise ou thaïlandaise sont nombreux, mais rarement authentiques. La pizza est incontournable, mais ne soyez pas trop exigeant. Hormis les hot dogs (vendus à presque tous les coins de rue et à toutes les sauces), restent les petits restaurants libanais ou turcs, pour un *shawarma* à petit prix.

Petit-déjeuner et brunch

Les Danois prennent rarement leur petit-déjeuner à l'extérieur. En revanche, ils apprécient beaucoup le brunch. Entre 10h et 14h le week-end, les restaurants rivalisent d'opulence lorsqu'il s'agit des buffets de petit-déjeuner et de brunch (généralement entre 120 et 200 DKK, un peu plus pour du thé/café à volonté, voire une coupe de champagne.)

En semaine, nombre de restaurants proposent une "assiette brunch" (*brunch tallerken*) au menu. Servie à partir de 10h et pendant le déjeuner, elle comporte de petites portions des classiques du brunch : muesli ou yaourt, viande froide ou charcuterie, pain, fromage et gâteaux.

Végétariens et végétaliens

Malgré la passion du pays pour le porc sous toutes ses formes, les végétariens devraient trouver leur compte au Danemark (sauf dans les petites villes où le choix reste limité) dans le vaste éventail de *smørrebrød* et de salades variées que servent généralement les cafés. Dans la plupart des établissements, vous trouverez au moins un plat végétarien sur la carte, ou bien l'on proposera de vous en préparer un.

Cela sera plus ardu pour les vegan, sauf dans les grandes villes, ou quelques tables proposent des menus adaptés.

Vous voulez dîner chez des Danois ? Deux agences proposent ce service (environ 500 DKK/pers). Réservez longtemps à l'avance.

Dine with the Danes (sur Facebook : Dine With The Danes)

Meet the Danes (www.meetthedanes.com)

Boissons

Bière *(øl)*, vin *(vin)* et spiritueux sont servis dans la plupart des bars et restaurants. Traditionnellement, la fermeture de la cuisine sonne le passage en "mode bar". On sert alors de l'alcool très tard.

L'alcool est vendu en supermarché aux heures d'ouverture habituelles. Presque toutes les boissons, alcoolisées ou non, sont consignées. Vous récupérerez la consigne en jetant les bouteilles dans les automates postés devant les supermarchés. Plus d'infos sur www.danskretursystem.dk.

Bière

Les Danois sont de formidables producteurs et consommateurs de bière. Les plus anciennes traces de bière danoise remontent à 2 800 ans avant notre ère. La première guilde de brasseurs de Copenhague fut fondée en 1525. Les brasseries Carlsberg, basées à Copenhague, qui brassent les marques Carlsberg et Tuborg, sont l'un des plus grands groupes de brasseries au monde et le plus grand exportateur de bière en Europe.

La bière la plus vendue au Danemark est la *pilsner*, bière blonde et légère (à partir de 20 DKK dans les pubs les moins chers). Mais il existe quantité d'autres bières à déguster, notamment venues de Belgique ou de microbrasseries locales (à partir de 50 DKK). Toute ville danoise qui se respecte compte désormais sa propre *bryghus* (brasserie artisanale ou microbrasserie). Le pays regroupe ainsi plus de 170 petites

Petit lexique de la bière danoise

øl – bière

pilsner – bière blonde (4,6%)

lyst øl – bière légère (1,7%)

lagerøl – bière brune

fadøl – bière pression

porter – stout

LE TOP DES HÔTELS-RESTAURANTS

Ici, on dîne somptueusement avec des produits de saison, et on se couche sans quitter les lieux, dans des chambres de charme.

Dragsholm Slot (p. 125). Prenez un vieux château, ajoutez-y le chef Claus Henriksen, un ancien du Noma, vous obtiendrez ce repaire gastronomique dans le nord-ouest de la Sjaelland.

Falsled Kro (p. 181). Une ancienne auberge de contrebandiers, située au sud de la Fionie et devenue nid douillet.

Henne Kirkeby Kro (p. 223). Au cœur du Jutland, cette auberge restaurée et branchée a pour chef Paul Cunningham, d'origine anglaise. Les assiettes sont impeccables, contemporaines – très nouvelle cuisine nordique.

Molskroen (p. 247). Quand la cuisine française est revue à la sauce scandinave, on obtient ces excellentes assiettes. À Ebeltoft près d'Aarhus.

Ruths Hotel (p. 265). La beauté de la mer et des lumières de Skagen se conjugue ici avec la pureté et l'authenticité de la nouvelle cuisine nordique.

brasseries (contre seulement 21 en 2002). Les amateurs se font de plus en plus exigeants, et les bars, pubs et restaurants mettent fièrement en avant leurs propres bouteilles ou veillent à avoir une bonne rotation à la pression. En mai, le grand festival de la bière (Ølfestival) (p. 67), à Copenhague, met en lumière plus de 800 références.

Vin

Malgré sa situation septentrionale, le Danemark jouit d'une bonne activité vinicole, petite mais prospère. L'association des viticulteurs danois, Danske Vingårde, regroupe plus de 50 producteurs, dont **Kelleris Vingaard** (www.kellerisvingaard.dk), **Dyrehøj Vingård** (www.dyrehoj-vingaard.dk) et **Ørnberg** (www.oernberg-vin.dk) en Sjaelland. **Skærsøgaard** (dansk-vin.dk), dans le Jutland, a été salué pour ses pétillants et ses vins de dessert.

La culture de la vigne à cette latitude n'est pas tant liée au réchauffement climatique qu'au développement de variétés de raisin à maturité précoce, idéales dans cette région où la belle saison est courte. Parmi ces cépages issus de croisement figurent le rondo et le regent, ce dernier produisant un vin rouge profond, vigoureux et intense. Vins blancs et vins pétillants sont cependant les plus prometteurs, en particulier ceux issus de cépage de type riesling comme le Johanitter.

Intéressante aussi, la **Cold Hand Winery** (www.coldhandwinery.dk), une entreprise vinicole innovante du Jutland, produit des vins à base de pomme dont le Malus X-Feminam, primé, un vin de dessert très équilibré.

Actuellement, l'essentiel de la production est vendu sur le marché local, plusieurs vins étant distribués dans des restaurants danois de Copenhague ou au marché gourmet de Torvehallerne KBH.

Akvavit

L'alcool danois le plus populaire est l'*akvavit* (ou aquavit) Aalborg. Il en existe plusieurs dizaines de types, le plus courant étant fabriqué à partir de pommes de terre et épicé au carvi. On le boit cul sec, généralement suivi d'un verre de bière.

À l'écrit et à l'écran

Des contes de fées à la philosophie, les Danois ont laissé leur marque dans la littérature mondiale. Ces dernières années, le cinéma minimaliste, le roman et les films noirs scandinaves ont fait parler d'eux, et trouvé des amateurs dans le monde entier.

À l'écrit

Surnommée "l'Âge d'or", la première moitié du XIXe siècle a été marquée par l'essor culturel et économique du Danemark. Parmi les grandes plumes de l'époque figurent deux symboles de la littérature danoise : Hans Christian Andersen (1805-1875), dont les contes ont été plus traduits que n'importe quel autre livre (à l'exception de la Bible) ; et le célèbre philosophe et théologien Søren Kierkegaard (1813-1855), considéré comme le père de l'existentialisme.

Comment s'initier à l'œuvre complexe de Kierkegaard ? Commencez par vous plonger dans le *Kierkegaard* de George Gusdorf (éditions du CNRS, 2011), un ouvrage indispensable à la compréhension du père de l'existentialisme.

Il était une fois...

Au-delà de ses contes ayant révolutionné la littérature pour enfants, Hans Christian Andersen est l'auteur de romans, de poèmes, de pièces de théâtre et de quelques fascinants récits de voyage. *La Petite Sirène*, *Les Habits neufs de l'empereur* ou encore *Le Vilain Petit Canard* ont été traduits dans plus de 170 langues, et font désormais partie du paysage littéraire mondial.

Andersen insufflait aux animaux, aux plantes et aux objets inanimés une humanité féerique. Ses "méchants" ne sont pas des sorcières ou des trolls, mais des travers humains tels que l'indifférence ou la vanité, et ce sont souvent ses personnages enfantins qui voient le monde avec le plus de lucidité. Le résultat touche à l'universel, dépassant les frontières et les générations.

Andersen naquit à Odense, d'un père cordonnier et d'une mère lavandière. Il a élevé son enfance au rang de mythe dans diverses autobiographies, la décrivant comme pauvre mais idyllique. Peu après avoir perdu son père à l'âge de 11 ans, il partit pour Copenhague où il s'essaya sans succès à diverses professions (il tenta de devenir comédien et danseur) avant de connaître la gloire avec ses écrits.

Névrosé et hypocondriaque, Andersen eut une vie compliquée. Il commença par avoir du succès avec un récit de voyage, puis des poèmes et des romans. Ses contes, souvent autobiographiques, furent critiqués dès leur publication au Danemark, tandis qu'ils étaient acclamés à l'étranger. Grand voyageur, Andersen souffrait de ne pas rencontrer la même reconnaissance dans son pays. La gloire finira par arriver, mais seulement dans la dernière partie de sa vie. Décédé d'un cancer du foie, il repose désormais à l'Assistens Kirkegård de Copenhague.

Autour de Hans Christian Andersen

HC Andersens Barndomshjem, Odense

Maison H.C. Andersen, Odense

Assistens Kirkegård, Copenhague

Littérature des XXe et XXIe siècles

Dans les années 1870, la littérature danoise s'orienta vers le réalisme, avec un mouvement, surnommé la "percée moderne", dont la figure de proue était Georg Brandes (1842-1927). Ce dernier plaida avec ferveur pour un style de littérature visant à susciter le débat et à bousculer les normes sociales. On retrouve cette volonté dans l'œuvre de Jens Peter Jacobsen (1847-1885) : son roman *Madame Marie Grubbe* (Ombres, 2007) fut le premier à aborder la sexualité féminine au Danemark.

Henrik Pontoppidan (1857-1943) était lui aussi un auteur réaliste, lauréat du prix Nobel de littérature (avec son compatriote Karl Gjellerup) en 1917 pour "sa description authentique de la vie contemporaine au Danemark". Le Nobel fut également décerné à Johannes Vilhelm Jensen (1873-1950) en 1944, essentiellement pour son cycle romanesque et visionnaire du *Long voyage* (non traduit en français) et pour son roman historique *La Chute du roi* (Actes Sud, 1993), salué comme le meilleur roman danois du XXe siècle en 1999.

L'auteur danois le plus célèbre du XXe siècle est certainement Karen Blixen (1885-1962). Si sa carrière a débuté avec la publication de ses *Sept contes gothiques* (Le Livre de Poche, 1983) sous le nom de plume d'Isak Dinesen, elle est surtout célèbre pour *La Ferme africaine* (1937, parue chez Folio en 2006) racontant les souvenirs de sa vie au Kenya, et son adaptation, plus tard, au cinéma (*Out of Africa*, Sydney Pollack, 1985). Sa propriété de Rungsted (p. 94) abrite désormais un musée consacré à sa vie et à son œuvre. Pour en savoir plus, reportez-vous p. 94.

Martin Andersen Nexø (1869-1954) est le premier auteur danois à avoir dépeint le prolétariat dans ses romans. Il est l'auteur entre autres de la fameuse saga *Pelle le Conquérant* (Points, 2005), publiée en quatre volumes de 1906 à 1910 et qui a été adaptée à l'écran par Bille August en 1987. Il y dépeint l'histoire d'un petit garçon suédois émigré au Danemark avec son grand-père, espérant y faire fortune.

Hans Christian Andersen est aussi réputé pour ses découpages en papier, notamment des contre-silhouettes d'un grand raffinement. Vous pourrez en découvrir au musée H.C. Andersen, à Odense (p. 166).

L'un des auteurs contemporains danois les plus en vue est Peter Høeg (né en 1957), dont les romans s'articulent autour de personnages en marge de la société. Son roman à suspense *Smilla et l'Amour de la neige* (1992), qui raconte l'histoire d'une femme groenlandaise vivant à Copenhague, a remporté un succès international et a été adapté au cinéma par Bille August en 1997.

Jens Christian Grondahl (né en 1959) écrit quant à lui sur l'intime, le couple, la solitude. Il a récolté de nombreux prix et la dizaine de romans qu'il a écrits ont été traduits en français et publiés chez Gallimard. On pourra par exemple lire *Quelle n'est pas ma joie* paru en 2018 dont l'héroïne, âgée de 70 ans, vient de perdre son mari et entame un dialogue muet avec la première épouse décédée de celui-ci. On retrouve chez Grondahl ce souci de l'épure et du dépouillement cher aux Danois.

Morten Ramsland (né en 1971) fait partie des auteurs prometteurs. Son premier roman, *Tête de chien* (Folio, 2010), a été traduit dans 17 langues.

Enfin, Carsten Jensen est l'auteur du best-seller mondial *Nous, les noyés* (10/18, 2012). Cette saga portée par un souffle épique nous plonge dans la vie de Marstal (dont est originaire l'auteur), port autrefois florissant de l'île d'Ærø. Un récit passionnant, entre Joseph Conrad et Robert Stevenson.

Le polar scandinave

Bien que le genre ultra populaire du polar scandinave semble dominé par les Suédois (Henning Mankell, Stieg Larsson) et les Norvégiens (Jo Nesbø), quelques auteurs danois dignes d'intérêt y contribuent.

Parmi eux, Jussi Adler-Olsen s'est vu décerner le Glass Key Award (prix de la Clé de verre) – une prestigieuse récompense consacrée à la littérature policière scandinave – en 2010. Le premier volume de sa série mettant en scène l'intrigante brigade policière Département V spécialisée dans les affaires non résolues fut publié en France en 2011 sous le titre *Miséricorde* (Le Livre de poche, 2013). Dans l'un des derniers volumes de la série, *Dossier 64* (Le Livre de Poche, 2016), le personnage principal, Nete Hermansen, planifie sa vengeance contre ses agresseurs à Sprogø, une île danoise tristement célèbre pour sa maison de correction (aujourd'hui fermée) pour jeunes femmes jugées "dangereuses" ou "amorales".

Un autre auteur de roman noir marquant est le journaliste Erik Valeur, basé à Copenhague, dont le premier roman *The Seventh Child (Le Septième Enfant,* non encore traduit) a remporté le Glass Key Award en 2012. L'intrigue tourne autour de la mort mystérieuse d'une femme, d'un orphelinat et de sept orphelins non identifiés que l'on soupçonne être les enfants abandonnés de membres de l'élite danoise.

Quelques nouveaux noms ont percé à l'international, comme Thomas Rydahl, dont le premier roman *Dans l'île* (Belfond, 2016), a remporté le Glass Key Award en 2015. L'année suivante, c'est aussi une Danoise qui décroché la fameuse clé : Ane Riel, pour son roman *Harpiks* (encore non traduit).

À l'écran

Des films oscarisés

Carl Dreyer (1889-1968) est probablement l'un des cinéastes danois les plus connus du début du XXe siècle. *La Passion de Jeanne d'Arc* (1928) et *Jour de colère* (1943) sont deux chefs-d'œuvre qui ont bouleversé le cinéma de l'époque.

Il fallut ensuite attendre les années 1980 pour que les réalisateurs danois intéressent un public international plus large, comme en atteste leur collection de récompenses. Le réalisateur Gabriel Axel a ainsi remporté l'Oscar du meilleur film étranger en 1988 avec *Le Festin de Babette* (1987), inspiré d'une nouvelle de Karen Blixen, et dont le rôle titre est interprété par l'actrice française Stéphane Audran. Trois ans plus tôt, l'adaptation sur grand écran d'un autre roman de Blixen, *Out of Africa,* avait remporté un Oscar. C'est encore un film danois, *Pelle le Conquérant*, du réalisateur Bille August, qui remporta l'Oscar du meilleur film étranger l'année suivante (ainsi que la Palme d'or du Festival de Cannes).

Le prix fut à nouveau décerné à un film danois en 2010, avec *Revenge*. Réalisé par Susanne Bier, ce drame contemplatif aborde le problème du harcèlement entre enfants.

En 2017, le film *Les Oubliés*, du Danois Martin Zandvliet, a été nominé aux Oscars (mais le réalisateur est reparti sans la fameuse statuette). Il traite d'un épisode tragique de la Seconde Guerre mondiale au Danemark, lorsque les Danois forcèrent les prisonniers de guerre allemands à désamorcer eux-mêmes les mines laissées par l'occupant allemand sur la côte ouest du Jutland.

En 2021, c'est *Drunk*, du réalisateur danois Thomas Vinterberg, qui est sacré meilleur film étranger aux Oscars.

Les meilleurs films danois

- *Pelle le Conquérant* (Bille August, 1987)
- *Le Festin de Babette* (Gabriel Axel, 1987)
- *Breaking the Waves* (Lars von Trier, 1996)
- *Festen* (Thomas Vinterberg, 1998)
- *After the Wedding* (Susanne Bier, 2006)
- *Revenge* (Susanne Bier, 2010)
- *La Chasse* (Thomas Vinterberg, 2012)
- *Royal Affair* (Nikolaj Arcel, 2012)
- *Les Oubliés* (Martin Zandvliet, 2015)

Des réalisateurs de renom

Le Danemark est le berceau de plusieurs éminents réalisateurs, dont beaucoup sont passés de la réalisation de films en danois à des superproductions hollywoodiennes.

Bille August Célèbre pour ses adaptations littéraires : *Pelle le Conquérant* (1987) ; *La Maison aux esprits* (1993), tiré du roman d'Isabel Allende ; *Smilla et l'Amour de la neige* (1997), d'après le roman de Peter Høeg ; *Les Misérables* (1998) ; et *Train de nuit pour Lisbonne* (2013), tiré du roman philosophique de Pascal Mercier.

Susanne Bier Figure de proue des réalisateurs danois, elle s'est fait un nom à l'international avec des films respectés au Danemark : *Brothers* (dont un remake a été tourné aux États-Unis), *After the Wedding* (2006) et *Revenge* (2010).

LARS VON TRIER ET DOGME95

Qu'il filme des scènes de sexe explicites dans *Nymphomaniac* (2013), l'apocalypse dans *Melancholia* (2011), ou la mutilation d'un sexe féminin dans le très controversé *Antichrist* (2009), il ne fait guère de doute que le plus grand réalisateur et scénariste danois du XXIe siècle reste Lars von Trier, fidèle à sa réputation d'enfant terrible du cinéma.

Parmi ses films les plus connus, citons le mélodrame *Breaking the Waves* (1996), dans lequel jouait Emily Watson et qui remporta le Grand Prix du Festival de Cannes ; *Dancer in the Dark* (2000), une comédie musicale mettant en vedette la chanteuse islandaise Björk et Catherine Deneuve, qui remporta la Palme d'or à Cannes en 2000 ; et *Dogville* (2003), un film expérimental – souvent difficile – avec Nicole Kidman.

Von Trier est l'un des cofondateurs de Dogme95, parfois surnommé le "vœu de chasteté". Ce manifeste artistique défend une approche minimaliste de la réalisation, impliquant de travailler avec des caméras au poing, sans décor ni éclairage artificiel, et rejetant l'utilisation d'effets spéciaux et de musique préenregistrée. Le manifeste a ses admirateurs et de nombreux détracteurs, mais l'impact et l'influence qu'il a pu avoir sur le cinéma contemporain ne peuvent être sous-estimées.

En 2016, elle s'est tournée avec succès vers la télévision, avec la mini-série *The Night Manager*, adaptée du roman de John Le Carré.

Lone Scherfig Sa comédie romantique *Italian for Beginners* (2000) est devenue un succès planétaire. La réalisatrice a également dirigé la comédie noire *Wilbur* (2002), une coproduction danoise et écossaise, ainsi que les films britanniques *Une éducation* (2009), *The Riot Club* (2014) et *Their Finest* (2016).

Thomas Vinterberg Cofondateur du mouvement Dogme95, Vinterberg a imaginé, écrit et réalisé le premier film labellisé Dogme95 : *Festen* (1998), prix du Jury à Cannes. Boudé du public, son long-métrage *La Chasse* (2012) remporta tout de même le prix du Conseil nordique en 2013, et fut nominé pour l'Oscar du meilleur film étranger en 2014. Son acteur principal, Mads Mikkelsen, a remporté quant à lui le prix d'interprétation masculine à Cannes. En 2021, son film *Drunk* remporte le prix du meilleur film étranger aux Oscars.

Nicholas Winding Refn Célèbre pour le scénario et la réalisation de la féroce trilogie *Pusher* (1996, 2004 et 2005), qui plonge dans le milieu criminel de Copenhague et a révélé Mads Mikkelsen, son principal acteur. Son film *Drive* – un thriller indépendant américain – lui a valu le prix de meilleur réalisateur au Festival de Cannes 2011.

Et puis, il y a Lars von Trier (voir ci-dessus)…

Télévision

Depuis les années 1990, le Danemark se démarque par des séries criminelles et policières bien ficelées, à l'ambiance sombre.

À l'origine de ce succès, *Unit One*, qui a remporté l'Emmy Award de la meilleure série étrangère en 2002, met en scène une brigade de police mobile d'élite. La série *The Eagle* s'est engouffrée dans la brèche, avec ses 24 épisodes traitant d'une petite unité d'enquête danoise élucidant toutes sortes d'affaires – de la menace terroriste aux fraudes internationales. Elle a également remporté un Emmy Award en 2005.

Mais les intrigues policières ont laissé place aux intrigues politiciennes avec *Borgen, une femme au pouvoir*, une série à succès en trois saisons. On y retrouve la célèbre actrice danoise Sidse Babett Knudsen dans le rôle de Birgitte Nyborg, une femme politique utopiste soudainement catapultée au poste éprouvant de Premier ministre. Saluée pour ses personnages féminins à la personnalité affirmée, la série a remporté une foule de récompenses – dont un prix Italia (2010) et un BAFTA (2012).

Lancée en 2011, la série criminelle suédo-danoise *Bron* (Le pont) a happé les téléspectateurs dès la toute première scène, dans laquelle

LES ACTEURS DANOIS ONT LE VENT EN POUPE !

Que ce soit dans les séries ou sur grand écran, les actrices et acteurs danois brillent par leur talent. Citons en vrac Mads Mikkelsen (*Pusher*, *Casino Royale*, *Hannibal*, *La Chasse*, *Royal Affair*, *Michael Koolhaas*...), l'inoubliable Birgitte de *Borgen*, Sidse Babett Knudsen (*After the Wedding*, *L'Hermine*, *La Fille de Brest*), le fascinant Jaime Lannister de *Game of Thrones*, Nicolaj Coster Valdau (*Triple Alliance*, *A Second Chance*), Pilou Asbæk (*Borgen*, *Game of Thrones*, *Ghost in the Shell*), sans oublier bien sûr Viggo Mortensen (*The Indian Runner*, *Le Seigneur des Anneaux*, *History of Violence*, *Les Promesses de l'ombre*...).

deux cadavres découpés en morceaux sont découverts sous le pont de l'Øresund, à la frontière exacte entre la Suède et le Danemark. Diffusée dans plus de 170 pays à ce jour, la série a donné lieu à des adaptations américaine (*The Bridge*) et franco-britannique (*Tunnel*, avec Clémence Poésy et Stephen Dillane).

Si les récentes productions danoises n'ont pas remporté le même succès, envisagez une séance de rattrapage avec *Dicte* (2012-2016), série criminelle dont l'action se déroule à Aarhus ; la saga familiale *The Legacy* (2014-2017) ou *Follow the Money* (depuis 2016), une série bien léchée mais un peu lente sur le crime dans les hautes sphères des affaires. *Below the Surface* (depuis 2017), thriller autour d'un otage aux mains de terroristes réalisé par une partie de l'équipe de *Borgen* et *The Killing*, pourrait bien rafler la mise.

Danemark pratique

Carnet pratique

Ambassades et consulats

Ambassades et consulats danois

Belgique (☎02 233 09 00 ; belgien.um.dk/fr ; rue d'Arlon 73, B-1040 Bruxelles)

Canada (☎562 1811 ; canada.um.dk ; 47 Clarence Street, Suite 450, Ottawa ON K1N 9K1)

France (☎01 44 31 21 21 ; frankrig.um.dk/fr ; 77 avenue Marceau, 75116 Paris)

Suisse (☎30 50 50 2000 ; schweiz.um.dk ; Rauch Str. 1, D-10787 Berlin)

Ambassades et consulats au Danemark

Belgique (☎35 250 200 ; denmark.diplomatie.belgium.be ; Øster Allé 7, 2100 Copenhague)

Canada (☎33 48 32 00 ; www.international.gc.ca/world-monde/denmark-danemark ; Kristen Bernikowsgade 1, 1105 Copenhague)

France (☎33 67 01 00 ; dk.ambafrance.org ; Kongens Nytorv 4, 1050 Copenhague)

Suisse (☎33 14 17 96 ; www.eda.admin.ch/copenhagen ; Richelieus Allé 14, DK-29200 Hellerup)

Argent

- Bien que le Danemark fasse partie de l'UE, les Danois ont voté contre l'adoption de l'euro lors d'un référendum en 2000.
- La devise nationale est la couronne danoise (*danske kroner*), désignée par DKK sur les marchés monétaires internationaux, kr au Danemark.
- La couronne danoise se divise en 100 øre. Il existe des pièces de 50 øre, 1 DKK, 2 DKK, 5 DKK, 10 DKK et 20 DKK, ainsi que des billets de 50, 100, 200, 500 et 1 000 DKK.
- Peu de banques proposent un service de change, et certains magasins n'acceptent pas les espèces.

Cartes bancaires

- Les cartes Visa et MasterCard sont acceptées partout au Danemark (American Express et Diners Club moins souvent).
- Dans de nombreux endroits (hôtels, restaurants, boutiques et stations-service), le paiement à l'aide d'une carte étrangère peut impliquer une surtaxe allant jusqu'à 3,75%. Le cas échéant, cela doit être mentionné (sur le menu, à la réception...).

DAB

- La plupart des banques sont équipées de DAB acceptant les cartes Visa et MasterCard, de même que Cirrus et Plus.
- En retirant de l'argent dans un DAB, vous obtiendrez un bon taux de change, mais votre banque peut vous facturer des frais de transaction internationale ou d'utilisation du DAB d'un autre réseau bancaire – renseignez-vous avant de partir.

CONSEILS AUX VOYAGEURS

La plupart des gouvernements possèdent des sites Internet qui recensent les dangers possibles et les régions à éviter. Consultez notamment les sites suivants :

Ministère des Affaires étrangères français (www.diplomatie.gouv.fr)

Ministère des Affaires étrangères de Belgique (diplomatie.belgium.be)

Département fédéral des Affaires étrangères suisse (www.eda.admin.ch/eda)

Ministère des Affaires étrangères du Canada (www.voyage.gc.ca)

➜ Plusieurs banques, en particulier à Copenhague, possèdent des machines permettant de changer les principales devises étrangères en couronnes danoises 24h/24.

Pourboire

➜ Les hôtels, les restaurants et les taxis incluent le service dans les tarifs affichés.

➜ Le pourboire ne s'impose pas, même s'il arrive d'arrondir la note quand le service a été particulièrement bon.

Assurance

➜ Si le Danemark est une destination sûre, nul n'est à l'abri d'un vol occasionnel, d'un accident ou d'un problème médical. Nous vous conseillons donc de vérifier que vous êtes bien couvert.

➜ Pour les citoyens de l'UE, la carte européenne d'assurance maladie (CEAM) prend en charge la plupart des soins médicaux d'urgence, mais pas le rapatriement.

➜ Les ressortissants des autres pays doivent se renseigner sur les accords réciproques en matière d'accès gratuit aux soins et vérifier que leur assurance santé couvre les cas les plus graves, notamment le rapatriement en avion.

Bénévolat

➜ Le Danemark a une forte tradition de bénévolat. De nombreux Danois y consacrent du temps.

➜ Ce sera évidemment moins facile si vous ne parlez pas la langue, mais pas impossible. Rendez-vous sur www.volunteering.dk, qui met en relation associations et bénévoles internationaux.

➜ En France, quelques organismes offrent des opportunités de travail bénévole sur des projets de développement ou d'environnement, parfois sur des périodes courtes, de une à quatre semaines. Certaines associations s'adressent plus spécifiquement aux jeunes. Les chantiers proposés vont de la réfection d'une école aux travaux liés à l'environnement. Il s'agit d'une bonne formule pour s'immerger dans le pays, connaître l'envers du décor touristique et bénéficier d'une ambiance internationale (les volontaires viennent de divers pays en général). En revanche, les conditions de vie sur un chantier sont spartiates, et prenez garde au décalage fréquent entre le programme et la réalité. La fouille archéologique peut rapidement se transformer, une fois sur place, en coup de peinture donné à la maison des jeunes locale. Le matériel est parfois rudimentaire, et la réalité du terrain souvent plus dure qu'on ne l'imaginait.

➜ Voici quelques organismes à connaître :

Comité de coordination du service volontaire international (CCIVS ; ☎01 45 68 49 36 ; ccivs.org)

Maison de l'Unesco (☎01 45 68 10 00 ; en.unesco.org ; 1 rue Miollis, 75015 Paris)

Délégation catholique pour la coopération (DCC ; ☎01 45 65 96 65 ; www.ladcc.org ; 106 rue du Bac, 75007 Paris)

Concordia (☎01 45 23 00 23 ; www.concordia.fr ; adresses des délégations régionales sur le site)

Cotravaux (☎01 48 74 79 20 ; www.cotravaux.org ; 11 rue de Clichy, 75009 Paris)

Jeunesse et Reconstruction (☎01 47 70 15 88 ; www.volontariat.org ; 10 rue de Trévise, 75009 Paris)

Service civil international (SCI, branche française ; ☎03 20 55 22 58 ; www.sci-france.org ; 75 rue du Chevalier-Français, 59800 Lille)

Solidarités Jeunesses (☎01 55 26 88 77 ; www.solidaritesjeunesses.org ; 10 rue du 8-mai-1945 75010 Paris)

REMBOURSEMENT DE LA TVA

➜ La TVA (MOMS en danois) est de 25% et s'applique sur tous les biens et services.

➜ Les ressortissants des pays hors UE peuvent demander son remboursement sur les marchandises achetées au moment de quitter l'UE (à condition d'avoir dépensé un minimum de 300 DKK par commerce et que celui-ci participe à l'un des programmes de remboursement).

➜ À l'aéroport, présentez le formulaire rempli par le magasin, les reçus et les achats en même temps que votre passeport.

Désagréments et dangers

Le Danemark est un pays très sûr. Y voyager ne présente aucun danger en particulier. Restez néanmoins et bien entendu prudent avec vos affaires, notamment dans des lieux comme la gare centrale de Copenhague.

Dans les villes, il vous faudra vite prendre le pli de la circulation des vélos sur les pistes cyclables en parallèle des routes et trottoirs. On a vite fait de marcher sur l'une d'elles et de rentrer dans un cycliste (à pleine vitesse, lui).

Électricité

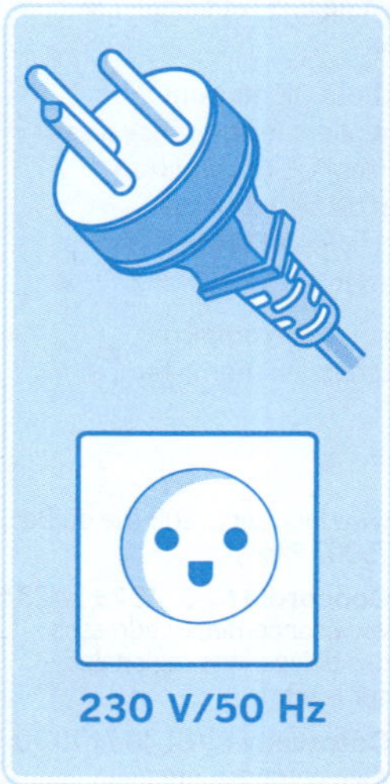

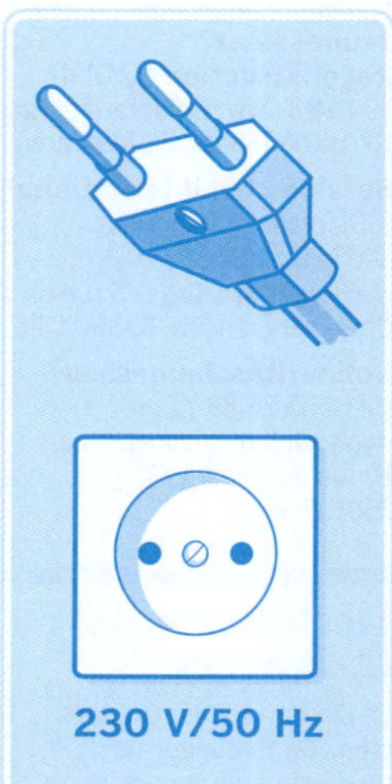

Formalités et visas

Les ressortissants de l'UE ou des pays de l'espace Schengen n'ont pas besoin de visa pour un séjour de moins de 3 mois.

Avant le départ, il est impératif de contacter les ambassades et les consulats pour s'assurer que les modalités d'entrée sur le territoire n'ont pas changé. Nous vous conseillons de scanner ou de photocopier tous vos documents importants (pages d'introduction de votre passeport, cartes de crédit, police d'assurance, billets de train/d'avion/de bus, permis de conduire, etc.). Conservez ces copies à part des originaux. Vous remplacerez ainsi plus aisément ces documents en cas de perte ou de vol.

Handicapés

➡ Le Danemark ne cesse d'améliorer l'accès des bâtiments, des transports et même des zones forestières et des plages aux personnes à mobilité réduite, mais celles-ci ne peuvent toujours pas se rendre partout.

➡ Le site www.visitdenmark.com/a-z/6244 fournit une série de liens utiles pour les voyageurs handicapés.

➡ God Adgang (www.godadgang.dk) dresse la liste des prestataires de services agréés et labellisés pour leur accessibilité.

➡ L'**APF** (Association des paralysés de France ; ☎01 40 78 69 00 ; www.apf.asso.fr ; 17 bd Auguste-Blanqui, 75013 Paris) peut fournir des informations utiles sur les voyages accessibles. L'agence de voyages **Yoola** (www.yoola.fr) et l'association **Ailleurs & Autrement** (www.ailleursetautrement.fr) organisent des voyages adaptés aux personnes à mobilité réduite. **Yanous** (www.yanous.com) et **handicap.fr** (www.handicap.fr) constituent également de bonnes sources d'information.

Hébergement

En matière d'hébergement, la qualité prévaut dans tout le pays. Pour les lieux très touristiques, mieux vaut réserver si vous voyagez en période estivale (fin juin à mi-août).

Auberges de jeunesse Excellent rapport qualité/prix dans tout le pays pour les voyageurs à petit budget.

B&B et chambres chez l'habitant Assez abordable en général, que ce soit en chambre d'hôtes ou dans des pensions plus grandes.

Hôtels Chaînes lowcost, hôtels pour voyageurs d'affaires, châteaux ou lieux design, il y en a pour tous les goûts et tous les budgets.

Campings Nombreuses offres familiales tout compris. La plupart des campings sont en bord de mer et proposent des bungalows ou des mobil-homes. Très forte demande en été.

Appartement ou maison à louer Un choix intéressant lorsqu'on voyage en famille ou en groupe. Une durée minimum de séjour est généralement requise.

Généralités

➡ Les offices du tourisme locaux peuvent vous fournir une liste d'hébergements et vous aider pour la réservation (contre une faible commission). Consultez aussi leur site Web.

➡ Les prix indiqués s'appliquent à la saison haute estivale (fin juin/mi-août), qui correspond à celle des vacances scolaires et donc des grands départs. Si les prix grimpent dans les lieux très touristiques, les hôtels d'affaires en ville baissent parfois les leurs pour attirer plus de clientèle. Consultez les sites Web pour les tarifs à jour.

➡ Nombre d'hôtels, d'auberges de jeunesse et de restaurants affichent le label environnemental Clef Verte (Green Key, www.greenkey.global).

➡ Beaucoup d'hôtels incluent le petit-déjeuner dans leurs tarifs, mais pas

PRIX DES HÉBERGEMENTS

Les catégories tarifaires suivantes correspondent au prix d'une chambre double en haute saison. Sauf mentions contraires, les chambres disposent de salles de bains privées :

€ moins de 700 DKK

€€ 700-1 500 DKK

€€€ plus de 1 500 DKK

tous. Il est en revanche exclu dans les tarifs des auberges de jeunesse et des hôtels lowcost (comptez en général autour de 75 DKK). Assez paradoxalement, le petit-déjeuner n'est pas compris dans les tarifs affichés par les B&B.

Heures d'ouverture et self-service

➡ Les hôtels et pensions n'ont pas tous un service de réception. Il vous faudra peut-être convenir à l'avance d'une heure d'arrivée, téléphoner une heure avant votre arrivée ou appeler le numéro affiché sur la porte d'entrée une fois sur place.

➡ Les hébergements en self-service *(selvbetjening)*, comme la chaîne d'hôtels BB (www.bbhotels.dk) n'ont généralement pas de personnel, à l'exception de celui du ménage. La réservation se fait en ligne, et un code d'accès au bâtiment ou à votre chambre vous est envoyé. Un réfrigérateur en accès libre peut être proposé sur place.

➡ Dans les auberges de jeunesse, le personnel n'est généralement présent qu'à certains moments de la journée. Les arrivées se font souvent entre 16h et 18h (ou 20h l'été). Pour les arrivées tardives, il vous faudra prendre contact avec le gérant.

Auberges de jeunesse

➡ L'**association Danhostel** (☎33 31 36 12 ; www.danhostel.dk), affiliée à Hostelling International (HI), rassemble 68 adresses. Certaines sont des auberges de jeunesse à part entière installées dans des lieux de villégiature, d'autres sont rattachées à des centres sportifs (donc parfois remplies d'équipes en déplacement).

➡ La carte HI nationale ou internationale donne droit à 10% de réduction. On peut l'acheter directement dans les auberges de jeunesse. Nous indiquons ici les prix sans carte.

➡ Attention : on compte de plus en plus d'établissements privés non affiliés à l'Association danoise des auberges de jeunesse.

➡ Les auberges de jeunesse danoises s'adressent à toutes les classes d'âge, autant aux familles et aux groupes qu'aux voyageurs à petit budget. Les clients optent le plus souvent pour une chambre privative. Hors de Copenhague, rares sont les auberges qui proposent des dortoirs partagés (et souvent uniquement en été, de juillet à mi-septembre).

➡ Comptez de 200 à 300 DKK pour un lit en dortoir, 400-600 DKK pour une simple privative, 450-750 DKK pour une double privative et jusqu'à 100 DKK par personne supplémentaire dans les grandes chambres. Toutes les auberges ont des chambres familiales, et souvent des salles de bains privatives.

➡ Couettes et oreillers sont fournis, mais il vous faudra apporter ou louer vos draps et serviettes (généralement de 50 à 80 DKK pour la durée du séjour).

➡ Toutes les auberges assurent un buffet petit-déjeuner à volonté (environ 75 DKK) et certaines servent à dîner. La plupart comportent une cuisine équipée à disposition des hôtes.

➡ Mieux vaut réserver, surtout l'été. Dans certains établissements, la réception ferme dès 18h. Dans la majorité des cas, il n'y a personne à la réception ni pour répondre au téléphone entre 12h et 16h.

➡ De mai à septembre, les auberges accueillent beaucoup d'enfants en excursion scolaire et des équipes sportives participant à des compétitions.

➡ Un certain nombre d'auberges de jeunesse danoises ferment en partie durant la basse saison.

➡ Faites vos comptes : si vous devez louer le linge de lit, le prix de la chambre double avec les draps et les serviettes peut être plus élevé que celui d'une chambre dans un hôtel pour voyageurs à petit budget. Mieux vaut identifier vos priorités (l'accès à une cuisine, par exemple) avant de réserver.

B&B

Si certains sont des logements chez l'habitant classiques, les B&B danois sont plus souvent de petites pensions qui louent des chambres avec salle de bains et cuisine communes, ou bien des appartements autonomes de type studio. À partir de 350/600 DKK pour une chambre simple/double, ils sont souvent moins chers qu'une chambre privative en auberge de jeunesse et le linge de lit et les serviettes sont inclus. Le petit-déjeuner est souvent en supplément (70 à 90 DKK).

➡ Certains B&B ne prennent pas les cartes bancaires.

➡ Les offices du tourisme régionaux tiennent à jour une liste des B&B de leur secteur.

PRIX DES RESTAURANTS

Les catégories tarifaires suivantes correspondent au prix moyen d'un plat principal :

€ moins de 125 DKK

€€ 125-250 DKK

€€€ plus de 250 DKK

➡ La plupart des B&B sont sur les grands sites de réservation en ligne.

➡ Pour plus d'informations, reportez-vous à l'adresse www.bedandbreakfastguide.dk.

Camping

➡ Le Danemark est bien pourvu en campings, avec près de 600 terrains. Certains n'ouvrent que l'été, d'autres du printemps à l'automne. Environ 200 fonctionnent toute l'année et appliquent des tarifs basse saison.

➡ Vous devrez acheter une carte (Camping Key Europe), disponible dans les campings, les offices du tourisme locaux et au Danish Camping Board (voir www.danishcampsites.com). Le prix du forfait annuel pour un couple s'élève à 110 DKK et inclut les enfants mineurs accompagnés.

➡ Comptez autour de 80 DKK par adulte et environ moitié moins par enfant. En été, certains campings font payer en plus un droit d'emplacement de 50-80 DKK pour une tente/caravane. Une faible écotaxe peut également être facturée.

➡ Beaucoup de campings disposent de bungalows (ou des caravanes fixes) pour 4 à 6 personnes allant de l'hébergement rudimentaire à la véritable maisonnette avec cuisine et salle de bains. Il vous faudra généralement apporter votre propre linge de lit et vos serviettes ou les louer. En haute saison estivale (de fin juin à mi-août), les locations se font le plus souvent à la semaine (environ 3 500 DKK, mais le prix dépend de la taille et de l'équipement).

➡ L'agence danoise pour la nature (eng.naturstyrelsen.dk) gère quelques zones de camping rudimentaire et refuges en forêt. Consultez le site pour en savoir plus et connaître les règles du camping sauvage.

➡ Les *backpackers* et les cyclistes doivent savoir que même si le camping affiche complet, il reste parfois de la place pour ceux qui voyagent léger.

➡ Si vous optez pour un séjour itinérant, cherchez les campings offrant la formule "QuickStop", des tarifs plus bas pour ceux qui arrivent après 20h et repartent avant 10h.

➡ Le site www.smaapladser.dk donne une liste de 34 terrains comportant moins de 145 emplacements.

➡ Meilleures sources d'information en ligne : www.danishcampsites.com et www.dk-camp.dk.

Hôtels

➡ L'industrie hôtelière danoise est dominée par une poignée de chaînes. Pour une chambre à petit prix n'importe où au Danemark, tournez-vous vers CabInn (www.cabinn.dk), Zleep (www.zleephotels.com) et les BB Hotels (www.bbhotels.dk), en self-service. À Copenhague et à Aarhus, consultez le site de Wake Up (www.wakeupcopenhagen.com).

➡ Parmi les hôtels d'affaires figurent Scandic (www.scandichotels.com), Radisson (www.radisson.com), Comwell (www.comwell.dk) et First Hotels (www.firsthotels.com).

➡ Dans les grandes villes et les sites touristiques huppés (comme Bornholm ou Skagen), on a un bon choix d'hôtels plus haut de gamme. Difficile en revanche de trouver des établissements de luxe hors de Copenhague et d'Aarhus. Si vous souhaitez une expérience plus mémorable, regardez du côté des châteaux, manoirs ou gîtes ruraux proposant des chambres. Autre option, un *badehotel* ou un *strandhotel* (anciens hôtels balnéaires, dont beaucoup ont été rénovés). Pour des hébergements sortant de l'ordinaire, consultez les sites www.guldsmedenhotels.com, www.slotte-herregaarde.dk et www.smalldanishhotels.com.

➡ Attention : le terme *kro* désigne une auberge à la campagne, mais aussi, plus rarement, un motel sur un axe important à la périphérie d'une ville.

➡ Certains établissements pratiquent des tarifs fixes affichés sur leur site Internet. Dans d'autres, ils fluctuent en fonction de la saison et de la demande. Sur les sites des hôtels, vous trouverez des offres spéciales et des promotions, comme sur les grands sites de réservation en ligne.

➡ Dans les hôtels d'affaires, les prix baissent le vendredi et le samedi (toute l'année), et tous les jours pendant les vacances d'été (de fin juin à mi-août).

➡ Le petit-déjeuner est parfois inclus, parfois en supplément. Il n'est jamais compris dans les hôtels de catégorie économique (comptez 75-100 DKK). Il s'agit en général d'un buffet à volonté tout à fait correct.

Locations saisonnières

➡ De nombreuses stations balnéaires abritent des petites maisons et des appartements à louer à la semaine (sur réservation). Très variables selon le type de logement et la saison, les prix restent toutefois inférieurs à ceux des hôtels.

➡ Vous pouvez passer par le site DanCenter (www.dancenter.com) ou Novasol (www.novasol.dk). De nombreux offices du tourisme se chargent aussi des réservations.

➡ Sur les sites spécialisés, vous aurez accès à de nombreuses locations de particulier à particulier (maison de vacances, appartement en ville, maison familiale...).

Manoirs et châteaux

➡ Les manoirs et petits châteaux, parfois entourés de beaux parcs, abondent au Danemark. Le site Web de la Danske Slotte & Herregaarde association (www.slotte-herregaarde.dk) en recense 15 proposant un hébergement.

Séjour à la ferme

➡ Cette formule est une manière sympathique de découvrir la campagne danoise. L'hébergement peut être un simple B&B ou impliquer une participation aux travaux agricoles.

➡ Le site Landsforeningen for Landboturisme (www.visitfarmen.dk) regroupe 60 exploitations danoises qui accueillent des hôtes dans des chambres, des appartements familiaux avec cuisine ou des petites maisons. La réservation se fait directement auprès des propriétaires.

➡ S'il est préférable de réserver, sur la route, vous tomberez parfois sur des fermes arborant le panneau "*værelse*"(chambre).

Heure locale

➡ Le Danemark est en avance d'1 heure sur l'heure GMT en hiver, de 2 heures pour l'heure d'été.

➡ Copenhague est donc à la même heure que Paris, Bruxelles ou Genève toute l'année. Quand il est 16h à Copenhague, il est 10h à Montréal.

➡ "Heure" se dit *klokken*, abrégé en *kl* (ex : kl 19.30, soit 19h30).

➡ Les Danois numérotent les semaines de l'année et s'y réfèrent notamment pour les congés scolaires. Les vacances d'hiver tombent par exemple durant la semaine 7 ou 8, et de nombreux commerces ferment pour congés d'été les semaines 29 et 30. Le site www.ugenr.dk vous aidera à vous y retrouver.

PRATIQUE

Cartes de réduction Les seniors et les étudiants ont droit à des réductions dans certains transports et musées, mais doivent pour cela présenter un document prouvant leur âge ou leur statut.

Médias Pour des infos danoises en anglais, rendez-vous sur www.cphpost.dk (disponible en version imprimée) et www.thelocal.dk. Les séries et films étrangers sont généralement diffusés dans la langue d'origine et sous-titrés.

Nombres En danois, un point sépare les milliers. On écrira donc 12 345,67 de la façon suivante : 12.345,67.

Poids et mesures Le Danemark utilise le système métrique. Les fruits se vendent souvent à la pièce (*stykke* ou "stk").

Cigarettes Les Danois sont de gros fumeurs, mais la cigarette est interdite dans les bars, restaurants et boîtes de nuit, ainsi que sur les quais de gare. Certains lieux accueillant du public disposent toutefois d'une salle fumeurs. Les hôtels fixent leurs propres règles, mais sont généralement non-fumeurs.

Heures d'ouverture

Les horaires d'ouverture varient au fil des saisons, notamment ceux des sites touristiques et des activités.

Banques 10h-16h lundi-vendredi

Bars et discothèques 16h-minuit, jusqu'à 2h ou plus tard vendredi et samedi (jusque 5h pour certaines boîtes de nuit)

Cafés 8h-17h ou jusqu'à minuit

Restaurants midi-22h (parfois plus tôt le week-end pour le brunch)

Magasins 10h-18h lundi-vendredi, jusqu'à 16h le samedi. Certains plus importants ouvrent le dimanche

Supermarchés 8h-21h (ceux dotés de boulangeries ouvrent souvent vers 7h)

Au fil des saisons

Les attractions familiales (musées, zoos, parcs à thème) situées dans les villes et localités très fréquentées en période de vacances fonctionnent de juin à août (éventuellement de mai à septembre) et durant les congés scolaires de printemps et d'automne.

Au Danemark, les vacances d'été s'étalent sur 6 semaines, habituellement de la dernière semaine de juin à la première semaine d'août. Les horaires d'ouverture sont alors plus étendus, avant de se réduire en saison moyenne et basse.

UN FIL D'ARIANE EN VOYAGE

Le **portail Ariane** (pastel.diplomatie.gouv.fr/fildariane), mis en place par le Centre de crise du ministère des Affaires étrangères, est un service gratuit permettant au voyageur français à l'étranger d'être contacté par le service consulaire, sur son téléphone portable ou par e-mail, au cas où des événements graves (crise politique, catastrophe naturelle, attentat...) se produiraient dans le pays durant son séjour, ou de contacter rapidement sa famille ou ses proches en France en cas de besoin.

La procédure d'inscription se réalise en ligne, où vous donnez des informations sur votre voyage (date de départ, de retour, numéro de téléphone portable, coordonnées d'éventuels contacts sur place, adresses de séjour et itinéraire prévu, etc.).

Grâce à ce service, vous recevrez en outre, avant votre départ, des recommandations de sécurité par e-mail si la situation dans le pays le justifie.

Il existe une application pour les Smartphones et les tablettes, intitulée *Conseils aux voyageurs*.

Homosexualité

Le Danemark manifestant une grande tolérance envers les modes de vie alternatifs, l'homosexualité ne fait pas exception.

➡ La communauté gay de Copenhague notamment est très active et ouverte. Nombreux sont les établissements gays de qualité. D'autres lieux LGBT vous accueilleront dans tous les pays, ainsi que, bien entendu, des bars, cafés et restaurants où chacun est le bienvenu.

➡ Pour des informations générales, consultez le www.lgbt.dk ; pour les événements : www.oaonline.dk.

➡ Le plus gros événement LGBTQ de l'année se tient en août durant une semaine : la **Copenhagen Pride** (www.copenhagenpride.dk), suivie d'un festival de cinéma en octobre, le **Mix Copenhagen** (www.mixcopenhagen.dk).

Internet (accès)

➡ Avec la prolifération du Wi-Fi, des portables et des tablettes, les cybercafés se font rares au Danemark Dans les grands centres urbains, quelques-uns subsistent pour les joueurs et les voyageurs dépourvus d'ordinateur portable. Dans les villes de moindre importance, les bibliothèques publiques ont des ordinateurs en accès libre connectés à Internet.

➡ Les bibliothèques sont aussi équipées du Wi-Fi gratuit (demandez le mot de passe), tout comme de nombreux cafés et bars, et même les trains et les bus. Idem dans les hôtels et auberges de jeunesse, où il est généralement gratuit. Certains lieux d'hébergement mettent à disposition de la clientèle un ordinateur connecté à Internet, parfois payant.

Jours fériés

Beaucoup de Danois prennent leurs vacances durant les trois premières semaines de juillet, mais il y a d'autres périodes de vacances durant l'année.

Les banques et la plupart des commerces ferment les jours fériés, tandis que les transports publics circulent à une moindre fréquence.

Nouvel an (Nytårsdag) 1er janvier

Jeudi saint (Skærtorsdag) Jeudi avant Pâques

Vendredi saint (Langfredag) Vendredi avant Pâques

Pâques (Påskedag) Un dimanche en mars ou avril

Lundi de Pâques (2. Påskedag) Lendemain de Pâques

Grand jour de la prière (Store Bededag) Quatrième vendredi après Pâques

Ascension (Kristi Himmelfartsdag) Sixième jeudi après Pâques

Dimanche de Pentecôte (Pinsedag) Septième dimanche après Pâques

Lundi de Pentecôte (2. Pinsedag) Septième lundi après Pâques

Jour de la Constitution (fête nationale ; Grundlovsdag) 5 juin

Veille de Noël (Juleaften) 24 décembre (à partir de midi)

Noël (Juledag) 25 décembre

Lendemain de Noël (2. Juledag) 26 décembre

Saint-Sylvestre (Nytårsaften) 31 décembre (à partir de midi)

Offices du tourisme

Le Danemark compte un bon nombre d'offices du tourisme aux employés serviables et polyglottes. Villes et régions publient une brochure annuelle fournissant tous les renseignements nécessaires aux visiteurs et possèdent un site Internet d'informations pratiques (attractions, hébergements, etc.). Il y a aussi bien souvent une application à télécharger, et des écrans interactifs installés dans l'espace urbain (dans les gares notamment).

Aujourd'hui, la tendance est à la réduction des effectifs au profit de la recherche autonome en ligne. Certaines villes ont même fermé leur office du tourisme.

Il existe aussi les sites nationaux www.denmark.dk/fr et www.visitdenmark.fr. Voici une sélection d'autres sites utiles :

Bornholm (www.bornholm.info)

Copenhague (www.visitcopenhagen.com)

Fionie (www.visitfyn.com)

Est du Jutland (www.visitaarhus.com, www.visitdjursland.com)

Nord du Jutland (www.visitnordjylland.com, www.toppenafdanmark.com)

Sjaelland (www.visitnorthsealand.com, www.cphcoastandcountryside.com)

Poste

➡ La poste danoise (www.postnord.dk pour les bureaux, tarifs et heures d'ouverture) est fiable et efficace. Les prix sont les mêmes qu'ailleurs en Europe.

➡ Comme ailleurs en Europe, de nombreux bureaux de poste ont fermé au profit de comptoirs dans les grands supermarchés.

Problèmes juridiques

➡ Les autorités danoises appliquent une politique très stricte en matière d'alcool au volant. Le taux d'alcoolémie autorisé est de 0,5 g par litre de sang. Les contrevenants encourent de lourdes amendes, voire des peines de prison.

➡ La possession de drogue tombe sous le coup de la loi. Le cannabis sous toutes ses formes est interdit au Danemark.

Santé

Aucune précaution sanitaire particulière à prendre pour se rendre au Danemark et y séjourner.

➡ Vous pouvez obtenir une consultation chez un praticien en appelant les cabinets aux heures d'ouverture.

➡ En cas d'urgence en dehors des heures d'ouverture (soir et week-end), faites appel à un service d'urgence (lægevagten). Rendez-vous sur www.laegevagten.dk/kontakt-laegevagten et cliquez sur la carte pour avoir le numéro de téléphone d'un praticien dans votre secteur.

➡ La sécurité sociale danoise couvre uniquement les ressortissants du pays. Une consultation coûte en général entre 350 et 500 DKK.

➡ Pour les affections bénignes, un pharmacien sera de bon conseil et vous vendra des médicaments sans ordonnance. Au besoin, il vous aiguillera vers un établissement de soins. Repérez l'enseigne marquée *apotek* (pharmacie).

Savoir-vivre

Sur la route En voiture ou à vélo, respectez scrupuleusement le code de la route. Les cyclistes sont généralement prioritaires. Avis donc aux automobilistes : vérifiez bien les pistes cyclables avant de tourner à droite.

Ponctualité Les trains et les visites guidées sont d'une ponctualité exemplaire. Les Danois le sont également lorsqu'ils ont rendez-vous.

File d'attente Dans une boulangerie, une pharmacie, un office du tourisme (partout où il peut y avoir une queue), il vous faudra prendre un ticket en arrivant et attendre votre tour.

Santé ! Lorsque vous levez votre verre, regardez l'assemblée dans les yeux et dites "*skål !*".

Téléphone

Indicatifs téléphoniques

➡ Les numéros de téléphone danois sont composés de 8 chiffres. Comme il n'existe pas d'indicatif régional, tous ces chiffres doivent être composés, y compris pour les communications au sein de la même ville.

➡ Pour les renseignements téléphoniques nationaux, contactez le ☎118. Pour l'international, notamment au sujet des tarifs et des appels en PCV, faites le ☎113.

➡ Pour téléphoner au Danemark depuis l'étranger, composez le code d'accès international en vigueur dans votre pays (☎00 en Europe, ☎011 au Canada), suivi du ☎45 (indicatif du Danemark) et du numéro entier.

➡ Du Danemark vers l'étranger, composez le ☎00, puis l'indicatif du pays (☎33 pour la France, ☎32 pour la Belgique, ☎41 pour la Suisse, ☎1 pour le Canada), l'indicatif régional et le numéro de votre correspondant.

Téléphone mobile

➡ Depuis juin 2017, les frais d'itinérance au sein de l'UE n'existent plus. Les appels, SMS et données mobiles sont sans surcoût (dans les limites précisées par votre opérateur).

➡ Pour les ressortissants de pays hors UE, la meilleure

RÉSERVATION EN LIGNE

Trouvez un vol, un séjour ou un hôtel en quelques clics dans la rubrique "Réserver" de www.lonelyplanet.fr.

LA MAISON DU DANEMARK

Pour préparer votre voyage ou rester dans une ambiance *hygge* à votre retour, la **Maison du Danemark** (☎01 56 59 17 40 ; www.maisondudanemark.dk ; 142, avenue des Champs-Élysées, 75008 Paris) s'impose ! Expositions, concerts, soirées littéraires, projections de films, conférences y sont régulièrement organisés.

La Maison du Danemark abrite également la brasserie danoise **Flora Danica** (www.floradanica.fr ; ☎01 44 13 86 26) où déguster de délicieux *smørrebrod* et le restaurant étoilé, **Copenhague** (www.restaurant-copenhague-paris.fr ; ☎01 44 13 86 26), pour découvrir la nouvelle cuisine nordique en plein Paris.

option est d'acheter une carte SIM européenne pour votre téléphone. Vérifiez que votre portable est bien désimlocké.

➡ Si vous venez d'Amérique du Nord, vérifiez que votre téléphone peut fonctionner sur le réseau GSM 900/1800.

➡ Vous pouvez acheter (et recharger) une carte SIM danoise prépayée dans les supermarchés, stations-service et chez les marchands de journaux. Celles de **Lebara** (www.lebara.dk) et **Lycamobile** (www.lycamobile.dk) sont les plus courantes. Vous pouvez commander une carte SIM Lycamobile en ligne et la recharger ensuite.

Téléphones publics

➡ Les téléphones publics se font rares au Danemark. Vous en verrez à la sortie des gares routières et ferroviaires, ainsi que près de certains sites majeurs, mais guère davantage.

➡ Ils acceptent les pièces, les cartes de crédit ou les cartes prépayées (en vente dans les kiosques et les postes). Le paiement s'effectue à la minute.

Toilettes

Dans les villes, petites et grandes, on trouve aisément des toilettes publiques. Dans les gares ou centres commerciaux, elles peuvent être payantes.

Travailler au Danemark

Pour les citoyens de l'UE et de l'Espace économique européen (EEE), il est relativement facile de partir travailler au Danemark. C'est moins le cas pour les ressortissants d'autres pays. Toutes les infos sur www.nyidanmark.dk.

Transports

DEPUIS/VERS LE DANEMARK

Il est très facile de se rendre au Danemark. La capitale, Copenhague, dispose d'un aéroport international et est également reliée à des aéroports régionaux. On peut rejoindre l'Allemagne et la Suède par la route ou en train. Enfin, des ferries au départ de différentes villes relient le Danemark à cinq de ses pays voisins.

Entrer au Danemark

➡ Il n'y a plus de contrôle aux frontières entre le Danemark et les pays d'Europe qui, comme lui, font partie de l'espace Schengen. Les voyageurs en provenance d'Allemagne ou de Suède n'ont donc plus besoin de présenter leur passeport. Il faut cependant avoir une pièce d'identité sur soi.

➡ Le passage de la frontière danoise depuis un pays extérieur à l'espace Schengen reste soumis au contrôle du passeport (qui doit être valable au minimum 3 mois après votre départ du pays) et certaines nationalités ont besoin d'un visa.

Voie aérienne

Aéroports et compagnies aériennes

La majorité des avions en provenance de l'étranger atterrissent à l'**aéroport international de Copenhague** (☎32 31 32 31 ; www.cph.dk ; Lufthavnsboulevarden, Kastrup ; Ⓜ Lufthavnen, Ⓢ Københavns Lufthavn) à Kastrup, à 9 km au sud-est du centre-ville.

➡ Un certain nombre de vols internationaux, la plupart venant des pays nordiques ou du Royaume-Uni, atterrissent toutefois dans de petits aéroports régionaux, à Aarhus, Aalborg, Billund, Esbjerg et Sønderborg.

Depuis la France

Air France (☎36 54 ; www.airfrance.fr) propose plusieurs vols par jour entre Paris et Copenhague (un peu moins de 2 heures, billets à partir de 115 € aller-retour) ainsi qu'entre Paris et Billund (billets à partir de 193 € aller-retour). Aucun vol direct ne part des villes de province. Une escale à Paris est nécessaire.

Scandinavian Airlines (SAS ; www.flysas.com) assure plusieurs vols directs par jour entre Paris et Copenhague (billets à partir de 135 € aller-retour). Il n'y a pas de vols directs depuis les villes de province. Il faudra généralement

VOYAGES ET CHANGEMENTS CLIMATIQUES

Tous les moyens de transport fonctionnant à l'énergie fossile génèrent du CO_2 – la principale cause du changement climatique induit par l'homme. L'industrie du voyage est aujourd'hui dépendante des avions. Si ceux-ci ne consomment pas nécessairement plus de carburant par kilomètre et par personne que la plupart des voitures, ils parcourent en revanche des distances bien plus grandes et relâchent quantité de particules et de gaz à effet de serre dans les couches supérieures de l'atmosphère. De nombreux sites Internet utilisent des "compteurs de carbone" permettant aux voyageurs de compenser le niveau des gaz à effet de serre dont ils sont responsables par une contribution financière à des projets respectueux de l'environnement. Lonely Planet "compense" les émissions de tout son personnel et de ses auteurs.

AGENCES EN LIGNE

Vous pouvez réserver votre vol via une agence en ligne ou vous renseigner auprès d'un comparateur de vols :

- www.bourse-des-vols.com
- www.ebookers.fr
- www.expedia.fr
- www.govoyages.com
- www.illicotravel.com
- www.opodo.fr

faire une escale à Munich. Au départ de Paris, SAS propose également des vols avec escale pour Aarhus, Aalborg et Billund.

Norwegian (☎97 07 38 001 ; www.norwegian.com) relie par vol direct Paris à Copenhague plusieurs fois par semaine (aller-retour à partir de 100 €). Avec une escale, vous pourrez également rejoindre Aalborg et Billund (à partir de 170 €) au départ de Paris-Orly.

La compagnie lowcost **Easyjet** (www.easyjet.com) fait la liaison entre Paris et Copenhague plusieurs fois par semaine. Billet aller-retour à partir de 60 € environ.

Vueling (☎0899 23 24 00 ; www.vueling.com) relie Paris-Orly à Copenhague 1 fois par jour (à partir de 85 €).

Depuis la Belgique

Brussels Airlines (☎0902 51 600 ; www.brusselsairlines.com) et **Scandinavian Airlines** (SAS ; www.flysas.com) assurent plusieurs vols par jour entre Bruxelles et Copenhague. Comptez 1 heure 30 de vol environ et un aller-retour à partir de 85 € avec Brussels Airlines et 110 € avec Scandinavian Airlines.

La compagnie lowcost **Ryanair** (☎0180 144 453 ; www.ryanair.com) assure un vol par jour entre Bruxelles et Copenhague à des prix records (aller-retour à partir de 20 €).

Voici quelques adresses utiles :

Connections (☎070 233 313 ; www.connections.be)

Gigatour Voyages Éole (www.voyageseole.be)

Depuis la Suisse

Swiss (aéroport de Genève ☎848 700 700 ; www.swiss.com) dessert Copenhague par un vol direct par jour depuis Zurich (aller-retour à partir de 165 CHF).

Easyjet (www.easyjet.com) propose plusieurs vols par semaine entre Genève et Copenhague, à partir de 50 CHF l'aller-retour environ. Comptez moins de 2 heures de vol.

Depuis le Canada

Il n'y a pas de vols directs depuis Montréal. Vous pourrez néanmoins trouver des billets à partir de 1 250 $CAD environ sur **Air Canada** (☎1-888-247-2262 ; www.aircanada.com) et **Lufthansa** (☎1-800-563-5954 ; www.lufthansa.com), comprenant une escale à Francfort ou Bruxelles notamment.

Deux agences utiles :

Travel Cuts – Voyages Campus (☎1-800 667 2887 ; www.travelcuts.com)

Travelocity (www.travelocity.ca)

Voie terrestre

Le Danemark est frontalier de l'Allemagne et est relié à la Suède par un pont au-dessus du Sund.

Bus

Première compagnie internationale, **FlixBus** (☎32 72 93 86 ; www.flixbus.dk) relie de nombreuses villes d'Europe à Copenhague en trajet de nuit : Amsterdam (12 heures), Berlin (8 heures 15), Cologne (12 heures 15-15 heures 15), Francfort (15 heures), Oslo (8 heures 45) et Stockholm (9 heures 30). D'autres destinations (Paris, Lyon, Lille, Bruxelles) sont possibles, mais avec une escale.

Depuis la capitale, des bus desservent de nombreuses autres villes, comme Aalborg, Aarhus, Roskilde et Odense. FlixBus applique une tarification dynamique (les prix varient fréquemment en fonction de divers critères), et les billets se réservent habituellement en ligne. Attention : les arrêts FlixBus sont souvent situés hors des gares routières, vérifiez bien avant de partir.

Train

Les pass Eurail et InterRail sont valables sur le **réseau ferroviaire national danois** (www.dsb.dk). Ils doivent être achetés avant l'arrivée dans le pays. De nombreux autres forfaits existent (selon votre âge, lieu de résidence...), mais mieux vaut vérifier leur intérêt sur www.railpass.com (lisez bien les conditions : vous pourriez avoir à régler un supplément pour les trajets à grande vitesse ou de nuit).

Vélo

Depuis l'Allemagne, vous pouvez rejoindre le Danemark à vélo. Sachez toutefois qu'on ne peut pas faire de vélo sur le pont de l'Øresund. Depuis/vers la Suède, il vous faudra donc prendre le train (supplément de 50% sur le tarif plein avec un vélo) ou le ferry (petit supplément à prévoir).

Voiture et moto

Pour les véhicules immatriculés hors de l'UE, il vous faut souscrire une assurance frontière avant votre voyage. Toutes les informations se trouvent sur le site du groupement des assureurs danois (DFIM ; www.dfim.dk).

On peut rejoindre le Danemark en car-ferry depuis plusieurs pays. Vous pouvez également y accéder en voiture depuis l'Allemagne (bon réseau routier) et la

Suède via l'impressionnant pont de l'Øresund (16 km ; www.oresundsbron.com, voiture/moto/camping-car 790/210/1 490 DKK) qui relie Malmö à Copenhague. Le pont (qui combine tunnel et pont via une île artificielle) est à la fois routier et ferroviaire.

Voie maritime

Depuis le Danemark, des ferries rallient la Norvège, la Suède, l'Allemagne, la Pologne (via la Suède), l'Islande et les îles Féroé.

Les prix varient considérablement selon la saison et le jour. Ils atteignent leur niveau maximum les week-ends d'été. Il y a souvent des réductions, notamment pour les seniors, les enfants, les détenteurs d'un pass ou d'un forfait (InterRail...) ou d'une carte d'étudiant. Si vous voyagez en période d'affluence, surtout avec une voiture, réservez toujours bien à l'avance, plus encore l'été et le week-end.

Allemagne

Bornholmslinjen (www.bornholmslinjen.dk). Plusieurs traversées par semaine d'avril à octobre (tous les jours en juillet-août) de Rønne (île de Bornholm) à Sassnitz (3 heures 30-4 heures).

Scandlines (www.scandlines.dk). De Rødbyhavn (île de Lolland) à Puttgarden (45 min, toutes les 30 min) et de Gedser (île de Falster) à Rostock (1 heure 45, jusqu'à 10/jour).

Sylt Ferry (www.syltferry.com). De Havneby (à Rømø, sur la côte ouest) à l'île allemande de Sylt (jusqu'à 9/jour ; 40 min)

Îles Féroé et Islande

Smyril Line (www.smyrilline.com). Du port de Hirtshals, au nord du Jutland, des bateaux se rendent à Tórshavn, capitale des îles Féroé (38 heures, une traversée/semaine toute l'année deux en été), et à Seyðisfjörður (Islande) via Tórshavn (66 heures, une traversée/semaine).

Norvège

Color Line (www.colorline.com). De Hirtshals à Kristiansand (3 heures 15, 1 ou 2/jour) et Larvik (3 heures 45, 1 ou 2/jour).

DFDS Seaways (www.dfdsseaways.com). De Copenhague à Oslo (17 heures, tous les jours).

Fjordline (www.fjordline.com). Catamarans de Hirtshals à Kristiansand (2 heures 15, 2 ou 3/jour mi-mai à mi-septembre). Relie toute l'année Hirtshals à Bergen via Stavanger (Stavanger 10 heures 30, Bergen 16 heures 30, 1 fois/jour) et à Langesund (4 heures 30, 1 fois/jour).

Stena Line (www.stenaline.dk). De Frederikshavn à Göteborg (9 heures, tous les jours).

Pologne

Polferries (www.polferries.com). De Świnoujście à Ystad, dans le sud de la Suède (1 ou 2 fois/jour ; 6 heures 30), d'où un bus gratuit dessert Copenhague.

Suède

Bornholmslinjen (www.bornholmslinjen.dk). De Rønne (Bornholm) à Ystad (1 heure 20, jusqu'à 9/jour).

Stena Line (www.stenaline.com). De Frederikshavn à Göteborg (3 heures 30, jusqu'à 5/jour) et de Grenaa à Halmstad Varberg (4-5 heures, 1 ou 2/jour).

VOYAGES ORGANISÉS

Il est assez facile de trouver de courts séjours à Copenhague, mais plusieurs agences spécialisées sur l'Europe du Nord proposent des formules variées pour découvrir le Danemark dans sa totalité, en combinant éventuellement avec d'autres villes scandinaves.

Arts et Vie (☎01 40 43 20 21 ; www.artsetvie.com ; 251 rue de Vaugirad ; 75015 Paris ; agences à Lyon, Grenoble, Marseille et Nice). *Croisière Norvège-Danemark-Allemagne* (13 jours, à partir de 4 320 €), *Danemark découverte* (8 jours, à partir de 2 780 €), *Copenhague à la Saint-Sylvestre* (4 jours, à partir de 1 690 €).

Clio (☎01 53 68 82 82 ; www.clio.fr ; 34, rue du Hameau, 75015 Paris). *Escapade à Copenhague* (4 jours, à partir de 1 595 €).

Comptoir des pays scandinaves (☎01 53 10 21 93 ; www.comptoir.fr ; coordonnées des agences sur le site). Plusieurs voyages, du city-break à Copenhague (4 jours, 3 nuits, à partir de 590 €) à une escapade danoise (6 jours, 5 nuits, à partir de 1 140 €), en passant par un itinéraire de 15 jours pour découvrir tout le pays (à partir de 2 390 €).

Nord Espaces (☎01 45 65 00 00 ; www.nord-espaces.com ; 35, rue de la Tombe-Issoire, 75014 Paris). Plusieurs circuits au Danemark et en Scandinavie (*Copenhague et l'île de Bornholm*, 7 jours, à partir de 1 195 € ; *À la découverte du Danemark*, 8 jours, à partir de 1 287 €, circuit combiné Danemark/Suède, 12 jours, à partir de 1 265 € ; *Belles cités*

> **AVERTISSEMENT**
>
> Les informations contenues dans ce chapitre sont particulièrement susceptibles de changements. Vérifiez directement auprès de la compagnie aérienne ou de l'agence de voyages les modalités d'utilisation de votre billet d'avion. N'hésitez pas à comparer les prestations. Les détails fournis ici doivent être considérés à titre indicatif et ne remplacent en rien une recherche personnelle attentive.

vikings (Copenhague, Oslo, Stockholm), 8 jours, à partir de 1 021 €).

Scanditours (☎01 55 87 84 80 ; www.scanditours.fr ; La maison de la Scandinavie, 54-56 avenue Bosquet, 75007 Paris). Un voyage itinérant entre Copenhague et Odense, via Aarlborg notamment (*En terre viking*, 7 jours, à partir de 831 €) et un circuit accompagné *Grand panorama de la Baltique* (14 jours, à partir de 2 350 €).

Voyageurs du monde (☎01 42 86 16 00 ; www.vdm.com ; 55 rue Sainte-Anne, 75002 Paris ; nombreuses autres agences en France, ainsi qu'à Montréal, Bruxelles et Genève). Un séjour à Copenhague dans un hôtel design (3 jours, à partir de 1 100 €) et plusieurs voyages itinérants (Copenhague-Sjaelland-Fionie-sud du Jutland, 9 jours, à partir de 2 000 € ; *Danemark essentiel*, 11 jours, à partir de 2 400 € ; *De Copenhague à Stockholm*, 11 jours, à partir de 2 900 € ou *Danemark et Suède*, 7 jours, à partir de 1 700 €).

COMMENT CIRCULER

Avion

Les lignes intérieures sont majoritairement empruntées pour les voyages d'affaires ou en correspondance depuis Copenhague vers Aarhus, Aalborg et Billund avec la SAS (www.flysas.com). Danish Airport Transport (DAT ; www.dat.dk) opère des vols pour Bornholm et Midtjylland/Korup, et Alsie (www.alsieexpress.dk) dessert Sønderborg.

Bateau

Si les îles principales du pays sont reliées par des ponts et/ou tunnels, le ferry peut s'avérer plus rapide que la voiture car les routes sont sinueuses. Les plus petites îles habitées qui ne disposent pas de connexion routière sont desservies par bateau. Si vous voyagez en voiture, mieux vaut réserver, en été surtout, mais le reste de l'année aussi.

Bus

➡ Il y a moins de bus longue distance que de trains et ils sont surtout moins rapides. Mais les prix sont plus avantageux, voire beaucoup plus en réservant longtemps à l'avance avec **FlixBus** (☎32 72 93 86 ; www.flixbus.dk). Parmi les plus empruntées, les lignes Copenhague-Aarhus (à partir de 149 DKK, 3 heures 30-4 heures 30) ou Aalborg (à partir de 209 DKK, 5 heures 30-6 heures 30). Les bus passent en général par Odense (Fionie), et 1 bus/jour utilise le ferry Odden-Aarhus.

DISTANCES ROUTIÈRES (EN KM)

	Aalborg	Copenhague	Esbjerg	Frederikshavn	Grenaa	Helsingør	Kalundborg	Kolding	Næstved	Nyborg	Odense	Ringkøbing	Rødby	Skagen	Thisted	Tønder	Viborg	Århus (Aarhus)
Aalborg	---																	
Copenhague	402	---																
Esbjerg	216	298	---															
Frederikshavn	65	465	278	---														
Grenaa	136	367	216	193	---													
Helsingør	443	47	339	506	408	---												
Kalundborg	345	103	241	408	310	139	---											
Kolding	199	230	72	261	164	271	173	---										
Næstved	342	85	238	405	307	125	71	152	---									
Nyborg	274	228	170	337	239	169	71	102	68	---								
Odense	243	165	139	306	208	206	108	71	105	37	---							
Ringkøbing	174	336	81	236	188	377	279	115	276	208	177	---						
Rødby	410	181	306	473	375	221	176	238	105	136	173	344	---					
Skagen	105	505	319	41	233	546	448	302	445	377	346	277	513	---				
Thisted	90	399	185	138	186	440	342	196	339	271	240	123	407	172	---			
Tønder	284	315	77	347	249	356	258	86	255	187	156	148	323	387	252	---		
Viborg	80	323	136	142	100	354	266	119	263	195	164	94	331	183	87	205	---	
Århus (Aarhus)	112	304	153	171	63	345	ferry	101	244	176	145	127	312	212	153	186	66	---

- La ligne n°980 de **Thinggaard Express** (☎98 11 66 00 ; www.expressbus.dk) relie Herning à Aalborg.
- Sur www.rejseplanen.dk, vous pouvez comparer la durée des trajets train/bus.

En stop

Voyager en stop n'est jamais complètement sûr, et c'est une pratique que nous déconseillons de manière générale. On y recourt peu au Danemark. On fait souvent chou blanc, et c'est interdit sur l'autoroute.

Vélo

Le Danemark est LE pays européen du vélo. Les pistes cyclables, très nombreuses, sont excellentes.

- Dans les trains et ferries, il vous faudra un billet spécial vélo *(cykelbillet)*. Le prix varie selon la distance parcourue. De mai à août, vous devrez réserver un espace vélo *(cykelpladsbillet)* à bord des trains IC et ICL.
- Dans Copenhague et sa banlieue, on peut transporter gratuitement son vélo sur le réseau S-tog. Pour prendre le métro, il vous faudra un ticket vélo. Les vélos sont cependant interdits aux heures de pointe.

Location

- On peut louer un vélo dans presque n'importe quelle ville ou village danois : comptez 100/400 DKK par jour/semaine pour un modèle de base. Le casque, non obligatoire au Danemark, n'est pas compris dans la location.
- Certains hôtels haut de gamme prêtent gracieusement des bicyclettes à leurs clients.
- Copenhague, Aarhus, Odense et Aalborg ont une politique affichée de *bycykler* (ville à vélos).

Voiture et moto

- Au Danemark, les routes sont dans leur grande majorité de très bonne qualité. À l'exception des heures de pointe, la circulation est fluide, même dans les grandes villes.
- Les cyclistes sont en règle générale prioritaires. Vérifiez impérativement la piste cyclable avant de tourner à droite.
- Les axes partant des centres-villes portent le nom de leur destination (par exemple : la route allant d'Odense à Faaborg s'appelle Faaborgvej).
- Des stations-service dotées de toilettes, d'espaces pour changer les bébés et de supérettes jalonnent les autoroutes tous les 50 km.
- Seuls le pont de l'Øresund en direction de la Suède et la Storebælt (Liaison du Grand Belt, pont à autoroute/chaussée de 18 km de long reliant la Fionie et la Sjaelland ; voiture/moto 240/124 DKK) sont payants.

Carburant

- Au Danemark, on trouve de l'essence sans plomb et du diesel. Si les prix fluctuent légèrement, le prix au litre était de 10 DKK au moment de la rédaction de ce guide.
- En ville, les stations-service peuvent ouvrir jusqu'à 22h ou minuit, certaines non-stop. Elles sont parfois équipées de pompes automatiques qui fonctionnent 24h/24 avec les cartes bancaires.

Code de la route

- Au Danemark, on conduit à droite.
- Voitures et motos doivent garder leurs feux de croisement allumés en permanence.
- Les conducteurs doivent disposer d'un triangle de signalisation à utiliser en cas de panne.
- La ceinture est obligatoire. La sécurité des enfants de moins de 135 cm doit être assurée par un dispositif agréé correspondant à leur âge, leur taille et leur poids.
- Les motocyclistes (mais pas les cyclistes) doivent porter un casque.
- La vitesse est limitée à 50 km/h en agglomération, à 80 km/h sur les routes importantes, à 130 km/h sur autoroute. Les véhicules tirant une remorque/caravane ne peuvent dépasser les 80 km/h. Les contrevenants s'exposent à de lourdes amendes.
- Il est interdit d'utiliser son téléphone mobile en conduisant. Les kits main libre sont autorisés.
- Taux d'alcoolémie autorisé au volant : 0,5 g/litre de sang.
- Des bornes d'appel d'urgence, indiquées par des flèches sur les panneaux kilométriques, jalonnent les autoroutes tous les 2 km. Depuis un autre téléphone, composez le ☎112 pour les urgences.

Location

- Louer un véhicule au Danemark revient relativement cher, mais quelques recherches permettent de faire des économies substantielles. Comptez à partir de 600 DKK/jour pour une petite voiture, sachant que le prix journalier baisse quand la durée de location s'allonge.

COVOITURAGE

Voici quelques sites et applis de covoiturage en Europe : www.blablacar.com ou www.gomore.com.

Pour des trajets à l'intérieur du Danemark : www.samkorsel.dk et www.gomore.dk.

REJSEPLANEN : UNE AIDE PRÉCIEUSE

Ce site (qui existe aussi sous forme d'application pour téléphone mobile) est indispensable pour sillonner le pays (www.rejseplanen.dk).

Saisissez votre lieu de départ et votre destination, la date et les horaires souhaités, et visualisez les meilleurs itinéraires (prix/durée) porte à porte. Vous pouvez affiner votre recherche par moyen de transport.

➡ Il peut être plus avantageux de réserver auprès d'une compagnie internationale avant de partir. Renseignez-vous sur les offres promotionnelles, les modalités de paiement, etc. Assurez-vous aussi que la formule comprend le kilométrage illimité.

➡ Avis, Budget, Europcar et Hertz, qui ont des agences dans les grandes villes, les aéroports et les ports importants, font partie des principaux opérateurs. Il existe par contre très peu de petites compagnies locales bon marché. Sur une durée plus longue, la location d'une voiture en Allemagne que l'on restitue au même endroit, voire que l'on laisse au Danemark pour un prix un peu plus élevé, peut s'avérer intéressante financièrement.

➡ Les éventuels tarifs week-end constituent une véritable aubaine. Moyennant environ 1 000 DKK, TVA et assurance comprises, vous profiterez d'un petit modèle du vendredi au lundi. Ces formules restreignent parfois le nombre de kilomètres (souvent autour de 300 km) – si besoin, demandez-en une incluant le kilométrage illimité.

Permis de conduire

Les visiteurs peuvent louer une voiture avec leur seul permis de conduire national, à condition qu'il soit libellé en alphabet romain. Dans le cas contraire, un permis international s'avère nécessaire.

Stationnement

Prenez connaissance des règles et restrictions de stationnement dans les centres-villes.

Stationnement interdit Signalé par un panneau rond généralement traversé d'un trait diagonal et portant la mention *Parkering forbudt*.

Stationnement payant Signalé par la mention *P-billet*. Les horodateurs (*billetautomat)* sont généralement en plusieurs langues et acceptent les cartes bancaires.

Stationnement limité Signalé par la mention *P-skive* suivie d'un nombre d'heures (par exemple 2 *timer* = 2 heures). Le stationnement est bien souvent gratuit, mais limité dans le temps. Il vous faudra placer derrière votre pare-brise un disque de stationnement indiquant votre heure d'arrivée. Les voitures de locations en sont pourvues. On peut sinon en acheter dans les stations-service ou les offices du tourisme.

Train

Le réseau ferroviaire danois, très fiable, couvre tout le pays, à l'exception des îles du Sud et d'une poche du nord-ouest du Jutland. Les bus locaux y prennent le relais entre les gares et les villes.

La plupart des trains longue distance circulent au moins 1 fois/heure en journée. Les trains de la compagnie ferroviaire nationale danoise (DSB) sont de plusieurs types :

InterCity (IC). Confort moderne.

InterCityLyn (ICL). Sur certaines lignes fréquentées. Même chose que les InterCity, mais plus directs.

Regionaltog Trains régionaux, généralement sans réservation.

S-tog Réseau urbain et de banlieue du grand Copenhague, équivalent du RER parisien.

Tarifs et réductions

Le tarif standard du train fonctionne par tranche d'1 DKK/km environ, avec un plafond à 503 DKK.

➡ À bord des IC et ICL, mieux vaut réserver son siège (*pladsbillet*, 30 DKK).

➡ Le DSB 1 (billet de 1re classe), 50% plus cher que le billet standard, garantit automatiquement une place assise sur les trains IC et ICL.

Réductions :

Enfants 50% de réduction sur le plein tarif, gratuit pour les -12 ans accompagnés d'un adulte avec billet plein tarif (2 enfants maximum par adulte).

Groupe La formule "*minigruppe*" accorde 20% de réduction aux groupes de 3 à 7 personnes, dont 2 adultes minimum, voyageant avec le même billet. Pour un '*gruppebillet*' (groupe de 8 adultes ou plus), contactez la DSB.

Billet Orange Les *Orange-billetter* sont l'équivalent des Prem's (par exemple 99 DKK sur un trajet long en IC ou ICL, comme Copenhague-Aarhus). Et comme les Prem's, les places à ce tarif sont en nombre limité. Pour profiter des tarifs les plus avantageux, achetez votre billet bien avant (jusqu'à 2 mois) la date de départ en dehors des heures de pointe et en évitant les vendredi et dimanche.

Jeunes (16-25 ans) La DSB délivre une *Ung Kort* (carte jeune), valide un an. Pour 125 DKK, elle donne accès à des réductions allant de 20 à 50%.

Consignes

Il y a des consignes automatiques dans un grand nombre de gares (à partir de 20 DKK/24h).

Pass ferroviaires

Certains pass, comme Eurail ou InterRail, doivent être achetés avant l'arrivée sur le sol danois.

Transports locaux

Le Danemark se distingue par la qualité de ses transports locaux. Le système de train, de métro et de bus de Copenhague est excellent. Les autres grands centres urbains possèdent aussi un réseau de bus, tandis que les villes moins importantes sont reliées en bus à la plate-forme de transports régionale.

Bus

Presque toutes les grandes agglomérations sont sillonnées par des bus qui circulent dans le centre et le relient à la banlieue. Dans les villes plus petites, le terminal des bus locaux jouxte souvent la gare ferroviaire et/ou la gare routière longue distance. Le ticket coûte 20-25 DKK, mais un forfait journalier peut être utile.

Rejsekort

La Rejsekort (www.rejsekort.dk) est une carte de transports rechargeable utilisable sur la plupart des réseaux locaux et sur laquelle est prélevé le montant minimum pour chaque trajet. Les touristes peuvent uniquement acheter la Rejsekort Anonymous (80 DKK de crédit initial et non remboursable, première recharge de 170 DKK minimum). Pour des trajets longue distance, l'option "*trajets nationaux*" doit être activée (consultez le site).

Taxi

On peut commander un taxi par téléphone, ou, dans les principales villes, en prendre un aux abords des centres commerciaux et des gares. La lumière verte ou le panneau "*fri*" indique que le taxi est libre.

Paiement en espèces ou par carte bancaire. Le tarif inclut le pourboire.

Langue

Le danois appartient à la famille des langues germaniques septentrionales à laquelle appartiennent les langues scandinaves : il est donc étroitement lié au suédois et au norvégien. Parlé par quelque 5,5 millions de locuteurs, le danois est la langue officielle du Danemark et fait aussi partie des langues officielles du Groenland et des îles Féroé, respectivement avec le groenlandais et le féroïen. Langue officielle de l'Islande jusqu'en 1944, le danois continue à être enseigné dans les écoles islandaises comme première langue étrangère. Elle est aussi parlée par près de 30 000 habitants de la région du Schleswig-Holstein, en Allemagne du Nord, en face du Danemark.

Le danois est assez nettement éloigné du français, mais avec un peu de pratique et en lisant la prononciation indiquée au regard de chaque mot comme s'il s'agissait du français, vous arriverez à vous faire comprendre. Il existe une version courte et longue pour chaque voyelle, ainsi que des "voyelles combinées" ou diphtongues. Les consonnes peuvent être "avalées", voire totalement omises, ce qui, avec les voyelles, donne à la langue un son caractéristique de coups de glotte ou *stød* (*steudh*). Le *ø* se prononce comme le *eu* de "beurre", le *y* comme le *u* de "jupe", le *å* comme le *o* ouvert de "rose", le *u* comme le *ou* de "poule", le *æ* comme le *è* de "père", le *ew* comme dans "lit". Enfin, le *ai*, le *aw* et le *ow* se prononcent respectivement comme dans les mots anglais "aisle", "saw" et "how". Le *dh* ressemble au 'th' anglais de "that", et le r est roulé. Les syllabes accentuées figurent en italiques dans la version phonétique. Les mentions "poli/fam" pour poli/familier signalent le registre de langue.

EXPRESSIONS COURANTES

Bonjour.	*Goddag.*	go·*dai*
Au revoir.	*Farvel.*	faa·*vèl*
Oui./Non.	*Ja./Nej.*	ya/naï
S'il vous plaît.	*Vær så venlig.*	vèr so *ven*·li
Merci.	*Tak.*	tak
Je vous en prie.	*Selv tak.*	sel tak
Excusez-moi.	*Undskyld mig.*	*un*·skul mai
Pardon.	*Undskyld.*	*un*·skul

Comment allez-vous ?
Hvordan går det? — vor·*dan* gawr dé

Bien, merci.
Godt, tak. — got tak

Comment vous appelez-vous/t'appelles-tu ?
Hvad hedder De/du? (pol/fam) — va *héy*·dha di/dou

Je m'appelle... *Mit navn er ...* — mit now èr ...

Parlez-vous français ?
Taler De/du french? (pol/fam) — tè·la di/dou *fra*·nsg

Je ne comprends pas.
Jeg forstår ikke. — yaï for·*stor* è·ke

HÉBERGEMENT

Où trouver un/une... ?
Hvor er der ...? — vor ir deyr ...

camping	*en camping-plads*	in *kèm*·pinng·plas
pension	*et gæstehus*	it *ges*·te·hous
hôtel	*et hotel*	it hoh·*tel*
auberge de jeunesse	*et ungdoms-herberg*	it *ônng*·doms·hèr·beyrg

Avez-vous une chambre ?
Har I et ... værelse? — haar i it ... verl·se

simple	*enkelt*	*eng*·kelt
double	*dobbelt*	*do*·belt

Quel est le prix par... ?
Hvor meget koster det per ...? — vor *maïeu*·t kos·ta dé pèr ...

nuit	*nat*	nat
personne	*person*	per·*sohn*

ORIENTATION

Où est... ?	*Hvor er ...?*	vor r ...

Quelle est l'adresse ?
Hvad er adressen? va ir a·d*aa*·sen

Pouvez-vous me montrer (sur la carte) ?
Kan De/du vise mig det (på kortet)? (pol/fam) kan di/dou *vi*·seu maï dey (pô *kor*·tet)

Est-ce loin ?
Hvor langt (væk) er det? vor laangt (vek) ir dey

Comment s'y rendre ?
Hvordan kommer jeg derhen? vor·*dar* ko·ma yai dey·*hen*

Tournez...	*Drej ...*	drai ...
à l'angle	*ved hjørnet*	vi *yeur*·nedh
aux feux tricolores	*ved trafik-lyset*	vi traa·*fik*·lew·set
à gauche	*til venstre*	til *vens*·tre
à droite	*til højre*	til *hoy*·re

C'est...	*Det er ...*	dey ir ...
derrière...	*bag ...*	ba ...
loin	*langt (væk)*	laangt (vek)
devant...	*foran ...*	*fo*·ran ...
à gauche	*til venstre*	tél *vèns*·tre
près de	*nær (ved ...)*	ner (vi ...)
à côté de...	*ved siden af ...*	vi *si*·dhen a ...
à l'angle	*på hjørnet*	p *yeur*·net
en face de...	*på modsate side af ...*	pô *mohdh*·sa·te *si*·dhe a ...
à droite	*til højre*	tél *hoï*·re
tout droit	*lige ud*	*li*·e oudh

ALIMENTATION ET BOISSONS

Que conseillez-vous ?
Hvad kan De/du anbefale? (pol/fam) va kan di/dou *ar*·bé·fè·le

Quelle est la spécialité locale ?
Hvad er den lokale specialitet? va ir den loh·*ka*·le spey·sha·li·*teyt*

Avez-vous des plats végétariens ?
Har I vegetarmad? haar i vey·ge·*taar*·madh

Santé !	*Skål!*	skawl

Je voudrais le/la/l'... s'il vous plaît.
Jeg vil gerne have ..., tak. yai vil *gir*·ne..., ha ... taak

addition	*regningen*	*raï*·ning·en
carte des boissons	*vinkortet*	*vin*·kor·tet

PANNEAUX

Indgang	Entrée
Udgang	Sortie
Åben	Ouvert
Lukket	Fermé
Forbudt	Interdit
Toilet	Toilettes
Herrer	Hommes
Damer	Femmes

carte	*menuen*	me·*nu*·en
ce plat	*den ret*	den ret

Pouvez-vous préparer un repas sans... ?
Kan I lave et måltid uden ...?
kan i *la*·ve it *mawl*·tidh *ou*·dhen ...

beurre	*smør*	smeur
œufs	*æg*	eg
bouillon de viande	*kød-boullion*	keudh·bou·li·yong

Mots utiles

alimentation	*mad*	madh
assiette	*tallerken*	ta·*ler*·ken
avec	*med*	me
bar	*bar*	baar
boisson	*drink*	drinnk
bouteille	*flaske*	*flas*·ke
café	*café*	ka·*fey*
chaud	*varm*	vaarm
couteau	*kniv*	kniv
cuillère	*ske*	skey
déjeuner	*frokost*	*froh*·kost
dîner	*middag*	*mé*·da
fourchette	*gaffel*	*ga*·fel
froid	*kold*	kol
marché	*marked*	*mar*·kedh
menu enfant	*børne-menu*	*beur*·ne·mey·nu
menu	*menu/spisekort*	me·*new*/*spi*·se·kort
petit-déjeuner	*morgenmad*	*morn*·madh
petite cuillère	*teske*	*tey*·skey
plat du jour	*dagens ret*	*da*·ens rat
restaurant	*restaurant*	res·toh·*rang*
sans	*uden*	*ou*·dhen
snack	*mellem-måltid*	*me*·lem·môl·tidh
tasse	*kop*	kop
verre	*glas*	glas

Viande et poisson

agneau	*lammekød*	la·me·keudh
anguille	*ål*	orl
bœuf	*oksekød*	ok·se·keudh
fruits de mer	*skaldyr*	skal·dur
hareng	*sild*	sil
homard	*hummer*	hô·ma
morue	*torsk*	torsk
mouton	*fårekød*	faw·re·keudh
poisson	*fisk*	fésk
porc	*svinekød*	svi·ne·keudh
poulet	*hønsekød*	heun·se·keudh
saumon	*laks*	laks
steak	*engelsk bøf*	eng·elsk beuf
thon	*tunfisk*	toun·fésk
truite	*forel/ørred*	foh·rel/eur·redh
veau	*kalvekød*	kal·ve·keudh
viande	*kød*	keudh

Fruits et légumes

abricot	*abrikos*	a·bri·kohs
ananas	*ananas*	a·na·nas
banane	*banan*	ba·nann
cacahuète	*jordnød*	jor·neudh
carotte	*gulerødder*	gou·le·reu·dha
cerise	*kirsebær*	kir·se·ber
champignon	*champignon*	sham·pinn·yong
chou	*kål*	kawl
chou-fleur	*blomkål*	blom·kôl
citron	*citron*	si·trohn
concombre	*agurk*	a·gourk
épinard	*spinat*	spi·nat
fraise	*jordbær*	jor·ber
fruit	*frugt*	frôgt
haricot	*bønner*	beu·na
légumes	*grønsag*	greun·saa
maïs	*majs*	mais

PRONOMS INTERROGATIFS

Comment ?	*Hvordan?*	vor·dan
Quoi ?	*Hvad?*	va
Quand ?	*Hvornår?*	vor·nawr
Où ?	*Hvor?*	vor
Qui ?	*Hvem?*	vem
Pourquoi ?	*Hvorfor?*	vor·for

noix	*nødder*	neu·dha
oignon	*løg*	loï
orange	*appelsin*	a·pel·sinn
pastèque	*vandmelon*	van·mey·lon
pêche	*fersken*	fers·ken
poire	*pære*	pè·re
poireau	*porre*	po·re
pois	*ærter*	er·ta
pomme	*æble*	éb·le
pomme de terre	*kartoffel*	ka·to·fel
prune	*blomme*	blo·me

Divers

ail	*hvidløg*	vidh·loï
beurre	*smør*	smeur
cake	*kage*	ka·ye
confiture	*syltetøj*	sul·te·toï
crème	*fløde*	fleu·dhe
fromage	*ost*	awst
glace	*is*	is
miel	*honning*	ho·ning
nouilles	*nudler*	noudh·la
œuf	*æg*	eg
pain	*brød*	breudh
poivre	*peber*	pé·vor
riz	*ris*	ris
salade	*salat*	sa·lat
soupe	*suppe*	sô·pe
sucre	*sukker*	sô·ka

Boissons

bière	*øl*	eul
café	*kaffe*	ka·fe
eau minérale	*mineralvand/ danskvand*	mi·ne·ral·van/ dansk·van
eau	*vand*	van
jus d'orange	*(appelsin-) juice*	(aa·pel·sin·) jious
lait fermenté	*kærnemælk*	ker·ne·mèlk
lait	*mælk*	mèlk
limonade	*citronvand*	si·trohn·van
soda	*sodavand*	soh·da·van
thé	*te*	teï
vin blanc	*hvidvin*	vidh·vin
vin pétillant	*mousserende vin*	mou·sey·ra·ne vin
vin rouge	*rødvin*	reudh·vin

URGENCES

Au secours !	*Hjælp!*	yèlp
Allez-vous en !	*Gå væk!*	gô vek
Appelez... !	*Ring efter ...!*	rinng *ef*·ta ...
un médecin	*en læge*	in *lè*·ye
la police	*politiet*	oh·li·*ti*·et

C'est une urgence !
Det er et nødstilfælde! dey ir it *neudhs*·til·fe·le

Je suis perdu.
Jeg er faret vild. yaï ir *fa*·ret vil

Je suis malade.
Jeg er syg. yaï ir siou

J'ai mal là.
Det gør ondt her. dey geur awnt heyr

Je suis allergique aux (antibiotiques).
Jeg er allergisk over for (antibiotika). yaï ir a·*ler*·gisk o·va for an·ti·bi·*oh*·ti·ka)

Où sont les toilettes ?
Hvor er toilettet? vor ir toï·*le*·tet

SHOPPING ET SERVICES

Où trouver un/une... ?
Hvor er ...? vor ir ...

DAB	*der en hæve-automat*	deyr in *he*·ve·ô·toh·mat
banque	*der en bank*	deyr in baank
cybercafé local	*den lokale internet café*	den loh·*ka*·le *in*·ta·net ka·*fey*

la cabine téléphonique la plus proche
den nærmeste telefonboks den *ner*·mes·te te·le·*fohn*·boks

la poste	*der et postkontor*	deyr it *post*·kon·tohr
les toilettes	*der et offentligt toilet*	deyr it o·fent·lit toy·*let*
l'office du tourisme	*turist-kontoret*	tou·*rist*·kon·toh·ret

Je cherche...
Jeg leder efter ... yai *li*·dha *ef*·ta ...

Est-ce que je peux regarder ?
Må jeg se? mô yai sey

En avez-vous d'autres ?
Har I andre? haar i *aan*·dre

Combien ça coûte ?
Hvor meget koster det? vor *maa*·yet *kos*·ta dey

C'est trop cher.
Det er for dyrt. dey ir for dewrt

Quel est votre meilleur prix ?
Hvad er jeres laveste pris?
va ir *ye*·res *la*·ve·ste pris

CHIFFRES

1	*en*	en
2	*to*	toh
3	*tre*	tré
4	*fire*	fir
5	*fem*	fèm
6	*seks*	siks
7	*syv*	siou
8	*otte*	ô·te
9	*ni*	ni
10	*ti*	ti
20	*tyve*	*tu*·ve
30	*tredive*	*traadh*·ve
40	*fyrre*	*feur*·re
50	*halvtreds*	hal·*três*
60	*tres*	très
70	*halvfjerds*	hal·*fyèrs*
80	*firs*	firs
90	*halvfems*	hal·*fèms*
100	*hundrede*	*houn*·re·dhe
1 000	*tusind*	*tou*·sen

Il y a une erreur sur la facture. (restaurant/commerce)
Der er en fejl i regningen/ kvitteringen. deyr ir in fail i *rai*·ning·en/ kvi·*tey*·ring·en

HEURE ET DATE

Quelle heure est-il ?
Hvad er klokken? va air *klo*·ken

Il est (deux) heures.
Klokken er (to). *klo*·ken air (toh)

Il est 1h30.
Halv (to). (lit : half two) hal (toh)

À quelle heure... ?
Hvad tid ...? va tidh ...

À... du matin
Klokken ... om morgenen *klo*·ken ... om *mor*·nen

de l'après-midi
om eftermiddagen om *ef*·ta·mi·da·en

du soir
om aftenen om *aft*·nen

hier	*i går*	i gôr
aujourd'hui	*i dag*	i da
demain	*i morgen*	i morn

PANNEAUX ROUTIERS

Ensrettet	Sens unique
Indkørsel Forbudt	Sens interdit
Motorvej	Autoroute
Omkørsel	Déviation
Parkering Forbudt	Stationnement interdit
Selvbetjening	Self-service
Vejarbejde	Travaux
Vigepligt	Cédez le passage

lundi	*mandag*	*man*·da
mardi	*tirsdag*	*tirs*·da
mercredi	*onsdag*	*ôns*·da
jeudi	*torsdag*	*tors*·da
vendredi	*fredag*	*frè*·da
samedi	*lørdag*	*leur*·da
dimanche	*søndag*	*seun*·da

janvier	*januar*	*ya*·nou·ar
février	*februar*	*féb*·rou·ar
mars	*marts*	marts
avril	*april*	a·*pril*
mai	*maj*	maï
juin	*juni*	*you*·ni
juillet	*juli*	*you*·li
août	*august*	aou·*gôst*
septembre	*september*	sep·*tem*·bor
octobre	*oktober*	ohk·*toh*·bor
novembre	*november*	noh·*vem*·bor
décembre	*december*	dey·*sem*·bor

TRANSPORTS

Transports en commun

Est-ce le/l'... pour (Aarhus) ?
Er dette ... til (Aarhus)? ir *dey*·te ... til (*awr*·hous)

avion	*flyet*	*flew*·et
bateau	*båden*	*bô*·dhen
bus	*bussen*	*bou*·sen
train	*toget*	*taw*·et

À quelle heure est le... bus ?
Hvad tid er den ... bus? va tidh ir den ... bous

premier	*første*	*feurs*·te
dernier	*sidste*	*sis*·te
prochain	*næste*	*nes*·te

Un billet... (pour Odense), s'il vous plaît.	*En ... billet (til Odense), tak.*	in ... bi·*let* (til *oh*·dhen·se) taak
aller	*enkelt*	*eng*·kelt
aller-retour	*retur*	rey·*tour*

À quelle heure (le train) arrive-t-il/part-il ?
Hvornår ankommer/ (toget)? vor·*nawr an*·ko·ma/*afgår ow*·gawr (*taw*·et)

Est-ce qu'il s'arrête à (Østerport) ?
Stopper den/det på (Østerport)? *sto*·pa den/dey paw (*eus*·ta·port)

Quelle est la prochaine station/ quel est le prochain arrêt ?
Hvad er næste station/ stoppested? va ir *nes*·te sta·*shohn*/ *sto*·pe·stedh

Merci de me dire quand nous arriverons à (Roskilde).
Sig venligst til når vi kommer til (Roskilde). si *ven*·list til nawr vi *ko*·ma til (*ros*·ki·le)

Conduisez-moi à (cette adresse), s'il vous plaît.
Vær venlig at køre mig til (denne adresse). ver *ven*·li at *keu*·re mai til (*de*·ne a·*draa*·se)

Arrêtez-vous ici, s'il vous plaît.
Venligst stop her. *ven*·list stop heyr

Voiture et vélo

Je voudrais louer un/une...
Jeg vil gerne leje en ... yaï vil *gir*·ne *lai*·ye in ...

moto	*motor-cykel*	*moh*·tor·sew·kel
vélo	*cykel*	*su*·kel
voiture	*bil*	bil

air	*luft*	lawft
essence	*benzin*	ben·*sin*
huile	*olie*	*ohl*·ye
parking	*parkere*	paar·*key*·ra
pneus	*dæk*	dek
station-service	*benzin-station*	ben·*sin*·sta·shohn

Est-ce la route pour (Kronborg Slot) ?
Fører denne vej til (Kronborg Slot)? *feu*·ra *de*·ne vai til (*krohn*·borg slot)

Peut-on y aller à vélo ?
Kan jeg cykle derhen? kan yai *sewk*·le deyr·*hen*

J'ai besoin d'un mécanicien.
Jeg har brug for en mekaniker. yai haar brou for in mi·*ka*·ni·ka

Je n'ai plus d'essence.
Jeg er løbet tør for benzin. yai ir *leu*·bet teur for ben·*sin*

J'ai un pneu crevé.
Jeg er punkteret. yai ir pawng·*tey*·ret

GLOSSAIRE

Note : les lettres danoises æ, ø et å sont à la fin de l'alphabet.

akvavit – eau-de-vie

allé – avenue

amt – comté

apotek – pharmacie

bad – salle de bains

bageri – boulangerie

bakke – colline

banegård – gare ferroviaire

bibliotek – bibliothèque

billet – ticket (P-billet signifie ticket de stationnement nécessaire)

billetautomat – parcmètre

bro – pont

bryggeri – brasserie

bugt – baie

by – ville

børnemenu – menu enfant

campingplads – camping

cykel – vélo

dag – jour

dagens ret – plat du jour

dansk – danois

domkirke – cathédrale

DSB – Danske Statsbaner (Société danoise des chemins de fer)

dyrepark – zoo

Fyn – Fionie

fyr – phare

færge – ferry

færegehavn – gare maritime

gade – rue

gård – cour, ferme

hav – mer, océan

have – jardin

havn – port

hus – maison

hygge – rendre chaleureux (verbe), accueil/convivialité (nom)

hyggelig – accueillant (adjectif)

hytte – cabane, bungalow

IC – train Intercity

IR – train interrégional

jernbane – chemin de fer

Jylland – Jutland

kart – carte

keramik – céramique, poterie

kirke – église

kirkegård – cimetière

klint – falaise

klit – dune

kloster – monastère

kort – carte

kro – auberge

kunst – art

køreplan – horaires

lufthavn – aéroport

lystbådehavn – marina

mad – alimentation

magasin – grand magasin

morgenmad – petit-déjeuner

musit – musée

møntvask – laverie automatique

nat – nuit

nord – nord

ny – nouveau

og – et

plads – place

plantage – plantation, bois

pris – prix

retter – plats

rundkirke – église ronde, notamment à Bornholm

rutebilstation – gare routière (pour les autocars)

røgeri – atelier de fumage de poisson

rådhus – mairie, hôtel de ville

samling – collection (en principe d'art)

Seeland – Sjaelland

skov – forêt, bois

slagter – boucher

slot – château

smørrebrød – tartine élaborée

sti – chemin, sentier

strand – plage, rivage

sund – son

svømmehal – piscine

syd – sud

sø – lac

teater – théâtre

tog – train

torv, torvet – place, place du marché

turistkontor – office du tourisme

tårn – tour

udsigt – panorama, point de vue

uge – semaine

vandrerhjem – auberge de jeunesse et familiale

vej – rue, route

vest – ouest

værelse – chambre (à louer)

wienerbrød – pâtisserie danoise, littéralement "pain viennois"

ø – île, en général utilisé comme suffixe après le nom propre

øl – bière

øst – est

å – rivière

år – année

En coulisses

VOS RÉACTIONS ?

Vos commentaires nous sont très précieux et nous permettent d'améliorer constamment nos guides. Notre équipe lit toutes vos lettres avec la plus grande attention. Nous ne pouvons pas répondre individuellement à tous ceux qui nous écrivent, mais vos commentaires sont transmis aux auteurs concernés. Tous les lecteurs qui prennent la peine de nous communiquer des informations sont remerciés dans l'édition suivante, et ceux qui nous fournissent les renseignements les plus utiles se voient offrir un guide.

Pour nous faire part de vos réactions, prendre connaissance de notre catalogue et vous abonner à notre newsletter, consultez notre site Internet : **www.lonelyplanet.fr**

Nous reprenons parfois des extraits de notre courrier pour les publier dans nos produits, guides ou sites Web. Si vous ne souhaitez pas que vos commentaires soient repris ou que votre nom apparaisse, merci de nous le préciser. Notre politique en matière de confidentialité est disponible sur notre site Internet.

À NOS LECTEURS

Merci à tous les voyageurs qui ont utilisé la précédente édition de ce guide et qui nous ont écrit pour nous faire part de leurs conseils, de leurs suggestions et de leurs anecdotes.

UN MOT DES AUTEURS

Mark Elliott

Je remercie du fond du cœur la merveilleuse Sally Cobham pour son affection, sa compagnie et ses conseils si précieux. Sur place, je remercie Elisabeth et Jens à Maribo, Uve Horst à Stege, Mikayl à Skelby, Annette à Knuthenland, Morgens Grønning, Jens et le *beer club* à Helsingør, l'historien volubile et passionnant Peter Andreas, Klaus à l'église de Ringsted, Stine et son grand cœur vert, Ole Rasmussen du NaturparkÅmosen, Henning Vingborg au moulin de Løve, Kevin au musée du Train, Eddie à Midtfyns, Jesper à Flakhaven, David à Faarborg Arest, Michael, Bent et Marianne au Kiss The Frog, Katerin au Søbygaard, Helle et Jacob, Urt et Ties chez Insp!

Carolyn Bain

C'est toujours une joie de retourner au Danemark et d'y passer du temps avec ma famille danoise, les Østergaards. *Tusind tak*, comme toujours, pour votre accueil renouvelé. Un grand merci aux co-auteurs de ce guide, Cristian Bonetto et Mark Elliott pour leurs apports, et aux spécialistes du tourisme régional Heidi Lindberg et Helle Mogensen pour leur aide. Ce voyage s'est déroulé sous le sceau de nouvelles amitiés : *mange tak* à Sif Orellana, Catrine Engelgreen, Trine Nissen et surtout à Mia Sinding Jespersen, pour le *hygge* et toute son affection.

Cristian Bonetto

Pour leurs inestimables conseils, leur générosité et leur amitié, *tusind tak* à Martin Kalhøj, Mette Cecilie Smedegaard, Christian Struckmann Irgens, Mads Lind, Mia Hjorth Lunde et Jens Lunde, Mary-Ann Gardner et Lambros Hajisava, Sophie Lind et Kasper Monrad, Anne Marie Nielsen, Sanna Klein Hedegaard Hansen et Carolyn Bain. Chez Lonely Planet, mille mercis à Gemma Graham.

REMERCIEMENTS

Données des cartes climatiques adaptées de Peel MC, Finlayson BL & McMahon TA (2007) 'Updated World Map of the Köppen-Geiger Climate Classification', Hydrology and Earth System Sciences, 11, 1633-44.

Photographie de couverture : ~~Dunes et phare de Rubjerg Knude, nord du Jutland. © SIME / Gräfenhain Günter / Sime / Photononstop~~

À PROPOS DE CET OUVRAGE

Cette 3e édition française du guide *Danemark* est la traduction-adaptation de la 9e édition du guide *Denmark* en anglais. Elle a été écrite et mise à jour par Mark Elliott, Carolyn Bain et Cristian Bonetto. Carolyn Bain et Cristian Bonetto étaient également les auteurs de l'édition précédente.

Traduction Anna Alvarez, Charles Ameline, Sophie Lecoq, Jeanne Robert, Kevin Thévenet

Directeur éditorial
Didier Férat

Responsable éditorial
Dominique Bovet

Responsable prépresse
Jean-Noël Doan

Coordination éditoriale
Marie Barriet-Savev et Carole Huon

Maquette
Sébastienne Ocampo et Caroline Donadieu

Cartographie
Cartes originales de Julie Dodkins et Valentina Kremenchutskaya, adaptées en français par Caroline Sahanouk

Couverture
Adaptée en français par Laure Wilmot et Laurent Briard

Remerciements à Alexandra Guyot et Éric Quéméré pour leur contribution indispensable au texte ainsi que pour leurs nombreuses recherches et suggestions ; à Sylvie Rabuel pour sa relecture attentive, à Olympe Richez pour son aide précieuse ainsi qu'à Hugo Gadroy pour son travail de référencement. À Paris, merci à Dominique Spaety pour son soutien. Enfin, merci à Luan Angel et Nigel Longuet à Londres, et à Jean-Pierre Masclef à Melbourne.

Index

En danois, les lettres æ, ø et å se trouvent à la fin de l'alphabet.

Références des **cartes**
Références des **photos**

Références des **cartes**
Références des **photos**

Légende des cartes

À voir

- Château
- Monument
- Musée/galerie/édifice historique
- Ruines
- Église
- Mosquée
- Synagogue
- Temple bouddhiste
- Temple confucéen
- Temple hindou
- Temple jaïn
- Temple shintoïste
- Temple sikh
- Temple taoïste
- Sentō (bain public)
- Cave/vignoble
- Plage
- Réserve ornithologique
- Zoo
- Autre site

Activités, cours et circuits organisés

- Bodysurfing
- Plongée/snorkeling
- Canoë/kayak
- Cours/circuits organisés
- Ski
- Snorkeling
- Surf
- Piscine/baignade
- Randonnée
- Planche à voile
- Autres activités

Où se loger

- Hébergement
- Camping

Où se restaurer

- Restauration

Où prendre un verre

- Bar
- Café

Où sortir

- Salle de spectacle

Achats

- Magasin

Renseignements

- Banque
- Ambassade/consulat
- Hôpital/centre médical
- Accès Internet
- Police
- Bureau de poste
- Centre téléphonique
- Toilettes
- Office du tourisme
- Autre adresse pratique

Géographie

- Plage
- Refuge/gîte
- Phare
- Point de vue
- Montagne/volcan
- Oasis
- Parc
- Col
- Aire de pique-nique
- Cascade

Agglomérations

- Capitale (pays)
- Capitale (région/État/province)
- Grande ville
- Petite ville/village

Transports

- Aéroport
- Poste frontière
- Bus
- Téléphérique/funiculaire
- Piste cyclable
- Ferry
- Métro
- Monorail
- Parking
- Station-service
- Station de métro
- Taxi
- Gare/chemin de fer
- Tramway
- Métro et U-Bahn
- Autre moyen de transport

Les symboles recensés ci-dessus ne sont pas tous utilisés dans ce guide

Routes

- Autoroute à péage
- Voie rapide
- Nationale
- Route secondaire
- Petite route
- Chemin
- Route non goudronnée
- Route en construction
- Place/rue piétonne
- Escalier
- Tunnel
- Passerelle
- Promenade à pied
- Promenade à pied (variante)
- Sentier

Limites et frontières

- Pays
- État/province
- Frontière contestée
- Région/banlieue
- Parc maritime
- Falaise
- Rempart

Hydrographie

- Fleuve/rivière
- Rivière intermittente
- Canal
- Étendue d'eau
- Lac asséché/salé/intermittent
- Récif

Topographie

- Aéroport/aérodrome
- Plage/désert
- Cimetière (chrétien)
- Cimetière (autre)
- Glacier
- Marais/mangrove
- Parc/forêt
- Site (édifice)
- Terrain de sport

LES GUIDES LONELY PLANET

Une vieille voiture déglinguée, quelques dollars en poche et le goût de l'aventure, c'est tout ce dont Tony et Maureen Wheeler eurent besoin pour réaliser, en 1972, le voyage d'une vie : rallier l'Australie par voie terrestre via l'Europe et l'Asie. De retour après un périple harassant de plusieurs mois, et forts de cette expérience formatrice, ils rédigèrent sur un coin de table leur premier guide, *Across Asia on the Cheap*, qui se vendit à 1 500 exemplaires en l'espace d'une semaine. Ainsi naquit Lonely Planet, dont les guides sont aujourd'hui traduits en 13 langues.

NOS AUTEURS

Mark Elliott
Fionie ; Møn, Falster et Lolland ; Sjaelland Mark Elliott avait déjà vécu et travaillé sur les cinq continents lorsqu'il commença à écrire des guides de voyage, il y a longtemps, avant Internet. Depuis, il a signé (ou cosigné) une soixantaine d'ouvrages, notamment pour Lonely Planet. Il est également conseiller en voyages, ponctuellement responsable touristique, présentateur, journaliste et… joueur d'harmonica.

Carolyn Bain
Bornholm ; Centre du Jutland ; Nord du Jutland ; Sud du Jutland Auteure de guides de voyage et éditrice depuis plus de 20 ans, Carolyn a étudié, vécu et travaillé aux quatre coins du monde (Danemark, Londres, Saint-Pétersbourg et Nantucket, pour ne citer qu'eux). Obsédée par l'Islande, elle y a élu domicile (à Reykjavík), quittant Melbourne, en Australie. Carolyn a défriché plusieurs destinations pour Lonely Planet, de l'outback australien aux îles grecques, des restos à homards du Maine aux lacs alpins de Slovénie. La Scandinavie et ses pays voisins tiennent une place particulière dans son cœur, notamment l'Islande et le Danemark, maintes fois visités pour le travail et le plaisir. Carolyn a également rédigé les chapitres *Préparer son voyage*, *Comprendre le Danemark* et *Danemark pratique*.

Cristian Bonetto
Copenhague ; Environs de Copenhague Cristian a cosigné plus de 30 guides Lonely Planet, parmi lesquels *New York, Italie, Venise, Naples et la côte amalfitaine, Copenhague, Suède* et *Singapour*. Passionné de voyages, de gastronomie, de culture et de design, il contribue à des nombreuses publications dans le monde entier, comme le *Telegraph* (Royaume-Uni) et le *Corriere del Mezzogiorno* (Italie). Lorsqu'il n'est pas sur la route, vous trouverez cet ancien auteur de théâtre et scénariste TV savourant un expresso dans sa chère ville de Melbourne.

Danemark
3e édition
Traduit et adapté de l'ouvrage *Denmark, 9th edition*,

92 avenue de France - 75013 Paris

Dépôt légal Novembre 2021
ISBN 978-2-81619-311-4
Imprimé par ESTIMPRIM, Autechaux, France

En Voyage Éditions | un département édi8